CORPUS IURIS CIVILIS

für das Deutsche Reich und Oesterreich.

Sammlung der das bürgerliche Recht betreffenden deutschen und oesterreichischen Spezialgesetze.

Herausgegeben

von

Dr. Richard Schröder,

ord. Professor der Rechte an der Universität Würzburg.

Zweiter Theil.

Die privatrechtlichen Gesetze.

Mit ausführlichem Sachregister.

Zweite um einen Anhang vermehrte Ausgabe.

Bonn,

Eduard Weber's Verlag

(Julius Flittner).

1878.

Die

privatrechtlichen Gesetze

des Deutschen Reichs und Oesterreichs

nebst

dem preufsischen allgemeinen Berggesetze
und den Abweichungen der auf demselben beruhenden
Berggesetze anderer deutschen Staaten.

Zweite Ausgabe.

Mit einem **Anhang** enthaltend Ges. betr. d. Beglaubigung öffentl. Urkunden vom 1. Mai 1878. . . . S. 507
Patentgesetz vom 25. Mai 1877. . . . . S. 507
Novelle zur Gewerbeordnung vom 17. Juli 1878. . . S. 519

Bonn,
Eduard Weber's Verlag
(Julius Flittner).
1878.

Vorrede.

Unsere Sammlung enthält 26 deutsche und 14 österreichische Reichsgesetze. Im Interesse der praktischen Brauchbarkeit wurde auf möglichst vollständige Aufnahme der Gesetze gesehen, auch wo sie, wie namentlich die beiden Gewerbeordnungen (Nr. XXII und XXIII), verhältnifsmäfsig viele das Privatrecht gar nicht berührende Bestimmungen enthalten. Nur wo das Misverhältnifs zu grofs geworden wäre, haben wir uns mit Auszügen begnügt; es ist dies bei 10 deutschen und 6 österreichischen Gesetzen geschehen. Von der Gesetzgebung des Deutschen Reiches dürfte nichts, was dem Zwecke unserer Sammlung entspricht, übergangen sein; auch die neueste Justizgesetzgebung, welche mit der Civilprozefs- wie der Konkursordnung tief in das Privatrecht einzugreifen bestimmt ist, wurde ausgibig berücksichtigt, und zwar, da die Publikation noch nicht erfolgt ist, auf Grund der Aktenstücke des Reichstags. Von der österreichischen Gesetzgebung blieben unberücksichtigt: das Strafgesetzbuch, weil dasselbe demnächst einem neuen, sich eng an das deutsche anschliefsenden Gesetzbuche weichen wird, ferner das Grundbuchs- und das Berggesetz, weil sie bis jetzt keine Parallele in der deutschen Reichsgesetzgebung finden, das Berggesetz aufserdem, weil dem Vernehmen nach eine Revision des letzteren im Anschlusse an das preufsische Berggesetz beabsichtigt wird. Im übrigen bringen wir wol auch für Oesterreich alles, was die neuere Gesetzgebung (einzelne ältere Bestimmungen blieben bei Seite) an Nachträgen und Ergänzungen zu dem allg. bürgerl. Ges.-B. geliefert hat. Die Anordnung der einzelnen Gesetze ist, so weit dies überhaupt möglich war, eine systematische, nach Mafsgabe ihres Inhalts.

Von deutschen Landesgesetzen haben wir nur das bayrische Gesetz über die Zinsen (Nr. XXXI) und in einem Anhange, durch den wir uns besonderen Dank zu erwerben hoffen, das preufsische allgemeine Berggesetz nebst den Abweichungen der auf demselben beruhenden Berggesetze anderer deutschen Staaten aufgenommen. Unberücksichtigt blieben dabei nur solche Abweichungen, die auf der Natur der Sache oder auf rein stilistischen Aenderungen beruhen; die Aenderungen der Selbstallegate des Berggesetzes ergeben sich aus der am Schlusse mitgetheilten Uebersichtstabelle; alle materiell ins Gewicht fallenden

Aenderungen sind theils wörtlich, theils wenigstens dem Sinne nach angegeben. Die ganze sehr mühsame Zusammenstellung wäre dem Herausgeber ohne die ausgezeichneten Arbeiten Brasserts über die einzelnen Berggesetze in seiner Zeitschrift für Bergrecht schwerlich möglich gewesen.

Auch zu diesem Bande hat ein früherer Schüler des Herausgebers, Herr Stud. iur. B. Matthiaſs aus Potsdam, ein ausführliches Sachregister verfaſst, das die Brauchbarkeit desselben wesentlich erhöhen wird.

Und so möge diese Sammlung, die zunächst aus akademischen Bedürfnissen des Herausgebers hervorgegangen ist, nicht nur an den übrigen Hochschulen und in der Praxis sich Freunde erwerben, sondern auch darüber hinaus die Rechtskundigen der beiden verbündeten Reiche, deren Gesetze hier zusammengestellt wurden, erkennen lassen, eines wie groſsen gemeinsamen Besitzes wir uns erfreuen und in welchen Richtungen wir diese Gemeinschaft auch ferner treu zu pflegen haben.

Würzburg, im Januar 1877.

Der Herausgeber.

Inhalt.

Seite

I. **Verfassungs-Urkunde für das Deutsche Reich.** Vom 16. April 1871. Auszug 1

II. **Oesterreichisches Staatsgrundgesetz, wodurch das Grundgesetz über die Reichsvertretung vom 26. Februar 1861 abgeändert wird.** Vom 21. Dezember 1867. Auszug 4

III. **Oesterreichisches Staatsgrundgesetz über die richterliche Gewalt.** Vom 21. Dezember 1867. Auszug . 5

IV. **Oesterreichisches Staatsgrundgesetz über die Ausübung der Regierungs- und der Vollzugsgewalt.** Vom 21. Dezember 1867. Auszug 5

V. **Oesterreichisches Staatsgrundgesetz über die allgemeinen Rechte der Staatsbürger.** Vom 21. Dezember 1867. Auszug 6

VI. **Deutsches Reichsgesetz über die Freizügigkeit.** Vom 1. November 1867. Auszug 8

VII. **Deutsches Reichsgesetz, betreffend die Gleichberechtigung der Konfessionen in bürgerlicher und staatsbürgerlicher Beziehung.** Vom 3. Juli 1869 9

VIII. **Deutsches Reichsgesetz, betreffend das Alter der Großjährigkeit.** Vom 17. Februar 1875 10

IX. **Deutsches Reichsgesetz über die Beurkundung des Personenstandes und die Eheschließung.** Vom 6. Februar 1875 11

Seite

X. **Deutsches Reichsgesetz, betreffend die Eheschliefsung und die Beurkundung des Personenstandes von Bundesangehörigen im Auslande.** Vom 4. Mai 1870 . . 29

XI. **Oesterreichisches Gesetz, womit die Vorschriften des a. b. G.-B. über das Eherecht für Katholiken wieder hergestellt werden.** Vom 25. Mai 1868 . . . 34

XII. **Oesterreichisches Gesetz über die Ehen von Personen, welche keiner gesetzlich anerkannten Kirche oder Religionsgesellschaft angehören, und über die Führung der Geburts-, Ehe- und Sterberegister für dieselben.** Vom 9. April 1870 40

XIII. **Deutsches Reichsgesetz, betreffend das Urheberrecht an Schriftwerken, Abbildungen, musikalischen Kompositionen und dramatischen Werken,** Vom 11. Juni 1870 . . . . , ... 43

XIV. **Deutsches Reichsgesetz, betreffend das Urheberrecht an Werken der bildenden Künste.** Vom 9. Januar 1876 61

XV. **Deutsches Reichsgesetz, betreffend den Schutz der Photographien gegen unbefugte Nachbildung.** Vom 10. Januar 1876 67

XVI. **Deutsches Reichsgesetz, betreffend das Urheberrecht an Mustern und Modellen.** Vom 11. Januar 1876 70

XVII. **Oesterreichisches Gesetz zum Schutze des literarischen und artistischen Eigenthums.** Vom 19. October 1846 75

XVIII. **Oesterreichisches Musterschutzgesetz.** Vom 7. Dezember 1858 . . , ... 87

XIX. **Oesterreichisches Privilegiengesetz.** Vom 15. August 1852 94

XX. **Oesterreichisches Gesetz, betreffend die Haftung der Eisenbahnunternehmungen für die durch Ereignungen auf Eisenbahnen herbeigeführten körperlichen Verletzungen oder Tödtungen von Menschen.** Vom 5. März 1869 . , ... 116

Seite

XXI. **Deutsches Reichsgesetz, betreffend die Verbindlichkeit zum Schadenersatz für die bei dem Betriebe von Eisenbahnen, Bergwerken etc. herbeigeführten Tödtungen und Körperverletzungen.** Vom 7. Juni 1871 118

XXII. **Oesterreichische Gewerbeordnung.** Vom 20. Dezember 1859 122

XXIII. **Gewerbeordnung für das Deutsche Reich.** Vom 21. Juni 1869 162

XXIV. **Deutsches Reichsgesetz, betreffend die Abänderung des Titels VIII der Gewerbeordnung.** Vom 8. April 1876 208

XXV. **Deutsches Reichsgesetz über die eingeschriebenen Hülfskassen.** Vom 7. April 1876 211

XXVI. **Deutsches Reichsgesetz, betreffend die Beschlagnahme des Arbeits- oder Dienstlohnes.** Vom 21. Juni 1869 222

XXVII. **Deutsches Vereinszollgesetz.** Vom 1. Juli 1869. Auszug 224

XXVIII. **Strafgesetzbuch für das Deutsche Reich.** Vom $\frac{\text{15. Mai 1871}}{\text{26. Februar 1876}}$. Auszug 230

XXIX. **Deutsches Reichsgesetz wegen Erhebung der Brausteuer.** Vom 31. Mai 1872. Auszug 235

XXX. **Deutsches Reichsgesetz, betreffend die Organisation der Bundeskonsulate, sowie die Amtsrechte und Pflichten der Bundeskonsuln.** Vom 8. November 1867. Auszug 237

XXXI. **Deutsches Reichsgesetz, betreffend die vertragsmäfsigen Zinsen.** Vom 14. November 1867. Nebst dem bayrischen Gesetze vom 5. Dezember 1867 . . 239

XXXII. **Oesterreichisches Gesetz, wodurch die gegen den Wucher bestehenden Gesetze aufgehoben werden.** Vom 14. Juni 1868 242

Seite

XXXIII. **Oesterreichische Konkursordnung.** Vom 25. Dezember 1868. Auszug 2244

XXXIV. **Oesterreichisches Gesetz über das gerichtliche Verfahren in Rechtsangelegenheiten aufser Streitsachen.** Vom 9. August 1854. Auszug 2263

XXXV. **Civilprozefsordnung für das Deutsche Reich.** Auszug 2266

XXXVI. **Konkursordnung für das Deutsche Reich.** Auszug 3305

XXXVII. **Deutsches Reichsgesetz, betreffend die Beschränkungen des Grundeigenthums in der Umgebung von Festungen.** Vom 21. Dezember 1871. Auszug . 3346

XXXVIII. **Deutsches Reichsgesetz über die Kriegsleistungen.** Vom 13. Juni 1873 3359

XXXIX. **Deutsches Reischsgesetz über die Naturalleistungen für die bewaffnete Macht im Frieden.** Vom 13. Februar 1875 3372

XL. **Deutsches Reichs-Militärgesetz.** Vom 2. Mai 1874. Auszug 3380

Anhang. Das allgemeine Berggesetz für die preufsischen Staaten vom 24. Juni 1865, nebst den erheblicheren Abweichungen der auf demselben beruhenden Berggesetze anderer deutschen Staaten 3883

Uebersichtstabelle über die Berggesetze 4457

Sachregister 4463

I. Verfassungs-Urkunde für das Deutsche Reich

vom 16. April 1871 [1]).

(Auszug).

Art. 2. Innerhalb dieses Bundesgebietes übt das Reich das Recht der Gesetzgebung nach Maſsgabe des Inhalts dieser Verfassung und mit der Wirkung aus, daſs die Reichsgesetze den Landesgesetzen vorgehen. Die Reichsgesetze erhalten ihre verbindliche Kraft durch ihre Verkündigung von Reichswegen, welche vermittelst eines Reichsgesetzblattes geschieht [2]). Sofern nicht in dem publizirten Gesetze ein anderer Anfangstermin seiner verbindlichen Kraft bestimmt ist, beginnt die letztere mit dem vierzehnten Tage nach dem Ablauf desjenigen Tages, an welchem das betreffende Stück des Reichsgesetzblattes in Berlin ausgegeben worden ist [3]).

Art. 3. Für ganz Deutschland besteht ein gemeinsames Indigenat mit der Wirkung, daſs der Angehörige (Unterthan, Staatsbürger) eines jeden Bundesstaates in jedem anderen Bundesstaate als Inländer zu behandeln und demgemäſs zum festen Wohnsitz, zum Gewerbebetriebe, zu öffentlichen Aemtern, zur Erwerbung von Grundstücken,

---

1) R.-Ges.-Bl. 1871, S. 64 ff. In Elsaſs-Lothringen eingeführt durch Gesetz vom 25. Juni 1873 (R.-Ges.-Bl. 1873, S. 161).

2) Vgl. VO. betreffend die Einführung des Bundesgesetzblattes für den Norddeutschen Bund, vom 26. Juli 1867 (B.-Ges.-Bl. 1867, S. 24).

3) Vgl. Gesetz betr. die Organisation der Bundeskonsulate, vom 8. November 1867 (B.-Ges.-Bl. 1867, S. 137 ff.) §. 24 Abs. 2: »Neue Bundesgesetze erlangen in den Konsular-Jurisdiktionsbezirken nach Ablauf von sechs Monaten, von dem Tage an gerechnet, an welchem dieselben durch das Bundesgesetzblatt verkündet worden sind, verbindliche Kraft«.

zur Erlangung des Staatsbürgerrechtes und zum Genusse aller sonstigen bürgerlichen Rechte unter denselben Voraussetzungen wie der Einheimische zuzulassen, auch in Betreff der Rechtsverfolgung und des Rechtsschutzes demselben gleich zu behandeln ist.

Kein Deutscher darf in der Ausübung dieser Befugnifs durch die Obrigkeit seiner Heimath, oder durch die Obrigkeit eines anderen Bundesstaates beschränkt werden.

— — — — — — —

— — — — — — —

Art. 4. Der Beaufsichtigung Seitens des Reichs und der Gesetzgebung desselben unterliegen die nachstehenden Angelegenheiten:

1) die Bestimmungen über Freizügigkeit, Heimaths- und Niederlassungsverhältnisse, Staatsbürgerrecht, Pafswesen und Fremdenpolizei und über den Gewerbebetrieb, einschliefslich des Versicherungswesens, soweit diese Gegenstände nicht schon durch den Art. 3 dieser Verfassung erledigt sind, in Bayern jedoch mit Ausschlufs der Heimaths- und Niederlassungsverhältnisse, desgleichen über die Kolonisation und die Auswanderung nach aufserdeutschen Ländern;
2) die Zoll- und Handelsgesetzgebung und die für die Zwecke des Reichs zu verwendenden Steuern;
3) die Ordnung des Maafs-, Münz- und Gewichtssystems, nebst Feststellung der Grundsätze über die Emission von fundirtem und unfundirtem Papiergelde;
4) die allgemeinen Bestimmungen über das Bankwesen;
5) die Erfindungspatente;
6) der Schutz des geistigen Eigenthums;
7) Organisation eines gemeinsamen Schutzes des Deutschen Handels im Auslande, der Deutschen Schifffahrt und ihrer Flagge zur See und Anordnung gemeinsamer konsularischer Vertretung, welche vom Reiche ausgestattet wird;
8) das Eisenbahnwesen, in Bayern vorbehaltlich der Bestimmung im Art. 46. [1]), und die Herstellung von

---

1) Nach demselben unterliegt das bayrische Eisenbahnwesen der Aufsicht und Gesetzgebung Seitens des Reiches nur im Interesse der Landesvertheidigung.

Land- und Wasserstraſsen im Interesse der Landesvertheidigung und des allgemeinen Verkehrs;

9) der Flöſserei- und Schiffahrtsbetrieb auf den mehreren Staaten gemeinsamen Wasserstraſsen und der Zustand der letzteren, sowie die Fluſs- und sonstigen Wasserzölle, desgleichen die Seeschiffahrtszeichen (Leuchtfeuer, Tonnen, Baken und sonstige Tagesmarken)[1];

10) das Post- und Telegraphenwesen, jedoch in Bayern und Württemberg nur nach Maſsgabe der Bestimmung im Art. 52[2];

11) Bestimmungen über die wechselseitige Vollstreckung von Erkenntnissen in Civilsachen und Erledigung von Requisitionen überhaupt;

12) sowie über die Beglaubigung von öffentlichen Urkunden;

13) die gemeinsame Gesetzgebung über das gesammte bürgerliche Recht, das Strafrecht und das gerichtliche Verfahren[3].

---

1) Von »desgleichen« an Zusatz des Reichsgesetzes vom 3. März 1873.

2) Beiden Staaten ist die Verwaltung vorbehalten, die Gesetzgebung ist auch hier Reichssache.

3) So nach dem Ges. v. 20. Dezember 1873 (R.-Ges.-Bl. 1873, S. 379), früherer Wortlaut: »über das Obligationenrecht, Strafrecht, Handels- und Wechselrecht und das gerichtliche Verfahren«.

II. Oesterreichisches Staatsgrundgesetz

vom 21. Dezember 1867, wodurch das Grundgesetz über die Reichsvertretung vom 26. Februar 1861 abgeändert wird [1].

(Auszug).

---

§. 11. Der Wirkungskreis des Reichsrathes umfafst alle Angelegenheiten, welche sich auf Rechte, Pflichten und Interessen beziehen, die allen im Reichsrathe vertretenen Königreichen und Ländern gemeinschaftlich sind, insoferne dieselben nicht in Folge der Vereinbarung mit den Ländern der ungarischen Krone zwischen diesen und den übrigen Ländern der Monarchie gemeinsam zu behandeln sein werden.

Es gehören daher zum Wirkungskreise des Reichsrathes:

— — — — — — —

d) die Regelung des Geld-, Münz- und Zettelbankwesens, der Zoll- und Handelsangelegenheiten, sowie des Telegraphen-, Post-, Eisenbahn-, Schiffahrts- und sonstigen Reichs-Communicationswesens;

e) die Credit-, Bank-, Privilegien- und Gewerbsgesetzgebung, mit Ausschlufs der Gesetzgebung über die Propinationsrechte, dann die Gesetzgebung über Mafs und Gewicht, über Marken- und Musterschutz;

f) die Medicinalgesetzgebung, sowie die Gesetzgebung zum Schutze gegen Epidemien und Viehseuchen;

g) die Gesetzgebung über Staatsbürger- und Heimatsrecht, über Fremdenpolizei und Pafswesen, sowie über Volkszählung;

h) über die confessionellen Verhältnisse, über Vereins- und Versammlungsrecht, über die Presse und den Schutz des geistigen Eigenthumes;

— — — — — — — —

1) R.-Ges.-Bl. 1867, Nr. 141.

k) die Strafjustiz- und Polizeistraf-, sowie die Civilrechtsgesetzgebung, mit Ausschlufs der Gesetzgebung über die innere Einrichtung der öffentlichen Bücher und über solche Gegenstände, welche auf Grund der Landesordnungen und dieses Grundgesetzes in den Wirkungskreis der Landtage gehören [1]), ferner die Gesetzgebung über Handels- und Wechelrecht, See-, Berg- und Lehenrecht.

III. Oesterreichisches Staatsgrundgesetz

vom 21. Dezember 1867 über die richterliche Gewalt [2]).

(Auszug).

Art. 7. Die Prüfung der Giltigkeit gehörig kundgemachter Gesetze steht den Gerichten nicht zu. Dagegen haben die Gerichte über die Giltigkeit von Verordnungen in gesetzlichem Instanzenzuge zu entscheiden.

IV. Oesterreichisches Staatsgrundgesetz

vom 21. Dezember 1867 über die Ausübung der Regierungs- und der Vollzugsgewalt [3]).

(Auszug).

Art. 10. Die Kundmachung der Gesetze erfolgt im Namen des Kaisers mit Berufung auf die Zustimmung der verfassungsmäfsigen Vertretungskörper und unter Mitfertigung eines verantwortlichen Ministers.

---

1) Namentlich alle Aenderungen in Betreff der Landeskultur.

2) R.-Ges.-Bl. 1867, Nr. 144.

3) R.-Ges.-Bl. 1867, Nr. 145.

V. Oesterreichisches Staatsgrundgesetz

vom 21. Dezember 1867 über die allgemeinen Rechte der Staatsbürger [1]).

(Auszug).

Art. 1. Für alle Angehörigen der im Reichsrathe vertretenen Königreiche und Länder besteht ein allgemeines österreichisches Staatsbürgerrecht.

Das Gesetz bestimmt, unter welchen Bedingungen das österreichische Staatsbürgerrecht erworben, ausgeübt und verloren wird.

— — — — — — —

— — — — — — —

Art. 4. Die Freizügigkeit der Person und des Vermögens innerhalb des Staatsgebietes unterliegt keiner Beschränkung.

— — — — — — —

Die Freiheit der Auswanderung ist von Staatswegen nur durch die Wehrpflicht beschränkt.

Abfahrtsgelder dürfen nur in Anwendung der Reciprocität erhoben werden.

Art. 5. Das Eigenthum ist unverletzlich. Eine Enteignung gegen den Willen des Eigenthümers kann nur in den Fällen und in der Art eintreten, welche des Gesetz bestimmt.

Art. 6. Jeder Staatsbürger kann an jedem Orte des Staatsgebietes seinen Aufenthalt und Wohnsitz nehmen, Liegenschaften jeder Art erwerben und über dieselben frei verfügen, sowie unter den gesetzlichen Bedingungen jeden Erwerbszweig ausüben.

Für die todte Hand sind Beschränkungen des Rechtes, Liegenschaften zu erwerben und über sie zu verfügen, im Wege des Gesetzes aus Gründen des öffentlichen Wohles zulässig.

Art. 7. Jeder Unterthänigkeits- und Hörigkeitsver-

---

1) R.-Ges.-Bl. 1867, Nr. 142.

band ist für immer aufgehoben. Jede aus dem Titel des getheilten Eigenthumes auf Liegenschaften haftende Schuldigkeit oder Leistung ist ablösbar, und es darf in Zukunft keine Liegenschaft mit einer derartigen unablösbaren Leistung belastet werden.

— — — — — — —

— — — — — — —

Art. 14. Die volle Glaubens- und Gewissensfreiheit ist jedermann gewährleistet.

Der Genuſs der bürgerlichen und politischen Rechte ist von dem Religionsbekenntnisse unabhängig; doch darf den staatsbürgerlichen Pflichten durch das Religionsbekenntniſs kein Abbruch geschehen.

VI. Deutsches Reichsgesetz über die Freizügigkeit.

Vom 1. November 1867 [1]).

(Auszug).

§. 1. Jeder Bundesangehörige hat das Recht, innerhalb des Bundesgebietes:

1) an jedem Orte sich aufzuhalten oder niederzulassen, wo er eine eigene Wohnung oder ein Unterkommen sich zu verschaffen im Stande ist;
2) an jedem Orte Grundeigenthum aller Art zu erwerben;
3) umherziehend oder an dem Orte des Aufenthalts, beziehungsweise der Niederlassung, Gewerbe aller Art zu betreiben, unter den für Einheimische geltenden gesetzlichen Bestimmungen.

In der Ausübung dieser Befugnisse darf der Bundesangehörige, soweit nicht das gegenwärtige Gesetz Ausnahmen zuläſst, weder durch die Obrigkeit seiner Heimath, noch durch die Obrigkeit des Ortes, in welchem er sich aufhalten oder niederlassen will, gehindert oder durch lästige Bedingungen beschränkt werden.

Keinem Bundesangehörigen darf um des Glaubensbekenntnisses willen oder wegen fehlender Landes- oder Gemeindeangehörigkeit der Aufenthalt, die Niederlassung, der Gewerbebetrieb oder der Erwerb von Grundeigenthum verweigert werden.

---

1) B.-Ges.-Bl. 1867, S. 55. In Württemberg, Baden und Hessen durch die »Verfassung des Deutschen Bundes« vom 31. Dez. 1870, Art. 80. (B.-Ges.-Bl. 1870, S. 647), in Bayern und Elsaſs-Lothringen durch die Gesetze vom 22. April 1871 und 8. Jan. 1873 (R.-Ges.-Bl. 1871, S. 87. 1873, S. 51) eingeführt.

VII. Deutches Reichsgesetz,

betreffend die Gleichberechtigung der Konfessionen in bürgerlicher und staastbürgerlicher Beziehung.

Vom 3. Juli 1869 [1]).

Wir Wilhelm, von Gottes Gnaden König von Preufsen etc., vorordnen im Namen des Norddeutschen Bundes, nach erfolgter Zustimmung des Bundesrathes und des Reichstages, was folgt:

Einziger Artikel.

Alle noch bestehenden, aus der Verschiedenheit des religiösen Bekenntnisses hergeleiteten Beschränkungen der bürgerlichen und staatsbürgerlichen Rechte werden hierdurch aufgehoben. Insbesondere soll die Befähigung zur Theilnahme an der Gemeinde- und Landesvertretung und zur Bekleidung öffentlicher Aemter vom religiösen Bekenntnifs unabhängig sein.

1) B.-Ges.-Bl. 1869, S. 292. Durch die »Verfassung des Deutschen Bundes« vom 31. Dezember 1870, Art. 80 (B.-Ges.-Bl. 1870, S. 648), auch in Württemberg, Baden und Hessen und durch Ges. v. 22. April 1871 (R.-Ges.-Bl. 1871, S. 88) in Bayern eingeführt.

VIII. Deutsches Reichsgesetz.

betreffend das Alter der Grofsjährigkeit.

Vom 17. Februar 1875 [1]).

Wir Wilhelm, von Gottes Gnaden Deutscher Kaiser, König von Preufsen etc., verordnen im Namen des Deutschen Reichs, nach erfolgter Zustimmung des Bundesraths und des Reichstags, was folgt:

§. 1. Das Alter der Grofsjährigkeit beginnt im ganzen Umfange des Deutschen Reichs mit dem vollendeten einundzwanzigsten Lebensjahre [2]).

§. 2. Die hausverfassungsmäfsigen oder landesgesetzlichen Bestimmungen über den Beginn der Grofsjährigkeit der Landesherren und der Mitglieder der landesherrlichen Familien, sowie der Fürstlichen Familie Hohenzollern werden durch die Vorschrift des §. 1 nicht berührt.

§. 3. Dieses Gesetz tritt mit dem 1. Januar 1876 in Kraft.

1) R.-Ges.-Bl. 1875, S. 71.

2) Nach dem Oesterreichischen BGB. §. 21 dauert die Minderjährigkeit bis zum vollendeten vierundzwanzigsten Jahre.

IX. Deutsches Reichgesetz.

über die Beurkundung des Personenstandes und die Eheschliefsung.

Vom 6. Februar 1875 [1]).

Wir Wilhelm, von Gottes Gnaden Deutscher Kaiser, König von Preufsen etc. verordnen im Namen des Deutschen Reichs, nach erfolgter Zustimmung des Bundesraths und des Reichstags, was folgt:

Erster Abschnitt.

Allgemeine Bestimmungen.

§. 1. Die Beurkundung der Geburten, Heirathen und Sterbefälle erfolgt ausschliefslich durch die vom Staate bestellten Standesbeamten mittels Eintragung in die dazu bestimmten Register.

§. 2. Die Bildung der Standesamtsbezirke erfolgt durch die höhere Verwaltungsbehörde.

Die Standesamtsbezirke können aus einer oder mehreren Gemeinden gebildet, gröfsere Gemeinden in mehrere Standesamtsbezirke getheilt werden.

§. 3. Für jeden Standesamtsbezirk ist ein Standesbeamter und mindestens ein Stellvertreter zu bestellen. Für den Fall vorübergehender Behinderung oder gleichzeitiger Erledigung des Amtes des Standesbeamten und der Stellvertreter ist die nächste Aufsichtsbehörde ermächtigt, die einstweilige Beurkundung des Personenstandes einem benachbarten Standesbeamten oder Stellvertreter zu übertragen.

Die Bestellung erfolgt, soweit nicht im §. 4 ein Anderes bestimmt ist, durch die höhere Verwaltungsbehörde.

---

1) R.-Ges.-Bl. 1875, S. 23 ff.

Geistlichen und anderen Religionsdienern darf das Amt eines Standesbeamten oder die Stellvertretung eines solchen nicht übertragen werden.

§ 4. In den Standesamtsbezirken, welche den Bezirk einer Gemeinde nicht überschreiten, hat der Vorsteher der Gemeinde (Bürgermeister, Schultheiſs, Ortsvorsteher oder deren gesetzlicher Stellvertreter) die Geschäfte des Standesbeamten wahrzunehmen, sofern durch die höhere Verwaltungsbehörde nicht ein besonderer Beamter für dieselben bestellt ist. Der Vorsteher ist jedoch befugt, diese Geschäfte mit Genehmigung der höheren Verwaltungsbehörde anderen Gemeindebeamten widerruflich zu übertragen.

Die Gemeindebehörde kann die Anstellung besonderer Standesbeamten beschlieſsen. Die Ernennung der Standesbeamten erfolgt in diesem Falle durch den Gemeindevorstand unter Genehmigung der höheren Verwaltungsbehörde.

In der gleichen Weise erfolgt die Bestellung der Stellvertreter.

Die durch den Gemeindevorstand ernannten besonderen Standesbeamten und deren Stellvertreter sind Gemeindebeamte.

§. 5. Die durch die höhere Verwaltungsbehörde erfolgte Bestellung und Genehmigung zur Bestellung ist jederzeit widerruflich.

§. 6. Ist ein Standesamtsbezirk aus mehreren Gemeinden gebildet, so werden der Standesbeamte und dessen Stellvertreter stets von der höheren Verwaltungsbehörde bestellt.

Ein jeder Vorsteher oder andere Beamte einer dieser Gemeinden ist verpflichtet, das Amt des Standesbeamten oder des Stellvertreters zu übernehmen.

Die landesgesetzlichen Vorschriften, nach welchen den Vorstehern der aus mehreren Gemeinden gebildeten Verbände die gleiche Verpflichtung obliegt, werden hierdurch nicht berührt.

§. 7. Die etwa erforderliche Entschädigung der nach §. 4 von den Gemeinden bestellten Standesbeamten fällt der Gemeinde zur Last.

Die in §. 6 Absatz 2 und 3 bezeichneten Beamten sind berechtigt, für Wahrnehmung der Geschäfte des

Standesbeamten von den zum Bezirk ihres Hauptamtes nicht gehörigen Gemeinden eine in allen Fällen als Pauschquantum festzusetzende Entschädigung zu beanspruchen.

Die Festsetzung erfolgt durch die untere Verwaltungsbehörde; über Beschwerden entscheidet endgültig die höhere Verwaltungsbehörde.

Bestellt die höhere Verwaltungsbehörde andere Personen zu Standesbeamten oder zu Stellvertretern, so fällt die etwa zu gewährende Entschädigung der Staatskasse zur Last.

§. 8. Die sächlichen Kosten werden in allen Fällen von den Gemeinden getragen; die Register und Formulare zu allen Registerauszügen werden jedoch den Gemeinden von der Zentralbehörde des Bundesstaats kostenfrei geliefert.

§. 9. In Standesamtsbezirken, welche aus mehreren Gemeinden gebildet sind, wird die den Standesbeamten oder den Stellvertretern zu gewährende Entschädigung und der Betrag der sächlichen Kosten auf die einzelnen betheiligten Gemeinden nach dem Mafsstabe der Seelenzahl vertheilt.

§. 10. Den Gemeinden im Sinne dieses Gesetzes werden die aufserhalb der Gemeinden stehenden Gutsbezirke, den Gemeindevorstehern die Vorsteher dieser Bezirke gleich geachtet.

§. 11. Die Aufsicht über die Amtsführung der Standesbeamten wird von der unteren Verwaltungsbehörde, in höherer Instanz von der höheren Verwaltungsbehörde geübt, insoweit die Landesgesetze nicht andere Aufsichtsbehörden bestimmen.

Die Aufsichtsbehörde ist befugt, gegen den Standesbeamten Warnungen, Verweise und Geldstrafen zu verhängen. Letztere dürfen für jeden einzelnen Fall den Betrag von einhundert Mark nicht übersteigen.

Lehnt der Standesbeamte die Vornahme einer Amtshandlung ab, so kann er dazu auf Antrag der Betheiligten durch das Gericht angewiesen werden. Zuständig ist das Gericht erster Instanz, in dessen Bezirk der Standesbeamte seinen Amtssitz hat. Das Verfahren und die Beschwerdeführung regelt sich, insoweit die Landesgesetze nicht ein Anderes bestimmen, nach den Vorschriften, welche in Sachen der nichtstreitigen Gerichtsbarkeit gelten.

§. 12. Von jedem Standesbeamten sind drei Standesregister unter der Bezeichnung:

Geburtsregister,
Heirathsregister,
Sterberegister

zu führen.

§. 13. Die Eintragungen in die Standesregister erfolgen unter fortlaufenden Nummern und ohne Abkürzungen. Unvermeidliche Zwischenräume sind durch Striche auszufüllen, die wesentlichen Zahlenangaben mit Buchstaben zu schreiben.

Die auf mündliche Anzeige oder Erklärung erfolgenden Eintragungen sollen enthalten:

1) den Ort und Tag der Eintragung;
2) die Bezeichnung der Erschienenen;
3) den Vermerk des Standesbeamten, dafs und auf welche Weise er sich die Ueberzeugung von der Persönlichkeit der Erschienenen verschafft hat;
4) den Vermerk, dafs die Eintragung den Erschienenen vorgelesen und von denselben genehmigt ist;
5) die Unterschrift der Erschienenen und, falls sie schreibensunkundig oder zu schreiben verhindert sind, ihr Handzeichen oder die Angabe des Grundes, aus welchem sie dieses nicht beifügen konnten;
6) die Unterschrift des Standesbeamten.

Die auf schriftliche Anzeige erfolgenden Eintragungen sind unter Angabe von Ort und Tag der Eintragung zu bewirken und durch die Unterschrift des Standesbeamten zu vollziehen.

Zusätze, Löschungen oder Abänderungen sind am Rande zu vermerken und gleich der Eintragung selbst besonders zu vollziehen.

§. 14. Von jeder Eintragung in das Register ist von dem Standesbeamten an demselben Tage eine von ihm zu beglaubigende Abschrift in ein Nebenregister einzutragen.

Nach Ablauf des Kalenderjahres hat der Standesbeamte jedes Haupt- und jedes Nebenregister unter Vermerkung der Zahl der darin enthaltenen Eintragungen abzuschliefsen und das Nebenregister der Aufsichtsbehörde einzureichen; die letztere hat dasselbe nach erfolgter Prüfung dem Gerichte erster Instanz zur Aufbewahrung zuzustellen.

Eintragungen, welche nach Einreichung des Nebenregisters in dem Hauptregister gemacht werden, sind gleichzeitig der Aufsichtsbehörde in beglaubigter Abschrift mitzutheilen. Die Letztere hat zu veranlassen, dafs diese Eintragungen dem Nebenregister beigeschrieben werden.

§. 15. Die ordnungsmäfsig geführten Standesregister (§§. 12 bis 14) beweisen diejenigen Thatsachen, zu deren Beurkundung sie bestimmt und welche in ihnen eingetragen sind, bis der Nachweis der Fälschung, der unrichtigen Eintragung oder der Unrichtigkeit der Anzeigen und Feststellungen, auf Grund deren die Eintragung stattgefunden hat, erbracht ist.

Dieselbe Beweiskraft haben die Auszüge, welche als gleichlautend mit dem Haupt- oder Nebenregister bestätigt und mit der Unterschrift und dem Dienstsiegel des Standesbeamten oder des zuständigen Gerichtsbeamten versehen sind.

Inwiefern durch Verstöfse gegen die Vorschriften dieses Gesetzes über Art und Form der Eintragungen die Beweiskraft aufgehoben oder geschwächt wird, ist nach freiem richterlichen Ermessen zu beurtheilen.

§. 16. Die Führung der Standesregister und die darauf bezüglichen Verhandlungen erfolgen kosten- und stempelfrei.

Gegen Zahlung der nach dem angehängten Tarife zulässigen Gebühren müssen die Standesregister jedermann zur Einsicht vorgelegt sowie beglaubigte Auszüge (§. 15) aus denselben ertheilt werden. In amtlichem Interesse und bei Unvermögen der Betheiligten ist die Einsicht der Register und die Ertheilung der Auszüge gebührenfrei zu gewähren.

Jeder Auszug einer Eintragung mufs auch die zu derselben gehörigen Ergänzungen und Berichtigungen enthalten.

Zweiter Abschnitt.

Beurkundung der Geburten.

§. 17. Jede Geburt eines Kindes ist innerhalb einer Woche dem Standesbeamten des Bezirks, in welchem die Niederkunft stattgefunden hat, anzuzeigen.

§. 18. Zur Anzeige sind verpflichtet:

1) der eheliche Vater;

2) die bei der Niederkunft zugegen gewesene Hebamme;
3) der dabei zugegen gewesene Arzt;
4) jede andere dabei zugegen gewesene Person;
5) die Mutter, sobald sie dazu im Stande ist.

Jedoch tritt die Verpflichtung der in der vorherstehenden Reihenfolge später genannten Personen nur dann ein, wenn ein früher genannter Verpflichteter nicht vorhanden oder derselbe an der Erstattung der Anzeige verhindert ist.

§. 19. Die Anzeige ist mündlich von dem Verpflichteten selbst oder durch eine andere aus eigener Wissenschaft unterrichtete Person zu machen.

§. 20. Bei Geburten, welche sich in öffentlichen Entbindungs-, Hebammen-, Kranken-, Gefangen- und ähnlichen Anstalten, sowie in Kasernen ereignen, trifft die Verpflichtung zur Anzeige ausschliefslich den Vorsteher der Anstalt oder den von der zuständigen Behörde ermächtigten Beamten. Es genügt eine schriftliche Anzeige in amtlicher Form.

§. 21. Der Standesbeamte ist verpflichtet, sich von der Richtigkeit der Anzeige (§§. 17 bis 20), wenn er dieselbe zu bezweifeln Anlafs hat, in geeigneter Weise Ueberzeugung zu verschaffen.

§. 22. Die Eintragung des Geburtsfalles soll enthalten:

1) Vor- und Familiennamen, Stand oder Gewerbe und Wohnort des Anzeigenden;
2) Ort, Tag und Stunde der Geburt;
3) Geschlecht des Kindes;
4) Vornamen des Kindes;
5) Vor- und Familiennamen, Religion, Stand oder Gewerbe und Wohnort der Eltern.

Bei Zwillings- oder Mehrgeburten ist die Eintragung für jedes Kind besonders und so genau zu bewirken, dafs die Zeitfolge der verschiedenen Geburten ersichtlich ist.

Standen die Vornamen des Kindes zur Zeit der Anzeige noch nicht fest, so sind dieselben nachträglich und längstens binnen zwei Monaten nach der Geburt anzuzeigen. Ihre Eintragung erfolgt am Rande der ersten Eintragung.

§. 23. Wenn ein Kind todtgeboren oder in der Geburt verstorben ist, so mufs die Anzeige spätestens am nächstfolgenden Tage geschehen. Die Eintragung ist alsdann mit dem im §. 22 unter Nr. 1 bis 3 und 5 angegebenen Inhalte nur im Sterberegister zu machen.

§. 24. Wer ein neugeborenes Kind findet, ist verpflichtet, hiervon spätestens am nächstfolgenden Tage Anzeige bei der Ortspolizeibehörde zu machen. Die Letztere hat die erforderlichen Ermittelungen vorzunehmen und dem Standesbeamten des Bezirks von deren Ergebnifs behufs Eintragung in das Geburtsregister Anzeige zu machen.

Die Eintragung soll enthalten die Zeit, den Ort und die Umstände des Auffindens, die Beschaffenheit und die Kennzeichen der bei dem Kinde vorgefundenen Kleider und sonstigen Gegenstände, die körperlichen Merkmale des Kindes, sein vermuthliches Alter, sein Geschlecht, die Behörde, Anstalt oder Person, bei welcher das Kind untergebracht worden, und die Namen, welche ihm beigelegt werden.

§. 25. Die Anerkennung eines unehelichen Kindes darf in das Geburtsregister nur dann eingetragen werden, wenn dieselbe vor dem Standesbeamten oder in einer gerichtlich oder notariell aufgenommenen Urkunde erklärt ist.

§. 26. Wenn die Feststellung der Abstammung eines Kindes erst nach Eintragung des Geburtsfalles erfolgt oder die Standesrechte durch Legitimation, Annahme an Kindesstatt oder in anderer Weise eine Veränderung erleiden, so ist dieser Vorgang, sofern er durch öffentliche Urkunden nachgewiesen wird, auf Antrag eines Betheiligten am Rande der über den Geburtsfall vorgenommenen Eintragung zu vermerken.

§. 27. Wenn die Anzeige eines Geburtsfalles über drei Monate verzögert wird, so darf die Eintragung nur mit Genehmigung der Aufsichtsbehörde nach Ermittelung des Sachverhalts erfolgen.

Die Kosten dieser Ermittelung sind von demjenigen einzuziehen, welcher die rechtzeitige Anzeige versäumt hat.

Dritter Abschnitt.

Erfordernisse der Eheschliefsung.

§. 28. Zur Eheschliefsung ist die Einwilligung und die Ehemündigkeit der Eheschliefsenden erforderlich.

Die Ehemündigkeit des männlichen Geschlechts tritt mit dem vollendeten zwanzigsten Lebensjahre, die des weiblichen

Geschlechts mit dem vollendeten sechszehnten Lebensjahre ein. Dispensation ist zulässig.

§. 29. Eheliche Kinder bedürfen zur Eheschliefsung, so lange der Sohn das fünfundzwanzigste, die Tochter das vierundzwanzigste Lebensjahr nicht vollendet hat, der Einwilligung des Vaters, nach dem Tode des Vaters der Einwilligung der Mutter und, wenn sie minderjährig sind, auch des Vormundes.

Sind beide Eltern verstorben, so bedürfen Minderjährige der Einwilligung des Vormundes.

Dem Tode des Vaters oder der Mutter steht es gleich, wenn dieselben zur Abgabe einer Erklärung dauernd aufser Stande sind, oder ihr Aufenthalt dauernd unbekannt ist.

Eine Einwilligung des Vormundes ist für diejenigen Minderjährigen nicht erforderlich, welche nach Landesrecht einer Vormundschaft nicht unterliegen.

Inwiefern die Wirksamkeit einer Vormundschaftsbehörde oder eines Familienrathes stattfindet, bestimmt sich nach Landesrecht.

§. 30. Auf uneheliche Kinder finden die im vorhergehenden Paragraphen für vaterlose eheliche Kinder gegebenen Bestimmungen Anwendung.

§. 31. Bei angenommenen Kindern tritt an Stelle des Vaters (§. 29) derjenige, welcher an Kindesstatt angenommen hat. Diese Bestimmung findet in denjenigen Theilen des Bundesgebietes keine Anwendung, in welchen durch eine Annahme an Kindesstatt die Rechte der väterlichen Gewalt nicht begründet werden können.

§. 32. Im Falle der Versagung der Einwilligung zur Eheschliefsung steht grofsjährigen Kindern die Klage auf richterliche Ergänzung zu.

§. 33. Die Ehe ist verboten:

1) zwischen Verwandten in auf- und absteigender Linie,
2) zwischen voll- und halbbürtigen Geschwistern,
3) zwischen Stiefeltern und Stiefkindern, Schwiegereltern und Schwiegerkindern jeden Grades,

ohne Unterschied, ob das Verwandtschafts- oder Schwägerschaftsverhältnifs auf ehelicher oder aufserehelicher Geburt beruht und ob die Ehe, durch welche die Stief- oder Schwiegerverbindung begründet wird, noch besteht oder nicht,

4) zwischen Personen, deren eine die andere an Kindesstatt angenommen hat, so lange dieses Rechtsverhältnifs besteht,

5) zwischen einem wegen Ehebruchs Geschiedenen und seinem Mitschuldigen.

Im Falle der Nr. 5 ist Dispensation zulässig.

§. 34. Niemand darf eine neue Ehe schliefsen, bevor seine frühere Ehe aufgelöst, für ungültig oder für nichtig erklärt ist.

§. 35. Frauen dürfen erst nach Ablauf des zehnten Monats seit Beendigung der früheren Ehe eine weitere Ehe schliefsen.

Dispensation ist zulässig.

§. 36. Hinsichtlich der rechtlichen Folgen einer gegen die Bestimmungen der §§. 28 bis 35 geschlossenen Ehe sind die Vorschriften des Landesrechts mafsgebend.

Dasselbe gilt von dem Einflusse des Zwangs, Irrthums und Betrugs auf die Gültigkeit der Ehe.

§. 37. Die Eheschliefsung eines Pflegebefohlenen mit seinem Vormund oder dessen Kindern ist während der Dauer der Vormundschaft unzulässig.

Ist die Ehe gleichwohl geschlossen, so kann dieselbe als ungültig nicht angefochten werden.

§. 38. Die Vorschriften, welche die Ehe der Militärpersonen, der Landesbeamten und der Ausländer von einer Erlaubnifs abhängig machen, werden nicht berührt. Auf die Rechtsgültigkeit der geschlossenen Ehe ist der Mangel dieser Erlaubnifs ohne Einflufs.

Ein Gleiches gilt von den Vorschriften, welche vor der Eheschliefsung eine Nachweisung, Auseinandersetzung oder Sicherstellung des Vermögens erfordern.

§. 39. Alle Vorschriften, welche das Recht zur Eheschliefsung weiter beschränken, als es durch dieses Gesetz geschieht, werden aufgehoben.

§. 40. Die Befugnifs zur Dispensation von Ehehindernissen steht nur dem Staate zu. Ueber die Ausübung dieser Befugnifs haben die Landesregierungen zu bestimmen.

Vierter Abschnitt.

Form und Beurkundung der Eheschliefsung.

§. 41. Innerhalb des Gebietes des Deutschen Reichs

kann eine Ehe rechtsgültig nur vor dem Standesbeamten geschlossen werden.

§. 42. Zuständig ist der Standesbeamte, in dessen Bezirk einer der Verlobten seinen Wohnsitz hat oder sich gewöhnlich aufhält. Unter mehreren zuständigen Standesbeamten haben die Verlobten die Wahl.

Eine nach den Vorschriften dieses Gesetzes geschlossene Ehe kann nicht aus dem Grunde angefochten werden, weil der Standesbeamte nicht der zuständige gewesen ist.

§. 43. Auf schriftliche Ermächtigung des zuständigen Standesbeamten darf die Eheschliefsung auch vor dem Standesbeamten eines anderen Orts stattfinden.

§. 44. Der Eheschliefsung soll ein Aufgebot vorhergehen.

Für die Anordnung desselben ist jeder Standesbeamte zuständig, vor welchem nach §. 42 Abs. 1 die Ehe geschlossen werden kann.

§. 45. Vor Anordnung des Aufgebots sind dem Standesbeamten (§. 44) die zur Eheschliefsung gesetzlich nothwendigen Erfordernisse als vorhanden nachzuweisen.

Insbesondere haben die Verlobten in beglaubigter Form beizubringen:

1) ihre Geburtsurkunden,
2) die zustimmende Erklärung derjenigen, deren Einwilligung nach dem Gesetze erforderlich ist.

Der Beamte kann die Beibringung dieser Urkunden erlassen, wenn ihm die Thatsachen, welche durch dieselben festgestellt werden sollen, persönlich bekannt oder sonst glaubhaft nachgewiesen sind. Auch kann er von unbedeutenden Abweichungen in den Urkunden, beispielsweise von einer verschiedenen Schreibart der Namen oder einer Verschiedenheit der Vornamen absehen, wenn in anderer Weise die Persönlichkeit der Betheiligten festgestellt wird.

Der Beamte ist berechtigt, den Verlobten die eidesstattliche Versicherung über die Richtigkeit der Thatsachen abzunehmen, welche durch die vorliegenden Urkunden oder die sonst beigebrachten Beweismittel ihm nicht als hinreichend festgestellt erscheinen.

§. 46. Das Aufgebot ist bekannt zu machen:

1) in der Gemeinde oder in den Gemeinden, woselbst die Verlobten ihren Wohnsitz haben;

2) wenn einer der Verlobten seinen gewöhnlichen Aufenthalt aufserhalb seines gegenwärtigen Wohnsitzes hat, auch in der Gemeinde seines jetzigen Aufenthalts;
3) wenn einer der Verlobten seinen Wohnsitz innerhalb der letzten sechs Monate gewechselt hat, auch in der Gemeinde seines früheren Wohnsitzes.

Die Bekanntmachung hat die Vor- und Familiennamen, den Stand oder das Gewerbe und den Wohnort der Verlobten und ihrer Eltern zu enthalten.

Sie ist während zweier Wochen an dem Raths- oder Gemeindehause, oder an der sonstigen, zu Bekanntmachungen der Gemeindebehörde bestimmten Stelle auszuhängen.

§. 47. Ist einer der Orte, an welchem nach §. 46 das Aufgebot bekannt zu machen ist, im Auslande belegen, so ist an Stelle des an diesem Orte zu bewirkenden Aushanges die Bekanntmachung auf Kosten des Antragstellers einmal in ein Blatt einzurücken, welches an dem ausländischen Orte erscheint oder verbreitet ist. Die Eheschliefsung ist nicht vor Ablauf zweier Wochen nach dem Tage der Ausgabe der betreffenden Nummer des Blattes zulässig.

Es bedarf dieser Einrückung nicht, wenn eine Bescheinigung der betreffenden ausländischen Ortsbehörde dahin beigebracht wird, dafs ihr von dem Bestehen eines Ehehindernisses nichts bekannt sei.

§. 48. Kommen Ehehindernisse zur Kenntnifs des Standesbeamten, so hat er die Eheschliefsung abzulehnen.

§. 49. Soll die Ehe vor einem anderen Standesbeamten als demjenigen geschlossen werden, welcher das Aufgebot angeordnet hat, so hat der letztere eine Bescheinigung dahin auszustellen, dafs und wann das Aufgebot vorschriftsmäfsig erfolgt ist und dafs Ehehindernisse nicht zu seiner Kenntnifs gekommen sind.

§. 50. Die Befugnifs zur Dispensation von dem Aufgebot steht nur dem Staate zu. Ueber die Ausübung dieser Befugnifs haben die Landesregierungen zu bestimmen.

Wird eine lebensgefährliche Krankheit, welche einen Aufschub der Eheschliefsung nicht gestattet, ärztlich bescheinigt, so kann der Standesbeamte (§. 42 Abs. 1) auch ohne Aufgebot die Eheschliefsung vornehmen.

§. 51. Das Aufgebot verliert seine Kraft, wenn seit

dessen Vollziehung sechs Monate verstrichen sind, ohne dafs die Ehe geschlossen worden ist.

§. 52. Die Eheschliefsung erfolgt in Gegenwart von zwei Zeugen durch die an die Verlobten einzeln und nach einander gerichtete Frage des Standesbeamten:

ob sie erklären, dafs sie die Ehe mit einander eingehen wollen,

durch die bejahende Antwort der Verlobten und den hierauf erfolgenden Ausspruch des Standesbeamten, dafs er sie nunmehr kraft des Gesetzes für rechtmäfsig verbundene Eheleute erkläre.

§. 53. Als Zeugen sollen nur Grofsjährige zugezogen werden. Verwandtschaft und Schwägerschaft zwischen den Betheiligten und den Zeugen, oder zwischen den Zeugen unter einander steht deren Zuziehung nicht entgegen.

§. 54. Die Eintragung in das Heirathsregister soll enthalten:

1) Vor- und Familiennamen, Religion, Alter, Stand oder Gewerbe, Geburts- und Wohnort der Eheschliefsenden;
2) Vor- und Familiennamen, Stand oder Gewerbe und Wohnort ihrer Eltern;
3) Vor- und Familiennamen, Alter, Stand oder Gewerbe und Wohnort der zugezogenen Zeugen;
4) die Erklärung der Eheschliefsenden;
5) den Ausspruch des Standesbeamten.

Ueber die erfolgte Eheschliefsung ist den Eheleuten sofort eine Bescheinigung auszustellen.

§. 55. Ist eine Ehe für aufgelöst, ungültig oder nichtig erklärt worden, so ist dies am Rande der über die Eheschliefsung bewirkten Eintragung zu vermerken.

Die landesgesetzlichen Vorschriften, nach welchen es zur Trennung einer Ehe einer besonderen Erklärung und Beurkundung vor dem Standesbeamten bedarf, werden hierdurch nicht berührt.

Fünfter Abschnitt.

Beurkundung der Sterbefälle.

§. 56. Jeder Sterbefall ist spätestens am nächstfolgenden Wochentage dem Standesbeamten des Bezirks, in welchem der Tod erfolgt ist, anzuzeigen.

§. 57. Zu der Anzeige verpflichtet ist das Familienhaupt, und wenn ein solches nicht vorhanden oder an der Anzeige verhindert ist, derjenige, in dessen Wohnung oder Behausung der Sterbefall sich ereignet hat.

§. 58. Die §§. 19 bis 21 kommen auch in Beziehung auf die Anzeige der Sterbefälle zur Anwendung.

Findet eine amtliche Ermittelung über den Todesfall statt, so erfolgt die Eintragung auf Grund der schriftlichen Mittheilung der zuständigen Behörde.

§. 59. Die Eintragung des Sterbefalles soll enthalten:

1) Vor- und Familiennamen, Stand oder Gewerbe und Wohnort des Anzeigenden;
2) Ort, Tag und Stunde des erfolgten Todes;
3) Vor- und Familiennamen, Religion, Alter, Stand oder Gewerbe, Wohnort und Geburtsort des Verstorbenen;
4) Vor- und Familiennamen seines Ehegatten, oder Vermerk, dafs der Verstorbene ledig gewesen sei;
5) Vor- und Familiennamen, Stand oder Gewerbe und Wohnort der Eltern des Verstorbenen.

Soweit diese Verhältnisse unbekannt sind, ist dies bei der Eintragung zu vermerken.

§. 60. Ohne Genehmigung der Ortspolizeibehörde darf keine Beerdigung vor der Eintragung des Sterbefalles in das Sterberegister stattfinden. Ist die Beerdigung dieser Vorschrift entgegen geschehen, so darf die Eintragung des Sterbefalles nur mit Genehmigung der Aufsichtsbehörde nach Ermittelung des Sachverhaltes erfolgen.

Sechster Abschnitt.

Beurkundung des Personenstandes der auf See befindlichen Personen.

§. 61. Geburten und Sterbefälle, welche sich auf Seeschiffen während der Reise ereignen, sind nach den Vorschriften dieses Gesetzes spätestens am nächstfolgenden Tage nach der Geburt oder dem Todesfall von dem Schiffer, unter Zuziehung von zwei Schiffsoffizieren oder anderen glaubhaften Personen, in dem Tagebuch zu beurkunden. Bei Sterbefällen ist zugleich die muthmafsliche Ursache des Todes zu vermerken.

§. 62. Der Schiffer hat zwei von ihm beglaubigte Abschriften der Urkunden demjenigen Seemannsamte, bei dem es zuerst geschehen kann, zu übergeben. Eine dieser

Abschriften ist bei dem Seemannsamte aufzubewahren, die andere ist demjenigen Standesbeamten, in dessen Bezirk die Eltern des Kindes, beziehungsweise der Verstorbene ihren Wohnsitz haben oder zuletzt gehabt haben, behufs der Eintragung in das Register zuzufertigen.

§. 63. Ist der Schiffer verstorben oder verhindert, so hat der Steuermann die in den §§. 61 und 62 dem Schiffer auferlegten Verpflichtungen zu erfüllen.

§. 64. Sobald das Schiff in den inländischen Hafen eingelaufen ist, in welchem es seine Fahrt beendet, ist das Tagebuch der für den Standesbeamten des Hafenorts zuständigen Aufsichtsbehörde vorzulegen.

Diese hat beglaubigte Abschrift der in das Tagebuch eingetragenen Standesurkunde dem Standesbeamten, in dessen Register der Fall gehört (§. 62), behufs Kontrolirung der Eintragungen zuzustellen.

Siebenter Abschnitt.

Berichtigung der Standesregister.

§. 65. Die Berichtigung einer Eintragung in dem Standesregister kann nur auf Grund gerichtlicher Anordnung erfolgen. Sie geschieht durch Beischreibung eines Vermerks am Rande der zu berichtigenden Eintragung.

§. 66. Für das Berichtigungsverfahren gelten, insoweit die Landesgesetze nicht ein Anderes bestimmen, die nachstehenden Vorschriften.

Die Aufsichtsbehörde hat, wenn ein Antrag auf Berichtigung gestellt wird, oder wenn sie eine solche von Amtswegen erforderlich erachtet, die Betheiligten zu hören und geeignetenfalls eine Aufforderung durch ein öffentliches Blatt zu erlassen. Die abgeschlossenen Verhandlungen hat sie demnächst dem Gerichte erster Instanz vorzulegen. Dieses kann noch weitere thatsächliche Aufklärungen veranlassen und geeignetenfalls den Antragsteller auf den Prozeſsweg verweisen.

Im Uebrigen finden die für Sachen der nichtstreitigen Gerichtsbarkeit geltenden Vorschriften Anwendung.

Achter Abschnitt.

Schluſsbestimmungen.

§. 67. Ein Geistlicher oder anderer Religionsdiener,

welcher zu den religiösen Feierlichkeiten einer Eheschliefsung schreitet, bevor ihm nachgewiesen worden ist, dafs die Ehe vor dem Standesbeamten geschlossen sei, wird mit Geldstrafe bis zu dreihundert Mark oder mit Gefängnifs bis zu drei Monaten bestraft.

§. 68. Wer den in den §§. 17 bis 20, 22 bis 24, 56 bis 58 vorgeschriebenen Anzeigepflichten nicht nachkommt, wird mit Geldstrafe bis zu einhundertfünfzig Mark oder mit Haft bestraft. Die Strafverfolgung tritt nicht ein, wenn die Anzeige, obwohl nicht von den zunächst Verpflichteten, doch rechtzeitig gemacht worden ist.

Die bezeichnete Strafe trifft auch den Schiffer oder Steuermann, welcher den Vorschriften der §§. 61 bis 64 zuwiderhandelt.

Die Standesbeamten sind aufserdem befugt, die zu Anzeigen oder zu sonstigen Handlungen auf Grund dieses Gesetzes Verpflichteten hierzu durch Geldstrafen anzuhalten, welche für jeden einzelnen Fall den Betrag von fünfzehn Mark nicht übersteigen dürfen.

§. 69. Ein Standesbeamter, welcher unter Aufserachtlassung der in diesem Gesetze gegebenen Vorschriften eine Eheschliefsung vollzieht, wird mit Geldstrafe bis zu sechshundert Mark bestraft.

§. 70. Gebühren und Geldstrafen, welche in Gemäfsheit dieses Gesetzes zur Erhebung gelangen, fliefsen, insoweit die Landesgesetze nicht ein Anderes bestimmen, den Gemeinden zu, welche die sächlichen Kosten der Standesämter (§§. 8, 9) zu tragen haben.

§. 71. In welcher Weise die Verrichtungen der Standesbeamten in Bezug auf solche Militärpersonen wahrzunehmen sind, welche ihr Standquartier nicht innerhalb des Deutschen Reichs, oder dasselbe nach eingetretener Mobilmachung verlassen haben, oder welche sich auf den in Dienst gestellten Schiffen oder anderen Fahrzeugen der Marine befinden, wird durch Kaiserliche Verordnung bestimmt.

§. 72. Für die Landesherren und die Mitglieder der landesherrlichen Familien, sowie der Fürstlichen Familie Hohenzollern erfolgt die Ernennung des Standesbeamten und die Bestimmung über die Art der Führung und Aufbewahrung der Standesregister durch Anordnung des Landesherrn.

In Betreff der Stellvertretung der Verlobten und in Betreff des Aufgebots entscheidet die Observanz.

Im Uebrigen werden in Ansehung der Mitglieder dieser Häuser die auf Hausgesetzen oder Observanz beruhenden Bestimmungen über die Erfordernisse der Eheschliefsung und über die Gerichtsbarkeit in Ehesachen nicht berührt.

§. 73. Den mit der Führung der Standesregister oder Kirchenbücher bisher betraut gewesenen Behörden und Beamten verbleibt die Berechtigung und Verpflichtung, über die bis zur Wirksamkeit dieses Gesetzes eingetragenen Geburten, Heirathen und Sterbefälle Zeugnisse zu ertheilen.

§. 74. Unberührt bleiben die landesgesetzlichen Vorschriften, welche

1) Geistlichen und Kirchendienern aus Anlafs der Einführung der bürgerlichen Standesregister und der bürgerlichen Form der Eheschliefsung einen Anspruch auf Entschädigung gewähren;
2) bestimmten Personen die Pflicht zu Anzeigen von Geburts- und Todesfällen auferlegen.

Wo die Zulässigkeit der Ehe nach den bestehenden Landesgesetzen von einem Aufgebote abhängig ist, welches durch andere bürgerliche Beamte als die Standesbeamten vollzogen wird, vertritt dieses die Stelle des von den Standesbeamten anzuordnenden Aufgebots.

§. 75. Innerhalb solcher Grenzpfarreien, deren Bezirk sich in das Ausland erstreckt, bleibt das bestehende Recht für die Beurkundung derjenigen Geburten und Sterbefälle, sowie für die Form und Beurkundung derjenigen Eheschliefsungen mafsgebend, für welche ein Standesbeamter nach den Vorschriften dieses Gesetzes nicht zuständig, dagegen nach dem bestehenden Recht die Zuständigkeit des Geistlichen begründet ist.

Im Geltungsgebiet des preufsischen Gesetzes vom 9. März 1874 ist unter dem bestehenden Recht dasjenige Recht zu verstehen, welches vor dem Inkrafttreten jenes Gesetzes mafsgebend war.

§. 76. In streitigen Ehe- und Verlöbnifssachen sind die bürgerlichen Gerichte ausschliefslich zuständig. Eine geistliche oder eine durch die Zugehörigkeit zu einem Glaubensbekenntnifs bedingte Gerichtsbarkeit findet nicht statt.

§. 77. Wenn nach dem bisherigen Rechte auf beständige Trennung der Ehegatten von Tisch und Bett zu erkennen sein würde, ist fortan die Auflösung des Bandes der Ehe auszusprechen.

Ist vor dem Tage, an welchem dieses Gesetz in Kraft tritt, auf beständige Trennung von Tisch und Bett erkannt worden, so kann, wenn eine Wiedervereinigung der getrennten Ehegatten nicht stattgefunden hat, jeder derselben auf Grund des ergangenen Urtheils die Auflösung des Bandes der Ehe im ordentlichen Prozefsverfahren beantragen.

§. 78. Ehestreitigkeiten, welche in Bayern vor dem Tage, an welchem dieses Gesetz daselbst in Kraft tritt, durch Zustellung des Beschlusses über Zulässigkeit der Klage anhängig geworden sind, werden von dem mit der Sache befafsten Gericht bis zur rechtskräftigen Entscheidung nach Mafsgabe der bisher geltenden Gesetze durchgeführt.

Daselbst kann die Auflösung der Ehe auf Grund eines die beständige Trennung von Tisch und Bett verfügenden Urtheils geltend gemacht werden, nachdem das Gericht auf Anrufen eines Ehegatten in dem nach Art. 675 Absatz 1 und 2 der Prozefsordnung in bürgerlichen Rechtsstreitigkeiten vom 29. April 1869 vorgesehenen Verfahren die Auflösung des Bandes der Ehe ausgesprochen hat.

Das Verfahren in streitigen Ehesachen richtet sich in Bayern in den rechtsrheinischen Gebietstheilen nach den Bestimmungen des Hauptstückes XXVI. der genannten Prozefsordnung, in der Pfalz nach den Bestimmungen des Art. 69 des Gesetzes über die Einführung dieser Prozefsordnung.

§. 79. Dieses Gesetz tritt mit dem 1. Januar 1876 in Kraft. Es bleibt den Landesregierungen überlassen, das ganze Gesetz oder auch den dritten Abschnitt und §. 77 im Verordnungswege früher einzuführen.

§. 80. Die vor dem Tage, an welchem dieses Gesetz in Kraft tritt, nach den Vorschriften des bisherigen Rechts ergangenen Aufgebote behalten ihre Wirksamkeit.

§. 81. Auf Geburts- und Sterbefälle, welche sich vor dem Tage, an welchem dieses Gesetz in Kraft tritt, ereignet haben, an diesem Tage aber noch nicht eingetragen sind, findet das gegenwärtige Gesetz mit der Maſsgabe Anwendung, daſs der Lauf der vorgeschriebenen Anzeigefristen mit dem Tage beginnt, an welchem dieses Gesetz in Kraft tritt.

Ein Gleiches gilt für den Fall, daſs auch nur die Vornamen eines Kindes an diesem Tage noch nicht eingetragen sind.

§. 82. Die kirchlichen Verpflichtungen in Beziehung auf Taufe und Trauung werden durch dieses Gesetz nicht berührt.

§. 83. Die zur Ausführung dieses Gesetzes erforderlichen Bestimmungen werden, soweit dieselben nicht durch eine vom Bundesrathe erlassene Ausführungsverordnung getroffen werden, von den einzelnen Landesregierungen erlassen.

§. 84. Welche Behörden in jedem Bundesstaate unter der Bezeichnung: höhere Verwaltungsbehörde, untere Verwaltungsbehörde, Gemeindebehörde, Gemeindevorstand, Gericht erster Instanz zu verstehen sind, wird von der Zentralbehörde des Bundesstaates bekannt gemacht.

§. 85. Durch dieses Gesetz wden die Bestimmungen des Gesetzes vom 4. Mai 1870, betreffend die Eheschlieſsung und die Beurkundung des Personenstandes von Reichsangehörigen im Auslande, nicht berührt.

Der Reichskanzler kann einem diplomatischen Vertreter oder einem Konsul des Deutschen Reichs die allgemeine Ermächtigung zur Vornahme von Eheschlieſsungen und zur Beurkundung der Geburten, Heirathen und Sterbefälle, wie für Reichsangehörige, so auch für Schutzgenossen ertheilen. Diese Vorschrift tritt mit dem 1. März 1875 in Kraft.

Urkundlich unter Unserer Höchsteigenhändigen Unterschrift und beigedrucktem Kaiserlichen Insiegel.

Gegeben Berlin, den 6. Februar 1875.

(L. S.) **Wilhelm.**

Fürst v. Bismarck.

X. Deutsches Reichs-Gesetz,

betreffend die Eheschliefsung und die Beurkundung des Personenstandes von Bundesangehörigen im Auslande.

Vom 4. Mai 1870[1]).

Wir Wilhelm, von Gottes Gnaden König von Preufsen etc. verordnen im Namen des Norddeutschen Bundes, nach erfolgter Zustimmung des Bundesrathes und des Reichstages, was folgt:

I. Allgemeine Bestimmungen.

§. 1. Der Bundeskanzler kann einem diplomatischen Vertreter des Bundes für das ganze Gebiet des Staates, bei dessen Hofe oder Regierung derselbe beglaubigt ist, und einem Bundeskonsul für dessen Amtsbezirk die allgemeine Ermächtigung ertheilen, bürgerlich gültige Eheschliefsungen von Bundesangehörigen vorzunehmen, und die Geburten, Heirathen und Sterbefälle von Bundesangehörigen zu beurkunden.

§. 2. Die zur Eheschliefsung und zur Beurkundung des Personenstandes ermächtigten Beamten (§. 1.) haben über die Beurkundung der Geburten, Heirathen und Sterbefälle getrennte Register zu führen. Die vorkommenden Fälle sind in protokollarischer Form unter fortlaufender Nummer in die Register einzutragen. Jedes Register wird in zwei gleichlautenden Originalen nach einem Formulare

---

1) B.-Ges.-Bl. 1870, S. 599 ff. Durch die Verfassung des Deutschen Reiches vom 31. Dezember 1870, Art. 80. (B.-Ges.-Bl. 1870, S. 648) auch in Württemberg, Baden und Hessen und durch die Gesetze vom 22. April 1870 (R.-Ges.-Bl. 1871, S. 88) und 8. Februar 1875 (ebend. 1875, S. 69) in Bayern und Elsafs-Lothringen eingeführt.

geführt, welches von dem Bundeskanzler vorgeschrieben wird. Das Formular soll für alle Beamten ein übereinstimmendes sein.

Am Jahresschlusse hat der Beamte die Register abzuschliefsen und das eine Exemplar derselben dem Bundeskanzler einzusenden. Gleichzeitig hat er den Regierungen der einzelnen Bundesstaaten aus den Registern einen Auszug der Fälle mitzutheilen, welche Angehörige derselben betreffen.

Wenn im Laufe des Jahres in ein Register eine Eintragung nicht erfolgt ist, so hat der Beamte eine amtliche Bescheinigung hierüber am Jahresschlusse dem Bundeskanzler einzusenden.

II. Eheschliefsung und Beurkundung derselben.

§. 3. Der Schliefsung der Ehe mufs das Aufgebot vorangehen. Vor Beginn desselben sind dem Beamten die zur Eingehung einer Ehe nach den Gesetzen der Heimath der Verlobten nothwendigen Erfordernisse als vorhanden nachzuweisen. Insbesondere haben die Verlobten in beglaubigter Form beizubringen:

1) ihre Geburtsurkunden;
2) die zustimmende Erklärung derjenigen Personen, deren Einwilligung nach den Gesetzen der Heimath der Verlobten erforderlich ist.

Der Beamte kann die Beibringung dieser Urkunden erlassen, wenn ihm die Thatsachen, welche durch dieselben festgestellt werden sollen, persönlich bekannt oder auf andere Weise glaubhaft nachgewiesen sind.

Auch kann er von unbedeutenden Abweichungen in den Urkunden, beispielsweise von einer verschiedenen Schreibart der Namen, oder einer Verschiedenheit der Vornamen absehen, wenn in anderer Weise die Identität der Betheiligten festgestellt wird.

Der Beamte ist berechtigt, den Verlobten die eidesstattliche Versicherung über die Richtigkeit der Thatsachen abzunehmen, welche durch die vorliegenden Urkunden oder die sonst beigebrachten Beweismittel ihm nicht als hinreichend festgestellt erscheinen.

§. 4. Das Aufgebot geschieht durch eine Bekanntmachung des Beamten, welche die Vornamen, die Familiennamen, das Alter, den Stand oder das Gewerbe und den Wohnort der Verlobten und ihrer Eltern enthalten mufs. Diese Bekanntmachung mufs an der Thüre oder an einer in die Augen fallenden Stelle vor oder in der Kanzlei des Beamten eine Woche hindurch ausgehängt bleiben. Erscheint an dem Amtssitze des Beamten eine Zeitung, so ist die Bekanntmachung aufserdem einmal darin einzurücken, und die Eheschliefsung nicht vor Ablauf des dritten Tages von dem Tage an zulässig, an welchem das die Bekanntmachung enthaltende Blatt ausgegeben ist. Unter mehreren an dem bezeichneten Orte erscheinenden Zeitungen hat der Beamte die Wahl.

§. 5. Wenn eine der aufzubietenden Personen innerhalb der letzten sechs Monate ihren Wohnsitz aufserhalb des Amtsbereichs (§. 1.) des Beamten gehabt hat, so mufs die Bekanntmachung des Aufgebots auch an dem früheren Wohnsitze nach den dort geltenden Vorschriften erfolgen, oder ein gehörig beglaubigtes Zeugnifs der Obrigkeit des früheren Wohnortes darüber beigebracht werden, dafs daselbst Ehehindernisse in Betreff der einzugehenden Ehe nicht bekannt seien.

§. 6. Der Beamte kann aus besonders dringenden Gründen von dem Aufgebote (§§. 4. und 5.) ganz dispensiren.

§. 7. Die Schliefsung der Ehe erfolgt in Gegenwart von zwei Zeugen durch die an die Verlobten einzeln und nach einander gerichtete feierliche Frage des Beamten:

ob sie erklären, dafs sie die Ehe mit dem gegenwärtigen anderen Theile eingehen wollen,

und durch die bejahende Antwort der Verlobten und durch den hierauf erfolgenden Ausspruch des Beamten,

dafs er sie nunmehr kraft des Gesetzes für rechtmäfsig verbundene Eheleute erkläre.

§. 8. Die Ehe erlangt mit dem Abschlusse vor dem Beamten bürgerliche Gültigkeit.

§. 9. Die über die geschlossene Ehe in die Register einzutragende Urkunde (Heiraths-Urkunde) mufs enthalten:

1) Vor- und Familiennamen, Staatsangehörigkeit, Alter, Stand oder Gewerbe, Geburts- und Wohnort der die Ehe eingehenden Personen;

2) Vor- und Familiennamen, Alter, Stand oder Gewerbe und Wohnort ihrer Eltern;
3) Vor- und Familiennamen, Alter, Stand oder Gewerbe und Wohnort der zugezogenen Zeugen;
4) die auf Befragen des Beamten abgegebene Erklärung der Verlobten, sowie die erfolgte Verkündigung ihrer Verbindung;
5) die Unterschrift der anwesenden Personen.

§. 10. Die vorstehenden Bestimmungen über die Eheschliefsung (§§. 3—9) finden auch Anwendung, wenn nicht beide Verlobte, sondern nur einer derselben ein Bundesangehöriger ist.

III. Geburtsurkunden.

§. 11. Die Eintragung der Geburt eines Kindes in die Register kann von dem Beamten nur vorgenommen werden, nachdem sich derselbe durch Vernehmung des Vaters des Kindes oder anderer Personen die Ueberzeugung von der Richtigkeit der einzutragenden Thatsachen verschafft hat.

Diese Eintragung mufs enthalten:
1) den Ort, den Tag und die Stunde der Geburt;
2) das Geschlecht des Kindes;
3) die ihm beigelegten Vornamen;
4) Vor- und Familiennamen, Staatsangehörigkeit, Stand oder Gewerbe, sowie den Wohnort der Eltern und zweier bei der Eintragung zuzuziehender Zeugen;
5) die Unterschrift des Vaters, wenn er anwesend ist, und der vorgedachten Zeugen.

IV. Urkunden über Sterbefälle.

§. 12. Die Eintragung eines Todesfalles in die Register erfolgt auf Grund der Erklärung zweier Zeugen. Sie mufs enthalten:
1) Vor- und Familiennamen des Verstorbenen, dessen Staatsangehörigkeit, Alter, Stand oder Gewerbe, Wohn- und Geburtsort;
2) Vor- und Familiennamen seines Ehegatten;
3) Vor- und Familiennamen, Staatsangehörigkeit, Stand oder Gewerbe und Wohnort der Eltern des Verstorbenen;

4) Ort, Tag und Stunde des erfolgten Todes,

soweit diese Verhältnisse bekannt sind;

5) Vor- und Familiennamen, Alter, Stand oder Gewerbe und Wohnort der Zeugen, welche die Erklärung abgeben, und, wenn es Verwandte des Verstorbenen sind, den Grad ihrer Verwandtschaft;

6) Unterschrift der Zeugen.

V. Schlufsbestimmungen.

§. 13. Insoweit durch die Gesetze eines Bundesstaates den diplomatischen Vertretern und Konsuln in Ansehung der Eheschliefsungen, sowie der Beurkundung der Geburten, Heirathen und Sterbefälle der Angehörigen dieses Staates von einer besonderen Ermächtigung nicht abhängige oder ausgedehntere Befugnisse, als die im gegenwärtigen Gesetze bestimmten, beigelegt sind oder künftig beigelegt werden, stehen diese Befugnisse für die bezeichneten Angehörigen auch den diplomatischen Vertretern des Bundes und den Bundeskonsuln zu.

§. 14. Auf die Gebühren, welche für die durch das gegenwärtige Gesetz den Beamten des Bundes überwiesenen Geschäfte und insbesondere für die Ausfertigungen und Abschriften aus den Personenstands-Registern zu erheben sind, findet der §. 38. des Bundesgesetzes, betreffend die Organisation der Bundeskonsulate, sowie die Amtsrechte und Pflichten der Bundeskonsuln, vom 8. November 1867. (Bundesgesetzbl. S. 137.) Anwendung.

Urkundlich unter Unserer Höchsteigenhändigen Unterschrift und beigedrucktem Bundes-Insiegel.

Gegeben Berlin, den 4. Mai 1870.

(L. S.) **Wilhelm.**

Gr. v. Bismarck-Schönhausen.

XI. Oesterreichisches Gesetz

vom 25. Mai 1868,

womit die Vorschriften des a. b. G. B. über das Eherecht für Katholiken wieder hergestellt werden [1]).

Mit Zustimmung der beiden Häuser des Reichsrathes finde Ich das folgende Gesetz zu erlassen, wodurch die Vorschriften des zweiten Hauptstückes des allgemeinen bürgerlichen Gesetzbuches über das Eherecht für Katholiken wieder hergestellt, die Gerichtsbarkeit in Ehesachen den weltlichen Gerichtsbehörden überwiesen und Bestimmungen über die bedingte Zulässigkeit der Eheschliefsung vor weltlichen Behörden eingeführt werden.

Art. 1. Das unter Berufung auf das Patent vom 5. November 1855, Reichs-Gesetz-Blatt Nr. 195, erlassene und mit 1. Jänner 1857 zur Wirksamkeit gelangte kaiserliche Patent vom 8. October 1856, Reichs-Gesetz-Blatt Nr. 185, mit dem diesem Patente als erster Anhang beigegebenen Gesetze über die Eheangelegenheiten der Katholiken im Kaiserthume Oesterreich, sowie dem weiters beigegebenen und in dem Gesetze selbst bezogenen zweiten Anhange: „Anweisung für die geistlichen Gerichte des Kaiserthumes Oesterreich in Betreff der Ehesachen" sind für die Königreiche und Länder, für welche das gegenwärtige Gesetz erlassen wird, aufser Kraft gesetzt.

An die Stelle dieser aufgehobenen Gesetze treten auch für Katholiken die Vorschriften des von dem Eherechte handelnden zweiten Hauptstückes des allgemeinen bürgerlichen Gesetzbuches vom 1. Juli 1811 und der hierzu nachträglich erflossenen Gesetze und Verordnungen, insoweit

---

1) R.-Ges.-Bl. 1868, Nr. 47.

dieselben zur Zeit, als das Patent vom 8. October 1856, Reichs-Gesetz-Blatt Nr. 185, in Kraft trat, bestanden haben und durch das gegenwärtige Gesetz nicht abgeändert werden.

Art. 2. Wenn einer der nach den Vorschriften des allgemeinen bürgerlichen Gesetzbuches zum Aufgebote der Ehe berufenen Seelsorger die Vornahme des Aufgebotes, oder einer von den zur Entgegennahme der feierlichen Erklärung der Einwilligung berufenen Seelsorgern, welcher von den Brautleuten deſshalb angegangen wurde, die Vornahme des Aufgebotes oder die Entgegennahme der feierlichen Erklärung der Einwilligung zur Ehe aus einem durch die Gesetzgebung des Staates nicht anerkannten Hinderungsgrunde verweigert, so steht es den Brautleuten frei, das Aufgebot ihrer Ehe durch die weltliche Behörde zu veranlassen und die feierliche Erklärung der Einwilligung zur Ehe vor dieser Behörde abzugeben.

Rücksichtlich dieser den Ehewerbern aller Confessionen gestatteten eventuellen Eheschlieſsung vor der weltlichen Behörde gelten die Vorschriften des zweiten Hauptstückes des allgemeinen bürgerlichen Gesetzbuches mit den nachstehenden Abänderungen:

§. 1. Als die zur Vornahme des Aufgebotes und zur Entgegennahme der feierlichen Erklärung der Einwilligung berufene weltliche Behörde hat die k. k. politische Bezirksbehörde, in jenen Städten aber, welche eigene Gemeindestatute besitzen, die mit der politischen Amtsführung betraute Gemeindebehörde einzutreten, und es wird diejenige politische Bezirks- (Gemeinde-) Behörde hierzu als competent anzusehen sein, in deren Amtsbezirk der die Eheschlieſsung verweigernde Seelsorger seinen Amtssitz hat.

§. 2. Um das Aufgebot und die Eheschlieſsung bei der weltlichen Behörde verlangen zu können, haben die Ehewerber vor dieser Behörde die Weigerung des competenten Seelsorgers entweder durch ein schriftliches Zeugniſs desselben oder durch die Aussage von zwei im Amtsbezirke wohnenden eigenberechtigten Männern nachzuweisen.

Wird ein solcher Beweis nicht erbracht, so liegt es der politischen Behörde ob, an den betreffenden Seelsorger eine Aufforderung des Inhaltes zu richten, dafs derselbe das Aufgebot vornehmen und beziehungsweise die Erklärung der Einwilligung zur Ehe entgegennehmen oder mittelst ämtlicher Zuschrift die entgegenstehenden Hindernisse anzeigen wolle.

Erfolgt hierauf aus Gründen, welche in den Staatsgesetzen nicht enthalten sind, oder ohne Angabe von Gründen eine ablehnende Antwort des Seelsorgers, oder geht innerhalb eines Zeitraumes von längstens acht Tagen, in welche die Tage des Postenlaufes nicht einzurechnen sind, keine Antwort ein, so hat die politische Behörde nach Beibringung der durch die Vorschriften des allgemeinen bürgerlichen Gesetzbuches sammt Nachtrags-Verordnungen vorgeschriebenen Ausweise und Behelfe das Aufgebot und den Eheschliefsungsact sofort vorzunehmen.

§. 3. Alle Functionen und Entscheidungen, welche nach den Vorschriften des zweiten Hauptstückes des allgemeinen bürgerlichen Gesetzbuches sammt Nachtrags-Verordnungen dem Seelsorger übertragen sind, stehen im Falle einer Eheschliefsung vor der weltlichen Behörde der competenten politischen Bezirks- (Gemeinde-) Behörde zu.

§. 4. Gegen Entscheidungen der politischen Bezirks-(Gemeinde-) Behörde in Ehesachen steht den Ehewerbern das Recht des Recurses an die k. k. politische Landesstelle und gegen die Entscheidungen dieser letztern das Recht des Recurses an das k. k. Ministerium des Innern offen, ohne dafs der Recurs an eine bestimmte Frist gebunden oder durch gleichlautende Entscheidungen der beiden unteren Instanzen ausgeschlossen ist.

§. 5. Das Aufgebot einer vor der weltlichen Behörde abzuschliefsenden Ehe ist von dieser Behörde durch öffentlichen Anschlag, sowohl an der eigenen ämtlichen Kundmachungstafel, als auch im Requisitionswege durch öffentlichen Anschlag bei dem Gemeindeamte des Wohnortes eines jeden der Brautleute vorzunehmen.

Wenn bei einer k. k. politischen Bezirksbehörde regelmäfsig Amtstage abgehalten werden, so hat das Aufgebot auch mündlich an einem oder mehreren Amtstagen zu erfolgen. Zur Giltigkeit der Ehe wird jedoch nur die Vornahme des schriftlichen Aufgebotes mittelst Anschlages erfordert.

Der das Aufgebot enthaltende Anschlag soll durch drei Wochen an der Kundmachungstafel der politischen Behörde und der betreffenden Gemeindeämter affigirt bleiben, bevor zur Eheschliefsung geschritten werden kann.

Aus wichtigen Gründen kann die k. k. politische Landesstelle diesen Aufgebotstermin verkürzen und unter dringenden Umständen das Aufgebot auch ganz nachsehen. Die Aufgebotsnachsicht wegen bestätigter naher Todesgefahr kann gegen das im §. 86 des allgemeinen bürgerlichen Gesetzbuches vorgesehene eidliche Gelöbnifs der Brautleute auch von der politischen Bezirks- (Gemeinde-) Behörde ertheilt werden.

§. 6. Die Requisition und Delegation einer andern Bezirks- (Gemeinde-) Behörde zur Entgegennahme der feierlichen Erklärung der Einwilligung kann über Ansuchen der Brautleute von Seite der competenten politischen Bezirks- (Gemeinde-) Behörde nach den im allgemeinen bürgerlichen Gesetzbuche (§§. 81 und 82) für Pfarrämter bestehenden Vorschriften geschehen.

§. 7. Die feierliche Erklärung der Einwilligung zur Ehe mufs vor dem Vorsteher der politischen Bezirks- (Gemeinde-) Behörde oder vor einem Stellvertreter des Vorstehers in Gegenwart zweier Zeugen und eines beeideten Schriftführers abgegeben werden.

§. 8. Ueber den Act der Eheschliefsung ist ein Protokoll aufzunehmen und sowohl von den Brautleuten, als von den Zeugen und den beiden Amtspersonen zu unterzeichnen.

§. 9. Die politische Bezirks- (Gemeinde-) Behörde führt über die bei derselben vorgenommenen Aufgebote und Eheschliefsungen das Aufgebotsbuch und das Eheregister und fertigt aus diesen Registern über Ansuchen ämtliche Zeugnisse aus, welche die geschehene Verkündigung und beziehungsweise Eheschliefsung mit der Beweiskraft öffentlicher Urkunden darthun.

Ein solches Amtszeugnifs über den vorgenommenen Act der Eheschliefsung hat die politische Bezirks- (Gemeinde-) Behörde den ordentlichen Seelsorgern beider Brautleute von Amtswegen zu übersenden.

§. 10. Rücksichtlich der Scheidung und Trennung der Ehe gelten für die vor der weltlichen Behörde geschlossenen Ehen gleichfalls die Bestimmungen des allgemeinen bürgerlichen Gesetzbuches, wobei die den Seelsorgern zugewiesenen Functionen der politischen Gemeinde- (Bezirks-) Behörde obliegen, in deren Sprengel sich der Amtssitz des zu diesen Functionen gesetzlich berufenen Seelsorgers befindet.

§. 11. Es bleibt den Eheleuten, welche ihre Ehe vor der weltlichen Behörde abgeschlossen haben, unbenommen, nachträglich auch die kirchliche Einsegnung ihrer Ehe von einem der Seelsorger jener Confession, welcher ein Theil der Eheleute angehört, zu erwirken.

Art. 3. Mit dem Tage, an welchem die Wirksamkeit des gegenwärtigen Gesetzes beginnt, wird in den Königreichen und Ländern, für welche dasselbe gegeben ist, die Gerichtsbarkeit in Ehesachen der Katholiken wie der übrigen christlichen und nichtchristlichen Confessionen ausschliefslich durch diejenigen weltlichen Gerichte ausgeübt, die vor dem 1. Jänner 1857, mit welchem Tage die geistlichen Ehegerichte in Wirksamkeit traten, nach den Jurisdictionsnormen vom 22. December 1851 und 20. November 1852 hierzu berufen waren.

Diese weltlichen Gerichte haben nach denjenigen Gesetzen und Verordnungen, welche zur Zeit, als das Patent vom 8. October 1856, Reichs-Gesetz-Blatt Nr. 185, in Wirksamkeit getreten, für Ehestreitigkeiten was immer für einer Art bestanden, und insbesondere nach den über Ehestreitigkeiten im zweiten Hauptstücke des allgemeinen bürgerlichen Gesetzbuches und im Hofdecrete vom 23. August 1819, Justizgesetzsammlung Nr. 1595, enthaltenen Bestimmungen zu verfahren, soweit die letzteren nicht durch die Verfügungen des gegenwärtigen Gesetzes eine Aenderung erleiden.

Art. 4. Zur Einführung des gegenwärtigen Gesetzes werden folgende Uebergangsbestimmungen verfügt:

§. 1. Insoferne es sich um die Giltigkeit einer Ehe handelt, welche unter der Geltung des Patentes vom 8. October 1856, Reichs-Gesetz-Blatt Nr. 185, geschlossen wurde, ist dieselbe nach den Bestimmungen dieses Patentes und der damit erlassenen Vorschriften zu beurteilen.

Die Trennung, sowie die Scheidung von Tisch und Bett in Ansehung einer vor Beginn der Wirksamkeit dieses Gesetzes geschlossenen Ehe ist dagegen von dem Tage dieser Wirksamkeit nur nach den Bestimmungen des bürgerlichen Gesetzbuches und nach den im gegenwärtigen Gesetze getroffenen Anordnungen zu beurteilen.

§. 2. Ebenso ist das Verfahren bei Untersuchung und Verhandlung über die Ungiltigkeitserklärung eben sowohl als über die Trennung und Scheidung von Tisch und Bett hinsichtlich einer vor Wirksamkeit dieses Gesetzes geschlossenen Ehe nach den Bestimmungen des gegenwärtigen Gesetzes zu pflegen.

§. 3. Die unter der Geltung des Patentes vom 8. October 1856, Reichs-Gesetz-Blatt Nr. 185, ergangenen rechtskräftigen Entscheidungen verlieren die ihnen nach Maſsgabe dieses Patentes und der demselben beigegebenen Gesetze zukommenden Wirkungen nicht.

§. 4. Alle am Tage der beginnenden Wirksamkeit des gegenwärtigen Gesetzes auf Grund des Patentes vom 8. October 1856, Reichs-Gesetz-Blatt Nr. 185, bei einem geistlichen oder weltlichen Gerichte in erster oder höherer Instanz oder bei was immer für einer Behörde anhängigen Verhandlungen sind durch die nach den Bestimmungen dieses Gesetzes zuständigen weltlichen Gerichte und beziehungsweise Administrativbehörden fortzuführen und dahin zu übertragen.

§. 5. Insoweit es sich um die Aufgebote und sonstigen Vorbereitungen einer Ehe handelt, ist sich bis zu dem Tage, an welchem die Wirksamkeit dieses Gesetzes beginnt, gleichfalls an die Vorschriften des Patentes vom 8. October 1856, Reichs-Gesetz-Blatt Nr. 185, und der demselben beigegebenen Gesetze zu halten, insoweit die Ehe auch noch innerhalb dieses Zeitraumes zum Abschlusse kommt. Wenn dieses letztere jedoch nicht der Fall ist, so müssen die Aufgebote, sowie die sonstigen Vorbereitungen zum Eheabschlusse während der Wirksamkeit dieses Gesetzes in Gemäſsheit der Vorschriften desselben neuerlich vorgenommen werden.

Art. 5. Mit dem Vollzuge des gegenwärtigen Gesetzes werden die Minister der Justiz, des Cultus und des Innern betraut, von welchen die erforderlichen Ausführungsverordnungen zu erlassen sind.

XII. Oesterreichisches Gesetz

vom 9. April 1870,

über die Ehen von Personen, welche keiner gesetzlich anerkannten Kirche oder Religionsgesellschaft angehören, und über die Führung der Geburts-, Ehe- und Sterberegister für dieselben [1]).

Mit Zustimmung beider Häuser des Reichsrathes finde Ich zu verordnen wie folgt:

§. 1. Jene Amtshandlungen, welche die Gesetze in Bezug auf Ehen und auf die Matrikenführung über Ehen den Seelsorgern zuweisen, sind, soweit sie eine Person betreffen, die keiner gesetzlich anerkannten Kirche oder Religionsgesellschaft angehört, von der Bezirkshauptmannschaft, und in Orten, welche eigene Gemeindestatute besitzen, von der mit der politischen Amtsführung betrauten Gemeindebehörde vorzunehmen.

Die Zuständigkeit der Bezirkshauptmannschaft (Gemeindebehörde) wird durch den Wohnsitz der betreffenden Personen bestimmt.

Rücksichtlich des Aufgebotes, der Eheschliefsung und der ihr entgegenstehenden Hindernisse, ferner der Eintragung in das Eheregister, der Ausfertigung amtlicher Zeugnisse aus diesem Register und der Versöhnungsversuche vor Ehescheidungen findet der Artikel 2 des Gesetzes vom 25. Mai 1868, Nr. 47 R. G. B., und das Gesetz vom 31. December 1868, Nr. 4 R. G. B. vom Jahre 1869, sinngemäfse Anwendung.

§. 2. Hinsichtlich der Trennbarkeit der Ehen sind die im §. 1 erwähnten Personen den nichtkatholischen christlichen Religionsverwandten gleichzuhalten.

---

1) R.-Ges.-Bl. 1870, Nr. 51.

§. 3. Die Geburts- und Sterberegister über die im §. 1 erwähnten Personen werden von der Bezirkshauptmannschaft (Gemeindebehörde) geführt, in deren Bezirk sich der Geburts- oder Todesfall zugetragen hat.

Diese Behörde hat die Eintragung selbst dann vorläufig vorzunehmen, wenn ihre Competenz zweifelhaft erscheint, jedoch zugleich die weitere Verhandlung einzuleiten.

Den von den politischen Behörden auf Grund dieser Register ausgefertigten amtlichen Zeugnissen kommt die Beweiskraft öffentlicher Urkunden zu.

§. 4. Jeden Geburts- oder Todesfall, welcher in die von der politischen Behörde geführten Matriken (§. 3) einzutragen ist, hat der zur Anzeige Verpflichtete bei dieser Behörde binnen der acht nächstfolgenden Tage in der Regel persönlich anzuzeigen und bei Geburtsfällen zugleich den dem Kinde beigelegten oder beizulegenden Vornamen anzugeben.

Bei der Anzeige von Todesfällen ist der Todtenbeschauzettel beizubringen.

§. 5. Zur Erstattung der Geburtsanzeige ist zunächst der eheliche Vater des Neugebornen verpflichtet. Ist der Vater nicht anwesend oder aufser Stande, die Anzeige zu machen, oder handelt es sich um ein uneheliches Kind, so ist die Anzeige von dem Geburtshelfer oder der Hebamme, in deren Ermanglung von demjenigen zu erstatten, in dessen Wohnung das Kind geboren wurde. Tritt keiner dieser Fälle ein, so ist die Mutter verpflichtet, die Anzeige zu veranlassen.

Die Todesanzeige ist von dem überlebenden Ehegatten, in dessen Ermanglung von dem nächsten Angehörigen, und wenn ein solcher nicht anwesend ist, von demjenigen zu erstatten, in dessen Wohnung der Todesfall eingetreten ist.

Geburts- oder Todesfälle, welche in Gebär-, Findel-, Kranken-, Straf-, Zwangsarbeits- und andern öffentlichen Anstalten vorkommen, sind von dem Vorsteher der Anstalt zur Anzeige zu bringen.

§. 6. Die Unterlassung der Anzeige, sowie die Ueberschreitung der hierzu bestimmten Frist wird an dem Schuldtragenden (§. 5) mit einer Geldstrafe bis fünfzig

Gulden und im Falle der Zahlungsunfähigkeit mit Arrest bis zu fünf Tagen geahndet.

Die Bezirkshauptmannschaft und die Gemeindevorsteher haben die rechtzeitige Erstattung dieser Anzeigen zu überwachen und bei vorkommenden Unterlassungen das erforderliche von Amtswegen zu veranlassen.

§. 7. Mit dem Vollzuge dieses Gesetzes sind die Minister der Justiz, des Cultus und des Innern beauftragt, von welchen die erforderlichen Ausführungsverordnungen und insbesondere die Vorschriften über die innere Einrichtung und Führung der Matriken zu erlassen sind.

XIII. Deutsches Reichsgesetz,

betreffend das Urheberrecht an Schriftwerken, Abbildungen, musikalischen Kompositionen und dramatischen Werken.

Vom 11. Juni 1870 [1]).

Wir Wilhelm, von Gottes Gnaden König von Preußen etc. verordnen im Namen des Norddeutschen Bundes, nach erfolgter Zustimmung des Bundesrathes und des Reichstages, was folgt:

I. Schriftwerke.

a. Ausschließliches Recht des Urhebers.

§. 1. Das Recht, ein Schriftwerk auf mechanischem Wege zu vervielfältigen, steht dem Urheber desselben ausschließlich zu.

§. 2. Dem Urheber wird in Beziehung auf den durch das gegenwärtige Gesetz gewährten Schutz der Herausgeber eines aus Beiträgen Mehrerer bestehenden Werkes gleich geachtet, wenn dieses ein einheitliches Ganzes bildet.

Das Urheberrecht an den einzelnen Beiträgen steht den Urhebern derselben zu.

§. 3. Das Recht des Urhebers geht auf dessen Erben über. Dieses Recht kann beschränkt oder unbeschränkt durch Vertrag oder durch Verfügung von Todeswegen auf Andere übertragen werden.

---

1) B.-Ges.-Bl. 1870, S. 339 ff. In Württemberg, Baden und Hessen durch die »Verfassung des Deutschen Bundes« vom 31. Dezember 1870, Art. 80 (B.-Ges-Bl. 1870, S. 648), in Bayern und Elsaſs-Lothringen durch die Gesetze vom 22. April 1871 und 27. Januar 1873 (R.-Ges.-Bl. 1871, S. 90. 1873, S. 42) eingeführt. Für Bayern wurde die fortdauernde Geltung des Art. 68 des bayerischen Gesetzes vom 28. Juni 1865, betreffend die Ablieferung von Pflichtexemplaren, vorbehalten.

b. Verbot des Nachdrucks.

§. 4. Jede mechanische Vervielfältigung eines Schriftwerkes, welche ohne Genehmigung des Berechtigten (§§. 1. 2. 3.) hergestellt wird, heifst Nachdruck und ist verboten.

Hinsichtlich dieses Verbotes macht es keinen Unterschied, ob das Schriftwerk ganz oder nur theilweise vervielfältigt wird.

Als mechanische Vervielfältigung ist auch das Abschreiben anzusehen, wenn es dazu bestimmt ist, den Druck zu vertreten.

§. 5. Als Nachdruck (§. 4.) ist auch anzusehen:

a) der ohne Genehmigung des Urhebers erfolgte Abdruck von noch nicht veröffentlichten Schriftwerken (Manuskripten).

Auch der rechtmäfsige Besitzer eines Manuskriptes oder einer Abschrift desselben bedarf der Genehmigung des Urhebers zum Abdruck;

b) der ohne Genehmigung des Urhebers erfolgte Abdruck von Vorträgen, welche zum Zwecke der Erbauung, der Belehrung oder der Unterhaltung gehalten sind;

c) der neue Abdruck von Werken, welche der Urheber oder der Verleger dem unter ihnen bestehenden Vertrage zuwider veranstaltet;

d) die Anfertigung einer gröfseren Anzahl von Exemplaren eines Werkes Seitens des Verlegers, als demselben vertragsmäfsig oder gesetzlich gestattet ist.

§. 6. Uebersetzungen ohne Genehmigung des Urhebers des Originalwerkes gelten als Nachdruck:

a) wenn von einem, zuerst in einer todten Sprache erschienenen Werke eine Uebersetzung in einer lebenden Sprache herausgegeben wird;

b) wenn von einem gleichzeitig in verschiedenen Sprachen herausgegebenen Werke eine Uebersetzung in einer dieser Sprachen veranstaltet wird;

c) wenn der Urheber sich das Recht der Uebersetzung auf dem Titelblatte oder an der Spitze des Werkes vorbehalten hat, vorausgesetzt, dafs die Veröffentlichung der vorbehaltenen Uebersetzung nach dem

Erscheinen des Originalwerkes binnen einem Jahre begonnen und binnen drei Jahren beendet wird. Das Kalenderjahr, in welchem das Originalwerk erschienen ist, wird hierbei nicht mitgerechnet.

Bei Originalwerken, welche in mehreren Bänden oder Abtheilungen erscheinen, wird jeder Band oder jede Abtheilung im Sinne dieses Paragraphen als ein besonderes Werk angesehen, und mufs der Vorbehalt der Uebersetzung auf jedem Bande oder jeder Abtheilung wiederholt werden.

Bei dramatischen Werken mufs die Uebersetzung innerhalb sechs Monaten, vom Tage der Veröffentlichung des Originals an gerechnet, vollständig erschienen sein.

Der Beginn und beziehungsweise die Vollendung der Uebersetzung mufs zugleich innerhalb der angegebenen Fristen zur Eintragung in die Eintragsrolle (§§. 39 ff.) angemeldet werden, widrigenfalls der Schutz gegen neue Uebersetzungen erlischt.

Die Uebersetzung eines noch ungedruckten gegen Nachdruck geschützten Schriftwerkes (§. 5. Littr. a. und b.) ist als Nachdruck anzusehen.

Uebersetzungen geniefsen gleich Originalwerken den Schutz dieses Gesetzes gegen Nachdruck.

c. Was nicht als Nachdruck anzusehen ist.

§. 7. Als Nachdruck ist nicht anzusehen:

a) das wörtliche Anführen einzelner Stellen oder kleinerer Theile eines bereits veröffentlichten Werkes oder die Aufnahme bereits veröffentlichter Schriften von geringerem Umfang in ein gröfseres Ganzes, sobald dieses nach seinem Hauptinhalt ein selbstständiges wissenschaftliches Werk ist, sowie in Sammlungen, welche aus Werken mehrerer Schriftsteller zum Kirchen-, Schul- und Unterrichtsgebrauch oder zu einem eigenthümlichen literarischen Zwecke veranstaltet werden. Vorausgesetzt ist jedoch, dafs der Urheber oder die benutzte Quelle angegeben ist;

b) der Abdruck einzelner Artikel aus Zeitschriften und anderen öffentlichen Blättern mit Ausnahme von novellistischen Erzeugnissen und wissenschaftlichen Ausarbeitungen, sowie von sonstigen gröfseren Mittheilungen, sofern an der Spitze der letzteren der Abdruck untersagt ist;

c) der Abdruck von Gesetzbüchern, Gesetzen, amtlichen Erlassen, öffentlichen Aktenstücken und Verhandlungen aller Art;

d) der Abdruck von Reden, welche bei den Verhandlungen der Gerichte, der politischen, kommunalen und kirchlichen Vertretungen, sowie der politischen und ähnlichen Versammlungen gehalten werden.

d. Dauer des ausschliefslichen Rechtes des Urhebers.

§. 8. Der Schutz des gegenwärtigen Gesetzes gegen Nachdruck wird, vorbehaltlich der folgenden besonderen Bestimmungen, für die Lebensdauer des Urhebers (§§. 1. und 2.) und dreifsig Jahre nach dem Tode desselben gewährt.

§. 9. Bei einem von mehreren Personen als Miturhebern verfafsten Werke erstreckt sich die Schutzfrist auf die Dauer von dreifsig Jahren nach dem Tode des Letztlebenden derselben.

Bei Werken, welche durch Beiträge mehrerer Mitarbeiter gebildet werden, richtet sich die Schutzfrist für die einzelnen Beiträge danach, ob die Urheber derselben genannt sind oder nicht (§§. 8. 11.).

§. 10. Einzelne Aufsätze, Abhandlungen etc., welche in periodischen Werken, als: Zeitschriften, Taschenbüchern, Kalendern etc., erschienen sind, darf der Urheber, falls nichts Anderes verabredet ist, auch ohne Einwilligung des Herausgebers oder Verlegers des Werkes, in welches dieselben aufgenommen sind, nach zwei Jahren vom Ablauf des Jahres des Erscheinens an gerechnet, anderweitig abdrucken.

§. 11. Bei Schriftwerken, welche bereits veröffentlicht sind, ist die im §. 8. vorgeschriebene Dauer des Schutzes an die Bedingung geknüpft, dafs der wahre Name des Urhebers auf dem Titelblatte oder unter der Zueignung oder unter der Vorrede angegeben ist.

Bei Werken, welche durch Beiträge mehrerer Mitarbeiter gebildet werden, genügt es für den Schutz der Beiträge, wenn der Name des Urhebers an der Spitze oder am Schlufs des Beitrags angegeben ist.

Ein Schriftwerk, welches entweder unter einem anderen, als dem wahren Namen des Urhebers veröffentlicht, oder bei welchem ein Urheber gar nicht angegeben ist, wird dreifsig Jahre lang, von der ersten Herausgabe an gerechnet, gegen Nachdruck geschützt (§. 28.).

Wird innerhalb dreifsig Jahre, von der ersten Herausgabe an gerechnet, der wahre Name des Urhebers von ihm selbst oder seinen hierzu legitimirten Rechtsnachfolgern zur Eintragung in die Eintragsrolle (§§. 39 ff.) angemeldet, so wird dadurch dem Werke die im §. 8. bestimmte längere Dauer des Schutzes erworben.

§. 12. Die erst nach dem Tode des Urhebers erschienenen Werke werden dreifsig Jahre lang, vom Tode des Urhebers an gerechnet, gegen Nachdruck geschützt.

§. 13. Akademien, Universitäten, sonstige juristische Personen, öffentliche Unterrichtsanstalten, sowie gelehrte oder andere Gesellschaften, wenn sie als Herausgeber dem Urheber gleich zu achten sind (§. 2.), geniefsen für die von ihnen herausgegebenen Werke einen Schutz von dreifsig Jahren nach deren Erscheinen.

§. 14. Bei Werken, die in mehreren Bänden oder Abtheilungen erscheinen, wird die Schutzfrist von dem ersten Erscheinen eines jeden Bandes oder einer jeden Abtheilung an berechnet.

Bei Werken jedoch, die in einem oder mehreren Bänden eine einzige Aufgabe behandeln und mithin als in sich zusammenhängend zu betrachten sind, beginnt die Schutzfrist erst nach dem Erscheinen des letzten Bandes oder der letzten Abtheilung.

Wenn indessen zwischen der Herausgabe einzelner Bände oder Abtheilungen ein Zeitraum von mehr als drei Jahren verflossen ist, so sind die vorher erschienenen Bände, Abtheilungen etc. als ein für sich bestehendes Werk und ebenso die nach Ablauf der drei Jahre erscheinenden weiteren Fortsetzungen als ein neues Werk zu behandeln.

§. 15. Das Verbot der Herausgabe von Uebersetzungen dauert in dem Falle des §. 6. Littr. b. fünf Jahre vom Erscheinen des Originalwerkes, in dem Falle des §. 6.

Littr. c. fünf Jahre vom ersten Erscheinen der rechtmäfsigen Uebersetzung ab gerechnet.

§. 16. In den Zeitraum der gesetzlichen Schutzfrist (§§. 8 ff.) wird das Todesjahr des Verfassers, beziehungsweise das Kalenderjahr des ersten Erscheinens des Werkes oder der Uebersetzung nicht eingerechnet.

§. 17. Ein Heimfallsrecht des Fiskus oder anderer zu herrenlosen Verlassenschaften berechtigter Personen findet an das ausschliefsliche Recht des Urhebers und seiner Rechtsnachfolger nicht statt.

e. Entschädigung und Strafen.

§. 18. Wer vorsätzlich oder aus Fahrlässigkeit einen Nachdruck (§§. 4. ff.) in der Absicht, denselben innerhalb oder aufserhalb des Norddeutschen Bundes zu verbreiten, veranstaltet, ist den Urheber oder dessen Rechtsnachfolger zu entschädigen verpflichtet und wird aufserdem mit einer Geldstrafe bis zu Eintausend Thalern bestraft.

Die Bestrafung des Nachdrucks bleibt jedoch ausgeschlossen, wenn der Veranstalter desselben auf Grund entschuldbaren, thatsächlichen oder rechtlichen Irrthums in gutem Glauben gehandelt hat.

Kann die verwirkte Geldstrafe nicht beigetrieben werden, so wird dieselbe nach Maafsgabe der allgemeinen Strafgesetze in eine entsprechende Freiheitsstrafe bis zu sechs Monaten umgewandelt.

Statt jeder aus diesem Gesetze entspringenden Entschädigung kann auf Verlangen des Beschädigten neben der Strafe auf eine an den Beschädigten zu erlegende Geldbufse bis zum Betrage von zweitausend Thalern erkannt werden. Für diese Bufse haften die zu derselben Verurtheilten als Gesammtschuldner.

Eine erkannte Bufse schliefst die Geltendmachung eines weiteren Entschädigungsanspruches aus.

Wenn den Veranstalter des Nachdrucks kein Verschulden trifft, so haftet er dem Urheber oder dessen Rechtsnachfolger für den entstandenen Schaden nur bis zur Höhe seiner Bereicherung.

§. 19. Darüber, ob ein Schaden entstanden ist, und wie hoch sich derselbe beläuft, desgleichen über den Bestand und die Höhe einer Bereicherung, entscheidet das

Gericht unter Würdigung aller Umstände nach freier Ueberzeugung.

§. 20. Wer vorsätzlich oder aus Fahrlässigkeit einen Anderen zur Veranstaltung eines Nachdrucks veranlaſst, hat die im §. 18 festgesetzte Strafe verwirkt, und ist den Urheber oder dessen Rechtsnachfolger nach Maaſsgabe der §§. 18. und 19. zu entschädigen verpflichtet, und zwar selbst dann, wenn der Veranstalter des Nachdrucks nach §. 18. nicht strafbar oder ersatzverbindlich sein sollte.

Wenn der Veranstalter des Nachdrucks ebenfalls vorsätzlich oder aus Fahrlässigkeit gehandelt hat, so haften Beide dem Berechtigten solidarisch.

Die Strafbarkeit und die Ersatzverbindlichkeit der übrigen Theilnehmer am Nachdruck richtet sich nach den allgemeinen gesetzlichen Vorschriften.

§. 21. Die vorräthigen Nachdrucks-Exemplare und die zur widerrechtlichen Vervielfältigung ausschlieſslich bestimmten Vorrichtungen, wie Formen, Platten, Steine, Stereotypabgüsse etc., unterliegen der Einziehung. Dieselben sind, nachdem die Einziehung dem Eigenthümer gegenüber rechtskräftig erkannt ist, entweder zu vernichten oder ihrer gefährdenden Form zu entkleiden und alsdann dem Eigenthümer zurückzugeben.

Wenn nur ein Theil des Werkes als Nachdruck anzusehen ist, so erstreckt sich die Einziehung nur auf den als Nachdruck erkannten Theil des Werkes und die Vorrichtungen zu diesem Theile.

Die Einziehung erstreckt sich auf alle diejenigen Nachdrucks-Exemplare und Vorrichtungen, welche sich im Eigenthum des Veranstalters des Nachdrucks, des Druckers, der Sortimentsbuchhändler, der gewerbsmäſsigen Verbreiter und desjenigen, welcher den Nachdruck veranlaſst hat (§. 20.), befinden.

Die Einziehung tritt auch dann ein, wenn der Veranstalter oder Veranlasser des Nachdrucks weder vorsätzlich noch fahrlässig gehandelt hat (§. 18.). Sie erfolgt auch gegen die Erben desselben.

Es steht dem Beschädigten frei, die Nachdrucks-Exemplare und Vorrichtungen ganz oder theilweise gegen die Herstellungskosten zu übernehmen, insofern nicht die Rechte eines Dritten dadurch verletzt oder gefährdet werden.

§. 22. Das Vergehen des Nachdrucks ist vollendet, sobald ein Nachdrucks-Exemplar eines Werkes den Vorschriften des gegenwärtigen Gesetzes zuwider, sei es im Gebiete des Norddeutschen Bundes, sei es aufserhalb desselben, hergestellt worden ist.

Im Falle des blofsen Versuchs des Nachdrucks tritt weder eine Bestrafung noch eine Entschädigungsverbindlichkeit des Nachdruckers ein. Die Einziehung der Nachdrucksvorrichtungen (§. 21.) erfolgt auch in diesem Falle.

§. 23. Wegen Rückfalls findet eine Erhöhung der Strafe über das höchste gesetzliche Maafs (§. 18.) nicht statt.

§. 24. Wenn in den Fällen des §. 7. Littr. a. die Angabe der Quelle oder des Namens des Urhebers vorsätzlich oder aus Fahrlässigkeit unterlassen wird, so haben der Veranstalter und der Veranlasser des Abdrucks eine Geldstrafe bis zu zwanzig Thalern verwirkt.

Eine Umwandlung der Geldstrafe in Freiheitsstrafe findet nicht statt.

Eine Entschädigungspflicht tritt nicht ein.

§. 25. Wer vorsätzlich Exemplare eines Werkes, welche den Vorschriften des gegenwärtigen Gesetzes zuwider angefertigt worden sind, innerhalb oder aufserhalb des Norddeutschen Bundes gewerbemäfsig feilhält, verkauft oder in sonstiger Weise verbreitet, ist nach Maafsgabe des von ihm verursachten Schadens den Urheber oder dessen Rechtsnachfolger zu entschädigen verpflichtet und wird aufserdem mit Geldstrafe nach §. 18. bestraft.

Die Einziehung der zur gewerbemäfsigen Verbreitung bestimmten Nachdrucks-Exemplare nach Maafsgabe des §. 21. findet auch dann statt, wenn der Verbreiter nicht vorsätzlich gehandelt hat.

Der Entschädigungspflicht, sowie der Bestrafung wegen Verbreitung unterliegen auch der Veranstalter und Veranlasser des Nachdrucks, wenn sie nicht schon als solche entschädigungspflichtig und strafbar sind.

f. Verfahren.

§. 26. Sowohl die Entscheidung über den Entschädigungsanspruch, als auch die Verhängung der im gegenwärtigen Gesetze angedrohten Strafen und die Einziehung der Nachdrucks-Exemplare etc. gehört zur Kompetenz der ordentlichen Gerichte.

Die Einziehung der Nachdrucks-Exemplare etc. kann sowohl im Strafrechtswege beantragt, als im Civilrechtswege verfolgt werden.

§. 27. Das gerichtliche Strafverfahren ist nicht von Amtswegen, sondern nur auf den Antrag des Verletzten einzuleiten. Der Antrag auf Bestrafung kann bis zur Verkündung eines auf Strafe lautenden Erkenntnisses zurückgenommen werden.

§. 28. Die Verfolgung des Nachdrucks steht Jedem zu, dessen Urheber- oder Verlagsrechte durch die widerrechtliche Vervielfältigung beeinträchtigt oder gefährdet sind.

Bei Werken, welche bereits veröffentlicht sind, gilt bis zum Gegenbeweise derjenige als Urheber, welcher nach Maafsgabe des §. 11. Absatz 1. 2. auf dem Werke als Urheber angegeben ist.

Bei anonymen und pseudonymen Werken ist der Herausgeber, und wenn ein solcher nicht angegeben ist, der Verleger berechtigt, die dem Urheber zustehenden Rechte wahrzunehmen. Der auf dem Werke angegebene Verleger gilt ohne weiteren Nachweis als der Rechtsnachfolger des anonymen oder pseudonymen Urhebers.

§. 29. In den Rechtsstreitigkeiten wegen Nachdrucks, einsichliefslich der Klagen wegen Bereicherung aus dem Nachdruck, hat der Richter, ohne an positive Regeln über die Wirkung der Beweismittel gebunden zu sein, den Thatbestand nach seiner freien, aus dem Inbegriff der Verhandlungen geschöpften Ueberzeugung festzustellen.

Ebenso ist der Richter bei Entscheidung der Frage: ob der Nachdrucker oder der Veranlasser des Nachdrucks (§§. 18. 20.) fahrlässig gehandelt hat, an die in den Landesgesetzen vorgeschriebenen verschiedenen Grade der Fahrlässigkeit nicht gebunden.

§. 30. Sind technische Fragen, von welchen der Thatbestand des Nachdrucks oder der Betrag des Schadens oder der Bereicherung abhängt, zweifelhaft oder streitig, so ist der Richter befugt, das Gutachten Sachverständiger einzuholen.

§. 31. In allen Staaten des Norddeutschen Bundes sollen aus Gelehrten, Schriftstellern, Buchhändlern und anderen geeigneten Personen Sachverständigen-Vereine gebildet werden, welche, auf Erfordern des Richters, Gutachten über die an sie gerichteten Fragen abzugeben verpflichtet sind. Es bleibt den einzelnen Staaten überlassen, sich zu diesem Behufe an andere Staaten des Norddeutschen Bundes anzuschliefsen, oder auch mit denselben sich zur Bildung gemeinschaftlicher Sachverständigen-Vereine zu verbinden.

Die Sachverständigen-Vereine sind befugt, auf Anrufen der Betheiligten über streitige Entschädigungsansprüche und die Einziehung nach Maafsgabe der §§. 18. bis 21. als Schiedsrichter zu verhandeln und zu entscheiden.

Das Bundeskanzler-Amt erläfst die Instruktion über die Zusammensetzung und den Geschäftsbetrieb der Sachverständigen-Vereine.

§. 32. Die in den §§. 12. und 13. des Gesetzes, betreffend die Errichtung eines obersten Gerichtshofes für Handelssachen vom 12. Juni 1869. (Bundesgesetzbl. S. 201.), geregelte Zuständigkeit des Bundes-Oberhandelsgerichts zu Leipzig wird auf diejenigen bürgerlichen Rechtsstreitigkeiten ausgedehnt, in welchen auf Grund der Bestimmungen dieses Gesetzes durch die Klage ein Entschädigungsanspruch oder ein Anspruch auf Einziehung geltend gemacht wird.

Das Bundes-Oberhandelsgericht tritt auch in den nach den Bestimmungen dieses Gesetzes zu beurtheilenden Strafsachen an die Stelle des für das Gebiet, in welchem die Sache in erster Instanz anhängig geworden ist, nach den Landesgesetzen bestehenden obersten Gerichtshofes, und zwar mit derjenigen Zuständigkeit, welche nach diesen Landesgesetzen dem obersten Gerichtshofe gebührt.

In den zufolge der vorstehenden Bestimmung zur Zuständigkeit des Bundes-Oberhandelsgerichts gehörenden Strafsachen bestimmt sich das Verfahren auch bei diesem Gerichtshofe nach den für das Gebiet, aus welchem die Sache an das Bundes-Oberhandelsgericht gelangt, geltenden Strafprozefsgesetzen. Die Verrichtungen der Staatsanwaltschaft in diesen Strafsachen werden bei dem Bundes-Oberhandelsgericht von dem Staatsanwalt wahrgenommen, welcher dieselben bei dem betreffenden obersten

Landesgerichtshofe wahrzunehmen hat. Der bezeichnete Staatsanwalt kann sich jedoch bei der mündlichen Verhandlung durch einen in Leipzig angestellten Staatsanwalt oder durch einen in Leipzig wohnenden Advokaten vertreten lassen.

Strafsachen, für welche in letzter Instanz das Bundes-Oberhandelsgericht zuständig ist, und Strafsachen, für welche in letzter Instanz der oberste Landesgerichtshof zuständig ist, können in Einem Strafverfahren nicht verbunden werden.

Die Bestimmungen der §§. 10. 12. Absatz 2., §. 16. Absatz 2., §§. 17. 18. 21 und 22. des Gesetzes vom 12. Juni 1869. finden auch auf die zur Zuständigkeit des Bundes-Oberhandelsgerichts gehörenden Strafsachen entsprechende Anwendung.

g. Verjährung.

§. 33. Die Strafverfolgung des Nachdrucks und die Klage auf Entschädigung wegen Nachdrucks, einschliefslich der Klage wegen Bereicherung (§. 18.), verjähren in drei Jahren.

Der Lauf der Verjährung beginnt mit dem Tage, an welchem die Verbreitung der Nachdrucks-Exemplare zuerst stattgefunden hat.

§. 34. Die Strafverfolgung der Verbreitung von Nachdrucks-Exemplaren und die Klage auf Entschädigung wegen dieser Verbreitung (§. 25.) verjährt ebenfalls in drei Jahren.

Der Lauf der Verjährung beginnt mit dem Tage, an welchem die Verbreitung zuletzt stattgefunden hat.

§. 35. Der Nachdruck und die Verbreitung von Nachdrucks-Exemplaren sollen straflos bleiben, wenn der zum Strafantrag Berechtigte den Antrag binnen drei Monaten nach erlangter Kenntnifs von dem begangenen Vergehen und von der Person des Thäters zu machen unterläfst.

§. 36. Der Antrag auf Einziehung und Vernichtung der Nachdrucks-Exemplare, sowie der zur widerrechtlichen Vervielfältigung ausschliefslich bestimmten Vorrichtungen (§. 21.), ist so lange zulässig, als solche Exemplare und Vorrichtungen vorhanden sind.

§. 37. Die Uebertretung, welche dadurch begangen

wird, dafs in den Fällen des §. 7. Littr. a. die Angabe der Quelle oder des Namens des Urhebers unterblieben ist, verjährt in drei Monaten.

Der Lauf der Verjährung beginnt mit dem Tage, an welchem der Abdruck zuerst verbreitet worden ist.

§. 38. Die allgemeinen gesetzlichen Vorschriften bestimmen, durch welche Handlungen die Verjährung unterbrochen wird.

Die Einleitung des Strafverfahrens unterbricht die Verjährung der Entschädigungsklage nicht, und eben so wenig unterbricht die Anstellung der Entschädigungsklage die Verjährung des Strafverfahrens.

h. Eintragsrolle.

§. 39. Die Eintragsrolle, in welche die in den §§. 6. und 11. vorgeschriebenen Eintragungen stattzufinden haben, wird bei dem Stadtrath zu Leipzig geführt.

§. 40. Der Stadtrath zu Leipzig ist verpflichtet, auf Antrag der Betheiligten die Eintragungen zu bewirken, ohne dafs eine zuvorige Prüfung über die Berechtigung des Antragstellers oder über die Richtigkeit der zur Eintragung angemeldeten Thatsachen stattfindet.

§. 41. Das Bundeskanzler-Amt erläfst die Instruktion über die Führung der Eintragsrolle. Es ist Jedermann gestattet, von der Eintragsrolle Einsicht zu nehmen und sich beglaubigte Auszüge aus derselben ertheilen zu lassen. Die Eintragungen werden im Börsenblatt für den Deutschen Buchhandel und, falls dasselbe zu erscheinen aufhören sollte, in einer anderen vom Bundeskanzler-Amte zu bestimmenden Zeitung öffentlich bekannt gemacht.

§. 42. Alle Eingaben, Verhandlungen, Atteste, Beglaubigungen, Zeugnisse, Auszüge u. s. w., welche die Eintragung in die Eintragsrolle betreffen, sind stempelfrei.

Dagegen wird für jede Eintragung, für jeden Eintragsschein, sowie für jeden sonstigen Auszug aus der Eintragsrolle eine Gebühr von je 15 Sgr. erhoben, und aufserdem hat der Antragsteller die etwaigen Kosten für die öffentliche Bekanntmachung der Eintragung (§. 41) zu entrichten.

II. Geographische, topographische, naturwissenschaftliche, architektonische, technische und ähnliche Abbildungen.

§. 43. Die Bestimmungen in den §§. 1—42. finden auch Anwendung auf geographisehe, topographische, naturwissenschaftliche, architektonische, technische und ähnliche Zeichnungen und Abbildungen, welche nach ihrem Hauptzwecke nicht als Kunstwerke zu betrachten sind.

§. 44. Als Nachdruck ist es nicht anzusehen, wenn einem Schriftwerke einzelne Abbildungen aus einem anderen Werke beigefügt werden, vorausgesetzt, daſs das Schriftwerk als die Hauptsache erscheint und die Abbildungen nur zur Erläuterung des Textes u. s. w. dienen. Auch muſs der Urheber oder die benutzte Quelle angegeben sein, widrigenfalls die Strafbestimmung im §. 24. Platz greift.

III. Musikalische Kompositionen.

§. 45. Die Bestimmungen in den §§. 1. bis 5., 8. bis 42. finden auch Anwendung auf das ausschlieſsliche Recht des Urhebers zur Vervielfältigung musikalischer Kompositionen.

§. 46. Als Nachdruck sind alle ohne Genehmigung des Urhebers einer musikalischen Komposition herausgegebenen Bearbeitungen derselben anzusehen, welche nicht als eigenthümliche Kompositionen betrachtet werden können, insbesondere Auszüge aus einer musikalischen Komposition, Arrangements für einzelne oder mehrere Instrumente oder Stimmen, sowie der Abdruck von einzelnen Motiven oder Melodien eines und desselben Werkes, die nicht künstlerisch verarbeitet sind.

§. 47. Als Nachdruck ist nicht anzusehen: das Anführen einzelner Stellen eines bereits veröffentlichten Werkes der Tonkunst, die Aufnahme bereits veröffentlichter kleinerer Kompositionen in ein nach seinem Hauptinhalte selbstständiges wissenschaftliches Werk, sowie in Sammlungen von Werken verschiedener Komponisten zur Benutzung in Schulen, ausschlieſslich der Musikschulen. Vorausgesetzt ist jedoch, daſs der Urheber oder die benutzte Quelle angegeben ist, widrigenfalls die Strafbestimmung des §. 24. Platz greift.

§. 48. Als Nachdruck ist nicht anzusehen: die Benutzung eines bereits veröffentlichten Schriftwerkes als

Text zu musikalischen Kompositionen, sofern der Text in Verbindung mit der Komposition abgedruckt wird.

Ausgenommen sind solche Texte, welche ihrem Wesen nach nur für den Zweck der Komposition Bedeutung haben, namentlich Texte zu Opern oder Oratorien. Texte dieser Art dürfen nur unter Genehmigung ihres Urhebers mit den musikalischen Kompositionen zusammen abgedruckt werden.

Zum Abdruck des Textes ohne Musik ist die Einwilligung des Urhebers oder seiner Rechtsnachfolger erforderlich.

§. 49. Die Sachverständigen-Vereine, welche nach Maafsgabe des §. 31. Gutachten über den Nachdruck musikalischer Kompositionen abzugeben haben, sollen aus Komponisten, Musikverständigen und Musikalienhändlern bestehen.

IV. Oeffentliche Aufführung dramatischer, musikalischer oder dramatisch-musikalischer Werke.

§. 50. Das Recht, ein dramatisches, musikalisches oder dramatisch-musikalisches Werk öffentlich aufzuführen, steht dem Urheber und dessen Rechtsnachfolgern (§. 3.) ausschliefslich zu.

In Betreff der dramatischen und dramatisch-musikalischen Werke ist es hierbei gleichgültig, ob das Werk bereits durch den Druck etc. veröffentlicht worden ist oder nicht. Musikalische Werke, welche durch Druck veröffentlicht worden sind, können ohne Genehmigung des Urhebers öffentlich aufgeführt werden, falls nicht der Urheber auf dem Titelblatt oder an der Spitze des Werkes sich das Recht der öffentlichen Aufführung vorbehalten hat.

Dem Urheber wird der Verfasser einer rechtmäfsigen Uebersetzung des dramatischen Werkes in Beziehung auf das ausschliefsliche Recht zur öffentlichen Aufführung dieser Uebersetzung gleich geachtet.

Die öffentliche Aufführung einer rechtswidrigen Uebersetzung (§. 6.) oder einer rechtswidrigen Bearbeitung (§. 46.) des Originalwerkes ist untersagt.

§. 51. Sind mehrere Urheber vorhanden, so ist zur Veranstaltung der öffentlichen Aufführung die Genehmigung jedes Urhebers erforderlich.

Bei musikalischen Werken, zu denen ein Text gehört, einschliefslich der dramatisch-musikalischen Werke, genügt die Genehmigung des Komponisten allein.

§. 52. In Betreff der Dauer des ausschliefslichen Rechts zur öffentlichen Aufführung kommen die §§. 8. bis 17. zur Anwendung.

Anonyme und pseudonyme Werke, welche zur Zeit ihrer ersten rechtmäfsigen öffentlichen Aufführung noch nicht durch den Druck veröffentlicht sind, werden dreifsig Jahre vom Tage der ersten rechtmäfsigen Aufführung an, posthume Werke dreifsig Jahre vom Tode des Urhebers an gegen unbefugte öffentliche Aufführung geschützt.

Wenn der Urheber des anonymen oder pseudonymen Werkes oder sein hierzu legitimirter Rechtsnachfolger innerhalb der Frist von dreifsig Jahren den wahren Namen des Urhebers vermittelst Eintragung in die Eintragsrolle (§. 39.) bekannt macht, oder wenn der Urheber das Werk innerhalb derselben Frist unter seinem wahren Namen veröffentlicht, so gelangt die Bestimmung des §. 8. zur Anwendung.

§. 53. Bei dramatischen, musikalischen und dramatisch-musikalischen Werken, welche noch nicht mechanisch vervielfältigt, aber öffentlich aufgeführt worden sind, gilt bis zum Gegenbeweise derjenige als Urheber, welcher bei der Ankündigung der Aufführung als solcher bezeichnet worden ist.

§. 54. Wer vorsätzlich oder aus Fahrlässigkeit ein dramatisches, musikalisches oder dramatisch-musikalisches Werk vollständig oder mit unwesentlichen Aenderungen unbefugter Weise öffentlich aufführt, ist den Urheber oder dessen Rechtsnachfolger zu entschädigen verpflichtet und wird aufserdem mit einer Geldstrafe nach Maafsgabe der §§. 18. und 23. bestraft.

Auf den Veranlasser der unbefugten Aufführung findet der §. 20. mit der Maafsgabe Anwendung, dafs die Höhe der Entschädigung nach §. 55. zu bemessen ist.

§. 55. Die Entschädigung, welche dem Berechtigten im Falle des §. 54. zu gewähren ist, besteht in dem ganzen Betrage der Einnahme von jeder Aufführung ohne Abzug der auf dieselben verwendeten Kosten.

Ist das Werk in Verbindung mit anderen Werken

aufgeführt worden, so ist, unter Berücksichtigung der Verhältnisse, ein entsprechender Theil der Einnahme als Entschädignng festzusetzen.

Wenn die Einnahme nicht zu ermitteln oder eine solche nicht vorhanden ist, so wird der Betrag der Entschädigung vom Richter nach freiem Ermessen festgestellt.

Trifft den Veranstalter der Aufführung kein Verschulden, so haftet er dem Berechtigten auf Höhe seiner Bereicherung.

§. 56. Die Bestimmungen in den §§. 26. bis 42. finden auch in Betreff der Aufführung von dramatischen, musikalischen und dramatisch-musikalischen Werken Verwendung.

V. Allgemeine Bestimmungen.

§. 57. Das gegenwärtige Gesetz tritt mit dem 1. Januar 1871. in Kraft. Alle früheren, in den einzelnen Staaten des Norddeutschen Bundes geltenden, rechtlichen Bestimmungen in Beziehung auf das Urheberrecht an Schriftwerken, Abbildungen, musikalischen Kompositionen und dramatischen Werken treten von demselben Tage ab außer Wirksamkeit.

§. 58. Das gegenwärtige Gesetz findet auf alle vor dem Inkrafttreten desselben erschienenen Schriftwerke, Abbildungen, musikalichen Kompositionen und dramatischen Werke Anwendung, selbst wenn dieselben nach den bisherigen Landesgesetzgebungen keinen Schutz gegen Nachdruck, Nachbildung oder öffentliche Aufführung genossen haben.

Die bei dem Inkrafttreten dieses Gesetzes vorhandenen Exemplare, deren Herstellung nach der bisherigen Gesetzgebung gestattet war, sollen auch fernerhin verbreitet werden dürfen, selbst wenn ihre Herstellung nach dem gegenwärtigen Gesetze untersagt ist.

Ebenso sollen die bei dem Inkrafttreten dieses Gesetzes vorhandenen, bisher rechtmäßig angefertigten Vorrichtungen, wie Formen, Platten, Steine, Stereotypabgüsse etc., auch fernerhin zur Anfertignng von Exemplaren benutzt werden dürfen.

Auch dürfen die beim Inkrafttreten des Gesetzes bereits begonnenen, bisher gestatteten Vervielfältigungen noch vollendet werden.

Die Regierungen der Staaten des Norddeutschen Bundes werden ein Inventarium über die Vorrichtungen, deren fernere Benutzung hiernach gestattet ist, amtlich aufstellen und diese Vorrichtungen mit einem gleichförmigen Stempel bedrucken lassen. Ebenso sollen alle Exemplare von Schriftwerken, welche nach Maafsgabe dieses Paragraphen auch fernerhin verbreitet werden dürfen, mit einem Stempel versehen werden.

Nach Ablauf der für die Legalisirung angegebenen Frist unterliegen alle mit dem Stempel nicht versehenen Vorrichtungen und Exemplare der bezeichneten Werke, auf Antrag des Verletzten, der Einziehung. Die nähere Instruktion über das bei der Aufstellung des Inventariums und bei der Stempelung zu beobachtende Verfahren wird vom Bundeskanzler-Amte erlassen.

§. 59. Insofern nach den bisherigen Landesgesetzgebungen für den Vorbehalt des Uebersetzungsrechts andere Förmlichkeiten und für das Erscheinen der ersten Uebersetzung andere Fristen, als im §. 6. Littr. c. vorgeschrieben sind, hat es bei denselben in Betreff derjenigen Werke, welche vor dem Inkrafttreten des gegenwärtigen Gesetzes bereits erschienen sind, sein Bewenden.

§. 60. Die Ertheilung von Privilegien zum Schutze des Urheberrechts ist nicht mehr zulässig.

Dem Inhaber eines vor dem Inkrafttreten des gegenwärtigen Gesetzes von dem Deutschen Bunde oder den Regierungen einzelner, jetzt zum Norddeutschen Bunde gehörigen Staaten ertheilten Privilegiums steht es frei, ob er von diesem Privilegium Gebrauch machen oder den Schutz des gegenwärtigen Gesetzes anrufen will.

Der Privilegienschutz kann indefs nur für den Umfang derjenigen Staaten geltend gemacht werden, von welchen derselbe ertheilt worden ist.

Die Berufung auf den Privilegienschutz ist dadurch bedingt, dafs das Privilegium entweder ganz oder dem wesentlichen Inhalte nach dem Werke vorgedruckt oder auf oder hinter dem Titelblatt desselben bemerkt ist. Wo dieses nach der Natur des Gegenstandes nicht stattfinden kann, oder bisher nicht geschehen ist, mufs das Privilegium, bei Vermeidung des Erlöschens, binnen drei Monaten nach dem Inkrafttreten dieses Gesetzes zur Eintragung in die Eintragsrolle angemeldet und von dem Kuratorium derselben öffentlich bekannt gemacht werden.

§. 61. Das gegenwärtige Gesetz findet Anwendung auf alle Werke inländischer Urheber, gleichviel ob die Werke im Inlande oder Auslande erschienen oder überhaupt noch nicht veröffentlicht sind.

Wenn Werke ausländischer Urheber bei Verlegern erscheinen, die im Gebiete des Norddeutschen Bundes ihre Handelsniederlassung haben, so stehen diese Werke unter dem Schutze des gegenwärtigen Gesetzes.

§. 62. Diejenige Werke ausländischer Urheber, welche in einem Orte erschienen sind, der zum ehemaligen Deutschen Bunde, nicht aber zum Norddeutschen Bunde, gehört, genießen den Schutz dieses Gesetzes unter der Voraussetzung, daſs das Recht des betreffenden Staates den innerhalb des Norddeutschen Bundes erschienenen Werken einen den einheimischen Werken gleichen Schutz gewährt; jedoch dauert der Schutz nicht länger als in dem betreffenden Staate selbst. Dasselbe gilt von den nicht veröffentlichten Werken solcher Urheber, welche zwar nicht im Norddeutschen Bunde, wohl aber im ehemaligen Deutschen Bundesgebiete staatsangehörig sind.

Urkundlich unter Unserer Höchsteigenhändigen Unterschrift und beigedrucktem Bundes-Insiegel.

Gegeben Berlin, den 11. Juni 1870.

(L. S.) **Wilhelm.**

Gr. v. Bismarck-Schönhausen.

XIV. Deutsches Reichsgesetz,

betreffend das Urheberrecht an Werken der bildenden Künste.

Vom 9. Januar 1876[1]).

Wir Wilhelm, von Gottes Gnaden Deutscher Kaiser, König von Preufsen etc. verordnen im Namen des Deutschen Reichs, nach erfolgter Zustimmung des Bundesraths und des Reichstags, was folgt:

A. Ausschliefsliches Recht des Urhebers.

§. 1. Das Recht, ein Werk der bildenden Künste ganz oder theilweise nachzubilden, steht dem Urheber desselben ausschliefslich zu.

§. 2. Das Recht des Urhebers geht auf dessen Erben über. Dieses Recht kann beschränkt oder unbeschränkt durch Vertrag oder durch Verfügung von Todeswegen auf Andere übertragen werden.

§. 3. Auf die Baukunst findet das gegenwärtige Gesetz keine Anwendung.

§. 4. Als Nachbildung ist nicht anzusehen die freie Benutzung eines Werkes der bildenden Künste zur Hervorbringung eines neuen Werkes.

§. 5. Jede Nachbildung eines Werkes der bildenden Künste, welche in der Absicht, dieselbe zu verbreiten, ohne Genehmigung des Berechtigten (§§. 1, 2) hergestellt wird, ist verboten. Als verbotene Nachbildung ist es auch anzusehen:

1) wenn bei Hervorbringung derselben ein anderes Verfahren angewendet worden ist, als bei dem Originalwerk;
2) wenn die Nachbildung nicht unmittelbar nach dem Originalwerke, sondern mittelbar nach einer Nachbildung desselben geschaffen ist;
3) wenn die Nachbildung eines Werkes der bildenden Künste sich an einem Werke der Baukunst, der Industrie, der Fabriken, Handwerke oder Manufakturen befindet;

---

1) R.-Ges.-Bl. 1876, S. 4 ff.

4) wenn der Urheber oder Verleger dem unter ihnen bestehenden Vertrage zuwider eine neue Vervielfältigung des Werkes veranstalten;

5) wenn der Verleger eine gröfsere Anzahl von Exemplaren eines Werkes anfertigen läfst, als ihm vertragsmäfsig oder gesetzlich gestattet ist.

§. 6. Als verbotene Nachbildung ist nicht anzusehen:

1) die Einzelkopie eines Werkes der bildenden Künste, sofern dieselbe ohne die Absicht der Verwerthung angefertigt wird. Es ist jedoch verboten, den Namen oder das Monogramm des Urhebers des Werkes in irgend einer Weise auf der Einzelkopie anzubringen, widrigenfalls eine Geldstrafe bis zu fünfhundert Mark verwirkt ist;

2) die Nachbildung eines Werkes der zeichnenden oder malenden Kunst durch die plastische Kunst, oder umgekehrt;

3) die Nachbildung von Werken der bildenden Künste, welche auf oder an Strafsen oder öffentlichen Plätzen bleibend sich befinden. Die Nachbildung darf jedoch nicht in derselben Kunstform erfolgen;

4) die Aufnahme von Nachbildungen einzelner Werke der bildenden Künste in ein Schriftwerk, vorausgesetzt, dafs das letztere als die Hauptsache erscheint, und die Abbildungen nur zur Erläuterung des Textes dienen. Jedoch mufs der Urheber des Originals oder die benutzte Quelle angegeben werden, widrigenfalls die Strafbestimmung im §. 24 des Gesetzes vom 11. Juni 1870, betreffend das Urheberrecht an Schriftwerken etc. (Bundes-Gesetzbl. 1870 S. 339) Platz greift.

§. 7. Wer ein von einem Anderen herrührendes Werk der bildenden Künste auf rechtmäfsige Weise, aber mittelst eines anderen Kunstverfahrens nachbildet, hat in Beziehung auf das von ihm hervorgebrachte Werk das Recht eines Urhebers (§. 1), auch wenn das Original bereits Gemeingut geworden ist.

§. 8. Wenn der Urheber eines Werkes der bildenden Künste das Eigenthum am Werke einem Anderen überläfst, so ist darin die Uebertragung des Nachbildungsrechts fortan nicht enthalten; bei Portraits und Portraitbüsten geht dieses Recht jedoch auf den Besteller über.

Der Eigenthümer des Werkes ist nicht verpflichtet, dasselbe zum Zweck der Veranstaltung von Nachbildungen an den Urheber oder dessen Rechtsnachfolger herauszugeben.

B. Dauer des Urheberrechts.

§. 9. Der Schutz des gegenwärtigen Gesetzes gegen Nachbildung wird für die Lebensdauer des Urhebers und dreifsig Jahre nach dem Tode desselben gewährt.

Bei Werken, welche veröffentlicht sind, ist diese Dauer des Schutzes an die Bedingung geknüpft, dafs der wahre Name des Urhebers auf dem Werke vollständig genannt oder durch kenntliche Zeichen ausgedrückt ist.

Werke, welche entweder unter einem anderen, als dem wahren Namen des Urhebers veröffentlicht, oder bei welchen ein Urheber gar nicht angegeben ist, werden dreifsig Jahre lang, von der Veröffentlichung an, gegen Nachbildung geschützt. Wird innerhalb dieser dreifsig Jahre der wahre Name des Urhebers von ihm selbst oder seinen hierzu legitimirten Rechtsnachfolgern zur Eintragung in die Eintragsrolle (§. 39 des Gesetzes vom 11. Juni 1870, betreffend das Urheberrecht an Schriftwerken etc., — Bundes-Gesetzbl. 1870 S. 339) angemeldet, so wird dadurch dem Werke die im Absatz 1 bestimmte längere Dauer des Schutzes erworben.

§. 10. Bei Werken, die in mehreren Bänden oder Abtheilungen erscheinen, wird die Schutzfrist von dem ersten Erscheinen eines jeden Bandes oder einer jeden Abtheilung an berechnet.

Bei Werken jedoch, die in einem oder mehreren Bänden eine einzige Aufgabe behandeln und mithin als in sich zusammenhängend zu betrachten sind, beginnt die Schutzfrist erst nach dem Erscheinen des letzten Bandes oder der letzten Abtheilung.

Wenn indessen zwischen der Herausgabe einzelner Bände oder Abtheilungen ein Zeitraum von mehr als drei Jahren verflossen ist, so sind die vorher erschienenen Bände, Abtheilungen etc. als ein für sich bestehendes Werk und ebenso die nach Ablauf der drei Jahre erscheinenden weiteren Fortsetzungen als ein neues Werk zu behandeln.

§. 11. Die erst nach dem Tode des Urhebers veröffentlichten Werke werden dreifsig Jahre lang, vom Tode des Urhebers an gerechnet, gegen Nachbildung geschützt.

§. 12. Einzelne Werke der bildenden Künste, welche in periodischen Werken, als Zeitschriften, Taschenbüchern, Kalendern etc. erschienen sind, darf der Urheber, falls nichts anderes verabredet ist, auch ohne Einwilligung des Herausgebers oder Verlegers des Werkes, in welches dieselben aufgenommen sind, nach zwei Jahren, vom Ablaufe des Jahres des Erscheinens an gerechnet, anderweitig abdrucken.

§. 13. In den Zeitraum der gesetzlichen Schutzfrist wird das Todesjahr des Verfassers beziehungsweise das Kalenderjahr der ersten Veröffentlichung oder des ersten Erscheinens des Werkes nicht eingerechnet.

§. 14. Wenn der Urheber eines Werkes der bildenden Künste gestattet, dafs dasselbe an einem Werke der Industrie, der Fabriken, Handwerke oder Manufakturen nachgebildet wird, so geniefst er den Schutz gegen weitere Nachbildungen an Werken der Industrie etc. nicht nach Mafsgabe des gegenwärtigen Gesetzes, sondern nur nach Mafsgabe des Gesetzes, betreffend das Urheberrecht an Mustern und Modellen.

§. 15. Ein Heimfallsrecht des Fiskus oder anderer zu herrenlosen Verlassenschaften berechtigter Personen findet auf das ausschliefsliche Recht des Urhebers und seiner Rechtsnachfolger nicht statt.

C. Sicherstellung des Urheberrechts.

§. 16. Die Bestimmungen in den §§. 18—42 des Gesetzes vom 11. Juni 1870, betreffend das Urheberrecht an Schriftwerken etc. (Bundes-Gesetzbl. 1870 S. 339) finden auch auf die Nachbildung von Werken der bildenden Künste entsprechende Anwendung.

Die Sachverständigen-Vereine, welche nach Mafsgabe des §. 31 des genannten Gesetzes Gutachten über die Nachbildung von Werken der bildenden Künste abzugeben haben, sollen aus Künstlern verschiedener Kunstzweige, aus Kunsthändlern, Kunstgewerbtreibenden und aus anderen Kunstverständigen bestehen.

D. Allgemeine Bestimmungen.

§. 17. Das gegenwärtige Gesetz tritt mit dem 1. Juli 1876 in Kraft. Alle früheren in den einzelnen Staaten des Deutschen Reichs geltenden Bestimmungen in Beziehung auf das Urheberrecht an Werken der bildenden Künste treten von demselben Tage ab aufser Wirksamkeit.

§. 18. Das gegenwärtige Gesetz findet auch auf alle vor dem Inkrafttreten desselben erschienenen Werke der bildenden Künste Anwendung, selbst wenn dieselben nach den bisherigen Landesgesetzgebungen keinen Schutz gegen Nachbildung genossen haben.

Die bei dem Inkrafttreten dieses Gesetzes vorhandenen Exemplare, deren Herstellung nach der bisherigen Gesetzgebung gestattet war, sollen auch fernerhin verbreitet werden dürfen, selbst wenn ihre Herstellung nach dem gegenwärtigen Gesetze untersagt ist.

Ebenso sollen die bei dem Inkrafttreten dieses Gesetzes vorhandenen, bisher rechtmäfsig angefertigten Vorrichtungen, wie Formen, Platten, Steine, Stereotypabgüsse u. s. w. auch fernerhin zur Anfertigung von Exemplaren benutzt werden dürfen.

Auch dürfen die beim Inkrafttreten des Gesetzes bereits begonnenen, bisher gestatteten Vervielfältigungen noch vollendet werden.

Die Regierungen der Staaten des Deutschen Reichs werden ein Inventarium über die Vorrichtungen, deren fernere Benutzung hiernach gestattet ist, amtlich aufstellen und diese Vorrichtungen mit einem gleichförmigen Stempel bedrucken lassen.

Nach Ablauf der für die Legalisirung angegebenen Frist unterliegen alle mit dem Stempel nicht versehenen Vorrichtungen der bezeichneten Werke, auf Antrag des Verletzten, der Einziehung. Die nähere Instruktion über das bei der Aufstellung des Inventariums und bei der Stempelung zu beobachtende Verfahren wird vom Reichskanzler-Amt erlassen.

§. 19. Die Ertheilung von Privilegien zum Schutze des Urheberrechts ist nicht mehr zulässig.

Dem Inhaber eines vor dem Inkrafttreten des gegenwärtigen Gesetzes von den Regierungen einzelner deutscher Staaten ertheilten Privilegiums steht es frei, ob er von diesem Privilegium Gebrauch machen oder den Schutz des gegenwärtigen Gesetzes anrufen will.

Der Privilegienschutz kann indeſs nur für den Umfang derjenigen Staaten geltend gemacht werden, von welchen derselbe ertheilt worden ist.

Die Berufung auf den Privilegienschutz ist dadurch bedingt, daſs das Privilegium entweder ganz oder dem wesentlichen Inhalte nach dem Werke vorgedruckt oder auf oder hinter dem Titelblatt desselben bemerkt ist. Wo dieses nach der Natur des Gegenstandes nicht stattfinden kann oder bisher nicht geschehen ist, muſs das Privilegium, bei Vermeidung des Erlöschens, binnen drei Monaten nach dem Inkrafttreten dieses Gesetzes zur Eintragung in die Eintragsrolle angemeldet werden. Das Kuratorium der Eintragsrolle hat das Privilegium öffentlich bekannt zu machen.

Das gegenwärtige Gesetz findet Anwendung auf alle Werke inländischer Urheber, gleichviel ob die Werke im Inlande oder Auslande erschienen oder überhaupt noch nicht veröffentlicht sind.

Wenn Werke ausländischer Urheber bei inländischen Verlegern erscheinen, so stehen diese Werke unter dem Schutze des gegenwärtigen Gesetzes.

§. 21. Diejenigen Werke ausländischer Urheber, welche in einem Orte erschienen sind, der zum ehemaligen Deutschen Bunde, nicht aber zum Deutschen Reich gehört, genieſsen den Schutz dieses Gesetzes unter der Voraussetzung, daſs das Recht des betreffenden Staates den innerhalb des Deutschen Reichs erschienenen Werken einen den einheimischen Werken gleichen Schutz gewährt; jedoch dauert der Schutz nicht länger, als in dem betreffenden Staate selbst. Dasselbe gilt von nicht veröffentlichten Werken solcher Urheber, welche zwar nicht im Deutschen Reich, wohl aber im ehemaligen deutschen Bundesgebiete staatsangehörig sind.

Urkundlich unter Unserer Höchsteigenhändigen Unterschrift und beigedrucktem Kaiserlichen Insiegel.

Gegeben Berlin, den 9. Januar 1876.

(L. S.) **Wilhelm.**

Fürst v. Bismarck.

XV. Deutsches Reichsgesetz,

betreffend den Schutz der Photographieen gegen unbefugte Nachbildung.

Vom 10. Januar 1876[1]).

Wir Wilhelm von Gottes Gnaden Deutscher Kaiser, König von Preufsen etc. verordnen im Namen des Deutschen Reichs, nach erfolgter Zustimmung des Bundesraths und des Reichstags, was folgt:

§. 1. Das Recht, ein durch Photographie hergestelltes Werk ganz oder theilweise auf mechanischem Wege nachzubilden, steht dem Verfertiger der photographischen Aufnahme ausschliefslich zu.

Auf Photographieen von solchen Werken, welche gesetzlich gegen Nachdruck und Nachbildung noch geschützt sind, findet das gegenwärtige Gesetz keine Anwendung.

§. 2. Als Nachbildung ist nicht anzusehen die freie Benutzung eines durch Photographie hergestellten Werkes zur Hervorbringung eines neuen Werkes.

§. 3. Die mechanische Nachbildung eines photographischen Werkes, welche in der Absicht, dieselbe zu verbreiten, ohne Genehmigung der Berechtigten (§§. 1 und 7) hergestellt wird, ist verboten.

§. 4. Die Nachbildung eines photographischen Werkes, wenn sie sich an einem Werke der Industrie, der Fabriken, Handwerke oder Manufakturen befindet, ist als eine verbotene nicht anzusehen.

§. 5. Jede rechtmäfsige photographische oder sonstige mechanische Abbildung der Originalaufnahme mufs auf der Abbildung selbst oder auf dem Karton

a) den Namen beziehungsweise die Firma des Verfertigers der Originalaufnahme oder des Verlegers, und

---

1) R.-Ges.-Bl. 1876, S. 8 ff.

b) den Wohnort des Verfertigers oder Verlegers,
c) das Kalenderjahr, in welchem die rechtmäfsige Abbildung zuerst erschienen ist,

enthalten, widrigenfalls ein Schutz gegen Nachbildung nicht stattfindet.

§. 6. Der Schutz des gegenwärtigen Gesetzes gegen Nachbildung wird dem Verfertiger des photographischen Werkes fünf Jahre gewährt. Diese Frist wird vom Ablaufe desjenigen Kalenderjahres ab gerechnet, in welchem die rechtmäfsigen photographischen oder sonstigen mechanischen Abbildungen der Originalaufnahme zuerst erschienen sind.

Wenn solche Abbildungen nicht erscheinen, so wird die fünfjährige Frist von dem Ablauf desjenigen Kalenderjahres ab gerechnet, in welchem das Negativ der photographischen Aufnahme entstanden ist.

Bei Werken, die in mehreren Bänden oder Abtheilungen erscheinen, findet der §. 14 des Gesetzes vom 11. Juni 1870, betreffend das Urheberrecht an Schriftwerken etc., Anwendung.

§. 7. Das im §. 1 bezeichnete Recht des Verfertigers eines photographischen Werkes geht auf dessen Erben über. Auch kann dieses Recht von dem Verfertiger oder dessen Erben ganz oder theilweise durch Vertrag oder durch Verfügung von Todeswegen auf Andere übertragen werden. Bei photographischen Bildnissen (Portraits) geht das Recht auch ohne Vertrag von selbst auf den Besteller über.

§. 8. Wer eine von einem Anderen verfertigte photographische Aufnahme durch ein Werk der malenden, zeichnenden oder plastischen Kunst nachbildet, geniefst in Beziehung auf das von ihm hervorgebrachte Werk das Recht eines Urhebers nach Mafsgabe des §. 7 des Gesetzes vom 9. Januar d. J., betreffend das Urheberrecht an Werken der bildenden Künste.

§. 9. Die Bestimmungen in den §§. 18 bis 38, 44, 61 Absatz 1 des Gesetzes vom 11. Juni 1870, betreffend das Urheberrecht an Schriftwerken etc., finden auch Anwendung auf das ausschliefsliche Nachbildungs- und Vervielfältigungsrecht des Verfertigers photographischer Werke.

§. 10. Die Sachverständigen-Vereine, welche Gutachten über die Nachbildung photographischer Aufnahmen abzugeben haben, sollen aus Künstlern verschiedener Kunstzweige, aus Kunsthändlern, aus anderen Kunstverständigen und aus Photographen bestehen.

§. 11. Die Bestimmungen des gegenwärtigen Gesetzes finden auch Anwendung auf solche Werke, welche durch ein der Photographie ähnliches Verfahren hergestellt werden.

§. 12. Das gegenwärtige Gesetz tritt mit dem 1. Juli 1876 in Kraft. Auf photographische Aufnahmen, welche vor diesem Tage angefertigt sind, findet dasselbe nur dann Anwendung, wenn die erste rechtmäfsige photographische oder sonstige mechanische Abbildung der Originalaufnahme nach dem Inkrafttreten des gegenwärtigen Gesetzes erschienen ist.

Photographische Aufnahmen, welche schon bisher landesgesetzlich gegen Nachbildung geschützt waren, behalten diesen Schutz; jedoch kann derselbe nur für denjenigen räumlichen Umfang geltend gemacht werden, für welchen er durch die Landesgesetzgebung ertheilt war.

Urkundlich unter Unserer Höchsteigenhändigen Unterschrift und beigedrucktem Kaiserlichen Insiegel.

Gegeben Berlin, den 10. Januar 1876.

(L. S). **Wilhelm.**

Fürst v. Bismarck.

XVI. Deutsches Reichsgesetz,

betreffend das Urheberrecht an Mustern und Modellen.

Vom 11. Januar 1876[1]).

Wir Wilhelm, von Gottes Gnaden Deutscher Kaiser, König von Preufsen etc. verordnen im Namen des Deutschen Reichs, nach erfolgter Zustimmung des Bundesraths und des Reichstags, was folgt:

§. 1. Das Recht, ein gewerbliches Muster oder Modell ganz oder theilweise nachzubilden, steht dem Urheber desselben ausschliefslich zu.

Als Muster oder Modelle im Sinne dieses Gesetzes werden nur neue und eigenthümliche Erzeugnisse angesehen.

§. 2. Bei solchen Mustern und Modellen, welche von den in einer inländischen gewerblichen Anstalt beschäftigten Zeichnern, Malern, Bildhauern etc. im Auftrage oder für Rechnung des Eigenthümers der gewerblichen Anstalt angefertigt werden, gilt der letztere, wenn durch Vertrag nichts anderes bestimmt ist, als der Urheber der Muster und Modelle.

§. 3. Das Recht des Urhebers geht auf dessen Erben über. Dieses Recht kann beschränkt oder unbeschränkt durch Vertrag oder durch Verfügung von Todeswegen auf Andere übertragen werden.

§. 4. Die freie Benutzung einzelner Motive eines Musters oder Modells zur Herstellung eines neuen Musters oder Modells ist als Nachbildung nicht anzusehen.

§. 5. Jede Nachbildung eines Musters oder Modells, welche in der Absicht, dieselbe zu verbreiten, ohne Genehmigung des Berechtigten (§§. 1—3) hergestellt wird, ist verboten. Als verbotene Nachbildung ist es auch anzusehen:

---

1) R.-Ges.-Bl. 1876, S. 11 ff.

1) wenn bei Hervorbringung derselben ein anderes Verfahren angewendet worden ist, als bei dem Originalwerke, oder wenn die Nachbildung für einen anderen Gewerbszweig bestimmt ist, als das Original;
2) wenn die Nachbildung in anderen räumlichen Abmessungen oder Farben hergestellt wird, als das Original, oder wenn sie sich vom Original nur durch solche Abänderungen unterscheidet, welche nur bei Anwendung besonderer Aufmerksamkeit wahrgenommen werden können;
3) wenn die Nachbildung nicht unmittelbar nach dem Originalwerke, sondern mittelbar nach einer Nachbildung desselben geschaffen ist.

§. 6. Als verbotene Nachbildung ist nicht anzusehen:
1) die Einzelkopie eines Musters oder Modells, sofern dieselbe ohne die Absicht der gewerbsmäſsigen Verbreitung und Verwerthung angefertigt wird;
2) die Nachbildung von Mustern, welche für Flächenerzeugnisse bestimmt sind, durch plastische Erzeugnisse, und umgekehrt;
3) die Aufnahme von Nachbildungen einzelner Muster oder Modelle in ein Schriftwerk.

§. 7. Der Urheber eines Musters oder Modells genieſst den Schutz gegen Nachbildung nur dann, wenn er dasselbe zur Eintragung in das Musterregister angemeldet und ein Exemplar oder eine Abbildung des Musters etc. bei der mit Führung des Musterregisters beauftragten Behörde niedergelegt hat.

Die Anmeldung und Niederlegung muſs erfolgen, bevor ein nach dem Muster oder Modelle gefertigtes Erzeugniſs verbreitet wird.

§. 8. Der Schutz des gegenwärtigen Gesetzes gegen Nachbildung wird dem Urheber des Musters oder Modells nach seiner Wahl ein bis drei Jahre lang, vom Tage der Anmeldung (§. 7) ab, gewährt.

Der Urheber ist berechtigt, gegen Zahlung der im §. 12 Absatz 3 bestimmten Gebühr, eine Ausdehnung der Schutzfrist bis auf höchstens fünfzehn Jahre zu verlangen. Die Verlängerung der Schutzfrist wird in dem Musterregister eingetragen.

Der Urheber kann das ihm nach Absatz 2 zustehende

Recht aufser bei der Anmeldung auch bei Ablauf der dreijährigen und der zehnjährigen Schutzfrist ausüben.

§. 9. Das Musterregister wird von den mit der Führung der Handelsregister beauftragten Gerichtsbehörden geführt.

Der Urheber hat die Anmeldung und Niederlegung des Musters oder Modells bei der Gerichtsbehörde seiner Hauptniederlassung, und falls er eine eingetragene Firma nicht besitzt, bei der betreffenden Gerichtsbehörde seines Wohnortes zu bewirken.

Urheber, welche im Inlande weder eine Niederlassung, noch einen Wohnsitz haben, müssen die Anmeldung und Niederlegung bei dem Handelsgericht in Leipzig bewirken.

Die Muster oder Modelle können offen oder versiegelt, einzeln oder in Packeten niedergelegt werden. Die Packete dürfen jedoch nicht mehr als 50 Muster oder Modelle enthalten und nicht mehr als 10 Kilogramm wiegen. Die näheren Vorschriften über die Führung des Musterregisters erläfst das Reichskanzler-Amt.

Die Eröffnung der versiegelt niedergelegten Muster erfolgt drei Jahre nach der Anmeldung (§. 7) beziehentlich, wenn die Schutzfrist eine kürzere ist, nach dem Ablaufe derselben.

Die Eintragung und die Verlängerung der Schutzfrist (§. 8 Alinea 2) wird monatlich im Deutschen Reichsanzeiger bekannt gemacht. Die Kosten der Bekanntmachung hat der Anmeldende zu tragen.

§. 10. Die Eintragungen in das Musterregister werden bewirkt, ohne dafs eine zuvorige Prüfung über die Berechtigung des Antragstellers oder über die Richtigkeit der zur Eintragung angemeldeten Thatsachen stattfindet.

§. 11. Es ist Jedermann gestattet, von dem Musterregister und den nicht versiegelten Mustern und Modellen Einsicht zu nehmen und sich beglaubigte Auszüge aus dem Musterregister ertheilen zu lassen. In Streitfällen darüber, ob ein Muster oder Modell gegen Nachbildung geschützt ist, können zur Herbeiführung der Entscheidung auch die versiegelten Packete von der mit der Führung des Musterregisters beauftragten Behörde geöffnet werden.

§. 12. Alle Eingaben, Verhandlungen, Atteste, Beglaubigungen, Zeugnisse, Auszüge etc., welche die Eintragung in das Musterregister betreffen, sind stempelfrei.

Für jede Eintragung und Niederlegung eines einzelnen Musters oder eines Packets mit Mustern etc. (§. 9) wird, insofern die Schutzfrist auf nicht länger als drei Jahre beansprucht wird (§. 8 Absatz 1), eine Gebühr von 1 Mark für jedes Jahr erhoben.

Nimmt der Urheber in Gemäfsheit des §. 8 Absatz 2 eine längere Schutzfrist in Anspruch, so hat er für jedes weitere Jahr bis zum zehnten Jahre einschliefslich eine Gebühr von 2 Mark, von elf bis fünfzehn Jahren eine Gebühr von 3 Mark für jedes einzelne Muster oder Modell zu entrichten. Für jeden Eintragungsschein, sowie für jeden sonstigen Auszug aus dem Musterregister wird eine Gebühr von je 1 Mark erhoben.

§. 13. Derjenige, welcher nach Mafsgabe des §. 7 das Muster oder Modell zur Eintragung in das Musterregister angemeldet und niedergelegt hat, gilt bis zum Gegenbeweise als Urheber.

§. 14. Die Bestimmungen in den §§. 18—36, 38 des Gesetzes vom 11. Juni 1870, betreffend das Urheberrecht an Schriftwerken etc. (Bundes-Gesetzbl. 1870 S. 339), finden auch auf das Urheberrecht an Mustern und Modellen mit der Mafsgabe entsprechende Anwendung, dafs die vorräthigen Nachbildungen und die zur widerrechtlichen Vervielfältigung bestimmten Vorrichtungen nicht vernichtet, sondern auf Kosten des Eigenthümers und nach Wahl desselben entweder ihrer gefährdenden Form entkleidet, oder bis zum Ablauf der Schutzfrist amtlich aufbewahrt werden.

Die Sachverständigen-Vereine, welche nach §. 31 des genannten Gesetzes Gutachten über die Nachbildung von Mustern oder Modellen abzugeben haben, sollen aus Künstlern, aus Gewerbtreibenden verschiedener Gewerbzweige und aus sonstigen Personen, welche mit dem Muster- und Modellwesen vertraut sind, zusammengesetzt werden.

§. 15. Bürgerliche Rechtsstreitigkeiten, in welchen auf Grund der Bestimmungen dieses Gesetzes eine Klage wegen Entschädigung, Bereicherung oder Einziehung angestellt wird, gelten im Sinne der Reichs- und Landesgesetze als Handelssachen.

§. 16. Das gegenwärtige Gesetz findet Anwendung auf alle Muster und Modelle inländischer Urheber, sofern die nach den Mustern oder Modellen hergestellten Erzeugnisse im Inlande verfertigt sind, gleichviel ob dieselben im Inlande oder Auslande verbreitet werden.

Wenn ausländische Urheber im Gebiete des Deutschen Reichs ihre gewerbliche Niederlassung haben, so genieſsen sie für die im Inlande gefertigten Erzeugniſse den Schutz des gegenwärtigen Gesetzes.

Im Uebrigen richtet sich der Schutz der ausländischen Urheber nach den bestehenden Staatsverträgen.

§. 17. Das gegenwärtige Gesetz tritt mit dem 1. April 1876 in Kraft. Es findet Anwendung auf alle Muster und Modelle, welche nach dem Inkrafttreten desselben angefertigt worden sind.

Muster und Modelle, welche vor diesem Tage angefertigt worden sind, genieſsen den Schutz des Gesetzes nur dann, wenn das erste nach dem Muster etc. gefertigte Erzeugniſs erst nach dem Inkrafttreten des Gesetzes verbreitet worden ist.

Muster und Modelle, welche schon bisher landesgesetzlich gegen Nachbildung geschützt waren, behalten diesen Schutz; jedoch kann derselbe nur für denjenigen räumlichen Umfang geltend gemacht werden, für welchen er durch die Landesgesetzgebung ertheilt war.

Urkundlich unter Unserer Höchsteigenhändigen Unterschrift und beigedrucktem Kaiserlichen Insiegel.

Gegeben Berlin, den 11. Januar 1876.

(L. S.) **Wilhelm.**

Fürst v. Bismarck.

XVII. Oesterreichisches Gesetz

zum Schutze des literarischen und artistischen Eigenthums.

Kaiserliches Patent vom 19. October 1846[1]).

§. 1. Die literarischen Erzeugnisse und die Werke der Kunst bilden ein Eigenthum ihres Urhebers (Autors),

1) Die hier ausgelassenen Bestimmungen sind aufgehoben, namentlich durch folgende Bestimmung des §. 467 des Strafgesetzbuches vom 27. Mai 1852: „Jeder unbefugte Nachdruck und jede demselben in den Gesetzen gleichgeachtete Vervielfältigung oder Nachbildung eines literarischen oder artistischen Productes ist auf Verlangen des Beeinträchtigten als ein Vergehen zu ahnden, und soll nebst dem, daſs die vom Gesetze bestimmte civilrechtliche Entschädigung Platz zu greifen hat, an demjenigen, welcher dieselbe veranstaltet, oder zu deren Ausführung wissentlich mitgewirkt hat, oder mit deren Erzeugnissen wissentlich Handel treibt, auſser dem Verfalle (Confiscation) der vorhandenen Exemplare, Abdrücke, Abgüsse u. s. w., der Zerlegung des Drucksatzes, und bei Kunstwerken, insoferne nicht ein Uebereinkommen zwischen dem Nachbilder und dem Beschädigten etwas anderes festsetzt, auch der Zerstörung der Platten, Steine, Formen und anderer Objecte, welche ausschlieſsend zur Ausführung dieser Vervielfältigung gedient haben, mit einer Geldstrafe von fünfundzwanzig bis eintausend Gulden, oder im Falle der Zahlungsunvermögenheit mit Arrest von fünf Tagen bis zu sechs Monaten, und in Fällen der Wiederholung oder nach vorangegangener wenigstens zweimaliger Bestrafung auch mit Verlust des Gewerbes bestraft werden. Auch die confiscirten Exemplare sind, insoweit sie nicht durch Uebereinkommen mit dem durch das Vergehen Beschädigten zu dessen Entschädigung verwendet werden, zu vertilgen.

Ebenso ist die dem ausschlieſsenden Rechte des Autors oder seiner Rechtsnachfolger zuwider veranstaltete öffentliche Aufführung eines dramatischen oder musikalischen Werkes im Ganzen oder mit Abkürzungen und unwesentlichen Abänderungen als Vergehen, auſser der Confiscation der unrechtmäſsig benützten Manuscripte (Textbücher, Partituren, Rollen), mit einer Geldstrafe von zehn bis zweihundert Gulden, oder bei Zahlungsunvermögenheit mit verhältniſsmäſsigem Arreste zu ahnden“.

d. i. desjenigen, welcher sie ursprünglich verfaſst oder verfertiget hat. Dem Urheber wird, soferne nicht besondere Verträge entgegenstehen, in Beziehung auf den durch dieses Gesetz gewährten Schutz gleichgehalten: a) der Besteller eines Werkes, welcher dessen Bearbeitung und Ausführung nach einem gegebenen Plane und auf seine Kosten an einen Anderen übertragen hat; b) der Herausgeber oder Unternehmer eines Werkes, welches durch die Lieferung selbständiger Beiträge mehrerer Mitarbeiter gebildet wird; c) der Herausgeber eines anonimen oder pseudonimen Werkes (§. 14 a, b).

§. 2. Dem Urheber eines literarischen oder Kunstwerkes steht unter den in dem gegenwärtigen Gesetze festgesetzten Bedingungen ausschlieſsend das Recht zu, mit seinem Erzeugnisse nach Willkür zu verfügen, dasselbe in beliebiger Form zu vervielfältigen und zu veröffentlichen. Er kann dieses Recht auch ganz oder theilweise an Andere übertragen.

§. 3. Jede ohne Genehmigung des Urhebers oder seines Rechtsnachfolgers auf mechanischem Wege unternommene Vervielfältigung eines mit Beobachtung der gesetzlichen Bedingungen und Förmlichkeiten erschienenen literarischen Werkes wird als verbotener Nachdruck erklärt und zwar ohne Unterschied, ob hiebei das nämliche oder ein anderes Verfahren als bei der Erzeugung des Originalwerkes angewendet worden ist. Dieses Verbot der Vervielfältigung auf mechanischem Wege gilt auch von den Werken der Kunst. Als Originalwerk wird auſser dem ursprünglichen Erzeugnisse der Wissenschaft oder Kunst auch jeder davon gemachte Abdruck und jede Nachbildung behandelt, welche der Urheber oder sein Rechtsnachfolger zu Folge des ihm zukommenden Autorrechtes (§. 1) veranstaltet hat. Ausnahmen von den obigen Bestimmungen dieses Paragraphes enthalten die nachfolgenden §§. 5—9.

§. 4. Dem verbotenen Nachdrucke werden g l e i c h g e a c h t e t: a) Der ohne Genehmigung des Urhebers oder seines Rechtsnachfolgers unternommene Abdruck von Manuscripten aller Art, sowie b) von gehaltenen Vorträgen zum Zwecke der Erbauung, der Belehrung oder des Vergnügens. In beiden Fällen (a und b) muſs die Genehmigung auch dann nachgewiesen werden, wenn der Unternehmer rechtmäſsiger Besitzer der Originalhandschrift, einer Abschrift oder Nachschrift ist. Uebrigens gilt, was oben ad a von Manuscripten gesagt wurde, auch von geographischen uud topographischen Karten, von naturwissenschaftlichen, architektonischen und ähnlichen Zeichnungen, Abbildungen u. s. w., welche nach ihrem Zwecke nicht als selbständige Kunstwerke zu betrachten, sondern zur Versinnlichung von wissenschaftlichen Gegenständen bestimmt sind. c) Auszüge aus dem Werke eines anderen Autors mit oder ohne Veränderungen, wenn sie als besondere Schriften mit dem Titel des Originalwerkes oder ohne denselben erscheinen. d) Veränderungen in den Zugaben eines Werkes, namentlich die Hinzufügung, Weglassung oder Abänderung von Anmerkungen, Abbildungen, Karten, Registern u. s. w., entziehen den Abdruck eines Werkes oder eines Auszuges aus demselben dem Nachdrucksverbote nicht. e) Von zwei unter dem nämlichen oder auch unter verschiedenen Titeln vorkommenden Werken, welche denselben Gegenstand in der nämlichen Ordnung und Eintheilung behandeln, ist das später erschienene dann als verbotener Nachdruck zu betrachten, wenn nicht die darin wahrgenommene Vermehrung oder sonstige Veränderung des Inhaltes für so wesentlich und überwiegend erkannt wird, daſs es als ein neues selbständiges Geistesproduct erachtet werden muſs.

§. 5. Dagegen ist als Nachdruck nicht anzusehen, somit gestattet: a) das wörtliche Anführen einzelner Stellen aus bereits veröffentlichten Werken; b) die Aufnahme einzelner, einem gröſseren Werke, einer Zeitschrift oder sonst einem periodischen Blatte entnommener Aufsätze, Gedichte u. s. w. in ein nach seinem Hauptinhalte neues, selbständiges, insbesondere kritisches und literar-historisches Werk oder in eine zu einem eigenthümlichen literarischen Zwecke, sowie zum Kirchen-, Schul- und Unterrichtsgebrauche bearbeitete Sammlung von Auszügen aus den Werken mehrerer Schriftsteller, oder endlich in Zeitschriften und periodische Blätter; nur muſs die Originalquelle ausdrücklich angegeben werden, und es darf der entlehnte Aufsatz weder einen Druckbogen des Werkes, welchem er entnommen ist, überschreiten, noch als selbständige Flugschrift ausgegeben werden; ebenso bei Zeitschriften und sonstigen periodischen Blättern im Laufe eines Jahrganges zusammen genommen nicht mehr als zwei Druckbogen ausmachen; die eigentlichen politischen Zeitungen sind blofs an die Bedingung gebunden, die Quelle, aus welcher ein Artikel entlehnt ist, namhaft zu machen; c) die Uebersetzung eines erschienenen literarischen Werkes, und zwar ohne Unterschied der Sprache, jedoch den Fall ausgenommen, wenn der Berechtigte (§. 1) sich die Befugnifs zur Veranstaltung einer Uebersetzung im Allgemeinen oder in einer bestimmten Sprache auf dem Titelblatte oder in der Vorrede des Originalwerkes ausdrücklich vorbehalten hat, wo sodann jede innerhalb eines Jahres vom Erscheinen des Originalwerkes ohne Einwilligung des Autors desselben oder seiner Rechtsnachfolger veröffentlichte Uebersetzung als verbotener Nachdruck zu behandeln ist. Hat der Autor das Werk zugleich in mehreren Sprachen erscheinen lassen, so wird jede dieser Ausgaben zugleich als Original behandelt. Jede rechtmäfsig erschienene Uebersetzung wird gegen Nachdruck geschützt und von mehreren Uebersetzungen die später erschienene als Nachdruck angesehen, wenn sie sich von der früheren gar nicht, oder nur durch unerhebliche Abänderungen unterscheidet; d) der für ein späteres Werk benützte unveränderte Titel eines früher veröffentlichten, von einem anderen Autor verfafsten Werkes. Doch kann die Wahl eines gleichen Titels in dem Falle, wenn er zur Bezeichnung des behandelten Gegenstandes nicht unumgänglich nothwendig und überdiefs zur Irreführung des Publikums über die Identität des Werkes geeignet ist, dem hierdurch Beeinträchtigten einen Anspruch auf Entschädigung begründen. Hierüber hat, wenn keine gesetzwidrige Absicht unterlaufen ist, der Civilrichter zu entscheiden.

§. 6. Bezüglich der musikalischen Compositionen wird der ohne Genehmigung des Tonsetzers oder seines Rechtsnachfolgers veranstaltete Abdruck von Manuscripten ebenfalls dem verbotenen Nachdrucke gleichgeachtet. Dagegen ist als verbotener Nachdruck oder Nachstich nicht anzusehen, somit gestattet: a) Die Aufnahme einzelner Themata musikalischer Compositionen in periodisch erscheinende Werke; b) die Benützung einer Tondichtung zu Variationen, Phantasien, Etüden, Pot-pourris etc. etc., welche als selbständige Geistesproducte angesehen werden; c) das Arrangement oder die Einrichtung eines Tonstückes für andere oder weniger Instrumente, als es ursprünglich gesetzt ist. Hat sich aber der Tondichter das Vorrecht der Herausgabe eines Arangements im Allgemeinen oder doch für bestimmte Instrumente auf dem Titelblatte seines veröffentlichten Werkes ausdrücklich vorbehalten, so ist jedes vor Ablauf Eines Jahres nach dem Erscheinungsjahre der Original-Composition ohne Einwilligung des Tonsetzers oder seiner Rechtsnachfolger veröffentlichte Arrangement als verbotener Nachdruck zu behandeln; d) wird für ein späteres musikalisches oder dramatisches Werk der unveränderte Titel eines früher veröffentlichten Werkes derselben Gattung benützt, so findet die Bestimmung des §. 5 ad d ihre Anwendung.

§. 7. Der zu einem musikalischen Werke gehörige Text des Gesanges wird als Beigabe der Composition betrachtet, daher ihn der Tonsetzer, wenn nicht durch Vertrag etwas Anderes bestimmt worden ist, mit der Composition abdrucken lassen kann. Zum Abdrucke des Textes ohne Musik ist die Einwilligung des Dichters erforderlich; sie wird aber, wenn das musikalische Werk zur öffentlichen Aufführung bestimmt ist, in der Art vorausgesetzt, daſs derjenige, welcher die Berechtigung zur Aufführung erlangt hat, auch den Text zum Behufe der Benützung bei der Aufführung des Tonwerkes mit Andeutung dieser Bestimmung drucken lassen darf.

§. 8. Zu dem ausschlieſsenden Rechte des Urhebers eines musikalischen oder dramatischen Werkes (§. 2) gehört auch jenes der öffentlichen Aufführung (Production) und es ist diese vor Ablauf der gesetzlichen Schutzfrist (§§. 23 und 24) sowohl im Ganzen als mit Abkürzungen oder unwesentlichen Abänderungen ohne Einwilligung des Autors oder seiner Rechtsnachfolger insolange verboten, als das Werk nicht durch den Druck oder Stich veröffentlicht worden ist. Als eine solche Veröffentlichung ist nicht anzusehen, wenn der Autor einzelne in Druck gelegte Exemplare als Manuscript ausgibt und dieſs ausdrücklich aus den Exemplaren ersichtlich ist [1]). Die vom

1) Der durch Ministerialverordnung vom 27. Dezember

Autor erhaltene Befugnifs zur Aufführung berechtigt auch, wenn keine Beschränkung vorbehalten wurde, zur beliebigen Wiederholung derselben. Aus mehreren gemeinschaftlichen Verfassern eines dramatischen Werkes wird im Zweifel Jeder für berechtigt gehalten, die Aufführung zu gestatten.

§. 9. Bei Zeichnungen, Gemälden, Kupfer-, Stahl- und Steinstichen, Holzschnitten und anderen Werken der zeichnenden Kunst, sowie bei plastischen Kunstwerken ist als verbotene Nachbildung nicht anzusehen: a) wenn die Nachbildung jeder Art sich von dem Originale nicht blofs im Material, in der Form oder der Gröfse, sondern durch solche wesentliche Veränderungen in der Darstellung unterscheidet, vermöge welcher sie als ein selbständiges Kunsterzeugnifs betrachtet werden kann; b) wenn ein Kunstwerk als Muster für die zu einem wirklichen materiellen Gebrauche dienenden Erzeugnisse der Manufacturen, Fabriken und Handwerke benützt worden ist; c) wenn ein durch die Presse veröffentlichtes Product der zeichnenden Kunst in plastischer Form dargestellt wird, oder d) wenn ein nicht blofs zur Beschauung, sondern zu einem wirklichen materiellen Gebrauche bestimmtes oder ein nur zur Verzierung eines Gewerbeproductes dienendes Erzeugnifs der Plastik durch die zeichnende Kunst mit oder ohne Farben nachgebildet wird.

§. 10. Um jedoch in denjenigen Fällen, in welchen die Bestimmungen des vorhergehenden Paragraphes nicht entgegenstehen, von dem ausschliefsenden Rechte der Nachbildung und Vervielfältigung Gebrauch zu machen, mufs der Urheber eines vollendeten Kunstwerkes oder sein Rechtsnachfolger sich bei der Veröffentlichung desselben das Recht

---

1858 (R.-Ges-Bl. 1859, Nr. 6) in Oesterreich publizierte Bundestagsbeschlufs vom 6. November 1856 bestimmt dafür: »Auch in dem Falle, dafs der Autor eines dramatischen oder musikalischen Werkes sein Werk durch den Druck veröffentlichet, kann er sich und seinen Erben oder sonstigen Rechtsnachfolgern das ausschliefsende Recht, die Erlaubnifs zur öffentlichen Aufführung zu ertheilen, durch eine, mit seinem darunter gedruckten Namen versehene Erklärung vorbehalten, die jedem einzelnen Exemplare seines Werkes auf dem Titelblatte vorgedruckt sein mufs.«

zu dessen Vervielfältigung ausdrücklich vorbehalten, und diesen Vorbehalt innerhalb eines Zeitraumes von zwei Jahren nach Ablauf des Erscheinungsjahres in Ausführung bringen, widrigens jede Nachbildung des Kunstwerkes unbeschränkt erlaubt ist.

§. 11. Durch die Abtretung des Rechtes der Vervielfältigung eines Werkes der zeichnenden oder plastischen Kunst verliert zwar der Urheber oder sein Rechtsnachfolger das Eigenthum an dem Originale nicht; wird jedoch das Original-Kunstwerk Eigenthum eines Anderen, so übergehet, wenn nicht das Gegentheil bedungen wurde, das ausschliefsende Recht, die Vervielfältigung zu veranlassen oder zu gestatten, zugleich auf den Erwerber.

§. 12. Der Handel (Debit) mit Erzeugnissen eines kraft des gegenwärtigen Gesetzes verbotenen, im In- oder Auslande, veranstalteten Nachdruckes und jeder anderen demselben gleichgeachteten Vervielfältigung wird gleichfalls als verboten erklärt, er mag von Buch-, Kunst- oder Musikalienhändlern, Buchdruckern, Verlegern oder von wem immer, der sich denselben zum Geschäfte macht, unternommen worden sein.

§. 13. Das dem Urheber eines literarischen oder artistischen Werkes durch das gegenwärtige Gesetz eingeräumte ausschliefsende Recht der Veröffentlichung, Nachbildung und Vervielfältigung desselben (Verlagsrecht) erstreckt sich in der Regel nicht blofs auf seine ganze Lebenszeit, sondern kommt auch demjenigen, welchem es von ihm übertragen worden ist, oder wenn er nicht anders darüber verfügt hätte, seinen Erben und deren Rechtsnachfolgern noch auf die Dauer von dreifsig Jahren nach seinem Tode zu. Das Todesjahr des Autors wird nicht mitgezählt. Ein Heimfallsrecht des Fiscus oder anderer Personen findet nicht statt.

§. 14. Ein gleicher Schutz in der Dauer von dreifsig Jahren und zwar vom Ablaufe desjenigen zu rechnen, in welchem das Werk zuerst erschienen ist, wird zugestanden: a) jenen Werken, bei welchen auf dem Titelblatte oder unter der Zueignung (Dedication) oder am Schlusse der Vorrede der Name des Urhebers nicht ersichtlich ist (anonime Werke); b) den unter einem anderen als dem wahren Namen des Autors erschienenen (pseudonimen) Werken; jedoch wird hier sowie im vorhergehenden Absatze vorausgesetzt, daſs nicht auf dem Titelblatte, unter der Zueignung oder am Schlusse der Vorrede der Herausgeber, Unternehmer, Besteller (§. 1) genannt ist, welcher in das volle Recht eines Urhebers tritt. Uebrigens steht die Wahrnehmung der Rechte des anonimen oder pseudonimen Autors dem Verleger des Werkes als Stellvertreter zu; c) einem von mehreren genannten Urhebern verfaſsten Werke, wenn nicht ein Herausgeber auf die im vorstehenden Paragraphs-Absatze bestimmte Weise ersichtlich ist; d) den erst nach dem Tode des Urhebers zur Veröffentlichung gelangenden (posthumen) Werken, sowie endlich e) der von den Erben oder sonstigen Rechtsnachfolgern des Urhebers veranstalteten Fortsetzung einer von dem Letzteren begonnenen Ausgabe seines Werkes.

§. 15. Bei den von Akademien, Universitäten und anderen unter dem besondern Schutze des Staates stehenden wissenschaftlichen oder artistischen Instituten und Vereinen herausgegebenen Werken erstreckt sich der gesetzliche Schutz gegen Nachdruck und Vervielfältigung auf die verlängerte Dauer von fünfzig Jahren. Bei Werken von anderen Gesellschaften und Vereinen tritt die Schutzfrist des vorhergehenden Paragraphes ein. Veranstaltet der Verfasser eines zu einem solchen Werke gelieferten Beitrages eine für sich bestehende vermehrte oder verbesserte Ausgabe dieser seiner Arbeit, so gilt dafür die im §. 13 bestimmte Schutzfrist.

§. 16. Bei Werken von mehreren Bänden oder solchen, welche heftweise oder sonst in Lieferungen erscheinen, wird, insoferne die verschiedenen Abtheilungen zusammen als Ganzes betrachtet werden können, die in den §§. 13 bis 15 bestimmte Schutzfrist für das ganze Werk vom Erscheinen des letzten Bandes oder der letzten Lieferung gerechnet. Nur wenn zwischen der Herausgabe einzelner Abtheilungen ein Zeitraum von wenigstens drei Jahren verflossen wäre, sind die vorher erschienenen Bände, Hefte u. s. w. als ein für sich bestehendes Werk und ebenso die nach Ablauf der drei Jahre erscheinenden weiteren Fortsetzungen als ein neues Werk zu behandeln. Bei fortlaufenden Sammlungen von Werken, Abhandlungen u. s. w. über verschiedene Gegenstände, wird jedes einzelne Werk, es bestehe aus einem oder mehreren Bänden, Heften u. s. w., als ein Ganzes für sich betrachtet.

§. 17. In besonders rücksichtswürdigen Fällen, dann zu Gunsten von Urhebern, Herausgebern oder Verlegern großer, mit bedeutenden Vorauslagen verbundener Werke der Wissenschaft und Kunst können die im gegenwärtigen Gesetze dem Urheber, dessen Erben oder sonstigen Rechtsnachfolgern zugestandenen Schutzfristen von der Staatsverwaltung in Form eines Privilegiums auch noch über die gesetzliche Dauer auf eine weitere bestimmte Anzahl von Jahren erstreckt werden. Dieses Privilegium muſs jedoch schon vor Beendigung der Herausgabe des Werkes erwirkt und dessen Dauer auf dem Titelblatte ersichtlich, oder wo dieſs nach der Natur des Gegenstandes nicht statt finden kann, durch die öffentlichen Zeitungsblätter der Provinz, wo das Werk erscheint, bekannt gemacht werden.

§. 18. Die von der Staatsverwaltung unmittelbar ausgegangenen Acte genieſsen nach ihrer Veröffentlichung den Schutz des Nachdrucksverbotes insolange, als dieses von der Staatsverwaltung nicht aufgehoben wird. Eine gleiche Fortdauer des Schutzes über die gesetzliche Frist hinaus hat auch für jene Werke zu gelten, aus denen selbst ersichtlich ist, daſs sie auf Befehl der Regierung und mit dem Vorbehalte dieses fortdauernden Schutzes erschienen sind.

§. 19. Nach Ablauf der gesetzlichen, oder erweiterten Schutzfristen, oder auch früher, wenn weder ein Erbe noch sonst ein Rechtsnachfolger des Urhebers mehr vorhanden wäre, dürfen die Werke der Literatur und Kunst in beliebiger Form nachgedruckt und nachgebildet werden, doch bleibt vor dem Eintritte dieses Zeitpunktes jede frühere, darauf abzielende Ankündigung untersagt.

§. 20. Die zweite Auflage oder Ausgabe (§. 1168 a. b. G. B.) eines Werkes genieſst gleichen gesetzlichen Schutz gegen den Nachdruck, wie die erste, jedoch unbeschadet des Rechtes zum Nachdrucke der ersten Auflage, wenn von deren Erscheinen der gesetzliche Zeitraum verstrichen ist. Dasselbe gilt auch von allen weiteren Auflagen im Verhältnisse zu den vorhergehenden.

§. 22. Das ausschlieſsende Recht der Aufführung eines musikalischen oder dramatischen Werkes (§. 8) erstreckt sich nicht nur auf die ganze Lebenszeit des Autors, sondern kommt auch demjenigen, welchem es von demselben übertragen worden ist, oder wenn er nicht anders darüber verfügt hätte, seinen Erben und deren Rechtsnachfolgern noch bis zum Ablaufe von zehn Jahren nach dem Todesjahre des Urhebers zu.

§. 23. Ein gleicher Schutz in der Dauer von zehn Jahren, jedoch vom Tage der ersten öffentlichen Aufführung gerechnet, findet statt: a) wenn das betreffende Werk mehrere genannte Urheber hat; b) bei anonimen und pseudonimen Werken ohne Unterschied, ob der wahre Name des Verfassers oder Tonsetzers nach geschehener, wenngleich nur einmaliger öffentlicher Aufführung bekannt wird oder nicht; c) bei posthumen Werken, d. i. solchen, welche erst nach dem Tode des Urhebers von dessen Erben oder sonstigen Rechtsnachfolgern zur ersten Aufführung gebracht werden.

§. 27. Dem durch die verbotene Vervielfältigung beeinträchtigten Urheber eines Werkes, sowie dessen Erben und sonstigen Rechtsnachfolgern steht überdiefs das Recht auf Entschädigung zu, und es ist ihnen als solche der Werth der von der unbefugten Vervielfältigung abgängigen Exemplare im Verkaufspreise des Originals zuzuerkennen, ohne die Geltendmachung noch weiterer Entschädigungsansprüche auszuschliefsen. Läfst sich die Stärke der unbefugten Vervielfältigung nicht ermitteln, so ist die Zahl der davon abhängigen Exemplare nach Beschaffenheit der Umstände und mit Berücksichtigung des Befundes der Sachverständigen von der Behörde auf 25 bis 1000 zu bestimmen. Dieselbe Modalität der Ausmittlung des zu vergütenden Schadens findet in der Regel auch dann statt, wenn eine rechtmäfsige Originalauflage des Werkes noch nicht veranstaltet worden (§. 4 a und b) und das im 2. Absatze des §. 29 vorbehaltene gütliche Einverstäntnifs nicht zu Stande gekommen ist.

§. 28. Dem Verleger eines Werkes gebührt die Entschädigung nach den Bestimmungen des vorhergehenden Paragraphes nur insofern, als die Zahl der durch verbotene Vervielfältigung erzeugten und abgängigen Exemplare jene der zur Veräufserung vorrätbigen Exemplare des Originalwerkes nicht übersteigt. Die Entschädigung, welche hinsichtlich der Ueberzahl zu leisten ist, gebührt dem Urheber und dessen Rechtsnachfolgern. In jedem Falle hat der Verleger so viele Original-Exemplare, als ihm selbst vergütet worden sind, dem Urheber unentgeltlich zu überlassen oder sich auf andere Weise darüber mit ihm auszugleichen. Uebrigens werden die gegenseitigen Rechte des Autors und Verlegers durch den Verlagsvertrag bestimmt.

§. 29. Die in Beschlag genommenen Exemplare und anderweitigen Gegenstände (§. 25) unterliegen, wenn sie nicht von dem Beschädigten auf Abrechnung der ihm gebührenden Entschädigung, jedoch gegen Vergütung der von dem Nachdrucker auf ihre materielle Beischaffung nothwendig und erweislich verwendeten Auslagen übernommen werden, der Vertilgung, sobald das Erkenntnifs in Rechtskraft erwachsen ist. Auch steht es dem Beschädigten frei, sich mit dem Nachdrucker in dem Falle, wenn vor Erscheinung einer rechtmäfsigen Originalausgabe der Nachdruck eines Manuscriptes oder einer Nachschrift (§. 4 a und b) veranstaltet worden ist, auf ein Honorar einzuverstehen; hierdurch wird jedoch ein Verlagsvertrag begründet, welcher zwar die Confiscation, nicht aber auch die Fortsetzung der begonnenen Untersuchung und die gesetzliche Strafe aufhebt.

§. 30. Wer mit den Erzeugnissen des Nachdruckes oder einer demselben gleichgeachteten Vervielfältigung wissentlich Handel treibt (§. 12), ist — — zur Entschädigung — zur ungetheilten Hand mit demjenigen verpflichtet, welcher die unerlaubte Vervielfältigung veranstaltet hat. Die verfallenen Exemplare werden vertilgt, sofern sie der Beschädigte nicht auf Abrechnung an seiner Forderung übernehmen will.

§. 32. Dem durch die unbefugte Aufführung beeinträchtigten Autor oder dessen Rechtsnachfolger steht der Anspruch auf volle Entschädigung zu, als welche ihm der ganze entweder mit Beschlag belegte oder nachträglich zu ermittelnde Betrag der Einnahme von jeder Aufführung ohne Abzug der auf dieselbe verwendeten Kosten und ohne Unterschied, ob das Werk allein oder in Verbindung mit einem anderen zur Aufführung kam, mit Vorbehalt der Geltendmachung etwa noch höherer Entschädigungsansprüche zuzuerkennen ist.

§. 38. . Der durch das gegenwärtige Gesetz gewährte Schutz gegen den Nachdruck und jede andere unbefugte Vervielfältigung auf mechanischem Wege wird auch allen im Gebiete des deutschen Bundes erscheinenden literarischen und artistischen Werken eingeräumt, nur mufs, damit derselbe in Anspruch genommen werden könne, nachgewiesen werden, dafs die in dem Bundesstaate, in welchem das Original erschienen ist, gesetzlich vorgeschriebenen Bedingungen und Förmlichkeiten erfüllt worden sind.

§. 39. Den im Auslande aufser dem deutschen Bundesgebiete erschienenen Werken wird der in diesem Gesetze ausgesprochene Schutz in dem Mafse gewährt, als die diefsfälligen Rechte der in dem österreichischen Gebiete erschienenen Werke durch die Gesetze des fremden Staates gleichfalls gesichert sind.

XVIII. Oesterreichisches Musterschutzgesetz.

Kaiserliches Patent vom 7. December 1858. [1])

Wir Franz Joseph der Erste, von Gottes Gnaden Kaiser von Oesterreich, König von Ungarn und Böhmen etc. etc.

Um der inländischen Industrie einen angemessenen Schutz für die bei ihren Erzeugnissen in Anwendung kommenden neuen Muster und Modelle zu gewähren und dadurch ihre Entwicklung zu fördern, finden Wir nach Vernehmung Unserer Minister urd nach Anhörung Unseres Reichsrathes, das nachstehende Gesetz zu erlassen, und verordnen, dafs dasselbe im ganzen Umfange Unseres Reiches mit dem 1. März 1859 in Wirksamkeit trete.

I. Allgemeine Bestimmungen.

§. 1. Unter Muster und Modell wird in diesem Gesetze jedes auf die Form eines Industrieerzeugnisses bezügliche, zur Uebertragung auf ein solches geeignete Vorbild verstanden.

Was im Nachstehenden von Mustern gesagt ist, gilt immer auch von Modellen.

§. 2. Derjenige, der ein Muster entweder selbst oder durch einen andern für eigene Rechnung ursprünglich zu Stande gebracht hat, ist für die Zeit und unter den Bedingungen, die in diesem Gesetze festgesetzt sind, allein berechtigt, dasselbe auf Industrieerzeugnissse anzuwenden.

Er kann dieses Recht auch ganz oder theilweise an andere übertragen.

---

1) R.-Ges.-Bl. 1858, Nr. 237. Die durch einen Stern bezeichneten Artikel in der Fassung des Gesetzes vom 23. Mai 1865, R.-Ges.-Bl. Nr. 35.

Auf Muster, die jemand, sei es aus dem In- oder Auslande, widerrechtlich an sich gebracht hat, kann er das in diesem Gesetze bestimmte ausschliefsende Benützungsrecht nie erwerben (§. 10, lit. d).

§. 3. Auf Muster, welche blofs in Nachbildungen von selbständigen Werken der Kunst bestehen, wird ein ausschliefsliches Recht nicht anerkannt.

§. 4*. Das ausschliefsende Benützungsrecht dauert höchstens drei Jahre vom Zeitpunkte der Registrirung des Musters. Es wird dem Schutzwerber überlassen, innerhalb dieses Zeitraumes die Anzahl der Jahre der Schutzdauer zu wählen.

Eine Verlängerung der einmal ausgesprochenen und bewilligten Zeitdauer findet nicht statt.

II. Hinterlegung der Muster.

§. 5. Wer sich das ausschliefsliche Recht auf die Benützung eines Musters sichern will, mufs, bevor er ein nach demselben verfertigtes Erzeugnifs in den Verkehr bringt, das Muster in der Kanzlei der Handels- und Gewerbekammer, in deren Bezirk er wohnt, oder sein zur Anwendung des Musters bestimmtes Etablissement gelegen ist, hinterlegen.

Es steht der Partei frei, das Muster offen oder unter einem versiegelten Umschlage zu überreichen.

Das hiezu bestimmte Organ der Handelskammer trägt das Muster oder Paket nach der laufenden Zahl in das Musterregister ein.

Ueber die Hinterlegung wird ein Protokoll aufgenommen, welches den Namen oder die Firma und den Wohnsitz des Hinterlegers, den Tag und die Stunde der Hinterlegung und die bezügliche Zahl des Registers zu enthalten hat, und von der Partei mitzufertigen ist. Das hinterlegte offene Muster oder versiegelte Packet wird durch einen unter Siegel befestigten Bindfaden mit dem Protokolle gehörig in Verbindung gebracht, und darauf die Nummer des Registers unter ämtlicher Fertigung angemerkt.

Das Protokoll wird im Archive aufbewahrt und ein, die gleichen Angaben enthaltendes ämtliches Certificat der Partei ausgefertigt.

Hat die Partei das Muster offen und in zwei Exemplaren überreicht, so sind die obigen Angaben auf dem Duplicate selbst unter ämtlicher Fertigung anzumerken, und dieses statt des obenerwähnten Certificates der Partei auszuhändigen.

§. 6*. Die Registrirung unterliegt für jedes Muster einer Gebühr, welche in die Casse der Handelskammer einfliefst.

Diese Taxe wird mit fünfzig Kreuzer öst. Währ. für jedes Jahr bemessen, für welches der Musterschutz angesucht wird.

§. 7. Es ist gestattet, unter Einem Umschlage mehrere Muster zu überreichen, doch mufs in diesem Falle die Anzahl der Muster auf dem Umschlage angemerkt sein und die Taxe für jedes einzelne Muster entrichtet werden.

Jede, diese Taxe beeinträchtigende, unrichtige Angabe auf dem Umschlage wird an dem Hinterleger mit dem dreifachen Betrage der umgangenen Gebühr geahndet.

§. 8. Derjenige, auf dessen Namen ein Muster registrirt wurde (der Hinterleger), wird so lange als der wirkliche Eigenthümer des Musters angesehen, bis das Gegentheil erwiesen ist.

§. 9. Innerhalb eines Jahres nach der Hinterlegung mufs der Schutzberechtigte das Muster im Inlande auf Industrieerzeugnisse anwenden, und die letzteren in Verkehr bringen. Während dieser Zeit werden die unter versiegeltem Umschlage hinterlegten Muster in diesem Zustande aufbewahrt. Nach einem Jahre werden die Siegel in Gegenwart von zwei Zeugen und unter Aufnahme eines Protokolles abgenommen und es ist die Einsicht der Muster, wie bei den offen hinterlegten schon ursprünglich, jedermann gestattet.

III. Ungiltigkeit der Registrirung, Verlust des Musterrechtes.

§. 10. Die erfolgte Registrirung eines Musters ist nichtig und ohne Wirkung, wenn einer der nachstehenden Umstände bewiesen wird.

a) dafs schon vor dem Zeitpunkte der Hinterlegung nach dem hinterlegten Muster verfertige Industrieerzeugnisse im In- und Auslande im Verkehre waren;

b) dafs schon früher das Muster in einem veröffentlichten Druckwerke erschienen ist;
c) dafs dasselbe schon früher auf den Namen eines anderen im Inlande registrirt worden ist;
d) dafs der Hinterleger das Muster widerrechtlich an sich gebracht hat (§. 2).

§. 11. Das Recht des ausschliefslichen Gebrauches eines Musters erlischt:
a) wenn der Hinterleger das geschützte Muster binnen einem Jahre nach der Hinterlegung im Umfange des österreichischen Reichsgebietes nicht benützt;
b) wenn der Hinterleger nach dem Muster im Auslande verfertigte Waaren in das österreichische Reichsgebiet einführt.

IV. Eingriffe, Uebertretungen und Strafen.

§. 12. Jeder Eingriff in das Musterrecht, sei es durch unbefugte Uebertragung oder Nachbildung eines geschützten Musters, sei es durch den Verschleifs der hiernach verfertigten Waaren, begründet für den Verletzten das Recht, auf die Einstellung der ferneren Anwendung des Musters und des ferneren Verschleifses der betreffenden Waare zu dringen. Auch kann er verlangen, dafs die zur Nachbildung ausschliefslich oder vorzugsweise dienlichen Werkzeuge und Hilfsmittel für diesen Zweck unbrauchbar gemacht werden. — Ansprüche des Verletzten auf Ersatz des durch den Eingriff in sein Musterrecht erlittenen Schadens sind nach dem bürgerlichen Gesetze zu beurteilen.

§. 13. Eine Nachbildung hört defshalb nicht auf eine verbotene zu sein, weil blofs die Dimensionen oder die Farben des Musters verändert wurden.

§. 14. Ist der Eingriff wissentlich begangen worden, so ist gegen den Schuldigen nebst der dagegen etwa auch nach dem allgemeinen Strafgesetze eintretenden Bestrafung eine Geldbufse von 25—500 fl. zu verhängen.

§. 15. Bei einem Rückfalle kann die Strafe verdoppelt werden. Bei einem neuerlichen Rückfalle ist wider den Schuldigen nebst der Geldstrafe auch eine Arreststrafe von einer Woche bis zu drei Monaten zu verhängen.

Wurde der Eingriff in das Musterrecht durch einen

Arbeiter oder Angestellten des Verletzten oder sonst mit Missbrauch seines Vertrauens begangen, so ist diess bei Bemessung der Strafe als ein besonders erschwerender Umstand in Anschlag zu bringen.

§. 16. Wenn die Geldstrafe den Vermögensumständen oder dem Nahrungsbetriebe des zu Verurteilenden oder seiner Angehörigen zum empfindlichen Abbruche gereichen oder ihn an der Erfüllung der aus der strafbaren Handlung entspringenden Entschädigung hindern würde, ist sie in Arrest — von einem Tag für je 5 fl. — umzuwandeln.

§. 17. Die Strafbehörde kann auch verfügen, dass das Straferkenntniss veröffentlicht werde.

§. 18. Die Strafbeträge fliessen in den Armenfond des Ortes der begangenen Uebertretung.

V. Behörden und Verfahren.

§. 19. Die Verhandlung und Entscheidung über Eingriffe in das Musterrecht, sowie die Untersuchung und Bestrafung derselben, wenn sie sich nach §. 15 zu einer Uebertretung gestalten, steht den politischen Verwaltungsbehörden erster Instanz nach den für das Verfahren und den Instanzenzug bei Gewerbsstörungen und Gewerbsübertretungen bestehenden Vorschriften zu. Die politische Behörde entscheidet auch über die Ungiltigkeit der Hinterlegung oder den Verlust des Musterrechtes. Ueber die im §. 12 erwähnten Entschädigungsansprüche und über Streitigkeiten in Ansehung des Eigenthums eines Musters steht die Entscheidung dem Civilrichter zu.

§. 20. Ergibt sich während der Verhandlung oder Untersuchung, dass die Entscheidung von einer Vorfrage abhängt, über welche das Civilgericht zu sprechen hat, so verweiset die politische Behörde die Parteien an das zuständige Civilgericht, und kann in einem solchen Falle nur nach hierüber vorgelegtem rechtskräftigen civilgerichtlichen Spruche ihre eigene Entscheidung schöpfen.

Uebrigens dient dem Verletzten die rechtskräftige Entscheidung der politischen Behörde, womit jemand des Eingriffes in das Musterrecht schuldig erkannt wurde, zur Geltendmachung der Entschädigungsansprüche vor dem Civilrichter.

§. 21. Eine Strafverhandlung wegen der in diesem Gesetze bezeichneten Gesetzübertretung darf, insoweit nicht eine nach dem allgemeinen Strafgesetze von Amtswegen durch die Strafgerichte zu verfolgende strafbare Handlung unterläuft, nur auf Anlangen des Verletzten eingeleitet werden.

Wenn jedoch derselbe sein Ansuchen um Bestrafung noch vor der Kundmachung der behördlichen Entscheidung an den Angeklagten widerruft, so hat es, unbeschadet der privatrechtlichen Ansprüche des Verletzten auf Entschädigung, von jeder Bestrafung und auch von jeder weiteren Untersuchung zum Behufe der Bestrafung abzukommen.

§. 22. So oft es sich zur Constatirung eines Eingriffes um die Vergleichung zweier Muster handelt, hat die Behörde einen Befund durch unbefangene Sachverständige zu veranlassen. Zu der Aufnahme des Befundes sind auch die Parteien beizuziehen, und mit ihren Aufklärungen und allfälligen Einwendungen zu hören. Ein Befund kann nur wegen Bedenken gegen die Sachverständigen oder wegen Formgebrechen angefochten werden. Ist er mangelhaft oder undeutlich, kann auf dessen Vervollständigung gedrungen werden. Eine Ueberschau findet nicht statt.

§. 23. In allen Streitfällen ist sowohl die politische Behörde als das Gericht berechtiget, die Uebermittlung des hinterlegten Musters von der Handels- und Gewerbekammer gegen Empfangsbestätigung zu verlangen. Bei der etwa nöthigen Eröffnung des Musterumschlages ist der Hinterleger vorzuladen. Erscheint er nicht, so sind zwei unbefangene Zeugen beizuziehen. Ueber die Entsiegelung ist ein Protokoll aufzunehmen.

§. 24. Der Verletzte ist berechtigt, noch vor der Entscheidung über seine Beschwerde die Beschlagnahme oder sonstige Verwahrung der vor ihm als mit Verletzung seines Musterrechtes verfertigt bezeichneten Erzeugnisse und der dazu verwendeten Werkzeuge und Hilfsmittel (§. 12) zu verlangen. Die politische Behörde hat dieselbe über Vorweisung des nach §. 5 hinausgegebenen ämtlichen Certificates, beziehungsweise Duplicates, sogleich zu veranlassen. — Es bleibt jedoch ihrem Ermessen überlassen, früher eine Sicherstellung für Schimpf und Schaden des Geklagten zu verlangen. Gleichzeitig mit der Anordnung der Beschlagnahme oder sonstigen Verwahrung hat die Behörde die Einsendung des bei der Handels- und Gewerbekammer erliegenden Musters im Sinne des §. 23 zu veranlassen.

§. 25. Wird erkannt, dafs ein Eingriff in das Musterrecht stattgefunden habe, so haben die betreffenden Gegenstände bis zum Ablauf der Schutzfrist unter ämtlichem Siegel zu verbleiben, und es ist für deren Verwahrung auf Kosten und Gefahr des Verurteilten Vorkehrung zu treffen, insoferne nicht zwischen den Betheiligten durch Uebereinkommen etwas anderes verfügt wird, oder die entsprechende Umstaltung unter ämtlicher Aufsicht bewerstelliget wird.

§. 26. Wird der Geklagte für schuldlos, und die Beschwerde zugleich als muthwillig anerkannt, so kann die Behörde den Beschwerdeführer in eine in den Ortsarmenfond fliefsende Geldstrafe bis zu dem Betrage von 300 fl. verfällen, unbeschadet des Anspruches des Geklagten auf Genugthuung.

XIX. Oesterreichisches Privilegiengesetz.

Kaserliches Patent vom 15. August 1852 [1]).

Wir Franz Joseph der Erste, von Gottes Gnaden Kaiser von Oesterreich, König von Ungarn und Böhmen etc. etc.

Von dem Wunsche geleitet, dem Erfindungsgeiste auch in denjenigen Kronländern Unseres Reiches, welche bisher eines Privilegiengesetzes entbehrten, den erforderlichen Schutz angedeihen zu lassen, und in Berücksichtigung der seit dem Patente vom 31. März 1832 gewonnenen Erfahrungen, welche manche Verbesserung und Vervollständigung der bisherigen Privilegiengesetze als nothwendig erkennen lassen, haben Wir, nach Vernehmung Unserer Minister und Unseres Reichsrathes, für den ganzen Umfang Unseres Reiches Folgendes festzusetzen befunden.

I. Abschnitt.

Vom Gegenstande eines ausschliefsenden Privilegiums.

§. 1. Ein ausschliefsendes Privilegium kann unter den, in den nachfolgenden §§. 2, 3, 4 und 5 enthaltenen Beschränkungen auf jede neue Entdeckung, Erfindung oder Verbesserung ertheilt werden, welche

a) ein neues Erzeugnifs der Industrie oder

b) ein neues Erzeugungsmittel, oder

---

1) R.-Ges.Bl. 1852, Nr. 184.

c) eine neue Erzeugungsmethode zum Gegenstande hat, das Privilegium mag von einem österreichischen Staatsangehörigen oder von einem Ausländer angesucht werden, wenn sie nicht zu den in den folgenden Paragraphen (2—4) als nicht privilegirbar bezeichneten gehört.

Man versteht aber unter Entdeckung jede Auffindung einer zwar schon in früheren Zeiten ausgeübten, aber wieder ganz verloren gegangenen, oder überhaupt einer im Inlande unbekannten industriellen Verfahrungsweise.

Unter Erfindung wird jede Darstellung eines neuen Gegenstandes mit neuen Mitteln, oder eines neuen Gegenstandes mit schon bekannten Mitteln, oder eines schon bekannten Gegenstandes mit anderen, als den bisher für denselben Gegenstand angewendeten Mitteln verstanden.

Als eine Verbesserung oder Veränderung wird jede Hinzufügung einer Vorrichtung, Einrichtung oder Verfahrungsweise zu einem bereits bekannten oder privilegirten Gegenstande angesehen, durch welche in dem Zwecke des Gegenstandes, oder in der Art seiner Erzeugung ein günstigerer Erfolg oder eine gröſsere Oekonomie erzielt werden soll.

Als neu wird irgend eine Entdeckung, Erfindung oder Verbesserung betrachtet, wenn sie bis zur Zeit des angesuchten Privilegiums im Inlande weder in der Ausübung steht, noch durch ein öffentliches Druckwerk bekannt ist.

§. 2. Auf Bereitungen von Nahrungsmitteln, Getränken und Arzneien, dann auf Entdeckungen, Erfindungen oder Verbesserungen, deren Ausübung aus öffentlichen Rücksichten für die Gesundheit, Sittlichkeit oder Sicherheit oder im allgemeinen Staatsinteresse gemäſs den gesetzlichen Anordnungen unzulässig ist, findet ein Privilegium nicht statt.

§. 3. Auf eine neue Entdeckung, Erfindung oder Verbesserung, welche aus dem Auslande in das österreichische Staatsgebiet eingeführt werden will, kann nur dann ein ausschlieſsendes Privilegium verliehen werden, wenn die Ausübung derselben auch im Auslande noch auf ein ausschlieſsendes Privilegium beschränkt ist. Eine solche

Verleihung kann aber nur dem Inhaber des ausländischen Privilegiums, oder dessen Rechtsnehmer zu Theil werden. Ohne diese Beschränkungen ist ein Privilegium auf eine im Auslande gemachte, im Inlande aber noch nicht in Ausübung stehende Erfindung, Entdeckung oder Verbesserung unstatthaft.

§. 4. Auf die Verbesserung eines schon bekannten oder durch ein ausschliefsendes Privilegium geschützten Gegenstandes wird nur in der Beschränkung ein Privilegium ertheilt, dafs sich dasselbe nicht auf den ganzen Gegenstand, sondern nur auf den verbesserten Theil bezieht.

§. 5. Auf ein wissenschaftliches Princip oder einen rein wissenschaftlichen Satz wird ein ausschliefsendes Privilegium nicht ertheilt, selbst wenn das Princip oder der Satz einer unmittelbaren Anwendung auf Gegenstände der Industrie fähig ist; wohl aber ist jede neue Anwendung eines solchen Principes oder Satzes, wodurch ein neues Erzeugnifs der Industrie, ein neues Erzeugungsmittel oder eine neue Erzeugungsmethode zu Stande kommt, privilegirbar.

§. 6. Die Vereinigung zweier oder mehrerer unter sich verschiedener Entdeckungen, Erfindungen oder Verbesserungen in ein einziges Privilegium ist nur dann gestattet, wenn diese Entdeckungen, Erfindungen oder Verbesserungen auf einen und den nämlichen Gegenstand als Bestandtheile der wirkenden Mittel Bezug nehmen.

II. Abschnitt.

Von den Bedingungen zur Erlangung eines ausschliefsenden Privilegiums und dem Verfahren behufs dessen Erlangung.

§. 7. Wer ein ausschliefsendes Privilegium auf eine neue Entdeckung, Erfindung oder Verbesserung erlangen will, mufs die in diesem Gesetze vorgeschriebenen Bedingungen erfüllen.

Diese Bedingungen sind:

a) Ansuchen bei einer competenten Behörde, mittelst eines gehörig eingerichteten, und mit den vorgeschriebenen Beilagen versehenen Gesuches;

b) Entrichtung einer bestimmten Taxe;

c) die Erfüllung der Verpflichtung, die neue Entdeckung, Erfindung oder Verbesserung so deutlich und vollständig zu beschreiben, und wenn es zur Ergänzung einer hinreichenden Deutlichkeit nöthig ist, durch Beigabe von Zeichnungen oder Modellen zu versinnlichen, daſs es, wenn dieselbe nach Ablauf der Dauer des Privilegiums zur allgemeinen Kenntniſs gebracht wird, jedem Fachmanne möglich ist, dieselbe nachzumachen.

§. 8. Gesuche um ein ausschlieſsendes Privilegium können bei den Statthaltereien, oder wo politische Kreisbehörden (Kreisämter, Delegationen, Comitatsbehörden) bestehen, bei diesen eingebracht werden.

§. 9. Diese Gesuche sind nach einem Formulare einzurichten.

Sie können durch den Privilegiumswerber selbst oder durch einen von ihm Bevollmächtigten überreicht werden.

Jedes solche Gesuch muſs enthalten:

a) den Vor- und Zunamen, Charakter, Wohnort des Privilegiumswerbers, und falls er nicht im Inlande seinen bleibenden Wohnsitz hat, auch den Namen, Charakter und Wohnort eines im Inlande wohnhaften Bevollmächtigten. Die Angabe des Vor- und Zunamens, Charakters etc. ist von Seite des Privilegiumswerbers auch dann nothwendig, wenn das Privilegium unter einer vom wahren Namen des Privilegienbesitzers abweichenden Firma ausgeübt werden soll. In diesem Falle ist auch die gewählte Firma namhaft zu machen. Dieselbe darf aber mit einer schon bestehenden Firma ohne Zustimmung des Firmaführers nicht übereinstimmen;

b) die Benennung (der Titel) der Entdeckung, Erfindung oder Verbesserung in ihrer Wesenheit;

c) die Anzahl Jahre, auf welche das Privilegium zu erhalten gewünscht wird. Diese Zahl von Jahren kann ohne allerhöchste Bewilligung fünfzehn nicht überschreiten, und ist bei Privilegien, die bereits im Auslande bestehen, und vom Inhaber eines solchen oder dessen Cessionär in's Inland übertragen werden wollen, auf die noch nicht abgelaufene Anzahl Jahre des ausländischen Privilegiums zu beschränken;

d) den Umstand, ob die Geheimhaltung der Entdeckung, Erfindung oder Verbesserung gewünscht werde oder nicht.

§. 10. Dem Gesuche um ein ausschliefsendes Privilegium müssen beigeschlossen sein:

a) die entfallende Privilegiumstaxe oder die Bestätigung, dafs dieselbe bei einer k. k. Casse bereits erlegt worden sei. Aufser dieser Taxe ist für die Ertheilung eines Privilegiums, auch im Falle einer vorausgegangenen Untersuchung in Bezug auf dessen Zulässigkeit aus öffentlichen Rücksichten, keine weitere, wie immer geartete Gebühr zu entrichten;

b) falls der Privilegiumswerber sein Gesuch durch einen Bevollmächtigten überreicht (§. 9), die dem Letztern ausgestellte rechtskräftige Vollmacht;

c) bei Entdeckungen, Erfindungen oder Verbesserungen, die aus dem Auslande eingeführt werden wollen, die ausländische Privilegiumsurkunde im Originale oder in beglaubigter Abschrift;

d) die oben (§. 7, c) vorgeschriebene Beschreibung des Privilegiumsgegenstandes im versiegelten Zustande und mit einem Umschlage versehen, auf welchem die zu privilegirende Entdeckung, Erfindung oder Verbesserung nach ihrer Wesenheit übereinstimmend mit der Angabe im Gesuche und mit Benennung der Wohnung des Privilegiumswerbers oder dessen Bevollmächtigten enthalten ist.

§. 11. Die Privilegiumstaxe wird nach der Dauer des Privilegiums bemessen, und besteht in gleicher Gröfse, das Privilegium mag auf eine Entdeckung, Erfindung oder Verbesserung von einem Ausländer oder Inländer angesucht werden. Sie beträgt für die ersten fünf Privilegiumsjahre Einhundert Gulden, für die nächstfolgenden fünf Jahre Zweihundert Gulden und für die letzten fünf Jahre Vierhundert Gulden, wovon auf jedes Jahr einzeln, und

zwar auf jedes der ersten fünf Jahre	20	fl.,
mithin auf diese fünf zusammen obige . . .	100	„
auf das sechste Jahr	30	„
„ „ siebente „	35	„
„ „ achte „	40	„
„ „ neunte „	45	„
„ „ zehnte „	50	„
„ „ eilfte „	60	„
„ „ zwölfte „	70	„
„ „ dreizehnte „	80	„
„ „ vierzehnte „	90	„
„ „ fünfzehnte „	100	„
folglich für alle fünfzehn Jahre als die gestattbare längste Dauerzeit	700	fl.

entfallen [1]).

Die so entfallende Taxe mufs für die gesammte Anzahl Jahre, für welche das Privilegium angesucht wird, auf Einmal erlegt, oder der geschehene Erlag ausgewiesen werden, widrigenfalls das Gesuch allsogleich zurückgestellt wird, ohne es zur Amtshandlung zu nehmen.

Eine Zurückstellung der erlegten Taxe findet nach Gewährung des dieser Taxe unterliegenden Ansuchens nur in dem Falle statt, wenn das Privilegium aus einer nach dessen Ertheilung eintretenden öffentlichen Rücksicht annullirt wird, und zwar nur im Verhältnisse zu der noch nicht abgelaufenen Privilegiumsdauer.

§. 12. Die Beschreibung (§. 10), welche als wesentliche Bedingung zur Erlangung eines ausschliefsenden Privilegiums angesehen wird, mufs folgenden Anforderungen entsprechen:

a) Sie mufs in der deutschen oder in der Geschäftssprache des Kronlandes, wo das Gesuch eingereicht wird, verfafst und von dem Privilegiumswerber oder dessen im Gesuche genannten Bevollmächtigten unterfertiget sein;

b) sie mufs die zergliederte Darstellung der in dem Ge-

1) Diese Taxen sind gegenwärtig zufolge kais. Verordnung v. 8. Juli 1858, Nr. 102 R.-G.-B., mit dem durch die Umrechnung sich ergebenden fünfprozentigen Zuschlage in österr. Währung zu entrichten.

suche in der Wesenheit angegebenen Entdeckung, Erfindung oder Verbesserung enthalten;

c) sie mufs so abgefafst sein, dafs jeder Sachverständige den Gegenstand nach dieser Beschreibung zu verfertigen im Stande ist, ohne neue Erfindungen, Zugaben oder Verbesserungen beifügen zu müssen:

d) dasjenige, was neu ist, also den Gegenstand des Privilegiums ausmacht, mufs in der Beschreibung kennbar hervorgehoben oder genau unterschieden sein;

e) die Entdeckung, Erfindung oder Verbesserung mufs klar und deutlich, und ohne Zweideutigkeiten, die irre leiten könnten und dem in c) angegebenen Zwecke entgegen sind, dargestellt sein;

f) es darf weder in den Mitteln, noch in der Ausführungsweise etwas verheimlichet werden; es dürfen daher weder theurere, oder nicht die ganz gleiche Wirkung hervorbringende Mittel angegeben, noch Handgriffe, welche zum Gelingen der Operation gehören, verschwiegen werden;

g) sind zur Verständlichkeit der Beschreibung Zeichnungen, Muster oder Modelle nothwendig, so sind erstere in haltbarer Farbe beizuschliefsen; aufserdem mögen solche, insoferne die Deutlichkeit der nach dem in c) ausgedrückten Erfordernisse abgefafsten Beschreibung dadurch noch gewinnen kann, nach Gutbefinden des Privilegiumswerbers beigefügt werden.

§. 13. Die Behörde, bei welcher ein Privilegiumsgesuch überreicht wird, hat dasselbe in Gegenwart des Ueberreichers in der Beziehung zu untersuchen:

a) ob das Gesuch gehörig abgefafst und unterzeichnet;

b) ob es mit den nöthigen Beilagen versehen ist;

c) ob die vorgeschriebene Taxe beigelegt oder der geschehene Erlag derselben ausgewiesen ist.

Findet die Behörde das Gesuch in den genannten Beziehungen in Ordnung, so wird von derselben auf dem Umschlage der Beschreibung der Tag und die Stunde der Ueberreichung und der erlegte Taxbetrag unter Mitfertigung des Privilegiumswerbers oder seines Bevollmächtigten angemerkt und sodann dem Ueberreichenden über die übernommene Eingabe ein Empfangsschein (Certificat) eingehändiget, welcher nebst dem Namen und Wohnorte des

Privilegiumswerbers, sowie des allfälligen Bevollmächtigten, Tag und Stunde der Ueberreichung, die Bestätigung des geleisteten Taxerlages und die in dem Gesuche in der Wesenheit angegebene Entdeckung, Erfindung oder Verbesserung enthält.

Von diesem Tage und dieser Stunde an hat die Priorität der angezeigten Entdeckung, Erfindung oder Verbesserung zu gelten, das ist, jede Einwendung einer, nach diesem Termine gemachten oder ausgeübten gleichen Entdeckung, Erfindung oder Verbesserung wird als ungiltig betrachtet, und kann die Neuheit der von dem Privilegiumswerber ordnungsmäfsig angezeigten und beschriebenen Entdeckung, Erfindung oder Verbesserung nicht widerlegen und aufheben.

Ergibt sich bei der Prüfung des Gesuches ein Mangel oder ein anderes Gebrechen, so wird dasselbe dem Privilegienwerber zum Behufe der Ergänzung oder der Behebung des bemerkten Gebrechens einfach zurückgestellt, ohne es in eine Amtshandlung zu nehmen.

§. 14. Das zur Amtshandlung übernommene Privilegiumsgesuch sammt allen Belegen wird in jedem Kronlande, wenn es nicht unmittelbar bei der Statthalterei überreicht wird, von der Behörde, wo die Ueberreichung stattgefunden hat, ohne Verzug und zwar längstens binnen drei Tagen an die Statthalterei übersendet.

§. 15. Die Statthalterei prüft jede solche Eingabe in nachstehenden Bedingungen:

a) ob der Gegenstand des Privilegiumsgesuches nicht etwa zur Ertheilung eines Privilegiums unbedingt ungeeignet sei;

b) ob die Beilagen den vorgeschriebenen Bedingungen entsprechen, namentlich, ob auf dem Umschlage der Beschreibung der Privilegiumsgegenstand mit der im Gesuche gemachten Angabe übereinstimme, und ob dieselbe gehörig unterzeichnet sei.

Findet die Statthalterei den Gegenstand des Privilegiumsgesuches zur Ertheilung eines Privilegiums nach §§. 2—6 unbedingt ungeeignet, so verständiget sie den Bittsteller davon mit der Aufforderung, die mit dem Gesuche überreichte versiegelte Beschreibung gegen Empfangsbestätigung wieder zurückzunehmen, sowie die erlegten

Taxgebühren wieder zu erheben oder sonst den Weg der höheren Berufung an das Ministerium für Handel und Gewerbe binnen der in Gewerbeangelegenheiten eingeräumten Recursfrist zu betreten.

Zeigt es sich, dafs die Beilagen des Gesuches den vorgeschriebenen Bedingungen nicht entsprechen, oder dafs der Gegenstand des Privilegiums auf dem Umschlage der gesiegelten Beschreibung nicht übereinstimmend mit dem Inhalte des Gesuches angegeben sei; so leitet die Statthalterei unter Zurückbehaltung der Eingabe die Vervollständigung derselben binnen angemessener Frist ein. Wird diese Frist nicht eingehalten, so stellt sie die Eingabe zurück.

Alle vorschriftsmäfsig eingereichten und nicht unbedingt zur Ertheilung des Privilegiums ungeeignet befundenen Gesuche, sowie auch jene, von denen die gedachte Vervollständigung der Erfordernisse binnen der anberaumten Frist bewirkt wird, werden von der Statthalterei dem Ministerium für Handel und Gewerbe vorgelegt.

§. 16 Das Ministerium für Handel und Gewerbe ist zur Ueberprüfung aller für ein Privilegiengesuch vorgeschriebenen Erfordernisse berufen; es ist demselben aber ausschliefsend vorbehalten, die gesiegelte Beschreibung zu öffnen und zu untersuchen:

a) ob die Beschreibung in einer als zulässig erklärten (§. 12) Sprache abgefafst, und ob sie gehörig unterfertigt sei;

b) ob der Gegenstand, wofür ein Privilegium angesprochen wird, nicht in zwei oder mehrere unter sich verschiedene Gegenstände (§. 6) zerfällt und eine Zertheilung erheischt;

c) ob die Angabe des Privilegiumsgegenstandes in dem Gesuche, auf dem Umschlage der beigelegten Beschreibung, und in dieser Beschreibung selbst genau zusammenpassen; ferner ob die Beschreibung jene Klarheit und Verständlichkeit besitze, welche der §. 12 verlangt, ob insbesondere die zu ihrer Verständlichkeit nothwendigen Zeichnungen, Muster oder Modelle vorhanden, und ob alle rein formellen Erfordernisse derselben beobachtet worden seien;

d) ob der zu privilegirende Gegenstand, so wie er in der Wesenheit in dem Gesuche, und auf dem Umschlage der Beschreibung angegeben ist, weder in Sanitätsbeziehungen, noch in einer andern öffentlichen Hinsicht den bestehenden Gesetzen und Anordnungen zuwider und deſshalb zur Ertheilung eines Privilegiums gar nicht, oder nur unter bestimmten Bedingungen oder Beschränkungen geeignet sei. Es ist übrigens dafür zu sorgen, daſs dabei die gehörige Geheimhaltung strenge beobachtet, und alle Sicherungsmittel gegen mögliche Verletzung derselben angewendet werden.

§. 17. Eine wie immer geartete Untersuchung über die Neuheit oder die Nützlichkeit der angegebenen Entdeckung, Erfindung oder Verbesserung findet vor der Ertheilung des Privilegiums in keinem Falle statt, wogegen aber auch eine Haftung dafür von Seite der Staatsverwaltung durchaus nicht eintritt, sondern das Privilegium in dieser Hinsicht lediglich auf Gefahr, Schaden und Kosten des Privilegirten ertheilt wird.

§. 18. In allen jenen Fällen, wo aus der Würdigung und Untersuchung nach §. 16 kein Hinderniſs zum Vorschein kommt, erfolgt die Ertheilung des Privilegiums durch den Minister für Handel und Gewerbe mittelst Ausstellung einer besonderen Urkunde; in anderen Fällen aber wird das zur Gewährung nicht geeignete Gesuch des Privilegiumswerbers mit Angabe der Ursache und unter Anordnung der Zurückerstattung der erlegten Privilegientaxe zurückgewiesen. Sind aber Anstände vorhanden, die behoben werden können, so wird die Zurückweisung erst dann verfügt, wenn der Privilegiumswerber unterlassen hat, jene Anstände binnen der ihm hiezu anberaumten angemessenen Zeitfrist zu beheben.

§. 19. Ein ertheiltes Privilegium entbindet in keinem Falle von den gesetzlichen Anordnungen und Vorschriften, die in öffentlichen Gesundheits-, Sicherheits- oder Sittlichkeitsrücksichten oder im allgemeinen Staatsinteresse bestehen oder erlassen werden; es bleibt folglich die Ausübung des Privilegiums von allen derartigen Anordnungen und Vorschriften abhängig, wonach dieselbe, je nachdem sie durch jene eingeschränkt oder selbst ganz untersagt wird, nur beschränkt oder auch gar nicht stattfinden darf, ohne daſs das Privilegium eine Ausnahme davon zu begründen vermag.

§. 20. Die eingelegten zu den Privilegien gehörigen Beschreibungen sammt Beigaben (§. 16) werden zur Aufbewahrung und zum weiteren Gebrauche dem Centralarchive für Privilegien übergeben, wovon der V. Abschnitt dieses Gesetzes die näheren Bestimmungen enthält.

III. Abschnitt.

Von den mit den ausschliefsenden Privilegien verbundenen Vortheilen und Befugnissen.

§. 21. Ein ausschliefsendes Privilegium sichert und schützt dem Privilegirten den ausschliefsenden Gebrauch seiner Entdeckung, Erfindung oder Verbesserung, so wie sie in seiner vorgelegten Beschreibung dargestellt worden ist, für die Anzahl von Jahren, auf welche sein Privilegium lautet.

§. 22. Der Privilegirte ist berechtiget, alle jene Werkstätten zu errichten, und jede Art von Hilfsarbeitern für dieselben, welche zur vollständigen Ausübung des Gegenstandes seines Privilegiums in der beliebigen weitesten Ausdehnung nöthig sind, aufzunehmen, — folglich überall im ganzen Reiche Etablissements und Niederlagen zur Verfertigung und zum Verschleifse des Gegenstandes seines Privilegiums zu errichten, und Andere zu ermächtigen, seine Entdeckung, Erfindung oder Verbesserung unter dem Schutze seines Privilegiums auszuüben, beliebige Gesellschafter anzunehmen, und die Benützung seines Privilegiumsgegenstandes nach jedem Mafsstabe zu vergröfsern, mit seinem Privilegium selbst zu disponiren, es zu vererben, zu verkaufen, zu verpachten oder sonst nach Belieben zu veräufsern, und auch im Auslande auf den nämlichen Gegenstand ein Privilegium zu nehmen.

Diese Rechte sind aber strenge auf den eigentlichen Gegenstand der privilegirten Entdeckung, Erfindung oder Verbesserung eingeengt, und dürfen daher nicht auf verwandte Gegenstände ausgedehnt, noch den bestehenden Gesetzen oder anderen Gerechtsamen zuwider ausgeübt werden.

§. 23. Betrifft das Privilegium eine Verbesserung oder Veränderung eines privilegirten Gegenstandes, so bleibt es einzig und allein auf die individuelle Verbesserung oder Veränderung selbst beschränkt und gibt dem privilegirten

Verbesserer und Veränderer auf die übrigen Theile des bereits privilegirten Gegenstandes oder einer schon bekannten Verfahrungsart kein Recht; wogegen der Privilegienberechtigte, auf dessen Privilegiumsgegenstand die von einem Anderen gemachte privilegirte Verbesserung oder Veränderung Bezug hat, ebenso wenig diese letztere benützen darf, wenn er sich nicht mit demselben darüber einversteht.

IV. Abschnitt.

Von dem Umfange und der Dauer ausschliefsender Privilegien, dann von der Kundmachung derselben.

§. 24. Der Umfang der gesetzlichen Wirksamkeit jedes Privilegiums erstreckt sich auf das gesammte österreichische Reichsgebiet [1]).

§. 25. Die höchste Dauerzeit der Privilegien wird auf fünfzehn Jahre festgesetzt. Die Bewilligungen auf eine längere Dauerzeit behalten Wir Uns vor, und soll diese von den Behörden nur in besonders rücksichtswürdigen Fällen bei Uns angesucht werden.

§. 26. Jedes ausschliefsende Privilegium beginnt von dem Tage der Ausfertigung der Privilegiumsurkunde. Die Kundmachung des ertheilten Privilegiums hat aber in der Art und mit jenem Zeitpunkte der Wirksamkeit stattzufinden, wie es für die Gesetze überhaupt vorgezeichnet ist.

§. 27. Jeder Privilegirte, dessen Privilegium auf kürzere als die höchste Dauer (§. 9—c) ertheilt ist, hat Anspruch auf die ein- oder mehrjährige Verlängerung desselben innerhalb der festgesetzten längsten Dauer, wenn er vor Erlöschung seines Privilegiums (§. 29—2, a, b) darum einschreitet. Um eine solche Verlängerung zu erlangen, ist das Gesuch um die Verlängerung unter Beilegung der Privilegiumsurkunde rechtzeitig zu überreichen und derselben die volle Taxe für die angesprochene Verlängerungszeit (§. 11), oder die Bestätigung, dafs der Erlag dieser Taxe bei einer k. k. Casse bereits stattgefunden hat, beizuschliefsen.

---

1) Für die Länder der ungarischen Krone vgl. Art. 16 des Gesetzes v. 24. Dez. 1867 (R.-Ges.-Bl. 1868, Nr. 4) und für das Fürstenthum Liechtenstein Art. 11 des Vertrags v. 23. Dez. 1863 R.-Ges.-Bl. 1864, Nr. 47).

Die Verlängerung geschieht von dem Ministerium für Handel und Gewerbe, und wird auf der Privilegiumsurkunde selbst ämtlich bestätiget.

§. 28. Jedes vom Ministerium für Handel und Gewerbe ertheilte oder verlängerte Privilegium, dann jede Abtretung eines Privilegiums, sowie das erfolgte Aufhören seiner Giltigkeit wird nach Vorschrift des §. 26 kundgemacht.

§. 29. Die Privilegien verlieren ihre Giltigkeit:

1. Durch Nullitäts- oder Nichtigkeitserklärung (Cassirung, Aufhebung oder Erkenntnifs).

a) Eine solche Nullitätserklärung kann eintreten, wenn es sich herausstellt, dafs die gesetzlichen Erfordernisse zu einem ausschliefsenden Privilegium nicht vorhanden sind; insbesondere

aa) wenn es sich zeigt, dafs die Beschreibung des Privilegiums mangelhaft und inbesondere nicht mit den im §. 12, c—f, vorgezeichneten Erfordernissen versehen und daher ungenügend sei;

bb) wenn Jemand gesetzmäfsig erweiset, dafs die privilegirte Entdeckung, Erfindung oder Verbesserung schon vor dem Tage und der Stunde des ausgefertigten ämtlichen Certificates die Eigenschaft der Neuheit im Inlande nach den Bestimmungen des §. 1 nicht mehr hatte, oder dafs die privilegirte Entdeckung, Erfindung oder Verbesserung aus dem Auslande eingeführt und das inländische Privilegium hierauf nicht dem Inhaber des auf den nämlichen Gegenstand früher erwirkten ausländischen Privilegiums oder dessen rechtmäfsigen Cessionarien §. 3) ertheilt wurde;

cc) wenn der Eigenthümer eines in Kraft bestehenden Privilegiums nachweiset, dafs die später privilegirte Entdeckung, Erfindung oder Verbesserung mit seiner eigenen früher ordnungsmäfsig angezeigten und privilegirten Entdeckung, Erfindung oder Verbesserung identisch sei;

b) wenn eine Verpflichtung, welche die Giltigkeit des Privilegiums bedingt, nicht erfüllt wird;

c) wenn es mit öffentlichen Rücksichten in Widerstreit tritt (§. 19).

2. Durch Erlöschung. Eine solche tritt ein:

a) wenn der Privilegirte nicht längstens binnen Einem Jahre, vom Tage der Ausfertigung der Privilegiumsurkunde an gerechnet, seine Entdeckung, Erfindung oder Verbesserung im Inlande auszuüben angefangen, oder wenn er diese Ausübung durch volle zwei Jahre gänzlich unterbrochen hat, dann

b) wenn die ursprüngliche oder nachträglich verlängerte Dauer des Privilegiums abgelaufen ist;

c) wenn das Privilegium freiwillig zurückgelegt wird.

Es versteht sich von selbst, dafs diese Arten, wodurch die Giltigkeit eines Privilegiums aufhört oder erlischt, für Jedermann, der ein Privilegium später an sich bringt, eben so wie für den ursprünglich Privilegirten gelten.

§. 30. Sobald ein Privilegium seine Giltigkeit verloren hat, steht die Benützung der bezüglichen Entdeckung, Erfindung oder Verbesserung unter Beobachtung der bestehenden Gewerbegesetze und sonst einschlägigen Anordnungen allgemein frei.

V. Abschnitt.

Von der Registrirung der Privilegien und Aufbewahrung der Privilegienbeschreibung.

§. 31. Jedes Privilegium wird, sobald es verliehen ist, in ein beim Ministerium für Handel und Gewerbe befindliches Register eingetragen.

Wird das Privilegium unter einer gewählten, vom wahren Namen des Privilegiumseigenthümers verschiedenen Firma ausgeübt, so wird auch diese Firma im Register vorgemerkt.

Daselbst werden in einem besonderen Archive auch die dazu gehörigen Zeichnungen, Modelle u. s. w. aufbewahrt. Jede im Bestande eines Privilegiums eingetretene Aenderung wird im obigen Register bemerkt.

§. 32. Es steht Jedermann frei, bei dem Privilegienarchive mündliche oder schriftliche Auskunft über die ertheilten Privilegien einzuholen, und zu diesem Ende selbst persönliche Einsicht in das Register zu nehmen. Ebenso kann Jedermann die allda aufbewahrten Beschreibungen sammt Beigaben, deren Geheimhaltung nicht angesucht wurde, oder die von nicht mehr giltigen Privilegien herrühren, einsehen, endlich sich von einzelnen Theilen solcher Privilegien aus dem Register, oder den nicht geheim zu haltenden Privilegien Abschriften nehmen oder auf eigene Kosten nehmen lassen. Dabei wird aber ausdrücklich auf diejenigen Bestimmungen hingewiesen, die über Privilegieneingriffe (§. 44) in diesem Gesetze enthalten sind.

§. 33. Das Privilegienarchiv wird mit Ablauf jeden Monates dem Ministerium für Handel und Gewerbe eine Uebersicht der in diesem Zeitabschnitte in dem Privilegienstande durch neue Ertheilungen, Verlängerungen, Besitzveränderungen und das Aufhören ihrer Giltigkeit sich ergebenden Veränderungen vorlegen. Von jeder solchen Uebersicht wird Ein Exemplar den politischen Landesstellen, dann den Gewerbe- und Handelskammern in den sämmtlichen Kronländern zur Anlegung eines Nachschlageregisters für Auskunftsertheilungen in Privilegiensachen übermittelt, welche Auskunftsertheilungen auf Begehren in geeigneter Weise zu vollziehen sind. Mit Ablauf eines jeden Jahres wird eine ähnliche jährliche Uebersicht durch den Druck veröffentlicht.

§. 34. Die Beschreibungen der Privilegien, deren Giltigkeit aufgehört hat, werden jährlich nach Befund der Nützlichkeit in Druck gelegt und angemessen verbreitet.

VI. Abschnitt.

Von der Uebertragung der Privilegien.

§. 35. Jedes erlangte ausschliefsende Privilegium kann sowohl unter Lebenden, als auch für den Todesfall ganz oder theilweise an Andere übertragen werden.

§. 36. Jede Uebertragungsurkunde mufs entweder unmittelbar oder durch die Statthalterei des Kronlandes, in welchem die Uebertragung erfolgt ist, oder wo der Gesuchsteller seinen Wohnsitz hat, unter Anschlufs der Privilegiumsurkunde dem Ministerium für Handel und Gewerbe vorgelegt werden, und zu diesem Ende, wenn sie nicht von einer öffentlichen Behörde ausgefertigt ist, in gesetzmäfsiger Form legalisirt sein.

Wird der Ausweis der Uebertragung von der Statthalterei oder dem Ministerium mangelhaft befunden, so ist er zur Verbesserung zurückzustellen.

Ist dagegen die Uebertragung gehörig ausgewiesen, so hat das Ministerium dieselbe in das dazu bestimmte Register (§. 31) eintragen, und diese Eintragung auf der Privilegiumsurkunde selbst bestätigen und im Falle einer nur theilweisen Uebertragung überdiefs ein besonderes Certificat darüber ausfertigen zu lassen.

§. 37. Die registrirten Privilegiumsübertragungen sind ohne Verzug öffentlich kundzumachen. Nach erfolgter Kundmachung kann sich Niemand mit der Unkenntnifs der geschehenen Uebertragung entschuldigen.

VII. Abschnitt.

Von den Eingriffen in ein Privilegium und dem Verfahren in Privilegienstreitigkeiten.

§. 38. Als ein Privilegiumseingriff oder als die Verletzung eines Privilegiums ist anzusehen, wenn jemand ohne Zustimmung des Privilegirten

a) den Gegenstand des Privilegiums auf die in der eingelegten Beschreibung dargestellte Art nachmacht oder nachahmt, selbst in dem Falle, als die Nachmachung oder Nachahmung auf Grund eines ihm jedoch später verliehenen, ganz oder theilweise identischen Privilegiums stattfinden sollte;

b) nachgemachte oder nachgeahmte Gegenstände eines inländischen Privilegiums zum Zwecke eines gewerbemäfsigen Verschleifses oder zur Aufbewahrung oder Ausstellung für einen solchen Verschleifs aus dem Auslande einführt oder bezieht; oder endlich

c) den Verschleifs oder auch nur die Aufbewahrung oder Ausstellung solcher Gegenstände zum Verschleifse besorgt oder übernimmt.

§. 39. Ist die Beschreibung eines Privilegiums in die offen stehenden Register eingetragen, so begründet schon der erste Eingriff, ist aber die Beschreibung geheim gehalten worden, jede Wiederholung des bereits untersagten Eingriffes in dasselbe eine Gesetzesübertretung, und ist auf Verlangen des Verletzten an dem Schuldigen nebst dem Verfalle (Confiscation) der vorhandenen nachgemachten oder nachgeahmten Gegenstände mit einer Geldstrafe von 25 fl. bis 1000 fl. zu bestrafen. Im Falle der Zahlungsunvermögenheit des Straffälligen ist statt der Geldstrafe eine Arreststrafe von je Einem Tage für fünf Gulden zu verhängen. Rücksichtlich der zur Ausführung der Nachmachung oder Nachahmung ausschliefsend dienlichen Werkzeuge und Hilfsmittel ist, insoferne nicht ein Uebereinkommen zwischen dem Verletzer und dem Verletzten etwas anderes festsetzt, nach Beschaffenheit derselben die Zerlegung, Umgestaltung oder Unbrauchbarmachung zu verfügen.

Die Geldstrafe fällt dem Armenfonde des Ortes zu, wo die Uebertretung begangen wurde. Die für verfallen erklärten Gegenstände sind, wenn nicht zwischen dem Verurteilten und dem Privilegirten ein Uebereinkommen wegen deren Ueberlassung auf Abrechnung des dem letzteren zuerkannten Schadenersatzes zu Stande kommt, zu vertilgen.

Hat der Schuldige die im Dienste oder durch das Vertrauen des Privilegirten erlangte Kenntnifs von dessen Entdeckung, Erfindung oder Verbesserung zu dem Eingriffe benützt, so ist dieses bei Bemessung der Strafe insbesondere als ein erschwerender Umstand anzusehen.

§. 40. Will der Verletzte die strafgerichtliche Verfolgung nicht einleiten, oder handelt es sich lediglich um den ersten Eingriff in ein Privilegium, dessen Beschreibung geheim gehalten wird, so ist der Verletzte blofs auf die Einstellung der ferneren Nachmachung oder Nachahmung und des ferneren Verschleifses der nachgemachten oder nachgeahmten Gegenstände zu dringen, und Sicherstellung zu fordern berechtiget, dafs die bei dem Verletzer betretenen nachgemachten oder nachgeahmten Gegenstände, insoferne sie im Inlande erzeugt sind, während der Dauer des Privilegiums weder gebraucht noch veräufsert, insoferne sie aber aus dem Auslande zum Verschleifse eingeführt wurden, wieder in dasselbe ausgeführt werden.

§. 41. Bei allen Streitigkeiten in Privilegienangelegenheiten ist die Entdeckung, Erfindung oder Verbesserung nur nach der mit dem Privilegiumsgesuche eingelegten Beschreibung zu beurteilen; diese Beschreibung mufs daher in allen Fällen, in welchen die Entscheidung von dem Inhalte der Privilegiumsbeschreibung abhängt, ohne Rücksicht auf deren Geheimhaltung zum Grunde gelegt, und es darf hiebei keine wie immer geartete nachträgliche Aenderung oder Darstellung des Privilegiumsgegenstandes berücksichtiget werden.

§. 42. Ueber die Frage, ob ein ertheiltes Privilegium aus irgend einem gesetzlichen Grunde als ungiltig zu erklären oder als erloschen (§. 29) anzusehen sei, erkennt ausschliefsend das Ministerium für Handel und Gewerbe. Es entscheidet daher insbesondere über die Frage der Neuheit einer privilegirten Entdeckung, Erfindung oder Verbesserung, ferner über die Frage, ob sie aus dem Auslande nur eingeführt wurde, und zu einem Privilegium nicht geeignet war, endlich bei Streitigkeiten zwischen zwei Privilegirten über die Frage hinsichtlich der vollständigen oder theilweisen Identität ihrer Privilegien.

§. 43. Die Untersuchung und Bestrafung der in den §§. 38 und 39 bezeichneten Uebertretungen steht, insoferne künftig nicht andere Bestimmungen erfolgen, der politischen Bezirksbehörde, in deren Bezirk dieselben stattgefunden haben, nach den für das Verfahren bei Gewerbeübertretungen bestehenden Vorschriften zu. — Gegen die diefsfälligen Verfügungen und Erkenntnisse der politischen Bezirksbehörde steht jedem, der sich dadurch beschwert glaubt, der Recurs an die vorgesetzte politische Landesstelle, und wenn hiedurch eine Abänderung der ersten Entscheidung verfügt wurde, weiterhin an das Handelsministerium offen; jedoch mufs dieser Recurs in dem einen und anderen Falle längstens binnen vierzehn Tagen nach dem Zustellungstage der Entscheidung, wogegen recurrirt wird, eingelegt werden.

Wird gegen ein Straferkenntnifs recurrirt, so ist die Vollstreckung desselben bis zur rechtskräftigen Entscheidung aufzuschieben. — Ergibt sich während der Untersuchung, dafs die Entscheidung von einer Vorfrage abhängt, worüber nur die Civilgerichte zu sprechen haben, so verweiset die Strafbehörde die Parteien an das zuständige Civilgericht, und selbe kann in solchem Falle nur nach hierüber vorgelegtem rechtskräftigen civilrechtlichen Urteile ihre eigene Entscheidung schöpfen. Uebrigens dient dem Verletzten die rechtskräftige Entscheidung der Strafbehörde, womit Jemand der Uebertretung des Privilegiengesetzes schuldig erklärt, und zu einer Strafe verurteilt worden ist, zur Grundlage der vor dem Civilrichter etwa geltend zu machenden Ersatzansprüche.

§. 44. Die Strafbehörde kann, wenn hinreichende Gründe vorhanden sind, die Vornahme eines Augenscheines oder Kunstbefundes anordnen, und wenn hiedurch oder auf andere Weise der Bestand eines strafbaren Eingriffes glaubwürdig dargethan ist, auf Verlangen des Verletzten die unverzügliche Beschlagnahme oder andere zweckmäfsige Verwahrung der nachgemachten oder nachgeahmten Gegenstände des Privilegiums und der zur Nachmachung oder Nachahmung ausschliefsend dienlichen Werkzeuge und Hilfsmittel verfügen.

Hiebei ist jedoch stets darauf Rücksicht zu nehmen, dafs dem Beschuldigten ohne dringende Noth kein unersetzlicher Schade zugefügt werde, und daher nöthigenfalls von dem Verletzten die Leistung einer angemessenen Sicherstellung für Schimpf und Schaden zu fordern.

§. 45. Ergibt sich während der Untersuchung, dafs die Entscheidung von Vorfragen abhängt, über welche das Erkenntnifs dem Ministerium für Handel und Gewerbe zusteht (§. 42), so ist dieses Erkenntnifs von Amtswegen einzuholen und das strafbehördliche Verfahren bis zu dem Einlangen desselben auszusetzen.

Die etwa bereits verhängte Beschlagnahme oder die getroffenen anderweitigen provisorischen Vorkehrungen können jedoch bis zur Entscheidung über die Fortsetzung des Verfahrens aufrecht erhalten werden.

§. 46. Insoferne es sich bei Eingriffen in ein Privilegium nicht um die Verhängung einer Strafe, sondern nur um die im §. 40 erwähnte Einstellung des Eingriffes handelt, oder wenn es nur um die Entscheidung über das Eigenthum eines Privilegiums, es möge wegen der Priorität der Entdeckung, Erfindung oder Verbesserung oder aus einem privatrechtlichen Titel streitig sein, oder um privatrechtliche Ansprüche des Beschädigten zu thun ist, welche von der Strafbehörde auf den Rechtsweg verwiesen worden sind, ist darüber von dem Civilgerichte, und zwar in jenen Kronländern, in welchen das summarische Verfahren in Civilrechtssachen eingeführt ist, nach den darüber bestehenden Vorschriften zu verhandeln und zu erkennen.

§. 47. Auch der Civilrichter kann, wenn der Bestand eines Eingriffes glaubwürdig bescheiniget ist, oder durch die Vornahme eines Augenscheines oder Kunstbefundes dargethan wird, auf Verlangen des Beschädigten entweder unbedingt oder gegen Leistung einer angemessenen Sicherstellung für Schimpf und Schaden die unverzügliche Beschlagnahme oder andere zweckmäfsige Verwahrung der nachgemachten oder nachgeahmten Gegenstände des Privilegiums (§. 40) unter der im §. 44 erwähnten Vorsicht verfügen.

Jede solche Vorkehrung mufs jedoch gleich einem Verbote binnen acht Tagen nach den Vorschriften der Gerichtsordnung mittelst Klage gerechtfertiget werden, widrigenfalls dieselbe auf Begehren des Gegners sogleich aufzuheben und die gebührende Genugthuung für Schimpf und Schaden zu leisten sein würde.

§. 48. Wenn die Entscheidung einer vor den Civilrichter gehörigen Klage von Vorfragen abhängt, über welche das Erkenntnifs dem Ministerium für Handel und Gewerbe zukommt (§. 42), so liegt es den Parteien ob, hierüber das Erkenntnifs desselben zu erwirken und im Laufe des Rechtsstreites beizubringen.

§. 49. Eingriffe in Gewerbsrechte dritter Personen, welche der Inhaber eines Privilegiums bei der Ausübung desselben durch Ueberschreitung des Umfanges seiner in demselben gegründeten Rechte begeht, sind von jenen Behörden, welche über die Uebertretungen der Gewerbevorschriften zu erkennen berufen sind, nach den hierüber bestehenden besonderen Vorschriften zu bestrafen. Der Umstand, dafs er das Privilegium zur Gewerbestörung mifsbrauchte, ist hiebei als ein besonderer Erschwerungsumstand anzusehen.

§. 50. Inwieferne derjenige, welcher sich unerlaubterweise die Urheberschaft der Entdeckung, Erfindung oder Verbesserung eines anderen anmafst, um hierauf selbst oder durch dritte Personen ein Privilegium zu erwirken, hiedurch sich eines Betruges oder einer anderen strafbaren Handlung schuldig macht, ist nach den Strafgesetzen zu beurteilen.

VIII. Abschnitt.

Besondere Bestimmungen in Betreff der vor der Wirksamkeit des gegenwärtigen Gesetzes ertheilten und noch giltigen ausschliefsenden Privilegien.

§. 51. Um den Besitzern der auf der Grundlage des Patentes vom 31. März 1832 ertheilten, noch giltigen ausschliefsenden Privilegien den Vortheil einer ausgedehnteren Wirksamkeit derselben gleich den nach dem gegenwärtigen Gesetze ertheilten Privilegien zu verschaffen, wird ihnen die Berechtigung ertheilt, ihre Privilegienrechte mit dem Eintritte der Wirksamkeit des gegenwärtigen Gesetzes auch in jenen Kronländern des Reiches, wo das Privilegiengesetz vom 31. März 1832 nicht eingeführt war, zur Geltung zu bringen. Jedoch kann diese Ausdehnung der Wirksamkeit des Privilegiums auf Kronländer, in denen das Patent vom 31. März 1832 nicht eingeführt wurde, denjenigen nicht nachtheilig sein, welche daselbst die privilegirte Entdeckung, Erfindung oder Verbesserung bereits vor der Kundmachung dieser Ausdehnung wirklich ausgeübt haben.

§. 52. Die wirkliche Erlangung des erweiterten Privilegiumsumfanges erfolgt jedoch für den Besitzer eines auf dem Privilegiengesetze vom Jahre 1832 beruhenden Privilegiums nicht früher, als bis sich derselbe bei der obersten politischen Landesbehörde (Statthalterei) für das Kronland, wo er in den Genufs der Privilegienrechte zu treten wünscht, über seinen Privilegiumsbesitz genügend ausgewiesen und durch diese Behörde die ämtliche Verlautbarung des Privilegiums in diesem Lande stattgefunden hat.

§. 53. Die Erweiterung des Privilegiumsumfanges wird von jeder neuen Taxentrichtung oder Taxnachzahlung frei erklärt.

§. 54. Alle Gesuche um Verlängerung eines im Grunde des Privilegiumsgesetzes vom 31. März 1832 ertheilten Privilegiums fallen unter die Bestimmungen des gegenwärtigen Gesetzes, sobald dieses seine Wirksamkeit erlangt hat.

§. 55. Die vor dem Eintritte der Wirksamkeit des

gegenwärtigen Gesetzes begangenen Privilegiumseingriffe und Verletzungen sind in jenen Kronländern, in welchen das Privilegienpatent vom 31. März 1832 in Wirksamkeit war, nach den Bestimmungen dieses letzteren zu behandeln.

§. 56. Ueberhaupt tritt für alle Angelegenheiten, welche auf früher ertheilte Privilegien Bezug nehmen, dieselben mögen deren Ausübung, Fortdauer, Uebertragung, Giltigkeit oder Aufhebung betreffen, das gegenwärtige Gesetz unter den in den vorstehenden Paragraphen angegebenen Beschränkungen sogleich nach seinem Anfange an die Stelle des bisherigen Privilegiengesetzes vom 31. März 1832 in volle Kraft; jedoch bleiben die Registrirungen der vor dem Eintritte des gegenwärtigen Gesetzes ertheilten oder verlängerten Privilegien davon unberührt.

XX. Oesterreichisches Gesetz,

betreffend die Haftung der Eisenbahnunternehmungen für die durch Ereignungen auf Eisenbahnen herbeigeführten körperlichen Verletzungen oder Tödtungen von Menschen.

Vom 5. März 1869 [1]).

Mit Zustimmung beider Häuser des Reichsrathes finde Ich anzuordnen, wie folgt:

§. 1. Wenn durch eine Ereignung im Verkehre einer mit Anwendung von Dampfkraft betriebenen Eisenbahn die körperliche Verletzung oder die Tödtung eines Menschen herbeigeführt wird, so wird stets vermuthet, dafs die Ereignung durch ein Verschulden der Unternehmung oder derjenigen Personen eingetreten sei, deren sie sich zur Ausübung des Betriebes bedient. Das Verschulden dieser Personen hat die Unternehmung ebenso, wie ihr eigenes Verschulden, durch Leistung des Ersatzes nach Mafsgabe der §§. 1325 bis 1327 des a. b. G. B. zu vertreten.

§. 2. Von dieser Ersatzleistung wird die Unternehmung nur dann und nur in dem Mafse befreit, als sie beweist, dafs die Ereignung durch einen unabwendbaren Zufall (höhere Gewalt — vis maior) oder durch eine unabwendbare Handlung einer dritten Person, deren Verschulden sie nicht zu vertreten hat, oder durch Verschulden des Bechädigten verursacht wurde.

Eine von der Unternehmung in Vorhinein angekündigte oder mit ihr vereinbarte Ablehnung oder Einschränkung dieser Ersatzpflicht ist ohne rechtliche Wirkung.

§. 3. Klagen auf Ersatzleistung, welche auf Grund-

---

1) R.-Ges.-Bl. 1869, Nr. 27.

lage dieses Gesetzes wegen Ereignungen, die der Wirksamkeit desselben nachgefolgt sind, erhoben werden, gehören nach Wahl des Klägers vor das Handelsgericht, in dessen Sprengel die geklagte Unternehmung ihren Sitz hat oder die Ereignung eingetreten ist.

Ueber dieselben ist summarisch zu verfahren und es können mehrere Kläger Ersatzansprüche, welche in derselben Ereignung ihren Grund haben, in derselben Klageschrift geltend machen.

§. 4. Dieses Gesetz tritt mit dem Tage seiner Kundmachung in Wirksamkeit.

Mit dem Vollzuge desselben ist der Justizminister beauftragt.

XXI. Deutsches Reichsgesetz,

betreffend die Verbindlichkeit zum Schadenersatz für die bei dem Betriebe von Eisenbahnen, Bergwerken etc. herbeigeführten Tödtungen und Körperverletzungen.

Vom 7. Juni 1871 [1]).

Wir Wilhelm, von Gottes Gnaden Deutscher Kaiser, König von Preufsen etc., verordnen im Namen des Deutschen Reichs, nach erfolgter Zustimmung des Bundesrathes und des Reichstages, was folgt:

§. 1. Wenn bei dem Betriebe einer Eisenbahn ein Mensch getödtet oder körperlich verletzt wird, so haftet der Betriebs-Unternehmer für den dadurch entstandenen Schaden, sofern er nicht beweist, dafs der Unfall durch höhere Gewalt oder durch eigenes Verschulden des Getödteten oder Verletzten verursacht ist [2]).

§. 2. Wer ein Bergwerk, einen Steinbruch, eine Gräberei (Grube) oder eine Fabrik betreibt, haftet, wenn ein Bevollmächtigter oder ein Repräsentant oder eine zur

---

1) R.-Ges.-Bl. 1871, S. 207 ff. In Elsafs-Lothringen eingeführt durch Ges v. 1. Nov. 1872 (Ges.-Bl. f. Els.-Lothr. 1872, S. 769).

2) Vgl. Reichsgesetz v. 20. Dez. 1875 Art. 8 (R.-Ges.-Bl. 1875, S. 321): Wenn bei dem Betriebe einer Eisenbahn ein im Dienst befindlicher Postbeamter getödtet oder körperlich verletzt worden ist, und die Eisenbahnverwaltung den nach den Gesetzen ihr obliegenden Schadensersatz dafür geleistet hat, so ist die Postverwaltung verpflichtet, derselben das Geleistete zu ersetzen, falls nicht der Tod oder die Körperverletzung durch ein Verschulden des Eisenbahnbetriebs - Unternehmers oder einer der im Eisenbahnbetrieb verwendeten Personen herbeigeführt worden ist.

Leitung oder Beaufsichtigung des Betriebes oder der Arbeiter angenommene Person durch ein Verschulden in Ausführung der Dienstverrichtungen den Tod oder die Körperverletzung eines Menschen herbeigeführt hat, für den dadurch entstandenen Schaden.

§. 3. Der Schadenersatz (§§. 1. und 2.) ist zu leisten:

1) im Falle der Tödtung durch Ersatz der Kosten einer versuchten Heilung und der Beerdigung, sowie des Vermögensnachtheils, welchen der Getödtete während der Krankheit durch Erwerbsunfähigkeit oder Verminderung der Erwerbsfähigkeit erlitten hat. War der Getödtete zur Zeit seines Todes vermöge Gesetzes verpflichtet, einem Andern Unterhalt zu gewähren, so kann dieser insoweit Ersatz fordern, als ihm in Folge des Todesfalles der Unterhalt entzogen worden ist;

2) im Fall einer Körperverletzung durch Ersatz der Heilungskosten und des Vermögensnachtheils, welchen der Verletzte durch eine in Folge der Verletzung eingetretene zeitweise oder dauernde Erwerbsunfähigkeit oder Verminderung der Erwerbsfähigheit erleidet.

§. 4. War der Getödtete oder Verletzte unter Mitleistung von Prämien oder anderen Beiträgen durch den Betriebs-Unternehmer bei einer Versicherungsanstalt, Knappschafts-, Unterstützungs-, Kranken- oder ähnlichen Kasse gegen den Unfall versichert, so ist die Leistung der Letzteren an den Ersatzberechtigten auf die Entschädigung einzurechnen, wenn die Mitleistung des Betriebs-Unternehmers nicht unter einem Drittel der Gesammtleistung beträgt.

§. 5. Die in den §§. 1. und 2. bezeichneten Unternehmer sind nicht befugt, die Anwendung der in den §§. 1. bis 3. enthaltenen Bestimmungen zu ihrem Vortheil durch Verträge (mittelst Reglements oder durch besondere Uebereinkunft) im Voraus auszuschließen oder zu beschränken.

Vertragsbestimmungen, welche dieser Vorschrift entgegenstehen, haben keine rechtliche Wirkung.

§. 6. Das Gericht hat über die Wahrheit der thatsächlichen Behauptungen unter Berücksichtigung des gesammten Inhalts der Verhandlungen nach freier Ueberzeugung zu entscheiden.

Die Vorschriften der Landesgesetze über den Beweis durch Eid, sowie über die Beweiskraft öffentlicher Urkunden und gerichtlicher Geständnisse bleiben unberührt.

Ob einer Partei über die Wahrheit oder Unwahrheit einer thatsächlichen Behauptung noch ein Eid aufzulegen, sowie ob und inwieweit über die Höhe des Schadens eine beantragte Beweisaufnahme anzuordnen oder Sachverständige mit ihrem Gutachten zu hören, bleibt dem Ermessen des Gerichts überlassen.

§. 7. Das Gericht hat unter Würdigung aller Umstände über die Höhe des Schadens, sowie darüber, ob, in welcher Art und in welcher Höhe Sicherheit zu bestellen ist, nach freiem Ermessen zu erkennen. Als Ersatz für den zukünftigen Unterhalt oder Erwerb ist, wenn nicht beide Theile über die Abfindung in Kapital einverstanden sind, in der Regel eine Rente zuzubilligen.

Der Verpflichtete kann jederzeit die Aufhebung oder Minderung der Rente fordern, wenn diejenigen Verhältnisse, welche die Zuerkennung oder Höhe der Rente bedingt hatten, inzwischen wesentlich verändert sind. Ebenso kann der Verletzte, dafern er den Anspruch auf Schadenersatz innerhalb der Verjährungsfrist (§. 8.) geltend gemacht hat, jederzeit die Erhöhung oder Wiedergewährung der Rente fordern, wenn die Verhältnisse, welche für die Feststellung, Minderung oder Aufhebung der Rente maſsgebend waren, wesentlich verändert sind.

Der Berechtigte kann auch nachträglich die Bestellung einer Sicherheit oder Erhöhung derselben fordern, wenn die Vermögensverhältnisse des Verpflichteten inzwischen sich verschlechtert haben.

§. 8. Die Forderungen auf Schadenersatz (§§. 1. bis 3.) verjähren in zwei Jahren vom Tage des Unfalls an. Gegen denjenigen, welchem der Getödtete Unterhalt zu gewähren hatte (§. 3. Nr. 1.), beginnt die Verjährung mit dem Todestage. Die Verjährung läuft auch gegen Minderjährige und diesen gleichgestellte Personen von denselben Zeitpunkten an, mit Ausschluſs der Wiedereinsetzung.

§. 9. Die Bestimmungen der Landesgesetze, nach

welchen aufser den in diesem Gesetz vorgesehenen Fällen der Unternehmer einer in den §§. 1. und 2. bezeichneten Anlage oder eine andere Person, insbesondere wegen eines eigenen Verschuldens für den bei dem Betriebe der Anlage durch Tödtung oder Körperverletzung eines Menschen entstandenen Schaden haftet, bleiben unberührt.

Die Vorschriften der §§. 3. 4. 6. bis 8. finden auch in diesen Fällen Anwendung, jedoch unbeschadet derjenigen Bestimmungen der Landesgesetze, welche dem Beschädigten einen höheren Ersatzanspruch gewähren.

§. 10. Die Bestimmungen des Gesetzes, betreffend die Errichtung eines obersten Gerichtshofes für Handelssachen, vom 12. Juni 1869., sowie die Ergänzungen desselben werden auf diejenigen bürgerlichen Rechtsstreitigkeiten ausgedehnt, in welchen durch die Klage oder Widerklage ein Anspruch auf Grund des gegenwärtigen Gesetzes oder der in §. 9. erwähnten landesgesetzlichen Bestimmungen geltend gemacht wird.

Urkundlich unter Unserer Höchsteigenhändigen Unterschrift und beigedrucktem Kaiserlichen Insiegel.

Gegeben Berlin, den 7. Juni 1871.

(L. S.) **Wilhelm.**

Fürst v. Bismarck.

XXII. Oesterreichische Gewerbeordnung.

Vom 20. Dezember 1859 [1]).

Wir Franz Joseph der Erste, von Gottes Gnaden, Kaiser von Oesterreich, König von Hungarn und Böhmen etc.

Von der Ansicht geleitet, die gewerbliche Betriebsamkeit in Unserem Reiche gleichmäfsig zu regeln und möglichst zu erleichtern, haben nach Vernehmung Unserer Minister und nach Anhörung Unseres Reichsrathes, der nachfolgenden Gewerbeordnung Unsere Genehmigung ertheilt, und verordnen, wie folgt:

§. I. Diese Gewerbeordnung hat, vom 1. Mai 1860 angefangen, für den ganzen Umfang Unseres Reiches, mit Ausnahme des venetianischen Verwaltungsgebietes und der Militärgränze, in Kraft zu treten.

II. Die bestehenden Vorschriften über Ansässigmachung und Aufenthaltsrecht werden durch die Gewerbeordnung nicht berührt.

III. Sämmtliche derzeit in Kraft bestehenden Vorschriften über die Erlangung von Gewerbs-, Fabriks- und Handelsberechtigungen, sowie alle mit dieser Gewerbeordnung unvereinbarlichen älteren Normen über deren Ausübung werden, vom obigen Zeitpunkte angefangen, aufser Wirksamkeit gesetzt.

IV. Die in diesem Gesetze enthaltenen Bestimmungen gelten, mit der in dem nachfolgenden Artikel ausgedrückten Beschränkung, für alle gewerbemäfsig betriebenen Beschäftigungen, sie mögen die Hervorbringung, Bear-

---

1) Reichsgesetzblatt 1859, Nr. 227.

beitung oder Umstaltung von Verkehrsgegenständen, den Betrieb von Handelsgeschäften, oder die Verrichtung von Dienstleistungen und Arbeiten zum Gegenstande haben.

V. Auf folgende Beschäftigungen und Unternehmungen findet das gegenwärtige Gesetz keine Anwendung; dieselben werden fortan nach den dafür bestehenden Vorschriften behandelt:

a) Die land- und forstwirthschaftliche Production und ihre Nebengewerbe, soweit diese in der Hauptsache die Verarbeitung der eigenen Erzeugnisse zum Gegenstande haben; dann der in einigen Landestheilen durch ältere Einrichtungon den Besitzern von Wein- und Obstgärten gestattete Ausschank des eigenen Erzeugnisses;

b) der Bergbau und die nach dem Berggesetze von bergämtlicher Concession abhängigen Werksvorrichtungen;

c) die literarische Thätigkeit, das Selbstverlagsrecht der Autoren und die Ausübung den schönen Künste;

d) die Lohnarbeit der gemeinsten Art (Taglöhnerarbeit etc. etc.);

e) die in die Kategorie der häuslichen Nebenbeschäftigungen fallenden und durch die gewöhnlichen Mitglieder des eigenen Hausstandes betriebenen Erwerbszweige;

f) die Geschäfte der Advocaten, Notare und Handelsmäkler (Wechsel-, Waaren- und Schiffssensalen, Börseagenten), Ingenieure und anderer Personen, welche von der Behörde für gewisse Geschäfte besonders bestellt und in Pflicht genommen sind; dann alle Unternehmungen von Privatgeschäftsvermittlungen in anderen als Handelsgeschäften;

g) die Ausübung der Heilkunde (Aerzte, Wundärzte, Zahn-, Augenärzte, Geburtshelfer und Hebammen u. s. w.), die Unternehmungen von Heilanstalten jeder Art, mit Inbegriff der Gebär- und der Irrenbewahr-, Bade- und Trinkcur-Anstalten; das Apothekerwesen; das Veterinärwesen mit Einschluſs des Viehschnittes;

h) die Erwerbszweige des Privatunterrichtes und der Erziehung und die sich hierauf beziehenden Anstalten.

i) die gewerblichen Arbeiten öffentlicher Humanitäts-, Unterrichts-, Straf- oder Correctionsanstalten;

k) die Unternehmungen von Creditanstalten, Banken, Versatz-, Versicherungs-, Versorgungs-, Rentenanstalten, Sparcassen etc.;

l) die Eisenbahn- und Dampfschiffahrts-Unternehmungen;

m) der den Seegesetzen unterliegende Schiffahrtsbetrieb auf dem Meere und die Seefischerei;

n) die Unternehmungen von ständigen Ueberfuhren (Fähren) auf Flüssen, Seen, Canälen etc., dann die Schwemm- und Flöfsanstalten;

o) die Unternehmungen öffentlicher Belustigungen und Schaustellungen aller Art;

p) die Unternehmungen periodischer Druckschriften und der Verschleifs derselben;

q) der Hausirhandel und andere ausschliefsend im Herumwandern ausgeübte gewerbliche Verrichtungen.

VI. Die nach den bisherigen gesetzlichen Bestimmungen erworbenen persönlichen Gewerb-, Fabriks- und Handelsberechtigungen bleiben aufrecht, und es stehen ihnen auch alle jene ausgedehnteren Rechte zu, welche das gegenwärtige Gesetz mit dem Betriebe eines Gewerbes verbindet.

VII. Die Realeigenschaft der zu Recht bestehenden radicirten und verkäuflichen Gewerbe bleibt unverändert. Neue Real-Gewerberechte dürfen nicht gegründet werden.

VIII. Bezüglich der Monopole und Regalien des Staates, sowie der in einigen Kronländern noch in Kraft bestehenden Propinations- und Mühlenrechte, dann der Regalbeneficien, bleiben die bisherigen Vorschriften mafsgebend.

IX. Die durch das Privilegiengesetz den Inhabern von Erfindungs-, Verbesserungs- und Entdeckungsprivilegien gewährten Rechte werden durch das gegenwärtige Gesetz nicht berührt.

X. Unser Minister des Innern ist mit dem Vollzuge dieses Gesetzes beauftragt.

Gewerbeordnung.

Erstes Hauptstück.

Eintheilung der Gewerbe.

§. 1. Die Gewerbe können entweder gegen bloſse Anmeldung betrieben werden (freie Gewerbe), oder sind an eine besondere Bewilligung der Behörde gebunden (concessionirte Gewerbe).

§. 2. *Concessionirte Gewerbe.* Jene Gewerbe, bei denen öffentliche Rücksichten die Nothwendigkeit begründen, die Gestattung der Ausübung derselben von einer besonderen Bewilligung abhängig zu machen, werden als concessionirte behandelt.

§. 3. *Freie Gewerbe.* Alle Gewerbe, welche nicht als concessionirte erklärt werden, sind freie Gewerbe.

Zweites Hauptstück.

Bedingungen des selbständigen Gewerbebetriebes.

1. Allgemeine Bestimmungen.

§. 4. *Eigenberechtigung.* Zum selbständigen Betriebe eines jeden Gewerbes wird in der Regel erfordert, daſs der Unternehmer sein Vermögen selbst zu verwalten berechtigt sei.

Für Rechnung von Personen, denen die freie Verwaltung ihres Vermögens nicht eingeräumt ist, können Gewerbe nur mit Zustimmung ihrer gesetzlichen Vertreter, dann der competenten Behörde und durch einen geeigneten Stellvertreter (§. 58) betrieben werden.

Das Geschlecht begründet in Bezug auf die Zulassung zu Gewerben keinen Unterschied.

§. 5. *Moralische Personen.* Moralische Personen können unter den gleichen Bedingungen wie einzelne Individuen Gewerbe betreiben, müssen aber einen geeigneten Geschäftsführer als Stellvertreter (§. 58) bestellen.

§. 6. *Standesverhältnisse.* Inwieferne Geistliche, Ordenspersonen, Militärs, l. f. Beamte oder andere öffentlich angestellte Personen von der Ausübung von Gewerben ausgeschlossen sind, bestimmen die bezüglichen Standes- und Dienstesvorschriften.

§. 7. *Ausschliefsungsgründe.* Personen, welche wegen eines Verbrechens überhaupt, wegen eines Vergehens öder einer Uebertretung aus Gewinnsucht oder gegen die offentliche Sittlichkeit, wegen Schleichhandels, wegen schwerer Gefällsübertretung oder wegen schuldbaren Concurses verurteilt wurden, sind vom Antritte eines Gewerbes dann auszuschliefsen, wenn nach der Eigenthümlichkeit des letzteren und nach der Persönlichkeit des Unternehmers Mifsbrauch zu besorgen wäre, in welch' letzterem Falle dem Antritte des Gewerbes auch während der Dauer der Untersuchung nicht stattzugeben ist.

§. 8. Wer durch richterliches oder administratives Erkenntnifs von dem Betriebe eines Gewerbes entfernt wurde (§. 136), ist von dem Antritte eines jeden Gewerbes ausgeschlossen, durch dessen Ausübung der Zweck des Erkenntnises vereitelt würde. In Fällen administrativer Erkenntnisse kann jedoch von der politischen Landesstelle die Rehabilitirung solcher Personen, mit Rücksicht auf ihre nachmalige längere tadellose Haltung, ausgesprochen werden.

§. 9, *Gemeindeverband.* Der Antritt eines Gewerbes ist von der Aufnahme in den Verband der Gemeinde, in welcher dasselbe betrieben werden soll, nicht abhängig, und ändert nichts an der Gemeindezuständigkeit.

§. 10. *Ausländer.* Die Zulassung von Ausländern zum selbständigen Betriebe einer Gewerbeunternehmung in Oesterreich bleibt, insoferne nicht durch Staatsverträge andere Bestimmungen getroffen sind, von Fall zu Fall der Entscheidung des Ministeriums des Innern vorbehalten [1]).

---

1) Laut Art. 18 des Handelsvertrages zwischen Oesterreich und dem deutschen Zollverein, vom 9. März 1868, sollen die Angehörigen der vertragschliefsenden Theile in Bezug auf den Antritt, den Betrieb und die Abgaben von Handel und Gewerbe den Inländern völlig gleichgestellt sein. Auf das Apothekergewerbe und den Gewerbebetrieb im Umherziehen fin-

Die Zulassung von Handlungsreisenden für ausländische Handels- und Industrieunternehmungen ist durch eine besondere Vorschrift geregelt.

§. 11. *Gleichzeitiger Betrieb mehrerer Gewerbe.* Der gleichzeitige Betrieb mehrerer Gewerbe durch denselben Unternehmer ist gestattet.

§. 12. *Gewerbsbetrieb im Gränzbezirke.* Im Gränzbezirke bleibt der Antritt von Gewerben, welche sich mit controlpflichtigen Gegenständen befassen, auch fortan an die durch die Finanzgesetze vorgeschriebenen Bedingungen geknüpft.

2. Besondere Bestimmungen.

a) Bei freien Gewerben.

§. 13. *Anmeldung.* Wer durch die Bestimmungen der §§. 4—12 nicht ausgeschlossen erscheint, ist zum selbständigen Betriebe eines jeden freien Gewerbes berechtiget.

Der Unternehmer ist aber verpflichtet, vor Antritt des Gewerbes davon der Behörde die Meldung zu machen.

§. 14. In dieser Meldung ist der Name, das Alter, der Wohnort und die Staatsangehörigkeit des Unternehmers, die gewählte Beschäftigung und der Standort der Ausübung anzugeben, und die allenfalls nöthige Zustimmung des gesetzlichen Vertreters und der competenten Behörde (§. 4) darzuthun.

In den Fällen, wo das Gewerbe im Sinne der §§. 4 und 5 nur durch einen Stellvertreter ausgeübt werden kann, haben sich obige Angaben auch auf die Person des letzteren zu erstrecken.

Mehrere Gewerbe dürfen nicht in Eine Anmeldung zusammengefaſst werden.

§. 15. Waltet gegen die Person, die Beschäftigung

---

det diese Bestimmung keine Anwendung. Beim Besuche der Märkte und Messen zur Ausübung des Handels und zum Absatze eigener Fabrikate sollen jedoch die Angehörigen des anderen Theiles wie die eigenen Angehörigen behandelt werden (österr. R.-Ges.-Bl. 1868, Nr. 52. R.-Ges.-Bl. des norddeutsch. Bundes 1868, S. 246).

und den Standort ein in diesem Gesetze gegründetes Hindernifs nicht ob, so fertigt die Behörde dem Unternehmer zu seiner Legitimation einen Gewerbeschein aus.

Im entgegengesetzten Falle untersagt sie der Partei bis zur Behebung des Anstandes den Beginn oder die Fortsetzung des Betriebes.

b) Bei concessionirten Gewerben.

§. 16. *Concessionirte Gewerbe* [1]). Nachstehende Gewerbe werden als concessionirte erklärt:

1. Alle Gewerbe, welche auf mechanischem oder chemischem Wege die Vervielfältigung von literarischen oder artistischen Erzeugnissen oder den Handel mit denselben zum Gegenstande haben (Buch-, Kupfer-, Stahl-, Holz-, Steindruckerei etc., dann Buch-, Kunst-, Musikalienhandlungen);

2. die Unternehmungen von Leihanstalten für derlei Erzeugnisse und von Lesecabineten;

3. die Unternehmungen periodischer Personentransporte;

4. die Gewerbe derjenigen, welche an öffentlichen Orten Personen-Transportmittel zu jedermanns Gebrauche bereit halten, oder ihre Dienste anbieten, wie Platzdiener, Lohnlakeien u. s. f.;

5. das Schiffergewerbe;

6. das Gewerbe der Baumeister, Maurer, Steinmetze und Zimmerleute;

7. das Rauchfangkehrergewerbe;

8. das Canalräumergewerbe;

9. das Abdeckergewerbe;

10. die Verfertigung und der Verkauf von Waffen und Munitionsgegenständen und das Gewerbe der Büchsenmacher insbesondere;

---

1) Aufser den hier aufgezählten Gewerben sind auf Grund verschiedener Gesetze und Verordnungen noch für »concessionirte Gewerbe« erklärt: der Detailhandel mit Mineralölen, die Errichtung von öffentlichen Mefs- und Wäganstalten, die Vertilgung von Ratten und Mäusen durch gifthaltige Mittel, das Gewerbe der Brunnenmeister und die Herstellung von Gasleitungen.

11. die Verfertigung und der Verkauf von Feuerwerksmaterial und Feuerwerkskörpern;

12. der Handel mit gebrauchten Kleidern und Betten, mit gebrauchter Wäsche, mit altem Geschmeide und Metallgeräthe (Trödelgewerbe), dann das Pfandleihergewerbe, soweit dasselbe überhaupt gesetzlich gestattet ist;

13. der Verschleifs von Giften oder Medicinalkräutern;

14. die Gast- und Schenkgewerbe.

§. 17. *Bewerbung.* Wer ein an eine Concession gebundenes Gewerbe betreiben will, hat unter Nachweisung der gesetzlichen Erfordernisse um die Concession anzusuchen. Vor erlangter Concession darf mit dem Betriebe nicht begonnen werden.

§. 18. *Besondere Erfordernisse.* Zur Erlangung eines concessionirten Gewerbes werden nebst den allgemeinen Bedingungen zum selbständigen Betriebe eines Gewerbes (§§. 4—12) Verläfslichkeit und Unbescholtenheit und bei mehreren derselben die in den nachstehenden Paragraphen vorgeschriebene besondere Befähigung gefordert.

Bei der Verleihung der im §. 16 zu 1, 2, 4, 7 bis einschliefslich 14 erwähnten Gewerbe sind überdiefs die Localverhältnisse und die Rücksichten der polizeilichen Ueberwachung in's Auge zu fassen.

§. 19. *Prefsgewerbe.* Bewerber um eines der im §. 16 unter 1 und 2 erwähnten, mit Prefserzeugnissen sich befassenden Gewerbe müssen sich über eine zum Betriebe des Gewerbes genügende allgemeine Bildung ausweisen. Diese Gewerbe dürfen in der Regel nur an Orten, wo eine politische Behörde ihren Sitz hat, errichtet werden.

Obige Bestimmungen erstrecken sich nicht auf den ausschliefslich auf Schul- und Gebetbücher, Kalender und Heiligenbilder beschränkten Handel.

§. 20. *Periodischer Personentransport.* Bei Concessionen zu Unternehmungen periodischer Personentransporte ist die Strecke, auf welche sich das Unternehmen bezieht, zu bezeichnen, und sind die sonstigen, in Beziehung auf den Betrieb nöthig erachteten Bestimmungen festzusetzen.

§. 21. *Platzgewerbe.* Bei Ertheilung der Concessionen zu den im §. 16 zu 4 erwähnten Gewerben sind die nöthig erachteten örtlichen Dienstordnungen festzusetzen.

§. 22. *Schiffergewerbe.* Schiffer, welche aus der Leitung von Segel- oder Ruderfahrzeugen auf Binnengewässern ein Gewerbe machen, müssen sich vor der Behörde über die nöthigen praktischen Kenntnisse ausweisen.

§. 23. *Baugewerbe.* Maurer, Steinmetze und Zimmerleute, welche die in ihr Gewerbe einschlagenden Arbeiten selbständig, das ist: nicht unter der Leitung eines Baumeisters ausführen wollen, müssen sich über die in wirklicher Verwendung beim Gewerbe erworbene praktische Befähigung ausweisen.

Wer Hochbauten mit Vereinigung der Arbeiten der verschiedenen Baugewerbe leiten will (Baumeister), hat eine dreijährige Verwendung beim Baugewerbe oder bei einer Baubehörde im ausübenden Dienste nachzuweisen und überdiefs vor der Landes-Baubehörde oder dem von ihr hiezu delegirten Kreis- (Comitats-) Ingenieur eine Prüfung über den Besitz der erforderlichen Kenntnisse abzulegen. Von dieser Prüfung kann bei Individuen, deren Befähigung anderweitig feststeht, Umgang genommen werden.

§. 24. *Rauchfangkehrer.* Rauchfangkehrer müssen sich über die in wirklicher Verwendung beim Gewerbe erworbene praktische Befähigung ausweisen.

§. 25. *Büchsenmacher.* Jene Waffenerzeuger, welche Schufswaffen im gebrauchfertigen Zustande herstellen (Büchsenmacher), müssen sich über die entsprechende Befähigung ausweisen.

§. 26. *Erzeuger von Feuerwerkskörpern.* Erzeuger von Feuerwerksmaterial und Feuerwerkskörpern müssen die nöthigen Kenntnisse der Pirotechnik darthun.

§. 27. *Giftverschleifser.* Befugnisse zum Verschleifse der in den Medicinalvorschriften verzeichneten eigentlichen Gifte und Medicinalkräuter, soweit derselbe nicht ohnehin nach den Medicinalvorschriften ausschliefslich den Apothekern vorbehalten ist, sind nur Personen zu ertheilen, die sich über die erforderliche Kenntnifs vor der Medicinalbehörde auszuweisen vermögen.

§. 28. *Gastgewerbe.* Die Gast- und Schankgewerbe zerfallen in folgende Berechtigungen:

a) Beherbergung von Fremden;
b) Verabreichung von Speisen;

c) Ausschank geistiger Getränke, mit Ausnahme des Branntweines;
d) Ausschank von Branntwein;
e) Verabreichung von Kaffee, anderen warmen Getränken und Erfrischungen;
f) Haltung von erlaubten Spielen.

Diese Berechtigungen können einzeln oder in Verbindung unter sich verliehen werden, sind aber jedesmal in der Verleihung ausdrücklich aufzuführen.

§. 29. *Ausschank.* Als Ausschank wird die Verabreichung von Getränken an Sitz- und Stehgäste oder über die Gasse in unverschlossenen Gefäfsen betrachtet. Die Schankberechtigten sind auch zum gewöhnlichen Handel mit den betreffenden Getränken befugt.

§. 30. *Vorbehalt.* Das Ministerium des Innern im Einvernehmen mit dem Ministerium der Polizei ist berechtiget, im Falle die Erfahrung es nach §. 2 als erforderlich herausstellen sollte, im Verordnungswege noch einzelne andere, als die im gegenwärtigen Abschnitte aufgezählten Gewerbe im allgemeinen oder für bestimmte Bezirke an eine Concession zu binden, und die Bedingungen der Erlangung festzusetzen.

Auf gleichem Wege können einzelne, dermalen concessionirte Gewerbe von dem Erfordernisse der Concession entbunden werden, wenn veränderte Verhältnisse diefs als zulässig erkennen lassen, sowie auch angeordnet werden kann, dafs in Orten, wo im Interesse des Verkehrs für gewisse, ein besonderes öffentliches Vertrauen in Anspruch nehmende Geschäfte und Dienstleistungen bestimmte Personen von der Behörde bestellt und in Pflicht genommen sind, wie z. B. Güterbestätter, öffentliche Abwäger und Messer, Landboten etc., alle anderen Personen von dem Betriebe der nämlichen Geschäfte ausgeschlossen werden.

Drittes Hauptstück.

Erfordernifs einer besonderen Genehmigung der Betriebsanlage bei einzelnen Gewerben.

§. 31. *Betriebsanlagen, welche einer Genehmigung bedürfen.* Die Genehmigung der Betriebsanlage ist bei allen freien oder concessionirten Gewerben nothwendig, welche mit Feuerstätten, Dampfmaschinen oder Wasserwerken betrieben werden, oder welche durch gesundheitsschädliche Einflüsse, durch die Sicherheit bedrohende Betriebsarten, durch üblen Geruch oder durch ungewöhnliches Geräusch die Nachbarschaft zu gefährden oder zu belästigen geeignet zind.

§. 32. *Vorsichten bei der Bewilligung.* Im allgemeinen hat die Behörde bei solchen Betriebsanlagen im kürzesten Wege die allenfalls in Betracht kommenden Uebelstände zu prüfen und die etwa nöthigen Bedingungen und Beschränkungen vorzuschreiben, wobei insbesondere darauf zu sehen ist, dafs für Kirchen, Schulen, Krankenhäuser und andere öffentliche Anstalten und Gebäude aus derlei Gewerbsanlagen keine Störung erwachse.

§. 33. *Betriebsanlagen, für welche ein Edictalverfahren stattzufinden hat.* Für nachstehende Betriebsanlagen darf die Genehmigung nur auf Grund des in den folgenden Paragraphen vorgezeichneten Verfahrens ertheilt werden:

1. Abdeckereien; 2. Feuerwerkskörper (Anlagen zur Bereitung); 3. Zündwaaren; 4. Anlagen künstlicher Dungfabriken (Poudrette, Dungharnsalz u. dgl.); 5. Talgschmelzereien; 6. Kerzengiefsereien; 7. Seifensiedereien; 8. Leimsiedereien; 9. Firnifssiedereien; 10. Blutlaugensiedereien; 11. Knochenbleichen; 12. Knochensiedereien; 13. Knochenstampfen und Mühlen; 14. Knochenbrennereien; 15. Wachstuch-Manufacturen; 16. Schnellbleichen; 17. Flachs- und Hanf-Röstanstalten; 18. Darmsaiten-Manufacturen; 19. Arsenikhütten; 20. Salzsäure-Fabriken; 21. Salpetersäure-Fabriken; 22. Schwefelsäure-Fabriken; 23. Salmiak-Fabriken;

24. Coaksbereitungs-Anstalten,
25. Steinkohlentheer-Anstalten,
26. Holztheer-Anstalten,
27. Kalkbrennereien,
28. Gipsbrennereien,
29. Rufsbrennereien,
} insoferne sie aufserhalb der Gewinnungsorte des Materials errichtet werden;

30. Leuchtgas-Anstalten zur Bereitung und Aufbewahrung; 31. Glashütten; 32. Spiegel-Amalgamirwerke; 33. Ziegelbrennereien; 34. Thonwaaren- (aller Art) Brennereien; 35.

Zuckersiedereien; 36. Chemische Waaren- (aller Art) Fabriken; 37. Oelfabriken; 38. Gerbereien; 39. Schlachthäuser; 40. Flecksiedereien; 41. Hütten- und Hammerwerke; 42. endlich die Errichtung und Aenderung von Werken, welche durch Wasserkraft bewegt werden.

Dem Ministerium des Innern bleibt jederzeit eine Revision dieses Verzeichnisses vorbehalten.

§. 34. *Ansuchen.* Die Genehmigung der vorbezeichneten Anlagen ist unter Beibringung der erforderlichen Beschreibungen und Zeichnungen bei der Behörde anzusuchen, und es dürfen dieselben vor erlangter Bewilligung nicht in Betrieb gesetzt werden.

§ 35. *Edict.* Die Behörde hat die beabsichtigte Unternehmung sowohl durch Anschlag in der betreffenden Gemeinde als durch specielle Mittheilung an den Gemeindevorstand und die bekannten Anrainer kundzumachen, hiebei auf einen Zeitpunkt binnen zwei bis vier Wochen eine commissionelle Verhandlung anzuberaumen, bei welcher — wenn nicht früher schriftlich — die allfälligen Einwendungen anzubringen sein werden, widrigenfalls der Ausführung der Anlage stattgegeben werden wird, soferne sich nicht von Amtswegen Bedenken dagegen erheben.

§. 36. *Verhandlung.* Bei der commissionellen Verhandlung sind alle mafsgebenden Umstände zu erheben, die vorgekommenen Einwendungen grundhältig zu erörtern, im Falle Einsprüche erhoben werden, welche privatrechtlicher Natur sind, und nicht durch gütliches Uebereinkommen beigelegt werden können, die Bewerber zu deren vorläufiger Austragung im Rechtswege anzuweisen, und in der zu fällenden Entscheidung im Falle der Genehmigung die etwa nöthigen Bedingungen festzusetzen.

§. 37. *Bauconsense.* Wenn mit einer Betriebsanlage solche Bauführungen verbunden sind, wozu nach den Vorschriften der politische Bauconsens erforderlich ist, so sind die diefsfälligen Verhandlungen soviel als thunlich unter Einem mit jener über die gewerbspolizeiliche Zulässigkeit der Anlage zu pflegen.

§. 38. *Recurs.* Gegen die den Parteien zu eröffnende Entscheidung steht denselben durch vierzehn Tage der Recurs an die Landesstelle offen.

Der rechtzeitig ergriffene Recurs hat aufschiebende Wirkung.

Gegen zwei gleichlautende Entscheidungen findet ein weiterer Recurs nicht statt.

§. 39. *Kosten.* Die Kosten der Bekanntmachung und des Verfahrens hat der Unternehmer zu tragen; zur Tragung der Kosten, welche durch muthwillige Einwendungen verursacht wurden, kann jener verurteilt werden, welcher diese Einwendungen erhoben hat.

§. 40. *Aenderungen in der Betriebsanlage.* Aenderungen in der Beschaffenheit der Betriebsanlage oder in der Fabricationsweise, durch welche einer der im §. 31 vorgesehenen Umstände eintritt, sind zur Kenntnifs der Behörde zu bringen, welche zu beurteilen hat, ob eine neue commissionelle Verhandlung einzutreten habe.

§. 41. *Erlöschen der Bewilligung wegen Nichtgebrauches.* Wird der Betrieb binnen Jahresfrist nicht begonnen, oder durch länger als drei Jahre unterbrochen, so erlischt die Genehmigung der Betriebsanlage.

Die Frist zum Beginne des Betriebes kann bis auf drei Jahre verlängert werden, wenn die Anlage mit gröfseren Bauführungen verbunden ist.

Viertes Hauptstück.

Umfang und Ausübung der Gewerbsrechte.

§. 42. Der Umfang eines Gewerbsrechtes wird nach dem Inhalte des Gewerbescheines oder der Concession mit Festhaltung der in den nachstehenden Paragraphen vorgezeichneten Grundsätze beurteilt.

§. 43. *Erzeugungsrecht.* Jeder Gewerbtreibende hat das Recht, alle zur vollkommenen Herstellung seiner Erzeugnisse nöthigen Arbeiten zu vereinigen und die hiezu erforderlichen Hilfsarbeiter auch anderer Gewerbe zu halten.

§. 44. *Handelsrecht.* Die Berechtigung zur Erzeugung eines Artikels schliefst auch das Recht zum Handel mit den gleichen fremden Erzeugnissen in sich.

§. 45. *Feste Betriebsstätte.* Diejenigen, welche freie Gewerbe betreiben, können in der Gemeinde ihres Standortes mehrere feste Betriebsstätten (Werkstätten oder Verkaufslocale) halten, die aber der Behörde angezeigt werden müssen.

§. 46. *Gewerbsbetrieb aufserhalb des Standortes.* Die Gewerbetreibenden können auch aufserhalb der Gemeinde ihres Standortes die Artikel ihres Gewerbes überallhin bei Gewerbsleuten, die solche Erzeugnisse führen dürfen, in Commission geben, auf Bestellung liefern und bestellte Arbeiten überall verrichten.

§. 47. *Zweigetablissements und Niederlagen.* Wenn die Gewerbetreibenden aufserhalb der Gemeinde ihres Standortes Zweig-Etablissements oder Niederlagen errichten wollen, so müssen sie dieselben sowohl der Gewerbsbehörde, in deren Bezirke sie errichtet werden, als derjenigen, in deren Register die Hauptunternehmung eingetragen ist, anmelden, und bei concessionirten Gewerben eine eigene Concession von der ersterwähnten Behörde einwirken.

§. 48. *Uebersiedlung.* Bei Gewerben, welche nicht mit der Haltung fester Betriebsstätten verbunden sind, ist die Uebersiedlung des Unternehmers in einen anderen Bezirk als die Begründung eines neuen Gewerbes anzusehen, ohne dafs jedoch der bei einigen Gewerben vorgeschriebene Nachweis der technischen Befähigung von neuem zu fordern ist.

§. 49. *Aeufsere Bezeichnung.* Die Gewerbetreibenden sind berechtiget, sich einer entsprechenden äufseren Bezeichnung auf ihren festen Betriebsstätten oder ihrer Wohnung und sonstiger Mittel der Bekanntmachung zu bedienen.

§. 50. *Reisende Agenten.* Die Gewerbsleute sind berechtiget, im Umherreisen selbst oder durch Bevollmächtigte Bestellungen zu suchen, dürfen jedoch hiebei, aufser auf Märkten, keine Waaren zum Verkaufe, sondern nur Muster mitführen.

Für die Subscriptionssammlung auf Druckwerke gelten die im Prefsgesetze gegebenen besonderen Vorschriften. Jene Handlungsreisenden (Handelsagenten), welche nicht im ausschliefsenden Dienste eines Auftraggebers stehen, sondern ein Geschäft daraus machen, für mehrere Fabrikanten oder Handelsleute Bestellungen zu suchen, haben diesen selbständigen Erwerbszweig nach §. 13 anzumelden.

§. 51. *Hausirer.* Das Feilbieten im Herumziehen von Ort zu Ort, aufser auf Märkten, und das Herumtragen und Anbieten von Waaren von Haus zu Haus, darf nur von den mit Hausirbefugnissen betheilten Personen betrieben werden.

§. 52. *Ausnahmen von den Bestimmungen des vorstehenden Paragraphes.* Die im vorigen Paragraphe ausgesprochene Beschränkung findet keine Anwendung auf Gewerbsleute, welche die allgemeinen Artikel des täglichen Verbrauches, wie z. B. Milch, Butter, Obst, Gemüse, Blumen, Holz etc. nach örtlicher Gewohnheit durch Herumtragen von Haus zu Haus oder auf der Strafse feilbieten.

Auch ist der Behörde überlassen, im Orte ansässigen kleineren Gewerbsleuten zu ihrem besseren Fortkommen das Feilbieten ihrer Erzeugnisse innerhalb des Gemeindebezirks von Haus zu Haus zu gestatten.

§. 53. *Verkehr über die Gränze.* Die im Auslande wohnenden Gewerbetreibenden können, wenn den österreichischen Unterthanen gleiches in dem jenseitigen Staate gestattet ist, über Bestellung solche Gewerbsarbeiten im Inlande ausführen, zu deren Verrichtung keine Concession erforderlich ist. Das Einbringen der im Auslande gefertigten Arbeiten und das Abliefern derselben an die Besteller unterliegt nur den durch die Zollvorschriften gegebenen Beschränkungen.

§. 54. *Firmaprotokollirung.* Das Recht und die Pflicht zur Protokollirung der Firma und die Folgen derselben werden durch besondere Bestimmungen geregelt.

§. 55. *Preissatzungen.* Preissatzungen können nur beim Kleinverkauf von Artikeln, die zu den nothwendigsten Bedürfnissen des täglichen Unterhaltes gehören, dann bei den Rauchfangkehrer-Gewerben und bei den Transports- und Platzdienst-Gewerben stattfinden.

Das Ministerium des Innern ist ermächtiget, für die genannten Artikel und Gewerbe je nach den örtlichen Verhältnissen die Einführung oder Aufhebung solcher Preissatzungen auszusprechen.

Das gleiche gilt von den in einzelnen Gemeinden für die Fleischausschrottung, die Brodbäckerei, die Schornsteinfegung und die Abdeckereien bestehenden Einrichtungen der Verpachtung.

§. 56. *Vorräthe und Preisankündigung.* Bei Artikeln, die zu den nothwendigen Bedürfnissen des täglichen Unterhaltes gehören, kann die Behörde die Haltung von Vorräthen, und im Kleinverkaufe auch dort, wo diese Artikel keiner Satzung unterliegen, die Ersichtlichmachung der Preise in den Verkaufslokalitäten, sowie bei den Gastgewerben die Auflegung von Preiszetteln anordnen.

§. 57. *Betriebspflicht der Bäcker, Fleischer und Rauchfangkehrer.* Bäcker, Fleischer und Rauchfangkehrer dürfen den einmal begonnenen Gewerbsbetrieb nicht nach Belieben unterbrechen, sondern müssen bei beabsichtigter Einstellung diese der Behörde anmelden und auf deren Verlangen das Gewerbe noch durch eine bestimmte Zeit, höchstens zwei Monate, fortführen.

§. 58. *Stellvertreter.* Jeder Gewerbetreibende kann sein Gewerbe auch durch einen Stellvertreter ausüben, oder dasselbe verpachten.

Ein Realgewerbe, dessen Eigenthümer die gesetzliche Eignung zur Ausübung desselben nicht besitzt, kann nur durch einen Stellvertreter oder Pächter betrieben werden.

Ein Stellvertreter oder Pächter mufs immer gleich dem Gewerbsinhaber selbst die für den selbständigen Betrieb des betreffenden Gewerbes erforderlichen Eigenschaften besitzen und bei concessionirten Gewerben der Behörde zur Genehmigung angezeigt werden.

§. 59. *Uebergang der Gewerbe.* Nach dem Tode eines Gewerbetreibenden hat der Erbe oder Legatar, wenn er das Gewerbe fortführen will, dasselbe auf eigenen Namen neu anzumelden.

Defsgleichen hat eine neue Anmeldung stattzufinden, wenn ein Gewerbeetablissement durch Acte unter Lebenden auf einen andern übertragen wird.

Ist das Gewerbe ein concessionirtes, so bedarf es in beiden Fällen einer neuen Concession. Nur für Rechnung der Witwe oder der minderjährigen Erben bis zur erreichten Grofsjährigkeit kann ein concessionirtes Gewerbe auf Grundlage der alten Concession fortgeführt werden.

Zur Fortführung eines Gewerbes für Rechnung der Massa während einer Concurs- oder Verlassenschaftsabhandlung bedarf es weder einer neuen Anmeldung noch Concession.

In diesem, wie im vorhergehenden Falle ist, wenn die Natur des Gewerbes es fordert, ein qualificirter Stellvertreter (§. 58) zu bestellen.

§. 60. *Ungiltigkeit und Zurücknahme der Gewerbsberechtigung.* Wenn bei einem Gewerbetreibenden der ursprüngliche und noch fortdauernde Mangel eines der gesetzlichen Erfordernisse des selbständigen Gewerbebetriebes nachträglich zum Vorschein kommt, kann jederzeit der Fortbetrieb des Gewerbes untersagt, beziehungsweise der Gewerbeschein oder die Concession zurückgenommen werden.

Bei jenen concessionirten Gewerben, bei welchen eine Beschränkung mit Rücksicht auf die Ortsverhältnisse einzutreten hat (§. 18), kann die Verleihung zurückgenommen werden, wenn der Concessionär das Gewerbe binnen sechs Monaten nach der Verleihung nicht in Betrieb setzt, oder später durch eben so lange Zeit den Betrieb aussetzt.

§. 61. *Auszeichnung.* Gewerbsunternehmungen, die von hervorragender Bedeutung für die Entwicklung der Nationalindustrie und die Belebung des Handels sind, können mit dem Vorrechte betheilt werden, den kaiserlichen Adler im Schilde und Siegel und die Bezeichnung „k. k. privilegirte (Fabrik, Großhandlung)“ etc. in der Firma zu führen.

Fünftes Hauptstück.

Marktverkehr.

§. 62. Jedermann ist berechtigt, die Märkte mit allen im Verkehre gestatteten Waaren zu beziehen, soweit selbe nach der Gattung des Marktes zum Verkehre auf demselben zugelassen sind.

Waaren, deren Verkauf an eine Concession gebunden ist, können jedoch auch auf Märkten nur von den mit der bezüglichen Concession versehenen Gewerbsleuten feilgeboten werden.

§. 63. *Fieranten.* Wer aus dem Beziehen von Märkten ein selbständiges Gewerbe macht (Fierant, Marktfahrer), hat dieses nach §. 13 anzumelden.

§. 64. *Ausländer.* Ausländer werden rücksichtlich des Rechtes zum Marktbesuche wie Inländer behandelt, soweit nicht eine Abweichung hievon in Anwendung der Reciprocität verfügt wird.

§. 65. *Gegenstände des Marktverkehres: a) auf Hauptmärkten.* Gegenstände des Marktverkehres auf Messen, Jahrmärkten und den ihnen durch specielle Verordnungen für die Curzeit gleichgestellten Badeorten, dann auf Kirchtagsmärkten, sind alle im freien Verkehre gestatteten Waaren, insoferne nicht die bezüglichen Marktberechtigungen ausdrücklich auf einzelne Gattungen von Gegenständen, wie z. B. Vieh, Wolle, Getreide, Kinderspielwaaren etc., beschränkt sind.

§. 66. *b) auf Wochenmärkten.* Gegenstände des Wochenmarktverkehres sind: Lebensmittel und rohe Naturproducte, Wirthschafts- und Ackergeräthe, Erzeugnisse, welche zu den landesüblichen Nebenbeschäftigungen der Landleute der Umgegend gehören, und gemeine Artikel des täglichen Verbrauches.

§. 67. Andere als diese Artikel auf Wochenmärkten in Buden und Ständen feil zu halten, ist in der Regel nur den in der Gemeinde selbst wohnhaften Gewerbetreibenden rücksichtlich der Gegenstände ihres Gewerbes gestattet, es wäre denn, dafs bereits in einzelnen Orten bisher für die betreffenden Erzeugnisse auch auswärtige Gewerbsleute zugelassen sind.

Es ist übrigens in Orten, wo durch die sefshaften Gewerbsleute dem Consumtionsbedarfe nicht entsprochen wäre, der politischen Landesstelle unbenommen, anzuordnen, dafs für die bezüglichen Artikel auch auswärtige Gewerbetreibende auf den Wochenmärkten zugelassen werden.

§. 68. *Gleichberechtigung der Marktbesucher.* Allen Marktbesuchern stehen im Betriebe ihrer Marktgeschäfte die gleichen Befugnisse zu.

Einrichtungen, wornach die ersten Stunden des Marktes für die Einkäufer im kleinen vorbehalten werden, dürfen nur bei Wochenmärkten und in Anwendung auf Lebensmittel stattfinden, wenn die örtlichen Gewohnheiten und Bedürfnisse dafür sprechen.

§. 69. *Marktgebühren.* Der Marktverkehr darf von

den Gemeinden mit keinen andern als solchen Abgaben belegt werden, welche eine Vergütung für den überlassenen Raum, den Gebrauch von Buden und Geräthschaften und für andere mit der Abhaltung des Marktes verbundene Auslagen bilden.

§. 70. *Marktordnungen.* Innerhalb obiger Bestimmungen hat jede Gemeinde, in welcher Märkte abgehalten werden, unter Genehmigung der politischen Landesstelle die Marktordnung, welche auch den Marktgebühren-Tarif zu enthalten hat, nach den örtlichen Bedürfnissen festzusetzen, wobei auch zu bestimmen ist, inwieweit der Ausschank von Getränken und die Verabreichung von Speisen auf den Marktplätzen gestattet werde.

§. 71. *Marktrechtsverleihung.* Besondere Vorschriften bestimmen, wie von den Gemeinden die Berechtigung zur Abhaltung von Märkten erworben wird, und welche Rücksichten bei solchen Bewilligungen zu beobachten sind.

Sechstes Hauptstück.

Gewerbliches Hilfspersonale.

§. 72. *Rechtsverhältnifs.* Die Rechtsverhältnisse zwischen den selbständigen Gewerbetreibenden und ihrem Hilfspersonale (Gehilfen oder Lehrlingen) sind, insoferne nicht das gegenwärtige Gesetz besondere Bestimmungen enthält, nach den Bestimmungen des allgemeinen bürgerlichen Gesetzbuches zu beurteilen.

a) Gehilfen.

§. 73. *Gehilfen.* Unter Gehilfen werden in diesem Gesetze Handlungsdiener, Gesellen und Fabriksarbeiter, dann die in gleichen Dienstverhältnissen stehenden weiblichen Hilfsarbeiter verstanden.

Die für höhere Dienstleistungen angestellten Individuen, wie Werkführer, Mechaniker, Factoren, Buchhalter, Cassiere, Zeichner, Chemiker,

dann die für blofse Handlanger- und andere gröbere Arbeiten aufgenommenen Arbeiter und Taglöhner,

endlich die Personen, welche bei dem Betriebe eines Gewerbes blofs Hausgesindedienste verrichten, wie Kellner, Fuhrknechte etc.,

werden unter den Gehilfen nicht begriffen.

§. 74. *Ausweis.* Jeder Gehilfe muſs mit den nöthigen Ausweisen versehen sein, welche bei den Handlungsdienern in den behördlich vidirten Zeugnissen der früheren Dienstgeber, bei anderen Gehilfen in dem Arbeitsbuche bestehen.

Unternehmer, welche Gehilfen ohne einen solchen Ausweis in Verwendung nehmen, machen sich strafbar, und haften mit den letzteren dem früheren Dienstgeber für den durch den eigenmächtigen Austritt des Gehilfen erwachsenen Schaden nach Maſsgabe des §. 1302 des allgemeinen bürgerlichen Gesetzbuches. Dem früheren Dienstgeber steht auch das Recht zu, den Wiedereintritt des eigenmächtig ausgetretenen Gehilfen zu fordern.

§. 75. *Stellung.* Die Art der Verwendung eines Gehilfen, seine Bezüge und sonstige Stellung, die Dauer des Dienstverhältnisses, die allfällige Probezeit und die Kündigungsfrist sind Gegenstand freien Uebereinkommens. In Ermanglung eines solchen wird die Bedingung wöchentlicher Ablöhnung und eine vierzehntägige Kündigungsfrist vorausgesetzt, und in den anderen Beziehungen der Ortsgebrauch zur Richtschnur genommen.

§. 76. *Pflichten und Rechte.* Der Gehilfe ist verpflichtet, dem Dienstgeber Treue, Folgsamkeit und Achtung zu erweisen, sich anständig zu betragen, die bedungene oder ortsübliche Arbeitszeit einzuhalten, die ihm anvertrauten gewerblichen Verrichtungen nach besten Kräften zu besorgen, über die Betriebsverhältnisse des Dienstgebers Verschwiegenheit zu beobachten, sich gegen Mitgehilfen und Hausgenossen verträglich zu benehmen und die Lehrlinge, sowie die unter seiner Aufsicht arbeitenden Kinder gut zu behandeln. Er ist berechtiget, die bedungenen Bezüge zur rechten Zeit, eine anständige Behandlung und beim Austritte ein wahrheitsgetreues Zeugniſs in Anspruch zu nehmen.

§. 77. *Verbote.* Es ist den Gehilfen verboten, willkürliche Feiertage und sogenannte blaue Montage zu halten, ohne Einwilligung des Dienstgebers für eigene Rechnung oder für fremde Arbeitsgeber zu arbeiten, und unter sich Verabredungen zu treffen, um durch gemeinschaftliche Arbeitsverweigerung oder durch andere Mittel von ihrem Dienstherrn Bedingungen zu erzwingen (§. 481 des Strafgesetzbuches) [1]).

§. 78. *Auflösung des Dienstverhältnisses.* Das Arbeits- oder Dienstverhältnifs kann aus wichtigen Gründen vor Ablauf der ausdrücklich oder stillschweigend bedungenen Dauer und ohne Aufkündigung sogleich aufgelöst werden. Insbesondere ist aber:

1. Der Dienstgeber zur Aufhebung des Vertrages berechtiget, wenn der Gehilfe:

a) zum Dienst unbrauchbar befunden wird;

b) eine Handlung verübt, durch welche das in ihn zu setzende Vertrauen gegründeter Weise verwirkt wird,

---

1) Der hier angezogene §. 481 des Strafgesetzbuches ist durch Gesetz v. 7. April 1870 (Nr. 43 R. G. B.) aufgehoben und dafür folgendes bestimmt:

§. 2. Verabredungen von Arbeitgebern (Gewerbsleuten, Dienstgebern, Leitern von Fabriks-, Bergbau-, Hüttenwerks-, landwirthschaftlichen oder anderen Arbeitsunternehmungen), welche bezwecken, mittelst Einstellung des Betriebes oder Entlassung von Arbeitern diesen eine Lohnverringerung oder überhaupt ungünstigere Arbeitsbedingungen aufzuerlegen; — sowie Verabredungen von Arbeitsnehmern (Gesellen, Gehilfen, Bediensteten, oder sonstigen Arbeitern um Lohn), welche bezwecken, mittelst gemeinschaftlicher Einstellung der Arbeit von den Arbeitgebern höheren Lohn oder überhaupt günstigere Arbeitsbedingungen zu erzwingen; endlich alle Vereinbarungen zur Unterstützung derjenigen, welche bei den erwähnten Verabredungen ausharren oder zur Benachtheiligung derjenigen, welche sich davon lossagen, haben keine rechtliche Wirkung.

§. 3. Wer, um das Zustandekommen, die Verbreitung oder die zwangsweise Durchführung einer der in dem §. 2 bezeichneten Verabredungen zu bewirken, Arbeiter, oder Arbeitnehmer an der Ausführung ihres freien Entschlusses, Arbeit zu geben, oder zu nehmen, durch Mittel der Einschüchterung oder Gewalt hindert oder zu hindern versucht, ist, sofern seine Handlung nicht unter eine strengere Bestimmung des Strafgesetzes fällt, einer Uebertretung schuldig und von dem Gerichte mit Arrest von acht Tagen bis zu drei Monaten zu bestrafen.

§. 4. Die in den §§. 2 und 4 enthaltenen Bestimmungen finden auch auf Verabredungen von Gewerbsleuten zu dem Zwecke, um den Preis einer Waare zum Nachtheile des Publikums zu erhöhen, Anwendung.

oder wenn eine solche Handlung nach der Aufnahme zur Kenntnifs des Dienstgebers gelangt;

c) ohne Einwilligung des Dienstgebers ein der Verwendung beim Gewerbe abträgliches Nebengeschäft betreibt;

d) sich hartnäckig weigert, des Dienstgebers rechtmäfsige Weisungen zu vollziehen, oder die Mitgehilfen, Lehrlinge oder das Hausgesinde zum Ungehorsam, zur Auflehnung gegen den Dienstgeber, zu unordentlichem Lebenswandel oder zu unerlaubten Handlungen zu verleiten sucht, oder sich einer Ehrenbeleidigung gegen den Dienstgeber oder dessen Angehörige oder einer anderen wesentlichen oder wiederholten Pflichtverletzung schuldig macht;

e) durch eigenes Verschulden arbeitsunfähig wird, oder wenn die unverschuldete Arbeitsunfähigkeit über vier Wochen dauert;

f) durch länger als acht Tage gefänglich angehalten wird.

2. Der Gehilfe ist insbesondere zur Aufhebung des Vertrages berechtiget:

a) wenn er ohne Schaden für seine Gesundheit die Arbeit nicht fortsetzen kann;

b) wenn der Dienstgeber sich thätlicher Mifshandlungen oder der Uebertretung der Ehrenbeleidigung gegen ihn schuldig macht;

c) wenn der Dienstgeber ihn zu unsittlichen oder gesetzwidrigen Handlungen zu verleiten sucht;

d) wenn der Dienstgeber ihm die bedungenen Bezüge ungebührlich vorenthält, oder andere wesentliche Vertragsbestimmungen verletzt;

e) wenn der Dienstgeber in Concurs verfällt oder sonst verhindert ist, dem Gehilfen Beschäftigung und Verdienst zu geben.

§. 79. *Vorzeitige Entlassung.* Wenn der Dienstgeber ohne einen gesetzlich zulässigen Grund (§. 78) einen Gehilfen vorzeitig entläfst, oder durch Verschulden von seiner Seite Grund zur vorzeitigen Auflösung des Dienstverhältnisses gibt, so ist er verpflichtet, dem Gehilfen den Lohn und die sonst bedungenen oder eingeführten Bezüge für den noch übrigen Theil der Kündigungsfrist zu vergüten.

§. 80. *Vorzeitiger Austritt.* Wenn ein Gehilfe seinen Dienstgeber ohne gesetzlichen Grund (§. 78) vorzeitig verläßt, so ist der Dienstgeber berechtiget, denselben durch die Behörde zur Rückkehr in die Arbeit für die noch fehlende Zeit zu verhalten und den Ersatz des erlittenen Schadens zu verlangen. Ueberdieß ist ein solcher Gehilfe angemessen zu bestrafen.

§. 81. *Aufhören des Gewerbsbetriebes oder Tod des Gehilfen.* Durch das Aufhören des Gewerbsbetriebes und durch den Tod des Gehilfen erlischt das Dienstverhältniß von selbst.

Doch ist im Falle des freiwilligen Aufgebens des Gewerbes oder der durch Schuld oder Zufall von Seite des Dienstgebers herbeigeführten Entlassung des Gehilfen, derselbe berechtiget, für den Entgang der Kündigungsfrist Schadloshaltung anzusprechen.

Zusatzbestimmungen für größere Gewerbsunternehmungen.

§. 82. *Fabriksarbeiter.* Für größere Gewerbsunternehmungen, in welchen gewöhnlich mehr als zwanzig Arbeiter ohne Unterschied des Geschlechtes und des Alters in gemeischaftlichen Werkstätten zusammenwirken, gelten nebstbei folgende besondere Vorschriften.

§. 83. *Arbeiterverzeichniß.* Ueber das gesammte Arbeitspersonale ist ein Verzeichniß mit Angabe des Vor- und Zunamens, des Alters, der Heimatsgemeinde, der dienstlichen Bestimmung und der Bezüge zu führen und der Behörde auf jedesmaliges Verlangen vorzuweisen.

§. 84. *Dienstordnung.* In den Werkstätten muß eine Dienstordnung angeschlagen sein, worin insbesondere folgende Bestimmungen auszudrücken sind:

a) über die verschiedenen Classen des verwendeten Personals und seine Dienstverrichtungen: insbesondere über die Verwendung der Weiber und Kinder mit Rücksicht auf phisische Kräfte und den für letztere vorgeschriebenen Schulunterricht;

b) über die Dauer der Arbeit;

c) über die Zeit der Abrechnung und der Ablohnungsverhältnisse;

d) über die Befugnisse des Aufsichtspersonales;
e) über die Behandlung im Falle der Erkrankung oder Verunglückung;
f) über allfällige Löhnungsabzüge und Arbeitsstrafen bei Uebertretung der Dienstordnung;
g) über die Kündigungsfristen und die Fälle, in welchen das Dienstverhältniſs sogleich aufgelöst werden kann.

Ein Duplicat der Dienstordnung ist der Behörde vorzulegen.

§. 85. *Unterstützungscassen.* Wenn mit Rücksicht auf die groſse Zahl der Arbeiter oder die Natur der Beschäftigung eine besondere Vorsorge für die Unterstützung der Arbeiter in Fällen der Verunglückung oder Erkrankung nöthig erscheint, ist der Unternehmer verpflichtet, unter Beitragsleistung der Arbeiter entweder eine selbständige Unterstützungscasse dieser Art bei seinem Etablissement zu errichten oder einer schon bestehenden beizutreten.

§. 86. *Verwendung von Kindern.* Kinder unter zehn Jahren dürfen gar nicht, Kinder über zehn Jahren, aber unter zwölf Jahren, nur gegen Beibringung eines über Anlangen des Vaters oder Vormundes von dem Gemeindevorstande ausgefertigten Erlaubniſsscheines zur Arbeit in gröſseren Gewerbsunternehmungen verwendet werden, und zwar nur zu solchen Arbeiten, welche der Gesundheit nicht nachtheilig sind und die körperliche Entwicklung nicht hindern.

Der Erlaubniſsschein ist nur dann auszufertigen, wenn entweder der Besuch der ordentlichen Schule mit der Verwendung bei der Gewerbsunternehmung vereinbar erscheint, oder von Seite des Gewerbsinhabers durch Errichtung von besonderen Schulen für den Unterricht der Kinder nach den Anordnungen der Schulbehörde genügende Vorsorge getroffen ist.

§. 87. *Arbeitszeit.* Für Individuen unter vierzehn Jahren darf die Arbeitszeit täglich zehn Stunden, für solche über vierzehn, aber unter sechzehn Jahren, täglich zwölf Stunden nicht übersteigen und nur in entsprechender Eintheilung mit genügenden Ruhezeiten bemessen werden.

Zur Nachtarbeit, d. i. zur Arbeit nach neun Uhr

Abends und vor fünf Uhr Morgens, dürfen Individuen unter sechzehn Jahren nicht verwendet werden. Jedoch kann bei Gewerben, wo Tag und Nacht gearbeitet wird, und wenn sonst der Betrieb gefährdet wäre, die Behörde auch die Verwendung der Arbeiter unter sechzehn Jahren, aber nicht unter vierzehn Jahren, zur Nachtzeit unter der Bedingung gestatten, daſs eine angemessene Abwechslung in der Tag- und Nachtarbeit stattfinde.

Ebenso kann die Behörde in Fällen eines auſserordentlichen Arbeitsbedürfnisses eine vorübergehende Verlängerung der Arbeitszeit um zwei Stunden für die Arbeiter unter sechzehn Jahren, jedoch nur für die Dauer von höchstens vier Wochen gestatten.

b) Lehrlinge.

§. 88. *Lehrlinge.* Als Lehrling wird angesehen, wer bei einem selbständigen Gewerbetreibenden zur praktischen Erlernung des Gewerbes in Verwendung tritt.

§. 89. *Fähigkeit zum Halten von Lehrlingen.* Um minderjährige Lehrlinge halten zu dürfen, muſs der Gewerbeinhaber das vierundzwanzigste Lebensjahr zurückgelegt haben.

Jene, welche wegen eines Verbrechens überhaupt, oder wegen eines aus Gewinnsucht begangenen oder gegen die öffentliche Sittlichkeit gerichteten Vergehens oder einer derlei Uebertretung verurteilt wurden, sowie jene, welchen nach §. 137 das Recht, Lehrlinge zu halten, entzogen wurde, dürfen weder minderjährige Lehrlinge aufnehmen, noch die bereits aufgenommenen länger behalten.

Die politische Landesstelle ist aber ermächtiget, in Fällen, wo ein Nachtheil oder Miſsbrauch nicht zu besorgen ist, nach Vernehmung der Genossenschaft eine ausnahmsweise Bewilligung eintreten zu lassen.

§. 90. *Aufnahme.* Die Aufnahme minderjähriger Lehrlinge hat auf Grund eines, die Bedingungen der Aufnahme und Behandlung und insbesondere die Dauer der Lehrzeit festsetzenden Vertrages zu geschehen, der, wenn der Lehrherr einer Genossenschaft angehört, vor der Vorstehung dieser letzteren, sonst aber vor der Gemeindevorstehung abzuschlieſsen, und daselbst aufzubewahren ist.

§. 91. *Probezeit.* Bei der Aufnahme eines Lehrlings

kann eine Probezeit bedungen werden, während welcher jeder der beiden Theile nach Belieben zurücktreten kann.

Die Probezeit darf zwei Monate nicht übersteigen.

§. 99. *Verabredungen.* Die Dauer des Lehrverhältnisses, das Lehrgeld, die Bedingungen der Verköstigung, Wohnung etc. sind Gegenstand freier Uebereinkunft; doch darf eine längere, als die für das Gewerbe ortsübliche längste Dauer der Lehrzeit nicht stipulirt werden.

In Ermanglung besonderer Verabredungen ist sich an den Ortsgebrauch zu halten.

§. 93. *Stellung des Lehrlings.* Der Lehrling ist dem Lehrherrn zur Folgsamkeit, Treue, Fleifs, anständigem Betragen, Verschwiegenheit verpflichtet, und mufs sich nach dessen Anweisung im Gewerbe verwenden.

Ein minderjähriger Lehrling ist der häuslichen Zucht des Lehrherrn unterworfen; er geniefst seinen Schutz und seine Obsorge.

§. 94. Im Erkrankungsfalle hat der Lehrling, der in der Hausgenossenschaft des Lehrherrn lebt, auf die gleiche Hilfe Anspruch, welche nach den allgemeinen Gesetzen den Dienstgebern gegen ihre Dienstboten obliegt.

§. 95. *Pflichten des Lehrherrn.* Der Lehrherr hat sich die gewerbliche Ausbildung des Lehrlings angelegen sein zu lassen, und ihm die hiezu erforderliche Zeit und Gelegenheit durch Verwendung zu anderen Dienstleistungen nicht zu entziehen.

Er hat den minderjährigen Lehrling zur Arbeitsamkeit und guten Sitten, zur Erfüllung der religiösen Pflichten, zum Besuche des gesetzlich vorgeschriebenen Unterrichtes, und wenn in dem Orte eine gewerbliche Fachschule für Lehrlinge besteht, auch zum Besuche der letzteren anzuhalten, sich jeder Mifshandlung desselben zu enthalten, und ihn gegen solche von Seite der Dienst- und Hausgenossen zu schützen.

Im Falle der Erkrankung oder des Entlaufens des minderjährigen Lehrlings und in anderen wichtigen Vorkommnissen, welche die Dazwischenkunft der Eltern, Vormünder oder sonstigen Angehörigen erheischen, hat er diese zu benachrichtigen.

§. 96. *Auflösung des Lehrverhältnisses.* Auch das Lehrverhältnifs kann aus wichtigen Gründen vor Ablauf der ausdrücklich oder stillschweigend bedungenen Dauer sogleich aufgelöst werden.

Dieses tritt insbesondere ein:

1. Von Seite des Lehrherrn:

a) wenn der Lehrling sich eine der im §. 78, Punkt 1, lit. b und d, bezeichneten Handlungen zu Schulden kommen läfst;

b) wenn sich unzweifelhaft herausstellt, dafs der Lehrling zur Erlernung des Gewerbes untauglich ist;

c) wenn der Lehrling über sechs Wochen durch Krankheit an der Arbeit verhindert ist;

d) wenn der Lehrling durch längere Zeit als einen Monat gefänglich angehalten wird.

2. Von Seite des Lehrlings, beziehungweise seiner gesetzlichen Vertreter:

a) wenn der Lehrherr die ihm obliegenden Pflichten gröblich vernachlässigt, den Lehrling zu unsittlichen oder gesetzwidrigen Handlungen zu verleiten sucht, oder das Recht der häuslichen Zucht mifsbraucht;

b) wenn der Lehrherr durch mehr als einen Monat gefänglich angehalten wird, oder auch bei kürzerer Zeit, wenn nicht für den Lebensunterhalt des Lehrlings gesorgt ist;

c) wenn dem Lehrherrn durch Straferkenntnifs das Gewerbe zeitlich eingestellt wird;

d) wenn der Lehrherr in eine andere Gemeinde übersiedelt, doch mufs der Antrag auf Lösung des Verhältnisses längstens binnen zwei Monaten nach der Uebersiedelung gestellt werden.

§. 97. Gegen eine vierzehntägige Aufkündigung kann der Lehrling die Lehre verlassen, wenn er seinen Beruf ändert oder zu einem anderen Gewerbe übergeht; wenn er durch die Aushaltung der ganzen Lehrzeit verhindert wäre, von einer sich ihm darbietenden Gelegenheit der Versorgung Gebrauch zu machen, oder wenn derselbe von seinen Eltern wegen eingetretener Veränderung ihrer Umstände zu ihrer Pflege oder zur Führung ihrer Wirthschaft oder ihres Gewerbes benöthiget wird.

§. 98. Durch die eingetretene Unfähigkeit des einen oder anderen, die eingegangenen Verpflichtungen zu erfüllen, durch den Tod des Lehrherrn oder Lehrlings, oder durch das Abtreten des Lehrherrn vom Gewerbe, erlischt der Lehrvertrag von selbst.

§. 99. *Schadloshaltung.* Wird das Lehrverhältniſs vor Ablauf der ausdrücklich oder stillschweigend festgesetzten Dauer abgebrochen, oder hört der Gewerbsbetrieb auf, so finden die Bestimmungen der §§. 79, 80 und 81 Anwendung.

§. 100. *Lehrzeugniſs.* Bei Auflösung des Lehrverhältnisses hat der Lehrherr dem Lehrlinge auf Verlangen ein Zeugniſs über die zugebrachte Lehrzeit, sein Betragen während derselben und die gewonnene Ausbildung im Gewerbe auszustellen.

§. 101. *Aufnahme eines entwichenen Lehrlings.* Ein Gewerbsmann, der wissentlich einen entwichenen Lehrling aufnimmt, macht sich strafbar und hat mit letzterem dem vorigen Lehrherrn für den ihm durch die Entweichung des Lehrlings erwachsenen Schaden nach Maſsgabe des §. 1302 des allgemeinen bürgerlichen Gesetzbuches zu haften.

Der entwichene Lehrling wird auf Verlangen des Lehrherrn in die Lehre zurückgebracht, und unterliegt einer angemessenen Bestrafung durch denselben oder nach Umständen durch die Behörde.

c) Gemeinsame Bestimmungen.

§. 102. *Streitigkeiten der Gewerbsinhaber mit ihren Gehilfen und Lehrlingen.* Streitigkeiten der selbständigen Gewerbetreibenden mit ihren Gehilfen und Lehrlingen aus dem Dienst- und Lehrverhältnisse, welche während der Dauer desselben oder wenigstens vor Verlauf von dreiſsig Tagen nach dessen Aufhören angebracht werden, sind, wenn der Gewerbetreibende einer Genossenschaft angehört, von der Genossenschaftsvorstehung im Wege der gütlichen Ausgleichung oder nöthigenfalls durch Erkenntniſs zu erledigen.

Gehört der selbständige Gewerbetreibende keiner Genossenschaft an, so sind diese Streitigkeiten von der politischen Behörde zu verhandeln oder zu entscheiden.

Die Erkenntnisse der Genossenschaftvorstehung sind im Verwaltungswege vollziehbar.

Gegen dieselben steht den Betheiligten durch acht Tage die Berufung an die politische Behörde offen, durch welche jedoch die vorläufige Vollziehung nicht aufgehalten wird.

Jene Streitigkeiten, welche nach Verlauf von dreifsig Tagen nach Aufhören des Dienst- oder Lehrverhältnisses angebracht werden, gehören vor den ordentlichen Richter.

§. 103. *Meldung.* Bei dem Eintritte und dem Austritte eines Gehilfen oder Lehrlings sind die bestehenden polizeilichen Meldungsvorschriften zu beobachten, und es hat überdiefs, wenn der Dienst- oder Lehrherr einer Genossenschaft angehört, die Meldung gleichzeitig auch bei dieser zu geschehen.

§. 104. *Stellvertreter der Gewerbsinhaber.* Was in diesem Hauptstücke von den Gewerbsunternehmern als Dienstgebern oder Lehrherrn gesagt ist, gilt auch von deren Stellvertretern, insoweit nicht einzelne Bestimmungen der Natur der Sache nach nur auf die Person des Gewerbsinhabers Anwendung finden.

§. 105. *Kaufmännisches Hilfspersonale.* Auf die zu kaufmännischen Diensten verwendeten Gehilfen und Lehrlinge (kaufmännisches Hilfspersonale) finden die Bestimmungen dieses Hauptstückes nur insoferne Anwendung, als rücksichtlich des Dienst- und Lehrverhältnisses dieser Personen in den handelsrechtlichen Vorschriften nicht etwas anderes angeordnet ist.

Siebentes Hauptstück.

Genossenschaften.

§. 106. *Genossenschaft.* Unter denjenigen, welche gleiche oder verwandte Gewerbe in einer oder in nachbarlichen Gemeinden betreiben, ist ein gemeinschaftlicher Verband aufrecht zu erhalten, und insoferne er noch nicht besteht, so viel als möglich herzustellen.

Eine Genossenschaft kann nach Umständen auch die Gewerbetreibenden mehrerer Gemeinden und verschiedenartige Gewerbe umfassen.

§. 107. *Beitrittspflicht.* Wer in dem Bezirke eines solchen Verbandes das Gewerbe, für welches derselbe besteht, selbständig betreibt, wird schon durch den Antritt des Gewerbes Mitglied der Genossenschaft, und hat die damit verbundenen Verpflichtungen zu erfüllen.

Wer mehrere Gewerbe betreibt, kann auf diese Art mehreren Genossenschaften zugleich angehören.

§. 108. Die bestehenden Gewerbscorporationen haben ihre Statuten den Bestimmungen dieses Gesetzes entsprechend zu reformiren. Ihre neuen Statuten unterliegen der Genehmigung der politischen Landesstelle.

§. 109. Auch mehrere bisher gesondert bestehende Gewerbscorporationen können durch gegenseitiges Einvernehmen oder über Begehren der einen aus ihnen durch den Ausspruch der politischen Landesstelle nach Einvernehmen der Handels- und Gewerbekammer zu einer Genossenschaft vereinigt werden.

§. 110. In gleicher Weise sind genossenschaftliche Verbindungen solcher Gewerbsleute, welche bisher in keinem Verbande standen, herzustellen.

§. 111. Der territoriale Umfang, auf welchen sich die einzelnen Genossenschaften zu erstrecken haben, kann jederzeit von der politischen Landesstelle nach Einvernehmung der Handels- und Gewerbekammer bestimmt werden.

§. 112. *Zuweisung.* Ist beim Antritte eines Gewerbes ein Zweifel, ob dasselbe in eine Genossenschaft und in welche einschlage, so hat die Behörde nach Anhörung der Handels- und Gewerbekammer über die Zuweisung zu entscheiden.

§. 113. *Mitglieder und Angehörige.* Die Gehilfen und Lehrlinge der Genossenschaftsmitglieder werden als Angehörige der Genossenschaft betrachtet, und sind als solche den Vorschriften derselben unterworfen.

§. 114. *Zwecke.* Der Zweck der Genossenschaft besteht in der Förderung derjenigen Anstalten und Vorbereitungen, welche die Bedingungen der gemeinsamen gewerblichen Interessen abgeben.

Insbesondere obliegt ihnen:

a) die Sorge für die Erhaltung geregelter Zustände zwischen den Mitgliedern der Genossenschaft und ihren Angehörigen (§. 113), insbesondere in Bezug auf den Lehr- und Dienstverband;

b) die Austragung der bezüglichen Streitigkeiten (§. 102);

c) die Gründung und Förderung von Fachschulen und die Beaufsichtigung derselben;

d) die Gründung von Anstalten zur Unterstützung der Mitglieder und Angehörigen der Genossenschaft in Fällen der Erkrankung oder sonstigen Nothlage, und die Beaufsichtigung dieser Anstalten;
e) die Erstattung der verlangten Auskünfte und Gutachten über die in ihrem Wirkungskreise liegenden Verhältnisse an die Behörde und die Handels- und Gewerbekammer ihres Bezirkes;
f) endlich die Mitwirkung in allen Vorkehrungen der öffentlichen Verwaltung, welche sich auf die Gesammtheit der Gewerbsgenossen beziehen.

§. 115. *Nichtbeirrung des Gewerbsbetriebes.* Durch die Errichtung von Genossenschaften darf für niemanden der Antritt oder der Betrieb eines Gewerbes weiter beschränkt werden, als durch das gegenwärtige Gesetz bestimmt ist.

§. 116. *Vertretung.* Die Genossenschaft wird vertreten und deren Geschäfte werden besorgt:
a) durch die Versammlung der Genossenschaft;
b) durch den Genossenschaftsvorstand, bestehend aus dem Ausschusse unter der Leitung des Vorstehers.

§. 117. *Versammlung.* Die Versammlungen werden bei Genossenschaften, welche nicht mehr als fünfzig Mitglieder zählen, aus sämmtlichen stimmfähigen Mitgliedern, bei größeren aus Vertrauensmännern gebildet, die von jenen im Wege schriftlicher Stimmenabgabe auf eine bestimmte Zeit gewählt werden.

Bei Genossenschaften, welche verschiedene Gewerbe umfassen, ist die Einrichtung zu treffen, daſs die einzelnen Gewerbsgattungen durch angemessene Vertheilung der Vertrauensmänner auf dieselben vertreten seien.

§. 118. *Vorstehung.* Die Versammlung wählt die Ausschüsse und den Vorsteher. Die Wahl des letzteren unterliegt der Bestätigung der Behörde.

Die Amtsdauer der Ausschuſsmitglieder und der Vorsteher währt in der Regel drei Jahre, nach deren Verlauf sie wieder wählbar sind.

§. 119. *Competenz der Versammlungen.* Den Versammlungen sind vorbehalten:
a) die Prüfung und Genehmigung der Rechnungsab-

schlüsse und Jahresvoranschläge und die Bestimmung des durch Umlagen aufzubringenden Betrages;

b) die Sistemisirung des besoldeten Hilfspersonales;

c) die Verfügungen über das Stammvermögen der Genossenschaft.

d) die Beschlüsse über Errichtung und organische Aenderungen der Anstalten für die unter c, d, §. 114, bezeichneten Zwecke;

e) die Schlufsfassung in anderen durch die Statuten näher zu bezeichnenden wichtigen Angelegenheiten.

Der Vorstand besorgt die laufenden Geschäfte.

§. 120. *Stimmrecht.* Stimmberechtiget in der Genossenschaft und wählbar zu Vertrauensmännern und Ausschüssen sind nur diejenigen, welche ihr Gewerbe bereits durch drei Jahre aufrecht betrieben haben.

Ausgeschlossen vom Stimmrechte und der Wählbarkeit sind diejenigen, welche wegen eines Verbrechens überhaupt, wegen eines Vergehens oder einer Uebertretung aus Gewinnsucht oder gegen die öffentliche Sittlichkeit, wegen Schleichhandel, wegen schwerer Gefällsübertretung oder schuldbaren Concurses verurteilt worden sind.

Während der Zeit, als ein Gewerbsinhaber wegen einer der obbezeichneten Handlungen in Untersuchung steht, oder ihm das Gewerbe durch die Behörde eingestellt ist, kann derselbe kein Stimmrecht in der Genossenschaft ausüben und kein Amt in derselben bekleiden.

§. 121. *Vertreter aus dem Stande der Gewerbsgehilfen.* Für die Austragung der Streitigkeiten (§. 102) wird dem Genossenschaftsvorstande eine entsprechende Anzahl Vertreter aus dem Stande der Gehilfen beigegeben, welche von der Behörde aus den ehrenhaftesten und verständigsten Individuen dieser Classe für eine bestimmte Dauer bestellt werden.

§. 122. *Disciplinargewalt.* Dem Vorstande wird das Recht eingeräumt, über die Mitglieder und Angehörigen der Genossenschaft bei Verletzung der Genossenschaftsvorschriften angemessene Ordnungsstrafen, als: Verweise und Geldstrafen bis fünf Gulden, zu verhängen.

§. 123. *Umlagen.* Die für die Erfordernisse der Genossenschaft nöthigen Geldmittel, soweit solche nicht aus den Zinsen des vorhandenen Vermögens die Deckung erhalten, werden mit Genehmigung der Behörde auf die Mitglieder der Genossenschaft umgelegt und dürfen im Verwaltungswege eingetrieben werden.

§. 124. *Gesellencassen.* Wenn bei einer Genossenschaft eine Anstalt zur Unterstützung der hilfsbedürftigen Gehilfen durch gemeinsame Beiträge der Gewerbsinhaber und der Gehilfen mit allgemeiner Verpflichtung zum Beitritte errichtet wird, so darf der Beitrag der Gehilfen nicht höher als mit drei Percent vom Lohngulden, und jener, welchen die Gewerbsinhaber für jeden ihrer Gehilfen aus eigenen Mitteln zuzulegen haben, nicht höher als mit der Hälfte des Beitrages seiner Gehilfen bemessen werden.

Bei der Verwaltung solcher Anstalten (Unterstützungscassen) ist den Gehilfen ein angemessener Einfluſs zu sichern.

§. 125. *Auskunft für Arbeitsgeber und Arbeitsnehmer.* Um das gegenseitige Auffinden der Arbeitsgeber urd der Arbeitsnehmer zu erleichtern, sind bei den Genossenschaften Vormerkungen zur Einsicht aufzulegen, in welchen die arbeitsuchenden Gehilfen und die Gewerbsinhaber, die um solche Nachfrage halten, eingetragen werden.

§. 126. *Freiwillige Zwecke.* Zu gewerblichen Geschäftsunternehmungen auf gemeinschaftliche Rechnung und zur Herstellung oder Bestandnahme von gewerblichen Anlagen zur gemeinschaftlichen Benützung kann, auſser in Fällen, wo derlei gemeinschaftliche Anlagen aus öffentlichen Rücksichten durch die Behörde angeordnet werden, z. B. bei Schlachthäusern, kein Mitglied der Genossenschaft wider seinen Willen zur Theilnahme gezogen werden.

§. 127. *Statuten.* Innerhalb dieser principiellen Bestimmungen sind für jede Genossenschaft specielle Statuten zu entwerfen und der politischen Landesstelle zur Genehmigung vorzulegen.

Die Statuten haben zu enthalten die näheren Bestimmungen über:

a) den Umfang der Genossenschaft;
b) die Genossenschaftsversammlungen und die denselben vorbehaltenen Angelegenheiten;
c) die Wahl der Vertrauensmänner bei den gröſseren Genossenschaften;

d) die Zusammensetzung und die Wahl des Genossenschaftsvorstandes und dessen Wirkungskreis;
e) die Verwaltung des Genossenschaftsvermögens;
f) den Vertheilungsmafsstab der Umlagen;
g) das bei der Austragung von Streitigkeiten aus dem Arbeits- und Lehrverhältnisse (§§. 102 und 121) zu beobachtende Verfahren;
h) die näheren Bestimmungen über die Verhängung der Ordnungsstrafen (§. 122).

§. 128. Ist mit der Genossenschaft eine Unterstützungscasse verbunden, so haben die Statuten auch die Vorschriften über die Gröfse der Beiträge und die Art ihrer Einzahlung, über die Regeln zur Bestimmung des Mafses der Unterstützungen, über die Bedingungen, unter welchen der Anspruch auf Unterstützung erworben wird und verloren geht, und insoferne es sich um Gesellencassen handelt, auch über den Einflufs, den die Gehilfen auf die Verwaltung derselben zu nehmen haben, zu enthalten.

§. 129. *Beaufsichtigung.* Die Genossenschaften stehen unter der Aufsicht der Behörde, welche zur Ueberwachung des gesetzmäfsigen Vorganges bei denselben eigene Commissäre bestellt.

Ihre Streitigkeiten über innere Gesellschaftsangelegenheiten gehören ausschliefslich auf den Verwaltungsweg.

Die landesüblichen Benennungen derselben (Gremien, Gilden, Innungen) können beibehalten werden.

§. 130. *Vermögen der alten Innungen.* Besitzt eine dermal bestehende Innung ein Vermögen und wird dieselbe mit anderen Gewerben zu einer Genossenschaft vereiniget, so geht nach Berichtigung der Passiven das Vermögen in das Eigenthum der neuen Genossenschaft über; doch bleiben den zur Zeit der Vereinigung vorhandenen Mitgliedern und Angehörigen der früheren Innung jene Vortheile gesichert, auf welche sie bei dem Fortbestande der Innung aus deren Vermögen Anspruch gehabt hätten.

Löst sich die Innung auf, ohne in eine neue Genossenschaft überzugehen, so wird das Vermögen unter gleichem Vorbehalte der Gemeinde zugewiesen, in welcher die Innung ihren Sitz hatte.

Achtes Hauptstück.

Uebertretungen und Strafen.

§. 131. *Strafen überhaupt.* Die Uebertretungen der Vorschriften dieses Gesetzes werden bestraft:

a) mit Verweisen;
b) mit Geldbufsen bis vierhundert Gulden;
c) mit Arrest bis zu drei Monaten;
d) mit Entziehung der Gewerbsberechtigung für immer oder auf bestimmte Zeit.

§. 132. *Besondere Straffälle.* Eine Geldstrafe von fünf Gulden bis zweihundert Gulden hat insbesondere zu treffen:

a) diejenigen, welche ein Gewerbe selbständig betreiben, ohne es angemeldet, oder, falls eine Concession erforderlich ist, diese erwirkt zu haben;
b) diejenigen, welche ein Gewerbe fortbetreiben, nachdem es ihnen eingestellt wurde;
c) diejenigen, welche eine der im dritten Hauptstücke bezeichneten Gewerbsanlagen in Betrieb setzen, ohne früher die erforderliche rechtskräftige Genehmigung der Behörden erhalten zu haben.

§. 133. Eine Geldstrafe von zehn bis vierhundert Gulden hat zu treffen:

a) diejenigen, welche den Anordnungen über die Aufnahme, Verwendung und Behandlung der Gehilfen und Lehrlinge zuwiderhandeln;
b) die im §. 57 genannten Gewerbsleute, wenn sie den Gewerbsbetrieb ohne Anmeldung einstellen, oder bei angemeldeter Zurücklegung des Gewerbes die von der Behörde geforderte Fortsetzung während der Kündigungsfrist unterlassen;
c) jene Gewerbsleute, welche eine Berechtigung zur Deckung des unbefugten Gewerbsbetriebes Dritter mifsbrauchen;
d) jene Gewerbsleute, welche sich Bedrückungen der Arbeiter durch Ablohnung in Waaren oder durch andere vorschriftwidrige Vorgänge zu Schulden kommen lassen.

§. 134. *Strafbemessung.* Bei Bemessung der Strafen ist auf die Erschwerungs- und Milderungsumstände, sowie auf die Gröfse des mit der Uebertretung beabsichtigten Vortheiles oder zugefügten Nachtheiles Rücksicht zu nehmen.

§. 135. *Grundsatz für die Anwendung der Strafarten.* In der Regel sind gegen selbständige Gewerbetreibende Geldbufsen, gegen Gehilfen und Lehrlinge Arreststrafen zu verhängen.

Gegen erstere haben Arreststrafen nur dann einzutreten, wenn eine Uebertretung mit besonders erschwerenden Umständen verbunden ist, oder bei Zahlungsunvermögen im Wege der Umwandlung, in welchem Falle für je fünf Gulden Geldbufse Ein Tag Arrest zu berechnen ist.

§. 136. *Zusammentreffen mit anderen Strafen.* Unterliegen Handlungen oder Unterlassungen, welche als Uebertretungen der Gewerbsvorschriften erscheinen, zugleich einer durch die allgemeinen Strafgesetze festgesetzten Strafe, so haben die durch das gegenwärtige Gesetz festgesetzten Strafarten a, b, c, §. 131, nicht abgesondert Platz zu greifen.

§. 137. *Entziehung des Rechtes, Lehrlinge zu halten.* Wenn eine Uebertretung der Vorschriften über die Behandlung der Lehrlinge oder der in Arbeit stehenden Kinder von der Art ist, dafs es bedenklich erscheint, dem Gewerbeinhaber solche auch ferner anzuvertrauen, so kann ihm das Recht, Lehrlinge au halten, oder Kinder zur Arbeit zu verwenden, unabhängig von der sonstigen, nach diesem Gesetze oder den allgemeinen Strafgesetzen ihn treffenden Strafe, für eine bestimmte Zeit oder auf immer entzogen werden.

§. 138. *Verlust der Gewerbsberechtigung.* Die Entziehung der Gewerbsberechtigung hat Platz zu greifen:

In Vollziehung der Straferkenntnisse, mit welchen dieselbe wegen einer durch die allgemeinen Straf- oder Steuergesetze verpönten Handlung von der betreffenden Behörde ausgesprochen wurde.

Sie ist aber auch selbständig von der Gewerbsbehörde für eine bestimmte Zeit oder auf immer zu verfügen:

a) wenn der Gewerbetreibende wegen einer der in §. 7 erwähnten Handlungen verurteilt worden ist, und unter den gegebenen Umständen von dem Fortbetriebe des Gewerbes Misbrauch zu besorgen wäre;

b) wenn vorangegangene wiederholte Bestrafungen wegen Nichtbeachtung der auf die Ausübung seines Gewerbes bezüglichen Vorschriften sich als fruchtlos erwiesen haben;

c) bei concessionirten Gewerben, insbesondere, wenn der Gewerbetreibende nach wiederholter schriftlicher Warnung sich Handlungen zu Schulden kommen läfst, durch welche das gesetzliche Erfordernifs der Verläfslichkeit beeinträchtiget erscheint.

Bei Realgewerben wird in den Fällen, wo der Gewerbsverlust einzutreten hätte, der Besitzer des Rechtes der Ausübung verlustig und bleibt ihm nur die Veräufserung seines Gewerbsrechtes unbenommen.

§. 139. *Strafen gegen Stellvertreter.* Wird ein Gewerbe durch einen Stellvertreter oder Pächter betrieben, so sind die Geld- und Arreststrafen gegen den Stellvertreter oder Pächter zu verhängen, jedoch die Geldstrafen unter Haftung des Gewerbsinhabers. Wenn nach dem Gesetze die Entziehung der Gewerbsberechtigung einzutreten hätte, so findet diese nur dann statt, wenn die Uebertretung mit dem Vorwissen des Gewerbsinhabers begangen wurde, und derselbe in der Lage war, die Uebertretung hintanzuhalten.

In jedem Falle ist aber die Beseitigung des Stellvertreters oder Pächters auszusprechen, welche auch dessen Unfähigkeit zum Betriebe eines Gewerbes für eigene oder fremde Rechnung insoferne in sich schliefst, als sonst der Zweck jenes Ausspruches vereitelt würde (§. 8).

§. 140. *Verjährung.* Durch die Verjährung erlischt Untersuchung und Strafe jener Uebertretungen des Gewerbsgesetzes, welche nach dem allgemeinen Strafgesetze zu behandeln sind, wenn der Uebertreter binnen sechs Monaten, vom Tage der begangenen Uebertretung nicht in Untersuchung gezogen worden ist.

Neuntes Hauptstück.

Behörden und Verfahren.

§. 141. *I. Instanz.* Die politischen Verwaltungsbehörden erster Instanz sind auch die erste Instanz in Gewerbeangelegenheiten (Gewerbsbehörden).

Ihnen obliegt die Handhabung der Gewerbsvorschriften;

bei ihnen werden die Meldungen für den selbständigen Betrieb der Gewerbe eingebracht;

sie verleihen die an Concessionen gebundenen Gewerbe, insoweit die nachstehenden Paragraphe keine Ausnahme feststellen;

ihnen steht die Untersuchung und Bestrafung der Uebertretungen der Vorschriften dieses Gesetzes zu, insoferne nicht die Amtshandlung des ordentlichen Strafgerichtes eintritt (§. 136).

In Orten, wo eigene landesfürstliche Polizeibehörden bestehen, hat die Gewerbsbehörde in Fällen, wo Rücksichten auf die öffentliche Sicherheit, Sittlichkeit und Ordnung zur Erwägung kommen, mit ersteren das Einvernehmen zu pflegen.

§. 142. *II. Instanz.* Die politischen Länderstellen bilden die zweite Instanz.

Sie sind unmittelbare Verleihungsbehörden:

für alle Prefsgewerbe in Orten, wo eine politische Behörde ihren Sitz hat, mit Ausnahme der beschränkten Befugnisse zum Verkaufe von Gebet- und Schulbüchern (§. 19);

für Unternehmungen von Leihbibliotheken und Lesecabineten;

für das Baumeistergewerbe (zweiter Absatz des §. 23);

für jene periodischen Personentransports-Unternehmungen, welche auf Poststrafsen und mit gewechselten Pferden betrieben werden, wobei immer das Einvernehmen mit der Postbehörde zu pflegen ist; dann für jene, welche sich auf mehrere Bezirke desselben Kronlandes ausdehnen, endlich für die im §. 61 erwähnten Auszeichnungen.

§. 143. *Oberste Instanz.* Die oberste Instanz in Gewerbeangelegenheiten ist das Ministerium des Innern.

Es ertheilt die ausnahmsweise Bewilligung zur Errichtung von Prefsgewerben aufserhalb der Orte, in welchen eine politische Behörde sich befindet, und bewilliget jene periodischen Personentransports - Unternehmungen, welche sich über die Verwaltungsgebiete mehrerer Kronländer erstrecken.

Wenn der Gegenstand zugleich den Wirkungskreis einer anderen Centralstelle berührt, ist mit dieser das erforderliche Einvernehmen zu pflegen.

§. 144. *Competenz.* Die Anmeldungen für freie, wie die Bewerbungen um concessionirte Gewerbe sind bei der Gewerbsbehörde anzubringen, in deren Bezirke der Standort des Gewerbes sich befinden wird. Sie können schriftlich überreicht oder mündlich zu Protokoll gegeben werden.

Der Gewerbsschein wird in Form eines Auszuges der Anmeldung, versehen mit der Bestätigung der erfolgten Eintragung in das Gewerbsregister ausgefertiget.

Für Concessionen ist ein förmliches Decret auszufertigen.

Von jeder Ausfertigung eines Gewerbsscheines und Ertheilung einer Concession ist die Genossenschaft, welche es betrifft, in Kenntnifs zu setzen.

§. 145. *Gewerbsregister.* Bei den Gewerbsbehörden erster Instanz sind Gewerbsregister zu führen, welche sowohl die freien als die concessionirten Gewerbe, jedoch in abgesonderten Abtheilungen, zu umfassen haben; in denselben ist jede Veränderung im Stande der Gewerbe einzutragen, und von dieser immer auch der Steuerbehörde und der Handels- und Gewerbekammer Kenntnifs zu geben.

§. 146. *Recurse in Gewerbesachen.* Bei der Untersagung des Gewerbebetriebes nach §. 15, bei der Verweigerung einer Concession und bei der Zurücknahme einer Gewerbsberechtigung nach §. 60 sind die Gründe der Partei bekannt zu geben; dieser steht binnen sechs Wochen der Recurs an die Oberbehörde offen.

Kommt der Mangel eines gesetzlichen Erfordernisses zur Kenntnifs der Oberbehörde, so hat sie von Amtswegen einzuschreiten.

§. 147. *Verfahren in Straffällen.* Das Verfahren in Gewerbsstraffällen ist in der Regel mündlich.

Ueber die Verhandlung wird ein Protokoll aufgenommen, in dieses die Entscheidung eingetragen, und der Partei bekannt gegeben. Auf ihr Verlangen oder wenn sie abwesend ist, wird die Entscheidung sammt den Motiven auch schriftlich eröffnet.

§. 148. *Recurse in Straffällen.* Recurse in Straffällen müssen binnen vierzehn Tagen nach der Intimation bei der Gewerbsbehörde erster Instanz eingebracht werden.

Die rechtzeitige Einbringung des Recurses hat aufschiebende Wirkung, doch bleibt eine allenfalls verfügte Einstellung des Gewerbes aufrecht.

§. 149. *Strafmilderung und Nachsicht.* Der Oberbehörde steht das Recht zu, aus rücksichtswürdigen Gründen Strafen zu mildern und nachzusehen.

§. 150. *Beschränkung des Instanzenzuges.* Gegen ein in zweiter Instanz bestätigtes oder gemildertes Straferkenntniſs findet ein weiterer Recurs nicht statt.

§. 151. *Bestimmungen der Geldstrafen.* Die Einbringung der Strafgelder erfolgt im administrativen Executionswege.

Sie flieſsen, wenn der Straffällige zu einer Genossenschafts- oder Unterstützungscasse (§. 128) beitragspflichtig ist, in die bezügliche Casse, sonst in den Armenfond des Ortes, wo die Uebertretung begangen wurde.

§. 152. *Zwangsmittel.* Bei Vollziehung der Straferkenntnisse und sonstigen Anordnungen ist die Behörde berechtiget, die zur Sicherung des Erfolges nöthigen Maſsregeln zu ergreifen, als: Beschlagnahme von Waaren und Werkzeugen, Auſserbetriebsetzung von Maschinen, Schlieſsung von Betriebsstätten.

XXIII. Gewerbeordnung für das Deutsche Reich.

Vom 21. Juni 1869 [1]).

Wir Wilhelm, von Gottes Gnaden König von Preufsen etc. verordnen im Namen des Norddeutschen Bundes, nach erfolgter Zustimmung des Bundesrathes und des Reichstages, was folgt:

Tilet I.

Allgemeine Bestimmungen.

§. 1. Der Betrieb eines Gewerbes ist Jedermann gestattet, soweit nicht durch dieses Gesetz Ausnahmen oder Beschränkungen vorgeschrieben oder zugelassen sind.

Wer gegenwärtig zum Betriebe eines Gewerbes berechtigt ist, kann von demselben nicht deshalb ausgeschlossen werden, weil er den Erfordernissen dieses Gesetzes nicht genügt.

§. 2. Die Unterscheidung zwischen Stadt und Land in Bezug auf den Gewerbebetrieb und die Ausdehnung desselben hört auf.

§. 3. Der gleichzeitige Betrieb verschiedener Gewerbe, sowie desselben Gewerbes in mehreren Betriebs- oder Ver-

---

1) B.-Ges.-Bl. 1869, S. 245—282. Eingeführt in Hessen durch die »Verfassung des Deutschen Bundes« vom 31. Dez. 1870, Art. 80 (B.-Ges.-Bl. 1870, S. 649), in Würtemberg und Baden durch Ges. v. 10. Nov. 1871 (R.-Ges.-Bl. 1871, S. 392), in Bayern durch Ges. v. 12. Juni 1872 (R.-Ges.-Bl. 1872, S. 170). In Elsafs-Lothringen gilt bis jetzt nur §. 29, auf Grund Gesetzes vom 15. Juli 1872 (R.-Ges.-Bl. 1872, S. 350.)

kaufsstätten ist gestattet. Eine Beschränkung der Handwerker auf den Verkauf der selbstverfertigten Waaren findet nicht statt.

§. 4. Den Zünften und kaufmännischen Korporationen steht ein Recht, Andere von dem Betriebe eines Gewerbes auszuschliefsen, nicht zu.

§. 5. In den Beschränkungen des Betriebes einzelner Gewerbe, welche auf den Zoll-, Steuer- und Postgesetzen beruhen, wird durch das gegenwärtige Gesetz nichts geändert.

§. 6. Das gegenwärtige Gesetz findet keine Anwendung auf das Bergwesen (vorbehaltlich der Bestimmungen der §§. 152. 153 und 154), die Fischerei, die Ausübung der Heilkunde (vorbehaltlich der Bestimmungen in den §§. 29. 30. 53. 80 und 144), die Errichtung und Verlegung von Apotheken und den Verkauf von Arzneimitteln (vorbehaltlich der Bestimmung im §. 80), das Unterrichtswesen, die advokatorische und Notariats-Praxis, den Gewerbebetrieb der Auswanderungs-Unternehmer und Auswanderungs-Agenten, der Versicherungs-Unternehmer und der Eisenbahn-Unternehmungen, den Vertrieb von Lotterieloosen, die Befugnifs zum Halten öffentlicher Fähren und die Rechtsverhältnisse der Schiffsmannschaften auf den Seeschiffen.

Eine Verordnung des Bundespräsidiums wird bestimmen, welche Apothekerwaaren dem freien Verkehr zu überlassen sind.

§. 7. Vom 1. Januar 1873. ab sind, soweit die Landesgesetze solches nicht früher verfügen, aufgehoben:

1) die noch bestehenden ausschliefslichen Gewerbeberechtigungen, d. h. die mit dem Gewerbebetriebe verbundenen Berechtigungen, Andern den Betrieb eines Gewerbes, sei es im Allgemeinen oder hinsichtlich der Benutzung eines gewissen Betriebsmaterials, zu untersagen oder sie darin zu beschränken;
2) die mit den ausschliefslichen Gewerberechtigungen verbundenen Zwangs- und Bannrechte, mit Ausnahme der Abdeckereiberechtigungen;
3) alle Zwangs- und Bannrechte, deren Aufhebung nach dem Inhalte der Verleihungs-Urkunde ohne Entschädigung zulässig ist;

4) sofern die Aufhebung nicht schon in Folge dieser Bestimmungen eintritt, oder sofern sie nicht auf einem Vertrage zwischen Berechtigten und Verpflichteten beruhen:
   a) das mit dem Besitze einer Mühle, einer Brennerei oder Brenngerechtigkeit, einer Brauerei oder Braugerechtigkeit oder einer Schankstätte verbundene Recht, die Konsumenten zu zwingen, dafs sie bei den Berechtigten ihren Bedarf mahlen oder schroten lassen, oder das Getränk ausschliefslich von denselben beziehen (der Mahlzwang, der Branntweinzwang oder der Brauzwang);
   b) das sädtischen Bäckern oder Fleischern zustehende Recht, die Einwohner der Stadt, der Vorstädte oder der sogenannten Bannmeile zu zwingen, dafs sie ihren Bedarf an Gebäck oder Fleisch ganz oder theilweise von jenen ausschliefslich entnehmen;
5) die Berechtigungen, Konzessionen zu gewerblichen Anlagen oder zum Betriebe von Gewerben zu ertheilen, die dem Fiskus, Korporationen, Instituten oder einzelnen Berechtigten zustehen;
6) vorbehaltlich der an den Staat und die Gemeinde zu entrichtenden Gewerbesteuern, alle Abgaben, welche für den Betrieb eines Gewerbes entrichtet werden, sowie die Berechtigung, dergleichen Abgaben aufzuerlegen.

Ob und in welcher Weise den Berechtigten für die vorstehend aufgehobenen ausschliefslichen Gewerbeberechtigungen, Zwangs- und Bannrechte u. s. w. Entschädigung zu leisten ist, bestimmen die Landesgesetze.

§. 8. Von dem gleichen Zeitpunkte (§. 7) ab unterliegen, soweit solches nicht von der Landesgesetzgebung schon früher verfügt ist, der Ablösung:

1) diejenigen Zwangs- und Bannrechte, welche durch die Bestimmungen des §. 7. nicht aufgehoben sind, sofern die Verpflichtung auf Grundbesitz haftet, die Mitglieder einer Korporation als solche betrifft, oder Bewohnern eines Orts oder Distrikts vermöge ihres Wohnsitzes obliegt;
2) das Recht, den Inhaber einer Schankstätte zu zwin-

gen, daſs er für seinen Wirthschaftsbedarf das Getränk aus einer bestimmten Fabrikationsstätte entnehme.

Das Nähere über die Ablösung dieser Rechte bestimmen die Landesgesetze.

§. 9. Streitigkeiten darüber, ob eine Berechtigung zu den durch die §§. 7 und 8 aufgehobenen oder für ablösbar erklärten gehört, sind im Rechtswege zu entscheiden.

Jedoch bleibt den Landesgesetzen vorbehalten, zu bestimmen, von welchen Behörden und in welchem Verfahren die Frage zu entscheiden ist, ob oder wie weit eine auf einem Grundstück haftende Abgabe eine Grundabgabe ist, oder für den Betrieb eines Gewerbes entrichtet werden muſs.

§. 10. Ausschlieſsliche Gewerbeberechtigungen oder Zwangs- und Bannrechte, welche durch Gesetz aufgehoben oder für ablösbar erklärt worden sind, können fortan nicht mehr erworben werden.

Realgewerbeberechtigungen dürfen fortan nicht mehr begründet werden.

§. 11. Das Geschlecht begründet in Beziehung auf die Befugniſs zum selbstständigen Betriebe eines Gewerbes keinen Unterschied.

Frauen, welche selbstständig ein Gewerbe betreiben, können in Angelegenheiten ihres Gewerbes selbstständig Rechtsgeschäfte abschlieſsen und vor Gericht auftreten, gleichviel, ob sie verheirathet oder unverheirathet sind. Sie können sich in Betreff der Geschäfte aus ihrem Gewerbebetrieb auf die in den einzelnen Bundesstaaten bestehenden Rechtswohlthaten der Frauen nicht berufen. Es macht hierbei keinen Unterschied, ob sie das Gewerbe allein oder in Gemeinschaft mit anderen Personen, ob sie dasselbe in eigener Person oder durch einen Stellvertreter betreiben.

§. 12. Hinsichtlich des Gewerbebetriebes der juristischen Personen des Auslandes bewendet es bei den Landesgesetzen.

Diejenigen Beschränkungen, welche in Betreff des Gewerbebetriebes für Personen des Soldaten- und Beamtenstandes, sowie deren Angehörigen bestehen, werden durch das gegenwärtige Gesetz nicht berührt.

§. 13. Von dem Besitze des Bürgerrechts soll die Zulassung zum Gewerbebetriebe in keiner Gemeinde und bei keinem Gewerbe abhängig sein.

Nach dem begonnenen Gewerbebetriebe ist, soweit dies in der bestehenden Gemeindeverfassung begründet ist, der Gewerbetreibende auf Verlangen der Gemeindebehörde nach Ablauf von drei Jahren verpflichtet, das Bürgerrecht zu erwerben. Es darf jedoch in diesem Falle von ihm das sonst vorgeschriebene oder übliche Bürgerrechtsgeld nicht gefordert und ebenso nicht verlangt werden, dafs er sein anderweit erworbenes Bürgerrecht aufgebe.

Titel II.

Stehender Gewerbebetrieb.

I. Allgemeine Erfordernisse.

§. 14. Wer den selbstständigen Betrieb eines bestehenden Gewerbes anfängt, mufs der für den Ort, wo solches geschieht, nach den Landesgesetzen zuständigen Behörde gleichzeitig Anzeige davon machen. Diese Anzeige liegt auch demjenigen ob, welcher zum Betriebe eines Gewerbes im Umherziehen (Titel III.) befugt ist.

Aufserdem hat, wer Versicherungen für eine Mobiliar- oder Immobiliar-Feuerversicherungs-Anstalt als Agent oder Unteragent vermitteln will, bei Uebernahme der Agentur, und derjenige, welcher dieses Geschäft wieder aufgiebt, oder welchem die Versicherungsanstalt den Auftrag wieder entzieht, innerhalb der nächsten acht Tage der zuständigen Behörde seines Wohnortes davon Anzeige zu machen. Buch- und Steindrucker, Buch- und Kunsthändler, Antiquare, Leihbibliotheken, Inhaber von Lesekabinetten, Verkäufer von Druckschriften, Zeitungen und Bildern haben bei der Eröffnung ihres Gewerbebetriebes das Lokal desselben, sowie jeden späteren Wechsel des letzteren spätestens am Tage seines Eintritts der zuständigen Behörde ihres Wohnortes anzugeben.

§. 15. Die Behörde bescheinigt innerhalb dreier Tage den Empfang der Anzeige.

Die Fortsetzung des Betriebes kann polizeilich verhindert werden, wenn ein Gewerbe, zu dessen Beginn eine besondere Genehmigung erforderlich ist, ohne diese Genehmigung begonnen wird.

Gegen die untersagende Verfügung ist der Recurs zulässig.

II. Erfordernifs besonderer Genehmigung.

1. Anlagen, welche einer besonderen Genehmigung bedürfen.

§. 16. Zur Errichtung von Anlagen, welche durch die örtliche Lage oder die Beschaffenheit der Betriebsstätte für die Besitzer oder Bewohner der benachbarten Grundstücke oder für das Publikum überhaupt erhebliche Nachtheile, Gefahren oder Belästigungen herbeiführen können, ist die Genehmigung der nach den Landesgesetzen zuständigen Behörde erforderlich.

Es gehören dahin:

Schiefspulver-Fabriken, Anlagen zur Feuerwerkerei und zur Bereitung von Zündstoffen aller Art, Gasbereitungs- und Gasbewahrungs-Anstalten, Anstalten zur Destillation von Erdöl, Anlagen zur Bereitung von Braunkohlentheer, Steinkohlentheer und Koaks, sofern sie aufserhalb der Gewinnungsorte des Materials errichtet werden, Glas- und Rufshütten, Kalk-, Ziegel- und Gypsöfen, Anlagen zur Gewinnung roher Metalle, Röstöfen, Metallgiefsereien, sofern sie nicht blofse Tiegelgiefsereien sind, Hammerwerke, chemische Fabriken aller Art, Schnellbleichen, Firnifssiedereien, Stärkefabriken, mit Ausnahme der Fabriken zur Bereitung von Kartoffelstärke, Stärkesyrups-Fabriken, Wachstuch-, Darmsaiten-, Dachpappen- und Dachfilz-Fabriken, Leim-, Thran- und Seifensiedereien, Knochenbrennereien, Knochendarren, Knochenkochereien und Knochenbleichen, Zubereitungsanstalten für Thierhaare, Talgschmelzen, Schlächtereien, Gerbereien, Abdeckereien, Poudretten- und Düngpulver-Fabriken, Stauanlagen für Wassertriebwerke (§. 23).

Das vorstehende Verzeichnifs kann, je nach Eintritt oder Wegfall der im Eingang gedachten Voraussetzung, durch Beschlufs des Bunderathes, vorbehaltlich der Genehmigung des nächstfolgenden Reichstages, abgeändert werden.

§. 17. Dem Antrage auf die Genehmigung einer solchen Anlage müssen die zur Erläuterung erforderlichen Zeichnungen und Beschreibungen beigefügt werden.

Ist gegen die Vollständigkeit dieser Vorlagen nichts zu erinnern, so wird das Unternehmen mittelst einmaliger Einrückung in das zu den amtlichen Bekanntmachungen der Behörde (§. 16) bestimmte Blatt zur öffentlichen Kenntnifs gebracht, mit der Aufforderung, etwaige Einwendungen gegen die neue Anlage binnen vierzehn Tagen anzubringen. Die Frist nimmt ihren Anfang mit Ablauf des Tages, an welchem das die Bekanntmachung enthaltende Blatt ausgegeben worden, und ist für alle Einwendungen, welche nicht auf privatrechtlichen Titeln beruhen, präklusivisch.

§. 18. Werden keine Einwendungen angebracht, so hat die Behörde zu prüfen, ob die Anlage erhebliche Gefahren, Nachtheile oder Belästigungen für das Publikum herbeiführen könne. Auf Grund dieser Prüfung, welche sich zugleich auf die Beachtung der bestehenden bau-, feuer- und gesundheitspolizeilichen Vorschriften erstreckt, ist die Genehmigung zu versagen, oder, unter Festsetzung der sich als nöthig ergebenden Bedingungen, zu ertheilen. Zu den letzteren gehören auch diejenigen Anordnungen, welche zum Schutze der Arbeiter gegen Gefahr für Gesundheit und Leben nothwendig sind. Der Bescheid ist schriftlich auszufertigen und mufs die festgesetzten Bedingungen enthalten; er mufs mit Gründen versehen sein, wenn die Genehmigung versagt oder nur unter Bedingungen ertheilt wird.

§. 19. Einwendungen, welche auf besonderen privatrechtlichen Titeln beruhen, sind zur richterlichen Entscheidung zu verweisen, ohne dafs von der Erledigung derselben die Genehmigung der Anlage abhängig gemacht wird.

Andere Einwendungen dagegen sind mit den Parteien vollständig zu erörtern. Nach Abschlufs dieser Erörterung erfolgt die Prüfung und Entscheidung nach den im §. 18 enthaltenen Vorschriften. Der Bescheid ist sowohl dem Unternehmer, als dem Widersprechenden zu eröffnen.

§. 20. Gegen den Bescheid ist Rekurs an die nächstvorgesetzte Behörde zulässig, welcher bei Verlust desselben binnen vierzehn Tagen, vom Tage der Eröffnung des Bescheides an gerechnet, gerechtfertigt werden mufs.

Der Rekursbescheid ist den Parteien schriftlich zu eröffnen und mufs mit Gründen versehen sein.

§. 21. Die näheren Bestimmungen über die Behörden und das Verfahren, sowohl in der ersten als in der Rekurs-Instanz, bleiben den Landesgesetzen vorbehalten. Es sind jedoch folgende Grundsätze einzuhalten:

1) In erster oder in zweiter Instanz mufs die Entscheidung durch eine kollegiale Behörde erfolgen. Diese Behörde ist befugt, Untersuchungen an Ort und Stelle zu veranlassen, Zeugen und Sachverständige zu laden und eidlich zu vernehmen, überhaupt den angetretenen Beweis in vollem Umfange zu erheben.
2) Bildet die kollegiale Behörde die erste Instanz, so ertheilt sie ihre Entscheidung in öffentlicher Sitzung, nach erfolgter Ladung und Anhörung der Parteien, auch in dem Falle, wenn zwar Einwendungen nicht angebracht sind, die Behörde aber nicht ohne Weiteres die Genehmigung ertheilen will und der Antragsteller innerhalb vierzehn Tagen nach Empfang des, die Genehmigung versagenden oder nur unter Bedingungen ertheilenden Bescheides der Behörde auf mündliche Verhandlung anträgt.
3) Bildet die kollegiale Behörde die zweite Instanz, so ertheilt sie stets ihre Entscheidung in öffentlicher Sitzung, nach erfolgter Ladung und Anhörung der Parteien.
4) Als Parteien sind der Unternehmer (Antragsteller), sowie diejenigen Personen zu betrachten, welche Einwendungen erhoben haben.

§. 22. Die durch unbegründete Einwendungen erwachsenden Kosten fallen dem Widersprechenden, alle übrigen Kosten, welche durch das Verfahren entstehen, dem Unternehmer zur Last.

In den Bescheiden über die Zulässigkeit der neuen

Anlage wird zugleich die Vertheilung der Kosten festgesetzt.

§. 23. Bei den Stauanlagen für Wassertriebwerke sind aufser den Bestimmungen der §§. 17 bis 22 die dafür bestehenden landesgesetzlichen Vorschriften anzuwenden.

Der Landesgesetzgebung bleibt vorbehalten, für solche Orte, in welchen öffentliche Schlachthäuser in genügendem Umfange vorhanden sind oder errichtet werden, die fernere Benutzung bestehender und die Anlage neuer Privatschlächtereien zu untersagen.

Der Landesgesetzgebung bleibt ferner vorbehalten, zu verfügen, in wie weit durch Ortsstatuten darüber Bestimmung getroffen werden kann, dafs einzelne Ortstheile vorzugsweise zu Anlagen der in §. 16. erwähnten Art zu bestimmen, in anderen Ortstheilen aber dergleichen Anlagen entweder gar nicht oder nur unter besonderen Beschränkungen zuzulassen sind.

§. 24. Zur Anlegung von Dampfkesseln, dieselben mögen zum Maschinenbetriebe bestimmt sein oder nicht, ist die Genehmigung der nach den Landesgesetzen zuständigen Behörde erforderlich. Dem Gesuche sind die zur Erläuterung erforderlichen Zeichnungen und Beschreibungen beizufügen.

Die Behörde hat die Zulässigkeit der Anlage nach den bestehenden bau-, feuer- und gesundheitspolizeilichen Vorschriften, sowie nach denjenigen allgemeinen polizeilichen Bestimmungen zu prüfen, welche von dem Bundesrathe über die Anlegung von Dampfkesseln erlassen werden. Sie hat nach dem Befunde die Genehmigung entweder zu versagen, oder unbedingt zu ertheilen, oder endlich bei Ertheilung derselben die erforderlichen Vorkehrungen und Einrichtungen vorzuschreiben.

Bis zum Erlafs allgemeiner Bestimmungen durch den Bundesrath kommen die in den einzelnen Bundesstaaten bestehenden Vorschriften zur Anwendung.

Bevor der Kessel in Betrieb genommen wird, ist zu untersuchen, ob die Ausführung den Bestimmungen der ertheilten Genehmigung entspricht. Wer vor dem Empfange der hierüber auszufertigenden Bescheinigung den Betrieb beginnt, hat die im §. 147. angedrohte Strafe verwirkt.

Die vorstehenden Bestimmungen gelten auch für bewegliche Dampfkessel.

Für den Rekurs und das Verfahren über denselben gelten die Vorschriften der §§. 20 und 21.

§. 25. Die Genehmigung zu einer der in den §§. 16. und 24. bezeichneten Anlagen bleibt so lange in Kraft, als keine Aenderung in der Lage oder Beschaffenheit der Betriebsstätte vorgenommen wird, und bedarf unter dieser Voraussetzung auch dann, wenn die Anlage an einen neuen Erwerber übergeht, einer Erneuerung nicht. Sobald aber eine Veränderung der Betriebsstätte vorgenommen wird, ist dazu die Genehmigung der zuständigen Behörde nach Maafsgabe der §§. 17. bis 23. einschliefslich, beziehungsweise des §. 24. nothwendig. Eine gleiche Genehmigung ist erforderlich bei wesentlichen Veränderungen in dem Betriebe einer der im §. 16. genannten Anlagen. Die zuständige Behörde kann jedoch auf Antrag des Unternehmers von der Bekanntmachung (§. 17.) Abstand nehmen, wenn sie die Ueberzeugung gewinnt, dafs die beabsichtigte Veränderung für die Besitzer oder Bewohner benachbarter Grundstücke oder das Publikum überhaupt neue oder gröfsere Nachtheile, Gefahren oder Belästigungen, als mit der vorhandenen Anlage verbunden sind, nicht herbeiführen werde.

Diese Bestimmungen finden auch auf gewerbliche Anlagen (§§. 16. und 24.) Anwendung, welche bereits vor Erlafs dieses Gesetzes bestanden haben.

§. 26. Soweit die bestehenden Rechte zur Abwehr benachtheiligender Einwirkungen, welche von einem Grundstücke aus auf ein benachbartes Grundstück geübt werden, dem Eigenthümer oder Besitzer des letzteren eine Privatklage gewähren, kann diese Klage einer mit obrigkeitlicher Genehmigung errichteten gewerblichen Anlage gegenüber niemals auf Einstellung des Gewerbebetriebes, sondern nur auf Herstellung von Einrichtungen, welche die benachtheiligende Einwirkung ausschliefsen, oder, wo solche Einrichtungen unthunlich oder mit einem gehörigen Betriebe des Gewerbes unvereinbar sind, auf Schadloshaltung gerichtet werden.

§. 27. Die Errichtung oder Verlegung solcher Anlagen, deren Betrieb mit ungewöhnlichem Geräusch verbunden ist, mufs, sofern sie nicht schon nach den Vorschriften der §§. 16. bis 25. der Genehmigung bedarf, der Ortspolizei-Behörde angezeigt werden. Letztere hat, wenn in der Nähe der gewählten Betriebsstätte Kirchen, Schulen oder andere öffentliche Gebäude, Krankenhäuser oder Heilanstalten vorhanden sind, deren bestimmungsmäfsige Benutzung durch den Gewerbebetrieb auf dieser Stelle eine erhebliche Störung erleiden würde, die Entscheidung der höheren Verwaltungsbehörde darüber einzuholen, ob die Ausübung des Gewerbes an der gewählten Betriebsstätte zu untersagen oder nur unter Bedingungen zu gestatten sei.

§. 28. Die höheren Verwaltungsbehörden sind befugt, über die Entfernung, welche bei Errichtung von durch Wind bewegten Triebwerken von benachbarten fremden Grundstücken und von öffentlichen Wegen inne zu halten ist, durch Polizeiverordnungen Bestimmung zu treffen.

2. Gewerbetreibende, welche einer besonderen Genehmigung bedürfen.

§. 29. Einer Approbation, welche auf Grund eines Nachweises der Befähigung ertheilt wird, bedürfen Apotheker und diejenigen Personen, welche sich als Aerzte (Wundärzte, Augenärzte, Geburtshelfer, Zahnärzte und Thierärzte) oder mit gleichbedeutenden Titeln bezeichnen oder Seitens des Staats oder einer Gemeinde als solche anerkannt oder mit amtlichen Funktionen betraut werden sollen. Es darf die Approbation jedoch von der vorherigen akademischen Doktorpromotion nicht abhängig gemacht werden.

Der Bundesrath bezeichnet, mit Rücksicht auf das vorhandene Bedürfnifs, in verschiedenen Theilen des Bundesgebietes die Behörden, welche für das ganze Bundesgebiet gültige Approbationen zu ertheilen befugt sind und erläfst die Vorschriften über den Nachweis der Befähigung. Die Namen der Approbirten werden von der Behörde, welche die Approbation ertheilt, in den vom Bundesrathe zu bestimmenden amtlichen Blättern veröffentlicht.

Personen, welche eine solche Approbation erlangt haben, sind innerhalb des Bundesgebietes in der Wahl des Ortes, wo sie ihr Gewerbe betreiben wollen, vorbehaltlich der Bestimmungen über die Errichtung und Verlegung von Apotheken (§. 6), nicht beschränkt.

Dem Bundesrathe bleibt vorbehalten, zu bestimmen, unter welchen Voraussetzungen Personen wegen wissenschaftlich erprobter Leistungen von der vorgeschriebenen Prüfung ausnahmsweise zu entbinden sind.

Personen, welche vor Verkündigung dieses Gesetzes in einem Bundesstaate die Berechtigung zum Gewerbebetrieb als Aerzte, Wundärzte, Zahnärzte, Geburtshelfer, Apotheker oder Thierärzte bereits erlangt haben, gelten als für das ganze Bundesgebiet approbirt.

§. 30. Unternehmer von Privat-Kranken-, Privat-Entbindungs- und Privat-Irrenanstalten bedürfen einer Konzession der höheren Verwaltungsbehörde, welche ertheilt wird, wenn nicht Thatsachen vorliegen, welche die Unzuverlässigkeit des Nachsuchenden in Beziehung auf den beabsichtigten Gewerbebetrieb darthun.

Hebammen bedürfen eines Prüfungszeugnisses der nach den Landesgesetzen zuständigen Behörde.

§. 31. Seeschiffer, Seesteuerleute und Lootsen müssen sich über den Besitz der erforderlichen Kenntnisse durch ein Befähigungszeugniſs der zuständigen Verwaltungsbehörde ausweisen.

Der Bundesrath erläſst die Vorschriften über den Nachweis der Befähigung. Die auf Grund dieses Nachweises ertheilten Zeugnisse gelten für das ganze Bundesgebiet, bei Lootsen für das im Zeugniſs angeführte Fahrwasser.

Soweit in Betreff der Schiffer und Lootsen auf Strömen in Folge von Staatsverträgen besondere Anordnungen getroffen sind, behält es dabei sein Bewenden.

§. 32. Schauspielunternehmer bedürfen zum Betriebe ihres Gewerbes der Erlaubniſs. Dieselbe ist ihnen zu ertheilen, wenn nicht Thatsachen vorliegen, welche die Unzuverlässigkeit des Nachsuchenden in Beziehung auf den beabsichtigten Gewerbebetrieb darthun.

Beschränkungen auf bestimmte Kategorien theatralischer Darstellungen sind unzulässig.

§. 33 [1]). Wer Gastwirthschaft, Schankwirthschaft

1) Insoweit bisher in Bayern der Betrieb der Gast- und

oder Kleinhandel mit Branntwein oder Spiritus betreiben will, bedarf dazu der Erlaubnifs.

Diese Erlaubnifs ist nur dann zu versagen:

1) wenn gegen den Nachsuchenden Thatsachen vorliegen, welche die Annahme rechtfertigen, dafs er das Gewerbe zur Förderung der Völlerei, des verbotenen Spiels, der Hehlerei oder der Unsittlichkeit mifsbrauchen werde;
2) wenn das zum Betriebe des Gewerbes bestimmte Lokal wegen seiner Beschaffenheit oder Lage den polizeilichen Anforderungen nicht genügt.

Es können jedoch die Landesregierungen, soweit die Landesgesetze nicht entgegenstehen, die Erlaubnifs zum Ausschänken von Branntwein und den Kleinhandel mit Branntwein und Spiritus auch von dem Nachweis eines vorhandenen Bedürfnisses abhängig machen.

§. 34. Die Landesgesetze können vorschreiben, dafs zum Handel mit Giften und zum Betriebe des Lootsengewerbes besondere Genehmigung erforderlich ist, ingleichen, dafs das Gewerbe der Markscheider nur von Personen betrieben werden darf, welche als solche geprüft und konzessionirt sind.

§, 35. Die Ertheilung von Tanz-, Turn- und Schwimmunterricht als Gewerbe darf denjenigen untersagt werden, welche wegen Vergehen oder Verbrechen gegen die Sittlichkeit bestraft sind.

Der Handel mit gebrauchten Kleidern, gebrauchten Betten oder gebrauchter Wäsche, der Kleinhandel mit altem Metallgeräth oder Metallbruch (Trödel), oder mit Garnabfällen oder Dräumen von Seide, Wolle, Baumwolle oder Leinen, ferner das Geschäft eines Pfandleihers kann demjenigen untersagt werden, welcher wegen aus Gewinnsucht

---

Schankwirthschaft oder des Kleinhandels mit geistigen Getränken, dann der Ausschank der eigenen Erzeugnisse an Getränken ohne polizeiliche Erlaubnifs statthaft war, bedarf es einer solchen auch in der Folge nicht. Die Einstellung eines solchen Geschäftsbetriebes kann jedoch nach Mafsgabe des §. 53 Abs. II. und §. 54 der Gewerbeordnung verfügt werden, wenn Thatsachen vorliegen, auf Grund deren gemäfs §. 33 der Gewerbeordnung die Erlaubnifs zum Betriebe eines der daselbst bezeichneten Gewerbe versagt werden könnte.

begangener Vergehen oder Verbrechen gegen das Eigenthum bestraft worden ist.

Das Geschäft eines Gesindevermiethers kann demjenigen untersagt werden, welcher wegen aus Gewinnsucht begangener Vergehen oder Verbrechen gegen das Eigenthum oder wegen Vergehen oder Verbrechen gegen die Sittlichkeit bestraft worden ist.

Personen, welche die in diesem Paragraphen bezeichneten Gewerbe beginnen, haben bei Eröffnung ihres Gewerbebetriebes der zuständigen Behörde hiervon Anzeige zu machen.

§. 36. Das Gewerbe der Feldmesser, Auktionatoren, derjenigen, welche den Feingehalt edler Metalle oder die Beschaffenheit, Menge oder richtige Verpackung von Waaren irgend einer Art feststellen, der Güterbestätiger, Schaffner, Wäger, Messer, Bracker, Schauer, Stauer u. s. w. darf zwar frei betrieben werden, es bleiben jedoch die verfassungsmäfsig dazu befugten Staats- oder Kommunalbehörden oder Korporationen auch ferner berechtigt, Personen, welche diese Gewerbe betreiben wollen, auf die Beobachtung der bestehenden Vorschriften zu beeidigen und öffentlich anzustellen.

Die Bestimmungen der Gesetze, welche den Handlungen der genannten Gewerbetreibenden eine besondere Glaubwürdigkeit beilegen oder an diese Handlungen besondere rechtliche Wirkungen knüpfen, sind nur auf die von den verfassungsmäfsig dazu befugten Staats- oder Kommunalbehörden oder Korporationen angestellten Personen zu beziehen.

§. 37. Der Regelung durch die Ortspolizei-Behörde unterliegt die Unterhaltung des öffentlichen Verkehrs innerhalb der Orte durch Wagen aller Art, Gondeln, Sänften, Pferde und andere Transportmittel, sowie das Gewerbe derjenigen Personen, welche auf öffentlichen Strafsen oder Plätzen ihre Dienste anbieten.

§. 38. Die Centralbehörden sind befugt, Vorschriften darüber zu erlassen, in welcher Weise die im §. 35. Absatz 2. und 3. verzeichneten Gewerbetreibenden ihre Bücher zu führen und welcher polizeilichen Kontrole über den Umfang und die Art ihres Geschäftsbetriebes sie sich zu unterwerfen haben.

§. 39. Die Landesgesetze können die Einrichtung von Kehrbezirken für Schornsteinfeger gestatten. Jedoch ist, wo Kehrbezirke bestehen oder eingerichtet werden, die höhere Verwaltungsbehörde, soweit nicht Privatrechte entgegenstehen, befugt, die Kehrbezirke aufzuheben oder zu verändern, ohne dafs deshalb den Bezirksschornsteinfegern ein Widerspruchsrecht oder ein Anspruch auf Entschädigung zusteht.

§. 40. Die in den §§. 29. bis 34. erwähnten Approbationen und Genehmigungen dürfen weder auf Zeit ertheilt, noch, vorbehaltlich der Bestimmungen in den §§. 53. und 143., widerrufen werden.

Gegen Versagung der Genehmigung zum Betriebe eines der in den §§. 30. 32. 33. und 34., sowie gegen Untersagung des Betriebes der in den §§. 35. und 37. erwähnten Gewerbe ist der Rekurs zulässig. Wegen des Verfahrens und der Behörden gelten die Vorschriften der §§. 20. und 21.

III. Umfang, Ausübung und Verlust der Gewerbebefugnisse.

§. 41. Die Befugnifs zum selbstständigen Betriebe eines stehenden Gewerbes begreift das Recht in sich, in beliebiger Zahl Gesellen, Gehülfen, Arbeiter jeder Art und, soweit die Vorschriften des gegenwärtigen Gesetzes nicht entgegenstehen, Lehrlinge anzunehmen. In der Wahl des Arbeits- und Hülfspersonals finden keine anderen Beschränkungen statt, als die durch das gegenwärtige Gesetz festgestellten.

In Betreff der Berechtigung der Apotheker, Gehülfen und Lehrlinge anzunehmen, bewendet es bei den Bestimmungen der Landesgesetze.

§. 42. Wer zum selbstständigen Betriebe eines stehenden Gewerbes befugt ist, darf dasselbe vorbehaltlich der Bestimmungen des §. 59. am Orte seiner gewerblichen Niederlassung und, soweit nicht die Vorschriften des dritten Titels einen Legitimationsschein erfordern, auch aufserhalb dieses Ortes ausüben.

§. 43. Wer gewerbsmäfsig Druckschriften oder andere Schriften oder Bildwerke auf öffentlichen Wegen, Strafsen, Plätzen, oder an anderen öffentlichen Orten ausrufen, verkaufen, vertheilen, anheften oder anschlagen will, bedarf dazu einer Erlaubnifs der Ortspolizei-Behörde, und hat den über diese Erlaubnifs auszustellenden, auf seinen Namen lautenden Legitimationsschein bei sich zu führen.

Diese Erlaubnifs darf nur unter den Bedingungen und nach Maafsgabe des §. 57. versagt werden.

§. 44. Kaufleute, Fabrikanten und andere Personen, welche ein stehendes Gewerbe betreiben, sind befugt, aufserhalb des Ortes ihrer gewerblichen Niederlassung persönlich oder durch in ihren Diensten stehende Reisende Waaren aufzukaufen und Bestellungen auf Waaren zu suchen.

Sie bedürfen dazu eines Legitimationsscheins, welcher von der unteren Verwaltungsbehörde ausgestellt wird und für das Kalenderjahr gilt. Dieses Legitimationsscheins bedarf es nicht, wenn die betreffenden Gewerbetreibenden durch die nach den Zollvereinsverträgen erforderliche Gewerbe-Legitimationskarte bereits für das Gesammtgebiet des Zollvereins legitimirt sind.

Der Inhaber eines solchen Legitimationsscheins darf aufgekaufte Waaren nur Behufs deren Beförderung nach dem Bestimmungsorte und von den Waaren, auf welche er Bestellungen sucht, nur Proben oder Muster mit sich führen.

§. 45. Die Befugnisse zum stehenden Gewerbebetriebe können durch Stellvertreter ausgeübt werden; diese müssen jedoch den für das in Rede stehende Gewerbe insbesondere vorgeschriebenen Erfordernissen genügen.

§. 46. Nach dem Tode eines Gewerbetreibenden darf das Gewerbe für Rechnung der Wittwe während des Wittwenstandes, oder, wenn minderjährige Erben vorhanden sind, für deren Rechnung durch einen nach §. 45. qualifizirten Stellvertreter betrieben werden, insofern die über den Betrieb einzelner Gewerbe bestehenden besonderen Vorschriften nicht ein Anderes anordnen. Dasselbe gilt während der Dauer einer Kuratel oder Nachlafsregulirung.

§. 47. Inwiefern für die nach den §§. 34. und 36. konzessionirten oder angestellten Personen eine Stellvertretung zulässig ist, hat in jedem einzelnen Falle die Behörde zu bestimmen, welcher die Konzessionirung oder Anstellung zusteht.

Dasselbe gilt in Beziehung auf diejenigen Schornsteinfeger, denen ein Kehrbezirk zugewiesen ist (§. 39).

§. 48. Real-Gewerbeberechtigungen können auf jede, nach den Vorschriften dieses Gesetzes zum Betriebe des Gewerbes befähigte Person in der Art übertragen werden, daſs der Erwerber die Gewerbeberechtigung für eigene Rechnung ausüben darf.

§. 49. Bei Ertheilung der Genehmigung zu einer Anlage der in den §§. 16. und 24. bezeichneten Arten, ingleichen zur Anlegung von Privat-Kranken-, Privat-Entbindungs- und Privat-Irrenanstalten, zu Schauspiel-Unternehmungen, sowie zum Betriebe der im §. 33. gedachten Gewerbe, kann von der genehmigenden Behörde den Umständen nach eine Frist festgesetzt werden, binnen welcher die Anlage oder das Unternehmen bei Vermeidung des Erlöschens der Genehmigung begonnen und ausgeführt, und der Gewerbebetrieb angefangen werden muſs. Ist eine solche Frist nicht bestimmt, so erlischt die ertheilte Genehmigung, wenn der Inhaber nach Empfang derselben ein ganzes Jahr verstreichen läſst, ohne davon Gebrauch zu machen.

Eine Verlängerung der Frist kann von der Behörde bewilligt werden, sobald erhebliche Gründe nicht entgegenstehen.

Hat der Inhaber einer solchen Genehmigung seinen Gewerbebetrieb während eines Zeitraums von drei Jahren eingestellt, ohne eine Fristung nachgesucht und erhalten zu haben, so erlischt dieselbe.

Für die im §. 16. aufgeführten Anlagen darf die nachgesuchte Fristung so lange nicht versagt werden, als wegen einer durch Erbfall oder Konkurserklärung entstandenen Ungewiſsheit über das Eigenthum an einer Anlage oder, in Folge höherer Gewalt, der Betrieb entweder gar nicht oder nur mit erheblichem Nachtheile für den Inhaber oder Eigenthümer der Anlage stattfinden kann.

Das Verfahren für die Fristung ist dasselbe, wie für die Genehmigung neuer Anlagen.

§. 50. Auf die Inhaber der bereits vor dem Erscheinen des gegenwärtigen Gesetzes ertheilten Genehmigungen finden die im §. 49. bestimmten Fristen ebenfalls Anwendung, jedoch mit der Maafsgabe, dafs diese Fristen von dem Tage der Verkündung des Gesetzes an zu laufen anfangen.

§. 51. Wegen überwiegender Nachtheile und Gefahren für das Gemeinwohl kann die fernere Benutzung einer jeden gewerblichen Anlage durch die höhere Verwaltungsbehörde zu jeder Zeit untersagt werden. Doch mufs dem Besitzer alsdann für den erweislichen Schaden Ersatz geleistet werden.

Gegen die untersagende Verfügung ist der Rekurs zulässig; wegen der Entschädigung steht der Rechtsweg offen.

§. 52. Die Bestimmung des §. 51. findet auch auf die zur Zeit der Verkündung des gegenwärtigen Gesetzes bereits vorhandenen gewerblichen Anlagen Anwendung; doch entspringt aus der Untersagung der ferneren Benutzung kein Anspruch auf Entschädigung, wenn bei der früher ertheilten Genehmigung ausdrücklich vorbehalten worden ist, dieselbe ohne Entschädigung zu widerrufen.

§. 53. Die in dem §. 29. bezeichneten Approbationen können von der Verwaltungsbehörde nur dann zurückgenommen werden, wenn die Unrichtigkeit der Nachweise dargethan wird, auf deren Grund solche ertheilt worden sind.

Aufser aus diesem Grunde können die in den §§. 30. 32. 33. 34. und 36. bezeichneten Genehmigungen und Bestallungen in gleicher Weise zurückgenommen werden, wenn aus Handlungen oder Unterlassungen des Inhabers der Mangel derjenigen Eigenschaften, welche bei der Ertheilung der Genehmigung oder Bestallung nach der Vorschrift dieses Gesetzes vorausgesetzt werden mufsten, klar erhellt. Inwiefern durch die Handlungen oder Unterlassungen eine Strafe verwirkt ist, bleibt der richterlichen Entscheidung vorbehalten.

§. 54. Wegen des Verfahrens und der Behörden, welche in Bezug auf die untersagte Benutzung einer gewerblichen Anlage (§. 51), auf die Untersagung eines Gewerbebetriebs (§. 15. Absatz 2. und §. 35), und die Zurücknahme einer Approbation, Genehmigung oder Bestallung (§. 53.) maafsgebend sind, gelten die Vorschriften der §§. 20. und 21.

Titel III.

Gewerbebetrieb im Umherziehen.

§. 55. Wer aufserhalb seines Wohnorts, ohne Begründung einer gewerblichen Niederlassung und ohne vorgängige Bestellung, in eigener Person:

1) Waaren irgend einer Art feilbieten,
2) Waaren irgend einer Art bei anderen Personen, als bei Kaufleuten oder an anderen Orten, als in offenen Verkaufsstellen zum Wiederverkauf ankaufen,
3) Waarenbestellungen aufsuchen, oder
4) gewerbliche oder künstlerische Leistungen oder Schaustellungen, bei welchen ein höheres wissenschaftliches oder Kunst-Interesse nicht obwaltet, feilbieten will,

bedarf, vorbehaltlich der in den §§. 44. und 64. getroffenen Bestimmungen, eines Legitimationsscheins.

Ein Legitimationsschein ist nicht erforderlich zum Verkauf oder Ankauf roher Erzeugnisse der Land- und Forstwirthschaft, des Garten- und Obstbaues.

§. 56. Ausgeschlossen vom An- und Verkauf im Umherziehen sind:

1) geistige Getränke aller Art;
2) gebrauchte Kleider und Betten, Garnabfälle, Enden und Dräumen von Seide, Wolle, Leinen oder Baumwolle, Bruchgold uud Bruchsilber;
3) Spielkarten, Lotterieloose, Staats- und sonstige Werthpapiere;
4) Schiefspulver, Feuerwerkskörper und andere explosive Stoffe;
5) Arzneimittel, Gifte und giftige Stoffe.

Der Bundesrath ist befugt, soweit ein Bedüfnifs obwaltet, anzuordnen, dafs die Erlaubnifs zum Verkauf oder Ankauf der einzelnen ausgeschlossenen Gegenstände ertheilt werde.

Der Bundesrath, und in dringenden Fällen der Bundeskanzler nach Einvernehmen mit dem Ausschufs des Bundesrathes für Handel und Verkehr, ist befugt, aus Gründen der öffentlichen Sicherheit oder der Gesundheitspflege anzuordnen, daſs auch andere Gegenstände innerhalb einer zu bestimmenden Frist nicht im Umherziehen feilgeboten oder angekauft werden dürfen.

§. 57. Einem Bundesangehörigen, welcher innerhalb des Norddeutschen Bundesgebietes einen festen Wohnsitz besitzt und das 21ste Lebensjahr überschritten hat, darf der Legitimationsschein vorbehaltlich der Bestimmung des §. 59. nur dann versagt werden, wenn er:

1) mit einer abschreckenden oder ansteckenden Krankheit behaftet ist;
2) oder wegen strafbarer Handlungen aus Gewinnsucht, gegen das Eigenthum, gegen die Sittlichkeit, wegen vorsätzlicher Angriffe auf das Leben und die Gesundheit der Menschen, wegen vorsätzlicher Brandstiftung, wegen Zuwiderhandlungen gegen Verbote oder Sicherheitsmaaſsregeln, betreffend Einführung oder Verbreitung ansteckender Krankheiten oder Viehseuchen zu Gefängniſs von mindestens sechs Wochen, oder zwar zu einer geringeren Strafe verurtheilt, aber in der Ausübung der bürgerlichen Ehrenrechte beschränkt worden ist, innerhalb zweier Jahre nach erfolgter Verurtheilung, und im Falle der Gefängniſsstrafe nach verbüſstem Gefängniſs;
3) oder unter Polizeiaufsicht steht;
4) oder wegen gewohnheitsmäſsiger Arbeitsscheu, Bettelei, Landstreicherei, Trunksucht übel berüchtigt ist.

Die Behörde muſs innerhalb vierzehn Tagen dem Nachsuchenden entweder den Legitimationsschein ertheilen oder unter Angabe des gesetzlichen Hinderungsgrundes schriftlich versagen. Gegen die Versagung steht der Rekurs zu. Wegen des Verfahrens und der Behörden gelten die Vorschriften der §§. 20. und 21.

Ausländern kann der Gewerbebetrieb im Umherziehen gestattet werden. Der Bundesrath ist befugt, die deshalb nöthigen Bestimmungen zu treffen.

§. 58. Die Ertheilung des Legitimationsscheins erfolgt:

1) für den Aufkauf und Verkauf selbstgewonnener Erzeugnisse der Jagd und des Fischfanges;
2) für den Verkauf selbsverfertigter Waaren, welche zu den Gegenständen des Wochenmarktverkehrs gehö-

ren, und für das nach Landesgebrauch hergebrachte Anbieten gewerblicher Leistungen innerhalb der von der Polizeibehörde näher zu bestimmenden Umgegend des Wohnortes

durch die Unterbehörde, welche für den Ort, wo der Gewerbetreibende seinen Wohnsitz hat, zuständig ist,

für alle anderen Arten des Gewerbebetriebes im Umherziehen durch die höhere Verwaltungsbehörde.

In den Fällen, für welche die Gesetze die Ausstellung eines Gewerbescheines nothwendig machen, kann dieser auch zugleich den Legitimationsschein ersetzen.

§. 59. Wer auf den Strafsen oder sonst im Umherziehen oder an einem Orte vorübergehend und ohne Begründung eines stehenden Gewerbes öffentlich Musik aufführen, Schaustellungen, theatralische Vorstellungen oder sonstige Lustbarkeiten öffentlich darbieten will, ohne dafs ein höheres Interesse der Kunst oder Wissenschaft dabei obwaltet, bedarf, aufser den übrigen Erfordernissen, der vorhergehenden Erlaubnifs durch die Behörde des Ortes, an welchem die Leistung beabsichtigt wird.

Die Ertheilung von Legitimationsscheinen für diese Gewerbe wird versagt, sobald der. den Verhältnissen des Verwaltungsbezirkes der höheren Verwaltungsbehörde entsprechenden Anzahl von Personen Legitimationsscheine ertheilt sind.

Umherziehenden Schauspieler-Gesellschaften wird der Legitimationsschein nur dann ertheilt, wenn der Unternehmer die im §. 32. vorgeschriebene Erlaubnifs besitzt.

§. 60. Der Legitimationsschein enthält das Signalement des Inhabers und die nähere Bezeichnung des von demselben beabsichtigten Gewerbebetriebes. Er ist nur für das Kalenderjahr gültig. Seine Erneuerung darf nicht versagt werden, so lange die im §. 57. bezeichneten Erfordernisse vorhanden sind.

Der Legitimationsschein für den Betrieb der im §. 59. bezeichneten Gewerbe gewährt die Befugnifs zum Gewerbebetriebe in einem anderen, als dem Bezirke derjenigen höheren Verwaltungsbehörde, welche ihn ausgestellt hat, nur dann, wenn er auf den anderen Bezirk von der höheren Verwaltungsbehörde des letzteren ausgedehnt ist. Diese Ausdehnung wird versagt, sobald für die, den Verhältnissen des Bezirkes entsprechende Anzahl von Personen Legitimationsscheine bereits ausgestellt oder ausgedehnt sind.

§. 61. Der Inhaber des Legitimationsscheins ist verpflichtet, diesen während der thatsächlichen Ausübung des Gewerbebetriebes bei sich zu führen, auf Erfordern der zuständigen Behörde vorzuzeigen und sofern er hierzu nicht im Stande ist, auf Geheifs der Behörde den Betrieb bis zur Abhülfe des Mangels einzustellen.

§. 62. Der Gewerbebetrieb im Umherziehen darf nicht durch Stellvertreter ausgeübt werden. Ausgenommen hiervon sind der Verkauf der im §. 58. bezeichneten Gegenstände, sofern er innerhalb der von der Polizeibehörde näher zu bestimmenden Umgegend des Wohnortes erfolgt, und der ebendaselbst unter 2. bezeichnete Gewerbebetrieb.

Die Mitführung von Begleitern, sei es zur Beförderung der Waaren, zur Wartung des Gespannes oder zu anderen Zwecken, bedarf der im Legitimationsscheine auszudrückenden Genehmiguug derjenigen Behörde, welche den Schein ertheilt hat, oder in deren Bezirk sich der Nachsucher befindet. Diese Genehmigung darf nur unter den Voraussetzungen und Formen versagt werden, welche §. 57. für die Versagung des Legitimationsscheins gegenüber dem Unternehmer vorschreibt. Für Kinder unter vierzehn Jahren wird diese Genehmigung nicht ertheilt.

§. 63. Der Gesetzgebung jedes Bundesstaates bleibt vorbehalten, für das Gebiet des letzteren den Verkauf oder Aufkauf im Umherziehen von näher zu bezeichnenden Gegenständen des gemeinen Verbrauches von den beschränkenden Vorschriften dieses Titels auszunehmen.

Titel IV.

Marktverkehr.

§. 64. Der Besuch der Messen, Jahr- und Wochenmärkte, sowie der Kauf und Verkauf auf denselben steht einem Jeden mit gleichen Befugnissen frei.

Wo jedoch nach der bisherigen Ortsgewohnheit gewisse Handwerkerwaaren, welche nicht zu den im §. 66. bezeichneten Gegenständen gehören, nur von Bewohnern des Marktortes auf dem Wochenmarkte verkauft werden durften, kann die höhere Verwaltungsbehörde, auf Antrag der Gemeindebehörde, den einheimischen Verkäufern die Fortsetzung des herkömmlichen Wochenmarktverkehrs mit jenen Handwerkerwaaren gestatten, ohne auswärtige Verkäufer derselben Waaren auf dem Wochenmarkte zuzulassen.

Beschränkungen des Marktverkehrs der Ausländer als Erwiderung der im Auslande gegen Bundesangehörige angeordneten Beschränkungen bleiben dem Bundesrathe vorbehalten.

§. 65. Die Zahl, Zeit und Dauer der Messen, Jahr- und Wochenmärkte wird von der zuständigen Verwaltungsbehörde festgesetzt.

Dem Marktberechtigten steht gegen eine solche Anordnung kein Widerspruch zu; ein Entschädigungsanspruch gebührt demselben nur dann, wenn durch die Anordnung die Zahl der bis dahin abgehaltenen Märkte vermindert wird, und eine gröſsere Zahl ausdrücklich und unwiderruflich verliehen war. Gemeinden, welche einen Entschädigungsanspruch geltend machen wollen, müssen auſserdem nachweisen, daſs ihr Recht auf einen speziellen lästigen Titel sich gründet.

§. 66. Gegenstände des Wochenmarktverkehrs sind:

1) rohe Naturerzeugnisse mit Ausschluſs des gröſseren Viehs;
2) Fabrikate, deren Erzeugung mit der Land- und Forstwirthschaft, dem Garten- und Obstbau oder der Fischerei in unmittelbarer Verbindung steht, oder zu den Nebenbeschäftigungen der Landleute der Gegend gehört, oder durch Tagelöhnerarbeit bewirkt wird, mit Ausschluſs der geistigen Getränke;
3) frische Lebensmittel aller Art.

Die zuständige Verwaltungsbehörde ist auf Antrag der Gemeindebehörde befugt, zu bestimmen, welche Gegenstände auſserdem nach Ortsgewohnheit und Bedürfniſs in ihrem Bezirk überhaupt, oder an gewissen Orten zu den Wochenmarkts-Artikeln gehören.

§. 67. Auf Jahrmärkten dürfen auſser den im §. 66. benannten Gegenständen Verzehrungsgegenstände und Fabrikate aller Art feilgehalten werden.

Zum Verkauf von geistigen Getränken zum Genufs auf der Stelle bedarf es jedoch der Genehmigung der Ortspolizei-Behörde.

§. 68. Der Marktverkehr darf in keinem Falle mit anderen als solchen Abgaben belastet werden, welche eine Vergütung für den überlassenen Raum und den Gebrauch von Buden und Geräthschaften bilden. In den Bestimmungen darüber, ob und in welchem Umfange Abgaben dieser Art erhoben werden dürfen, wird durch gegenwärtiges Gesetz nichts geändert. Ein Unterschied zwischen Einheimischen und Fremden bezüglich der Zahlung der Abgaben darf nicht stattfinden.

§. 69. In den Grenzen der Bestimmungen der §§. 65. bis 68. kann die Ortspolizei-Behörde, im Einverständnifs mit der Gemeindebehörde, die Marktordnung nach dem örtlichen Bedürfnifs festsetzen, namentlich auch für das Feilbieten von gleichartigen Gegenständen den Platz, und für das Feilbieten im Umhertragen, mit oder ohne Ausruf, die Tageszeit und die Gattung der Waaren bestimmen.

§. 70. In Betreff der Märkte, welche bei besonderen Gelegenheiten oder für bestimmte Gattungen von Gegenständen gehalten werden, bewendet es bei den bestehenden Anordnungen.

Erweiterungen dieses Marktverkehrs können von der zuständigen Behörde mit Zustimmung der Gemeindebehörde angeordnet werden.

§. 71. Beschränkungen des Verkehrs mit den zu Messen und Märkten gebrachten, aber unverkauft gebliebenen Gegenständen werden hierdurch aufgehoben. Der Einzelverkauf solcher Gegenstände aufser der Marktzeit ist jedoch nur unter denselben Bedingungen zulässig, unter welchen derselbe statthaft sein würde, wenn die Gegenstände nicht auf den Markt gebracht wären.

Titel V.

Taxen.

§. 72. Polizeiliche Taxen sollen, soweit nicht ein Anderes nachstehend angeordnet worden, künftig nicht vorgeschrieben werden; da, wo sie gegenwärtig bestehen, sind sie in einer von der Ortspolizei-Behörde zu bestimmenden, höchstens einjährigen Frist aufzuheben.

§. 73. Die Bäcker und die Verkäufer von Backwaaren können durch die Ortspolizei-Behörde angehalten werden, die Preise und das Gewicht ihrer verschiedenen Backwaaren für gewisse von derselben zu bestimmende Zeiträume durch einen von Aufsen sichtbaren Anschlag am Verkaufslokale zur Kenntnifs des Publikums zu bringen.

Dieser Anschlag ist kostenfrei mit dem polizeilichen Stempel zu versehen und täglich während der Verkaufszeit auszuhängen.

§. 74. Wo der Verkauf von Backwaaren nur nach den von den Bäckern und Verkäufern an ihren Verkaufslokalen angeschlagenen Preisen erlaubt ist, kann die Ortspolizei-Behörde die Bäcker und Verkäufer zugleich anhalten, im Verkaufslokale eine Waage mit den erforderlichen geeichten Gewichten aufzustellen und die Benutzung derselben zum Nachwiegen der verkauften Backwaaren zu gestatten.

§. 75. Die Gastwirthe können durch die Ortspolizei-Behörde angehalten werden, das Verzeichnifs der von ihnen gestellten Preise einzureichen und in den Gastzimmern anzuschlagen. Diese Preise dürfen zwar jederzeit abgeändert werden, bleiben aber so lange in Kraft, bis die Abänderung der Polizeibehörde angezeigt, und das abgeänderte Verzeichnifs in den Gastzimmern angeschlagen ist. Auf Beschwerden Reisender wegen Ueberschreitung der verzeichneten Preise steht der Ortspolizei-Behörde eine vorläufige Entscheidung vorbehaltlich des Rechtsweges zu.

§. 76. Die Ortspolizei-Behörde ist in Uebereinstimmung mit der Gemeindebehörde befugt, für Lohnbediente und andere Personen, welche auf öffentlichen Strafsen und Plätzen oder in Wirthshäusern ihre Dienste anbieten (§. 37), sowie für die Benutzung von Wagen, Pferden, Sänften, Gondeln und anderen Transportmitteln, welche öffentlich zum Gebrauch aufgestellt sind, Taxen festzusetzen.

§. 77. Ebenso können für Schornsteinfeger, wenn ihnen Bezirke ausschliefslich zugewiesen sind, von der Ortspolizei-Behörde, im Einverständnifs mit der Gemeindebehörde, oder, wenn der zugewiesene Bezirk mehr als eine Ortschaft umfafst, von der unteren Verwaltungsbehörde Taxen aufgestellt werden.

§. 78. Hinsichtlich der Taxen für solche gewerbtreibende Personen, welche nach den Bestimmungen im §. 36. von den Behörden zu beeidigen und anzustellen sind, wird durch das gegenwärtige Gesetz nichts geändert. Die nach §. 36. zuständigen Behörden sind befugt für diese Personen auch da Taxen einzuführen, wo dergleichen bisher nicht bestanden.

§. 79. Die in den §§. 73. bis 78. genannten Gewerbetreibenden sind berechtigt, die festgestellten Preise und Taxen zu ermäfsigen.

§. 80. Die Taxen für die Apotheker können durch die Centralbehördon festgesetzt werden, Ermäfsigungen derselben durch freie Vereinbarungen sind jedoch zulässig.

Die Bezahlung der approbirten Aerzte u. s. w. (§. 29. Absatz 1) bleibt der Vereinbarung überlassen. Als Norm für streitige Fälle im Maugel einer Vereinbarung können jedoch für dieselben Taxen von den Centralbehörden festgesetzt werden.

Titel VI.

Innungen von Gewerbetreibenden.

I. Bestehende Innungen.

§. 81. Alle zur Zeit gesetzlich bestehenden Korporationen von Gewerbetreibenden (Innungen, Zünfte) dauern fort. Ihre Statuten (Innungsartikel, Zunftartikel) bleiben in Kraft, soweit sie nicht durch die Vorschriften dieses Gesetzes oder nach Maafsgabe der Bestimmung im §. 92. abgeändert werden.

§. 82. Jedes Mitglied einer Innung kann jederzeit, vorbehaltlich der Erfüllung seiner Verpflichtungen, ausscheiden und darf das Gewerbe nach dem Austritt fortsetzen. Der Ausgeschiedene verliert alle Ansprüche an das Zunftvermögen und die durch dasselbe ganz oder theilweise fundirten Nebenkassen, soweit die Statuten nicht ein Anderes bestimmen.

§. 83. Von dem Eintritt in eine Innung können diejenigen ausgeschlossen werden:

1) welche die bürgerliche Ehre verloren haben,
2) welchen die Ausübung der bürgerlichen Ehrenrechte auf Zeit untersagt ist,
3) welche sich im Konkurs befinden.

§. 84. Vorbehaltlich der vorstehenden Bestimmung (§. 83) darf der Eintritt in eine Innung Keinem versagt werden, welcher die in dem Statute vorgeschriebenen Bedingungen erfüllt hat.

Bedarf es zu diesem Zwecke der Ablegung einer Prüfung, so ist dieselbe auf den Nachweis der Befähigung zur selbstständigen Ausführung der gewöhnlichen Arbeiten des Gewerbes zu richten. Die deshalb zu lösenden Aufgaben, sowie der zur Bestreitung der Prüfungskosten von dem zu Prüfenden zu zahlende Betrag, werden von der Innung bestimmt. Bevorzugungen sind dabei nicht statthaft.

Die Prüfungszeugnisse der für einzelne Gewerbe angeordneten besonderen Prüfungsbehörden und der bisher zur Abnahme von Prüfungen befugt gewesenen Kommissionen sind ein genügender Nachweis der Befähigung zum Betriebe der Gewerbe, über welche sie ausgestellt sind.

Die Ablegung einer Prüfung kann von denjenigen nicht gefordert werden, welche das betreffende Gewerbe mindestens seit Einem Jahre selbstständig ausüben.

§. 85. Die bei der Aufnahme in eine Innung zu entrichtenden Antrittsgelder müssen für alle Genossen der Innungen gleich sein. Wo sie mehr als fünf Thaler betragen, bedarf es zu ihrer Erhöhung der Genehmigung der höheren Verwaltungsbehörde. Diese Genehmigung ist auch dann erforderlich, wenn Antrittsgelder, welche den Betrag von fünf Thalern nicht übersteigen, über diesen Betrag erhöht werden sollen.

Der Beitritt zu einer Innung schliefst die Befugnifs nicht aus, an anderen Innungen Theil zu nehmen.

§. 86. Durch Beschlufs der Innung kann von Ausübung des Stimmrechts, sowie der Ehrenrechte innerhalb der Innung, derjenige ausgeschlossen werden, welcher in einem der in §. 83. unter 1. 2. 3. bezeichneten Verhältnisse sich befindet.

§. 87. Wird nach dem Tode eines Innungsgenossen

dessen Gewerbe durch einen Stellvertreter für Rechnung der Wittwe oder minderjährigen Erben fortgesetzt, so gehen die Befugnisse und Obliegenheiten des Verstorbenen, mit Ausnahme des Stimmrechts in der Innungsversammlung, auf die Wittwe für die Dauer des Wittwenstandes, beziehungsweise auf die minderjährigen Erben für die Dauer der Minderjährigkeit, über.

§. 88. Die Innung wird bei gerichtlichen wie bei aufsergerichtlichen Verhandlungen durch ihren Vorstand vertreten.

Die Legitimation desselben wird durch eine amtliche Bescheinigung der Gemeindebehörde über seine Eigenschaft als solcher geführt.

Die Befugnifs zur Vertretung erstreckt sich auch auf diejenigen Geschäfte und Rechtshandlungen, für welche nach den Gesetzen eine Spezialvollmacht erforderlich ist.

Soweit in dem Statut (Innungsartikeln, Zunftartikeln) einem Mitgliede oder mehreren Mitgliedern des Vorstandes die Vertretung der Innung nach Aufsen übertragen ist, behält es hierbei sein Bewenden.

§. 89. Verträge der Innung über die Erwerbung, Veräufserung oder Verpfändung unbeweglicher Sachen und über Darlehen, für welche das unbewegliche Vermögen der Innung oder die Nutzungen desselben auf länger als Ein Jahr haften sollen, bedürfen zur ihrer Rechtsgültigkeit der Genehmigung der Gemeindebehörde. Dieselbe darf jedoch nicht versagt werden, wenn nachgewiesen wird, dafs die Erfüllung aller bestehenden Verpflichtungen der Innung, sowie der für den Fall der Auflösung durch §. 94. getroffenen Vorschriften gesichert bleibt.

§. 90. Zahlungen aus den Einnahmen oder dem Vermögen der Innung an Genossen derselben dürfen nur insoweit geleistet werden, als sie auf ausdrücklichen Vorschriften des Statuts beruhen. Für Zehrung dürfen solche Zahlungen niemals geleistet werden.

§. 91. Die exekutivische Beitreibung der Innungsbeiträge und der von Innungsgenossen wegen Verletzung statuarischer Vorschriften verwirkten Geldstrafen im Verwaltungswege findet ferner nicht statt.

§. 92. Abänderungen des Statuts können in einer Versammlung der Innung, zu welcher sämmtliche stimmberechtigte Genossen unter ausdrücklicher Bezeichnung des Gegenstandes der Berathung schriftlich eingeladen sind, durch absolute Mehrheit der Anwesenden beschlossen werden. Der Beschlufs bedarf der Genehmigung der höheren Verwaltungsbehörde, wenn er Zahlungen aus den Einnahmen oder dem Vermögen der Innung an Genossen derselben oder andere Verfügungen über das Innungsvermögen zum Gegenstande hat. Diese Genehmigung darf jedoch nicht versagt werden, wenn nachgewiesen wird, dafs die Erfüllung aller bestehenden Verpflichtungen der Innung, sowie der für den Fall der Auflösung durch §. 94. getroffenen Vorschriften gesichert bleibt.

§. 93. Ihre Auflösung kann die Innung in einer Versammlung, zu welcher sämmtliche stimmberechtigte Genossen unter ausdrücklicher Bezeichnung des Gegestandes der Berathung schriftlich eingeladen sind, durch absolute Mehrheit der Anwesenden beschliefsen. Der Beschlufs bedarf der Genehmigung der höheren Verwaltungsbehörde. Diese Genehmigung wird ertheilt, wenn die Berichtigung der Schulden und die Erfüllung der Vorschriften des §. 94. sichergestellt ist.

§. 94. Löst eine Innung sich auf, so mufs ihr Vermögen zuvörderst zur Berichtigung ihrer Schulden und zur Erfüllung ihrer sonstigen Verpflichtungen verwendet werden. War dasselbe bisher ganz oder theilweise zur Fundirung von Unterrichtsanstalten oder zu anderen öffentlichen Zwecken bestimmt, so darf dasselbe dieser Bestimmung nicht entzogen werden. Wird dafür nicht in anderer genügender Weise Sorge getragen, so fällt das betreffende Vermögen der Gemeinde gegen Uebernahme der darauf lastenden Verpflichtungen zu.

Eine Vertheilung des hiernach bleibenden Reinvermögens unter die zeitigen Mitglieder kann die Innung bei ihrer Auflösung nur soweit beschliefsen, als dasselbe aus Beiträgen dieser Mitglieder entstanden ist.

Der Rest des Vermögens wird, sofern in dem Statute oder in den Landesgesetzen nicht ein Anderes ausdrücklich bestimmt ist, der Gemeinde, in welcher die aufgelöste Innung ihren Sitz hatte, zur Benutzung für gewerbliche Zwecke überwiesen.

Entstehen aus den vorstehenden Bestimmungen Differenzen zwischen der Ortsgemeinde und der Innung, so steht die Entscheidung darüber der höheren Verwaltungsbehörde zu.

Letzterer steht auch die Befugniſs zu, den bisher mit der Innung verbunden gewesenen Unterrichtsanstalten, Hülfskassen oder anderen Instituten zu öffentlichen Zwecken nach der Auflösung der Innung Korporationsrechte zu ertheilen.

Die vorstehenden Vorschriften kommen auch im Falle des Erlöschens einer Innung durch Aussterben ihrer Mitglieder zur Anwendung.

§. 95. Die Gemeindebehörde übt die Aufsicht über die Innungen aus. Sie entscheidet Streitigkeiten über die Aufnahme und Ausschlieſsung von Genossen, über die Wahl der Vorstände und über die Rechte und Pflichten der letzteren. Gegen ihre Entscheidung steht der Rekurs an die höhere Verwaltungsbehörde offen, welcher binnen einer präklusivischen Frist von vier Wochen bei der Gemeindebehörde anzubringen ist.

Innungsversammlungen, in welchen über Abänderungen des Statuts oder über die Auflösung der Innung Beschluſs gefaſst werden soll, wohnt die Gemeindebehörde durch eines ihrer Mitglieder oder einen Beauftragten bei. An anderen Berathungen der Innung nimmt sie nicht Theil. Die Bestätigung der Wahl der Vorstände steht ihr fortan nicht zu.

§. 96. Alle Bestimmungen der Gesetze oder der Statuten (Innungsartikel, Zunftartikel), durch welche der Gemeindebehörde in Angelegenheiten der Innungen gröſsere Befugnisse beigelegt sind, als durch gegenwärtiges Gesetz, treten auſser Kraft.

II. Neue Innungen.

§. 97. Diejenigen, welche gleiche oder verwandte Gewerbe selbstständig betreiben, können zu einer Innung zusammentreten.

Neue Innungen erlangen durch die Bestätigung ihrer Statuten die Rechte einer Korporation.

§. 98. Der Zweck der neu zu gründenden Innungen besteht in der Förderung der gemeinsamen gewerblichen Interessen.

§. 99. Die Genehmigung der Innungsstatuten steht den höheren Verwaltungsbehörden zu.

§. 100. In dem Statute sind die Bedingungen der Aufnahme in die Innung, die Rechte und Pflichten der Mitglieder, der Maafsstab, nach welchem laufende Beiträge der Innungsgenossen auszuschreiben sind, und die besonderen Folgen, welche an die unterlassene Zahlung derselben sich knüpfen, die Art der Zusammensetzung des Vorstandes, imgleichen die Einrichtungen für die Verwaltung der gemeinschaftlichen Angelegenheiten festzusetzen.

§. 101. Jede Innung mufs einen Vorstand haben, dessen Mitglieder von den Innungsgenossen zu wählen sind.

§. 102. Die Höhe und die Verwendung der Beiträge, sowie die Verwaltung des Etats-, Kassen- und Rechnungswesens, wird durch Beschlüsse der Innung geordnet.

§. 103. Die Bestimmungen in den §§. 82—96. finden auch auf neue Innungen Anwendung.

§. 104. Korporationen von Kaufleuten, welchen ausschliefsliche Gewerbsbefugnisse nicht zugestanden haben, unterliegen nicht den Vorschriften dieses Titels.

Titel VII.

Gewerbegehülfen, Gesellen, Lehrlinge, Fabrikarbeiter.

I. Verhältnisse der Gesellen, Gehülfen und Lehrlinge.

1. Im Allgemeinen.

§. 105. Die Festsetzung der Verhältnisse zwischen den selbstständigen Gewerbetreibenden und ihren Gesellen, Gehülfen und Lehrlingen ist Gegenstand freier Uebereinkunft.

Zum Arbeiten an Sonn- und Festtagen ist, vorbehaltlich der anderweitigen Vereinbarung in Dringlichkeitsfällen, Niemand verpflichtet.

§. 106. Die nach den Landesgesetzen zuständige Behörde hat darauf zu achten, dafs bei Beschäftigung der Lehrlinge gebührende Rücksicht auf Gesundheit und Sittlichkeit genommen und denjenigen Lehrlingen, welche des Schul- und Religions-Unterrichts noch bedürfen, Zeit dazu gelassen werde.

Durch Ortsstatut (§. 142) können Gesellen, Gehülfen

und Lehrlinge, sofern sie das achtzehnte Lebensjahr nicht überschritten haben, oder einzelne Klassen derselben, zum Besuche einer Fortbildungsschule des Ortes, Arbeits- und Lehrherren aber zur Gewährung der, für diesen Besuch erforderlichen Zeit verpflichtet werden.

§. 107. Jeder Gewerbe-Unternehmer ist verbunden, auf seine Kosten alle diejenigen Einrichtungen herzustellen und zu unterhalten, welche mit Rücksicht auf die besondere Beschaffenheit des Gewerbebetriebes und der Betriebsstätte zu thunlichster Sicherung der Arbeiter gegen Gefahr für Leben und Gesundheit nothwendig sind.

§. 108. Streitigkeiten der selbstständigen Gewerbetreibenden mit ihren Gesellen, Gehülfen oder Lehrlingen, die sich auf den Antritt, die Fortsetzung oder Aufhebung des Arbeits- oder Lehrverhältnisses, auf die gegenseitigen Leistungen während der Dauer desselben oder auf die Ertheilung oder den Inhalt der in den §§. 113. und 124. erwähnten Zeugnisse beziehen, sind, soweit für diese Angelegenheiten besondere Behörden bestehen, bei diesen zur Entscheidung zu bringen.

Insoweit solche besondere Behörden nicht bestehen, erfolgt die Entscheidung durch die Gemeindebehörde.

Gegen die Entscheidung der Gemeindebehörde steht den Betheiligten eine Berufung auf den Rechtsweg binnen zehn Tagen präklusivischer Frist offen; die vorläufige Vollstreckung wird aber hierdurch nicht aufgehalten.

Durch Ortsstatut (§. 142) können an Stelle der gegenwärtig hierfür bestimmten Behörden Schiedsgerichte mit der Entscheidung betraut werden. Dieselben sind durch die Gemeindebehörde unter gleichmäfsiger Zuziehung von Arbeitgebern und Arbeitnehmern zu bilden.

2. Insbesondere: a. der Gesellen und Gehülfen.

§. 109. Die Gesellen und Gehülfen sind verpflichtet, den Anordnungen der Arbeitgeber in Beziehung auf die ihnen übertragenen Arbeiten und auf die häuslichen Einrichtungen Folge zu leisten; zu häuslichen Arbeiten sind sie nicht verbunden.

§. 110. Das Verhältnifs zwischen dem Arbeitgeber und den Gesellen oder Gehülfen kann, wenn nicht ein Anderes verabredet ist, durch eine, jedem Theile freistehende, vierzehn Tage vorher erklärte Aufkündigung aufgelöst werden.

§. 111. Vor Ablauf der vertragsmäfsigen Arbeitszeit und ohne vorhergegangene Aufkündigung können Gesellen und Gehülfen entlassen werden:

1) wenn sie eines Diebstahls, einer Veruntreuung oder eines liederlichen Lebenswandels sich schuldig machen;
2) wenn sie den in Gemäfsheit des Arbeitsvertrages ihnen obliegenden Vespflichtungen nachzukommen beharrlich verweigern;
3) wenn sie, der Verwarnung ungeachtet, mit Feuer und Licht unvorsichtig umgehen;
4) wenn sie sich Thätlichkeiten oder grobe Ehrverletzungen gegen den Arbeitgeber oder die Mitglieder seiner Familie zu Schulden kommen lassen;
5) wenn sie mit den Mitgliedern der Familie des Arbeitgebers verdächtigen Umgang pflegen, oder Mitarbeiter zu Handlungen verleiten, welche wider die Gesetze oder wider die guten Sitten verstofsen;
6) wenn sie zur Fortsetzung der Arbeit unfähig geworden, oder mit einer abschreckenden Krankheit behaftet sind.

Inwiefern in den zu 6. gedachten Fällen dem Entlassenen ein Anspruch auf Entschädigung zustehe, ist nach dem Inhalt des Vertrages und nach den allgemeinen gesetzlichen Vorschriften zu beurtheilen.

§. 112. Die Gesellen und Gehülfen können die Arbeit vor Ablauf der vertragsmäfsigen Zeit und ohne vorhergegangene Aufkündigung verlassen:

1) wenn sie zur Fortsetzung der Arbeit unfähig werden;
2) wenn der Arbeitgeber sich Thätlichkeiten oder grobe Ehrverletzungen gegen sie oder Mitglieder ihrer Familie zu Schulden kommen läfst;
3) wenn er oder dessen Angehörige, sie oder ihre Angehörigen zu Handlungen verleiten, welche wider die Gesetze oder wider die guten Sitten laufen;
4) wenn er ihnen nicht den schuldigen Lohn in der bedungenen Weise auszahlt, bei Stücklohn nicht für ihre ausreichende Beschäftigung sorgt, oder wenn er sich widerrechtlicher Uebervortheilungen gegen sie schuldig macht;

5) wenn bei Fortsetzung der Arbeit ihr Leben oder ihre Gesundheit einer erweislichen Gefahr ausgesetzt sein würde, welche bei Eingehung des Arbeitsvertrages nicht zu erkennen war.

§. 113. Beim Abgange können die Gesellen und Gehülfen ein Zeugnifs über die Art und Dauer ihrer Beschäftigung fordern, welches auf Antrag der Betheiligten und, wenn gegen den Inhalt sich nichts zu erinnern findet, von der Gemeindebehörde kosten- und stempelfrei zu beglaubigen ist. Dieses Zeugnifs ist auf Verlangen der Gesellen und Gehülfen auch auf ihre Führung auszudehnen.

Die gesetzliche Verpflichtung zur Führung von Arbeitsbüchern ist aufgehoben.

§. 114. Gesellen und Gehülfen sind in der Wahl ihrer Meister oder Arbeitgeber unbeschränkt.

Eine Verpflichtung zum Wandern findet nicht statt. Auf Unterstützung von Seiten der Gewerbegenossen haben wandernde Gesellen und Gehülfen keinen Anspruch.

b. der Lehrlinge.

§. 115. Als Lehrling ist jeder zu betrachten, welcher bei einem Lehrherrn zur Erlernung eines Gewerbes in Arbeit tritt, ohne Unterschied, ob die Erlernung gegen Lehrgeld oder unentgeltliche Hülfsleistung stattfindet, oder ob für die Arbeit Lohn gezahlt wird.

Auf Lehrlinge über 18 Jahre finden die Bestimmungen der §§. 106. 116. 117. und 119. keine Anwendung.

§. 116. Von der Befugnifs, Lehrlinge zu halten, sind ausgeschlossen diejenigen, welchen wegen anderer, als politischer Verbrechen oder Vergehen der Vollgenufs der staatsbürgerlichen Rechte entzogen ist, für die Zeit der Entziehung, sofern sie nicht in diese Rechte wieder eingesetzt oder welche wegen Diebstahls oder Betruges rechtskräftig verurtheilt worden sind.

§. 117. Ein Gewerbetreibender, welcher von der Befugnifs, Lehrlinge zu halten, ausgeschlossen ist, darf auch die bereits angenommenen Lehrlinge nicht ferner beibehalten.

Die Entlassung unbefugt angenommener oder beibehaltener Lehrlinge kann im Wege der polizeilichen Exekution erzwungen werden.

§. 118. Der Lehrherr mufs sich angelegen sein lassen, den Lehrling durch Beschäftigung und Anweisung zum tüchtigen Gesellen auszubilden. Er darf dem Lehrlinge die hierzu erforderliche Zeit und Gelegenheit durch Verwendung zu anderen Dienstleistungen nicht entziehen. Der Lehrherr mufs bemüht sein, den Lehrling zur Arbeitsamkeit und zu guten Sitten anzuhalten und vor Lastern und Ausschweifungen zu bewahren.

§. 119. Der Lehrling ist der väterlichen Zucht des Lehrherrn unterworfen und in Abwesenheit des Lehrherrn auch dem denselben vertretenden Gesellen oder Gehülfen zur Folgsamkeit verpflichtet.

§. 120. Das Lehrverhältnifs kann in den Fällen, welche im §. 111. bezeichnet sind, von dem Lehrherrn vor Ablauf der Lehrzeit aufgehoben werden. Sind für einen solchen Fall keine besonderen Verabredungen getroffen, so ist das Lehrgeld stets für die bereits abgelaufene Zeit zu entrichten. Daneben gebührt, wenn der Lehrling in den Fällen des §. 111. Nr. 1. bis 5. zu seiner Entlassung Veranlassung gegeben hat, dem Lehrherrn als Entschädigung das weiterlaufende Lehrgeld bis zu einem halbjährigen Betrage.

§. 121. Wider den Willen des Lehrherrn kann das Verhältnifs vor Ablauf der Lehrzeit aufgehoben werden, wenn der Lehrherr die ihm nach §. 118. obliegenden Verpflichtungen gröblich vernachläfsigt oder das Recht der väterlichen Zucht mifsbraucht.

Fällt die Entscheidung hierüber gegen den Lehrherrn aus (§. 108), so kann derselbe zur Erstattung der durch die anderweitige Unterbringung des Lehrlings entstehenden Mehrkosten im Rechtswege angehalten werden.

Letzteres gilt auch von dem Falle, wenn dem Lehrherrn die Befugnifs, Lehrlinge zu halten, entzogen wird (§. 117).

§. 122. Wider den Willen des Lehrherrn kann das Verhältnifs vor Ablauf der Lehrzeit aufgehoben werden, wenn der Lehrling zu einem anderen Gewerbe oder zu einem anderen Berufe übergeht. Dem Lehrherrn ist in diesem Falle, wenn nicht ein Anderes verabredet worden, das weiterlaufende Lehrgeld noch bis zu einem halbjährigen Betrage zu zahlen.

§. 123. Durch den Tod des Lehrherrn oder Lehrlings wird der Lehrvertrag aufgehoben.

Auf den Antrag des einen oder des anderen Theiles ist der Lehrvertrag auch dann aufzuheben, wenn der Lehrherr oder der Lehrling zur Erfüllung der eingegangenen Verpflichtungen unfähig wird.

In beiden Fällen erfolgt, wenn nichts Anderes verabredet ist, die Auseinandersetzung hinsichtlich des Lehrgeldes nach Verhältnifs des bereits abgelaufenen Theiles der Lehrzeit zur ganzen Dauer derselben.

§. 124. Bei Auflösung des Lehrverhältnisses kann der Lehrling über die Dauer der Lehrzeit und die während derselben erworbenen Kenntnisse und Fertigkeiten, sowie über sein Betragen vom Lehrherrn ein Zeugnifs fordern, welches auf Antrag der Betheiligten und, wenn gegen den Inhalt sich nichts zu erinnern findet, von der Gemeindebehörde kosten- und stempelfrei zu beglaubigen ist.

§. 125. Für die Aufnahme und Entlassung der Lehrlinge dürfen keine Gebühren erhoben werden.

§. 126. Die Bestimmungen der §§. 105. bis 115. und 118. bis 125. finden, jedoch soviel die Lehrlinge betrifft, mit Ausnahme des §. 106. Absatz 2, auf die Gehülfen und Lehrlinge der Apotheker und Kaufleute, ingleichen auf die Werkmeister in Fabriken, keine Anwendung. Die Verhältnisse derselben zu ihren Lehrherren und Arbeitgebern sind fernerhin nach den bisherigen Vorschriften zu beurtheilen.

II. Verhältnisse der Fabrikarbeiter.

§. 127. Die Bestimmungen der §§. 105. bis 114. finden auch auf Fabrikarbeiter Anwendung.

§. 128. Kinder unter zwölf Jahren dürfen in Fabriken zu einer regelmäfsigen Beschäftigung nicht angenommen werden.

Vor vollendetem vierzehnten Lebensjahre dürfen Kinder in Fabriken nur dann beschäftigt werden, wenn sie täglich einen mindestens dreistündigen Schulunterricht in einer von der höheren Verwaltungsbehörde genehmigten Schule erhalten. Ihre Beschäftigung darf sechs Stunden täglich nicht übersteigen.

Junge Leute, welche das vierzehnte Lebensjahr zurückgelegt haben, dürfen vor vollendetem sechszehnten

Lebensjahre in Fabriken nicht über zehn Stunden täglich beschäftigt werden. Auch für diese jugendlichen Arbeiter kann durch die Centralbehörde die zulässige Arbeitsdauer bis auf sechs Stunden täglich für den Fall eingeschränkt werden, daſs dieselben nach den besonderen in einzelnen Theilen des Bundesgebietes bestehenden Schuleinrichtungen noch im schulpflichtigen Alter sich befinden.

Die Ortspolizei-Behörde ist befugt, eine Verlängerung dieser Arbeitszeiten um höchstens eine Stunde und auf höchstens vier Wochen dann zu gestatten, wenn Naturereignisse oder Unglücksfälle den regelmäſsigen Geschäftsbetrieb in der Fabrik unterbrochen und ein vermehrtes Arbeitsbedürfniſs herbeigeführt haben.

§. 129. Zwischen den Arbeitsstunden muſs den jugendlichen Arbeitern (§. 128) Vor- und Nachmittags eine Pause von einer halben Stunde und Mittags eine ganze Freistunde, und zwar jedesmal auch Bewegung in der freien Luft gewährt werden.

Die Arbeitsstunden dürfen nicht vor $5^1/_2$ Uhr Morgens beginnen und nicht über $8^1/_2$ Uhr Abends dauern.

An Sonn- und Feiertagen, sowie während der von dem ordentlichen Seelsorger für den Katechumenen- und Konfirmanden-Unterricht bestimmten Stunden dürfen jugendliche Arbeiter nicht beschäftigt werden.

§. 130. Wer jugendliche Arbeiter in einer Fabrik zu einer regelmäſsigen Beschäftigung annehmen will, hat davon der Ortspolizei-Behörde zuvor Anzeige zu machen.

Der Arbeitgeber hat über die von ihm beschäftigten jugendlichen Arbeiter eine Liste zu führen, welche deren Namen, Alter, Wohnort, Eltern, Eintritt in die Fabrik und Entlassung aus derselben enthält, in dem Arbeitslokal auszuhängen und den Polizei- und Schulbehörden auf Verlangen in Abschrift vorzulegen ist. Die Anzahl dieser Arbeiter hat er halbjährlich der Ortspolizei-Behörde anzuzeigen.

§. 131. Die Annahme jugendlicher Arbeiter zu einer regelmäſsigen Beschäftigung darf nicht erfolgen, bevor der Vater oder Vormund derselben dem Arbeitgeber ein Arbeitsbuch eingehändigt hat.

Dieses Arbeitsbuch, welchem die §§. 128—133. des gegenwärtigen Gesetzes vorzudrucken sind, wird auf den

Antrag des Vaters oder Vormundes des jugendlichen Arbeiters von der Ortspolizei-Behörde ertheilt und enthält:

1) Namen, Tag und Jahr der Geburt, Religion des Arbeiters,
2) Namen, Stand und Wohnort des Vaters oder Vormundes,
3) ein Zeugniſs über den bisherigen Schulbesuch,
4) eine Rubrik für die bestehenden Schulverhältnisse,
5) eine Rubrik für die Bezeichnung des Eintrittes in die Anstalt,
6) eine Rubrik für den Austritt aus derselben,
7) eine Rubrik für die Revisionen.

Der Arbeitgeber hat dieses Arbeitsbuch zu verwahren, der Behörde auf Verlangen jederzeit vorzulegen und bei Beendigung des Arbeitsverhältnisses dem Vater oder Vormunde des Arbeiters wieder auszuhändigen.

§. 132. Wo die Aufsicht über die Ausführung der vorstehenden Bestimmungen (§§. 128—133) eigenen Beamten übertragen ist, stehen denselben bei Ausübung dieser Aufsicht alle amtlichen Befugnisse der Ortspolizei-Behörden, insbesondere das Recht zur jederzeitigen Revision der Fabriken zu.

Die auf Grund der Bestimmungen der §§. 128—133. auszuführenden amtlichen Revisionen der gewerblichen Anstalten sind die Besitzer derselben verpflichtet, zu jeder Zeit, namentlich auch in der Nacht, während die Anstalten im Betriebe sind, zu gestatten.

§. 133. Sollte durch die Ausführung der Bestimmungen der §§. 128. und 129. bereits bestehenden gewerblichen Anstalten die nöthige Arbeitskraft entzogen werden, so ist die Centralbehörde befugt, auf bestimmte Zeit, jedoch höchstens ein Jahr, Ausnahmevorschriften zu erlassen.

In Betreff der beim Inkrafttreten dieses Gesetzes bereits beschäftigten jugendlichen Arbeiter ist die im §. 130. vorgeschriebene Anzeige bei der Ortspolizei-Behörde binnen vier Wochen zu bewirken.

§. 134. Fabrikinhaber, sowie alle diejenigen, welche mit Ganz- oder Halbfabrikaten Handel treiben, sind verpflichtet, die Löhne der Arbeiter, welche mit Anfertigung der Fabrikate für sie beschäftigt sind, in baarem Gelde auszuzahlen.

Sie dürfen denselben keine Waaren kreditiren.

Dagegen können den Arbeitern Wohnung, Feuerungsbedarf, Landnutzung, regelmäſsige Beköstigung, Arzneien und ärztliche Hülfe, sowie Werkzeuge und Stoffe zu den von ihnen anzufertigenden Fabrikaten unter Anrechnung bei der Lohnzahlung verabreicht werden.

§. 135. Die Bestimmungen des §. 134. finden auch Anwendung auf Familienglieder, Gehülfen, Beauftragte, Geschäftsführer, Aufseher und Faktoren der dort bezeichneten Arbeitgeber, sowie auf Gewerbetreibende, bei deren Geschäft eine der hier erwähnten Personen unmittelbar oder mittelbar betheiligt ist.

§. 136. Unter Arbeitern (§. 134) werden hier auch diejenigen verstanden, welche auſserhalb der Fabrikstätten für Fabrikinhaber oder für die ihnen gleichgestellten Personen die zu deren Gewerbebetriebe nöthigen Ganz- oder Halbfabrikate anfertigen, oder solche an sie absetzen, ohne aus dem Verkaufe dieser Waaren an Konsumenten ein Gewerbe zu machen.

§. 137. Arbeiter, deren Forderungen den Vorschriften der §§. 134. bis 136. zuwider anders als durch Baarzahlung berichtigt sind, können zu jeder Zeit die Bezahlung ihrer Forderungen in baarem Gelde verlangen, ohne daſs ihnen eine Einrede aus dem an Zahlungsstatt Gegebenen entgegengesetzt werden kann. Letzteres fällt, soweit es noch bei dem Empfänger vorhanden oder dieser daraus bereichert ist, der im §. 139. Absatz 2. gedachten Kasse zu.

§. 138. Verträge, welche den §§. 134. bis 136. zuwiderlaufen, sind nichtig.

Dasselbe gilt von Verabredungen zwischen Fabrikinhabern oder ihnen gleichgestellten Personen einerseits und Arbeitern andererseits über die Entnehmung der Bedürfnisse dieser letzteren aus gewissen Verkaufsstellen, sowie überhaupt über die Verwendung des Verdienstes derselben zu einem anderen Zweck, als zur Betheiligung an Einrichtungen zur Verbesserung der Lage der Arbeiter oder ihrer Familien (§. 134).

§. 139. Forderungen für Waaren, welche ungeachtet

des Verbots den Arbeitern kreditirt worden sind, können Fabrikinhabern und von den ihnen gleichgestellten Personen weder eingeklagt, noch durch Anrechnung oder sonst geltend gemacht werden, ohne Unterschied, ob sie zwischen den Betheiligten unmittelbar entstanden oder mittelbar erworben sind.

Dagegen fallen dergleichen Forderungen der Kranken-, Sterbe-, Spar- oder ähnlichen Hülfskasse zu, welche in der Wohnortsgemeinde des betheiligten Arbeiters für diejenige Klasse von Arbeitern besteht, zu welcher er gehört. Sind mehrere solcher Kassen vorhanden, so fällt die Forderung allen zu gleichen Theilen zu, in Ermangelung derartiger Anstalten aber der Ortsarmenkasse.

Titel VIII.

Gewerbliche Hülfskassen.

§. 140. Die durch Ortsstatut oder Anordnung der Verwaltungsbehörde begründete Verpflichtung der selbstständigen Gewerbetreibenden, einer mit einer Innung verbundenen oder aufserhalb derselben bestehenden Kranken-, Hülfs- oder Sterbekasse für selbstständige Gewerbetreibende beizutreten, wird aufgehoben. Im Uebrigen wird in den Verhältnissen dieser Kassen durch gegenwärtiges Gesetz nichts geändert.

Neue Kassen der selbstständigen Gewerbetreibenden für die erwähnten Zwecke erhalten durch die Genehmigung der höheren Verwaltungsbehörde die Rechte juristischer Personen, soweit es zur Erlangung dieser Rechte einer besonderen staatlichen Genehmigung bedarf.

§. 141 [1]). Bis zum Erlafs eines Bundesgesetzes bleiben die Anordnungen der Landesgesetze über die Kranken-, Hülfs- und Sterbekassen für Gesellen, Gehülfen und Fabrikarbeiter in Kraft.

Die durch Ortsstatut oder Anordnung der Verwaltungsbehörde begründete Verpflichtung der Gesellen, Gehülfen, Lehrlinge und Fabrikarbeiter, einer bestimmten Kranken-, Hülfs- oder Sterbekasse beizutreten, wird in-

---

1) Aufgehoben durch das unter Nr. XXIV folgende Reichsgesetz vom 8. April 1876.

defs für diejenigen aufgehoben welche nachweisen, dafs sie einer anderen Kranken-, Hülfs- oder Sterbekasse angehören.

Titel IX.

Ortsstatuten.

§. 142. Ortsstatuten können die ihnen durch das Gesetz überwiesenen gewerblichen Gegenstände mit verbindlicher Kraft ordnen. Dieselben werden, nach Anhörung betheiligter Gewerbetreibender, auf Grund eines Gemeindebeschlusses abgefafst. Sie bedürfen der Genehmigung der höheren Verwaltungsbehörde.

Die Centralbehörde ist befugt, Ortsstatuten, welche mit den Gesetzen in Widerspruch stehen, aufser Kraft zu setzen.

Titel X.

Strafbestimmungen.

§. 143. Die Berechtigung zum Gewerbebetriebe kann, abgesehen von Konzessions-Entziehungen und den in diesem Gesetze gestatteten Untersagungen des Gewerbebetriebes (§. 15. Absatz 2. und §. 35.), weder durch richterliche noch administrative Entscheidung entzogen werden.

Ausnahmen von diesem Grundsatze, welche durch die Steuergesetze begründet sind, bleiben so lange aufrecht erhalten, als diese Steuergesetze in Kraft bleiben.

Ebenso bewendet es bei den Vorschriften der Landesgesetze, welche die Entziehung der Befugnifs zum selbstständigen Betriebe eines Gewerbes durch richterliches Erkenntnifs als Strafe im Falle einer durch die Presse begangenen Zuwiderhandlung vorschreiben oder zulassen.

Die Bestimmungen der Landesgesetze, nach welchen die Befugnifs zur Herausgabe von Druckschriften und zum Vertriebe derselben innerhalb des Norddeutschen Bundesgebietes im Verwaltungswege entzogen werden darf, werden hierdurch aufgehoben.

§. 144. Inwiefern, abgesehen von den Vorschriften über die Entziehung des Gewerbebetriebes (§. 143), Zuwiderhandlungen der Gewerbetreibenden gegen ihre Berufspflichten aufser den in diesem Gesetze erwähnten Fällen einer Strafe unterliegen, ist nach den darüber bestehenden Gesetzen zu beurtheilen.

Jedoch werden aufgehoben die für Medizinalpersonen bestehenden besonderen Bestimmungen, welche ihnen unter Androhung von Strafen einen Zwang zu ärztlicher Hülfe auferlegen.

§. 145* [1]. Für das Mindestmaafs der Strafen, das Verhältnifs von Geldstrafe zu Freiheitsstrafe, sowie für die Verjährung des im §. 153. verzeichneten Vergehens, sind die Bestimmungen des Strafgesetzbuchs für das Deutsche Reich mafsgebend.

Die übrigen in diesem Titel mit Strafe bedrohten Handlungen verjähren binnen drei Monaten, von dem Tage an gerechnet, an welchem sie begangen sind.

§. 146*. Zuwiderhandlungen gegen die §§. 134 bis 136 werden mit einer Geldstrafe bis zu fünfhundert Thalern gestraft. Kann die Geldstrafe nicht beigetrieben werden, so ist der Höchstbetrag der an Stelle derselben tretenden Freiheitsstrafe Gefängnifs von sechs Monaten. Im Wiederholungsfalle wird die Strafe verdoppelt.

Die Geldstrafen fliefsen derjenigen Kasse zu, welcher die im §. 139 erwähnten Forderungen nach den dort ertheilten Vorschriften zufallen.

Jede rechtskräftige Verurtheilung wird auf Kosten des Verurtheilten durch das amtliche Organ der höheren Verwaltungsbehörde des Bezirks und andere öffentliche Blätter derjenigen Kreise, in welchen derselbe und der betheiligte Arbeiter ihren Wohnsitz haben, bekannt gemacht.

§. 147*. Mit Geldstrafe bis zu Einhundert Thalern und im Unvermögensfalle mit Haft wird bestraft:

1) wer den selbstständigen Betrieb eines stehenden Gewerbes, zu dessen Beginne eine besondere polizeiliche Genehmigung (Konzession, Approbation, Bestallung) erforderlich ist, ohne die vorschriftsmäfsige Genehmigung unternimmt oder fortsetzt, oder von den in der Genehmigung festgesetzten Bedingungen abweicht;

---

1) Die §§. 145 bis 150 in der ihnen durch Gesetz vom 12. Juni 1872 (R.-Ges.-Bl. S. 170 f.) gegebenen Fassung.

2) wer eine gewerbliche Anlage, zu der mit Rücksicht auf die Lage oder Beschaffenheit der Betriebsstätte oder des Lokals eine besondere Genehmigung erforderlich ist (§§. 16 und 24), ohne diese Genehmigung errichtet, oder die wesentlichen Bedingungen, unter welchen die Genehmigung ertheilt worden, nicht innehält, oder ohne neue Genehmigung eine wesentliche Veränderung der Betriebsstätte oder eine Verlegung des Lokals oder eine wesentliche Veränderung in dem Betriebe der Anlage vornimmt;
3) wer, ohne hierzu approbirt zu sein, sich als Arzt (Wundarzt, Augenarzt, Geburtshelfer, Zahnarzt, Thierarzt) bezeichnet oder sich einen ähnlichen Titel beilegt, durch den der Glauben erweckt wird, der Inhaber desselben sei eine geprüfte Medizinalperson.

Enthält die Handlung zugleich eine Zuwiderhandlung gegen die Steuergesetze, so soll nicht aufserdem noch auf eine Steuerstrafe erkannt werden, es ist aber darauf bei Zumessung der Strafe Rücksicht zu nehmen.

In dem Falle zu 2. kann die Polizeibehörde die Wegschaffung der Anlage oder die Herstellung des den Bedingungen entsprechenden Zustandes derselben anordnen.

§. 148*. Mit Geldstrafe bis zu fünfzig Thalern und im Falle des Unvermögens mit Haft bis zu vier Wochen wird bestraft:

1) wer aufser den in §. 147. vorgesehenen Fällen ein stehendes Gewerbe beginnt, ohne dasselbe vorschriftsmäfsig anzuzeigen;
2) wer die im §. 14. erforderte An- oder Abmeldung einer übernommenen Feuerversicherungs-Agentur unterläfst;
3) wer die im §. 14. erforderten Anzeigen über das Betriebslokal unterläfst;
4) wer der nach §. 35. gegen ihn ergangenen Untersagung eines Gewerbebetriebes zuwiderhandelt, oder die in §. 35. vorgeschriebene Anzeige unterläfst;
5) wer dem §. 43. zuwiderhandelt;
6) wer bei dem Aufsuchen von Waarenbestellungen den Vorschriften im §. 44. zuwiderhandelt;
7) wer ein Gewerbe im Umherziehen ohne Legitimationsschein betreibt;

8) wer bei dem Betriebe seines Gewerbes die von der Obrigkeit vorgeschriebenen oder genehmigten Taxen überschreitet;
9) wer als Lehrherr seine Pflichten gegen die ihm anvertrauten Lehrlinge gröblich vernachlässigt;
10) wer der Aufforderung der Behörde ungeachtet den Bestimmungen des §. 107. entgegenhandelt.

In allen diesen Fällen bleibt die Strafe ausgeschlossen, wenn die strafbare Handlung zugleich eine Zuwiderhandlung gegen die Steuergesetze enthält.

§. 149*. Mit Geldstrafe bis zu zehn Thalern und im Falle des Unvermögens mit Haft bis zu acht Tagen wird bestraft:
1) wer gewerbliche Verrichtungen, zu welchen er nach Vorschrift des §. 44. einer Legitimation bedarf, vornimmt, ohne dieselbe zu besitzen, beziehungsweise mit sich zu führen;
2) wer bei dem Gewerbebetrieb im Umherziehen den ihm ertheilten Legitimationsschein nicht mit sich führt, oder einem Anderen überläſst;
3) wer ein Gewerbe im Umherziehen, für welches ihm ein auf einen bestimmten Bezirk lautender Legitimationsschein (§. 60) ertheilt ist, unbefugt in einem anderen Bezirk betreibt;
4) wer den Vorschriften im §. 61. zuwiderhandelt;
5) wer bei dem Gewerbebetrieb im Umherziehen unbefugt Begleiter mitführt und wer einem Gewerbetreibenden im Umherziehen unbefugt als Begleiter dient;
6) wer den polizeilichen Anordnungen wegen des Marktverkehrs zuwiderhandelt;
7) wer es unterläſst, die in den §§. 130. und 133. vorgeschriebenen Anzeigen zu machen oder Listen zu führen.

§. 150*. Wer den Vorschrifen in den §§. 128, 129 und 131 zuwider jugendliche Arbeiter annimmt oder beschäftigt, wird mit einer Geldstrafe bis zu fünf Thalern und im Falle des Unvermögens mit Haft bis zu drei Tagen für jeden vorschriftswidrig angenommenen oder beschäftigten Arbeiter bestraft.

War er innerhalb der letzten fünf Jahre bereits drei verschiedene Male auf Grund der vorstehenden Bestimmung bestraft, so kann auf den Verlust der Befugnifs zur Beschäftigung jugendlicher Arbeiter für eine bestimmte Zeit oder für immer gegen ihn erkannt werden.

Es mufs auf diesen Verlust, und zwar für mindestens drei Monate erkannt werden, wenn er innerhalb der letzten fünf Jahre bereits sechs verschiedene Male bestraft war.

Bei Zuwiderhandlungen gegen solche Erkenntnisse (Absatz 2 und 3) kann die im ersten Absatz dieses Paragraphen bestimmte Strafe bis zum vierfachen Betrage erhöht werden.

§. 151. Sind polizeiliche Vorschriften von dem Stellvertreter eines Gewerbetreibenden bei Ausübung des Gewerbes übertreten worden, so trifft die Strafe den Stellvertreter, ist die Uebertretung mit Vorwissen des verfügungsfähigen Vertretenen begangen worden, so verfallen beide der gesetzlichen Strafe.

Ist an eine solche Uebertretung der Verlust der Konzession, Approbation oder Bestallung geknüpft, so findet derselbe auch als Folge der von dem Stellvertreter begangenen Uebertretung statt, wenn diese mit Vorwissen des verfügungsfähigen Vertretenen begangen worden. Ist dies nicht der Fall, so ist der Vertretene bei Verlust der Konzession, Approbation u. s. w. verpflichtet, den Stellvertreter zu entlassen.

§. 152. Alle Verbote und Strafbestimmungen gegen Gewerbetreibende, gewerbliche Gehülfen, Gesellen oder Fabrikarbeiter wegen Verabredungen und Vereinigungen zum Behufe der Erlangung günstiger Lohn- und Arbeitsbedingungen, insbesondere mittelst Einstellung der Arbeit oder Entlassung der Arbeiter, werden aufgehoben.

Jedem Theilnehmer steht der Rücktritt von solchen Vereinigungen und Verabredungen frei, und es findet aus letzteren weder Klage nach Einrede statt.

§. 153. Wer Andere durch Anwendung körperlichen Zwanges, durch Drohungen, durch Ehrverletzung oder durch Verrufserklärung bestimmt oder zu bestimmen versucht, an solchen Verabredungen (§. 152) Theil zu nehmen, oder ihnen Folge zu leisten, oder Andere durch gleiche Mittel hindert oder zu hindern versucht, von solchen Verabredungen zurückzutreten, wird mit Gefängnifs bis zu drei Monaten bestraft, sofern nach dem allgemeinen Strafgesetz nicht eine härtere Strafe eintritt.

Schlufsbestimmungen.

§. 154. Die Bestimmungen der §§. 128. bis 139. finden auch auf die Besitzer, beziehungsweise Arbeiter von Bergwerken, Aufbereitungsanstalten und unterirdisch betriebenen Brüchen oder Gruben Anwendung.

Diejenigen Bestimmungen, welche die bezeichneten Arbeiter wegen groben Ungehorsams, beharrlicher Widersetzlichkeit oder wegen Verlassens der Arbeit mit Strafe bedrohen, werden aufgehoben.

§. 155. Wo in diesem Gesetze auf die Landesgesetze verwiesen ist, sind unter den letzteren auch die verfassungs- oder gesetzmäfsig erlassenen Verordnungen verstanden.

Welche Behörden in jedem Bundesstaate unter der Bezeichnung: höhere Verwaltungsbehörde, Gemeindebehörde, Ortsbehörde, Unterbehörde, Polizeibehörde, Ortspolizeibehörde zu verstehen sind, wird von der Centralbehörde des Bundesstaates bekannt gemacht.

§. 156. Die Titel I. II. IV bis X dieses Gesetzes treten drei Monate nach dessen Verkündung, der Titel III. tritt am 1. Januar 1870. in Kraft.

Das Gesetz, betreffend den Betrieb der stehenden Gewerbe, vom 8. Juli 1868. (Bundesgesetzbl. S. 406.) tritt drei Monate nach Verkündung dieses Gesetzes aufser Anwendung.

Urkundlich unter Unserer Höchsteigenhändigen Unterschrift und beigedrucktem Bundes-Insiegel.

Gegeben Berlin, den 21. Juni 1869.

(L. S.) **Wilhelm.**

Gr. v. Bismarck-Schönhausen.

XXIV. Deutsches Reichsgesetz,

betreffend die Abänderung des Titels VIII der Gewerbeordnung.

Vom 8. April 1876 [1]).

Wir Wilhelm, von Gottes Gnaden Deutscher Kaiser, König von Preufsen etc. verordnen im Namen des Deutschen Reichs, nach erfolgter Zustimmung des Bundesraths und des Reichstags, was folgt:

Art. 1. An die Stelle des §. 141 der Gewerbeordnung treten nachfolgende Bestimmungen:

§. 141. Durch Ortsstatut (§. 142) kann die Bildung von Hülfskassen nach Mafsgabe des Gesetzes über die eingeschriebenen Hülfskassen vom 7. April 1876 zur Unterstützung von Gesellen, Gehülfen und Fabrikarbeitern angeordnet werden.

In diesem Falle ist die Gemeindebehörde ermächtigt, nach Mafsgabe des genannten Gesetzes die Einrichtung der Kassen nach Anhörung der Betheiligten zu regeln und die Verwaltung der Kassen sicher zu stellen.

§. 141 a. Durch Ortsstatut kann Gesellen, Gehülfen und Farikarbeitern, welche das sechszehnte Lebensjahr zurückgelegt haben, die Betheiligung an einer auf Anordnung der Gemeindebehörde gebildeten Kasse zur Pflicht gemacht werden.

Von der Pflicht, einer solchen Hülfskasse beizutreten oder fernerhin anzugehören, werden diejenigen befreit, welche die Betheiligung an einer anderen eingeschriebenen Hülfskasse nachweisen.

---

1) R.-Ges.-Bl. 1876, S. 134 f.

Wer der Pflicht zur Betheiligung nicht genügt, kann von der Kasse für alle Zahlungen, welche bei rechtzeitigem Eintritt von ihm zu entrichten gewesen wären, gleich einem Mitgliede in Anspruch genommen werden.

§. 141 b. Für Gesellen, Gehülfen und Fabrikarbeiter, welche nach Maſsgabe der Landesgesetze auf Grund einer Anordnung der Gemeindeverwaltung regelmäſsige Beiträge zum Zwecke der Krankenunterstützung entrichten, kann durch Ortsstatut die Verpflichtung zur Betheiligung an einer eingeschriebenen Hülfskasse nicht begründet werden.

§. 141 c. Durch Ortsstatut kann bestimmt werden:

1. daſs Arbeitgeber diejenigen Beiträge, welche ihre Arbeiter an eine auf Anordnung der Gemeindebehörde gebildete Hülfskasse zu entrichten haben, bis auf die Hälfte des verdienten Lohnes vorschieſsen, soweit diese Beiträge während der Dauer der Arbeit bei ihnen fällig werden,
2. daſs Fabrikinhaber zu den vorgedachten Beiträgen ihrer Arbeiter Zuschüsse bis auf Höhe der Hälfte dieser Beiträge leisten,
3. daſs Arbeitgeber ihre zum Eintritt in eine bestimmte Hülfskasse verpflichteten Arbeiter für diese Kasse anmelden. Wer dieser Pflicht nicht genügt, kann von der Kasse für alle Zahlungen, welche bei rechtzeitigem Eintritt von den Arbeitern zu entrichten gewesen wären, gleich einem Mitgliede in Anspruch genommen werden.

§. 141 d. Die in §. 141 a. Absatz 3 und §. 141 c. Nr. 3 bezeichneten Forderungen einer Kasse verjähren in einem Jahre; die Verjährung beginnt mit Schluſs des Kalenderjahres, in welchem die Forderung entstanden ist.

§. 141 e. Gleich der Gemeinde kann auch ein gröſserer Kommunalverband nach Maſsgabe der vorstehenden Bestimmungen durch seine verfassungsmäſsigen Organe für seinen Bezirk oder für Theile desselben die Bildung eingeschriebener Hülfskassen anordnen und Gesellen, Gehülfen, sowie Fabrikarbeiter zur Betheiligung an diesen Kassen verpflichten.

§. 141 f. Den Bestimmungen der §§. 141 bis 141 e. unterliegen auch diejenigen bei Bergwerken, Aufbereitungsanstalten und Brüchen oder Gruben beschäftigten Arbeiter und Arbeitgeber, für welche eine sonstige gesetzliche Verpflichtung zur Bildung von Hülfskassen und zur Betheiligung an denselben nicht besteht. Arbeitgeber der hier bezeichneten Art werden den Fabrikinhabern (§. 141c. Nr. 2) gleichgeachtet.

Auf Arbeiter und Arbeitgeber, welche bei den auf Grund berggesetzlicher Vorschriften gebildeten Hülfskassen betheiligt sind, finden die Bestimmungen der §§. 141 bis 141 e. keine Anwendung.

Art. 2. Hülfskassen, in Ansehung derer eine Eintrittspflicht gewerblicher Arbeiter bei Erlafs dieses Gesetzes begründet ist, werden bis auf weitere Bestimmung der Zentralbehörde den eingeschriebenen Hülfskassen im Sinne des Artikels 1 gleichgeachtet. Bis dahin bleibt die Pflicht zum Beitritt, sowie zur Zahlung von Beiträgen und Zuschüssen für Arbeiter und Arbeitgeber bestehen. Wenn Arbeiter oder Arbeitgeber ihrer Pflicht nicht genügen, so treten die in §§. 141 a. und 141 c. bestimmten Rechtsfolgen ein.

Hülfskassen, in Ansehung derer eine Eintrittspflicht gewerblicher Arbeiter nicht begründet ist, werden, wenn sie bei Erlafs dieses Gesetzes auf Grund landesbehördlicher Genehmigung im Besitz der Rechte einer juristischen Person sich befinden, in Bezug auf die Befreiung ihrer Mitglieder von der durch §. 141 a. begründeten Verpflichtung den eingeschriebenen Hülfskassen gleichgeachtet.

Hat eine der in diesem Artikel bezeichneten Hülfskassen bis zum Ablauf des Jahres 1884 ihre Zulassung als eingeschriebene Hülfskasse nicht bewirkt, so geht sie der gedachten Rechte verlustig.

Urkundlich unter Unserer Höchsteigenhändigen Unterschrift und beigedrucktem Kaiserlichen Insiegel.

Gegeben Berlin, den 8. April 1876.

(L. S.) **Wilhelm.**

Fürst v. Bismarck.

XXV. Deutsches Reichsgesetz

über die eingeschriebenen Hülfskassen.

Vom 7. April 1876 [1]).

Wir Wilhelm, von Gottes Gnaden Deutscher Kaiser, König von Preufsen etc. verordnen im Namen des Deutschen Reichs, nach erfolgter Zustimmung des Bundesraths und des Reichstags, was folgt:

§. 1. Kassen, welche die gegenseitige Unterstützung ihrer Mitglieder für den Fall der Krankheit bezwecken, erhalten die Rechte einer eingeschriebenen Hülfskasse unter den nachstehend angegebenen Bedingungen.

§. 2. Die Kasse hat einen Namen anzunehmen, welcher von dem aller anderen, an demselben Orte oder in derselben Gemeinde befindlichen Hülfskassen verschieden ist und die zusätzliche Bezeichnung: „eingeschriebene Hülfskasse" enthält.

§. 3. Das Statut der Kasse mufs Bestimmung treffen:

1. über Namen, Sitz und Zweck der Kasse;
2. über den Beitritt und Austritt der Mitglieder;
3. über die Höhe der Beiträge, welche von den Mitgliedern zu entrichten sind, und, falls die Arbeitgeber zu Zuschüssen gesetzlich verpflichtet sind, über deren Höhe;
4. über die Voraussetzungen, die Art and den Umfang der Unterstützungen;
5. über die Bildung des Vorstandes, die Vertretung der zu Zuschüssen gesetzlich verpflichteten Arbeitgeber in demselben, sowie über die Legitimation seiner Mitglieder und den Umfang seiner Befugnisse;

1) R.-Ges.-Bl. 1876, S. 125 ff.

6. über die Zusammensetzung und Berufung der Generalversammlung, über die Art ihrer Beschlufsfassung und über die Stimmberechtigung der zu Zuschüssen gesetzlich verpflichteten Arbeitgeber;
7. über die Abänderung des Statuts;
8. über die Verwendung des Kassenvermögens im Falle der Auflösung oder Schliefsung der Kasse;
9. über die Aufstellung und Prüfung der Jahresrechnung.

Das Statut darf keine Bestimmung enthalten, welche mit dem Zwecke der Kasse nicht in Verbindung steht oder den Vorschriften dieses Gesetzes zuwiderläuft.

§. 4. Das Statut ist in zwei Exemplaren dem Vorstande der Gemeinde, in deren Bezirk die Kasse ihren Sitz nimmt, von den mit der Geschäftsleitung vorläufig betrauten Personen oder von dem Vorstande der Kasse in Person einzureichen. Der Gemeindevorstand hat das Statut der höheren Verwaltungsbehörde ungesäumt zu übersenden; diese entscheidet über die Zulassung der Kasse. Der Bescheid ist innerhalb sechs Wochen zu ertheilen.

Die Zulassung darf nur versagt werden, wenn das Statut den Anforderungen dieses Gesetzes nicht genügt. Wird die Zulassung versagt, so sind die Gründe mitzutheilen. Gegen die Versagung steht der Rekurs zu; wegen des Verfahrens und der Behörden gelten die Vorschriften der §§. 20 und 21 der Gewerbeordnung. In Elsafs-Lothringen finden statt derselben die dort geltenden Bestimmungen über das Verfahren in streitigen Verwaltungssachen entsprechende Anwendung. Wird die Zulassung ausgesprochen, so ist eine Ausfertigung des Statuts, versehen mit dem Vermerke der erfolgten Zulassung, zurückzugeben.

Abänderungen des Statuts unterliegen den gleichen Vorschriften.

Eine Kasse, welche behufs Erhebung der Beiträge und Zahlung der Unterstützungen örtliche Verwaltungsstellen einrichtet, hat ihre Zulassung bei derjenigen Verwaltungsbehörde zu erwirken, in deren Bezirk die Hauptkasse ihren Sitz hat.

Die höhere Verwaltungsbehörde hat die Namen der zugelassenen Hülfskassen in ein Register einzutragen.

§. 5. Die Kasse kann unter ihrem Namen Rechte

erwerben und Verbindlichkeiten eingehen, Eigenthum und andere dingliche Rechte an Grundstücken erwerben, vor Gericht klagen und verklagt werden.

Für alle Verbindlichkeiten der Kasse haftet den Kassengläubigern nur das Vermögen der Kasse.

Der ordentliche Gerichtsstand der Kasse ist bei dem Gerichte, in dessen Bezirk sie ihren Sitz hat.

§. 6. Zum Beitritt der Mitglieder ist eine schriftliche Erklärung oder die Unterzeichnung des Statuts erforderlich. Handzeichen Schreibensunkundiger bedürfen der Beglaubigung durch ein Mitglied des Vorstandes.

Der Beitritt darf von der Betheiligung an anderen Gesellschaften oder Vereinen nur dann abhängig gemacht werden, wenn eine solche Betheiligung für sämmtliche Mitglieder bei Errichtung der Kasse durch das Statut vorgesehen ist. Im Uebrigen darf den Mitgliedern die Verpflichtung zu Handlungen oder Unterlassungen, welche mit dem Kassenzweck in keiner Verbindung stehen, nicht auferlegt werden.

§. 7. Das Recht auf Unterstützung aus der Kasse beginnt für sämmtliche Mitglieder spätestens mit dem Ablauf der dreizehnten auf den Beitritt folgenden Woche.

Hat ein Mitglied bereits das Recht auf Unterstützung erworben, so verbleibt ihm dasselbe auch nach dem Austritte oder Ausschlusse für die nach Absatz 1 festgesetzte Frist. Ist der Ausschlufs wegen Zahlungssäumnifs erfolgt, so läuft diese Frist von dem Tage, bis zu welchem die Beiträge bezahlt sind.

Für die erste Woche nach dem Beginn der Krankheit kann die Gewährung einer Unterstützung ausgeschlossen werden.

Der Ausschlufs der Unterstützung in Fällen bestimmter Krankheiten ist unzulässig.

§. 8. Die Mitglieder sind der Kasse gegenüber lediglich zu den auf Grund dieses Gesetzes und des Statuts festgestellten Beiträgen verpflichtet.

Nach Mafsgabe des Geschlechts, des Gesundheitszustandes, des Lebensalters oder der Beschäftigung der Mitglieder darf die Höhe der Beiträge verschieden bemessen werden.

Die Einrichtung von Mitgliederklassen mit verschiedenen Beitrags- und Unterstützungssätzen ist zulässig.

Im Uebrigen müssen die Beiträge und Unterstützungen für alle Mitglieder nach gleichen Grundsätzen abgemessen sein.

§. 9. Arbeitgebern, welche für ihre Arbeiter die Beiträge vorschießen, steht das Recht zu, die letzteren bei der dem Fälligkeitstage zunächst vorausgehenden oder bei einer diesem Tage folgenden Lohnzahlung in Anrechnung zu bringen.

§. 10. Der Anspruch auf Unterstützung kann mit rechtlicher Wirkung weder übertragen, noch verpfändet werden; er kann nicht Gegenstand der Beschlagnahme sein.

§. 11. Die Unterstützungen müssen im Falle der Arbeitsunfähigkeit des Unterstützungsberechtigten auf die Dauer von mindestens dreizehn Wochen gewährt werden, sofern die Arbeitsunfähigkeit nicht früher ihr Ende erreicht. Sie müssen während dieser Zeit täglich für Männer mindestens die Hälfte, für Frauen mindestens ein Drittheil des Lohnbetrages erreichen, welcher zur Zeit der Feststellung des Statuts der Kasse an dem Orte ihres Sitzes nach dem Urtheil der dortigen Gemeindebehörde gewöhnlichen Tagearbeitern im Jahresdurchschnitt gezahlt wird.

Auf den Betrag der Unterstützungen, jedoch höchstens bis zu zwei Drittheilen desselben, darf die Gewährung der ärztlichen Behandlung und der Arzneien angerechnet werden.

An die Stelle jeder sonstigen Unterstützung kann die Verpflegung in einer Krankenanstalt treten.

§. 12. Die täglichen Unterstützungen dürfen das Fünffache des gesetzlichen Mindestbetrages (§. 11) nicht überschreiten.

Neben diesen Unterstützungen können den Mitgliedern die geeigneten Mittel zur Erleichterung der ihnen nach der Genesung verbliebenen körperlichen Mängel gewährt werden.

Auch kann die Gewährung ärztlicher Behandlung auf die Familienangehörigen der Mitglieder ausgedehnt werden.

Den Hinterbliebenen verstorbener Mitglieder kann ferner eine Beihülfe gewährt werden, welche das Zehnfache der wöchentlichen Unterstützung, auf welche das verstorbene Mitglied Anspruch hatte, nicht überschreitet.

§. 13. Zu anderen Zwecken, als den in den §§. 11 und 12 bezeichneten Unterstützungen und der Deckung der Verwaltungskosten, dürfen weder Beiträge von den Mitgliedern erhoben werden, noch Verwendungen aus dem Vermögen der Kasse erfolgen.

§. 14. Eine Ermäfsigung der Beiträge oder eine Erhöhung der Unterstützungen bedarf für Kassen, in Ansehung deren eine Beitrittspflicht der Arbeiter begründet ist, der Genehmigung des Vorstandes der Gemeinde oder des gröfseren Kommunalverbandes, auf deren Anordnung die Beitrittspflicht beruht.

Eine Erhöhung der Beiträge oder eine Ermäfsigung der Unterstützungen bis auf den gesetzlichen Mindestbetrag (§. 11) kann die genannte Behörde für diese Kassen nach Anhörung des Vorstandes verfügen, wenn nach dem Rechnungsabschlusse des letzten Jahres die Einnahmen der Kasse zu den statutmäfsigen Aufwendungen nicht ausgereicht haben.

Rückständige Zahlungen von Mitgliedern und deren Arbeitgebern können für diese Kassen, unter Vorbehalt richterlicher Entscheidung, im Verwaltungswege eingezogen werden.

§. 15. Der Ausschlufs von Mitgliedern aus der Kasse kann nur unter den durch das Statut bestimmten Formen und aus den darin bezeichneten Gründen erfolgen. Er ist nur zulässig bei dem Wegfall einer die Aufnahme bedingenden Voraussetzung, für den Fall einer Zahlungssäumnifs oder einer solchen streitbaren Handlung, welche eine Verletzung der Bestimmungen des Statuts in sich schliefst. Wegen des Austrittes oder Ausschlusses aus einer Gesellschaft oder einem Vereine können Mitglieder nicht ausgeschlossen werden, wenn sie der Kasse bereits zwei Jahre angehört haben. Erfolgt ihre Ausschliefsung vor Ablauf dieser Zeit, so haben sie Anspruch auf Ersatz des von ihnen bezahlten Eintrittsgeldes.

§. 16. Die Kasse mufs einen von der Generalversammlung gewählten Vorstand haben, durch welchen sie gerichtlich und aufsergerichtlich vertreten wird.

Arbeitgeber, welche Zuschüsse zu der Kasse leisten,

haben Anspruch auf Vertretung im Vorstande unter Berücksichtigung des Mafses ihrer Zuschüsse. Mehr als ein Drittheil der Stimmen darf ihnen jedoch im Vorstande nicht eingeräumt werden.

§. 17. Die Zusammensetzung des Vorstandes, sowie jede in der Zusammensetzung des Vorstandes eingetretene Aenderung ist dem Vorstande der Gemeinde, in deren Bezirk die Kasse ihren Sitz hat, anzumelden. Die Anmeldung hat durch die Vorstandsmitglieder in Person oder durch eine beglaubigte schriftliche Erklärung zu erfolgen. Ist die Anmeldung nicht geschehen, so kann eine in der Zusammensetzung eingetretene Aenderung dritten Personen nur dann entgegengesetzt werden, wenn bewiesen wird, dafs sie letzteren bekannt war.

Zur Legitimation des Vorstandes bei allen Geschäften, auch den das Hypotheken- und Grundschuldwesen betreffenden, genügt das Zeugnifs des Vorstandes der Gemeinde, dafs die darin bezeichneten Personen zur Zeit als Mitglieder des Vorstandes angemeldet sind.

§. 18. Die Befugnifs des Vorstandes, die Kasse nach Aufsen zu vertreten, wird durch die im Statut enthaltene Vollmacht bestimmt.

Durch die innerhalb der Grenzen dieser Vollmacht im Namen der Kasse vom Vorstande abgeschlossenen Geschäfte wird die Kasse verpflichtet und berechtigt.

§. 19. Dem Vorstande kann zur Ueberwachung der Geschäftsleitung ein Ausschufs zur Seite gesetzt werden, welcher durch die Generalversammlung zu wählen ist.

§. 20. Soweit die Angelegenheiten der Kasse nicht durch den Vorstand oder Ausschufs wahrgenommen werden, steht die Beschlufsnahme darüber der Generalversammlung zu.

Die Generalversammlung kann dritten Personen ihre Befugnisse nicht übertragen.

Abänderungen des Statuts bedürfen, mit der durch §. 14 gegebenen Mafsgabe, ihrer Zustimmung.

§. 21. In der Generalversammlung hat jedes anwesende Mitglied, welches grofsjährig und im Besitz der bürgerlichen Ehrenrechte ist, eine Stimme. Mitglieder, welche mit den Beiträgen im Rückstande sind, können von der Theilnahme an der Abstimmung ausgeschlossen werden.

Die Generalversammlung kann auch aus Abgeordneten gebildet werden, welche aus der Mitte der stimmfähigen Mitglieder zu wählen sind; die Zahl der zu wählenden Abgeordneten mufs jedoch mindestens dreifsig betragen.

Arbeitgeber, welche Zuschüsse zu der Kasse leisten, haben Anspruch auf Stimmberechtigung. Das Mafs dieser Stimmberechtigung ist unter Berücksichtigung ihrer Zuschüsse festzustellen; die Zahl ihrer Stimmen darf jedoch die Hälfte der den Mitgliedern der Kasse zustehenden Stimmen nicht übersteigen.

§. 22. Generalversammlungen können nur innerhalb des Deutschen Reichs an einem Orte abgehalten werden, an welchem die Kasse eine Zahlungsstelle besitzt. Bei der Berufung ist der Gegenstand der Berathung anzugeben.

Wird von dem Ausschufs oder von dem zehnten Theile der stimmfähigen Mitglieder die Berufung der Generalversammlung beantragt, so mufs der Vorstand die letztere berufen.

§. 23. Für diejenigen Kassen, in Ansehung deren eine Beitrittspflicht der Arbeiter begründet ist, kann der Vorstand der Gemeinde oder des gröfseren Kommunalverbandes, auf deren Anordnung die Beitrittspflicht beruht,

1. so lange die Wahl des Vorstandes oder Ausschusses nicht zu Stande kommt, so lange ferner Vorstand oder Ausschufs die Erfüllung ihrer Obliegenheiten verweigern, mit der Wahrnehmung dieser Obliegenheiten geeignete Personen betrauen;
2. so lange die Generalversammlung oder eine durch das Gesetz oder das Statut vorgeschriebene Beschlufsfassung der Generalversammlung nicht zu Stande kommt, die Befugnisse derselben wahrnehmen.

§. 24. Die Einnahmen und Ausgaben der Kasse sind von allen den Zwecken der Kasse fremden Vereinnahmungen und Verausgabungen getrennt festzustellen und zu verrechnen; ebenso sind Bestände gesondert zu verwahren.

Verfügbare Gelder dürfen, aufser in öffentlichen Sparkassen, nur ebenso wie die Gelder Bevormundeter angelegt werden.

§. 25. In jedem fünften Jahre hat die Kasse die wahrscheinliche Höhe ihrer Verpflichtungen und der ihnen gegenüberstehenden Einnahmen durch einen Sachverständigen, welcher bei der Verwaltung der Kasse nicht betheiligt ist, abschätzen zu lassen, das Ergebniſs nach dem vorgeschriebenen Formulare der Aufsichtsbehörde mitzutheilen und der Kenntniſsnahme aller Mitglieder zugänglich zu machen.

§. 26. Wenn nach dem Ergebnisse der Abschätzung die Verpflichtungen der Kasse die ihnen gegenüberstehenden Einnahmen übersteigen, so muſs, Mangels anderer Deckungsmittel, entweder eine Ermäſsigung der Unterstützungen bis auf den gesetzlichen Mindestbetrag, oder eine Erhöhung der Beiträge eintreten, derart, daſs nach dem Gutachten des Sachverständigen die Herstellung des Gleichgewichts zwischen den Verpflichtungen und Einnahmen der Kasse bis zur nächsten Abschätzung zu erwarten ist.

§. 27. Die Kasse ist verpflichtet, in den vorgeschriebenen Fristen und nach den vorgeschriebenen Formularen Uebersichten über die Mitglieder, über die Krankheits- und Sterbefälle, über die verrechneten Beitrags- und Unterstützungstage der höheren Verwaltungsbehörde, sowie einen Rechnungsabschluſs der Aufsichtsbehörde einzusenden. Sie hat der Aufsichtsbehörde auf Erfordern das Ausscheiden der Mitglieder anzuzeigen.

§. 28. Kassen, in Ansehung deren eine Beitrittspflicht der Arbeiter nicht begründet ist, können durch Beschluſs der Generalversammlung unter Zustimmung von mindestens vier Fünftheilen sämmtlicher vertretenen Stimmen aufgelöst werden.

§. 29. Die Schlieſsung einer Kasse kann durch die höhere Verwaltungsbehörde erfolgen:

1. wenn mehr als ein Viertheil der Mitglieder mit der Einzahlung der Beiträge im Rückstande ist und trotz ergangener Aufforderung der Aufsichtsbehörde weder die Beitreibung der fälligen Beiträge, noch der Ausschluſs der säumigen Mitglieder erfolgt;
2. wenn die Kasse trotz ergangener Aufforderung der

Aufsichtsbehörde vier Wochen mit Zahlung fälliger nicht streitiger Unterstützungen im Rückstande ist;

3. wenn die Generalversammlung einen mit den Vorschriften dieses Gesetzes oder des Kassenstatuts im Widerspruch stehenden Beschlufs gefafst hat und der Auflage der Aufsichtsbehörde, denselben zurückzunehmen, innerhalb der gesetzten Frist nicht nachgekommen ist;
4. wenn dem §. 6 dieses Gesetzes zuwider Mitglieder zu Handlungen oder Unterlassungen verpflichtet, oder wenn der Vorschrift des §. 13 entgegen Beiträge von den Mitgliedern erhoben oder Verwendungen aus dem Vermögen der Kasse bewirkt werden;
5. wenn im Falle des §. 26. innerhalb einer von der höheren Verwaltungsbehörde angemessen zu bestimmenden Frist für die Herstellung des Gleichgewichts zwischen den Verpflichtungen und Einnahmen der Kasse nicht Sorge getragen ist;
6. wenn Mitglieder aus einem nach diesem Gesetze unzulässigen Grunde aus der Kasse ausgeschlossen werden.

Gegen die Mafsregeln der Verwaltungsbehörde ist der Rekurs zulässig; wegen des Verfahrens und der Behörden gelten die Vorschriften der §§. 20 und 21 der Gewerbeordnung. In Elsafs-Lothringen finden statt derselben die dort geltenden Bestimmungen über das Verfahren in streitigen Verwaltungssachen entsprechende Anwendung.

Die Eröffnung des Konkursverfahrens über eine Kasse hat die Schliefsung kraft Gesetzes zur Folge.

§. 30. Bei der Auflösung einer Kasse wird die Abwickelung der Geschäfte, sofern die Generalversammlung darüber nicht anderweitig beschliefst, durch den Vorstand vollzogen. Genügt dieser seiner Verpflichtung nicht, oder wird die Kasse geschlossen, so hat die Aufsichtsbehörde die Abwickelung der Geschäfte geeigneten Personen zu übertragen und deren Namen bekannt zu machen.

§. 31. Von dem Zeitpunkte der Auflösung oder Schliefsung einer Kasse ab bleiben die Mitglieder noch für diejenigen Zahlungen verhaftet, zu welchen sie das Statut für den Fall ihres Austrittes aus der Kasse verpflichtete.

Das Vermögen der Kasse ist nach der Auflösung oder Schliefsung zunächst zur Deckung der vor dem Zeitpunkte der Auflösung oder Schliefsung bereits eingetretenen Unterstützungsverpflichtungen zu verwenden.

§. 32. Bis zum Ablaufe eines Jahres nach Auflösung oder Schliefsung einer Kasse kann einer für die gleichen Zwecke und für denselben Mitgliederkreis oder für einen Theil desselben neu errichteten Kasse die Zulassung versagt werden.

§. 33. Die Kassen unterliegen in Bezug auf die Befolgung dieses Gesetzes der Beaufsichtigung durch die von den Landesregierungen zu bestimmenden Behörden.

Die Aufsichtsbehörde kann jederzeit die Bücher der Kasse einsehen.

Sie beruft die Generalversammlung, falls der Vorstand der durch §. 22 begründeten Verpflichtung nicht genügt.

Sie kann die Mitglieder des Vorstandes und die im Falle der Auflösung oder Schliefsung einer Kasse mit der Abwickelung der Geschäfte betrauten Personen zur Erfüllung der durch §. 27 begründeten Pflichten durch Ordnungsstrafe bis zu einhundert Mark anhalten.

§. 34. Mitglieder des Vorstandes oder des Ausschusses, welche den Bestimmungen dieses Gesetzes zuwider handeln, werden mit Geldstrafe bis zu dreihundert Mark gerichtlich bestraft. Haben sie absichtlich zum Nachtheil der Kasse gehandelt, so unterliegen sie der Strafbestimmung des §. 266 des Strafgesetzbuchs.

§. 35. Eine Vereinigung mehrerer Kassen zu einem Verbande behufs gegenseitiger Aushülfe kann unter Zustimmung der Generalversammlungen der einzelnen Kassen und auf Grund eines schriftlichen Statuts erfolgen.

Der Verband ist durch einen aus der Wahl der Vorstände oder Ausschüsse der betheiligten Kassen hervorgegangenen Vorstand zu verwalten. Seine Pflichten und Befugnisse bestimmt das Statut. Sein Sitz darf nur an einem Orte sein, wo eine der betheiligten Kassen ihren Sitz hat.

Der Verband unterliegt nach Mafsgabe des §. 33 der Aufsicht der höheren Verwaltungsbehörde desjenigen Bezirks, in welchem der Vorstand seinen Sitz hat.

Auf die Mitglieder des Vorstandes und die sonstigen

Organe des Verbandes finden die Bestimmungen des §. 34 Anwendung.

§. 36. Die Verfassung und die Rechte der auf Grund landesrechtlicher Vorschriften errichteten Hülfskassen werden durch dieses Gesetz nicht berührt; die Kassen können jedoch durch die Landesregierungen zur Einsendung der im §. 27 bezeichneten Uebersichten verpflichtet werden.

In Ansehung der Kassen der Knappschaftsvereine verbleibt es bei den dafür maſsgebenden besonderen Bestimmungen.

Urkundlich unter Unserer Höchsteigenhändigen Unterschrift und beigedrucktem Kaiserlichen Insiegel.

Gegeben Berlin, den 7. April 1876.

(L. S.) **Wilhelm.**

Fürst v. Bismarck.

XXVI. Deutsches Reichsgesetz,

betreffend die Beschlagnahme des Arbeits- oder Dienstlohnes.

Vom 21. Juni 1869 [1]).

Wir Wilhelm, von Gottes Gnaden König von Preufsen etc. verordnen im Namen des Norddeutschen Bundes, nach erfolgter Zustimmung des Bundesrathes und des Reichstages, was folgt:

§. 1. Die Vergütung (Lohn, Gehalt, Honorar u. s. w.) für Arbeiten oder Dienste, welche auf Grund eines Arbeits- oder Dienstverhältnisses geleistet werden, darf, sofern dieses Verhältnifs die Erwerbsthätigkeit des Vergütungsberechtigten vollständig oder hauptsächlich in Anspruch nimmt, zum Zwecke der Sicherstellung oder Befriedigung eines Gläubigers erst dann mit Beschlag belegt werden, nachdem die Leistung der Arbeiten oder Dienste erfolgt und nachdem der Tag, an welchem die Vergütung gesetzlich, vertrags- oder gewohnheitsmäfsig zu entrichten war, abgelaufen ist, ohne dafs der Vergütungsberechtigte dieselbe eingefordert hat.

§. 2. Die Bestimmungen des §. 1. können nicht mit rechtlicher Wirkung durch Vertrag ausgeschlossen oder beschränkt werden.

Soweit nach diesen Bestimmungen die Beschlagnahme unzulässig ist, ist auch jede Verfügung durch Cession, Anweisung, Verpfändung oder durch ein anderes Rechtsgeschäft ohne rechtliche Wirkung.

§. 3. Als Vergütung ist jeder dem Berechtigten gebührende Vermögensvortheil anzusehen. Auch macht es keinen Unterschied, ob dieselbe nach Zeit oder Stück berechnet wird.

---

1) B.-Ges.-Bl. 1869, S. 242. In Würtemberg, Baden und Hessen durch die »Verfassung des Deutschen Bundes« vom 31. Dez. 1870, Art. 80 (B.-Ges.-Bl. 1870, S. 648), in Bayern durch Reichsgesetz v. 22. April 1871 (B.-Ges.-Bl. 1872, S. 88) eingeführt.

Ist die Vergütung mit dem Preise oder Werth für Material oder mit dem Ersatz anderer Auslagen in ungetrennter Summe bedungen, so gilt als Vergütung im Sinne dieses Gesetzes der Betrag, welcher nach Abzug des Preises oder des Werthes der Materialien und nach Abzug der Auslagen übrig bleibt.

§. 4. Das gegenwärtige Gesetz findet keine Anwendung:

1) auf den Gehalt und die Dienstbezüge der öffentlichen Beamten;
2) auf die Betreibung der direkten persönlichen Staatssteuern und Kommunalabgaben (die derartigen Abgaben an Kreis-, Kirchen-, Schul- und sonstige Kommunalverbände mit eingeschlossen), sofern diese Steuern und Abgaben nicht seit länger als drei Monaten fällig geworden sind;
3) auf die Beitreibung der auf gesetzlicher Vorschrift beruhenden Alimentationsansprüche der Familienglieder;
4) auf den Gehalt und die Dienstbezüge der im Privatdienste dauernd angestellten Personen, soweit der Gesammtbetrag die Summe von vierhundert Thalern jährlich übersteigt;

Als dauernd in diesem Sinne gilt das Dienstverhältniſs, wenn dasselbe gesetzlich, vertrags- oder gewohnheitsmäſsig mindestens auf Ein Jahr bestimmt, oder bei unbestimmter Dauer für die Auflösung eine Kündigungsfrist von mindestens drei Monaten einzuhalten ist.

§. 5. Dieses Gesetz tritt am 1. August 1869 in Kraft. Die bis dahin verfügten, mit den Vorschriften dieses Gesetzes nicht vereinbaren Beschlagnahmen sind auf Antrag des Schuldners aufzuheben oder einzuschränken.

Dagegen finden die Bestimmungen des zweiten Absatzes des §. 2. auf frühere Fälle keine Anwendung.

Urkundlich unter Unserer Höchsteigenhändigen Unterschrift und beigedrucktem Bundes-Insiegel.

Gegeben Berlin, den 21. Juni 1869.

(L. S.) **Wilhelm.**

Gr. v. Bismarck-Schönhausen.

XXVII. Deutsches Vereinszollgesetz.

Vom 1. Juli 1869 [1]).

(Auszug).

§. 13. *Verpflichtung zur Entrichtung des Zolles.* Zur Entrichtung des Zolles ist dem Staate gegenüber derjenige verpflichtet, welcher zur Zeit, wo der Zoll zu entrichten, Inhaber (natürlicher Besitzer) des zollpflichtigen Gegenstandes ist. Dem Inhaber steht derjenige gleich, welcher den zollpflichtigen Gegenstand aus einer öffentlichen Niederlage entnimmt.

§. 14. *Haftung der Waare.* Die zollpflichtigen Gegenstände haften ohne Rücksicht auf die Rechte eines Dritten an denselben für den darauf ruhenden Zoll und können, so lange dessen Entrichtung nicht erfolgt ist, von der Zollbehörde zurückbehalten oder mit Beschlag belegt werden. Das an den Inhaber des zollpflichtigen Gegenstandes von einem Zollbeamten ergangene Verbot, über den fraglichen Gegenstand weiter zu verfügen, hat die volle Wirkung der Beschlagnahme. Die Verabfolgung der Waaren, auf welchen noch ein Zollanspruch haftet, kann in keinem Falle, auch nicht von den Gerichten, Gläubigern oder Gütervertretern (Massenkuratoren) bei Konkursen eher verlangt werden, als bis die Abgaben davon bezahlt sind.

— — — — — — —

— — — — — — —

1) B.-Ges.-Bl. 1869, S. 317 ff. Das Gesetz gilt im ganzen Zollvereinsgebiete, mit Einschluſs Luxemburgs.

§. 97. *A. Oeffentliche Niederlagen.* Zur Beförderung des mittelbaren Durchfuhrhandels und des inneren Verkehrs werden in den wichtigeren Handelsplätzen des Vereinsgebiets, sowie bei den Hauptzollämtern an der Grenze, wo ein Bedürfnifs dazu sich zeigt, unter amtlicher Aufsicht stehende öffentliche Niederlagen eingerichtet, in welchen Waaren bis zu ihrer weiteren Bestimmung unverzollt gelagert werden können.

Die öffentlichen Niederlagen sind entweder:

allgemeine Niederlagen (Packhöfe, Hallen, Lagerhäuser, Freihäfen (§§. 98. bis 104.), oder

beschränkte Niederlagen (§. 105.), oder

freie Niederlagen (Freiläger §. 107.).

An Orten, wo keine dem Staate gehörigen Gebäude, welche als Niederlage benutzt werden können, oder dergleichen Gebäude nicht in dem nöthigen Umfange vorhanden sind, ist es Sache der Kaufmannschaft oder der Kommune, welche eine solche Anlage oder deren Erweiterung wünschen, den erforderlichen sicheren Raum zur Benutzung des Staates zu stellen.

§. 98. 1) *Allgemeine Niederlagen. Niederlagerecht — Lagerfrist.* Das Niederlagerecht wird der Regel nach nur für solche Waaren bewilligt, auf denen noch ein Zollanspruch haftet und welche nicht durch die besonderen Niederlage-Regulative (§. 106.) von der Lagerung ausgeschlossen sind.

Die Lagerfrist soll in der Regel einen Zeitraum von fünf Jahren nicht überschreiten.

§. 99. *Lagergeld.* Wo Lagergeld erhoben wird, soll dasselbe für jede Niederlage nach dem örtlichen Bedarf zur Deckung der Kosten festgestellt werden, jedoch, sofern die Niederlagen für Rechnung des Staates verwaltet werden, die folgenden Sätze nicht überschreiten:

für das Lagern monatlich

a) von trockenen Waaren vom Zentner $^1/_{36}$ Thaler (3 Kreuzer),

b) von flüssigen Waaren vom Zentner $^1/_{24}$ Thaler ($4^1/_2$ Kreuzer).

§. 100. *Haftung der lagernden Waaren.* Die in der Niederlage befindliche Waare haftet unbedingt für den darauf ruhenden Zoll.

Wird die Verabfolgung der Waaren aus der Niederlage vom Niederleger oder einer dritten Person verlangt, so ist diesem Verlangen nur unter den im §. 14. enthaltenen Beschränkungen zu willfahren.

§. 101. *Gestaltung der Umpackung.* Den Eigenthümern und Disponenten der lagernden Güter steht es frei, in der Niederlage, unter Aufsicht der Beamten, die Waaren Behufs der Theilung, Sortirung, Reinigung, Erhaltung und sonstiger mit dem Zweck der Niederlage zu vereinbarenden Behandlung umzupacken, sofern geeignete Räumlichkeiten dazu vorhanden sind.

Zur Ergänzung, Auffüllung etc. der lagernden Waaren können Waaren aus dem freien Verkehr in die Niederlage eingebracht werden. Dieselben nehmen damit die Eigenschaft fremder unverzollter Waaren an.

§. 102. *Verpflichtungen der Niederlageverwaltung rücksichtlich der lagernden Waaren.* Die Niederlageverwaltung mufs für die wirthschaftliche Erhaltung der Niederlageräume in Dach und Fach, für sichern Verschlufs derselben, für Aufrechthaltung der Ruhe und Ordnung unter den in der Niederlage beschäftigten Personen, sowie für Abwendung von Feuersgefahr im Innern des Gebäudes und dem dazu gehörigen umschlossenen Raum sorgen und haftet für Beschädigungen der lagernden Waaren, welche aus einer ihr zur Last fallenden Unterlassung oder Vernachlässigung dieser Fürsorge entstehen. Diese Verpflichtung tritt erst ein, nachdem die Waare in die Niederlage aufgenommen und die amtliche Bescheinigung hierüber ertheilt worden ist.

Andere Beschädigungen der lagernden Waaren und Unglücksfälle, welche dieselben treffen, hat die Niederlageverwaltung nicht zu vertreten.

— — — — — — —

§. 104. *Verfahren mit Waaren: a) deren Eigenthümer unbekannt ist.* Sind Güter, deren Eigenthümer und Disponenten unbekannt sind, ein Jahr in der Niederlage geblieben, so soll dies unter genauer Bezeichnung derselben zu zwei verschiedenen Malen mit einem Zwischenraum von mindestens vier Wochen durch öffentliche Blätter bekannt gemacht werden, und wenn sich hierauf binnen sechs

Monaten nach der letzten Bekanntmachung Niemand meldet, die Niederlageverwaltung berechtigt sein, die Güter öffentlich meistbietend zu verkaufen. Der Erlös bleibt nach Abzug der Bekanntmachungs- und Verkaufskosten, der Abgaben, sowie der etwa auf Erhaltung der Waaren verwandten Kosten und des Lagergeldes sechs Monate hindurch aufbewahrt und fällt, wenn er bis zu deren Ablauf von Niemand in Anspruch genommen wird, der Staatskasse anheim.

Sind dergleichen Waaren einem schnellen Verderben ausgesetzt, so kann ein früherer Verkauf mit Genehmigung der dem Hauptamte vorgesetzten Behörde in der Art geschehen, dafs der Lizitationstermin im Orte zu zwei verschiedenen Malen innerhalb acht Tagen öffentlich bekannt gemacht wird.

b) *welche binnen fünf Jahren aus der Niederlage nicht abgeholt werden.* Haben Güter, deren Eigenthümer oder Disponent bekannt ist, länger als fünf Jahre gelagert, so ist derselbe, sofern nicht auf seinen Antrag ausnahmsweise eine längere Lagerung bewilligt ist, aufzufordern, die Güter binnen einer Frist, welche vier Wochen nicht überschreiten darf, von der Niederlage zu nehmen. Genügt er dieser Aufforderung nicht, so wird zum öffentlichen Verkauf der Waaren geschritten und der Erlös nach Abzug der Kosten und Abgaben dem Eigenthümer oder Disponenten zugestellt.

— — — — — — —

— — — — — — —

§. 153. *Subsidiarische Vertretungsverbindlichkeit dritter Personen.*

1) Handel- und Gewerbtreibende haben für ihre Diener, Lehrlinge, Markthelfer, Gewerbsgehülfen, Ehegatten, Kinder, Gesinde, und die sonst in ihrem Dienste oder Tagelohn stehenden oder sich gewöhnlich bei der Familie aufhaltenden Personen,
2) Eisenbahnverwaltungen und Dampfschiffahrtsgesellschaften für ihre Angestellten und Bevollmächtigten,
3) andere nicht zur handel- und gewerbtreibenden Klasse gehörenden Personen aber nur für ihre Ehegatten und Kinder

rücksichtlich der Geldbufsen, Zollgefälle und Prozefskosten zu haften, in welche die solchergestalt zu vertretenden Personen wegen Verletzung der zollgesetzlichen oder Zollverwaltungs-Vorschriften verurtheilt worden sind, die sie bei Ausführung der ihnen von den subsidiarisch Verhafteten übertragenen oder ein- für allemal überlassenen Handels- und Gewerbs- und anderen Vorrichtungen zu beobachten hatten.

Der Zollverwaltung bleibt in dem Falle, wenn die Geldbufse von dem Angeschuldigten nicht beigetrieben werden kann, vorbehalten, die Geldbufse von dem subsidiarisch Verhafteten einzuziehen, oder statt dessen und mit Verzichtung hierauf die im Unvermögensfalle an die Stelle der Geldbufse tretende Freiheitsstrafe sogleich an dem Angeschuldigten vollstrecken zu lassen.

Weisen indessen die unter 1. und 3. bezeichneten subsidiarisch Verhafteten nach, dafs das Zollvergehen ohne ihr Wissen verübt worden, so haften sie nur für die Zollgefälle.

§. 154. *Bestimmungen wegen der Konfiskation.* Der in Folge einer Kontrebande oder Defraudation eintretende Verlust der Gegenstände des Vergehens trifft jederzeit den Eigenthümer. Eine Ausnahme findet statt, wenn die Kontrebande oder Defraudation von dem bekannten Frachtfuhrmann oder Schiffer, welchem der Transport allein anvertraut war, ohne Theilnahme oder Mitwissen des Eigenthümers oder des in dessen Namen handelnden Befrachters verübt worden ist, und der Waarenführer nicht zu denjenigen Personen gehört, für welche der Eigenthümer oder der Befrachter nach Vorschrift des §. 153. subsidiarisch verhaftet ist. In diesem Falle tritt statt der Konfiskation die Verpflichtung des Waarenführers ein, den Werth jener Gegenstände zu entrichten.

§. 155. In allen Fällen, in denen die Konfiskation selbst nicht vollzogen werden kann, ist statt derselben auf Erlegung des Werths der Gegenstände und, wenn dieser nicht zu ermitteln ist, auf Zahlung einer Geldsumme von fünf- und zwanzig bis Eintausend Thalern zu erkennen.

§. 156. Das Eigenthum der Gegenstände, die der

Konfiskation unterliegen, geht in dem Augenblick, wo dieselben in Beschlag genommen worden sind, auf den Staat über, und kann nach den Grundsätzen der Civilgesetze über die Vindikation gegen jeden dritten Besitzer verfolgt werden.

§. 157. Zollpflichtige Gegenstände, welche im Grenzbezirke gefunden werden, unterliegen, sofern deren Eigenthum von Niemand in Anspruch genommen und der Nachweis ihrer Verzollung oder ihrer Herkunft aus dem freien Verkehr des Zollvereins nicht erbracht wird, der Beschlagnahme durch die Zollverwaltung.

Mit den hiernach in Beschlag genommenen Gegenständen ist weiter nach den Bestimmungen im Absatz 1. und 2. des §. 104. zu verfahren.

XXVIII. Strafgesetzbuch für das Deutsche Reich [1]).

Vom $\frac{\text{15. Mai 1871.}}{\text{26. Februar 1876.}}$

(Auszug.)

---

§. 30. In den Nachlafs kann eine Geldstrafe nur dann vollstreckt werden, wenn das Urtheil bei Lebzeiten des Verurtheilten rechtskräftig geworden war.

---

1) R.-Ges.-Bl. 1871, S. 127 ff. 1876, S. 40 ff. Das zum Reichsgesetz erhobene Einführungsgesetz zum Strafgesetzbuch für den Norddeutschen Bund, vom 31. Mai 1870 (B.-Ges.-Bl. 1870, S. 195) bestimmt §. 2: »Mit diesem Tage (1. Januar 1871 resp. 1872) tritt das Bundes- und Landesstrafrecht, insoweit dasselbe Materien betrifft, welche Gegenstand des Strafgesetzbuchs für den Norddeutschen Bund sind, aufser Kraft. In Kraft bleiben die besonderen Vorschriften des Bundes- und Landesstrafrechts, namentlich über strafbare Verletzungen der Prefspolizei-, Post-, Steuer-, Zoll-, Fischerei-, Jagd-, Forst- und Feldpolizei-Gesetze, über Mifsbrauch des Vereins- und Versammlungsrechts und über den Holz- (Forst-) Diebstahl.« Durch diese Bestimmung sind insbesondere die älteren gemeinrechtlichen Privatstrafen bei Beleidigung, Körperverletzung, Diebstahl u. dgl. m. aufgehoben. Dasselbe Gesetz bestimmt §. 5: »In landesgesetzlichen Vorschriften über Materien, welche nicht Gegenstand des Strafgesetzbuchs für den Norddeutschen Bund sind, darf nur Gefängnifs bis zu zwei Jahren, Haft, Geldstrafe, Einziehung einzelner Gegenstände und die Entziehung öffentlicher Aemter angedroht werden.« §. 6: »Vom 1. Januar 1871 (resp. 1872) ab darf nur auf die im Strafgesetzbuche für den Norddeutschen Bund enthaltenen Strafarten erkannt werden.« Damit ist u. a. die Strafe des bürgerlichen Todes und jede andere nicht reichsgesetzliche Beschränkung der persönlichen Rechtsfähigkeit untersagt.

§. 31. Die Verurtheilung zur Zuchthausstrafe hat die dauernde Unfähigkeit zum Dienste in dem Deutschen Heere und der Kaiserlichen Marine, sowie die dauernde Unfähigkeit zur Bekleidung öffentlicher Aemter von Rechtswegen zur Folge.

Unter öffentlichen Aemtern im Sinne dieses Strafgesetzes sind die Advokatur, die Anwaltschaft und das Notariat, sowie der Geschworenen- und Schöffendienst mitbegriffen.

§. 32. Neben der Todesstrafe und der Zuchthausstrafe kann auf den Verlust der bürgerlichen Ehrenrechte erkannt werden, neben der Gefängnifsstrafe nur, wenn die Dauer der erkannten Strafe drei Monate erreicht und entweder das Gesetz den Verlust der bürgerlichen Ehrenrechte ausdrücklich zuläfst oder die Gefängnifsstrafe wegen Annahme mildernder Umstände an Stelle von Zuchthausstrafe ausgesprochen wird.

Die Dauer dieses Verlustes beträgt bei zeitiger Zuchthausstrafe mindestens zwei und höchstens zehn Jahre, bei Gefängnifsstrafe mindestens Ein Jahr und höchstens fünf Jahre.

§. 33. Die Aberkennung der bürgerlichen Ehrenrechte bewirkt den dauernden Verlust der aus öffentlichen Wahlen für den Verurtheilten hervorgegangenen Rechte, ingleichen den dauernden Verlust der öffentlichen Aemter, Würden, Titel, Orden und Ehrenzeichen.

§. 34. Die Aberkennung der bürgerlichen Ehrenrechte bewirkt ferner die Unfähigkeit, während der im Urtheile bestimmten Zeit

1) die Landeskokarde zu tragen;
2) in das Deutsche Heer oder in die Kaiserliche Marine einzutreten;
3) öffentliche Aemter, Würden, Titel, Orden und Ehrenzeichen zu erlangen;
4) in öffentlichen Angelegenheiten zu stimmen, zu wählen oder gewählt zu werden oder andere politische Rechte auszuüben;
5) Zeuge bei Aufnahmen von Urkunden zu sein;
6) Vormund, Nebenvormund, Kurator, gerichtlicher Beistand oder Mitglied eines Familienraths zu sein, es sei denn, dafs es sich um Verwandte absteigender

Linie handele und die obervormundschaftliche Behörde oder der Familienrath die Genehmigung ertheile.

§. 35. Neben einer Gefängnifsstrafe, mit welcher die Aberkennug der bürgerlichen Ehrenrechte überhaupt hätte verbunden werden können, kann auf die Unfähigkeit zur Bekleidung öffentlicher Aemter auf die Dauer von Einem bis zu fünf Jahren erkannt werden.

Die Aberkennung der Fähigkeit zur Bekleidung öffentlicher Aemter hat den dauernden Verlust der bekleideten Aemter von Rechtswegen zur Folge.

§. 36. Die Wirkung der Aberkennung der bürgerlichen Ehrenrechte überhaupt, sowie der Fähigkeit zur Bekleidung öffentlicher Aemter insbesondere, tritt mit der Rechtskraft des Urtheils ein; die Zeitdauer wird von dem Tage berechnet, an dem die Freiheitsstrafe, neben welcher jene Aberkennung ausgesprochen wurde, verbüfst, verjährt oder erlassen ist.

§. 37. Ist ein Deutscher im Auslande wegen eines Verbrechens oder Vergehens bestraft worden, welches nach den Gesetzen des Deutschen Reichs den Verlust der bürgerlichen Ehrenrechte überhaupt oder einzelner bürgerlichen Ehrenrechte zur Folge hat oder zur Folge haben kann, so ist ein neues Strafverfahren zulässig, um gegen den in diesem Verfahren für schuldig Erklärten auf jene Folge zu erkennen.

— — — — — — —

— — — — — — —

§. 40. Gegenstände, welche durch ein vorsätzliches Verbrechen oder Vergehen hervorgebracht, oder welche zur Begehung eines vorsätzlichen Verbrechens oder Vergehens gebraucht oder bestimmt sind, können, sofern sie dem Thäter oder einem Theilnehmer gehören, eingezogen werden.

Die Einziehung ist im Urtheile auszusprechen.

§. 41. Wenn der Inhalt einer Schrift, Abbildung oder Darstellung strafbar ist, so ist im Urtheile auszusprechen, dafs alle Exemplare, sowie die zu ihrer Herstellung bestimmten Platten und Formen unbrauchbar zu machen sind.

Diese Vorschrift bezieht sich jedoch nur auf die im Besitze des Verfassers, Druckers, Herausgebers, Verlegers oder Buchhändlers befindlichen und auf die öffentlich ausgelegten oder öffentlich angebotenen Exemplare.

Ist nur ein Theil der Schrift, Abbildung oder Darstellung strafbar, so ist, insofern eine Ausscheidung möglich ist, auszusprechen, daſs nur die strafbaren Stellen und derjenige Theil der Platten und Formen, auf welchem sich diese Stellen befinden, unbrauchbar zu machen sind.

— — — — — — —

— — — — — — —

§. 188. In den Fällen der §§. 186 und 187 [1]) kann auf Verlangen der Beleidigten, wenn die Beleidigung nachtheilige Folgen für die Vermögensverhältnisse, den Erwerb oder das Fortkommen des Beleidigten mit sich bringt, neben der Strafe auf eine an den Beleidigten zu erlegende Buſse bis zum Betrage von sechstausend Mark erkannt werden.

Eine erkannte Buſse schlieſst die Geltendmachung eines weiteren Entschädigungsanspruches aus.

— — — — — — —

— — — — — — —

§. 231. In allen Fällen der Körperverletzung kann auf Verlangen des Verletzten neben der Strafe auf eine an denselben zu erlegende Buſse bis zum Betrage von sechstausend Mark erkannt werden.

Eine erkannte Buſse schlieſst die Geltendmachung eines weiteren Entschädigungsanspruches aus.

Für diese Buſse haften die zu derselben Verurtheilten als Gesammtschuldner.

— — — — — — —

— — — — — — —

§. 295. Neben der durch das Jagdvergehen verwirkten Strafe ist auf Einziehung des Gewehrs, des Jagdgeräths und der Hunde, welche der Thäter bei dem unberechtigten Jagen bei sich geführt hat, ingleichen der Schlingen, Netze, Fallen und anderen Vorrichtungen zu erkennen, ohne Unterschied, ob sie dem Verurtheilten gehören oder nicht.

— — — — — — —

§. 296 a. Ausländer, welche in Deutschen Küstengewässern unbefugt fischen, werden mit Geldstrafe bis zu

1) §. 186 handelt von der Beleidigung, §. 187 von der verleumderischen Beleidigung.

sechshundert Mark oder mit Gefängnifs bis zu sechs Monaten bestraft.

Neben der Geld- oder Gefängnifsstrafe ist auf Einziehung der Fanggeräthe, welche der Thäter bei dem unbefugten Fischen bei sich geführt hat, ingleichen der in dem Fahrzeuge enthaltenen Fische zu erkennen, ohne Unterschied, ob die Fanggeräthe und Fische dem Verurtheilten gehören oder nicht

— — — — — — —

— — — — — — —

§. 360. — — — — — —

In den Fällen der Nummer 1, 2, 4, 5, 6 und 14 kann neben der Geldstrafe oder der Haft auf Einziehung der Risse von Festungen oder Festungswerken [1]), der Vorräthe von Waffen oder Schiefsbedarf [2]), der Stempel, Siegel, Stiche, Platten oder anderen Formen [3]), der Abdrücke oder Abbildungen [4]), oder der auf dem Spieltische oder in der Bank befindlichen Gelder [5]) erkannt werden, ohne Unterschied, ob sie dem Verurtheilten gehören oder nicht.

— — — — — — —

— — — — — — —

§. 367. — — — — — —

In den Fällen der Nummern 7 bis 9 kann neben der Geldstrafe oder der Haft auf die Einziehung der verfälschten oder verdorbenen Getränke oder Efswaaren, ingleichen der Selbstgeschosse, Schlageisen oder Fufsangeln, sowie der verbotenen Waffen erkannt werden, ohne Unterschied, ob sie dem Verurtheilten gehören oder nicht.

1) Nr. 1.
2) Nr. 2.
3) Nr. 4. 6.
4) Nr. 5. 6.
5) Nr. 14 (Verbot unbefugter öffentlicher Glücksspiele).

XXIX. Deutsches Reichsgesetz wegen Erhebung der Brausteuer.

Vom 31. Mai 1872 [1]).

(Auszug.)

---

§. 38. I. Wer Brauerei als Gewerbe betreibt, haftet, was die auf Grund dieses Gesetzes verhängten Geldstrafen betrifft, mit seinem Vermögen für seine Verwalter, Gewerbsgehülfen, sowie für diejenigen Hausgenossen, welche in der Lage sind, auf den Gewerbebetrieb Einfluſs zu üben, wenn:

1) diese Geldstrafen von dem eigentlich Schuldigen wegen Unvermögens nicht beigetrieben werden können, und zugleich

2) der Nachweis erbracht wird, daſs der Brauereitreibende bei Auswahl und Anstellung der Verwalter und Gewerbsgehülfen oder bei Beaufsichtigung derselben, sowie der Eingangs bezeichneten Hausgenossen fahrlässig, d. h. nicht mit der Sorgfalt eines ordentlichen Geschäftsmannes zu Werke gegangen ist.

Als solche Fahrlässigkeit gilt insbesondere die wissentliche Anstellung beziehungsweise Beibehaltung eines wegen Brausteuer-Defraudation bereits bestraften Verwalters oder Gewerbsgehülfen, falls nicht die oberste Finanzbehörde die Anstellung beziehungsweise Beibehaltung eines solchen genehmigt hat.

---

1) R.-Ges.-Bl. 1872, S. 153 ff. Das Gesetz hat in Bayern, Würtemberg, Baden und Elsaſs-Lothringen keine Geltung. Ueber die Haftung der Brennereiunternehmer für Zuwiderhandlungen ihrer Leute gegen die Branntweinsteuergesetze bestimmt das Gesetz vom 8. Juli 1868 (B.-Ges.-Bl. 1868, S. 405) wörtlich dasselbe.

Ist ein Brauereitreibender, welcher nach den Bestimmungen dieses Gesetzes subsidiarisch in Anspruch genommen wird, bereits wegen einer von ihm selbst in der nachgewiesenen Absicht der Steuerverkürzung begangenen Brausteuer-Defraudation bestraft, so hat derselbe die Vermuthung fahrlässigen Verhaltens so lange gegen sich, als er nicht nachweist, dafs er bei Anstellung beziehungsweise Beaufsichtigung seines Eingangs bezeichneten Hülfspersonals die Sorgfalt eines ordentlichen Geschäftsmannes angewendet hat.

XXX. Deutsches Reichsgesetz,

betreffend die Organisation der Bundeskonsulate, sowie die Amtsrechte und Pflichten der Bundeskonsuln.

Vom 8. November 1867 [1]).

(Auszug.)

---

§. 14. Die Bundeskonsuln sind befugt zur Legalisation derjenigen Urkunden, welche in ihrem Amtsbezirke ausgestellt oder beglaubigt sind.

§. 15. Die schriftlichen Zeugnisse, welche von den Bundeskonsuln über ihre amtlichen Handlungen und die bei Ausübung ihres Amtes wahrgenommenen Thatsachen unter ihrem Siegel und ihrer Unterschrift ertheilt sind, haben die Beweiskraft öffentlicher Urkunden.

§. 16. Den Bundeskonsuln steht innerhalb ihres Amtsbezirks in Ansehung der Rechtsgeschäfte, welche Bundesangehörige errichten, insbesondere auch derjenigen, welche dieselben mit Fremden schliefsen, das Recht der Notare zu, dergestalt, dafs die von ihnen aufgenommenen und mit ihrer Unterschrift und ihrem Siegel versehenen Urkunden den innerhalb der Bundesstaaten aufgenommenen Notariats-Urkunden gleich zu achten sind.

§. 17. Bei Aufnahme der Urkunden (§. 16) haben die Bundeskonsuln zwei Zeugen zuzuziehen, in deren Gegenwart die Verhandlung vorzulesen und von den Betheiligten durch Unterschrift oder im Falle der Schreibensunerfahrenheit durch Handzeichen zu vollziehen ist.

---

1) R.-Ges.-Bl. 1867, S. 137 ff. In Würtemberg, Baden und Hessen durch die »Verfassung des Deutschen Bundes« vom 31. Dez. 1870 Art. 80 (B.-Ges.-Bl. 1870, S. 647), in Bayern durch Reichsgesetz vom 22. April 1871 (R.-Ges.-Bl. 1871, S. 88) eingeführt.

Die Befolgung dieser Vorschriften mufs aus der Urkunde hervorgehen, widrigenfalls dieselbe nicht die Kraft einer Notariats-Urkunde hat. Diese Kraft mangelt auch in dem Falle, wenn der Konsul oder seine Frau oder einer von seinen oder seiner Frau Verwandten oder Verschwägerten in auf- oder absteigender Linie oder in der Seitenlinie bis zum Grade des Oheims oder Neffen einschliefslich bei der Verhandlung betheiligt war, oder wenn darin eine Verfügung zu Gunsten einer der vorgenannten Personen oder der hinzugezogenen Zeugen getroffen ist.

§. 18. Die Bundeskonsuln sind berufen, der in ihrem Amtsbezirke befindlichen Verlassenschaften verstorbener Bundesangehöriger, wenn ein amtliches Einschreiten wegen Abwesenheit der nächsten Erben oder aus ähnlichen Gründen geboten erscheint, sich anzunehmen; sie sind hierbei insbesondere ermächtigt, den Nachlafs zu versiegeln und zu inventarisiren, den beweglichen Nachlafs, wenn die Umstände es erfordern, in Verwahrung zu nehmen und öffentlich zu verkaufen, sowie die vorhandenen Gelder zur Tilgung der feststehenden Schulden zu verwenden.

XXXI. Deutsches Reichsgesetz,

betreffend die vertragsmäſsigen Zinsen,

vom 14. November 1867 [1]).

Wir Wilhelm, von Gottes Gnaden König von Preuſsen etc. verordnen im Namen des Norddeutschen Bundes, nach

---

1) B.-Ges.-Bl. 1867. S. 159. In Würtemberg, Baden und Hessen als Reichsgesetz eingeführt durch die »Verfassung des Deutschen Bundes« vom 31. Dezember 1870, Art. 80 Nr. 6 (B.-Ges.-Bl. 1870. S. 647). In Bayern ist folgendes Gesetz vom 5. Dezember 1867 in Geltung geblieben:

Art 1. Die dermalen noch bestehenden Beschränkungen des vertragsmäſsigen Zinsfuſses und der Höhe der Conventionalstrafen, welche statt der Zinsen für den Fall der zur bestimmten Zeit nicht erfolgenden Leistung bedungen worden, desgleichen die in Beziehung auf vertragsmäſsige Festsetzung der Verzinslichkeit verfallener Zinsen bestehenden Verbote und Beschränkungen sind aufgehoben.

Art. 2. Rückständige Zinsen können in ihrem Gesammtbetrage auch dann gefordert werden, wenn sie das Capital übersteigen.

Art. 3. Die Höhe der gesetzlichen Zinsen, insbesondere auch der Verzugszinsen, wird für das ganze Königreich bei Verbindlichkeiten aus Handelsgeschäften auf sechs, bei allen übrigen Verbindlichkeiten auf fünf vom Hundert jährlich festgesetzt.

Gleicher Zinsfuſs greift Platz, wenn ein Schuldner landesübliche Zinsen zu zahlen hat, oder wenn nur die Verzinslichkeit einer Schuld ohne Bestimmung der Höhe des Zinsfuſses festgesetzt ist.

Wird jedoch die Zahlung einer Schuld verzögert, für welche ein höherer als der im Absatz 1. bestimmte Zins bedungen war, so bleibt dieser höhere Zins auch für die Verzugszinsen maſsgebend.

Art. 4. Gegenwärtiges Gesetz tritt mit der Verkündung im Gesetzblatte, beziehungsweise im Amtsblatte der Pfalz, in Wirksamkeit.

erfolgter Zustimmung des Bundesrathes und des Reichstages, was folgt:

§. 1. Die Höhe der Zinsen, sowie die Höhe und die Art der Vergütung für Darlehne und für andere kreditirte Forderungen, ferner Konventionalstrafen, welche für die unterlassene Zahlung eines Darlehns oder einer sonst kreditirten Forderung zu leisten sind, unterliegen der freien Vereinbarung.

Die entgegenstehenden privatrechtlichen und strafrechtlichen Bestimmungen werden aufgehoben.

§. 2. Derjenige, welcher für eine Schuld dem Gläubiger einen höheren Zinssatz als jährlich sechs vom Hundert gewährt oder zusagt, ist zu einer halbjährigen Kündigung des Vertrages befugt. Jedoch kann er von dieser Befugniſs nicht unmittelbar bei Eingehung des Vertrages, sondern erst nach Ablauf eines halben Jahres Gebrauch machen.

Vertragsbestimmungen, durch welche diese Vorschrift zum Nachtheil des Schuldners beschränkt oder aufgehoben wird, sind ungültig.

Auf Schuldverschreibungen, welche unter den gesetzlichen Voraussetzungen auf jeden Inhaber gestellt werden, sowie auf Darlehne, welche ein Kaufmann empfängt, und auf Schulden eines Kaufmanns aus seinen Handelsgeschäften leiden die in diesem Parapraphen enthaltenen Vorschriften keine Anwendung.

§. 3. Wird die Zahlung eines Darlehns oder einer andern kreditirten Forderung verzögert, so bleibt auch für die Zögerungszinsen der bedungene Zinssatz maaſsgebend, sofern derselbe höher ist, als die gesetzlich bestimmten Zögerungszinsen.

§. 4. Die privatrechtlichen Bestimmungen in Betreff der Zinsen von Zinsen und die Vorschriften für die gewerblichen Pfandleih-Anstalten werden durch dieses Gesetz nicht geändert.

§. 5. Den Landesgesetzen bleibt vorbehalten, zu bestimmen, daſs die im §. 2. dieses Gesetzes eingeräumte Kündigungsbefugniſs des Schuldners gänzlich wegfalle, oder daſs ein höherer Zinssatz, als sechs Prozent, oder eine längere Kündigungsfrist, als sechs Monate, für die bezeichnete Befugniſs maaſsgebend sei.

So weit einzelne Landesgesetze Bestimmungen enthalten, welche die erwähnte Kündigungsbefugniſs des Schuldners ausschlieſsen, oder in der bezeichneten Weise beschränken, bleiben dieselben in Gültigkeit, bis sie auf dem verfassungsmäſsigen Wege des betreffenden Landes, oder durch ein Bundesgesetz abgeändert werden.

XXXII. Oesterreichisches Gesetz,

wodurch die gegen den Wucher bestehenden Gesetze aufgehoben werden.

Vom 14. Juni 1868.

(R.-G.-Bl. 1868. Nr. 62.)

---

§. 1. Die bisher bestehenden gesetzlichen Beschränkungen des vertragsmäfsigen Zinsfufses und der Höhe der Conventionalstrafe bei Darlehen und kreditirten Forderungen treten aufser Kraft.

§. 2. Wenn Zinsen ohne bestimmtes Mafs bedungen wurden oder aus dem Gesetze gebühren, so gelten sechs vom Hundert auf Ein Jahr.

§. 3. Zinsen von Zinsen dürfen gefordert werden:

a) wenn solche ausdrücklich bedungen wurden;

b) wenn fällige Zinsen eingeklagt werden, vom Tage der Klagsbehändigung an.

Ueber die Höhe der Zinseszinsen entscheidet zunächst die Verabredung; wurde aber hierüber nichts bedungen, so gelten die gesetzlichen Zinsen. (§. 2.)

§. 4. Ueber die Frist zur Zahlung der Zinsen entscheidet die Verabredung. Wird hierüber keine Verabredung getroffen, so sind die Zinsen bei Zurückzahlung des Capitales oder wenn der Vertrag auf mehrere Jahre geschlossen wurde, jährlich abzuführen.

Zinsen dürfen in vorhinein ohne alle Beschränkung abgezogen oder gefordert werden.

§. 5. Es darf bei Darlehen bedungen werden, dafs eine gröfsere Summe oder Menge, oder Sachen von besserer Beschaffenheit, als gegeben wurden, zurückerstattet werden; jedoch mufs das Zurückzuerstattende von derselben Gattung sein, wie das Gegebene.

§. 6. Alle den vorstehenden zuwiderlaufenden civil- und strafrechtlichen Bestimmungen sind hiemit aufser Wirksamkeit gesetzt; so insbesondere das Patent vom 2. December 1803, Z. 640 der Justiz-Gesetzsammlung, die Verordnung vom 14. December 1866, Nr. 160 R.-Ges.-Bl., der §. 485 des Strafgesetzbuches, dann die §§. 993, 994, 995, 996, 997, 998, 1000 und 1196 des allg. bürgerl. Gesetzbuches. Die statutmäfsig begründeten Rechte der Creditanstalten und Sparkassen, die Vorschriften des Handelsgesetzbuches, sowie auch das Patent vom 2. Juni 1848, Nr. 1157, Justiz-Gesetzsammlung, und die kaiserl. Verordnung vom 7. Febr. 1856, Nr. 21 R.-Ges.-Bl. über den Zwangscours des Papiergeldes werden durch dieses Gesetz nicht berührt.

§. 7. Dieses Gesetz tritt mit erstem Juli 1868 in Kraft; es darf jedoch vom Tage seiner Kundmachung an wegen der als Wucher bezeichneten Handlungen kein Strafverfahren eingeleitet oder fortgesetzt, noch eine bereits zuerkannte Strafe zum Vollzuge gebracht werden.

Dagegen hat dieses Gesetz auf die vor seiner Wirksamkeit abgeschlossenen Rechtsgeschäfte oder erworbenen Rechte dritter Personen, sowie auf die zu jener Zeit anhängigen Concurs- oder Ausgleichsverhandlungen keine Anwendung.

XXXIII. Oesterreichische Concursordnung.

Vom 25. Dezember 1868 [1]).

(Auszug).

§. 1. Durch die Eröffnung des Concurses wird das gesammte, der Execution unterliegende Vermögen, welches ein zahlungsunfähig gewordener Schuldner besitzt oder welches ihm während der Dauer des Concurses zufällt, der freien Verfügung desselben entzogen.

Die Gesammtheit derjenigen Gläubiger, deren Ansprüche zur Zeit der Concurseröffnung bestanden haben, erlangt das Recht, dieses Vermögen nach den Bestimmungen der gegenwärtigen Concursordnung in Verwahrung und Verwaltung zu nehmen und zu ihrer Befriedigung zu verwenden.

§. 2. Die Rechtswirkungen der Eröffnung des Concurses treten mit dem Beginne desjenigen Tages ein, in dessen Laufe bei dem Concursgerichte die Anschlagung des Concursedictes an das Geschäftshaus (§. 69) stattgefunden hat.

§. 3. Jede Verfügung oder Rechtshandlung des Gemeinschuldners nach eröffnetem Concurse, welche sein zur Masse gehöriges Vermögen betrifft, insbesondere jede Veräufserung, Verpfändung oder Belastung ist gegenüber der Gläubigerschaft ungiltig [2]).

---

1) R.-Ges.-Bl. 1869, Nr. 1.

2) Nach §. 88 ist bei unbeweglichen Gütern und eingetragenen Forderungen des Gemeinschuldners die Eröffnung des Concurses in das betreffende Grundbuch einzutragen, »es kann jedoch aus der Unterlassung dieser Anmerkung eine privatrechtliche Folge nicht abgeleitet werden.«

Wurde eine schuldige Zahlung an den Gemeinschuldner nach Eröffnung des Concurses geleistet, so wird der Zahler selbst dann, wenn der Gemeinschuldner das empfangene nicht an die Masse abgeführt, oder für dieselbe verwendet hat, von der wiederholten Entrichtung der Schuld an die Concursmasse befreit, sobald er beweiset, daſs ihm die Eröffnung des Concurses zur Zeit der geleisteten Zahlung nicht bekannt sein konnte.

Eine von dem Gemeinschuldner nach Eröffnung des Concurses einem Gläubiger geleistete Zahlung ist nur in jenem Betrage giltig, welcher ihm bei der Vertheilung der Masse hätte zugewiesen werden sollen.

§. 4. Die Gläubigerschaft ist berechtigt, im Namen des Gemeinschuldners Erbschaften mit dem Vorbehalte der Rechtswohlthat des Inventars anzutreten und Vermächtnisse anzunehmen.

§. 5. Dem Gemeinschuldner ist dasjenige zu überlassen, was er durch eigenen Fleiſs erwirbt, soweit es zum Unterhalte für ihn und für Personen, denen ihm gegenüber ein gesetzlicher Anspruch auf Unterhalt zusteht, erforderlich ist.

Dagegen hat derselbe kein Recht, aus dem zur Concursmasse gehörigen Vermögen den Unterhalt zu fordern.

Ob ihm ein solcher Unterhalt gewährt werden soll, hängt von dem Willen derjenigen Gläubiger ab, welche durch die Gewährung zu Schaden kommen würden.

— — — — — — —

— — — — — — —

§. 8. Durch die Anmeldung im Concurse wird der Lauf der Verjährung ebenso wie durch eine gerichtliche Klage unterbrochen (§. 1497 a. b. G. B.).

Insbesondere hat die Anmeldung von Wechselforderungen die nämliche Folge, wie nach Art. 80 der W.-O. vom 25. Jänner 1850, Nr. 51 R.-G.-B., die Behändigung der Klage.

Wird die Richtigkeit des angemeldeten Anspruches bei der Concursverhandlung bestritten und zur Austragung desselben ein besonderer Proceſs eingeleitet oder das vor der Concurseröffnung anhängig gewesene Verfahren wieder aufgenommen, so ist die Verjährung nur als gehemmt anzusehen, und die Zeit von dem Tage der Einbringung der

Anmeldung bis zu dem Tage, an welchem dem Gläubiger zur Einleitung oder zur Wiederaufnahme der Rechtssache die erforderlichen Belege hinausgegeben worden sind (§. 125), in die Verjährungsfrist nicht einzurechnen.

— — — — — — —

— — — — — — —

§. 11. Nach der Eröffnung des Concurses kann wegen einer Forderung an den Gemeinschuldner auf das in die Concursmasse gehörige Vermögen desselben ein Pfand- oder Retentionsrecht nicht erworben, Verbot oder ein anderes Sicherstellungsmittel oder Execution nicht erwirkt und selbst eine schon vorher bewilligte Execution nicht vorgenommen werden.

Vor Eröffnung des Concurses erworbene Retentionsrechte sind im Concurse als Pfandrechte zu behandeln.

§. 12. Von den Bestimmungen des vorhergehenden Paragraphes finden folgende Ausnahmen statt:

1. Einverleibungen und Vormerkungen in den öffentlichen Büchern über unbewegliche Güter, welche noch vor der Eröffnung des Concurses bei dem zuständigen Gerichte angesucht worden sind, können auch nach der Eröffnung des Concurses bewilliget und vorgenommen werden, wenn das öffentliche Buch bei diesem Gerichte geführt wird. Ist diefs nicht der Fall, so ist von dem Gerichte, bei welchem das öffentliche Buch geführt wird, die Vornahme nur dann zu verfügen, wenn demselben das Ersuchen noch vor der Eröffnung des Concurses zugekommen ist.
2. Die Execution zur Geltendmachung des Pfandrechtes auf bewegliche und unbewegliche Güter, des Retentionsrechtes und des Rückforderungsrechtes kann auch nach der Eröffnung des Concurses erwirkt und fortgesetzt werden.
3. Dasselbe gilt von der Durchführung des von dem Gläubiger schon vor der Concurseröffnung erworbenen Rechtes, sich aus dem Pfande ohne gerichtliche Dazwischenkunft zu befriedigen.

— — — — — — —

§. 14. Mit der Eröffnung des Concurses sind alle Forderungen an den Gemeinschuldner, mit Ausnahme des Anspruches auf den Bezug von jährlichen Renten, Unterhaltsgeldern und andern wiederkehrenden Zahlungen, insoferne als fällig anzusehen, dafs die Masse die Zahlung, ohne Rücksicht auf die hierzu festgesetzte Zeit, sogleich zu leisten berechtiget und der Gläubiger dieselbe anzunehmen verpflichtet ist.

In Ansehung desjenigen Betrages der auf unbeweglichen Gütern versicherten Forderungen, welcher mit dem für das Gut eingehenden Kaufschillinge bedeckt ist, bleibt es bei den früher mit dem Gläubiger bedungenen Zahlungsfristen.

§. 15. Wer auf den Bezug von jährlichen Renten, Unterhaltsgeldern oder andern wiederkehrenden Zahlungen Anspruch hat, kann im Concurse das Begehren auf Sicherstellung für die Bezahlung zur jedesmaligen Verfallszeit stellen (§. 182) [1]).

§. 16. Wer eine bedingte Forderung hat, kann das Begehren, wenn die Bedingung eine aufschiebende ist, auf Sicherstellung der Zahlung für den Fall des Eintrittes der Bedingung, wenn aber die Bedingung eine auflösende ist, ohne weiteres auf Zahlung stellen, wenn er seinerseits für den Fall, dafs die Bedingung eintritt, Sicherheit leistet.

§. 17. Diejenigen Zinsen, welche die Gläubiger des Gemeinschuldners aufser dem Concurse zu fordern haben würden, gebühren denselben auch im Concurse.

Verzugszinsen, welche vor der Eröffnung des Concurses noch nicht zu laufen begonnen haben, sind, wenn nicht eine andere Verfallszeit der Forderung bestimmt ist, vom Tage der Anmeldung zu berechnen.

§. 18. Mitschuldner zur ungetheilten Hand und Bürgen des Gemeinschuldners können im Concurse das Begehren auf Ersatz der vor oder nach Ausbruch des Concurses von ihnen auf die Forderung geleisteten Zahlungen stellen, soweit ihnen ein Rückgriff gegen den Gemeinschuldner zusteht.

---

1) Dies geschieht nach §. 182 in der Weise, dafs das dem Zinswerthe der betreffenden Forderung entsprechende Kapital, soweit dasselbe bei der Vertheilung der Masse realisirt werden kann, zinsbar angelegt und dem Berechtigten für die Dauer seiner Forderung der Zinsgenufs überwiesen wird.

In Ansehung der Zahlungen, die sie in Folge ihrer Haftung etwa künftig treffen könnten, bleibt ihnen vorbehalten, ihre Ansprüche im Concurse für den Fall anzumelden, daſs die Forderung von dem Gläubiger im Concurse nicht geltend gemacht wird.

§. 19. Werden über das Vermögen mehrerer Personen, welche für dieselbe Forderung zur ungetheilten Hand haften, abgesonderte Concurse eröffnet, so kann der Gläubiger den ganzen Betrag seiner Forderung bei jedem einzelnen Concurse geltend machen und bei den Vertheilungen in den einzelnen Concursmassen die auf den ganzen Forderungsbetrag entfallenden Quoten bis zu seiner vollen Befriedigung beziehen.

Nur in dem Falle, daſs sich nach der vollen Befriedigung desselben ein Ueberschuſs ergibt, und nur bis zur Höhe dieses Ueberschusses findet ein Rückgriff der Concursmassen unter einander, und zwar in demjenigen Verhältnisse statt, in welchem Solidarschuldner auſser dem Concurse wegen eines uuverhältniſsmäſsigen Beitrages zur Zahlung gegenseitig einen Ersatz ansprechen können.

§. 20. Forderungen, welche vermöge einer vor Eröffnung des Concurses eingetretenen Compensation gesetzlich als erloschen anzusehen sind, bedürfen keiner Anmeldung im Concurse. Die Compensation wird dadurch nicht gehindert, daſs die Forderung des Gläubigers oder diejenige des Gemeinschuldners zur Zeit der Concurseröffnung noch nicht fällig war. Der Gläubiger muſs sich jedoch, wenn seine Forderung noch nicht fällig und nicht verzinslich ist, für die vorzeitige Tilgung der Schuld die gesetzlichen Zinsen in Abrechnung bringen lassen.

§. 21. Wenn jemand dem Gemeinschuldner vor der Eröffnung des Concurses etwas schuldig war, so findet die Compensation mit einer Gegenforderung an den Gemeinschuldner nicht statt, wenn die Gegenforderung erst nach der Concurseröffnung entstanden oder erst nach dieser im Wege der Abtretung von einem Dritten erworben worden ist.

§. 22. In Betreff solcher Rechtsgeschäfte, welche auf gegenseitige Leistungen gerichtet und zur Zeit der Concurseröffnung noch nicht von beiden Theilen erfüllt sind, gelten im allgemeinen folgende Grundsätze:

a) hatte nur der Gemeinschuldner vollständig erfüllt, so tritt die Masse in das Geschäft ein und kann von dem andern Theile die rückständige Gegenleistung fordern;

b) hatte nur der andere Theil vollständig erfüllt, so hat derselbe seine Ansprüche gegen die Masse nach den Bestimmungen der gegenwärtigen Concursordnung geltend zu machen. Er kann jedoch, falls die schuldige Gegenleistung nicht in einer Geldzahlung besteht und ihm ein Rückforderungsrecht nicht zukommt (§. 26), das Begehren nicht auf Erfüllung, sondern nur auf Entschädigung stellen;

c) hatten beide Theile noch gar nicht oder nur unvollständig erfüllt, so hat die Masse die Wahl, ob sie in das Geschäft eintreten wolle, oder nicht; sie mufs sich jedoch darüber spätestens binnen einer von dem Concursrichter auf Antrag des andern Theiles ihr zu bestimmenden angemessenen Frist erklären, widrigenfalls angenommen wird, dafs sie in das Geschäft nicht eintrete.

Tritt die Masse in das Geschäft ein, so ist dasselbe von beiden Theilen vollständig zu erfüllen.

Tritt sie in das Geschäft nicht ein, so hat der andere Theil, soweit das von ihm etwa geleistete noch in der Concursmasse unterscheidbar vorhanden ist, Anspruch auf Zurückstellung desselben, sonst aber nur auf Entschädigung.

Im übrigen werden dadurch die Bestimmungen des allgemeinen bürgerlichen Rechtes und des Handelsrechtes über die Zulässigkeit des Rücktrittes von einem Vertrage überhaupt und über den Einflufs der Eröffnung des Concurses auf einzelne Gattungen von Geschäften und Rechtsverhältnissen insbesondere nicht berührt.

§. 23. Bei Mieth- und Pachtverträgen tritt die Masse, wenn der Gemeinschuldner Miether oder Pächter ist, von dem Zeitpunkte der Eröffnung des Concurses in den Vertrag ein. Es können jedoch beide Theile, unbeschadet allenfälliger Entschädigungsansprüche, den Vertrag, auch wenn derselbe für eine längere Zeitdauer verbindlich wäre, innerhalb der gewöhnlichen, durch Gesetz oder Ortsgebrauch bestimmten Fristen kündigen.

Ist der Gemeinschuldner Vermiether oder Verpächter, so tritt die Masse an dessen Stelle, ohne daſs die Bestimmungen über die Dauer des Vertrages eine Abänderung erleiden; jedoch hat selbst eine freiwillige Veräuſserung des Bestandobjectes im Concurse, in Beziehung auf die Auflösung des Vertrages, die Wirkung einer nothwendigen Veräuſserung.

Die Bestimmungen der §§. 1117 und 1118 des allgemeinen bürgerlichen Gesetzbuches werden hierdurch nicht berührt.

— — — — — — —

— — — — — — —

§. 26. Befinden sich in der Concursmasse bestimmte Sachen, welche dem Gemeinschuldner ganz oder zum Theile nicht eigenthümlich gehören, so ist das Recht, deren Rückstellung oder die Ausscheidung des in die Masse nicht gehörigen Antheiles, zu fordern, nach den allgemeinen Rechtsgrundsätzen zu beurteilen. Ist eine solche Sache nach Eröffnung des Concurses veräuſsert worden, so tritt das erzielte Entgelt an die Stelle der veräuſserten Sache. Dem Rückfordernden steht das Recht zu, das Entgelt aus der Masse, wenn es derselben bereits geleistet wurde, oder von demjenigen zu fordern, der es noch schuldet.

— — — — — — —

§. 28. Aus dem Vermögen des Gemeinschuldners sind vor allem die Massenschulden, und zwar aus derjenigen Masse, auf welche sie sich beziehen (§§. 30 und 42), zu berichtigen.

Im Zweifel, ob solche Schulden auf die gemeinschaftliche oder auf eine besondere Masse sich beziehen, ist anzunehmen, daſs sie die gemeinschaftliche Masse treffen.

§. 29. Als Masseschulden sind zu betrachten:

1. Die Massekosten.

Zu diesen gehören:

a) Die Kosten der Concurseröffnung, sowie alle Kosten, welche zum Zwecke der Ermittlung, Sicherstellung, Einbringung, Schätzung, Veräuſserung und Vertheilung des zur Masse gehörigen Vermögens entstanden sind.

b) Alle Kosten, welche mit der Ermittlung, Prüfung

und Feststellung der Ansprüche an die Masse verbunden sind, soweit dieselben nach den Bestimmungen dieser Concursordnung (§§. 122, 123, 133, 137) nicht einzelnen Personen zur Last fallen.

c) Alle Auslagen, welche mit Erhaltung, Verwaltung und Bewirthschaftung der Masse verbunden sind, wozu auch die, die Masse betreffenden Steuern und öffentlichen Abgaben zu rechnen sind, welche während des Concurses fällig werden.

2. Alle Ansprüche gegen die Masse, welche nach der Concurseröffnung aus rechtsverbindlichen Geschäften oder Handlungen der Masseverwaltung entstanden sind.

3. Alle Ansprüche aus Rechtsgeschäften oder Rechtsverhältnissen des Gemeinschuldners, welche zur Zeit der Concurseröffnung noch nicht erfüllt oder noch nicht beendigt sind, soweit die Masse an die Stelle des Gemeinschuldners in dieselben eingetreten ist (§§. 22 und 23).

Können die Masseschulden nicht vollständig bezahlt werden, so haben die Massekosten den Vorzug vor den übrigen Masseschulden und die einen oder andern unter sich sind verhältnifsmäfsig zu berichtigen. Bereits geleistete Zahlungen können jedoch nicht zurückgefordert werden.

§. 30. Diejenigen Gläubiger, welche aus einem dinglichen Rechte auf vorzugsweise Befriedigung aus bestimmten Gütern des Gemeinschuldners Anspruch haben (Realgläubiger), schliefsen, soweit diese ihre Forderungen reichen, im Concurse die persönlichen Gläubiger (Concursgläubiger) von der Bezahlung aus diesen Gütern (besonderen Massen) aus.

Nur das, was nach Befriedigung der Realgläubiger von den besonderen Massen übrig bleibt, fliefst in die zur Bezahlung der Concursgläubiger bestimmte gemeinschaftliche Concursmasse.

Die Realgläubiger können jedoch, soferne ihnen zugleich ein persönlicher Anspruch gegen den Gemeinschuldner zusteht, ihre Befriedigung gleichzeitig auch gegen die gemeinschaftliche Concursmasse als Concursgläubiger suchen.

§. 31. Aus dem Verkaufserlöse eines zur Concursmasse gehörigen unbeweglichen Gutes und aus den von dem Gute oder von dessen Erlöse während des Concurses erzielten Nutzungen sind zuerst die auf die besondere Masse sich beziehenden Masseschulden zu berichtigen (§. 29). Von den Massekosten jedoch, welche durch die in Folge der Anmeldung im Concurse geschehene Feststellung der Realansprüche entstehen, fallen der besonderen Gutsmasse nur diejenigen Beträge zur Last, die solche Realforderungen betreffen, welche und soweit dieselben durch den Erlös des Gutes gedeckt sind.

Hierauf haben die nachbenannten Forderungen in der hier bezeichneten Ordnung zur abgesonderten Berichtigung zu gelangen:

1. Die für die letzten drei Jahre vor der Eröffnung des Concurses rückständigen, von dem Gute zu entrichtenden Beträge an Vermögensübertragungsgebühren, Steuern und öffentlichen Abgaben, zu welchen auch die, zu Zwecken der öffentlichen Verwaltung ausgeschriebenen Zuschläge in der Art gerechnet werden, dafs diese unmittelbar nach den Steuern und Abgaben, zu welchen sie hinzugeschlagen wurden, zur Berichtigung gelangen;

2. die Forderungen der Hypothekargläubiger mit Einschlufs der grundbücherlich eingetragenen Vermögensübertragungsgebühren nach Mafsgabe ihrer Priorität; endlich

3. diejenigen Beträge an Vermögensübertragungsgebühren, Steuern und öffentlichen Abgaben, welche aus einer frühern, als der unter 1. bestimmten Zeit rückständig sind, insoferne dieselben nach den in den einzelnen Ländern bestehenden Gesetzen überhaupt ein Pfandrecht auf dem Gute geniefsen.

§. 32. Dienstbarkeiten sind als eine Last des unbeweglichen Gutes, worauf sie haften, aufrecht zu erhalten und an den neuen Erwerber desselben zu überweisen, soweit dadurch den vorhergehenden Hypothekarforderungen kein Abbruch geschieht.

Geschähe diesen dadurch Abbruch, so tritt der Entschädigungsanspruch für die nicht überwiesene Dienstbarkeit als Hypothekarforderung (§. 31, P. 2) an die Stelle dieser Dienstbarkeit.

§. 33. Das Pfandrecht für die nicht länger als drei Jahre vor Eröffnung des Concurses rückständigen, sowie für die während desselben laufenden Zinsen hat gleiche Priorität mit dem Pfandrechte für das Capital.

§. 34. Auch den nicht länger als drei Jahre vor der Concurseröffnung rückständigen, sowie den während des Concurses fällig werdenden Ansprüchen auf jährliche Renten, Unterhaltsgelder oder andere wiederkehrende Zahlungen gebührt dieselbe Priorität, welche dem Bezugsrechte selbst zukommt.

Bleibt zur Bezahlung der rückständigen und laufenden Renten (§. 181), kein hinlänglicher Deckungsfond aus dem Erlöse des verpfändeten Gutes übrig, so kann der Bezugsberechtigte zuerst die Bezahlung der, eine gleiche Priorität genieſsenden Rückstände, und dann die Ergänzung der Leistungen aus dem Capitale selbst, bis dasselbe aufgezehrt ist, fordern.

§. 35. Aeltere als drei Jahre vor der Concurseröffnung rückständige Zinsen, Renten, Unterhaltsgelder oder andere wiederkehrende Zahlungen haben, insoweit denselben ein Pfandrecht zukommt, erst nach den in §§. 31 bis 34 bezeichneten Posten, und zwar nach der Priorität der Capitalien oder Bezugsrechte zur Berichtigung zu gelangen.

§. 36. Proceſs- und Executionskosten und zwar letztere, insoweit sie nicht Massekosten sind, kommen, wenn sie mit der Forderung das gleiche Pfandrecht genieſsen, auch zugleich mit dieser zur Berichtigung.

§. 37. Haftet eine Forderung ungetheilt auf mehreren zur Concursmasse gehörigen unbeweglichen Gütern, so hat jedes dieser Güter zur Befriedigung derselben mit jenem Theilbetrage beizutragen, welcher sich zu derselben verhält, wie der zu jedem einzelnen Gute nach Befriedigung der vorhergehenden Forderungen erübrigende Rest des Erlöses zu der Summe aller dieser Reste. Es steht dem Gläubiger frei, seine Befriedigung aus einem einzelnen Gute oder aus mehreren derselben zu verlangen; jedoch können die ihm auf diesen Gütern nachstehenden Gläubiger, welche in Folge jener Wahl weniger erhalten, als wenn er seine Befriedigung aus allen Gütern verhältniſsmäſsig genommen hätte, fordern, daſs aus dem Erlöse der übrigen Güter derjenige Betrag, welcher nach dem obigen Verhältnisse davon auf seine Forderung entfallen wäre, ausgeschieden und an sie unbelastet abgeführt werde.

Sind die übrigen Güter noch nicht verkauft, so tritt dieser Anspruch in die Rangordnung der getilgten Forderung, und ist, insofern derselbe in einem öffentlichen Buche eingetragen ist, in der Rangordnung der unter einem zu löschenden Forderung einzuverleiben.

§. 38. Aus dem Verkaufserlöse eines in die Concursmasse gehörigen, mit Pfandforderungen belasteten beweglichen Gutes und aus dem von dem Gute oder von dessen Erlöse während des Concurses erzielten Erträgnisse sind, nach den im §. 31 in Ansehung der unbeweglichen Güter aufgestellten Grundsätzen zuvörderst die auf das Gut sich beziehenden Masseschulden abzuziehen und hierauf die Pfandforderungen zu berichtigen.

In Ansehung der Dienstbarkeiten, der Zinsen und wiederkehrenden Zahlungen, sowie der erwachsenen Procefs- und Executionskosten kommen die in den §§. 33 bis 37 in Betreff der unbeweglichen Güter aufgestellten Grundsätze zur Anwendung.

— — — — — — —

— — — — — — —

§. 41. Aus dem Verkaufserlöse eines zur Concursmasse gehörigen Bergwerkes oder eines andern der Berggerichtsbarkeit unterworfenen Vermögens und aus dem von diesem Vermögen oder von dessen Erlöse während des Concurses erzielten Erträgnisse haben, nach Abzug der auf die besondere Bergwerksmasse sich beziehenden, nach Anweisung des §. 31 zu beurteilenden Masseschulden, die nachbenannten Forderungen in der hier bezeichneten Ordnung zur abgesonderten Berichtigung zu gelangen:

1. Die für die letzten drei Jahre vor der Eröffnung des Concurses rückständigen, von dem Werke an den Staatsschatz zu entrichtenden Vermögensübertragungsgebühren und Abgaben.
2. Der für das letzte Jahr vor der Concurseröffnung rückständige Lohn der Arbeiter der Berg-, Hütten- und anderer dazu gehöriger Werke.
3. Die Forderungen der Knappschafts- oder Bruderladen in Ansehung der von den Aufsehern oder Arbeitern

zwar entrichteten, oder denselben an dem Lohne abgezogenen, aber nicht in die Casse gelangten oder in derselben abgängigen Beiträge.

4. Die für das letzte Jahr vor der Concurseröffnung ausständigen Beträge an Erb- und Revierstollengebühren und andern Beiträgen zu Revieranstalten, sowie an Wasser-, Schacht- und Gestänggebühren und andern jährlichen Leistungen für eingeräumte Bergbaudienstbarkeiten.
5. Die Forderungen der Hypothekargläubiger nach Anweisung des §. 31 unter 2.
6. Die unter 1. und 4. dieses Paragraphes bezeichneten Abgaben und Gebühren, soferne sie aus einer frühern als der dort bestimmten Zeit rückständig sind.

§. 42. Das gesammte Concursvermögen, soweit es nicht zur Befriedigung der Realgläubiger und zur Tilgung der besondern Masseschulden zu dienen hat, fliefst zur gemeinschaftlichen Concursmasse und ist nach vorläufiger Berichtigung der auf dieselbe sich beziehenden Masseschulden zur Befriedigung der Concursgläubiger in folgender Ordnung zu verwenden.

§. 43. In die erste Classe gehören:

1. wenn der Gemeinschuldner vor der Concurseröffnung gestorben ist, die Kosten für dessen Begräbnifs nach Mafsgabe des §. 549 des allgemeinen bürgerlichen Gesetzbuches; wenn derselbe nach der Eröffnung des Concurses gestorben ist, die mit dessen Beerdigung unvermeidlich verbundenen Auslagen;
2. der für das letzte Jahr vor der Concurseröffnung rückständige Lied- oder Arbeitslohn der im Haushalte, Wirthschaftsbetriebe oder Gewerbe des Gemeinschuldners dauernd aufgenommenen Personen, auch wenn dieselben Kinder des Gemeinschuldners sind oder dessen Dienste schon vor der Eröffnung des Concurses verlassen haben;
3. Forderungen der Aerzte, Wundärzte, Hebammen, Krankenwärter und Apotheker, insoferne die Ansprüche für ihre Bemühungen und für gelieferte Heilmittel auf Krankheiten des Gemeinschuldners oder solcher Familienglieder, zu deren Unterhalte derselbe verpflichtet war, oder des im Haushalte befindlichen

Dienstgesindes sich beziehen und nicht über Ein Jahr, von dem Tage der Eröffnung des Concurses oder, falls der Gemeinschuldner vor der Concurseröffnung gestorben ist, von dem Tage seines Todes zurückgerechnet, ausständig sind;

4. die Steuern, die durch Uebereinkommen mit den Steuerpflichtigen festgesetzten Abfindungsbeträge, dann die Zölle, die Verbrauchs- und andere öffentliche Abgaben, soferne diese Forderungen nicht über drei Jahre, von dem Tage der Eröffnung des Concurses zurückgerechnet, rückständig sind und nicht schon aus dem dafür haftenden Gute zur Zahlung gelangen.

Reicht die Masse zur vollständigen Befriedigung der Gläubiger dieser Classe nicht aus, so sind zuerst die unter 1., 2. und 3. angeführten Forderungen, und zwar nach dem Verhältnisse der einzelnen Beträge zu berichtigen; der allfällige Rest ist zur Berichtigung der unter 4. bezeichneten Forderungen zu verwenden.

§. 44. In die zweite Classe gehören und sind im Falle der Unzulänglichkeit der Masse verhältnifsmäfsig zu berichtigen:

1. die Ersätze, welche dem Vater, Vormunde oder Curator aus dem Grunde der pflichtwidrigen Verwaltung des Vermögens des Minderjährigen oder Curanden zur Last fallen;
2. die Forderungen, welche der Staatsschatz gegen einen Beamten oder Diener aus dem Dienstverhältnisse anzusprechen hat.

§. 45. In die dritte Classe sind sämmtliche keiner andern Classe ausdrücklich zugewiesenen Gläubiger zu setzen und im Falle der Unzulänglichkeit der Masse verhältnifsmäfsig zu befriedigen.

§. 46. Die von den Concursgläubigern angesprochenen Zinsen, wiederkehrenden Zahlungen, Procefs- und Executionskosten werden in Betreff ihrer Gleichstellung mit dem Capitale oder Bezugsrechte nach denselben Grundsätzen behandelt, welche in den §§. 33 bis 37 für die Ansprüche der Realgläubiger aufgestellt sind.

§. 47. In der vierten Classe sind diejenigen rückständigen Zinsen und wiederkehrenden Zahlungen, welchen nicht die gleiche Rangordnung mit dem Capitale oder Bezugsrechte zukommt, und zwar im Falle der Unzulänglichkeit der Masse verhältnifsmäfsig zu berichtigen.

Dasselbe gilt von den durch Pfand versicherten Zinsen und wiederkehrenden Zahlungen, welchen dieselbe Rangordnung mit dem Capitale oder Bezugsrechte nicht zukommt, insoweit dieselben durch das Pfand nicht gedeckt sind.

§. 48. In die fünfte Classe gehören:

1. die Forderungen aus Schenkungen und nach diesen
2. die Geldstrafen wegen Uebertretungen jeder Art,

insoferne die einen und die andern mit einem Pfandrechte nicht bedeckt sind.

Im Falle der Unzulänglichkeit der Masse sind die concurrirenden Forderungen nach dem Verhältnisse ihrer Beträge zu berichtigen.

§. 49. Die von dem Ehemanne vor Eröffnung des Concurses abgegebene schriftliche oder mündliche Erklärung, dafs er das Heiratsgut empfangen habe, mufs, um zu Gunsten der Frau oder ihrer Rechtsnachfolger gegen die Masse einen Beweis zu machen (1226 a. b. G.B.), entweder zur Zeit der Empfangnahme des Heiratsgutes oder spätestens ein Jahr vor dem Tage der Concurseröffnung erfolgt und der Zeitpunkt der Abgabe dieser Erklärung gegenüber der Masse bewiesen sein. Das Datum der Urkunde für sich allein stellt den Beweis nicht her.

§. 50. Inwieferne die der Ehefrau eines Kaufmannes aus den Ehepacten zustehenden Ansprüche, um gegen die Handelsgläubiger des Ehemannes wirksam zu sein, der Eintragung in das Handelsregister bedürfen, wird durch das Handelsrecht bestimmt.

Die Ehegattin eines Kaufmannes, deren Ehepacten in dem Handelsregister eingetragen sind (§. 16 des Einführungsgesetzes zum Handelsgesetze), hat den dieser Eintragung vorangehenden Handelsgläubigern jenen Mehrbetrag, welcher ihnen aus der Concursmasse ihres Ehegatten zur Bezahlung ihrer Forderung ohne Rücksicht auf die Ehepacten zugekommen wäre, aus der ihr auf Grund der Ehepacten zukommenden Bezahlung zu ersetzen.

— — — — — — —

— — — — — — —

§. 53. Durch den Ausspruch des Gerichtes, dafs der

Concurs beendigt ist, tritt der Gemeinschuldner wieder in das Recht der freien Vermögensverfügung.

§. 54. Gläubiger, deren Forderungen schon zur Zeit der Concurseröffnung bestanden haben, sind berechtigt, gleichviel ob sie dieselben im Concurse angemeldet, aber die volle Befriedigung nicht erlangt, oder ob sie die Anmeldung unterlassen haben, ihre Ansprüche auf das von dem Gemeinschuldner nach der Concursbeendigung erworbene oder zu seiner freien Verfügung verbleibende Vermögen geltend zu machen.

— — — — — — —

— — — — — — —

§. 76. Der Masseverwalter ist Vertreter der Gläubigerschaft und Verwalter des in den Concurs gehörigen Vermögens.

Ihm liegt ob, den Activ- und Passivstand der Masse zu ermitteln, für die Einbringung und Sicherstellung des ersteren, sowie für die Feststellung des letzteren, insbesondere durch Prüfung der angemeldeten Ansprüche, zu sorgen und sowohl die Activ- als die Passivprocesse, welche die Masse oder besondere Theile derselben betreffen, zu führen.

Er hat bei seiner Geschäftsführung die Sorgfalt eines redlichen und fleifsigen Hausvaters anzuwenden und über seine Verwaltung genaue Rechnung zu führen und zu legen.

— — — — — — —

§. 78. Im Verhältnisse zu Dritten ist der Masseverwalter kraft seiner Bestellung befugt, alle Rechtsgeschäfte und Rechtshandlungen vorzunehmen, welche die Erfüllung der Obliegenheiten seines Amtes mit sich bringt.

Diese Befugnifs erstreckt sich auch auf alle Geschäfte, zu welchen nach dem allgemeinen bürgerlichen Rechte eine besondere, auf die Gattung des Geschäftes lautende Vollmacht erfordert wird und namentlich auf die mit dem Betriebe der Verwaltung verbundene Empfangnahme und Quittirung von Geld und Geldeswerth.

Zum Behufe der Erhebung von Geldern, Kostbarkeiten oder Werthpapieren bei öffentlichen Cassen, Behörden oder Aemtern ist ihm von dem Concurscommissär von Fall zu Fall eine Legitimationsurkunde auszufertigen.

In welchen Fällen eine Beschränkung der ihm kraft seiner Bestellung zugehenden Befugnifs eintritt, ist in den §§. 147 und 148 bestimmt [1]).

§. 79. Inwieferne der Masseverwalter der Gläubigerschaft gegenüber bei seinen Verfügungen an die Beschlüsse des Gläubigerausschusses gebunden ist, wird im §. 140 bestimmt [2]).

— — — — — — —

— — — — — — —

§. 82. Wenn der Umfang der Geschäfte es erfordert, kann das Concursgericht nach Anhörung des Masseverwalters und mit Zustimmung des Gläubigerausschusses dem Masseverwalter für bestimmte Zweige der Verwaltung, und namentlich für die Verwaltung von unbeweglichen Gütern und von Bergwerksvermögen, besondere Verwalter beigeben. Ihre Rechte und Pflichten richten sich sodann innerhalb ihres Geschäftskreises nach den für den Masseverwalter gegebenen Bestimmungen mit Ausschlufs derjenigen, welche sich auf dessen Wohnsitz oder Aufenthalt beziehen.

Der Masseverwalter ist für die Geschäftsführung der besonderen Verwalter nicht verantwortlich, wohl aber befugt, von ihnen jede die Verwaltung betreffende Auskunft zu verlangen und erforderlichenfalls ihre Enthebung bei dem Concursgerichte zu beantragen.

— — — — — — —

— — — — — — —

§. 199 [3]). Wenn über das Vermögen einer offenen Gesellschaft, einer Commanditgesellschaft oder einer Com-

---

1) Nämlich bei der Anfechtung oder Aufhebung von Geschäften des Gemeinschuldners, bei der Erklärung des Eintritts in Verträge desselben (§§. 22, 23), bei Vergleichen über mehr als 200 fl., bei der Anerkennung von Rückforderungsansprüchen, bei der Einlösung von Pfändern für die Masse, bei Veräufserung u. dgl. von Grundstücken, Immobiliarrechten oder Seeschiffen, bei Veräufserung beweglicher Massengüter in einer anderen als der im Executionsverfahren vorgeschriebenen Weise, endlich bei der Abtretung zur Masse gehöriger industrieller oder Handelsunternehmungen.

2) Dies gilt bei allen wichtigeren Verwaltungshandlungen.

3) Alle folgenden §§. betreffen den kaufmännischen Concurs.

manditgesellschaft auf Actien der Concurs eröffnet wird, so ist bei demselben Gerichte zugleich auch über das Privatvermögen eines jeden persönlich haftenden Gesellschafters die Eröffnung des Concurses von Amtswegen einzuleiten.

§. 200. Die Eröffnung des Concurses über das Vermögen eines persönlich haftenden Gesellschafters hat die Eröffnung des Concurses über das Vermögen der Gesellschaft von Rechtswegen nicht zur Folge.

Die Gesellschaft hat in einem solchen Falle, gleichviel, ob sie fortbesteht oder in Liquidation tritt, an die Concursmasse des Gesellschafters den Antheil desselben an dem Gesellschaftsvermögen nach Abzug seines Antheiles an den Gesellschaftsschulden im Wege der Auseinandersetzung mit der Masseverwaltung auszufolgen. In den Concurs des Gesellschafters braucht sich die Gesellschaft zu diesem Behufe nicht einzulassen.

Eine solche Auseinandersetzung tritt auch in dem Falle ein, dafs über das Gesellschaftsvermögen gleichfalls der Concurs eröffnet wird.

§. 201. Die Gesellschaftsgläubiger können ihre Forderungen mit dem vollen Betrage gleichzeitig im Concurse der persönlich haftenden Gesellschafter anmelden.

Soweit die Richtigkeit der Forderung im Concurse der Gesellschaft festgestellt ist, kann dieselbe im Concurse der Gesellschafter nicht weiter bestritten werden.

Die Privatgläubiger des in Concurs verfallenen Gesellschafters dagegen können im Gesellschaftsconcurse als Gläubiger nicht auftreten.

— — — — — — —

— — — — — — —

§. 233. Durch den gerichtlich bestätigten Ausgleich [1]) wird der Gemeinschuldner von der Verbindlichkeit befreit, seinen Gläubigern, gleichviel, ob dieselben ihre Forderungen angemeldet und ob sie dem Ausgleiche beigestimmt haben oder nicht, den Ausfall, welchen sie erleiden, nachträglich zu ersetzen.

Eine im Ausgleiche enthaltene, diese Rechtswirkung

1) Den Zwangsausgleich im kaufmännischen Concurse (dem ordentlichen Concursverfahren unbekannt).

beschränkende Bestimmung ist nur insoferne giltig, als dieselbe den in den §§. 222 und 223 aufgestellten Grundsätzen in Betreff einer gleichen Behandlung der Gläubiger nicht widerspricht [1]).

§. 234. Die im vorhergehenden Paragraphe erwähnte Bestimmung kommt dem Schuldner gegenüber keinem seiner Gläubiger zu statten, wenn sich der Schuldner des Verbrechens des Betruges nach §. 190, lit. f. oder des Vergehens des §. 486, lit. g. des Str.-G.-B. schuldig gemacht hat. — — — — — — —

— — — — — — —

§. 236. Die im Ausgleiche ohne ihr Verschulden unberücksichtigt gebliebenen Gläubiger sind berechtigt, nach der Aufhebung des Concurses von dem Gemeinschuldner Befriedigung, jedoch nur für so viele Procente ihrer Forderung zu verlangen, als den Theilnehmern des Ausgleiches aus demselben zu Gute gekommen sind. Auch kann die Befriedigung weder aus demjenigen Vermögen, welches nach Aufhebung des Concurses zur Erfüllung des Ausgleiches in den Händen der Gläubiger oder ihrer Bestellten zu bleiben hat, noch aus dem Ertrage des Geschäftsbetriebes des Gemeinschuldners, so lange das Geschäft dem Ausgleiche zu Folge zur Befriedigung der Theilhaber an dem letzteren betrieben wird, gegen den Gemeinschuldner gesucht werden.

— — — — — — —

— — — — — — —

§. 240. Der Concurs über das Privatvermögen eines jeden persönlich haftenden Gesellschafters kann durch einen Ausgleich beendet werden.

Durch denselben werden die Forderungen der Privatgläubiger und der Gesellschaftsgläubiger, soweit diese letzteren wegen eines Ausfalles im Concurse der Gesellschaft auf das Privatvermögen ihren Rückgriff nehmen, gleichmäfsig getroffen.

---

1) Hiernach brauchen Concursgläubiger einer bevorzugten Klasse sich keinen Ausgleich gefallen zu lassen, durch welchen minderberechtigte Gläubiger auf ihre Kosten berücksichtigt werden; Gläubiger derselben Klasse haben stets Anspruch auf gleichmäfsige Berücksichtigung.

Den Gesellschaftsgläubigern kommt bei der Ausgleichsverhandlung in Betreff der jedem derselben gebührenden vollen Forderung das gleiche Stimmrecht mit den Privatgläubigern zu.

Gegenstand des Ausgleiches bildet blofs das Privatvermögen des Gesellschafters; doch wird dieser durch den Ausgleich von der Solidarhaftung für die Gesellschaftsschulden frei.

Im übrigen wird durch den Ausgleich die Verhandlung über den Gesellschaftsconcurs nicht berührt.

XXXIV. Oesterreichisches Gesetz

über das gerichtliche Verfahren in Rechtsangelegenheiten außer Streitsachen.

Vom 9. August 1854 [1]).

(Auszug).

---

§. 182. Wenn jemand Ordensgelübde ablegt, deren Ablegung nach dem Gesetze [2]) den Verlust der freien Verwaltung des Vermögens nach sich zieht, so hat das Gericht für dasjenige Vermögen, worüber er nicht unter Lebenden verfügt hat, einen Curator zu bestellen.

§. 183. Hinterläßt ein Ausländer ein in dem österreichischen Staate befindliches minderjähriges Kind, so hat das Gericht demselben einen Vormund für so lange zu bestellen, bis von der zuständigen ausländischen Behörde eine andere Verfügung getroffen wird.

— — — — — — —

— — — — — — —

§. 227. Für jedes Fideicommiß muß ein Curator bestellt werden. Das Gericht hat dabei auf den Vorschlag der Fideicommißanwärter gehörigen Bedacht zu nehmen und in Rücksicht der persönlichen Eigenschaften des Curators die Anordnungen des a. b. G.B. über Vormünder zu beobachten.

Es kann auch einer von den Anwärtern selbst zum Curator benannt werden. Gläubiger und Schuldner des Fideicommisses sind zu diesem Amte nicht zuzulassen.

§. 228. Des Curators Pflicht ist, die Rechte der zur Erbfolge in das Fideicommiß berufenen Nachkommenschaft

---

1) R.-G.-Bl. 1854, Nr. 208.

2) Vgl. Hofdekret v. 23. März 1809 (Justiz-Ges.-Samml. Nr. 887).

zu vertreten und darüber zu wachen, daſs das Stammvermögen des Fideicommisses erhalten und der Zustand desselben nicht verschlimmert werde. Er hat dem Gerichte nicht nur die über Fideicommiſsgeschäfte abgeforderten Gutachten zu erstatten, sondern auch alle pflichtwidrigen, den Fideicommiſserben nachtheiligen Unternehmungen des Fideicommiſsbesitzers anzuzeigen [1]).

§. 229. In wichtigeren Fideicommiſsangelegenheiten werden, insoferne nicht die Vernehmung aller Fideicommiſserben ausdrücklich vorgeschrieben ist (§§. 634 und 644 des a. b. G.B.), auſser dem Fideicommiſscurator auch einige der nächsten Fideicommiſsanwärter und vorzüglich diejenigen zu Rathe gezogen, die nicht so weit vom Gerichtsorte entfernt sind, daſs ihre Vernehmung groſsen Zeitverlust verursachen würde. Insbesondere hat der Curator gemeinschaftlich mit den anderen Anwärtern an allen Processen Theil zu nehmen, die das Stammvermögen des Fideicommisses betreffen.

§. 230. Die Versicherung des Fideicommiſsvermögens geschieht in Rücksicht der zum Fideicommisse gehörigen unbeweglichen Güter durch Eintragung der fideicommissarischen Anordnung in die öffentlichen Bücher. — — — — Oeffentliche und Privatschuldbriefe und alle übrigen Urkunden über die Forderungen des Fideicommisses müssen in gerichtliche Verwahrung genommen werden.

— — — — — — —

§. 232. Bei Privatpersonen für das Fideicommiſs angelegte Geldsummen müssen in dem Schuldscheine und in den öffentlichen Büchern ausdrücklich als Fideicommiſscapitalien bezeichnet, Staatspapiere, wenn sie auf den Ueberbringer lauten, der Vinculirung von Seite der öffentlichen Casse unterzogen, wenn sie aber auf bestimmte Namen lauten, auf das Fideicommiſs umschrieben werden.

— — — — — — —

— — — — — — —

1) Das Gesetz verweist hier auf die §§. 253 und 254, nach welchen bei Verschlechterung des Fideicommisses, oder wenn der Besitzer seinen Verpflichtungen hinsichtlich der Fideicommiſsschulden und sonstiger Lasten nicht nachkommt, bis zur Sequestration des Fideicommisses gegangen werden kann.

§. 263. Die Eltern eines unehelichen Kindes können um die Legitimation desselben durch landesfürstliche Begünstigung nur mit Einwilligung des Kindes, oder wenn es minderjährig ist, mit Bewilligung des vormundschaftlichen Gerichtes ansuchen, welches vor Ertheilung der Bewilligung den Vormund zu vernehmen hat.

— — — — — — —

— — — — — — —

§. 267. Es steht jedermann frei, sein Eigenthum sowohl gerichtlich schätzen, als auch öffentlich feilbieten zu lassen.

— — — — — — —

— — — — — — —

§. 275. Die freiwillige Versteigerung ist auf Verlangen des Eigenthümers auch ohne vorhergegangene Schätzung zu bewilligen, immer mufs aber der Eigenthümer den Ausrufspreis bestimmt angeben.

— — — — — — —

— — — — — — —

§. 278. Dem Eigenthümer steht frei, sich die Genehmigung des Verkaufes auf eine bestimmte Zeit vorzubehalten, welches jedoch in dem Edicte ausgedrückt werden mufs. Ist kein Vorbehalt geschehen, so wird das Gut dem Meistbietenden, oder, wenn nur Ein Kauflustiger erschienen wäre, diesem, jedoch nicht unter dem Ausrufspreise, zugeschlagen und der Kauf für unwiderruflich abgeschlossen angesehen.

XXXV. Civilprozeſsordnung für das Deutsche Reich[1]).

(Auszug).

§. 13. Der allgemeine Gerichtsstand einer Person wird durch den Wohnsitz bestimmt.

§. 14. Militärpersonen haben in Ansehung des Gerichtsstandes ihren Wohnsitz am Garnisonorte.

Diese Bestimmung findet auf diejenigen Militärpersonen, welche nur zur Erfüllung der Wehrpflicht dienen oder welche selbständig einen Wohnsitz nicht begründen können, keine Anwendung.

§. 15. Als Wohnsitz der Militärpersonen, welche zu einem Truppentheile gehören, der im Deutschen Reiche keinen Garnisonort hat, gilt in Ansehung des Gerichtsstandes der letzte deutsche Garnisonort des Truppentheils.

§. 16. Deutsche, welche das Recht der Exterritorialität genieſsen, sowie die im Auslande angestellten Beamten des Reichs oder eines Bundesstaats behalten in Ansehung des Gerichtsstandes den Wohnsitz, welchen sie in dem Heimathstaate hatten. In Ermangelung eines solchen Wohnsitzes gilt die Hauptstadt des Heimathstaats als ihr Wohnsitz. Ist die Hauptstadt in mehrere Gerichtsbezirke getheilt, so wird der als Wohnsitz geltende Bezirk im Wege

---

1) Da die Publikation noch nicht erfolgt ist, so theilen wir den Text auf Grund der vom Bundesrathe bereits genehmigten Beschlüsse des Reichstags in dritter (zweiter) Lesung mit. Aktenstücke des Deutsch. Reichstags, 2. Legislatur-Periode, IV. Session 1876. Nr. 60 und 150.

der Justizverwaltung durch allgemeine Anordnung bestimmt.

Auf Wahlkonsuln finden diese Bestimmungen keine Anwendung.

§. 17. Die Ehefrau theilt in Ansehung des Gerichtsstandes den Wohnsitz des Ehemannes, sofern nicht auf immerwährende Trennung von Tisch und Bett erkannt ist.

Eheliche und diesen gleichgestellte Kinder theilen in Ansehung des Gerichtsstandes den Wohnsitz des Vaters, uneheliche den Wohnsitz der Mutter. Sie behalten diesen Wohnsitz, bis sie denselben in rechtsgültiger Weise aufgeben.

§. 18. Der allgemeine Gerichtsstand einer Person, welche keinen Wohnsitz hat, wird durch den Aufenthaltsort im Deutschen Reiche und, wenn ein solcher nicht bekannt ist, durch den letzten Wohnsitz bestimmt.

§. 19. Der allgemeine Gerichtsstand der Gemeinden, der Korporationen sowie derjenigen Gesellschaften, Genossenschaften oder anderen Personenvereine und derjenigen Stiftungen, Anstalten und Vermögensmassen, welche als solche verklagt werden können, wird durch den Sitz derselben bestimmt. Als Sitz gilt, wenn nicht ein Anderes erhellt, der Ort, wo die Verwaltung geführt wird.

Gewerkschaften haben den allgemeinen Gerichtsstand bei dem Gerichte, in dessen Bezirke das Bergwerk liegt, Behörden, wenn sie als solche verklagt werden können, bei dem Gerichte ihres Amtssitzes.

Neben dem durch die Vorschriften dieses Paragraphen bestimmten Gerichsstande ist ein durch Statut oder in anderer Weise besonders geregelter Gerichtsstand zulässig.

§. 20. Der allgemeine Gerichtsstand des Fiskus wird durch den Sitz der Behörde bestimmt, welche berufen ist, den Fiskus in dem Rechtsstreite zu vertreten.

§. 21. Wenn Personen an einem Orte unter Verhältnissen, welche ihrer Natur nach auf einen Aufenthalt von längerer Dauer hinweisen, insbesondere als Dienstboten, Hand- und Fabrikarbeiter, Gewerbegehülfen, Studirende, Schüler oder Lehrlinge sich aufhalten, so ist das Gericht des Aufenthaltsorts für alle Klagen zuständig, welche gegen diese Personen wegen vermögensrechtlicher Ansprüche erhoben werden.

Diese Bestimmung findet auf Militärpersonen, welche nur zur Erfüllung der Wehrpflicht dienen oder welche selbständig einen Wohnsitz nicht begründen können, in der Art Anwendung, dafs an die Stelle des Gerichts des Aufenthaltsorts das Gericht des Garnisonorts tritt.

§. 22. Hat Jemand zum Betriebe einer Fabrik, einer Handlung oder eines anderen Gewerbes eine Niederlassung, von welcher aus unmittelbar Geschäfte geschlossen werden, so können gegen ihn alle Klagen, welche auf den Geschäftsbetrieb der Niederlassung Bezug haben, bei dem Gerichte des Orts erhoben werden, wo die Niederlassung sich befindet.

Der Gerichtsstand der Niederlassung ist auch für Klagen gegen Personen begründet, welche ein mit Wohn- und Wirthschaftsgebäuden versehenes Gut als Eigenthümer, Nutzniefser oder Pächter bewirthschaften, soweit diese Klagen die auf die Bewirthschaftung des Guts sich beziehenden Rechtsverhältnisse betreffen.

§. 23. Das Gericht, bei welchem Gemeinden, Korporationen, Gesellschaften, Genossenschaften oder andere Personenvereine den allgemeinen Gerichtsstand haben, ist für die Klagen zuständig, welche von denselben gegen ihre Mitglieder als solche oder von den Mitgliedern in dieser Eigenschaft gegen einander erhoben werden.

§. 24. Für Klagen wegen vermögensrechtlicher Ansprüche gegen eine Person, welche im Deutschen Reiche keinen Wohnsitz hat, ist das Gericht zuständig, in dessen Bezirke sich Vermögen derselben oder der mit der Klage in Anspruch genommene Gegenstand befindet. Bei Forderungen gilt als der Ort, wo das Vermögen sich befindet, der Wohnsitz des Schuldners und, wenn für die Forderung eine Sache zur Sicherheit haftet, auch der Ort, wo die Sache sich befindet.

§. 25. Für Klagen, durch welche das Eigenthum, eine dingliche Belastung oder die Freiheit von einer solchen geltend gemacht wird, für Grenzscheidungs-, Theilungs- und Besitzklagen ist, sofern es sich um unbewegliche Sachen handelt, das Gericht ausschliefslich zuständig, in dessen Bezirke die Sache belegen ist.

Bei den eine Grunddienstbarkeit oder eine Reallast betreffenden Klagen ist die Lage des dienenden oder belasteten Grundstücks entscheidend.

§. 26. In dem dinglichen Gerichtsstande kann mit der hypothekarischen Klage die Schuldklage, mit der Klage auf Löschung einer Hypothek die Klage auf Befreiung von der persönlichen Verbindlichkeit, mit der Klage auf Anerkennung einer Reallast die Klage auf rückständige Leistungen erhoben werden, wenn die verbundenen Klagen gegen denselben Beklagten gerichtet sind.

§. 27. In dem dinglichen Gerichtsstande können persönliche Klagen, welche gegen den Eigenthümer oder Besitzer einer unbeweglichen Sache als solchen gerichtet werden, sowie Klagen wegen Beschädigung eines Grundstücks oder in Betreff der Entschädigung wegen Enteignung eines Grundstücks erhoben werden.

§. 28. Klagen, welche Erbrechte, Ansprüche aus Vermächtnissen oder sonstigen Verfügungen auf den Todesfall oder die Theilung der Erbschaft zum Gegenstande haben, können vor dem Gerichte erhoben werden, bei welchem der Erblasser zur Zeit seines Todes den allgemeinen Gerichtsstand gehabt hat.

In dem Gerichtsstande der Erbschaft können auch Klagen der Nachlaſsgläubiger aus Ansprüchen an den Erblasser oder die Erben als solche erhoben werden, wenn sich der Nachlaſs noch ganz oder theilweise im Bezirke des Gerichts befindet, oder wenn mehrere Erben vorhanden sind und der Nachlaſs noch nicht getheilt ist.

§. 29. Für Klagen auf Feststellung des Bestehens oder Nichtbestehens eines Vertrags, auf Erfüllung oder Aufhebung eines solchen sowie auf Entschädigung wegen Nichterfüllung oder nicht gehöriger Erfüllung ist das Gericht des Orts zuständig, wo die streitige Verpflichtung zu erfüllen ist.

§. 30. Für Klagen aus den auf Messen und Märkten, mit Ausnahme der Jahr- und der Wochenmärkte, geschlossenen Handelsgeschäften (Meſs- und Marktsachen) ist das Gericht des Meſs- oder Marktorts zuständig, wenn die Erhebung der Klage erfolgt, während der Beklagte oder ein zur Prozeſsführung berechtigter Vertreter desselben am Orte oder im Bezirke des Gerichts sich aufhält.

§. 31. Für Klagen, welche aus einer Vermögensverwaltung von dem Geschäftsherrn gegen den Verwalter oder von dem Verwalter gegen den Geschäftsherrn erhoben werden, ist das Gericht des Orts zuständig, wo die Verwaltung geführt ist.

§. 32. Für Klagen aus unerlaubten Handlungen ist das Gericht zuständig, in dessen Bezirke die Handlung begangen ist.

— — — — — — —

— — — — — — —

§. 50. Die Fähigkeit einer Partei, vor Gericht zu stehen, die Vertretung nicht prozeſsfähiger Parteien durch andere Personen (gesetzliche Vertreter) und die Nothwendigkeit einer besonderen Ermächtigung zur Prozeſsführung bestimmt sich nach den Vorschriften des bürgerlichen Rechts, soweit nicht die nachfolgenden Paragraphen abweichende Bestimmungen enthalten.

§. 51. Eine Person ist insoweit prozeſsfähig, als sie sich durch Verträge verpflichten kann.

Die Prozeſsfähigkeit einer groſsjährigen Person wird dadurch, daſs sie unter väterlicher Gewalt steht, die Prozeſsfähigkeit einer Frau dadurch, daſs sie Ehefrau ist, nicht beschränkt.

Die Vorschriften über die Geschlechtsvormundschaft finden auf die Prozeſsführung keine Anwendung.

§. 52. Einzelne Prozeſshandlungen, zu welchen nach den Vorschriften des bürgerlichen Rechts, eine besondere Ermächtigung erforderlich ist, sind ohne dieselbe gültig, wenn die Ermächtigung zur Prozeſsführung im Allgemeinen ertheilt oder die Prozeſsführung auch ohne eine solche Ermächtigung im Allgemeinen statthaft ist.

§. 53. Ein Ausländer, welchem nach dem Rechte seines Landes die Prozeſsfähigkeit mangelt, gilt als prozeſsfähig, wenn ihm nach dem Rechte des Prozeſsgerichts die Prozeſsfähigkeit zusteht.

— — — — — — —

§. 55. Soll eine nicht prozeſsfähige Partei verklagt werden, welche ohne gesetzlichen Vertreter ist, so hat der

Vorsitzende des Prozeſsgerichts derselben, falls mit dem Verzuge Gefahr verbunden ist, auf Antrag bis zu dem Eintritte des gesetzlichen Vertreters einen besonderen Vertreter zu bestellen.

Der Vorsitzende kann einen solchen Vertreter auch bestellen, wenn in den Fällen des §. 21. eine nicht prozeſsfähige Person bei dem Gerichte ihres Aufenthaltsorts oder Garnisonorts verklagt werden soll.

§. 56. Mehrere Personen können als Streitgenossen gemeinschaftlich klagen oder verklagt werden, wenn sie in Ansehung des Streitgegenstandes in Rechtsgemeinschaft stehen, oder wenn sie aus demselben thatsächlichen und rechtlichen Grunde berechtigt oder verpflichtet sind.

§. 57. Mehrere Personen können auch dann als Streitgenossen gemeinschaftlich klagen oder verklagt werden, wenn gleichartige und auf einem im Wesentlichen gleichartigen thatsächlichen und rechtlichen Grunde beruhende Ansprüche oder Verpflichtungen den Gegenstand des Rechtsstreits bilden.

§. 58. Streitgenossen stehen, soweit nicht aus den Vorschriften des bürgerlichen Rechts oder dieses Gesetzbuchs sich ein Anderes ergiebt, dem Gegner dergestalt als Einzelne gegenüber, daſs die Handlungen des einen Streitgenossen dem anderen weder zum Vortheile noch zum Nachtheile gereichen.

— — — — — — —

— — — — — — —

§. 61. Wer die Sache oder das Recht, worüber zwischen anderen Personen ein Rechtsstreit anhängig geworden ist, ganz oder theilweise für sich in Anspruch nimmt, ist bis zur rechtskräftigen Entscheidung dieses Rechtsstreits berechtigt, seinen Anspruch durch eine gegen beide Parteien gerichtete Klage bei demjenigen Gerichte geltend zu machen, vor welchem der Rechtsstreit in erster Instanz anhängig wurde.

— — — — — — —

§. 63. Wer ein rechtliches Interesse daran hat, daſs in einem zwischen anderen Personen anhängigen Rechtsstreite die eine Partei obsiege, kann dieser Partei zum Zwecke ihrer Unterstützung beitreten.

Die Nebenintervention kann in jeder Lage des Rechtsstreits bis zur rechtskräftigen Entscheidung desselben, auch in Verbindung mit der Einlegung eines Rechtsmittels erfolgen.

— — — — — — —

— — — — — — —

§. 69. Eine Partei, welche für den Fall des ihr ungünstigen Ausganges des Rechtsstreits einen Anspruch auf Gewährleistung oder Schadloshaltung gegen einen Dritten erheben zu können glaubt oder den Anspruch eines Dritten besorgt, kann bis zur rechtskräftigen Entscheidung des Rechtsstreits dem Dritten gerichtlich den Streit verkünden.

Der Dritte ist zu einer weiteren Streitverkündung berechtigt.

— — — — — — —

§. 71. Wenn der Dritte dem Streitverkünder beitritt, so bestimmt sich sein Verhältnifs zu den Parteien nach den Grundsätzen über die Nebenintervention.

Lehnt der Dritte den Beitritt ab, oder erklärt er sich nicht, so wird der Rechtsstreit ohne Rücksicht auf ihn fortgesetzt.

— — — — — — —

§. 72. Wird von dem verklagten Schuldner einem Dritten, welcher die geltend gemachte Forderung für sich in Anspruch nimmt, der Streit verkündet, und trift der Dritte in den Streit ein, so ist der Beklagte, wenn er den Betrag der Forderung zu Gunsten der streitenden Gläubiger gerichtlich hinterlegt, auf seinen Antrag aus dem Rechtsstreite unter Verurtheilung in die durch seinen unbegründeten Widerspruch veranlafsten Kosten zu entlassen und der Rechtsstreit über die Berechtigung an der Forderung zwischen den streitenden Gläubigern allein fortzusetzen. Dem Obsiegenden ist der hinterlegte Betrag zuzusprechen und der Unterliegende auch zur Erstattung der dem Beklagten entstandenen, nicht durch dessen unbegründeten Widerspruch veranlafsten Kosten, einschliefslich der Kosten der Hinterlegung, zu verurtheilen.

§. 73. Wer als Besitzer einer Sache verklagt ist, die er im Namen eines Dritten zu besitzen behauptet, kann, wenn er diesem vor der Verhandlung zur Hauptsache den Streit verkündet und ihn unter Benennung an den Kläger zur Erklärung ladet, bis zu dieser Erklärung oder bis zum Schlusse des Termins, in welchem sich der Benannte zu erklären hat, die Verhandlung zur Hauptsache verweigern.

Bestreitet der Benannte die Behauptung des Beklagten oder erklärt er sich nicht, so ist der Beklagte berechtigt, dem Klagantrage zu genügen.

Wird die Behauptung des Beklagten von dem Benannten als richtig anerkannt, so ist dieser berechtigt, mit Zustimmung des Beklagten an dessen Stelle den Prozeſs zu übernehmen. Die Zustimmung des Klägers ist nur insoweit erforderlich, als derselbe Ansprüche geltend macht, welche unabhängig davon sind, daſs der Beklagte im Namen eines Dritten besitzt.

Hat der Benannte den Prozeſs übernommen, so ist der Beklagte auf seinen Antrag von der Klage zu entbinden. Die Entscheidung ist in Ansehung der Sache selbst auch gegen den Beklagten wirksam und vollstreckbar.

— — — — — — —

— — — — — — —

§. 77. Die Prozeſsvollmacht ermächtigt zu allen den Rechtsstreit betreffenden Prozeſshandlungen, einschlieſslich derjenigen, welche durch eine Widerklage, eine Wiederaufnahme des Verfahrens und die Zwangsvollstreckung veranlaſst werden; zur Bestellung eines Vertreters sowie eines Bevollmächtigten für die höheren Instanzen; zur Beseitigung des Rechtsstreits durch Vergleich, Verzichtleistung auf den Streitgegenstand oder Anerkennung des von dem Gegner geltend gemachten Anspruchs; zur Empfangnahme der von dem Gegner zu erstattenden Kosten.

§. 78. Die Vollmacht für den Hauptprozeſs umfaſst die Vollmacht für das eine Hauptintervention, einen Arrest oder eine einstweilige Verfügung betreffende Verfahren.

§. 79. Eine Beschränkung des gesetzlichen Umfangs der Vollmacht hat dem Gegner gegenüber nur insoweit rechtliche Wirkung, als diese Beschränkung die Beseitigung des Rechtsstreits durch Vergleich, Verzichtleistung auf den Streitgegenstand oder Anerkennung des von dem Gegner geltend gemachten Anspruchs betrifft.

Insoweit eine Vertretung durch Anwälte nicht geboten ist, kann eine Vollmacht für einzelne Prozeſshandlungen ertheilt werden.

§. 80. Mehrere Bevollmächtigte sind berechtigt, sowohl gemeinschaftlich als einzeln die Partei zu vertreten. Eine abweichende Bestimmung der Vollmacht hat dem Gegner gegenüber keine rechtliche Wirkung.

§. 81. Die von dem Bevollmächtigten vorgenommenen Prozefshandlungen sind für die Partei in gleicher Art verpflichtend, als wenn sie von der Partei selbst vorgenommen wären. Dies gilt von den Geständnissen und anderen thatsächlichen Erklärungen, insoweit nicht dieselben von der miterschienenen Partei sofort widerrufen oder berichtigt werden.

§. 82. Die Vollmacht wird weder durch den Tod des Vollmachtgebers, noch durch eine Veränderung in Betreff seiner Prozefsfähigkeit oder seiner gesetzlichen Vertretung aufgehoben; der Bevollmächtigte hat jedoch, wenn er nach Aussetzung des Rechtsstreits für den Nachfolger im Rechtsstreite auftritt, eine Vollmacht desselben beizubringen.

§. 83. Dem Gegner gegenüber erlangt die Kündigung des Vollmachtvertrags erst durch die Anzeige des Erlöschens der Vollmacht, in Anwaltsprozessen erst durch die Anzeige der Bestellung eines anderen Anwalts rechtliche Wirksamkeit.

Der Bevollmächtigte wird durch die von seiner Seite erfolgte Kündigung nicht gehindert, für den Vollmachtgeber so lange zu handeln, bis dieser für Wahrnehmung seiner Rechte in anderer Weise gesorgt hat.

— — — — — — —

§. 85. Handelt Jemand für eine Partei als Geschäftsführer ohne Auftrag oder als Bevollmächtigter ohne Beibringung einer Vollmacht, so kann er gegen oder ohne Sicherheitsleistung für Kosten und Schäden zur Prozefsführung einstweilen zugelassen werden. Das Endurtheil darf erst erlassen werden, nachdem die für die Beibringung der Genehmigung zu bestimmende Frist abgelaufen ist.

Die Partei mufs die Prozefsführung gegen sich gelten lassen, wenn sie auch nur mündlich Vollmacht ertheilt oder wenn sie die Prozefsführung ausdrücklich oder stillschweigend genehmigt hat.

— — — — — — —

§. 87. Die unterliegende Partei hat die Kosten

des Rechtsstreits zu tragen, insbesondere die dem Gegner erwachsenen Kosten zu erstatten, soweit dieselben nach freiem Ermessen des Gerichts zur zweckentsprechenden Rechtsverfolgung oder Rechtsvertheidigung nothwendig waren.

— — — — — — —

§. 88. Wenn jede Partei theils obsiegt, theils unterliegt, so sind die Kosten gegen einander aufzuheben oder verhältniſsmäſsig zu theilen.

— — — — — — —

§. 89. Hat der Beklagte nicht durch sein Verhalten zur Erhebung der Klage Veranlassung gegeben, so fallen dem Kläger die Prozeſskosten zur Last, wenn der Beklagte den Anspruch sofort anerkennt.

§. 90. Die Partei, welche einen Termin oder eine Frist versäumt, oder die Verlegung eines Termins, die Vertagung einer Verhandlung, die Anberaumung eines Termins zur Fortsetzung der Verhandlung oder die Verlängerung einer Frist durch ihr Verschulden veranlaſst, hat die dadurch verursachten Kosten zu tragen.

§. 91. Die Kosten eines ohne Erfolg gebliebenen Angriffs- oder Vertheidigungsmittels können der Partei auferlegt werden, welche dasselbe geltend gemacht hat, auch wenn sie in der Hauptsache obsiegt.

§. 92. Die Kosten eines ohne Erfolg eingelegten Rechtsmittels fallen der Partei zur Last, welche dasselbe eingelegt hat.

Die Kosten der Berufsinstanz können der obsiegenden Partei ganz oder theilweise auferlegt werden, wenn sie auf Grund eines neuen Vorbringens obsiegt, welches sie nach freiem Ermessen des Gerichts in erster Instanz geltend zu machen im Stande war.

Die Kosten der Revisionsinstanz in Rechtsstreitigkeiten über Ansprüche, für welche die Landgerichte ohne Rücksicht auf den Werth des Streitgegenstandes ausschlieſslich zuständig sind, hat auch im Falle des Obsiegens die Reichs- oder die Staatskasse zu tragen, wenn der Werth des Streitgegenstandes die Summe von dreihundert Mark nicht übersteigt und der Vertreter des Reichs oder des Staats die Revision eingelegt hat.

§. 93. Die Kosten eines abgeschlossenen Vergleichs

sind als gegen einander aufgehoben anzusehen, wenn nicht die Parteien ein Anderes vereinbart haben. Dasselbe gilt von den Kosten des durch Vergleich erledigten Rechtsstreits, soweit nicht über dieselben bereits rechtskräftig erkannt ist.

— — — — — — —

§. 95. Besteht der unterliegende Theil aus mehreren Personen, so haften dieselben für die Kostenerstattung nach Kopftheilen.

Bei einer erheblichen Verschiedenheit der Betheiligung am Rechtsstreite kann nach dem Ermessen des Gerichts die Betheiligung zum Maſsstabe genommen werden.

Hat ein Streitgenosse ein besonderes Angriffs- oder Vertheidigungsmittel geltend gemacht, so sind die übrigen Streitgenossen für die durch dasselbe veranlaſsten Kosten nicht verhaftet.

Durch die Bestimmungen dieses Paragraphen wird eine nach den Vorschriften des bürgerlichen Rechts begründete Verpflichtung, wegen der Kosten solidarisch zu haften, nicht berührt.

§. 96. Die Bestimmungen der §§. 87.—93. finden auch auf die durch eine Nebenintervention verursachten Kosten Anwendung.

Gilt der Nebenintervenient als Streitgenosse der Hauptpartei (§. 66.), so sind die Vorschriften des §. 95. maſsgebend.

§. 97. Gerichtsschreiber, gesetzliche Vertreter, Rechtsanwälte und andere Bevollmächtigte, sowie Gerichtsvollzieher können durch das Prozeſsgericht auch von Amtswegen zur Tragung derjenigen Kosten verurtheilt werden, welche sie durch grobes Verschulden veranlaſst haben.

— — — — — — —

— — — — — — —

§. 232. Mehrere Ansprüche des Klägers gegen denselben Beklagten können, auch wenn sie auf verschiedenen Gründen beruhen, in einer Klage verbunden werden, wenn für sämmtliche Ansprüche das Prozeſsgericht zuständig und dieselbe Prozeſsart zulässig ist.

Die Besitzklage und die Klage, durch welche das Recht selbst geltend gemacht wird, können nicht in einer Klage verbunden werden.

— — — — — — —

— — — — — — —

§. 235. Durch die Erhebung der Klage wird die Rechtshängigkeit der Streitsache begründet.

Die Rechtshängigkeit hat folgende Wirkungen:

1) wenn während der Dauer der Rechtshängigkeit von einer Partei die Streitsache anderweit anhängig gemacht wird, so kann der Gegner die Einrede der Rechtshängigkeit erheben;
2) die Zuständigkeit des Prozefsgerichts wird durch eine Veränderung der sie begründenden Umstände nicht berührt;
3) der Kläger ist nicht berechtigt, ohne Einwilligung des Beklagten die Klage zu ändern.

§. 236. Die Rechtshängigkeit schliefst das Recht der einen oder andern Partei nicht aus, die in Streit befangene Sache zu veräufsern oder den geltend gemachten Anspruch zu cediren.

Die Veräufserung oder Cession hat auf den Prozefs keinen Einflufs. Der Rechtsnachfolger ist nicht berechtigt, ohne Zustimmung des Gegners den Prozefs als Hauptpartei an Stelle des Rechtsvorgängers zu übernehmen oder eine Hauptintervention zu erheben. Tritt der Rechtsnachfolger als Nebenintervenient auf, so findet der §. 66. keine Anwendung.

Die Entscheidung ist in Ansehung der Sache selbst auch gegen den Rechtsnachfolger wirksam und vollstreckbar.

§. 237. Ist über das Bestehen oder Nichtbestehen eines Rechts, welches für ein Grundstück in Anspruch genommen wird, oder einer Verpflichtung, welche auf einem Grundstücke ruhen soll, zwischen dem Besitzer und einem Dritten ein Rechtsstreit anhängig, so ist im Falle der Veräufserung des Grundstücks der Rechtsnachfolger berechtigt und auf Antrag des Gegners verpflichtet, den Rechtsstreit in der Lage, in welcher er sich befindet, als Hauptpartei zu übernehmen.

§. 238. Die Bestimmungen des §. 236. Abzatz 3 und des §. 237. kommen insoweit nicht zur Anwendung, als ihnen Vorschriften des bürgerlichen Rechts über den Erwerb beweglicher Sachen, über den Erwerb auf Grund des Grund- oder Hypothekenbuchs und über den Erwerb in gutem Glauben entgegenstehen. In einem solchen Falle kann dem Kläger, welcher veräufsert oder cedirt hat, der Einwand der nunmehr mangelnden Sachlegitimation entgegengesetzt werden.

§. 239. Die Vorschriften des bürgerlichen Rechts über die sonstigen Wirkungen der Rechtshängigkeit bleiben unberührt. Diese Wirkungen, sowie alle Wirkungen, welche durch die Vorschriften des bürgerlichen Rechts an die Anstellung, Mittheilung oder gerichtliche Anmeldung der Klage, an die Ladung oder Einlassung des Beklagten geknüpft werden, treten unbeschadet der Vorschrift des §. 190. mit der Erhebung der Klage ein.

— — — — — — —

— — — — — — —

§. 254. Die Rechtshängigkeit eines erst im Laufe des Prozesses erhobenen Anspruchs tritt mit dem Zeitpunkte ein, in welchem der Anspruch in der mündlichen Verhandlung geltend gemacht wird.

— — — — — — —

— — — — — — —

§. 265. Das in einem anderen Staate geltende Recht, die Gewohnheitsrechte und Statuten bedürfen des Beweises nur insofern, als sie dem Gerichte unbekannt sind. Bei Ermittelung dieser Rechtsnormen ist das Gericht auf die von den Parteien beigebrachten Nachweise nicht beschränkt; es ist befugt, auch andere Erkenntnifsquellen zu benutzen und zum Zwecke einer solchen Benutzung das Erforderliche anzuordnen.

— — — — — — —

— — — — — — —

§. 588. So lange die Ehegatten leben, kann die Nichtigkeit einer Ehe aus einem Grunde, welcher auch von Amtswegen geltend gemacht werden kann, nur auf Grund einer Nichtigkeitsklage ausgesprochen werden.

— — — — — — —

— — — — — — —

§. 593. Eine Person kann für geisteskrank (wahnsinnig, blödsinnig u. s. w.) nur durch Beschlufs des Amtsgerichts erklärt werden.

Der Beschlufs wird nur auf Antrag erlassen.

— — — — — — —

§. 595. Der Antrag kann von dem Ehegatten, einem Verwandten, oder dem Vormunde des zu Entmündigenden gestellt werden. Gegen eine Ehefrau kann nur von dem Ehemanne, gegen eine Person, welche unter väterlicher Gewalt oder unter Vormundschaft steht, nur von dem Vater oder dem Vormunde der Antrag gestellt werden. Die Bestimmungen des bürgerlichen Rechts, nach welchen noch andere Personen den Antrag stellen können, bleiben unberührt.

In allen Fällen ist auch der Staatsanwalt bei dem vorgesetzten Landgerichte zur Stellung des Antrags befugt.

— — — — — — —

— — — — — — —

§. 599. Die Entmündigung darf nicht ausgesprochen werden, bevor das Gericht einen oder mehrere Sachverständige über den Geisteszustand des zu Entmündigenden gehört hat.

§. 600. Sobald das Gericht die Anordnung einer Fürsorge für die Person oder das Vermögen des zu Entmündigenden für erforderlich hält, ist der Vormundschaftsbehörde zum Zwecke dieser Anordnung Mittheilung zu machen.

§. 601. Die Kosten des Verfahrens sind, wenn die Entmündigung erfolgt, von dem Entmündigten, anderenfalls von der Staatskasse zu tragen.

Insoweit einen der im §. 595. Abs. 1 bezeichneten Antragsteller bei Stellung des Antrags nach dem Ermessen des Gerichts ein Verschulden trifft, können demselben die Kosten ganz oder theilweise zur Last gelegt werden.

— — — — — — —

— — — — — — —

§. 616. Die Wiederaufhebung der Entmündigung erfolgt auf Antrag des Entmündigten oder seines Vormundes oder des Staatsanwalts durch Beschlufs des Amtsgerichts.

— — — — — — —

— — — — — — —

§. 621. Eine Person kann für einen Verschwender nur durch Beschlufs des Amtsgerichts erklärt werden.

Der Beschlufs wird nur auf Antrag erlassen.

— — — — — — —

— — — — — — —

§. 625. Die Wiederaufhebung der Entmündigung erfolgt auf Antrag des Entmündigten oder seines Vormundes unter entsprechender Anwendung der Vorschriften der §§. 616—619.

Eine Anfechtung des Beschlusses, durch welchen die Entmündigung aufgehoben wird, findet nicht statt.

— — — — — — —

§. 627. Die Entmündigung einer Person wegen Verschwendung, sowie die Wiederaufhebung einer solchen Entmündigung ist von dem Amtsgerichte öffentlich bekannt zu machen.

— — — — — — —

— — — — — — —

§. 644. Die Zwangsvollstreckung findet statt aus Endurtheilen, welche rechtskräftig oder für vorläufig vollstreckbar erklärt sind.

Urtheile in Ehesachen dürfen nicht für vorläufig vollstreckbar erklärt werden.

— — — — — — —

— — — — — — —

§. 675. In dem schriftlichen oder mündlichen Auftrage zur Zwangsvollstreckung in Verbindung mit der Uebergabe der vollstreckbaren Ausfertigung liegt die Beauftragung des Gerichtsvollziehers, die Zahlungen oder sonstigen Leistungen in Empfang zu nehmen, über das Empfangene wirksam zu quittiren und dem Schuldner, wenn dieser seiner Verbindlichkeit genügt hat, die vollstreckbare Ausfertigung auszuliefern.

§. 676. Dem Schuldner und Dritten gegenüber wird der Gerichtsvollzieher zur Vornahme der Zwangsvollstreckung und der im §. 675. bezeichneten Handlungen durch den Besitz der vollstreckbaren Ausfertigung ermächtigt. Der Mangel oder die Beschränkung des Auftrags kann diesen Personen gegenüber von dem Gläubiger nicht geltend gemacht werden.

§. 677. Der Gerichtsvollzieher hat nach Empfang der Leistungen dem Schuldner die vollstreckbare Ausfertigung nebst einer Quittung auszuliefern, bei theilweiser Leistung diese auf der vollstreckbaren Ausfertigung zu bemerken und dem Schuldner Quittung zu ertheilen.

Das Recht des Schuldners, nachträglich eine Quittung des Gläubigers selbst zu fordern, wird durch diese Bestimmungen nicht berührt.

— — — — — — —

— — — — — — —

§. 693. Eine Zwangsvollstreckung, welche zur Zeit des Todes des Schuldners gegen diesen bereits begonnen hatte, wird in den Nachlafs desselben fortgesetzt.

Ist bei einer Vollstreckungshandlung die Zuziehung des Schuldners nöthig, so hat bei ruhender Erbschaft oder wenn der Erbe oder dessen Aufenthalt unbekannt ist, das Vollstreckungsgericht auf Antrag des Gläubigers dem Nachlasse oder dem Erben einen einstweiligen besonderen Vertreter zu bestellen.

§. 694. Ist der Schuldner vor Beginn der Zwangsvollstreckung gestorben, so hat bei ruhender Erbschaft oder wenn der Erbe oder dessen Aufenthalt unbekannt ist, das nach den Landesgesetzen zuständige Nachlafsgericht auf Antrag des Gläubigers dem Nachlasse oder dem Erben einen Kurator zu bestellen.

§. 695. Der als Erbe des Schuldners verurtheilte Beklagte kann die Rechtswohlthat des Inventars nur geltend machen, wenn ihm dieselbe im Urtheile vorbehalten ist.

§. 696. Bei der Zwangsvollstreckung gegen einen Schuldner, welcher als Benefizialerbe oder als Erbe unter Vorbehalt der Rechtswohlthat des Inventars verurtheilt ist, oder gegen welchen als Erben des verurtheilten Schuldners die Zwangsvollstreckung begonnen hat, bleibt die Rechtswohlthat unberücksichtigt, bis auf Grund derselben gegen die Zwangsvollstreckung von dem Erben Einwendungen erhoben werden.

Inwieweit der Benefizialerbe berechtigt ist, auf Grund der Rechtswohlthat die Aussetzung, Aufhebung oder Beschränkung der Zwangsvollstreckung zu verlangen, bestimmt sich nach den Vorstellungen des bürgerlichen Rechts.

Die Erledigung der Einwendungen erfolgt nach den Bestimmungen der §§. 686., 688., 689.

— — — — — — —

— — — — — — —

§. 702. Die Zwangsvollstreckung findet ferner statt:

1) aus Vergleichen, welche nach Erhebung der Klage

zur Beilegung des Rechtsstreits seinem ganzen Umfange nach oder in Betreff eines Theils des Streitgegenstandes vor einem deutschen Gerichte abgeschlossen sind;

2) aus Vergleichen, welche im Falle des §. 471. vor dem Amtsgerichte abgeschlossen sind;

3) aus Entscheidungen, gegen welche das Rechtsmittel der Beschwerde stattfindet;

4) aus Vollstreckungsbefehlen;

5) aus Urkunden, welche von einem deutschen Gerichte oder von einem deutschen Notar innerhalb der Grenzen seiner Amtsbefugnisse in der vorgeschriebenen Form aufgenommen sind, sofern die Urkunde über einen Anspruch errichtet ist, welcher die Zahlung einer bestimmten Geldsumme oder die Leistung einer bestimmten Quantität anderer vertretbarer Sachen oder Werthpapiere zum Gegenstande hat, und der Schuldner sich in der Urkunde der sofortigen Zwangsvollstreckung unterworfen hat.

— — — — — — —

— — — — — — —

§. 706. Die Landesgesetzgebung ist nicht gehindert, auf Grund anderer als der in den §§. 644., 702. bezeichneten Schuldtitel die gerichtliche Zwangsvollstreckung zuzulassen und insoweit abweichende Vorschriften von den Bestimmungen dieses Gesetzes über die Zwangsvollstreckung zu treffen.

Die vorstehende Bestimmung findet auch auf Hypothekenurkunden (Hypothekenschuldbriefe, Hypothekenscheine u. s. w.) Anwendung.

— — — — — — —

§. 708. Die Zwangsvollstreckung in das bewegliche Vermögen erfolgt durch Pfändung. Sie darf nicht weiter ausgedehnt werden, als zur Befriedigung des Gläubigers und zur Deckung der Kosten der Zwangsvollstreckung erforderlich ist.

Die Pfändung hat zu unterbleiben, wenn sich von der Verwerthung der zu pfändenden Gegenstände ein Ueberschufs über die Kosten der Zwangsvollstreckung nicht erwarten läfst.

§. 709. Durch die Pfändung erwirbt der Gläubiger ein Pfandrecht an dem gepfändeten Gegenstande.

Das Pfandrecht gewährt dem Gläubiger im Verhältniſs zu anderen Gläubigern dieselben Rechte wie ein durch Vertrag erworbenes Faustpfandrecht; es geht Pfand- und Vorzugsrechten vor, welche für den Fall eines Konkurses den Faustpfandrechten nicht gleichgestellt sind.

Das durch eine frühere Pfändung begründete Pfandrecht geht demjenigen vor, welches durch eine spätere Pfändung begründet wird.

§. 710. Der Pfändung einer Sache kann ein Dritter, welcher sich nicht im Besitze der Sache befindet, auf Grund eines Pfand- oder Vorzugsrechts nicht widersprechen; er kann jedoch seinen Anspruch auf vorzugsweise Befriedigung aus dem Erlöse im Wege der Klage geltend machen, ohne Rücksicht darauf, ob seine Forderung fällig ist oder nicht.

Die Klage ist bei dem Vollstreckungsgerichte und, wenn der Streitgegenstand zur Zuständigkeit der Amtsgerichte nicht gehört, bei dem Landgerichte zu erheben, in dessen Bezirke das Vollstreckungsgericht seinen Sitz hat.

Wird die Klage gegen den Gläubiger und den Schuldner gerichtet, so sind diese als Streitgenossen anzusehen.

Wird der Anspruch glaubhaft gemacht, so hat das Gericht die Hinterlegung des Erlöses anzuordnen. Die Vorschriften der §§. 688., 689. finden hierbei entsprechende Anwendung.

— — — — — — —

§. 712. Die Pfändung der im Gewahrsam des Schuldners befindlichen körperlichen Sachen wird dadurch bewirkt, daſs der Gerichtsvollzieher dieselben in Besitz nimmt.

Im Gewahrsam des Schuldners sind die Sachen nur, wenn der Gläubiger einwilligt oder wenn ein anderes Verfahren mit erheblichen Schwierigkeiten verbunden ist, zu belassen. In diesem Falle ist die Wirksamkeit der Pfändung dadurch bedingt, daſs durch Anlegung von Siegeln oder auf sonstige Weise die Pfändung ersichtlich gemacht ist.

Der Gerichtsvollzieher hat den Schuldner von der geschehenen Pfändung in Kenntniſs zu setzen.

§. 713. Die vorstehenden Bestimmungen finden entsprechende Anwendung auf die Pfändung von Sachen, welche sich im Gewahrsam des Gläubigers oder eines zur Herausgabe bereiten Dritten befinden.

§. 714. Früchte können, auch bevor sie von dem Boden getrennt sind, gepfändet werden. Die Pfändung darf nicht früher als einen Monat vor der gewöhnlichen Zeit der Reife erfolgen.

§. 715. Folgende Sachen sind der Pfändung nicht unterworfen:

1) die Kleidungsstücke, die Betten, das Haus- und Küchengeräth, insbesondere die Heiz- und Kochöfen, soweit diese Gegenstände für den Schuldner, seine Familie und sein Gesinde unentbehrlich sind;
2) die für den Schuldner, seine Familie und sein Gesinde auf zwei Wochen erforderlichen Nahrungs- und Feuerungsmittel;
3) eine Milchkuh oder nach der Wahl des Schuldners statt einer solchen zwei Ziegen oder zwei Schafe nebst dem zum Unterhalte und zur Streu für dieselben auf zwei Wochen erforderlichen Futter und Stroh, sofern die bezeichneten Thiere für die Ernährung des Schuldners, seiner Familie und seines Gesindes unentbehrlich sind;
4) bei Künstlern, Handwerkern, Hand- und Fabrikarbeitern sowie bei Hebammen die zur persönlichen Ausübung des Berufs unentbehrlichen Gegenstände;
5) bei Personen, welche Landwirthschaft betreiben, das zum Wirthschaftsbetriebe unentbehrliche Geräth, Vieh- und Feldinventarium nebst dem nöthigen Dünger, sowie die landwirthschaftlichen Erzeugnisse, welche zur Fortsetzung der Wirthschaft bis zur nächsten Ernte unentbehrlich sind;
6) bei Offizieren, Deckoffizieren, Beamten, Geistlichen, Lehrern an öffentlichen Unterrichtsanstalten, Rechtsanwälten, Notaren und Aerzten die zur Verwaltung des Dienstes oder Ausübung des Berufs erforderlichen Gegenstände sowie anständige Kleidung;
7) bei Offizieren, Militärärzten, Deckoffizieren, Beamten, Geistlichen und Lehrern an öffentlichen Unterrichtsanstalten ein Geldbetrag, welcher dem der Pfändung nicht unterworfenen Theile des Diensteinkommens oder der Pension für die Zeit von der Pfändung bis zum nächsten Termine der Gehalts- oder Pensionszahlung gleichkommt;

8) die zum Betriebe einer Apotheke unentbehrlichen Geräthe, Gefäfse und Waaren;
9) Orden und Ehrenzeichen;
10) die Bücher, welche zum Gebrauche des Schuldners und seiner Familie in der Kirche oder Schule bestimmt sind.

§. 716. Die gepfändeten Sachen sind von dem Gerichtsvollzieher öffentlich zu versteigern, Kostbarkeiten sind vor der Versteigerung durch einen Sachverständigen abzuschätzen.

Gepfändetes Geld ist dem Gläubiger abzuliefern. Die Wegnahme des Geldes durch den Gerichtsvollzieher gilt als Zahlung von Seiten des Schuldners, sofern nicht dem Schuldner nachgelassen ist, durch Sicherheitsleistung oder durch Hinterlegung die Vollstreckung abzuwenden.

§. 717. Die Versteigerung der gepfändeten Sachen darf nicht vor Ablauf einer Woche seit dem Tage der Pfändung geschehen, sofern nicht der Gläubiger und der Schuldner über eine frühere Versteigerung sich einigen oder dieselbe erforderlich ist, um die Gefahr einer beträchtlichen Werthsverringerung der zu versteigernden Sache abzuwenden oder um unverhältnifsmäfsige Kosten einer längeren Aufbewahrung zu vermeiden.

Die Versteigerung erfolgt in der Gemeinde, in welcher die Pfändung geschehen ist, sofern nicht der Gläubiger und der Schuldner über einen anderen Ort sich einigen.

Zeit und Ort der Versteigerung sind unter allgemeiner Bezeichnung der zu versteigernden Sachen öffentlich bekannt zu machen.

§. 718. Der Zuschlag an den Meistbietenden erfolgt nach dreimaligem Aufrufe.

Die Ablieferung einer zugeschlagenen Sache darf nur gegen baare Zahlung geschehen.

Hat der Meistbietende nicht zu der in den Versteigerungsbedingungen bestimmten Zeit oder in Ermangelung einer solchen Bestimmung nicht vor dem Schlusse des Versteigerungstermins die Ablieferung gegen Zahlung des Kaufgeldes verlangt, so wird die Sache anderweit versteigert. Der Meistbietende wird zu einem weiteren Gebote nicht zugelassen; er haftet für den Ausfall, auf den Mehrerlös hat er keinen Anspruch.

§. 719. Die Versteigerung wird eingestellt, sobald der Erlös zur Befriedigung des Gläubigers und zur Deckung der Kosten der Zwangsvollstreckung hinreicht.

§. 720. Die Empfangnahme des Erlöses durch den Gerichtsvollzieher gilt als Zahlung von Seiten des Schuldners, sofern nicht dem Schuldner nachgelassen ist, durch Sicherheitsleistung oder durch Hinterlegung die Vollstreckung abzuwenden.

§. 721. Gold- und Silbersachen dürfen nicht unter ihrem Gold- oder Silberwerthe zugeschlagen werden. Wird ein den Zuschlag gestattendes Gebot nicht abgegeben, so kann der Gerichtsvollzieher den Verkauf aus freier Hand zu dem Preise bewirken, welcher den Gold- oder Silberwerth erreicht.

§. 722. Gepfändete Werthpapiere sind, wenn sie einen Börsen- oder Marktpreis haben, von dem Gerichtsvollzieher aus freier Hand zum Tageskurse zu verkaufen und, wenn sie einen solchen Preis nicht haben, nach den allgemeinen Bestimmungen zu versteigern.

§. 723. Lautet ein Werthpapier auf Namen, so kann der Gerichtsvollzieher durch das Vollstreckungsgericht ermächtigt werden, die Umschreibung auf den Namen des Käufers zu erwirken und die hierzu erforderlichen Erklärungen an Stelle des Schuldners abzugeben.

§. 724. Ist ein Inhaberpapier durch Einschreibung auf den Namen oder in anderer Weise aufser Kurs gesetzt, so kann der Gerichtsvollzieher durch das Vollstreckungsgericht ermächtigt werden, die Wiederinkurssetzung zu erwirken und die hierzu erforderlichen Erklärungen an Stelle des Schuldners abzugeben.

§. 725. Die Versteigerung gepfändeter, von dem Boden noch nicht getrennter Früchte ist erst nach der Reife zulässig. Sie kann vor oder nach der Trennung der Früchte erfolgen; im letzteren Falle hat der Gerichtsvollzieher die Aberntung bewirken zu lassen.

§. 726. Auf Antrag des Gläubigers oder des Schuldners kann das Vollstreckungsgericht anordnen, dafs die Verwerthung einer gepfändeten Sache in anderer Weise oder an einem anderen Orte, als in den vorstehenden Paragraphen bestimmt ist, stattzufinden habe oder dafs die Versteigerung durch eine andere Person als den Gerichtsvollzieher vorzunehmen sei.

§. 727. Die Pfändung bereits gepfändeter Sachen wird durch die in das Protokoll aufzunehmende Erklärung des Gerichtsvollziehers, dass er die Sachen für seinen Auftraggeber pfände, bewirkt.

Ist die erste Pfändung durch einen anderen Gerichtsvollzieher bewirkt, so ist diesem eine Abschrift des Protokolls zuzustellen.

Der Schuldner ist von den weiteren Pfändungen in Kenntnifs zu setzen.

§. 728. Auf den Gerichtsvollzieher, von welchem die erste Pfändung bewirkt ist, geht der Auftrag des zweiten Gläubigers kraft Gesetzes über, sofern nicht das Vollstreckungsgericht auf Antrag eines betheiligten Gläubigers oder des Schuldners anordnet, dafs die Verrichtungen jenes Gerichtsvollziehers von einem anderen zu übernehmen seien. Die Versteigerung erfolgt für alle betheiligten Gläubiger.

Ist der Erlös zur Deckung der Forderungen nicht ausreichend und verlangt der Gläubiger, für welchen die zweite oder eine spätere Pfändung erfolgt ist, ohne Zustimmung der übrigen betheiligten Gläubiger eine andere Vertheilung als nach der Reihenfolge der Pfändungen, so hat der Gerichtsvollzieher die Sachlage unter Hinterlegung des Erlöses dem Vollstreckungsgerichte anzuzeigen. Dieser Anzeige sind die auf das Verfahren sich beziehenden Schriftstücke beizufügen.

In gleicher Weise ist zu verfahren, wenn die Pfändung für mehrere Gläubiger gleichzeitig bewirkt ist.

— — — — — — —

§. 730. Soll eine Geldforderung gepfändet werden, so hat das Gericht dem Drittschuldner zu verbieten, an den Schuldner zu zahlen. Zugleich hat das Gericht an den Schuldner das Gebot zu erlassen, sich jeder Verfügung über die Forderung, insbesondere der Einziehung derselben zu enthalten.

Der Gläubiger hat den Beschlufs dem Drittschuldner zustellen zu lassen. Der Gerichtsvollzieher hat den Beschluſs mit einer Abschrift der Zustellungsurkunde dem Schuldner sofort zuzustellen, sofern nicht eine öffentliche Zustellung erforderlich wird. Ist die Zustellung an den Drittschuldner auf unmittelbares Ersuchen des Gerichtsschreibers durch die Post erfolgt, so hat der Gerichtsschreiber für die Zustellung an den Schuldner in gleicher Weise Sorge zu tragen. An Stelle einer an den Schuldner im Auslande zu bewirkenden Zustellung erfolgt die Zustellung durch Aufgabe zur Post.

Mit der Zustellung des Beschlusses an den Drittschuldner ist die Pfändung als bewirkt anzusehen.

§. 731. Inwieweit die Pfändung einer Forderung in das Hypothekenbuch einzutragen und wie eine solche Eintragung zu erwirken ist, bestimmt sich nach den Landesgesetzen.

§. 732. Die Pfändung von Forderungen aus Wechseln und anderen Papieren, welche durch Indossament übertragen werden können, wird dadurch bewirkt, daſs der Gerichtsvollzieher diese Papiere in Besitz nimmt.

§. 733. Das Pfandrecht, welches durch die Pfändung einer Gehaltsforderung oder einer ähnlichen in fortlaufenden Bezügen bestehenden Forderung erworben wird, erstreckt sich auch auf die nach der Pfändung fällig werdenden Beträge.

§. 734. Durch die Pfändung eines Diensteinkommens wird auch dasjenige Einkommen betroffen, welches der Schuldner in Folge der Versetzung in ein anderes Amt, der Uebertragung eines neuen Amts oder einer Gehaltserhöhung zu beziehen hat.

Diese Bestimmung findet auf den Fall der Aenderung des Dienstherrn keine Anwendung.

§. 735. Vor der Pfändung ist der Schuldner über das Pfändungsgesuch nicht zu hören.

§. 736. Die gepfändete Geldforderung ist dem Gläubiger nach seiner Wahl zur Einziehung oder an Zahlungsstatt zum Nennwerthe zu überweisen.

Im letzteren Falle geht die Forderung auf den Gläubiger mit der Wirkung über, daſs derselbe, soweit die Forderung besteht, wegen seiner Forderung an den Schuldner als befriedigt anzusehen ist.

Die Bestimmungen des §. 730. Absatz 2 finden entsprechende Anwendung.

§. 737. Die Ueberweisung ersetzt die förmlichen Erklärungen des Schuldners, von welchen nach den Vorschriften des bürgerlichen Rechts die Berechtigung zur Einziehung der Forderung abhängig ist.

Der Schuldner ist verpflichtet, dem Gläubiger die über die Forderung vorhandenen Urkunden herauszugeben. Die Herausgabe kann von dem Gläubiger im Wege der Zwangsvollstreckung erwirkt werden.

§. 738. Ist in Gemäſsheit des §. 652. Abs. 2 dem Schuldner nachgelassen, durch Sicherheitsleistung oder durch Hinterlegung die Vollstreckung abzuwenden, so findet die Ueberweisung gepfändeter Geldforderungen nur zur Einziehung und nur mit der Wirkung statt, daſs der Drittschuldner den Schuldbetrag hinterlege.

§. 739. Auf Verlangen des Gläubigers hat der Drittschuldner binnen zwei Wochen von der Zustellung des Pfändungsbeschlusses an gerechnet, dem Gläubiger zu erklären:

1) ob und inwieweit er die Forderung als begründet anerkenne und Zahlung zu leisten bereit sei;
2) ob und welche Ansprüche andere Personen an die Forderung machen;
3) ob und wegen welcher Ansprüche die Forderung bereits für andere Gläubiger gepfändet sei.

Die Aufforderung zur Abgabe dieser Erklärungen muſs in die Zustellungsurkunde aufgenommen werden. Der Drittschuldner haftet dem Gläubiger für den aus der Nichterfüllung seiner Verpflichtung entstehenden Schaden.

Die Erklärungen des Drittschuldners können bei Zustellung des Pfändungsbeschlusses oder innerhalb der im ersten Absatze bestimmten Frist an den Gerichtsvollzieher erfolgen. Im ersteren Falle sind dieselben in die Zustellungsurkunde aufzunehmen und von dem Drittschuldner zu unterschreiben.

§. 740. Der Gläubiger, welcher die Forderung einklagt, ist verpflichtet, dem Schuldner gerichtlich den Streit zu verkünden, sofern nicht eine Zustellung im Auslande oder eine öffentliche Zustellung erforderlich wird.

§. 741. Der Gläubiger, welcher die Beitreibung einer

ihm zur Einziehung überwiesenen Forderung verzögert, haftet dem Schuldner für den daraus entstehenden Schaden.

§. 742. Der Gläubiger kann auf die durch Pfändung und Ueberweisung zur Einziehung erworbenen Rechte unbeschadet seines Anspruchs verzichten. Die Verzichtleistung erfolgt durch eine dem Schuldner zuzustellende Erklärung. Die Erklärung ist auch dem Drittschuldner zuzustellen.

§. 743. Ist die gepfändete Forderung eine bedingte oder eine betagte, oder ist ihre Einziehung wegen der Abhängigkeit von einer Gegenleistung oder aus anderen Gründen mit Schwierigkeiten verbunden, so kann das Gericht auf Antrag an Stelle der Ueberweisung eine ándere Art der Verwerthung anordnen.

Vor dem Beschlusse, durch welchen dem Antrage stattgegeben wird, ist der Gegner zu hören, sofern nicht eine Zustellung im Auslande oder eine öffentliche Zustellung erforderlich wird.

§. 744. Schon vor der Pfändung kann der Gläubiger auf Grund eines vollstreckbaren Schuldtitels durch den Gerichtsvollzieher dem Drittschuldner und dem Schuldner die Benachrichtigung, daſs die Pfändung bevorstehe, zustellen lassen mit der Aufforderung an den Drittschuldner, nicht an den Schuldner zu zahlen, und mit der Aufforderung an den Schuldner, sich jeder Verfügung über die Forderung, insbesondere der Einziehung derselben zu enthalten.

Die Benachrichtigung an den Drittschuldner hat die Wirkung eines Arrestes (§. 810.), sofern die Pfändung der Forderung innerhalb drei Wochen bewirkt wird. Die Frist beginnt mit dem Tage, an welchem die Benachrichtigung zugestellt ist.

§. 745. Die Zwangsvollstreckung in Ansprüche, welche die Herausgabe oder Leistung körperlicher Sachen zum Gegenstande haben, erfolgt nach den Vorschriften der §§. 730—744. unter Berücksichtigung der nachfolgenden Bestimmungen.

§. 746. Bei der Pfändung eines Anspruchs, welcher eine bewegliche körperliche Sache betrifft, ist anzuordnen, daſs die Sache an einen vom Gläubiger zu beauftragenden Gerichtsvollzieher herauszugeben sei.

Auf die Verwerthung der Sache finden die Vorschriften über die Verwerthung gepfändeter Sachen Anwendung.

§. 747. Bei Pfändung eines Anspruchs, welcher eine unbewegliche Sache betrifft, ist anzuordnen, daſs die Sache an einen auf Antrag des Gläubigers vom Amtsgerichte der belegenen Sache zu bestellenden Sequester herauszugeben sei.

Die Zwangsvollstreckung in die herausgegebene Sache wird nach den für die Zwangsvollstreckung in unbewegliche Sachen geltenden Vorschriften bewirkt.

§. 748. Eine Ueberweisung der im §. 745. bezeichneten Ansprüche an Zahlungsstatt ist unzulässig.

§. 749. Der Pfändung sind nicht unterworfen:

1) der Arbeits- oder Dienstlohn nach den Bestimmungen des Reichsgesetzes vom 21. Juni 1869 (B.-G.-Bl. 1869 S. 242 und 1871 S. 63);
2) die auf gesetzlicher Vorschrift beruhenden Alimentenforderungen;
3) die fortlaufenden Einkünfte, welche ein Schuldner aus Stiftungen oder sonst auf Grund der Fürsorge und Freigebigkeit eines Dritten bezieht, insoweit der Schuldner zur Bestreitung des nothdürftigen Unterhalts für sich, seine Ehefrau und seine noch unversorgten Kinder dieser Einkünfte bedarf;
4) die aus Kranken-, Hülfs- oder Sterbekassen, insbesondere aus Knappschaftskassen und Kassen der Knappschaftsvereine zu beziehenden Hebungen;
5) der Sold und die Invalidenpension der Unteroffiziere und der Soldaten;
6) das Diensteinkommen der Militärpersonen, welche zu einem mobilen Truppentheile oder zur Besatzung eines in Dienst gestellten Kriegsfahrzeuges gehören;
7) die Pensionen der Wittwen und Waisen und die denselben aus Wittwen- und Waisenkassen zukommenden Bezüge, die Erziehungsgelder und die Studienstipendien sowie die Pensionen invalider Arbeiter;
8) das Diensteinkommen der Offiziere, Militärärzte und Deckoffiziere, der Beamten, der Geistlichen und der Lehrer an öffentlichen Unterrichtsanstalten; die Pension dieser Personen nach deren Versetzung in einstweiligen oder dauernden Ruhestand, sowie der nach

ihrem Tode den Hinterbliebenen zu gewährende Sterbe- oder Gnadengehalt.

Uebersteigen in den Fällen Nr. 7 und 8 das Diensteinkommen, die Pension oder die sonstigen Bezüge die Summe von fünfzehnhundert Mark für das Jahr, so ist der dritte Theil des Mehrbetrags der Pfändung unterworfen.

Der Gehalt und die Dienstbezüge der im Privatdienste dauernd angestellten Personen (§. 4. Nr. 4 des Reichsgesetzes vom 21. Juni 1869) sind nur soweit der Pfändung unterworfen, als der Gesammtbetrag die Summe von fünfzehnhundert Mark für das Jahr übersteigt.

In den Fällen der beiden vorhergehenden Absätze ist die Pfändung ohne Rücksicht auf den Betrag zulässig, wenn sie zur Befriedigung der Ehefrau und der ehelichen Kinder des Schuldners wegen solcher Alimente beantragt wird, welche für die Zeit nach Erhebung der Klage und für das diesem Zeitpunkte vorausgehende letzte Vierteljahr zu entrichten sind.

Die Einkünfte, welche zur Bestreitung eines Dienstaufwandes bestimmt sind, und der Servis der Offiziere, Militärärzte und Militärbeamten sind weder der Pfändung unterworfen noch bei der Ermittelung, ob und zu welchem Betrage ein Diensteinkommen der Pfändung unterliege, zu berechnen.

§. 750. Ist eine Geldforderung für mehrere Gläubiger gepfändet, so ist der Drittschuldner berechtigt und auf Verlangen eines Gläubigers, welchem die Forderung überwiesen wurde, verpflichtet, unter Anzeige der Sachlage und unter Aushändigung der ihm zugestellten Beschlüsse an das Amtsgericht, dessen Beschluſs ihm zuerst zugestellt ist, den Schuldbetrag zu hinterlegen.

§. 751. Ist ein Anspruch, welcher eine bewegliche körperliche Sache betrifft, für mehrere Gläubiger gepfändet, so ist der Drittschuldner berechtigt und auf Verlangen eines Gläubigers, welchem der Anspruch überwiesen wurde, verpflichtet, die Sache unter Anzeige der Sachlage und unter Aushändigung der ihm zugestellten Beschlüsse dem Gerichtsvollzieher herauszugeben, welcher nach dem ihm zuerst zugestellten Beschlusse zur Empfangnahme der Sache ermächtigt ist. Hat der Gläubiger einen solchen

Gerichtsvollzieher nicht bezeichnet, so erfolgt dessen Ernennung auf Antrag des Drittschuldners von dem Amtsgerichte des Orts, wo die Sache herauszugeben ist.

Ist der Erlös zur Deckung der Forderungen nicht ausreichend und verlangt der Gläubiger, für welchen die zweite oder eine spätere Pfändung erfolgt ist, ohne Zustimmung der übrigen betheiligten Gläubiger eine andere Vertheilung als nach der Reihenfolge der Pfändungen, so hat der Gerichtsvollzieher die Sachlage unter Hinterlegung des Erlöses dem Amtsgerichte anzuzeigen, dessen Beschluſs dem Drittschuldner zuerst zugestellt ist. Dieser Anzeige sind die auf das Verfahren sich beziehenden Schriftstücke beizufügen.

In gleicher Weise ist zu verfahren, wenn die Pfändung für mehrere Gläubiger gleichzeitig bewirkt ist.

§. 752. Betrifft der Anspruch eine unbewegliche Sache, so ist der Drittschuldner berechtigt und auf Verlangen eines Gläubigers, welchem der Anspruch überwiesen wurde, verpflichtet, die Sache unter Anzeige der Sachlage und unter Aushändigung der ihm zugestellten Beschlüsse an den von dem Amtsgerichte der belegenen Sache ernannten oder auf seinen Antrag zu ernennenden Sequester herauszugeben.

§. 753. Jeder Gläubiger, welchem der Anspruch überwiesen wurde, ist berechtigt, gegen den Drittschuldner Klage auf Erfüllung der nach den Bestimmungen der §§. 750—752. diesem obliegenden Verpflichtungen zu erheben.

Jeder Gläubiger, für welchen der Anspruch gepfändet ist, kann sich dem Kläger in jeder Lage des Rechtsstreits als Streitgenosse anschlieſsen.

Der Drittschuldner hat die Gläubiger, welche die Klage nicht erhoben und dem Kläger sich nicht angeschlossen haben, zum Termine zur mündlichen Verhandlung zu laden.

Die Entscheidung, welche in dem Rechtsstreite über den in der Klage erhobenen Anspruch erlassen wird, ist für und gegen sämmtliche Gläubiger wirksam.

Gegen einen Gläubiger, welcher nicht zum Termine zur mündlichen Verhandlung geladen ist, obgleich er von dem Drittschuldner hätte geladen werden sollen, kann der Drittschuldner sich auf die ihm günstige Entscheidung nicht berufen.

§. 754. Auf die Zwangsvollstreckung in andere Vermögensrechte, welche nicht Gegenstand der Zwangsvollstreckung in das unbewegliche Vermögen sind, finden die vorstehenden Bestimmungen entsprechende Anwendung.

Ist ein Drittschuldner nicht vorhanden, so ist die Pfändung mit dem Zeitpunkte als bewirkt anzusehen, in welchem dem Schuldner das Gebot, sich jeder Verfügung über das Recht zu enthalten, zugestellt ist.

Das Gericht kann bei der Zwangsvollstreckung in Rechte, welche nur in Ansehung der Ausübung veräuſserlich sind, besondere Anordnungen erlassen. Es kann insbesondere bei der Zwangsvollstreckung in Nutzungsrechte eine Verwaltung anordnen. In diesem Falle wird die Pfändung durch Uebergabe der zu benutzenden Sache an den Verwalter bewirkt, sofern sie nicht durch Zustellung des Beschlusses bereits vorher bewirkt ist.

Ist die Veräuſserung des Rechts selbst zulässig, so kann auch diese Veräuſserung von dem Gerichte angeordnet werden.

— — — — — — —

— — — — — — —

§. 757. Die Zwangsvollstreckung in das unbewegliche Vermögen einschlieſslich des mit derselben verbundenen Aufgebots- und Vertheilungsverfahrens bestimmt sich nach den Landesgesetzen.

Nach den Landesgesetzen bestimmt sich insbesondere auch, welche Sachen und Rechte in Ansehung der Zwangsvollstreckung zum unbeweglichen Vermögen gehören, inwiefern der Gläubiger berechtigt ist, seine Forderung in das Hypothekenbuch eintragen zu lassen, und wie die Eintragung zu bewirken ist.

Entstehen in dem die Zwangsvollstreckung betreffenden Verfahren Rechtsstreitigkeiten, welche in einem besonderen Prozesse zu erledigen sind, so erfolgt die Erledigung nach den Bestimmungen dieses Gesetzes. Auf Vertheilungsstreitigkeiten finden die §§. 765—768. entsprechende Anwendung.

— — — — — — —

— — — — — — —

§. 772. Befindet sich eine herauszugebende Sache im Gewahrsam eines Dritten, so ist dem Gläubiger auf dessen Antrag der Anspruch des Schuldners auf Herausgabe der Sache nach den Vorschriften zu überweisen, welche die Pfändung einer Geldforderung betreffen.

§. 773. Erfüllt der Schuldner die Verpflichtung nicht, eine Handlung vorzunehmen, deren Vornahme durch einen Dritten erfolgen kann, so ist der Gläubiger von dem Prozeſsgerichte erster Instanz auf Antrag zu ermächtigen, auf Kosten des Schuldners die Handlung vornehmen zu lassen.

Der Gläubiger kann zugleich beantragen, den Schuldner zur Vorauszahlung der Kosten zu verurtheilen, welche durch die Vornahme der Handlung entstehen werden, unbeschadet des Rechts auf eine Nachforderung, wenn die Vornahme der Handlung einen gröſseren Kostenaufwand verursacht.

Auf die Zwangsvollstreckung zur Erwirkung der Herausgabe oder Leistung von Sachen finden die vorstehenden Bestimmungen keine Anwendung.

§. 774. Kann eine Handlung durch einen Dritten nicht vorgenommen werden, so ist, wenn sie ausschlieſslich von dem Willen des Schuldners abhängt, auf Antrag von dem Prozeſsgerichte erster Instanz zu erkennen, daſs der Schuldner zur Vornahme der Handlung durch Geldstrafen bis zum Gesammtbetrage von fünfzehnhundert Mark oder durch Haft anzuhalten sei.

Diese Bestimmung kommt im Falle der Verurtheilung zur Eingehung einer Ehe nicht und im Falle der Verurtheilung zur Herstellung des ehelichen Lebens nur insoweit zur Anwendung, als die Landesgesetze die Erzwingung der Herstellung des ehelichen Lebens für zulässig erklären.

§. 775. Handelt der Schuldner der Verpflichtung zuwider, eine Handlung zu unterlassen oder die Vornahme einer Handlung zu dulden, so ist er wegen einer jeden Zuwiderhandlung auf Antrag des Gläubigers von dem Prozeſsgerichte erster Instanz zu einer Geldstrafe bis zu fünfzehnhundert Mark oder zur Strafe der Haft bis zu sechs Monaten zu verurtheilen. Das Maſs der Gesammtstrafe darf zwei Jahre Haft nicht übersteigen.

Der Verurtheilung muſs eine Strafandrohung vorausgehen, welche, wenn sie in dem die Verpflichtung aussprechenden Urtheile nicht enthalten ist, auf Antrag von dem Prozefsgerichte erster Instanz erlassen wird.

Auch kann der Schuldner auf Antrag des Gläubigers zur Bestellung einer Sicherheit für den durch fernere Zuwiderhandlung entstehenden Schaden auf bestimmte Zeit verurtheilt werden.

— — — — — — —

— — — — — — —

§. 778. Durch die Bestimmungen dieses Abschnitts wird das Recht des Gläubigers nicht berührt, die Leistung des Interesse zu verlangen.

Den Anspruch auf Leistung des Interesse hat der Gläubiger im Wege der Klage bei dem Prozefsgerichte erster Instanz geltend zu machen.

§. 779. Ist der Schuldner zur Abgabe einer Willenserklärung verurtheilt, so gilt die Erklärung als abgegeben, sobald das Urtheil die Rechtskraft erlangt hat. Ist die Willenserklärung von einer Gegenleistung abhängig gemacht, so tritt diese Wirkung ein, sobald nach den Bestimmungen der §§. 664., 666. eine vollstreckbare Ausfertigung des rechtskräftigen Urtheils ertheilt ist.

Die Vorschrift des ersten Absatzes kommt im Falle der Verurtheilung zur Eingehung einer Ehe nicht zur Anwendung.

— — — — — — —

— — — — — — —

§. 810. Die Vollziehung des Arrestes in bewegliches Vermögen wird durch Pfändung bewirkt. Die Pfändung erfolgt nach denselben Grundsätzen wie jede andere Pfändung und begründet ein Pfandrecht mit den im §. 709. bestimmten Wirkungen. Für die Pfändung einer Forderung ist das Arrestgericht als Vollstreckungsgericht zuständig.

Gepfändetes Geld und ein im Vertheilungsverfahren auf den Gläubiger fallender Betrag des Erlöses werden hinterlegt.

Das Vollstreckungsgericht kann auf Antrag anordnen, dafs eine bewegliche körperliche Sache, wenn sie der Gefahr einer beträchtlichen Werthsverringerung ausgesetzt ist oder wenn ihre Aufbewahrung unverhältnifsmäfsige

Kosten verursachen würde, versteigert und der Erlös hinterlegt werde.

§. 811. Die Vollziehung des Arrestes in unbewegliches Vermögen bestimmt sich nach den Landesgesetzen.

— — — — — — —

— — — — — — —

§. 837. Für das Aufgebotsverfahren zum Zwecke der Kraftloserklärung (Amortisation) abhanden gekommener oder vernichteter Wechsel und der in den Artikeln 301. 302. des Handelsgesetzbuchs bezeichneten Urkunden gelten die nachfolgenden besonderen Bestimmungen.

Die Bestimmungen finden in Betreff anderer Urkunden, bezüglich welcher das Gesetz das Aufgebotsverfahren zuläfst, insoweit Anwendung, als in dem Gesetze nicht besondere Vorschriften enthalten sind.

§. 838. Bei Papieren, welche auf den Inhaber lauten oder welche durch Indossament übertragen werden können und mit einem Blankoindossamente versehen sind, ist der letzte Inhaber berechtigt, das Aufgebotsverfahren zu beantragen.

Bei anderen Urkunden ist derjenige zu dem Antrage berechtigt, welcher das Recht aus der Urkunde geltend machen kann.

§. 839. Für das Aufgebotsverfahren ist das Gericht des Orts zuständig, welchen die Urkunde als den Erfüllungsort bezeichnet. Enthält die Urkunde eine solche Bezeichnung nicht, so ist das Gericht zuständig, bei welchem der Aussteller seinen allgemeinen Gerichtsstand hat, und in Ermangelung eines solchen Gerichts dasjenige, bei welchem der Aussteller zur Zeit der Ausstellung seinen allgemeinen Gerichtsstand gehabt hat.

Ist der Anspruch, über welchen die Urkunde ausgestellt ist, in einem Grund- oder Hypothekenbuche eingetragen, so ist das Gericht der belegenen Sache ausschliefslich zuständig.

§. 840. Der Antragsteller hat zur Begründung des Antrags:

1) entweder eine Abschrift der Urkunde beizubringen, oder den wesentlichen Inhalt der Urkunde und alles anzugeben, was zur vollständigen Erkennbarkeit derselben erforderlich ist;

2) den Verlust der Urkunde sowie diejenigen Thatsachen glaubhaft zu machen, von welchen seine Berechtigung abhängt, das Aufgebotsverfahren zu beantragen;
3) sich zur eidlichen Versicherung der Wahrheit seiner Angaben zu erbieten.

§. 841. In dem Aufgebote ist der Inhaber der Urkunde aufzufordern, spätestens im Aufgebotstermine seine Rechte bei dem Gerichte anzumelden und die Urkunde vorzulegen. Als Rechtsnachtheil ist anzudrohen, daſs die Kraftloserklärung der Urkunde erfolgen werde.

§. 842. Die öffentliche Bekanntmachung des Aufgebots erfolgt durch Anheftung an die Gerichtstafel und in dem Lokale der Börse, wenn eine solche am Sitze des Aufgebotsgerichts besteht, sowie durch dreimalige Einrückung in die im §. 187. Abs. 2 bezeichneten Blätter.

Das Gericht kann anordnen, daſs die Einrückung noch in andere Blätter und zu mehreren Malen erfolge.

§. 843. Bei Werthpapieren, für welche von Zeit zu Zeit Zinsscheine oder Gewinnantheilscheine ausgegeben werden, ist der Aufgebotstermin so zu bestimmen, daſs bis zu demselben der erste einer seit der Zeit des glaubhaft gemachten Verlustes ausgegebenen Reihe von Zinsscheinen oder Gewinnantheilscheinen fällig geworden ist und seit der Fälligkeit desselben sechs Monate abgelaufen sind.

Vor Erlassung des Ausschluſsurtheils hat der Antragsteller ein nach Ablauf dieser sechsmonatlichen Frist ausgestelltes Zeugniſs der betreffenden Behörde, Kasse oder Anstalt beizubringen, daſs die Urkunde seit der Zeit des glaubhaft gemachten Verlustes ihr zur Ausgabe neuer Scheine nicht vorgelegt sei und daſs die neuen Scheine an einen Anderen als den Antragsteller nicht ausgegeben seien.

§. 844. Bei Werthpapieren, für welche Zinsscheine oder Gewinnantheilscheine zuletzt für einen längeren Zeitraum als vier Jahre ausgegeben sind, genügt es, wenn der Aufgebotstermin so bestimmt wird, daſs bis zu demselben seit der Zeit des glaubhaft gemachten Verlustes von den zuletzt ausgegebenen Scheinen solche für vier Jahre fällig geworden und seit der Fälligkeit des letzten derselben sechs Monate abgelaufen sind. Scheine für Zeitabschnitte, für welche keine Zinsen oder Gewinnantheile bezahlt werden, kommen nicht in Betracht.

Vor Erlassung des Ausschluſsurtheils hat der Antragsteller ein nach Ablauf dieser sechsmonatigen Frist ausgestelltes Zeugniſs der betreffenden Behörde, Kasse oder Anstalt beizubringen, daſs die für die bezeichneten vier Jahre und später etwa fällig gewordenen Scheine ihr von einem Anderen als dem Antragsteller nicht vorgelegt seien. Hat in der Zeit seit dem Erlaſs des Aufgebots eine Ausgabe neuer Scheine stattgefunden, so muſs das Zeugniſs auch die im §. 843. Absatz 2 bezeichneten Angaben enthalten.

§. 845. Bei Werthpapieren, für welche Zinsscheine oder Gewinnantheilscheine ausgegeben sind, aber nicht mehr ausgegeben werden, ist, wenn nicht die Voraussetzungen der §§. 843., 844. vorhanden sind, der Aufgebotstermin so zu bestimmen, daſs bis zu demselben seit der Fälligkeit des letzten ausgegebenen Scheines sechs Monate abgelaufen sind.

§. 846. Ist in einer Schuldurkunde eine Verfallzeit angegeben, welche zur Zeit der ersten Einrückung des Aufgebots in den Deutschen Reichsanzeiger noch nicht eingetreten ist, und sind die Voraussetzungen der §§. 843 —845. nicht vorhanden, so ist der Aufgebotstermin so zu bestimmen, daſs seit dem Verfalltage sechs Monate abgelaufen sind.

§. 847. Zwischen dem Tage, an welchem die erste Einrückung des Aufgebots in den Deutschen Reichsanzeiger erfolgt ist, und dem Aufgebotstermine muſs ein Zeitraum von mindestens sechs Monaten liegen.

§. 848. In dem Ausschluſsurtheile ist die Urkunde für kraftlos zu erklären.

Das Ausschluſsurtheil ist seinem wesentlichen Inhalte nach durch den Deutschen Reichsanzeiger bekannt zu machen.

In gleicher Weise hat nach eingetretener Rechtskraft die Bekanntmachung des auf die Anfechtungsklage ergangenen Urtheils, soweit dadurch die Kraftloserklärung aufgehoben wird, zu erfolgen.

§. 849. Die Vorschriften der §§. 843.—848. finden auch auf das Aufgebot anderer als der im §. 837. Absatz 1.

bezeichneten Urkunden, welche auf den Inhaber lauten oder durch Indossament übertragbar und mit einem Blankoindossament versehen sind, Anwendung, insoweit nicht der Anspruch, über welchen die Urkunde ausgestellt ist, in einem Grund- oder Hypothekenbuche eingetragen ist.

Durch diese Bestimmung werden Vorschriften, welche für das Aufgebotsverfahren noch andere oder schwerere Voraussetzungen aufstellen, nicht berührt.

§. 850. Derjenige, welcher das Ausschlufsurtheil erwirkt hat, ist dem durch die Urkunde Verpflichteten gegenüber berechtigt, die Rechte aus der Urkunde geltend zu machen.

Aus dem Einführungsgesetze zu der Civilprozefsordnung.

§. 5. In Ansehung der Landesherren und der Mitglieder der landesherrlichen Familien, sowie der Mitglieder der Fürstlichen Familie Hohenzollern finden die Bestimmungen der Civilprozefzordnung nur insoweit Anwendung, als nicht besondere Vorschriften der Hausverfassungen oder der Landesgesetze abweichende Bestimmungen enthalten. Für vermögensrechtliche Ansprüche Dritter darf jedoch die Zulässigkeit des Rechtswegs nicht von der Einwilligung des Landesherrn abhängig gemacht werden.

— — — — — — —

— — — — — — —

§. 11. Die Landesgesetze können in anderen als in den durch ein Reichsgesetz bestimmten Fällen die Anwendung der Bestimmungen der Civilprozefsordnung über das Aufgebotsverfahren ausschliefsen oder diese Bestimmungen durch andere Vorschriften ersetzen, insoweit nicht §. 849. der Civilprozefsordnung entgegensteht.

§. 12. Gesetz im Sinne der Civilprozefsordnung und dieses Gesetzes ist jede Rechtsnorm.

§. 13. Die prozefsrechtlichen Vorschriften der Reichsgesetze werden durch die Civilprozefsordnung nicht berührt.

Aufgehoben werden:

1) §. 2. des Gesetzes, betreffend die Aufhebung der Schuldhaft vom 29. Mai 1868;
2) Artikel 34—36., 37. Satz 2., 39., 77., 78., 79. Abs. 2., 488., 494., 889. des Handelsgesetzbuchs;
3) §. 6. des Gesetzes, betreffend die Verbindlichkeit zum Schadensersatze für die bei dem Betriebe von Eisenbahnen, Bergwerken u. s. w. herbeigeführten Tödtungen und Körperverletzungen, vom 7. Juni 1871;
4) §. 14. des Gesetzes über das Postwesen des Deutschen Reichs vom 28. Oktober 1871, insoweit diese Vorschrift die Unterbrechung der Verjährung an die Anmeldung der Klage knüpft;
5) §. 144. Abs. 4. des Gesetzes, betreffend die Rechtsverhältnisse der Reichsbeamten, vom 31. März 1873;
6) §. 78. Abs. 3 des Gesetzes über Beurkundung des Personenstandes und die Eheschliefsung vom 6. Februar 1875.

Der Artikel 80. der Wechselordnung wird dahin abgeändert, dafs die Verjährung auch nach Mafsgabe der §§. 190., 254., 461. Abs. 2., 471. Abs. 2. der Civilprozefsordnung unterbrochen wird.

In den Fällen der Artikel 348., 365., 407. des Handelsgesetzbuchs ist das im §. 448. der Civilprozefsordnung bezeichnete Amtsgericht zuständig; auf die Ernennung, Beeidigung und Vernehmung der Sachverständigen finden die Vorschriften der Civilprozefsordnung in dem achten Titel des ersten Abschnitts des zweiten Buchs entsprechende Anwendung.

— — — — — — —

§. 15. Unberührt bleiben:

1) die landesgesetzlichen Vorschriften über die Einstellung des Verfahrens für den Fall, dass ein Kompetenzkonflikt zwischen den Gerichten und den Verwaltungsbehörden oder Verwaltungsgerichten entsteht;
2) die landesgesetzlichen Vorschriften über die Fortdauer des Gerichtsstandes einer Gesellschaft, einer Genossenschaft oder eines Vereins nach Auflösung derselben; über das Verfahren in Betreff der Sperre der Zahlung abhanden gekommener Inhaberpapiere; über

das Verfahren bei Streitigkeiten, welche die Zwangsenteignung und die Entschädigung wegen derselben betreffen;

3) die landesgesetzlichen Vorschriften über das erbschaftliche Liquidationsverfahren;

4) die landesgesetzlichen Vorschriften über die Zwangsvollstreckung wegen Geldforderungen gegen den Fiskus, Gemeinden und andere Kommunalverbände (Provinzial-, Kreis-, Amtsverbände), sowie gegen solche Korporationen, deren Vermögen von Staatsbehörden verwaltet wird, insoweit nicht dingliche Rechte verfolgt werden;

5) die Vorschriften des französischen und des badischen Rechts über den erwählten Wohnsitz, soweit es sich um Zustellungen handelt, und über das Verfahren bei Vermögensabsonderungen unter Eheleuten.

Entstehen in einem unter Nr. 3. bezeichneten Verfahren Rechtsstreitigkeiten, welche in einem besonderen Prozesse zu erledigen sind, so erfolgt die Erledigung nach den Bestimmungen der Civilprozeſsordnung und dieses Gesetzes.

§. 16. Unberührt bleiben:

1) die Vorschriften des bürgerlichen Rechts, nach welchen unter bestimmten Voraussetzungen eine Thatsache unter Ausschlieſsung des Gegenbeweises oder bis zum Beweise des Gegentheils als gewiſs anzusehen ist.

Insoweit der Beweis des Gegentheils zulässig ist, kann dieser Beweis auch durch Eideszuschiebung nach Maſsgabe der §§. 410. ff. der Civilprozeſsordnung geführt werden.

Unberührt bleiben ferner:

2) die Vorschriften des bürgerlichen Rechts über die Beweiskraft der Beurkundung des bürgerlichen Standes in Ansehung der Erklärungen, welche über Geburten und Sterbefälle von den zur Anzeige gesetzlich verpflichteten Personen abgegeben werden;

3) die Vorschriften des bürgerlichen Rechts über die Verpflichtung zur Leistung des Offenbarungseides;

4) die Vorschriften des bürgerlichen Rechts, nach welchen in bestimmten Fällen einstweilige Verfügungen erlassen werden können;
5) die Vorschriften des bürgerlichen Rechts über das Verfahren bei Ehescheidungen auf Grund gegenseitiger Einwilligung;
6) die Vorschriften des bürgerlichen Rechts über die auf einseitigen Antrag eines Ehegatten zu erlassenden gerichtlichen Rückkehr-, Aufnahme- und Besserungsbefehle, sowie über die als Vorbedingung einer Ehescheidung anzuordnenden Zwangsmaſsregeln;
7) die Vorschriften des bürgerlichen Rechts über die Voraussetzungen der böslichen Verlassung, namentlich in Ansehung der Frist, welche seit der Entfernung des Beklagten verstrichen sein muſs, sowie in Ansehung der Fälle, welche der böslichen Verlassung gleichgestellt sind;
8) die Vorschriften des bürgerlichen Rechts, nach welchen eine bösliche Verlassung nicht schon deshalb als festgestelit angenommen werden darf, weil der Beklagte die in dem bürgerlichen Rechte vorgeschriebenen Rückkehrbefehle nicht befolgt hat.

§. 17. Die Beweiskraft eines Schuldscheins oder einer Quittung ist an den Ablauf einer Zeitfrist nicht gebunden.

Abweichende Vorschriften des bürgerlichen Rechts über die zur Eintragung in das Grund- oder Hypothekenbuch bestimmten Schuldurkunden bleiben unberührt, soweit sie die Verfolgung des dinglichen Rechts betreffen.

— — — — — — —

— — — — — — —

§. 23. Insoweit Pfand- oder Vorzugsrechte, welche vor dem Inkrafttreten der Civilprozeſsordnung auf Grund eines Vertrages, einer letztwilligen Anordnung oder einer richterlichen Verfügung erworben oder in Bankstatuten den Banknoteninhabern rechtsgültig zugesichert sind, gegenüber einem Pfandrechte, welches durch eine nach dem Inkrafttreten der Civilprozeſsordnung bewirkte Pfändung begründet wird, zufolge des §. 709. Abs. 2. der Civilprozeſsordnung ihre Wirksamkeit verlieren würden, kann die Landesgesetzgebung für die Forderung des Berechtigten das bisherige Vorrecht gewähren.

Das Vorrecht kann nicht gewährt werden gegen eine zwei Jahre nach dem Inkrafttreten der Civilprozefsordnung bewirkte Pfändung, wenn nicht das Vorrecht dadurch erhalten wird, dafs dasselbe bis zum Ablaufe der zwei Jahre zur Eintragung in ein öffentliches Register vorschriftsmäfsig angemeldet ist. Der Erlafs von Vorschriften über die Einrichtung solcher Register, sowie über die Anmeldung und Eintragung der Forderungen bleibt der Landesgesetzgebung vorbehalten.

Die vorstehenden Bestimmungen finden auf ein gesetzliches Pfand- oder Vorzugsrecht der Ehefrau des Schuldners für Forderungen, welche vor dem Inkrafttreten der Civilprozefsordnung entstanden sind, entsprechende Anwendung.

XXXVI. Konkursordnung für das Deutsche Reich [1]).

(Auszug.)

Erstes Buch.

Konkursrecht.

Erster Titel.

Allgemeine Bestimmungen.

§. 1. Das Konkursverfahren umfaſst das gesammte, einer Zwangsvollstreckung unterliegende Vermögen des Gemeinschuldners, welches ihm zur Zeit der Eröffnung des Verfahrens gehört (Konkursmasse).

Der Nieſsbrauch, welcher dem Gemeinschuldner während der Dauer des Verfahrens an dem Vermögen seiner Ehefrau oder seiner Kinder nach den Landesgesetzen zusteht, gehört zur Konkursmasse. Aus den Nutzungen kann der Gemeinschuldner die Mittel beanspruchen, welche zu seinem angemessenen Unterhalt und dazu erforderlich sind, um eine gesetzliche Verpflichtung desselben zum Unterhalt seiner Ehefrau oder zum Unterhalt und zur Erziehung seiner Kinder zu erfüllen.

Die im §. 715. Nr. 5., 8. der Civilprozeſsordnung und im §. 20. des Gesetzes über das Postwesen des Deutschen Reiches vom 28. Oktober 1871 vorgesehenen Beschrän-

1) Da die Publication noch nicht erfolgt ist, so theilen wir das Gesetz hier auf Grund der von dem Bundesrate bereits genehmigten Beschlüsse des Reichstags in dritter (zweiter) Lesung mit. Aktenstücke des Deutschen Reichstags, 2. Legislatur-Periode, IV. Session 1876, Nr. 96.

kungen kommen im Konkursverfahren nicht zur Anwendung.

§. 2. Die Konkursmasse dient zur gemeinschaftlichen Befriedigung aller persönlichen Gläubiger, welche einen zur Zeit der Eröffnung des Verfahrens begründeten Vermögensanspruch an den Gemeinschuldner haben (Konkursgläubiger).

§. 3. Ein Anspruch auf abgesonderte Befriedigung aus Gegenständen, welche zur Konkursmasse gehören, kann nur in den von diesem Gesetze zugelassenen Fällen geltend gemacht werden.

Die abgesonderte Befriedigung erfolgt unabhängig vom Konkursverfahren.

§. 4. Ausländische Gläubiger stehen den inländischen gleich.

Unter Zustimmung des Bundesraths kann durch Anordnung des Reichskanzlers bestimmt werden, daſs gegen die Angehörigen eines ausländischen Staates und die Rechtsnachfolger derselben ein Vergeltungsrecht zur Anwendung gebracht werde.

§. 5. Mit der Eröffnung des Verfahrens verliert der Gemeinschuldner die Befugniſs, sein zur Konkursmasse gehöriges Vermögen zu verwalten und über dasselbe zu verfügen.

Das Verwaltungs- und Verfügungsrecht wird durch einen Konkursverwalter ausgeübt.

§. 6. Rechtshandlungen, welche der Gemeinschuldner nach der Eröffnung des Verfahrens vorgenommen hat, sind den Konkursgläubigern gegenüber nichtig.

Dem anderen Theile ist die Gegenleistung aus der Masse zurückzugewähren, soweit letztere durch dieselbe bereichert ist.

Hat der Gemeinschuldner Rechtshandlungen am Tage der Eröffnung des Verfahrens vorgenommen, so wird vermuthet, daſs sie nach der Eröffnung vorgenommen worden sind.

§. 7. Eine Leistung, welche auf eine zur Konkursmasse zu erfüllende Verbindlichkeit nach der Eröffnung des Verfahrens an den Gemeinschuldner erfolgt ist, befreit den Erfüllenden den Konkursgläubigern gegenüber nur insoweit, als das Geleistete in die Konkursmasse gekommen ist.

War die Leistung vor der öffentlichen Bekanntmachung der Eröffnung erfolgt, so ist der Erfüllende befreit, wenn nicht bewiesen wird, dafs ihm zur Zeit der Leistung die Eröffnung des Verfahrens unbekannt war.

War die Leistung nach der öffentlichen Bekanntmachung erfolgt, so wird der Erfüllende befreit, wenn er beweist, dafs ihm zur Zeit der Leistung die Eröffnung des Verfahrens nicht bekannt war.

§. 8. Rechtsstreitigkeiten über das zur Konkursmasse gehörige Vermögen, welche zur Zeit der Eröffnung des Verfahrens für den Gemeinschuldner anhängig sind, können in der Lage, in welcher sie sich befinden, von dem Konkursverwalter aufgenommen werden. Wird die Aufnahme verzögert, so kommen die Bestimmungen des §. 217. der Civilprozefsordnung zur entsprechenden Anwendung.

Lehnt der Verwalter die Annahme des Rechtsstreits ab, so kann sowohl der Gemeinschuldner als der Gegner denselben aufnehmen.

§. 9. Rechtsstreitigkeiten, welche gegen den Gemeinschuldner anhängig und auf Aussonderung eines Gegenstandes aus der Konkursmasse oder auf abgesonderte Befriedigung gerichtet sind oder einen Anspruch betreffen, welcher als Masseschuld zu erachten ist, können sowohl von dem Konkursverwalter als von dem Gegner aufgenommen werden.

Erkennt der Verwalter den Anspruch sofort an, so fallen ihm die Prozefskosten nicht zur Last.

§. 10. Konkursgläubiger können ihre Forderungen auf Sicherstellung oder Befriedigung aus der Konkursmasse nur nach Mafsgabe der Vorschriften für das Konkursverfahren verfolgen.

§. 11. Während der Dauer des Konkursverfahrens finden Arreste und Zwangsvollstreckungen zu Gunsten einzelner Konkursgläubiger weder in das zur Konkursmasse gehörige, noch in das sonstige Vermögen des Gemeinschuldners statt.

§. 12. Pfand- und Hypothekenrechte, Vorzugsrechte, sowie Zurückbehaltungsrechte an Gegenständen der Konkursmasse können nach der Eröffnung des Konkursverfahrens nicht mit verbindlicher Kraft gegen die Konkursgläubiger erworben oder eingetragen werden, wenngleich der Anspruch auf den Erwerb oder die Eintragung schon vor der Eröffnung des Verfahrens begründet gewesen ist.

§. 13. Die Eröffnung des Konkursverfahrens hemmt nicht den Lauf der Verjährung. Durch die Anmeldung einer Konkursforderung wird deren Verjährung unterbrochen.

§. 14. Befindet sich der Gemeinschuldner mit Dritten in einem Miteigenthume, in einer Gesellschaft oder in einer anderen Gemeinschaft, so erfolgt die Theilung oder sonstige Auseinandersetzung aufserhalb des Konkursverfahrens.

Zweiter Titel.

Erfüllung der Rechtsgeschäfte.

§. 15. Wenn ein zweiseitiger Vertrag zur Zeit der Eröffnung des Konkursverfahrens von dem Gemeinschuldner und von dem anderen Theile nicht oder nicht vollständig erfüllt ist, so kann der Konkursverwalter an Stelle des Gemeinschuldners den Vertrag erfüllen und die Erfüllung von dem anderen Theile verlangen.

Der Verwalter mufs auf Erfordern des anderen Theils, auch wenn die Erfüllungszeit noch nicht eingetreten ist, demselben ohne Verzug erklären, ob er die Erfüllung verlangen will. Unterläfst er dies, so kann er auf der Erfüllung nicht bestehen.

§. 16. War die Leistung von Waaren, welche einen Markt- oder Börsenpreis haben, genau zu einer festbestimmten Zeit oder binnen einer festbestimmten Frist bedungen, und tritt die Zeit oder der Ablauf der Frist erst nach der Eröffnung des Verfahrens ein, so kann nicht die Erfüllung verlangt, sondern nur eine Forderung wegen Nichterfüllung geltend gemacht werden.

Der Betrag dieser Forderung bestimmt sich durch den Unterschied zwischen dem Kaufpreise und demjenigen Markt- oder Börsenpreise, welcher an dem Orte der Erfüllung oder an dem für denselben mafsgebenden Handelsplatze sich für die am zweiten Werktage nach der Eröffnung des Verfahrens mit der bedungenen Erfüllungszeit geschlossenen Geschäfte ergiebt.

Ist ein solcher Markt- oder Börsenpreis nicht zu ermitteln, so findet die Bestimmung des ersten Absatzes keine Anwendung.

§. 17. Auf Pacht- und Miethverträge über Sachen übt, wenn deren Uebergabe schon erfolgt ist, die Eröffnung des Verfahrens folgende Wirkungen aus:

1. hatte der Gemeinschuldner gepachtet oder gemiethet, so kann sowohl der andere Theil als der Verwalter den Vertrag aufkündigen. Die Frist oder Zeit für die Kündigung ist, falls eine kürzere Frist oder nähere Zeit nicht bedungen war, die gesetzliche oder ortsübliche;
2. hatte der Gemeinschuldner verpachtet oder vermiethet, so wirkt eine freiwillige Veräufserung der Sache durch den Konkursverwalter auf die Zulässigkeit der Kündigung sowie auf die Dauer des Vertrages wie eine Zwangsversteigerung.

§. 18. Wenn der Gemeinschuldner gepachtet oder gemiethet hatte, und die Uebergabe der Sache zur Zeit der Eröffnung des Verfahrens noch nicht erfolgt ist, so kann der andere Theil von dem Vertrage abgehen, gleich als ob derselbe nicht geschlossen wäre.

Auf Erfordern des Verwalters mufs der andere Theil demselben ohne Verzug erklären, ob er von dem Vertrage abgehen will. Unterläfst er dies, so kommen die Bestimmungen des §. 15. zur Anwendung.

§. 19. Ein in dem Haushalte, Wirthschaftsbetriebe oder Erwerbsgeschäfte des Gemeinschuldners angetretenes Dienstverhältnifs kann von jedem Theile aufgekündigt werden. Die Frist und Zeit für die Kündigung ist, falls eine kürzere Frist oder nähere Zeit nicht bedungen war, die gesetzliche oder ortsübliche und in Ermangelung einer solchen von dem Konkursgerichte auf Antrag der Kündigenden festzusetzen.

§. 20. Soweit rücksichtlich einzelner, durch die §§. 16—19. nicht betroffener Rechtsverhältnisse die Reichsgesetze oder die Landesgesetze besondere Bestimmungen über die Wirkung der Eröffnung des Konkursverfahrens enthalten, kommen diese zur Anwendung.

§. 21. Wenn in Folge der Eröffnung des Konkursverfahrens die Nichterfüllung einer Verbindlichkeit oder die Aufhebung eines Rechtsverhältnisses des Gemeinschuldners eintritt, so ist der andere Theil nicht berechtigt, die Rückgabe seiner in das Eigenthum des Gemeinschuldners übergegangenen Leistung aus der Konkursmasse zu verlangen. Er kann eine Forderung wegen der Nichterfüllung oder der Aufhebung nur als Konkursgläubiger geltend machen, soweit ihm nicht ein Anspruch auf abgesonderte Befriedigung zusteht.

Dritter Titel.

Anfechtung.

§. 22. Rechtshandlungen, welche vor der Eröffnung des Konkursverfahrens vorgenommen sind, können als den Konkursgläubigern gegenüber unwirksam nach Maſsgabe der folgenden Bestimmungen angefochten werden.

§. 23. Anfechtbar sind:

1. die nach der Zahlungseinstellung oder dem Antrage auf Eröffnung des Verfahrens von dem Gemeinschuldner eingegangenen Rechtsgeschäfte, durch deren Eingehung die Konkursgläubiger benachtheiligt werden, wenn dem anderen Theile zu der Zeit, als er das Geschäft einging, die Zahlungseinstellung oder der Eröffnungsantrag bekannt war; sowie die nach der Zahlungseinstellung oder dem Eröffnungsantrage erfolgten Rechtshandlungen, welche einem Konkursgläubiger Sicherung oder Befriedigung gewähren, wenn dem Gläubiger zu der Zeit, als die Handlung erfolgte, die Zahlungseinstellung oder der Eröffnungsantrag bekannt war;
2. die nach der Zahlungseinstellung oder dem Antrage auf Eröffnung des Verfahrens oder in den letzten zehn Tagen vor der Zahlungseinstellung oder dem Eröffnungsantrage erfolgten Rechtshandlungen, welche einem Konkursgläubiger eine Sicherung oder Befriedigung gewähren, die er nicht oder nicht in der Art oder nicht zu der Zeit zu beanspruchen hatte, sofern er nicht beweist, daſs ihm zur Zeit der Handlung weder die Zahlungseinstellung und der Eröffnungsantrag, noch eine Absicht des Gemeinschuldners, ihn vor den übrigen Gläubigern zu begünstigen, bekannt war.

§. 24. Anfechtbar sind:

1. Rechtshandlungen, welche der Gemeinschuldner in der dem anderen Theile bekannten Absicht, seine Gläubiger zu benachtheiligen, vorgenommen hat;
2. die in dem letzten Jahre vor der Eröffnung des Verfahrens geschlossenen, entgeltlichen Verträge des Gemeinschuldners
   mit seinem Ehegatten, vor oder während der Ehe,
   mit seinen oder seines Ehegatten Verwandten in auf- und absteigender Linie, mit seinen oder seines Ehegatten voll- und halbbürtigen Geschwistern,
   oder mit dem Ehegatten einer dieser Personen,

   sofern durch den Abschlufs des Vertrages die Gläubiger des Gemeinschuldners benachtheiligt werden und der andere Theil nicht beweist, dafs ihm zur Zeit des Vertragsabschlusses eine Absicht des Gemeinschuldners, die Gläubiger zu benachtheiligen, nicht bekannt war.

§. 25. Anfechtbar sind:

1. die in dem letzten Jahre vor der Eröffnung des Verfahrens von dem Gemeinschuldner vorgenommenen unentgeltlichen Verfügungen, sofern nicht dieselben gebräuchliche Gelegenheitsgeschenke zum Gegenstande hatten;
2. die in den letzten zwei Jahren vor der Eröffnung des Verfahrens von dem Gemeinschuldner vorgenommenen unentgeltlichen Verfügungen zu Gunsten seines Ehegatten, sowie eine innerhalb dieses Zeitraums von ihm bewirkte Sicherstellung oder Rückgewähr eines Heirathsguts oder des gesetzlich in seine Verwaltung gekommenen Vermögens seiner Ehefrau, sofern er nicht zu der Sicherstellung oder Rückgewähr durch das Gesetz oder durch einen vor diesem Zeitraum geschlossenen Vertrag verpflichtet war.

§. 26. Rechtshandlungen, welche früher als sechs Monate vor der Eröffnung des Verfahrens erfolgt sind, können aus dem Grunde einer Kenntnifs der Zahlungseinstellung nicht angefochten werden.

§. 27. Wechselzahlungen des Gemeinschuldners können auf Grund des §. 23. Nr. 1 von dem Empfänger nicht zurückgefordert werden, wenn nach Wechselrecht der Empfänger bei Verlust des Wechselanspruchs gegen andere Wechselverpflichtete zur Annahme der Zahlung verbunden war.

Die gezahlte Wechselsumme mufs von dem letzten Wechselregrefsschuldner, oder, falls derselbe den Wechsel für Rechnung eines Dritten begeben hatte, von diesem erstattet werden, wenn dem letzten Wechselregrefsschuldner oder dem Dritten zu der Zeit, als er den Wechsel begab oder begeben liefs, einer der im §. 23. Nr. 1. erwähnten Umstände bekannt war.

§. 28. Die Anfechtung wird dadurch nicht ausgeschlossen, dafs für die anzufechtende Rechtshandlung ein vollstreckbarer Schuldtitel erlangt, oder dafs dieselbe durch Zwangsvollstreckung oder durch Vollziehung eines Arrestes erwirkt worden ist.

§. 29. Das Anfechtungsrecht wird von dem Verwalter ausgeübt.

§. 30. Was durch die anfechtbare Handlung aus dem Vermögen des Gemeinschuldners veräufsert, weggegeben oder aufgegeben ist, mufs zur Konkursmasse zurückgewährt werden.

Der gutgläubige Empfänger einer unentgeltlichen Leistung hat dieselbe nur soweit zurückzugewähren, als er durch sie bereichert ist.

§. 31. Die Gegenleistung ist aus der Konkursmasse zu erstatten, soweit sie sich in derselben befindet, oder soweit die Masse um ihren Werth bereichert ist. Darüber hinaus kann ein Anspruch nur als Konkursforderung geltend gemacht werden.

§. 32. Wenn der Empfänger einer anfechtbaren Leistung das Empfangene zurückgewährt, so tritt seine Forderung wieder in Kraft.

§. 33. Die gegen den Erblasser begründete Anfechtung findet gegen den Erben statt.

Gegen einen anderen Rechtsnachfolger desjenigen, welchem gegenüber die anfechtbare Handlung vorgenommen ist, findet die gegen den letzteren begründete Anfechtung statt:

1. wenn ihm zur Zeit seines Erwerbes bekannt war, dafs der Gemeinschuldner die Rechtshandlung in der Ab-

sicht vorgenommen hatte, seine Gläubiger zu benachtheiligen;

2. wenn er zu den im §. 24. Nr. 2. genannten Personen gehört und nicht beweist, dafs er zur Zeit seines Erwerbes von den Umständen, welche die Anfechtung gegen den Rechtsvorgänger begründen, keine Kenntnifs hatte.

§. 34. Das Anfechtungsrecht verjährt in einem Jahre seit der Eröffnung des Verfahrens.

Vierter Titel.

Aussonderung.

§. 35. Die Ansprüche auf Aussonderung eines dem Gemeinschuldner nicht gehörigen Gegenstandes aus der Konkursmasse auf Grund eines dinglichen oder persönlichen Rechts bestimmen sich nach den aufserhalb des Konkursverfahrens geltenden Gesetzen.

§. 36. Der Verkäufer oder Einkaufskommissionär kann Waaren, welche von einem anderen Orte an den Gemeinschuldner abgesendet und von dem Gemeinschuldner noch nicht vollständig bezahlt sind, zurückfordern, sofern nicht dieselben schon vor der Eröffnung des Verfahrens an dem Orte der Ablieferung angekommen und in den Gewahrsam des Gemeinschuldners oder einer anderen Person für ihn gelangt sind.

Die Bestimmungen des §. 15. finden Anwendung.

§. 37. Die Ehefrau des Gemeinschuldners kann Gegenstände, welche sie während der Ehe erworben hat, nur in Anspruch nehmen, wenn sie beweist, dafs dieselben nicht mit Mitteln des Gemeinschuldners erworben sind.

§. 38. Sind Gegenstände, deren Aussonderung aus der Konkursmasse hätte beansprucht werden können, vor der Eröffnung des Verfahrens von dem Gemeinschuldner oder nach der Eröffnung des Verfahrens von dem Verwalter veräufsert worden, so ist der Aussonderungsberechtigte befugt, die Abtretung des Rechts auf die Gegenleistung, soweit diese noch aussteht, zu verlangen. Er kann die Gegenleistung aus der Masse beanspruchen, soweit sie nach der Eröffnung des Verfahrens zu derselben eingezogen worden ist.

Fünfter Titel.

Absonderung.

§. 39. Zur abgesonderten Befriedigung dienen die Gegenstände, welche in Ansehung der Zwangsvollstreckung zum unbeweglichen Vermögen gehören, insoweit ein dingliches oder sonstiges Recht auf vorzugsweise Befriedigung aus denselben besteht.

Den Umfang der Immobiliarmasse, sowie den Umfang und die Rangordnung der aus derselben zu berichtigenden Ansprüche bestimmen die Reichsgesetze und Landesgesetze.

§. 40. Gläubiger, welche an einer beweglichen körperlichen Sache, an einer Forderung oder an einem anderen Vermögensrechte des Gemeinschuldners ein Faustpfandrecht haben, können aus den ihnen verpfändeten Gegenständen abgesonderte Befriedigung wegen ihrer Pfandforderung verlangen, zunächst wegen der Kosten, dann wegen der Zinsen, zuletzt wegen des Kapitals.

§. 41. Den Faustpfandgläubigern stehen gleich:

1. die Reichskasse, die Staatskassen und die Gemeinden, sowie die Amts-, Kreis- und Provinzialverbände wegen öffentlicher Abgaben, in Ansehung der zurückgehaltenen oder in Beschlag genommenen zoll- und steuerpflichtigen Sachen;
2. Verpächter wegen des laufenden und des rückständigen Zinses, sowie wegen anderer Forderungen aus dem Pachtverhältnisse, in Ansehung der Früchte des Grundstücks und der eingebrachten Sachen, sofern die Früchte oder Sachen sich noch auf dem Grundstücke befinden;
3. Pächter in Ansehung des in ihrem Gewahrsam befindlichen Inventars wegen der Forderungen für dieses;
4. Vermiether wegen des laufenden und des für das letzte Jahr vor der Eröffnung des Verfahrens rückständigen Zinses, sowie wegen anderer Forderungen aus dem Miethverhältnisse, in Ansehung der eingebrachten Sachen, sofern die Sachen sich noch auf dem Grundstücke befinden;
5. Gastwirthe wegen ihrer Forderungen für Wohnung und Bewirthung des Gastes, in Ansehung der von

demselben eingebrachten, von ihnen zurückbehaltenen Sachen;

6. Künstler, Werkmeister, Handwerker und Arbeiter wegen ihrer Forderungen für Arbeit und Auslagen, in Ansehung der von ihnen gefertigten oder ausgebesserten, noch in ihrem Gewahrsam befindlichen Sachen.
7. diejenigen, welche etwas zum Nutzen einer Sache verwendet haben, wegen des, den noch vorhandenen Vortheil nicht übersteigenden Betrages ihrer Forderung aus der Verwendung, in Ansehung der zurückbehaltenen Sache;
8. diejenigen, denen nach dem Handelsgesetzbuche an gewissen Gegenständen ein Pfandrecht oder Zurückbehaltungsrecht zusteht, in Ansehung dieser Gegenstände;
9. diejenigen, welche durch Pfändung ein Pfandrecht erlangt haben, in Ansehung der gepfändeten Gegenstände.

§. 42. Wer nach der Eröffnung des Konkursverfahrens oder mit Kenntnifs des Eröffnungsantrages oder der Zahlungseinstellung eine Konkursforderung dem im Auslande wohnenden Inhaber eines zur Konkursmasse gehörigen Gegenstandes oder in der Absicht, dafs dieser die Forderung erwerbe, einer Mittelsperson abtritt, ist verpflichtet, zur Konkursmasse den Betrag zu ersetzen, welcher derselben dadurch entgeht, dafs der Inhaber für die Forderung nach dem Rechte des Auslandes entgegen den Bestimmungen dieses Gesetzes ein Absonderungsrecht an dem Gegenstande ausübt. Die Vorschrift des §. 26. findet entsprechende Anwendung.

§. 43. Hat der Gemeinschuldner vor der Eröffnung des Konkursverfahrens eine Erbschaft erworben, so können die Nachlafsgläubiger und Vermächtnifsnehmer abgesonderte Befriedigung aus den bei der Eröffnung vorhandenen Nachlafsgegenständen verlangen, soweit ihnen ein Absonderungsanspruch nach den Bestimmungen der Landesgesetze zusteht.

§. 44. Wer sich mit dem Gemeinschuldner in einem Miteigenthume, in einer Gesellschaft oder in einer anderen Gemeinschaft befindet, kann wegen der auf ein solches Verhältnifs sich gründenden Forderungen abgesonderte

Befriedigung aus dem bei der Theilung oder sonstigen Auseinandersetzung ermittelten Antheile des Gemeinschuldners verlangen.

§. 45. Die Befriedigung der Lehen-, Stammguts- oder Familienfideikommifs-Gläubiger erfolgt abgesondert aus dem Lehen, Stammgute oder Familienfideikommisse nach den Vorschriften der Landesgesetze.

Sechster Titel.

Aufrechnung.

§. 46. Soweit ein Gläubiger zu einer Aufrechnung befugt ist, braucht er seine Forderung im Konkursverfahren nicht geltend zu machen.

§. 47. Die Aufrechnung wird nicht dadurch ausgeschlossen, dafs zur Zeit der Eröffnung des Verfahrens die aufzurechnenden Forderungen oder die eine von ihnen noch betagt oder noch bedingt war, oder die Forderung des Gläubigers nicht auf einen Geldbetrag gerichtet war.

Eine betagte Forderung des Gläubigers ist zum Zwecke der Aufrechnung nach der Vorschrift des §. 58. zu berechnen.

Zum Zwecke der Aufrechnung einer aufschiebend bedingten Forderung bei dem Eintritt der Bedingung kann der Gläubiger Sicherstellung insoweit verlangen, als die Forderung der von ihm einzuzahlenden Schuld gleichkommt.

Eine nicht auf Geld gerichtete Forderung des Gläubigers ist zum Zwecke der Aufrechnung nach den Vorschriften der §§. 62., 63. zu berechnen.

§. 48. Eine Aufrechnung im Konkursverfahren ist unzulässig:

1. wenn Jemand vor oder nach der Eröffnung des Verfahrens eine Forderung an den Gemeinschuldner erworben hat und nach der Eröffnung etwas zur Masse schuldig geworden ist;
2. wenn Jemand dem Gemeinschuldner vor der Eröffnung des Verfahrens etwas schuldig war und nach derselben eine Forderung an den Gemeinschuldner erworben hat, auch wenn diese Forderung vor der Eröffnung für einen anderen Gläubiger entstanden war;

3. wenn Jemand vor der Eröffnung des Verfahrens dem Gemeinschuldner etwas schuldig war und eine Forderung an den Gemeinschuldner durch ein Rechtsgeschäft mit demselben oder durch Rechtsabtretung oder Befriedigung eines Gläubigers erworben hat, falls ihm zur Zeit des Erwerbes bekannt war, dafs der Gemeinschuldner seine Zahlungen eingestellt hatte, oder dafs die Eröffnung des Verfahrens beantragt war. Die Vorschrift des §. 26. findet entsprechende Anwendung.

Die Aufrechnung ist zulässig, wenn der Erwerber zur Uebernahme der Forderung oder zur Befriedigung des Gläubigers verpflichtet war und zu der Zeit, als er die Verpflichtung einging, weder von der Zahlungseinstellung noch von dem Eröffnungsantrage Kenntnifs hatte.

§. 49. Die Bestimmung des §. 42. findet entsprechende Anwendung auf den Fall, dafs ein im Auslande wohnender Schuldner nach dem Rechte des Auslandes eine nach §. 48. unzulässige Aufrechnung mit der ihm abgetretenen Konkursforderung vornimmt.

Siebenter Titel.

Massegläubiger.

§. 50. Aus der Konkursmasse sind die Massekosten und Masseschulden vorweg zu berichtigen.

§. 51. Massekosten sind:

1. die gerichtlichen Kosten für das gemeinschaftliche Verfahren;
2. die Ausgaben für die Verwaltung, Verwerthung und Vertheilung der Masse;
3. die dem Gemeinschuldner und dessen Familie bewilligte Unterstützung.

§. 52. Masseschulden sind:

1. die Ansprüche, welche aus Geschäften oder Handlungen des Konkursverwalters entstehen;
2. die Ansprüche aus zweiseitigen Verträgen, deren Erfüllung zur Konkursmasse verlangt wird oder für die Zeit nach der Eröffnung des Verfahrens erfolgen mufs;

3. die Ansprüche aus einer rechtlosen Bereicherung der Masse.

§. 53. Sobald sich herausstellt, dafs die Konkursmasse zur vollständigen Befriedigung aller Massegläubiger nicht ausreicht, tritt eine verhältnifsmäfsige Befriedigung derselben in der Weise ein, dafs zunächst die Masseschulden, dann die Massekosten, von diesen zuerst die baaren Auslagen und zuletzt die dem Gemeinschuldner und dessen Familie bewilligte Unterstützung zu berichtigen sind.

Achter Titel.

Konkursgläubiger.

§. 54. Die Konkursforderungen werden nach folgender Rangordnung, bei gleichem Range nach Verhältnifs ihrer Beträge berichtigt:

1. die für das letzte Jahr vor der Eröffnung des Verfahrens oder dem Ableben des Gemeinschuldners rückständigen Forderungen an Lohn, Kostgeld oder anderen Dienstbezügen der Personen, welche sich dem Gemeinschuldner für dessen Haushalt, Wirthschaftsbetrieb oder Erwerbsgeschäft zu dauerndem Dienste verbunden hatten;
2. die Forderungen der Reichskasse, der Staatkassen und der Gemeinden, sowie der Amts-, Kreis- und Provinzialverbände wegen öffentlicher Abgaben, welche im letzten Jahre vor der Eröffnung des Verfahrens fällig geworden sind oder nach §. 58. als fällig gelten; es macht hierbei keinen Unterschied, ob der Steuererheber die Abgabe bereits vorschufsweise zur Kasse entrichtet hat;
3. die Forderungen der Kirchen und Schulen, der öffentlichen Verbände und der öffentlichen, zur Annahme der Versicherung verpflichteten Feuerversicherungsanstalten wegen der nach Gesetz oder Verfassung zu entrichtenden Abgaben und Leistungen aus dem letzten Jahre vor der Eröffnung des Verfahrens;
4. die Forderungen der Aerzte, Wundärzte, Apotheker, Hebammen und Krankenpfleger wegen Kur- und Pflegekosten aus dem letzten Jahre vor der Eröffnung des

Verfahrens, insoweit der Betrag der Forderungen den Betrag der taxmäfsigen Gebührnisse nicht übersteigt;

5. die Forderungen der Kinder und der Pflegebefohlenen des Gemeinschuldners in Ansehung ihres gesetzlich der Verwaltung desselben unterworfenen Vermögens; das Vorrecht steht ihnen nicht zu, wenn die Forderung nicht binnen zwei Jahren nach Beendigung der Vermögensverwaltung gerichtlich geltend gemacht und bis zur Eröffnung des Verfahrens verfolgt worden ist;
6. alle übrigen Konkursforderungen.

§. 55. Mit der Kapitalsforderung werden an derselben Stelle angesetzt:

1. die Kosten, welche dem Gläubiger vor der Eröffnung des Verfahrens erwachsen sind;
2. die Vertragsstrafen;
3. die bis zur Eröffnung des Verfahrens aufgelaufenen Zinsen.

§. 56. Im Konkursverfahren können nicht geltend gemacht werden:

1. die seit der Eröffnung des Verfahrens laufenden Zinsen;
2. die Kosten, welche den einzelnen Gläubigern durch ihre Theilnahme an dem Verfahren erwachsen;
3. Geldstrafen;
4. Forderungen aus einer Freigebigkeit des Gemeinschuldners unter Lebenden oder von Todeswegen.

§. 57. Ein Gläubiger, welcher abgesonderte Befriedigung beansprucht, kann die Forderung, wenn der Gemeinschuldner auch persönlich für sie haftet, zur Konkursmasse geltend machen, aus derselben aber nur für den Betrag verhältnifsmäfsige Befriedigung verlangen, zu welchem er auf abgesonderte Befriedigung verzichtet, oder mit welchem er bei der letzteren ausgefallen ist.

§. 58. Betagte Forderungen gelten als fällig.

Eine betagte unverzinsliche Forderung vermindert sich auf den Betrag, welcher mit Hinzurechnung der gesetzlichen Zinsen desselben für die Zeit von der Eröffnung der Verfahrens bis zur Fälligkeit dem vollen Betrage der Forderung gleichkommt.

§. 59. Forderungen unter auflösender Bedingung werden wie unbedingte geltend gemacht.

§. 60. Forderungen unter aufschiebender Bedingung berechtigen nur zu einer Sicherung.

§. 61. Wird über das Vermögen mehrerer oder einer von mehreren Personen, welche neben einander für dieselbe Leistung auf das Ganze haften, das Konkursverfahren eröffnet, so kann der Gläubiger bis zu seiner vollen Befriedigung in jedem Verfahren den Betrag geltend machen, den er zur Zeit der Eröffnung des Verfahrens zu fordern hatte.

§. 62. Forderungen, welche nicht auf einen Geldbetrag gerichtet sind, oder deren Geldbetrag unbestimmt oder ungewiſs oder nicht in Reichswährung festgesetzt ist, sind nach ihrem Schätzungswerthe in Reichswährung geltend zu machen.

§. 63. Wiederkehrende Hebungen zu einem bestimmten Betrage und von einer bestimmten Zeitdauer werden unter Abrechnung der Zwischenzinsen (§. 58.) durch Zusammenzählung der einzelnen Hebungen kapitalisirt. Der Gesammtbetrag darf den zum gesetzlichen Zinssatze kapitalisirten Betrag derselben nicht übersteigen.

Zweites Buch.

Konkursverfahren.

— — — — — — —

— — — — — — —

§. 70. Der Konkursverwalter wird von dem Gerichte ernannt.

Das Gericht kann demselben die Leistung einer Sicherheit auferlegen.

§. 71. Wenn die Verwaltung verschiedene Geschäftszweige umfaſst, so können mehrere Konkursverwalter ernannt werden. Jeder von ihnen ist in seiner Geschäftsführung selbständig.

§. 72. In der auf die Ernennung eines Verwalters folgenden Gläubigerversammlung können die Konkursgläubiger statt des Ernannten eine andere Person wählen. Das Gericht kann die Ernennung des Gewählten versagen.

§. 73. Der Name des Verwalters, ist öffentlich bekannt zu machen.

Dem Verwalter ist eine urkundliche Bescheinigung seiner Ernennung zu ertheilen. Er hat dieselbe bei der Beendigung seines Amts dem Gerichte zurückzureichen.

§. 74. Der Verwalter hat die Sorgfalt eines ordentlichen Hausvaters anzuwenden.

§. 75. Der Verwalter steht unter der Aufsicht des Konkursgerichts.

§. 76. Das Gericht kann gegen den Verwalter Ordnungsstrafen bis zu zweihundert Mark festsetzen. Es kann denselben vor der auf seine Ernennung folgenden Gläubigerversammlung von Amtswegen, später nur auf Antrag der Gläubigerversammlung oder des Gläubigerausschusses seines Amts entlassen.

Vor der Entscheidung ist der Verwalter zu hören.

§. 77. Der Verwalter hat Anspruch auf Erstattung angemessener baarer Auslagen und auf Vergütung für seine Geschäftsführung. Die Festsetzung der Auslagen und der Vergütung erfolgt durch das Konkursgericht.

§. 78. Der Verwalter hat bei der Beendiguug seines Amts einer Gläubigerversammlung Schlufsrechnung zu legen. Die Rechnung mufs mit den Belegen und, wenn ein Gläubigerausschufs bestellt ist, mit dessen Bemerkungen spätestens drei Tage vor dem Termine auf der Gerichtsschreiberei zur Einsicht der Betheiligten niedergelegt werden. Der Gemeinschuldner, jeder Konkursgläubiger und der nachfolgende Verwalter sind berechtigt, Einwendungen gegen die Rechnung zu erheben. Soweit in dem Termine Einwendungen nicht erhoben werden, gilt die Rechnung als anerkannt.

§. 79. Vor der ersten Gläubigerversammlung kann das Gericht aus der Zahl der Gläubiger oder der Vertreter von Gläubigern einen Gläubigerausschufs bestellen.

Die Gläubigerversammlung hat über die Bestellung eines Gläubigerausschusses zu beschliefsen. Die Mitglieder des Gläubigerausschusses sind von der Gläubigerversammlung zu wählen. Zu Mitgliedern können Gläubiger oder andere Personen gewählt werden.

§. 80. Die Mitglieder des Gläubigerausschusses haben den Verwalter bei seiner Geschäftsführung zu unterstützen und zu überwachen. Dieselben können sich von dem Gange der Geschäfte unterrichten, die Bücher und Schriften des Verwalters einsehen und den Bestand seiner Kasse untersuchen.

Der Gläubigerausschufs ist berechtigt, von dem Verwalter Berichterstattung über die Lage der Sache und die Geschäftsführung zu verlangen. Er ist verpflichtet, die Untersuchung der Kasse des Verwalters wenigstens ein Mal in jedem Monate durch ein Mitglied vornehmen zu lassen.

§. 81. Die Mitglieder des Gläubigerausschusses haben die Sorgfalt eines ordentlichen Hausvaters anzuwenden.

§. 82. Ein Beschlufs des Gläubigerausschusses ist gültig, wenn die Mehrheit der Mitglieder an der Beschlufsfassung Theil genommen hat, und der Beschlufs mit absoluter Mehrheit der abgegebenen Stimmen gefafst ist.

§. 83. Die Mitglieder des Gläubigerausschusses haben Anspruch auf Erstattung angemessener baarer Auslagen und auf Vergütung für ihre Geschäftsführung. In Ermangelung einer Einigung mit der Gläubigerversammlung erfolgt die Festsetzung der Auslagen und der Vergütung durch das Konkursgericht.

§. 84. Die durch das Gericht erfolgte Bestellung zum Mitgliede des Gläubigerausschusses kann von dem Gerichte, die durch die Gläubigerversammlung erfolgte Bestellung zum Mitgliede des Gläubigerausschusses durch Beschlufs der Gläubigerversammlung widerrufen werden.

§. 85. Ueber die Berufung der Gläubigerversammlung beschliefst das Gericht. Die Berufung mufs erfolgen, wenn sie von dem Verwalter, dem Gläubigerausschusse oder von mindestens fünf Konkursgläubigern, deren Forderungen nach der Schätzung des Gerichts den fünften Theil der Schuldenmasse erreichen, beantragt wird.

Die Berufung mufs öffentlich bekannt gemacht werden. Der öffentlichen Bekanntmachung bedarf es nicht, wenn in einer Gläubigerversammlung eine Vertagung der Verhandlung angeordnet wird.

§. 86. Die Gläubigerversammlung findet unter der Leitung des Gerichts statt.

Die Beschlüsse der Gläubigerversammlung werden mit absoluter Mehrheit der Stimmen gefafst. Für die Wahl der Mitglieder des Gläubigerausschusses genügt relative Mehrheit der Stimmen.

Die Stimmenmehrheit ist nach den Forderungsbeträgen zu berechnen. Bei Gleichheit der Stimmen entscheidet die Zahl der Gläubiger.

§. 87. Zur Theilnahme an den Abstimmungen berechtigen die festgestellten Konkursforderungen. In Ansehung einer streitig gebliebenen Forderung wird bei der Prüfung mit den Parteien erörtert, ob und zu welchem Betrage ein bleibendes Stimmrecht für dieselbe zu gewähren ist. In Ermangelung einer Einigung entscheidet das Konkursgericht. Das Gericht kann die Entscheidung auf den weiteren Antrag einer Partei abändern.

Ob und zu welchem Betrage nicht geprüfte Konkursforderungen zum Stimmen in einer Gläubigerversammlung berechtigen, entscheidet auf den Widerspruch eines Konkursgläubigers oder des Verwalters das Gericht.

Eine Anfechtung der Entscheidungen findet nicht statt.

§. 88. Ob und zu welchem Betrage Forderungen, für welche abgesonderte Befriedigung beansprucht wird, in Ansehung ihres muthmaſslichen Ausfalls, sowie Konkursforderungen unter aufschiebender Bedingung zum Stimmen in einer Gläubigerversammlung berechtigen, entscheidet auf den Widerspruch eines Konkursgläubigers oder des Verwalters das Gericht.

Eine Anfechtung der Entscheidung findet nicht statt.

§. 89. Gezählt werden nur die Stimmen der in der Gläubigerversammlung erschienenen Gläubiger. Die nicht erschienenen Gläubiger sind an die Beschlüsse gebunden.

§. 90. Der Gegenstand, über welchen in der Gläubigerversammlung ein Beschluſs gefaſst werden soll, muſs bei der Berufung derselben öffentlich bekannt gemacht werden.

§. 91. Das Gericht hat die Ausführung eines von der Gläubigerversammlung gefaſsten Beschlusses auf den in der Gläubigerversammlung gestellten Antrag des Verwalters oder eines überstimmten Gläubigers zu untersagen, wenn der Beschluſs dem gemeinsamen Interesse der Konkursgläubiger widerspricht.

§. 92. Der Gemeinschuldner ist verpflichtet, dem Verwalter, dem Gläubigerausschusse und auf Anordnung des Gerichts der Gläubigerversammlung über alle das Verfahren betreffenden Verhältnisse Auskunft zu geben.

— — — — — — —

§. 94. Die Eröffnung des Konkursverfahrens setzt die Zahlungsunfähigkeit des Gemeinschuldners voraus.

Zahlungsunfähigkeit ist insbesondere anzunehmen, wenn Zahlungseinstellung erfolgt ist.

§. 95. Das Verfahren kann nur auf Antrag eröffnet werden.

Zu dem Antrage ist der Gemeinschuldner und jeder Konkursgläubiger berechtigt.

— — — — — — —

— — — — — — —

§. 98. Das Gericht kann die zwangsweise Vorführung und die Haft des Schuldners anordnen. Dasselbe kann alle zur Sicherung der Masse dienenden einstweiligen Anordnungen treffen. Es kann insbesondere ein allgemeines Veräufserungsverbot an den Schuldner erlassen. Wird das Verbot öffentlich bekannt gemacht, so findet auf Pfand- und Hypothekenrechte, welche im Wege der Zwangsvollstreckung oder des Arrestes nach der Bekanntmachung des Verbots erworben oder eingetragen worden sind, die Bestimmung des §. 12. entsprechende Anwendung.

Bei der Abweisung des Eröffnungsantrags sind die angeordneten Sicherheitsmafsregeln aufzuheben.

§. 99. Die Abweisung des Eröffnungsantrags kann erfolgen, wenn nach dem Ermessen des Gerichts eine den Kosten des Verfahrens entsprechende Konkursmasse nicht vorhanden ist.

§. 100. Der Eröffnungsbeschlufs hat die Stunde der Eröffnung anzugeben.

Ist dies versäumt worden, so gilt als Zeitpunkt der Eröffnung die Mittagsstunde des Tages, an welchem der Beschlufs erlassen ist.

— — — — — — —

§. 102. Bei der Eröffnung des Konkursverfahrens ernennt das Gericht den Konkursverwalter, verordnet einen nicht über einen Monat hinauszusetzenden Termin zur Beschlufsfassung über die Wahl eines anderen Verwalters, sowie über die Bestellung eines Gläubigerausschusses, erläſst den offenen Arrest und bestimmt die Anmeldefrist und den allgemeinen Prüfungstermin.

Das Gericht kann die Termine verbinden, wenn die Konkursmasse von geringerem Betrage oder der Kreis der Konkursgläubiger von geringerem Umfange ist.

— — — — — — —

— — — — — — —

§. 106. Inwiefern die Eröffnung oder Aufhebung des Konkursverfahrens in das Grund- oder Hypothekenbuch einzutragen, und wie eine solche Eintragung zu bewirken ist, bestimmt sich nach den Landesgesetzen.

§. 107. Nach der Eröffnung des Verfahrens hat der Verwalter das gesammte zur Konkursmasse gehörige Vermögen sofort in Besitz und Verwaltung zu nehmen und dasselbe zu verwerthen.

§. 108. Durch den offenen Arrest wird allen Personen, welche eine zur Konkursmasse gehörige Sache in Besitz haben oder zur Konkursmasse etwas schuldig sind, aufgegeben, nichts an den Gemeinschuldner zu verabfolgen oder zu leisten, auch die Verpflichtung auferlegt, von dem Besitze der Sache und von den Forderungen, für welche sie aus der Sache abgesonderte Befriedigung in Anspruch nehmen, dem Konkursverwalter innerhalb einer bestimmten Frist Anzeige zu machen.

§. 109. Wer die Anzeige über den Besitz von Sachen des Gemeinschuldners innerhalb der bestimmten Frist zu machen unterläſst, haftet für allen aus der Unterlassung oder Verzögerung der Anzeige entstehenden Schaden.

§. 110. Gläubiger, welche abgesonderte Befriedigung aus einer in ihrem Besitze befindlichen Sache beanspruchen, haben dem Verwalter auf dessen Verlangen die Sache zur Ansicht vorzuzeigen und die Abschätzung derselben zu gestatten.

§. 111. Die Post- und Telegraphenanstalten sind verpflichtet, auf Anordnung des Konkursgerichts alle für den Gemeinschuldner eingehenden Sendungen, Briefe und Depeschen dem Verwalter auszuhändigen. Dieser ist zur Eröffnung derselben berechtigt. Der Gemeinschuldner kann die Einsicht und, wenn ihr Inhalt die Masse nicht betrifft, die Herausgabe derselben verlangen.

Das Gericht kann die Anordnung auf Antrag des Gemeinschuldners nach Anhörung des Verwalters aufheben oder beschränken.

— — — — — — —

— — — — — — —

§. 114. Dem Verwalter liegt die Anfertigung eines Inventars und einer Bilanz ob. Derselbe hat eine von ihm gezeichnete Abschrift des Inventars und der Bilanz und, wenn eine Siegelung und Entsiegelung stattgefunden hat, die Protokolle über dieselben auf die Gerichtsschreiberei zur Einsicht der Betheiligten niederzulegen.

— — — — — — —

§. 116. Die Zwangsverwaltung und die Zwangsversteigerung der zur Masse gehörigen unbeweglichen Gegenstände kann bei der zuständigen Behörde durch den Konkursverwalter betrieben werden.

§. 117. Der Verwalter ist berechtigt, die Verwerthung eines zur Masse gehörigen beweglichen Gegenstandes, an welchem ein Gläubiger ein Faustpfandrecht oder ein diesem gleichstehendes Recht beansprucht, nach Maſsgabe der Vorschriften über die Zwangsvollstreckung zu betreiben. Der Gläubiger kann einer solchen Verwerthung nicht widersprechen, vielmehr seine Rechte nur auf den Erlös geltend machen.

Ist der Gläubiger befugt, sich aus dem Gegenstande ohne gerichtliches Verfahren zu befriedigen, so kann auf Antrag des Verwalters das Konkursgericht dem Gläubiger nach dessen Anhörung eine Frist bestimmen, innerhalb welcher er den Gegenstand zu verwerthen hat. Nach dem Ablaufe der Frist findet die Vorschrift des ersten Absatzes Anwendung.

§. 118. Bis zur Beschluſsfassung durch eine Gläubigerversammlung kann der Verwalter mit Genehmigung des Gerichts oder, wenn von dem Gericht ein Gläubigerausschuſs bestellt ist, mit dessen Genehmigung dem Gemeinschuldner und der Familie desselben nothdürftigen Unterhalt aus der Konkursmasse gewähren.

Bis zur Beschluſsfassung durch eine Gläubigerversammlung hat der Verwalter nach seinem Ermessen das Geschäft des Gemeinschuldners zu schlieſsen oder fortzuführen und die Gelder, Werthpapiere und Kostbarkeiten nach Anordnung des Gerichts zu hinterlegen. Ist von dem Gericht ein Gläubigerausschufs bestellt, so beschliefst dieser über die Schliefsung oder die Fortführung des Geschäfts und über die Hinterlegung der Gelder, Werthpapiere und Kostbarkeiten.

— — — — — — —

§. 120. Die Gläubigerversammlung beschliefst über eine dem Gemeinschuldner und dessen Familie zu bewilligende Unterstützung, über die Schliefsung oder die Fortführung des Geschäfts und über die Stelle, bei welcher, sowie über die Bedingungen, unter welchen die Gelder, Werthpapiere und Kostbarkeiten hinterlegt oder angelegt werden sollen.

Die Gläubigerversammlung beschliefst, in welcher Weise und in welchen Zeiträumen der Verwalter ihr oder einem Gläubigerausschusse über die Verwaltung und Verwerthung der Masse Bericht erstatten und Rechnung legen soll.

§. 121. Der Verwalter hat, falls ein Gläubigerausschufs bestellt ist, dessen Genehmigung einzuholen:

1. wenn Gegenstände, deren Verkauf ohne offenbaren Nachtheil für die Masse ausgesetzt werden kann und nicht durch die Fortführung des Geschäfts veranlafst wird, verkauft werden sollen, bevor der allgemeine Prüfungstermin abgehalten oder ein vor dem Schlusse desselben eingereichter Zwangsvergleichsvorschlag erledigt ist;
2. wenn die Erfüllung von Rechtsgeschäften des Gemeinschuldners verlangt, Prozesse anhängig gemacht, deren Aufnahme abgelehnt, Vergleiche oder Schiedsverträge geschlossen, Aussonderungs-, Absonderungs- oder Masseansprüche anerkannt, Pfandstücke eingelöst, oder Forderungen veräufsert werden sollen, und es sich in diesen Fällen um einen Werthgegenstand von mehr als dreihundert Mark handelt.

§. 122. Der Verwalter hat die Genehmigung des Gläubigerauschusses oder, wenn ein solcher nicht bestellt ist, die Genehmigung einer Gläubigerversammlung einzuholen:

1. wenn ein unbeweglicher Gegenstand aus freier Hand, oder das Geschäft des Gemeinschuldners im Ganzen, oder das Recht auf den Bezug wiederkehrender Einkünfte veräufsert werden soll;
2. wenn Erbschaften oder Vermächtnisse für die Masse aufgegeben, oder wenn Darlehen aufgenommen, fremde Verbindlichkeiten übernommen, zur Masse gehörige Gegenstände verpfändet, oder Grundstücke erstanden werden sollen.

§. 123. Der Verwalter hat in den Fällen der §§. 121., 122. vor der Beschlufsfassung des Gläubigerausschusses oder der Gläubigerversammlung, und in den Fällen des §. 121., wenn ein Gläubigerausschufs nicht bestellt ist, vor der Vornahme der Rechtshandlung dem Gemeinschuldner, sofern derselbe ohne Aufschub zu erlangen ist, von der beabsichtigten Mafsregel Mittheilung zu machen.

Das Gericht kann auf Antrag des Gemeinschuldners, sofern nicht die Gläubigerversammlung die Genehmigung ertheilt hat, die Vornahme der Rechtshandlung vorläufig untersagen und zur Beschlufsfassung über die Vornahme eine Gläubigerversammlung berufen.

§. 124. Durch die Vorschriften der §§. 121—123. wird die Gültigkeit einer Rechtshandlung des Verwalters dritten Personen gegenüber nicht berührt.

§. 125. Wenn ein Gläubigerausschufs bestellt ist, und die Gläubigerversammlung nicht ein Anderes beschliefst, bedürfen Quittungen des Verwalters über den Empfang von Geldern, Werthpapieren oder Kostbarkeiten von der Hinterlegungsstelle und Anweisungen des Verwalters auf die Hinterlegungsstelle zu ihrer Gültigkeit der Mitzeichnung eines Mitgliedes des Gläubigerausschusses.

— — — — — — —

— — — — — — —

§. 137. Nach der Abhaltung des allgemeinen Prüfungstermins soll, so oft hinreichende baare Masse vorhanden ist, eine Vertheilung an die Konkursgläubiger erfolgen.

§. 138. Zur Vornahme einer Vertheilung hat der Verwalter, wenn ein Gläubigerausschufs bestellt ist, dessen Genehmigung einzuholen.

§. 139. Vor der Vornahme einer Vertheilung hat der Verwalter ein Verzeichniss der bei derselben zu berücksichtigenden Forderungen auf der Gerichtsschreiberei zur Einsicht der Betheiligten niederzulegen und die Summe der Forderungen sowie den zur Vertheilung verfügbaren Massebestand öffentlich bekannt zu machen.

§. 140. Konkursgläubiger, deren Forderungen nicht festgestellt sind und für deren Forderungen ein mit der Vollstreckungsklausel versehener Schuldtitel, ein Endurtheil oder ein Vollstreckungsbefehl nicht vorliegt, haben bis zum Ablauf einer Ausschlussfrist von zwei Wochen nach der öffentlichen Bekanntmachung dem Verwalter den Nachweis zu führen, dass und für welchen Betrag die Feststellungsklage erhoben oder das Verfahren in dem früher anhängigen Prozesse aufgenommen ist. Wird der Nachweis nicht rechtzeitig geführt, so werden die Forderungen bei der vorzunehmenden Vertheilung nicht berücksichtigt.

§. 141. Gläubiger, von welchen abgesonderte Befriedigung beansprucht wird, haben bis zum Ablaufe der Ausschlussfrist dem Verwalter den Nachweis ihres Verzichts oder ihres Ausfalls nach Maßgabe des §. 57. zu führen. Wird der Nachweis nicht rechtzeitig geführt, so werden die Forderungen bei der vorzunehmenden Vertheilung nicht berücksichtigt.

Zur Berücksichtigung bei einer Abschlagsvertheilung genügt es, wenn bis zum Ablaufe der Ausschlussfrist dem Verwalter der Nachweis, dass die Veräusserung des zur abgesonderten Befriedigung dienenden Gegenstandes betrieben ist, geführt und der Betrag des muthmasslichen Ausfalls glaubhaft gemacht wird.

§. 142. Forderungen unter aufschiebender Bedingung werden bei einer Abschlagsvertheilung zu dem Betrage berücksichtigt, welcher auf die unbedingte Forderung fallen würde.

Bei der Schlussvertheilung findet ihre Berücksichtigung nur statt, sofern dem Verwalter bis zum Ablaufe der Ausschlussfrist der Eintritt der Bedingung nachgewiesen wird, oder soweit der Gemeinschuldner zu einer Sicherheitsleistung verpflichtet war,

§. 143. Gläubiger, welche bei einer Abschlagsvertheilung nicht berücksichtigt worden sind, können nachträglich, sobald sie die Vorschriften der §§. 140., 141. erfüllt haben, die bisher festgesetzten Prozentsätze aus der Restmasse verlangen, soweit diese reicht und nicht in Folge des Ablaufs einer Ausschlufsfrist für eine neue Vertheilung zu verwenden ist.

§. 144. Die Antheile, mit welchen Gläubiger nach Mafsgabe des §. 141. Abs. 2 oder des §. 142. Abs. 1 bei Abschlagsvertheilungen berücksichtigt worden sind, werden für die Schlufsvertheilung frei, wenn bei dieser die Voraussetzungen des §. 141. Abs. 1 oder des §. 142. Abs. 2 nicht erfüllt sind.

— — — — — — —

— — — — — — —

§. 147. Für eine Abschlagsvertheilung bestimmt der Verwalter und, wenn ein Gläubigerausschufs bestellt ist, dieser auf Antrag des Verwalters den zu zahlenden Prozentsatz.

Der Verwalter hat den Prozentsatz den berücksichtigten Gläubigern mitzutheilen.

§. 148. Das Gericht kann auf Antrag des Gemeinschuldners, wenn derselbe einen Zwangsvergleich vorgeschlagen hat, die Aussetzung einer Abschlagsvertheilung anordnen, sofern nicht schon die Ausschlufsfrist abgelaufen ist.

§. 149. Die Schlufsvertheilung erfolgt, sobald die Verwerthung der Masse beendigt ist.

Die Vornahme der Schlufsvertheilung unterliegt der Genehmigung des Gerichts.

§. 150. Zur Abnahme der Schlufsrechnung, zur Erhebung von Einwendungen gegen das Schlufsverzeichnifs und zur Beschlufsfassung der Gläubiger über die nicht verwerthbaren Vermögensstücke bestimmt das Gericht einen Schlufstermin, welcher nicht unter drei Wochen und nicht über einen Monat hinaus anzuberaumen ist.

Die Bestimmungen des §. 146. Abs. 2 finden auf die Schlufsvertheilung Anwendung.

§. 151. Nach der Abhaltung des Schlufstermins beschliefst das Gericht die Aufhebung des Konkursverfahrens. Eine Anfechtung des Beschlusses findet nicht statt.

Der Beschlufs und der Grund der Aufhebung sind öffentlich bekannt zu machen.

Die Vorschriften der §§. 103. Abs. 2, 104., 106. finden entsprechende Anwendung.

§. 152. Nach der Aufhebung des Konkursverfahrens können die nicht befriedigten Konkursgläubiger ihre Forderungen gegen den Schuldner unbeschränkt geltend machen.

Für die Gläubiger, deren Forderungen festgestellt und nicht von dem Gemeinschuldner im Prüfungstermine ausdrücklich bestritten worden sind, findet gegen den Schuldner aus der Eintragung in die Tabelle die Zwangsvollstreckung unter entsprechender Anwendung der §§. 662—701. der Civilprozeſsordnung statt.

Für Klagen auf Ertheilung der Vollstreckungsklausel, sowie für Klagen, durch welche die die Forderung selbst betreffenden Einwendungen geltend gemacht werden, oder der bei der Ertheilung der Vollstreckungsklausel als bewiesen angenommene Eintritt der Thatsache, von welcher die Vollstreckung aus der Eintragung in die Tabelle abhängt, oder die als eingetreten angenommene Rechtsnachfolge bestritten wird, ist das im §. 134. Abs. 2 dieses Gesetzes bezeichnete Gericht zuständig.

§. 153. Wenn nach dem Vollzuge der Schluſsvertheilung Beträge, welche von der Masse zurückbehalten sind, für dieselbe frei werden, oder Beträge, welche aus der Masse gezahlt sind, zur Masse zurückflieſsen, so sind dieselben von dem Verwalter nach Anordnung des Konkursgerichts auf Grund des Schluſsverzeichnisses zur nachträglichen Vertheilung zu bringen. Die über die Verwaltung und Vertheilung solcher Beträge abzulegende Rechnung unterliegt der Prüfung des Konkursgerichts.

Dasselbe gilt, wenn nach der Schluſsvertheilung oder der Aufhebung des Verfahrens zur Konkursmasse gehörige Vermögensstücke ermittelt werden.

§. 154. Der Vollzug einer jeden Vertheilung erfolgt durch den Verwalter.

§. 155. Die Antheile

1. auf Forderungen, welche in Folge eines bei der Prüfung erhobenen Widerspruchs im Prozesse befangen sind,
2. auf Forderungen, welche von einer aufschiebenden Bedingung abhängen,

3. auf Forderungen, für welche eine abgesonderte Befriedigung beansprucht und der Vorschrift des §. 141. Abs. 2 genügt ist,
4. auf Forderungen unter auflösender Bedingung, sofern der Gläubiger zu einer Sicherheitsleistung verpflichtet ist und die Sicherheit nicht leistet,

werden zurückbehalten.

§. 156. Die Beträge, welche bei dem Vollzuge der Schlufsvertheilung zurückzubehalten sind, oder welche bis zu diesem Zeitpunkte nicht erhoben werden, hat der Verwalter nach Anordnung des Gerichts für Rechnung der Betheiligten zu hinterlegen.

§. 157. Zahlungen auf festgestellte bevorrechtigte Forderungen kann der Verwalter mit Ermächtigung des Gerichts unabhängig von den Vertheilungen leisten.

§. 158. Verträge, welche zur Sicherstellung eines bedingt zur Aufrechnung befugten Gläubigers nach Mafsgabe des §. 47. Abs. 3 hinterlegt worden sind, fliefsen zur Konkursmasse zurück, sofern nicht bis zum Ablaufe der Ausschlufsfrist für die Schlufsvertheilung dem Verwalter der Eintritt der Bedingung nachgewiesen wird, oder soweit nicht der Gemeinschuldner zu einer Sicherheitsleistung verpflichtet war.

— — — — — — —

§. 160. Sobald der allgemeine Prüfungstermin abgehalten und so lange nicht die Vornahme der Schlufsvertheilung genehmigt worden ist, kann auf den Vorschlag des Gemeinschuldners zwischen diesem und den nicht bevorrechtigten Konkursgläubigern ein Zwangsvergleich geschlossen werden.

§. 161. Der Vergleichsvorschlag mufs angeben, in welcher Weise die Befriedigung der Gläubiger erfolgen, sowie ob und in welcher Art eine Sicherstellung derselben bewirkt werden soll.

§. 162. Ein Zwangsvergleich ist unzulässig:
1. so lange der Gemeinschuldner flüchtig ist oder die Ableistung des Offenbarungseides verweigert;
2. so lange ein wegen betrüglichen Bankerutts gegen den Gemeinschuldner eröffnetes Hauptverfahren oder wiederaufgenommenes Verfahren anhängig ist;

3. wenn der Gemeinschuldner wegen betrüglichen Bankerutts rechtskräftig verurtheilt worden ist.

§. 163. Auf Antrag des Verwalters und, wenn ein Gläubigerausschuſs bestellt ist, des letzteren kann das Gericht den Vergleichsvorschlag zurückweisen, wenn bereits in dem Konkursverfahren ein Vergleichsvorschlag von den Gläubigern abgelehnt oder von dem Gerichte verworfen oder von dem Gemeinschuldner nach der öffentlichen Bekanntmachung des Vergleichstermins zurückgezogen worden ist.

§. 164. Wird der Vergleichsvorschlag nicht zurückgewiesen, so hat der Gläubigerauschuſs sich über die Annehmbarkeit des Vorschlags zu erklären.

Erklärt der Gläubigersausschuſs den Vorschlag nicht für annehmbar, so ist ein Widerspruch des Gemeinschuldners gegen die Verwerthung der Masse nicht zu berücksichtigen.

§. 165. Der Vorschlag und die Erklärung des Gläubigerausschusses sind auf der Gerichtsschreiberei zur Einsicht der Betheiligten niederzulegen.

§. 166. Der Vergleichstermin soll nicht über einen Monat hinaus anberaumt werden. Der Termin ist öffentlich bekannt zu machen, Zu demselben sind unter Mittheilung des Vergleichsvorschlags und des Ergebnisses der Erklärung des Gläubigerausschusses die nicht bevorrechtigten Konkursgläubiger, welche Forderungen angemeldet haben, besonders zu laden.

§. 167. Auf Antrag des Gemeinschuldners und, wenn ein Gläubigerausschuſs bestellt ist, des letzteren kann das Gericht den Vergleichstermin mit dem allgemeinen Prüfungstermine verbinden.

§. 168. Der Vergleich muſs allen nicht bevorrechtigten Konkursgläubigern gleiche Rechte gewähren. Eine ungleiche Bestimmung der Rechte ist nur mit ausdrücklicher Einwilligung der zurückgesetzten Gläubiger zulässig. Jedes andere Abkommen des Gemeinschuldners oder anderer Personen mit einzelnen Gläubigern, durch welches diese bevorzugt werden sollen, ist nichtig.

§. 169. Zur Annahme des Vergleichs ist erforderlich, daſs

1. die Mehrzahl der in dem Termine anwesenden stimmberechtigten Gläubiger dem Vergleiche ausdrücklich zustimmt, und
2. die Gesammtsumme der Forderungen der zustimmenden Gläubiger wenigstens drei Viertheile der Gesammtsumme aller zum Stimmen berechtigenden Forderungen beträgt.

Wird nur eine der Mehrheiten erreicht, so kann der Gemeinschuldner bis zum Schlusse des Termins die einmalige Wiederholung der Abstimmung in einem neuen Termine verlangen. Das Gericht hat denselben zu bestimmen und im Termine zu verkünden.

§. 170. Der angenommene Zwangsvergleich bedarf der Bestätigung des Konkursgerichts.

Das Gericht entscheidet, nachdem es die Gläubiger, den Verwalter und den Gläubigerausschuſs in dem Vergleichstermine oder einem zu verkündenden Termine gehört hat.

§. 171. Der Beschluſs, durch welchen der Zwangsvergleich bestätigt oder verworfen wird, ist zu verkünden.

§. 172. Der Vergleich ist zu verwerfen:

1. wenn die für das Verfahren und den Abschluſs des Vergleichs gegebenen Vorschriften nicht beobachtet sind, und das Fehlende nicht ergänzt werden kann;
2. wenn ein Fall der Unzulässigkeit eines Zwangsvergleichs nachträglich eingetreten ist.

§. 173. Der Vergleich ist auf Antrag eines nicht bevorrechtigten Konkursgläubigers, welcher stimmberechtigt war oder seine Forderung glaubhaft macht, zu verwerfen:

1. wenn der Vergleich durch Begünstigung eines Gläubigers oder sonst in unlauterer Weise zu Stande gebracht ist;
2. wenn der Vergleich dem gemeinsamen Interesse der nicht bevorrechtigten Konkursgläubiger widerspricht.

Der Antrag ist nur zuzulassen, wenn die Thatsachen, auf welche derselbe gegründet wird, glaubhaft gemacht werden.

§. 174. Die sofortige Beschwerde gegen den Beschluſs, durch welchen der Vergleich bestätigt oder verworfen ist, steht dem Gemeinschuldner und jedem nicht bevorrechtigten Konkursgläubiger zu, welcher stimmberechtigt war oder seine Forderung glaubhaft macht.

Die Frist zur Einlegung der Beschwerde beginnt mit der Verkündung des Beschlusses.

Eine Anfechtung der Entscheidung des Beschwerdegerichts findet nicht statt.

§. 175. Sobald der Vergleich rechtskräftig bestätigt ist, beschliefst das Gericht die Aufhebung des Konkursverfahrens. Eine Anfechtung des Beschlusses findet nicht statt.

Der Beschlufs und der Grund der Aufhebung sind öffentlich bekannt zu machen.

Die Vorschriften der §§. 103. Abs. 2., 104., 106., finden entsprechende Anwendung.

§. 176. Der Verwalter hat aus der Konkursmasse die Masseansprüche zu berichtigen. Die bestrittenen Masseansprüche sind sicher zu stellen.

Die bevorrechtigten Konkursforderungen sind, insoweit sie festgestellt sind, zu berichtigen, insoweit sie glaubhaft gemacht sind, sicher zu stellen.

§. 177. Soweit der Zwangsvergleich nicht ein Anderes bestimmt, erhält der Gemeinschuldner das Recht zurück, über die Konkursmasse frei zu verfügen.

§. 178. Der rechtskräftig bestätigte Zwangsvergleich ist wirksam für und gegen alle nicht bevorrechtigten Konkursgläubiger, auch wenn dieselben an dem Konkursverfahren oder an der Beschlufsfassung über den Vergleich nicht Theil genommen oder gegen den Vergleich gestimmt haben. Die Rechte der Gläubiger gegen Mitschuldner und Bürgen des Gemeinschuldners werden nicht berührt.

§. 179. Aus dem rechtskräftig bestätigten Zwangsvergleiche findet für die Konkursgläubiger, deren Forderungen festgestellt und nicht von dem Gemeinschuldner in dem Prüfungstermin ausdrücklich bestritten worden sind, gegen den Gemeinschuldner und diejenigen, welche in dem Vergleiche für dessen Erfüllung neben dem Gemeinschuldner ohne Vorbehalt der Einrede der Vorausklage Verpflichtungen übernommen haben, die Zwangsvollstreckung unter entsprechender Anwendung der §§. 662

—701. der Civilprozeſsordnung und des §. 152. Abs. 3 dieses Gesetzes statt.

§. 180. Soweit die Leistungen aus dem Vergleiche noch nicht fällig sind, gewährt die Feststellung einer Konkursforderung, wenn nach den Landesgesetzen ein Urtheil den Anspruch auf eine Hypothek an dem unbeweglichen Vermögen des Schuldners begründet, den Anspruch auf eine solche nur im Falle eines Arrestgrundes.

§. 181. Eine Klage auf Aufhebung des Zwangsvergleichs aus dem Grunde der Nichterfüllung desselben findet nicht statt.

§. 182. Wenn der Zwangsvergleich durch Betrug zu Stande gebracht ist, so kann jeder Gläubiger den vergleichsmäſsigen Erlaſs seiner Forderung anfechten, unbeschadet der ihm durch den Vergleich gewährten Rechte.

Die Anfechtung ist nur zulässig, wenn der Gläubiger ohne Verschulden auſser Stande war, den Anfechtungsgrund in dem Bestätigungsverfahren geltend zu machen.

§. 183. Die rechtskräftige Verurtheilung des Gemeinschuldners wegen betrüglichen Bankerutts hebt für alle Gläubiger den durch den Zwangsvergleich begründeten Erlaſs auf, unbeschadet der ihnen durch den Vergleich gewährten Rechte.

Auf Antrag eines Gläubigers kann das Konkursgericht Sicherheitsmaſsregeln gegen den Gemeinschuldner schon vor der rechtskräftigen Verurtheilung desselben anordnen.

§. 184. Im Falle der rechtskräftigen Verurtheilung wird, wenn genügende Masse vorhanden ist, das Konkursverfahren auf Antrag eines Konkursgläubigers wieder aufgenommen.

Die Wiederaufnahme erfolgt durch Beschluſs des Gerichts. Auf den Zeitpunkt der Wiederaufnahme und die Bekanntmachung derselben finden die Vorschriften der §§. 100., 103., 104., 106. entsprechende Anwendung.

§. 185. Für die Anfechtung von Rechtshandlungen, welche in der Zeit von der Aufhebung bis zur Wiederaufnahme des Konkursverfahrens vorgenommen sind, sowie für die in diesem Zeitraume entstandenen Aufrechnungsbefugnisse gilt, wenn nicht inzwischen eine Zahlungseinstellung erfolgt ist, als Tag der Zahlungseinstellung der

Tag des ersten die Verurtheilung des Gemeinschuldners aussprechenden Urtheils.

— — — — — — —

— — — — — — —

§. 188. Das Konkursverfahren ist auf Antrag des Gemeinschuldners einzustellen, wenn er nach dem Ablaufe der Anmeldefrist die Zustimmung aller Konkursgläubiger, welche Forderungen angemeldet haben, beibringt. Inwieweit es der Zustimmung oder der Sicherstellung von Gläubigern bedarf, deren Forderungen angemeldet aber nicht festgestellt sind, entscheidet das Konkursgericht nach freiem Ermessen.

Das Verfahren kann auf Antrag des Gemeinschuldners vor dem Ablaufe der Anmeldefrist eingestellt werden, wenn aufser den Gläubigern, deren Zustimmung der Gemeinschuldner beibringt, andere Gläubiger nicht bekannt sind.

— — — — — — —

§. 190. Das Gericht kann das Konkursverfahren einstellen, sobald sich ergiebt, dafs eine den Kosten des Verfahrens entsprechende Konkursmasse nicht vorhanden ist.

§. 191. Der Einstellungsbeschlufs und der Grund der Einstellung sind öffentlich bekannt zu machen.

Die Vorschriften der §§. 103. Abs. 2., 104., 106. finden entsprechende Anwendung.

§. 192. Der Gemeinschuldner erhält das Recht zurück, über die Konkursmasse frei zu verfügen.

Die Vorschriften des §. 152. finden entsprechende Anwendung.

§. 193. Ueber das Vermögen einer Aktiengesellschaft findet das Konkursverfahren aufser dem Falle der Zahlungsunfähigkeit in dem Falle der Ueberschuldung statt.

Nach Auflösung einer Aktiengesellschaft ist die Eröffnung des Verfahrens so lange zulässig, als die Vertheilung des Vermögens nicht vollzogen ist.

§. 194. Zu dem Antrage auf Eröffnung des Verfahrens ist aufser den Konkursgläubigern jedes Mitglied des Vorstandes und jeder Liquidator berechtigt.

Wird der Antrag nicht von allen Mitgliedern des Vorstandes oder allen Liquidatoren gestellt, so ist derselbe zuzulassen, wenn die Zahlungsunfähigkeit oder Ueberschuldung glaubhaft gemacht wird. Das Gericht hat die übrigen Mitglieder oder Liquidatoren nach Maſsgabe des §. 97. Abs. 2, 3 zu hören.

§. 195. Ueber das Vermögen einer eingetragenen Genossenschaft findet das Konkursverfahren auſser dem Falle der Zahlungsunfähigkeit in dem Falle des §. 48. des Gesetzes, betreffend die privatrechtliche Stellung der Erwerbs- und Wirthschafts-Genossenschaften, vom 4. Juli 1868 statt.

Die Vorschriften der §§. 193. Abs. 2, 194. finden entsprechende Anwendung.

§. 196. Die Genossenschaft wird durch den Vorstand oder die Liquidatoren vertreten.

Ein Zwangsvergleich findet nicht statt.

§. 197. Nach der Aufhebung des Konkursverfahrens sind die Konkursgläubiger, deren Forderungen festgestellt worden sind, berechtigt, wegen des in dem Verfahren erlittenen Ausfalls, einschlieſslich der Zinsen und Kosten, die einzelnen ihnen solidarisch haftenden Genossenschafter in Anspruch zu nehmen. Den Letzteren stehen Einwendungen nur gegen solche Forderungen zu, welche von dem Vorstande oder den Liquidatoren im Prüfungstermin ausdrücklich bestritten worden sind.

§. 198. Im Falle der Zahlungsunfähigkeit einer offenen Handelsgesellschaft, einer Kommanditgesellschaft oder einer Kommanditgesellschaft auf Aktien findet über das Gesellschaftsvermögen ein selbständiges Konkursverfahren statt.

Die Vorschrift des §. 193. Abs. 2 findet entsprechende Anwendung.

§. 199. Zu dem Antrage auf Eröffnung des Verfahrens ist auſser den Konkursgläubigern jeder persönlich haftende Gesellschafter und jeder Liquidator berechtigt.

Wird der Antrag nicht von allen persönlich haftenden Gesellschaftern oder allen Liquidatoren gestellt, so ist derselbe zuzulassen, wenn die Zahlungsunfähigkeit der Gesellschaft glaubhaft gemacht wird. Das Gericht hat die übrigen persönlich haftenden Gesellschafter oder Liquidatoren nach Maſsgabe des §. 97. Abs. 2, 3 zu hören.

§. 200. Ein Zwangsvergleich kann nur auf den Vorschlag aller persönlich haftenden Gesellschafter geschlossen werden.

Der Zwangsvergleich begrenzt, soweit er nicht ein Anderes festsetzt, zugleich den Umfang der solidarischen Haftung der persönlich haftenden Gesellschafter mit ihrem sonstigen Vermögen.

§. 201. Wenn Gesellschaftgläubiger in einem über das Privatvermögen eines persönlich haftenden Gesellschafters eröffneten Konkursverfahren ihre Befriedigung wegen des Ausfalls suchen, welchen sie in dem Konkursverfahren über das Gesellschaftsvermögen erleiden, so sind bei den Vertheilungen die Antheile auf den vollen Betrag der Gesellschaftsforderungen zurückzubehalten, bis der Ausfall bei dem Gesellschaftsvermögen feststeht.

Im Uebrigen finden auf die vorstehend bezeichneten Forderungen die Vorschriften der §§. 57., 88. entsprechende Anwendung.

§. 202. Für das Konkursverfahren über einen Nachlafs ist das Amtsgericht ausschliefslich zuständig, bei welchem der Erblasser zur Zeit seines Todes den allgemeinen Gerichtsstand gehabt hat.

§. 203. Die Eröffnung des Verfahrens setzt die Ueberschuldung des Nachlasses voraus.

§. 204. Die Eröffnung des Verfahrens wird nicht dadurch gehindert, dafs der Erbe noch eine Ueberlegungsfrist hat.

§. 205. Zu dem Antrage auf Eröffnung des Verfahrens ist jeder Erbe oder Vertreter des Nachlasses und jeder Nachlafsgläubiger berechtigt.

Wird der Antrag nicht von allen Erben oder Nachlafsvertretern gestellt, so ist derselbe zuzulassen, wenn die Ueberschuldung glaubhaft gemacht wird. Das Gericht hat die übrigen Erben oder Nachlafsvertreter nach Mafsgabe des §. 97. Abs. 2, 3 zu hören.

§. 206. Ein Zwangsvergleich kann nur auf den Vorschlag aller Erben oder Nachlafsvertreter geschlossen werden.

§. 207. Besitzt ein Schuldner, über dessen Vermögen im Auslande ein Konkursverfahren eröffnet worden ist, Vermögensgegenstände im Inlande, so ist die Zwangsvollstreckung in das inländische Vermögen zulässig.

Ausnahmen von dieser Bestimmung können unter Zustimmung des Bundesraths durch Anordnung des Reichskanzlers getroffen werden.

§. 208. Ein Konkursverfahren über das im Inlande befindliche Vermögen eines Schuldners, welcher im Deutschen Reiche keinen allgemeinen Gerichtsstand hat, findet statt, wenn derselbe zum Betriebe einer Fabrik, einer Handlung oder eines anderen Gewerbes im Inlande eine Niederlassung hat, von welcher aus unmittelbar Geschäfte geschlossen werden.

Dasselbe gilt, wenn ein Schuldner, welcher im Deutschen Reiche keinen allgemeinen Gerichtsstand hat, im Inlande ein mit Wohn- und Wirthschaftsgebäuden versehenes Gut als Eigenthümer, Nutzniefser oder Pächter bewirthschaftet.

Für das Verfahren ist das Amtsgericht ausschliefslich zuständig, in dessen Bezirke die Niederlassung oder das Gut sich befindet.

Ist im Auslande ein Konkursverfahren eröffnet, so bedarf es nicht des Nachweises der Zahlungsunfähigkeit zur Eröffnung des inländischen Verfahrens.

Aus dem Gesetze, betreffend die Einführung der Konkursordnung.

§. 2. Gesetz im Sinne der Konkursordnung und dieses Gesetzes ist jede Rechtsnorm.

§. 3. Die den Konkurs betreffenden Vorschriften der Reichsgesetze werden durch die Konkursordnung nicht berührt.

Aufgehoben werden:

1. die Vorschriften des §. 51. des Gesetzes, betreffend die privatrechtliche Stellung der Erwerbs- und Wirthschaftsgenossenschaften, vom 4. Juli 1868, sowie die im §. 48. desselben Gesetzes bestimmte Zuständigkeit des Handelsgerichts;
2. die Vorschriften der §§. 13—18. des Gesetzes, betreffend die Gewährung der Rechtshülfe, vom 21. Juni 1869;

3. die Vorschriften der §§. 281—283. des Strafgesetzbuchs.

Der Artikel 80 der Wechselordnung wird dahin abgeändert, dafs die Verjährung auch nach Mafsgabe des §. 13. der Konkursordnung unterbrochen wird.

Die Verjährung zu Gunsten eines zur Zeit der Eröffnung des Konkursverfahrens ausgeschiedenen oder ausgeschlossenen Genossenschafters (§. 64. Abs. 1 des Gesetzes vom 4. Juli 1869) wird auch durch Anmeldung der Konkursforderung unterbrochen.

§. 4. Aufgehoben werden die Vorschriften der Landesgesetze über Konkurs-, Falliments-, Gant-, Debit-Verfahren, über gerichtliche, zur Abwendung oder Einleitung eines solchen Verfahrens dienende Stundungs- und Nachlafsverhandlungen, konkursmäfsige Einleitungen, Vermögensuntersuchungen, über die Rechtswohlthat der Güterabtretung und die landesherrliche oder gerichtliche Bewilligung einer allgemeinen Zahlungsstundung, sowie über das Konkursrecht, insoweit nicht in der Konkursordnung auf dieselben verwiesen oder bestimmt ist, dafs sie nicht berührt werden.

Aufgehoben werden die Strafvorschriften, welche rücksichtlich des Konkurses in den Landesgesetzen enthalten sind.

§. 5. Unberührt bleiben:

1. die landesgesetzlichen Vorschriften, welche die Lehen, Stammgüter oder Familienfideikommisse betreffen;
2. die landesgesetzlichen Vorschriften, welche die Nichtbefolgung der Vorschriften über die Anzeige des zwischen dem Gemeinschuldner und seinem Ehegatten bestehenden Güterrechts unter Strafe stellen.

§. 6. Die Bestimmungen der §§. 193., 194., 196., 214. der Konkursordnung finden auf Vereine und registrirte Gesellschaften, welche auf Grund der bayerischen Gesetze vom 29. April 1869, betreffend die privatrechtliche Stellung der Vereine sowie der Erwerbs- und Wirthschaftsgesellschaften, bestehen, entsprechende Anwendung.

§. 7. In Ansehung der Landesherren und der Mitglieder der landesherrlichen Familien, sowie der Mitglieder der Fürstlichen Familie Hohenzollern finden die Bestimmungen der Konkursordnung nur insoweit Anwendung, als nicht besondere Vorschriften der Hausverfassungen oder der Landesgesetze abweichende Bestimmungen enthalten.

§. 8. Ein vor dem Tage des Inkrafttretens der Konkursordnung eröffnetes Konkursverfahren ist nach den bisherigen Gesetzen zu erledigen.

Der Landesgesetzgebung bleibt vorbehalten, die Konkursordnung auf die Erledigung der vor dem Inkrafttreten der Konkursordnung anhängig gewordenen Konkurssachen für anwendbar zu erklären und zu dem Zwecke Uebergangsbestimmungen zu erlassen.

§. 9. In einem am Tage des Inkrafttretens der Konkursordnung oder nach diesem Tage eröffneten Konkursverfahren finden die Bestimmungen der Konkursordnung über die Anfechtung von Rechtshandlungen auf eine vor dem bezeichneten Tage vorgenommene Rechtshandlung Anwendung, sofern nicht dieselbe nach den Vorschriften der bisherigen Gesetze der Anfechtung entzogen oder in geringerem Umfange unterworfen ist.

§. 10. In einem am Tage des Inkrafttretens der Konkursordnung oder nach diesem Tage eröffneten Konkursverfahren finden die Bestimmungen der §§. 42., 48. Nr. 3, 49 der Konkursordnung auf eine vor dem bezeichneten Tage abgetretene oder erworbene Forderung Anwendung, sofern nicht die bisherigen Gesetze eine Aufrechnung zulassen oder eine Verpflichtung zum Schadensersatze nicht oder in geringerem Umfange begründen.

§. 11. In einem am Tage des Inkrafttretens der Konkursordnung oder nach diesem Tage eröffneten Konkursverfahren finden die Bestimmungen der Konkursordnung und dieses Gesetzes über abgesonderte Befriedigung auf Pfand- und Vorzugsrechte Anwendung, wenngleich dieselben oder die Forderungen vor dem bezeichneten Tage erworben sind.

§. 12. Insoweit Pfand- und Vorzugsrechte, welche vor dem Tage des Inkrafttretens der Konkursordnung auf Grund eines Vertrages, einer letztwilligen Anordnung oder einer richterlichen Verfügung erworben oder in Bankstatuten den Banknoteninhabern rechtsgültig zugesichert sind, zufolge der Bestimmungen der Konkursordnung und dieses Gesetzes ihre Wirksamkeit verlieren, kann die Landesgesetzgebung für die Forderung des Berechtigten ein Vorrecht vor allen oder einzelnen der im §. 54. der Konkursordnung bezeichneten Forderungen gewähren.

Ist das Pfand- oder Vorzugsrecht auf einzelne bewegliche Gegenstände des Schuldners beschränkt, so kann das Vorrecht nur in Höhe des Erlöses derselben gewährt werden.

Das durch die vorstehenden Bestimmungen vorbehaltene Vorrecht kann nicht gewährt werden für ein zwei Jahre nach dem Inkrafttreten der Konkursordnung eröffnetes Konkursverfahren, wenn nicht das Vorrecht dadurch erhalten wird, dafs dasselbe bis zum Ablaufe der zwei Jahre zur Eintragung in ein öffentliches Register vorschriftsmäfsig angemeldet ist. Der Erlafs von Vorschriften über die Einrichtung solcher Register, sowie über die Anmeldung und Eintragung der Forderungen bleibt der Landesgesetzgebung vorbehalten.

§. 13. Die Landesgesetzgebung kann der Ehefrau, den Kindern und den Pflegebefohlenen des Gemeinschuldners für Forderungen, welche vor dem Tage des Inkrafttretens der Konkursordnung entstanden sind, ein Vorrecht nach Mafsgabe des §. 12. Abs. 1, 2 insoweit gewähren, als ein gesetzliches Pfand- oder Vorzugsrecht der Ehefrau, der Kinder oder der Pflegebefohlenen nach den bisherigen Gesetzen bestanden hat.

Auf das Vorrecht der Ehefrau findet die Bestimmung des §. 12. Abs. 3 entsprechende Anwendung.

Den Kindern und den Pflegebefohlenen kann das Vorrecht für ein fünf Jahre nach dem Inkrafttreten der Konkursordnung eröffnetes Konkursverfahren nicht gewährt werden.

§. 14. Faustpfandrechte im Sinne des §. 40. der Konkursordnung bestehen an beweglichen körperlichen Sachen nur, wenn der Pfandgläubiger oder ein Dritter für ihn den Gewahrsam der Sache erlangt und erhalten hat.

Das Absonderungsrecht besteht ohne Uebergabe der Sache, sofern:

1. nach den Reichsgesetzen oder den Landesgesetzen die Uebergabe von Konnossementen und ähnlichen Papieren über Waaren oder andere bewegliche Sachen der Uebergabe derselben, oder der Eintragung der Verpfändung in das Schiffsregister oder die Uebergabe

der mit einem beglaubigten Vermerke der Verpfändung versehenen Schiffsurkunden oder einer beglaubigten Abschrift derselben der Uebergabe des verpfändeten Schiffes gleichsteht;

2. über eine Verbodmung nach Vorschrift des Handelsgesetzbuchs ein Bodmereibrief ausgestellt ist.

§. 15. Faustpfandrechte im Sinne des §. 40. der Konkursordnung bestehen an Forderungen und anderen Vermögensrechten nur:

1. wenn der Drittschuldner von der Verpfändung benachrichtigt ist;
2. wenn der Pfandgläubiger oder ein Dritter für ihn den Gewahrsam der körperlichen Sache, welche den Gegenstand des Rechts bildet, oder der über die Forderung oder das Vermögensrecht ausgestellten Urkunde erlangt und behalten hat;
3. wenn die Verpfändung in dem Grund- und Hypothekenbuch eingetragen ist.

§. 16. Die Vorschriften der Landesgesetze, welche für den Erwerb von Faustpfandrechten mehrere der in den §§. 14., 15. bezeichneten Erfordernisse oder weitere Erfordernisse festsetzen, bleiben unberührt.

§. 17. Der Landesgesetzgebung bleibt vorbehalten, Bestimmungen zu treffen, nach welchen

1. den Inhabern der von Gemeinden oder anderen Verbänden, von Korporationen, Aktiengesellschaften, Kommanditgesellschaften auf Aktien oder Genossenschaften ausgestellten Pfandbriefe oder ähnlicher auf Grund erworbener Forderungen von denselben ausgestellter Werthpapiere an solchen Forderungen ein Faustpfandrecht im Sinne des §. 40. der Konkursordnung dadurch gewährt werden kann, dafs einem Vertreter sämmtlicher Inhaber allein oder in Gemeinschaft mit dem Aussteller die Ausübung des Gewahrsams der über die Forderungen lautenden Urkunden übertragen oder auf diesen Urkunden die Gewährung des Pfandrechts vermerkt wird;
2. den Inhabern von Schuldverschreibungen, welche von den unter Nr. 1. bezeichneten Schuldnern über eine Anleihe ausgestellt sind, an gewissen beweglichen körperlichen Sachen ein Faustpfandrecht im Sinne

des §. 40. der Konkursordnung dadurch gewährt werden kann, daſs einem Vertreter sämmtlicher Inhaber allein oder in Gemeinschaft mit dem Aussteller die Ausübung des Gewahrsams der Sachen übertragen wird;

3. den Inhabern von Schuldverschreibungen, welche von den unter Nr. 1. bezeichneten Schuldnern über eine Anleihe ausgestellt sind, ein Vorrecht vor nicht bevorrechtigten Konkursgläubigern, deren Forderungen später entstehen, dadurch gewährt werden kann, daſs die zu bevorrechtigenden Forderungen in ein öffentliches Schuldenbuch eingetragen werden.

XXXVII. Deutsches Reichsgesetz,

betreffend die Beschränkungen des Grundeigenthums in der Umgebung von Festungen.

Vom 21. Dezember 1871 [1]).

(Auszug).

---

§. 1. Die Benutzung des Grundeigenthums in der nächsten Umgebung der bereits vorhandenen, sowie der in Zukunft anzulegenden permanenten Befestigungen unterliegt nach Maſsgabe dieses Gesetzes dauernden Beschränkungen.

§. 2. Behufs Feststellung dieser Beschränkungen wird die nächste Umgebung der Festungen in Rayons getheilt, und je nach der Entfernung von der äuſsersten Vertheidigungslinie ab als erster, zweiter, dritter Rayon bezeichnet.

Wenn bei Festungen mehrere zusammenhängende Befestigungslinien vor einander liegen, so bildet der Raum zwischen denselben die Zwischen-Rayons.

Bei Festungen mit einer Citadelle heiſst der Rayonbezirk vor den stadtwärts gewendeten Werken derselben Esplanade.

— — — — — — —

— — — — — — —

---

1) R.-Ges.-Bl. 1871, S. 459 ff. In Elsaſs-Lothringen eingeführt durch Gesetz vom 21. Febr 1872 (R.-Ges.-Bl. 1872, S. 56).

§. 8. Bei Neu-Anlagen von Befestigungen werden die denselben zunächst gelegenen beiden Rayons, sowie etwaige Esplanaden und Zwischenrayons durch die Kommandanturen unter Mitwirkung der Polizeibehörden und Zuziehung der Ortsvorstände, sowie der Besitzer selbstständiger Gutsbezirke abgesteckt und durch feste Marken (Rayonsteine) bezeichnet.

Von diesem Zeitpunkte an treten die gesetzlichen Beschränkungen in der Benutzung des Grundeigenthums in Wirksamkeit.

§. 9. Unmittelbar nach der Absteckung der Rayonlinie hat die Kommandantur einen Rayonplan und ein Rayonkataster aufzustellen.

Der Rayonplan mufs den allgemeinen Erfordernissen eines Situationsplanes entsprechen, insbesondere die Richtung und Entfernung der Rayonlinien von den Festungswerken, Lage und Nummer der Grenzmarken enthalten und die Lage und Benutzungsweise, sowie Beschaffenheit der einzelnen in den Rayons belegenen Grundstücke erkennen lassen.

Das Rayon-Kataster enthält unter Bezugnahme auf den Rayonplan:

1) die Namen der Besitzer der einzelnen Grundstücke,
2) die Beschreibung des Zustandes und Umfanges, sowie der Zeit der Entstehung aller innerhalb der ersten beiden und der Zwischenrayons vorhandenen Baulichkeiten und Anlagen,
3) Vermerke über Entschädigungsberechtigung bei etwa stattfindender Demolirung.

— — — — — — —

§. 11. Rayonplan und Rayonkataster sind in derjenigen Gemeinde, in deren Bezirk die aufgenommenen Grundstücke liegen, während sechs Wochen öffentlich auszulegen.

Der Beginn der Auslegung ist durch den Gemeindevorstand ortsüblich öffentlich bekannt zu machen.

Die öffentliche Bekanntmachung mufs die Aufforderung zur Erhebung etwaiger Einwendungen unter Angabe der Frist zu deren Anbringung bei dem Gemeindevorstande und die Verwarnung enthalten, dafs nach Ablauf dieser Frist mit Feststellung des Katasters verfahren wird.

Alle während dieser Frist eingehenden Beschwerden oder Anträge werden mit dem Vermerk des Eingangstages versehen, gesammelt und nach Ablauf der Anmeldefrist mit der Bescheinigung über die stattgefundene öffentliche Auslegung und die vorschriftsmäfsige öffentliche Bekanntmachung der Kommandantur zugestellt.

Letztere prüft die Einwendungen und ertheilt den Bescheid.

Gegen diesen steht innerhalb einer Präklusivfrist von vier Wochen nach dem Empfange den Betheiligten der bei der Kommandantur einzulegende Rekurs an die Reichs-Rayonkommission zu.

Nach Verlauf der obigen Frist, beziehungsweise nach Eingang der Rekursbescheide, erfolgt die Feststellung des Katasters und des Planes durch die Kommandantur. Hiervon erhalten die betreffenden Gemeindevorstände Kenntnifs und haben diese die Feststellung öffentlich bekannt zu machen.

§. 12. Die Kommandantur hat dafür Sorge zu tragen, dafs im Rayonplan und Rayonkataster alle Veränderungen in baulicher Beziehung, sowie im Besitz, in der Benutzung oder Bestimmung der Grundstücke nachgetragen werden.

§. 13. Innerhalb sämmtlicher Rayons sind nicht ohne Genehmigung der Kommandantur zulässig, vorbehaltlich der Bestimmung in §. 30.:

1) jede dauernde Veränderung der Höhe der Terrainoberfläche, insbesondere die Anlage und der Betrieb von Lehm- und Sandgruben, Stein- und Kalkbrüchen, die Anlage von Plätzen zur Ablagerung von Ballast, sowie eine jede solche Ablagerung an nicht dazu bestimmten Plätzen;
2) alle Neuanlagen oder Veränderungen von Dämmen, Deichen, Gräben, sowie in den Vorfluthverhältnissen, Ent- und Bewässerungsanlagen und sonstigen Wasserbauten; desgleichen alle Neuanlagen oder Veränderungen von Chausseen, Wegen und Eisenbahnen;
3) die Anlage von gröfseren Parkanlagen, Baumschulen und Waldungen;
4) die Errichtung und Veränderung von Kirch- und

Glockenthürmen, sowie alle thurmartigen Konstruktionen.

Die Genehmigung darf nicht versagt werden, wenn durch die bezeichneten Neuanlagen, beziehungsweise Veränderungen keine nachtheilige Deckung gegen die rasante Bestreichung der Werke, kein nachtheiliger Einfluſs auf das Wasserspiel der Festungsgräben, auf Inundation des Vorterrains und auf die Tiefe der mit den Festungsanlagen in Beziehung stehenden Fluſsläufe entsteht, und keine vermehrte Einsicht in die Werke des Platzes gewonnen wird.

§. 14. Im dritten Rayon ist bei etwaiger Feststellung von Bebauungsplänen rücksichtlich der Breite und Richtung der Straſsen die Genehmigung der Reichs-Rayonkommission (§. 31.) erforderlich.

§. 15. Innerhalb des zweiten Rayons sind:

A. unzulässig:

1) alle Massivkonstruktionen von Gebäuden oder Gebäudetheilen mit Ausnahme massiver Feuerungsanlagen und solcher massiver Fundamente, die das umliegende Terrain nicht über 30 Centimeter überragen;
2) jede Art von Gewölbebauten, sowie Eindeckungen von Kelleranlagen mit steinerner und eiserner Konstruktion;
3) die Anlage von bleibenden Ziegel- und Kalköfen, sowie überhaupt massiver zu Fabrik- und sonstigen gewerblichen Zwecken bestimmter Oefen von gröſseren Abmessungen;

B. nicht ohne Genehmigung der Kommandantur zulässig:

1) die Anlage von Beerdigungsplätzen;
2) die Errichtung von Grabhügeln von mehr als 50 Centimetern Höhe, sowie von Denkmälern aus Stein oder Eisen, welche in den mehr als 50 Centimeter über der Erdoberfläche liegenden Theilen eine gröſsere Stärke haben, als 15 Centimeter für Stein, bezüglich 2 Centimeter für Eisen;
3) die Errichtung von Gebäuden, welche nicht schon nach den Bestimmungen von A. unzulässig sind;

die Genehmigung darf bei Einhaltung nachstehender Bestimmungen nicht versagt werden:

a) die Gebäude dürfen nur von Holz, oder einer nach dem Urtheil der Militairbehörde leicht zerstörbaren Eisenkonstruktion, oder in ausgemauertem Fachwerk von nicht mehr als 15 Centimetern Stärke erbaut sein; doch dürfen sie eine Ziegelbedachung, massive Feuerungsanlagen, soweit solche nicht nach A. Nr. 3. unzulässig sind, und massive Fundamente haben, welche das umliegende Terrain nicht über 30 Centimeter überragen;

b) die Höhe des Gebäudes bis zur Dachfirst darf 13 Meter nicht übersteigen;

c) Keller dürfen nur hölzerne oder leichte eiserne Balken, mit gewöhnlichem Balkenzwischenraum und hölzernem Fufsboden darüber, haben;

4) die Anlage massiver Dampfschornsteine;

die Genehmigung darf nicht versagt werden, wenn die Höhe 20 Meter nicht übersteigt.

§. 16. Für den einfachen Zwischenrayon gelten die in §. 15. für den zweiten Rayon gegebenen Vorschriften, jedoch mit folgenden Abweichungen:

Zu A. Unter besonderen Verhältnissen kann die Herstellung massiver Bauten und gewölbter Anlagen gestattet werden.

Zu B. 3. b. Die Höhe des Gebäudes bis zur Dachfirst darf 8 Meter nicht übersteigen.

§. 17. Im ersten Rayon ist

A. unzulässig:

1) Alles, was im zweiten Rayon unzulässig ist; massive Fundamente dürfen jedoch das umliegende Terrain nicht über 15 Centimeter überragen;

2) Wohngebäude jeder Art;

3) Baulichkeiten von anderen Materialien, als von Holz oder einer nach dem Urtheil der Militairbehörde leicht zerstörbaren Eisenkonstruktion; Keller- oder mit dem Grund und Boden fest zusammenhängende Feuerungsanlagen; Baulichkeiten von gröfserer Höhe, als 7 Meter bis zur Dachfirst; andere Bedachungsmaterialien, als Holz, Stroh, Rohr, Dachpappe, Dachfilz, Zink oder Schiefer;

4) die Aufstellung von Lokomobilen in fester Verbin-

dung mit Baulichkeiten, oder auf Terrain, aus welchem dieselben nicht sofort entfernt werden können;

5) Denkmäler von Stein oder Eisen, welche in den mehr als 50 Centimeter über der Erdoberfläche liegenden Theilen eine gröfsere Breite haben, als 30 Centimeter;

6) Einhegungen durch Neuanlage von lebendigen Hecken;

B. nicht ohne Genehmigung der Kommandantur zulässig:

1) die Anlage von Beerdigungsplätzen;

2) die Errichtung von Grabhügeln von mehr als 50 Centimetern Höhe, sowie von Denkmälern aus Stein oder Eisen, welche in den mehr als 50 Centimeter über der Erdoberfläche liegenden Theilen eine gröfsere Stärke haben, als 15 Centimeter für Stein, bezüglich 2 Centimeter für Eisen;

3) die Anlage hölzerner Windmühlen;

die Genehmigung darf nicht versagt werden, wenn die Entfernung von den Festungswerken 300 Meter oder mehr beträgt;

4) alle vorstehend nicht als unzulässig bezeichneten Baulichkeiten; bewegliche Feuerungsanlagen; hölzerne und eiserne Einfriedigungen, letztere, wenn sie ohne Schwierigkeit beseitigt werden können; Brunnen.

Die Genehmigung darf nur versagt werden, wenn es sich um wohnliche Einrichtungen irgend einer Art handelt. Jedoch darf bei nachgewiesener Nothwendigkeit der Anwesenheit eines Wächters die Aufstellung einer mit einem transportabeln eisernen Ofen versehenen Wächterhütte auf je einem Grundstück nicht verweigert werden, sofern dieselbe im Grundflächenmafs 20 Quadratmeter nicht überschreitet, mit anderen Baulichkeiten nicht in Verbindung gesetzt ist, und der Ofen mit blecherner Rauchröhre versehen ist.

— — — — — — —

§. 19. Innerhalb des strengen Zwischenrayons sind alle baulichen Anlagen unzulässig.

Auf Esplanaden sind nur solche Anlagen gestattet, welche nach dem Urtheil der Militairbehörde zur Vertheidigung dienen können.

Die Anlage von Hecken ist im strengen Zwischenrayon, wie auf Esplanaden unzulässig.

§. 20. Im ersten und zweiten Rayon und im einfachen Zwischenrayon ist die Einrichtung von Niederlagen und Plätzen, auf welchen Vorräthe zu gewerblichen Zwecken im Freien oder in Schuppen aufgestapelt werden, nicht ohne Genehmigung der Kommandantur zulässig.

Die Genehmigung darf nicht versagt werden, wenn die Entfernung von den Festungswerken 225 Meter beträgt.

Die Höhe der zulässigen Aufstapelung beträgt:

a) für unverbrennliche Materialien, für Stein- und Braunkohlen, Koaks und dergleichen: im ersten Rayon $1^1/_2$ Meter, im zweiten und einfachen Zwischenrayon 2 Meter,

b) für Torf und Lohkuchen: 3 Meter,

c) für Bau- und Brennholz: im ersten Rayon 4 Meter, im zweiten und einfachen Zwischenrayon 5 Meter.

Eine höhere Aufstapelung bedarf der Genehmigung der Kommandantur.

Auf dem Terrain, welches bei Festungen, die an schiff- oder flöſsbaren Gewässern liegen und besondere Kehlbefestigungen haben, zwischen diesen und dem Ufer befindlich ist (§. 4.), ist die Lagerung derartiger Vorräthe, sowie die Anlage der zum Ein- und Ausladen nöthigen Anstalten ohne Genehmigung der Kommandantur zulässig. Jedoch steht es der Kommandantur zu, die einzuhaltende Entfernung von der Kehle, und die Zeit für die Wiederbeseitigung zu bestimmen.

§. 21. Bei vorübergehenden Veränderungen der Höhe der Terreinoberfläche, wie der Auflagerung von Baumaterialien während der Ausführung eines genehmigten Baues, der Benutzung der Grabenränder zur Auflagerung der bei der Grabenräumung ausgeworfenen Erde und dergleichen ähnlichen Benutzungen bedarf es im ersten und zweiten Rayon und einfachen Zwischenrayon nur einer vorgängigen Anzeige an die Kommandantur. Jedoch steht es derselben zu, die Zeit der Wiederbeseitigung der vorübergehenden Erhöhung des Terrains zu bestimmen.

Zur Anlage von Komposthaufen ist die Genehmigung der Kommandantur erforderlich.

— — — — — — —

— — — — — — —

§. 32. Grundbesitzer, welche ohne die gesetzlich erforderliche Genehmigung, oder mit eigenmächtiger Abweichung von dem genehmigten Plane eine Anlage, einen Neu- oder Wiederherstellungsbau ausführen oder ausführen lassen, werden mit einer Geldbufse bis zu funfzig Thalern bestraft. Eine gleiche Strafe trifft denjenigen, welcher als Baumeister oder Bauhandwerker die Ausführung geleitet hat. Soweit nach dem Urtheil der Kommandantur die Anlagen unzulässig befunden werden, ist der Besitzer innerhalb der vom Kommandanten zu bestimmenden Frist zu deren Beseitigung verbunden; nöthigenfalls erfolgt letztere auf Antrag der Kommandantur durch die Polizeibehörde auf Kosten des Besitzers. Die Einlegung des Rekurses hemmt die Vollstreckung, vorbehaltlich der Bestimmung in §. 29.

Wer die in den §§. 21. 22. vorgeschriebene Anzeige unterläfst, wird mit einer Geldbufse bis zu fünf Thalern bestraft.

— — — — — — —

§. 34. Für die in Folge dieses Gesetzes eintretenden Beschränkungen in der Benutzung des innerhalb der Rayons belegenen Grundeigenthums leistet das Reich Entschädigung.

Entschädigung wird von Seiten des Reichs nicht gewährt:

1) für Beschränkungen jeder Art, welchen das Grundeigenthum innerhalb der bisherigen Rayons der bereits bestehenden Festungen nach der seitherigen Gesetzgebung unterworfen war, und auch nach dem gegenwärtigen Gesetz unterworfen bleibt;
2) für Beschränkungen der im Eigenthum des Reichs oder eines Bundesstaats befindlichen Grundstücke und für Beschränkungen in Betreff der Anlagen auf Beerdigungsplätzen;
3) für die Verpflichtung zur Duldung der Rayonsteine;
4) für die auf besonderem Rechtstitel beruhenden Rayon-

beschränkungen, wenn nicht durch dieselben eine Entschädigung ausdrücklich zugesichert ist.

§. 35. Die Entschädigung besteht im Ersatz derjenigen Verminderung des Werthes des Grundstücks, welche für den Besitzer dadurch entsteht, daſs das Grundstück fortan Beschränkungen in der Benutzung unterliegt, denen es bisher nicht unterworfen war.

Bei der Feststellung des bisherigen Werthes darf die Zeit nach der im Reichsgesetzblatt erfolgten Bekanntmachung des Reichskanzlers, daſs die Neubefestigung des Platzes oder die Erweiterung der schon bestehenden Festungsanlage oder deren Rayons in Aussicht genommen ist, nicht berücksichtigt werden.

Steht das von der Beschränkung betroffene Grundstück mit anderem Grundbesitz desselben Besitzers dergestalt in Zusammenhang, daſs die Beschränkung des ersteren auch auf den Werth des letzteren Einfluſs übt, so ist der verminderte Werth des gesammten Grundbesitzes der Berechnung zu Grunde zu legen.

§. 36. Die Entschädigung wird in Rente gewährt; falls jedoch die Werthverminderung mindestens ein Drittel des bisherigen Werthes beträgt, nach der Wahl des Besitzers entweder in Kapital, oder in Rente.

Wird die Entschädigung in Kapital geleistet, so besteht sie in Zahlung derjenigen Summe, um welche sich der Werth des Grundstücks vermindert hat, nebst fünf Prozent Zinsen von dem Tage der Absteckung der Rayonlinien.

Wird die Entschädigung in Rente gewährt, so beträgt die Rente jährlich sechs Prozent der vorgedachten Summe, wovon fünf Prozent als Verzinsung angesehen werden. Die Rente wird vom Tage der Absteckung der Rayonlinien auf die Dauer von 37 Jahren gewährt, erlischt jedoch, sobald das Grundstück aufhört, den Beschränkungen der ersten beiden Rayons oder der Zwischenrayons unterworfen zu sein.

Die Rente wird dem jeweiligen im Rayonkataster bezeichneten Besitzer des Grundstücks in vierteljährlichen Raten postnumerando aus der Festungskasse gezahlt.

Renten, welche jährlich weniger als Einen Thaler

betragen, werden mit dem $16^2/_3$fachen Betrage kapitalisirt, und sofort an die Besitzer ausgezahlt.

§. 37. Welche Rechte anderen Realberechtigten an der Entschädigung zustehen, bestimmt sich nach den Landesgesetzen.

§. 38. Für die gesetzlichen Beschränkungen im dritten Rayon wird Entschädigung nicht gewährt. Wenn jedoch die Genehmigung zu einer der im §. 13. gedachten Anlagen versagt wird, so gewährt das Reich Entschädigung. Bei Feststellung derselben ist die Zeit der Anbringung des Gesuchs bei der Kommandantur zu Grunde zu legen.

Im Uebrigen finden die Bestimmungen der §§. 35—37. Anwendung, mit der Maſsgabe, daſs die Zinsen der Entschädigung in Kapital, beziehungsweise die Entschädigungsrente vom Tage des ablehnenden Bescheides der Kommandantur zu zahlen ist.

§. 39. Die Besitzer der Grundstücke, die sich durch die auferlegten Beschränkungen beeinträchtigt glauben, haben ihren Anspruch auf Entschädigung binnen einer sechswöchentlichen Präklusivfrist nach Feststellung des Rayonplans bei der Kommandantur geltend zu machen.

Beginn und Ablauf der Frist sind gleichzeitig mit der Feststellung des Rayonplanes öffentlich bekannt zu machen.

§. 40. Die Kommandantur theilt die Anmeldungen der höheren Civil-Verwaltungsbehörde mit, welche einen Kommissarius ernennt, der die Entschädigungsansprüche in Gegenwart der Entschädigungsberechtigten und eines Vertreters der Kommandantur erörtert und, falls die Parteien sich einigen, einen Rezeſs aufnimmt, welcher die Kraft einer gerichtlichen oder notariellen Urkunde hat.

Wird eine Einigung nicht erzielt, so bleibt, wenn die Entschädigungspflicht von der Kommandantur bestritten wird, dem Besitzer des Grundstücks die Betretung des Rechtsweges unbenommen.

Ist dagegen nur das Vorhandensein oder die Höhe des Schadens streitig, so erfolgt die Ermittelung der Entschädigung durch Sachverständige.

Wenn beide Parteien sich nicht über Einen Sachverständigen vereinigen, so wählt jede Partei einen Sachverständigen, den dritten ernennt der Kommissarius.

Die Sachverständigen haben ihr Gutachten zu begründen und die Richtigkeit desselben zu beschwören oder auf den ein- für allemal geleisteten Sachverständigen-Eid zu versichern.

Ist nach einem dieser Gutachten die Werthsverminderung so grofs, dafs der Entschädigungsberechtigte eine Entschädigung in Kapital zu verlangen berechtigt ist, so mufs er auf die Aufforderung des Kommissarius binnen einer Präklusivfrist von vier Wochen erklären, dafs er die Entschädigung in Kapital verlange, widrigenfalls er nur Entschädigung in Rente verlangen kann.

§. 41. Der Kommissarius überreicht die Abschätzungsverhandlungen mit seinem Gutachten der höheren Civil-Verwaltungsbehörde behufs Feststellung der Entschädigung durch Beschlufs.

Dieselbe setzt den Entschädigungsbetrag nach ihrem aus der Verhandlung und den Umständen geschöpften pflichtmäfsigen Ermessen fest. Das Gutachten der Sachverständigen dient jeder Behörde hierbei nur als Auskunft und Anhalt.

Gegen den Beschlufs der Verwaltungsbehörde steht dem Entschädigungsberechtigten innerhalb einer Präklusivfrist von neunzig Tagen, vom Empfange des Beschlusses an gerechnet, der Rechtsweg offen.

Innerhalb derselben Präklusivfrist ist die Militairbehörde berechtigt, die Enteignung des Grundstücks zu verlangen. Macht sie von diesem Rechte Gebrauch, so ist der Besitzer die Ausdehnung der Enteignung auf alle diejenigen Theile des Grundstücks zu verlangen berechtigt, deren fernere Benutzung in der bisherigen Weise nach dem Gutachten von Sachverständigen durch die Abtrennung des den Rayonbeschränkungen unterworfenen Theils wesentlich beeinträchtigt, erschwert oder verhindert werden würde. Die Erklärung der Militairbehörde an die höhere Verwaltungsbehörde, dafs von dieser Befugnifs Gebrauch gemacht wird, unterbricht den Lauf der im Absatz 3 bestimmten Frist und das gerichtliche Verfahren über die Höhe der Entschädigung.

Das Verfahren bei der Enteignung richtet sich nach den Landesgesetzen.

§. 42. Die nach den §§. 40. und 41. anzustellenden

Klagen sind gegen den Reichsfiskus zu richten, welcher durch die Kommandantur vertreten wird.

Zuständig ist das Gericht, in dessen Bezirk das betreffende Grundstück belegen ist.

Das Gericht hat das Ergebniſs der Beweisaufnahme nach freier Ueberzeugung zu würdigen.

§. 43. Wird die Armirung permanenter Befestigungen angeordnet, so sind die Besitzer der innerhalb der Rayons belegenen Grundstücke verpflichtet, der schriftlichen oder öffentlich bekannt gemachten Aufforderung der Kommandantur zur Niederlegung von baulichen und sonstigen Anlagen, Wegschaffung von Materialien-Vorräthen, Beseitigung von Pflanzungen und Einstellung des Gewerbebetriebes nachzukommen. Wird dieser Aufforderung nicht in der gestellten Frist genügt, so können die Besitzer der betreffenden Grundstücke durch administrative Zwangsmaſsregeln hierzu angehalten werden.

§. 44. Wird im Falle einer Armirung die Freilegung der Festungs-Rayons von der Kommandantur angeordnet, so veranlaſst die letztere vor der Beseitigung der baulichen und sonstigen Anlagen, Pflanzungen und dergleichen eine Beschreibung und nähere Feststellung des Zustandes durch die Ortsobrigkeit unter Zuziehung des Besitzers, eines Vertreters der Kommandantur und zweier Sachverständigen, und ertheilt über die stattgefundene Zerstörung oder Entziehung ein Anerkenntniſs.

Die hierüber aufgenommene Verhandlung wird von der Ortsobrigkeit der höheren Civil-Verwaltungsbehörde überreicht, auch der Kommandantur und den Betheiligten in Abschrift mitgetheilt.

Die Entschädigungsermittelung erfolgt sobald als möglich, spätestens sofort nach Aufhebung des Armirungszustandes der Festung nach Vorschrift der §§. 39. ff.

Das Reich stellt Anerkenntnisse über die zu gewährende Entschädigung aus, welche bis zur Zahlung vom ersten Tage des auf die stattgefundene Zerstörung oder Entziehung folgenden Monates mit fünf Prozent jährlich verzinst wird.

Entschädigung wird nicht gewährt:

1) hinsichtlich derjenigen vor Eintritt der Geltung dieses Gesetzes vorhandenen Gebäude und Anlagen, wel-

che nach der bisherigen Gesetzgebung, oder in Folge besonderer Rechtstitel, die Besitzer auf Befehl der Kommandantur unentgeltlich zu beseitigen verpflichtet waren;

2) hinsichtlich derjenigen Gebäude und Anlagen, welche nach Eintritt der Geltung dieses Gesetzes
   a) entweder im ersten oder zweiten Rayon, oder in einem Zwischen-Rayon einer neu angelegten Befestigung,
   b) oder auf einem Terrain, welches in Folge des Neu- oder Verstärkungsbaues einer schon bestehenden Festung in einen strengeren Rayon fällt,

   nach erfolgter Absteckung der Rayonlinien errichtet worden sind.

Die Kosten der Beseitigung der vorstehend unter 1. und 2. erwähnten Gebäude und Anlagen trägt der Besitzer, die Kosten der Beseitigung anderer Gebäude und Anlagen fallen dem Reich zur Last.

XXXVIII. Deutsches Reichsgesetz

über die Kriegsleistungen.

Vom 13. Juni 1873 [1]).

---

§. 1. Von dem Tage ab, an welchem die bewaffnete Macht mobil gemacht wird, tritt die Verpflichtung des Bundesgebiets zu allen Leistungen für Kriegszwecke nach den Bestimmungen dieses Gesetzes ein.

Beschränkt sich die Mobilmachung auf einzelne Abtheilungen der bewaffneten Macht, so tritt diese Verpflichtung nur bezüglich der mobil gemachten, augmentirten oder in Bewegung gesetzten Theile derselben, sowie zur Herstellung der nothwendigen Vertheidigungsanstalten ein.

§. 2. Diese Leistungen sollen nur insoweit in Anspruch genommen werden, als für die Beschaffung der Bedürfnisse nicht anderweitig, insbesondere nicht durch freien Ankauf, beziehungsweise Baarzahlung oder durch Entnahme aus den Magazinen gesorgt werden kann.

Für diese Leistungen ist nach den Bestimmungen dieses Gesetzes Vergütung aus Reichsmitteln zu gewähren.

---

1) R.-Ges.-Bl. 1873, S. 129 ff. In Elsaſs-Lothringen eingeführt durch Gesetz v. 6. Oct. 1873 (Ges.-Bl. f. Els.-Loth. 1873, S. 262.).

I. Kriegsleistungen der Gemeinden.

§. 3. Dem Reiche gegenüber sind zunächst die Gemeinden zu nachfolgenden Leistungen verpflichtet:

1) Gewährung des Naturalquartiers für die bewaffnete Macht, einschliefslich des Heergefolges, sowie der Stallung für die zugehörigen Pferde, beides, soweit Räumlichkeiten hierfür vorhanden sind;

2) Gewährung der Naturalverpflegung für die auf Märschen und in Kantonnirungen befindlichen Theile der bewaffneten Macht, einschliefslich des Heergefolges, sowie der Fourage für die zugehörigen Pferde;

3) Ueberlassung der im Gemeindebezirk vorhandenen Transportmittel und Gespanne für militärische Zwecke und Stellung der in der Gemeinde anwesenden Mannschaften zum Dienste als Gespannführer, Wegweiser und Boten, sowie zum Wege-, Eisenbahn- und Brückenbau, zu fortifikatorischen Arbeiten, zu Flufs- und Hafensperren und zu Boots- und Prahmdiensten.

4) Ueberweisung der für den Kriegsbedarf erforderlichen Grundstücke und vorhandenen Gebäude, sowie der im Gemeindebezirke vorhandenen Materialien zur Anlegung von Wegen, Eisenbahnen, Brücken, Lagern, Uebungs- und Bivouaksplätzen, zu fortifikatorischen Anlagen und zu Flufs- und Hafensperren.

5) Gewährung des im Gemeindebezirke vorhandenen Feuerungsmaterials und Lagerstrohs für Lager und Bivouaks, sowie

6) der sonstigen Dienste und Gegenstände, deren Leistung beziehungsweise Lieferung das militärische Interesse ausnahmsweise erforderlich machen könnte, insbesondere von Bewaffnungs- und Ausrüstungsgegenständen, Arznei- und Verbandmitteln, soweit die hierzu erforderlichen Personen und Gegenstände im Gemeindebezirke anwesend und beziehungsweise vorhanden sind.

§. 4. In welchen Fällen und in welchem Umfange die Verpflichtungen des §. 3 einzutreten haben, wird auf Requisition der Militärbehörde durch Anordnung der nach den Landesgesetzen zuständigen Civilbehörde bestimmt.

Es ist hierbei auf die Leistungsfähigkeit der Gemeinden Rücksicht zu nehmen.

In den Städten, welche einen eigenen Kreis bilden, oder welche da, wo Kreisverbände nicht bestehen, nach der letzten Volkszählung mindestens 25,000 Seelen haben, werden der Regel nach die Requisitionen direkt an den Stadtvorstand gerichtet.

In dringenden Fällen kann die zuständige Militärbehörde auch sonst die Leistungen direkt von der Gemeindebehörde und wo diese nicht rechtzeitig zu erreichen ist, von den Leistungspflichtigen in der Gemeinde (§. 6) unmittelbar requiriren.

Anordnungen wie Requisitionen sind in der Regel schriftlich zu erlassen und müssen die genaue Bezeichnung der geforderten Leistung enthalten.

Ueber die erfolgte Leistung ist Bescheinigung auszustellen.

§. 5. Für die vollständige und rechtzeitige Erfüllung der geforderten Leistungen sind die Gemeinden verantwortlich. Die Weigerung oder Säumnifs derselben berechtigt die Civilbehörde, die Leistung zwangsweise herbeizuführen. Bei Gefahr im Verzuge ist hierzu auch die Militärbehörde befugt.

§. 6. Die Gemeinden sind berechtigt, behufs Erfüllung der geforderten Leistungen, die zur Theilnahme an den Gemeindelasten Verpflichteten, sowie die sonst in der Gemeinde sich aufhaltenden oder Eigenthum in derselben besitzenden Angehörigen des Reichs zu Naturalleistungen und Diensten aller Art heranzuziehen, insbesondere auch die in den Gemeindebezirken gelegenen Grundstücke und Gebäude, mit Ausnahme der landesherrlichen Schlösser und der unmittelbar zu Staatszwecken dienenden Gebäude oder Gebäudetheile, zu benutzen und sich nöthigenfalls zwangsweise in deren Besitz zu setzen.

Die in der Gemeinde durch die Leistungen etwa entstehenden Baarkosten sind von den zur Theilnahme an den Gemeindelasten Verpflichteten aufzubringen.

Die Gemeinden sind berechtigt, Naturalquartier und Verpflegung für eigene Rechnung zu übernehmen und die erwachsenden Kosten auf die hierdurch von unmittelbarer

Leistung befreiten Pflichtigen nach Verhältnifs ihrer Verpflichtung zur Naturalleistung (Absatz 1) umzulegen.

§. 7. Die Gemeinde hat den nach §. 6 mit Naturalleistungen oder Diensten in Anspruch Genommenen Vergütung in dem Umfange zu gewähren, in welchem die letztere nach den folgenden Bestimmungen vom Reiche gewährt wird.

Die Gemeinde ist in der Regel nicht verpflichtet, die Vergütung früher auszuzahlen, als sie ihr vom Reiche zur Verfügung gestellt ist. Jedoch ist in den Fällen besonderer Bedürftigkeit oder unverhältnifsmäfsiger Belastung einzelner Leistungspflichtiger diese Vergütung vorschufsweise von der Gemeinde zu zahlen.

Von diesen besonderen Fällen abgesehen, kommen die vom Reiche zu zahlenden Zinsen (§. 20) den Einzelnen zu.

Zur Sicherung seiner Forderung kann jeder von der Gemeinde in Anspruch Genommene über die von ihm gemachte Leistung eine Bescheinigung von der Gemeinde fordern.

§. 8. Die in diesem Gesetze für Gemeinden getroffenen Bestimmungen gelten auch für die einem Gemeindeverbande nicht einverleibten selbstständigen Gutsbezirke.

§. 9. Vergütung für Naturalquartier und Stallung wird seitens des Reichs nur gewährt:

1) für die Truppentheile, welche schon vor der Mobilmachung zur Besatzung des Ortes gehörten, bis zu ihrem Ausmarsche;
2) für die Truppentheile, welche zur Besatzung des Ortes nach der Mobilmachung einrücken, insbesondere auch für die Besatzung der Etappenorte;
3) für Ersatztruppen in ihren Standquartieren,

und zwar nach den für den Friedenszustand geltenden Sätzen.

In diesen Fällen finden bezüglich der Beschaffenheit des Quartiers im Allgemeinen die für den Friedenszustand geltenden Vorschriften Anwendung. In allen übrigen Fällen mufs der Einquartierte sich mit demjenigen begnügen, was nach Mafsgabe der obwaltenden Verhältnisse angewiesen werden kann, und sind dem Quartiergeber nur die auf Requisition der Militärbehörde gemachten Auslagen zu ersetzen.

§. 10. Die Entschädigung für die Naturalverpflegung erfolgt nach den für den Friedenszustand geltenden Sätzen, jedoch mit der Maſsgabe, daſs nur die Hälfte dieser Sätze gewährt wird, wenn bei eiligen Märschen, bei Benutzung der Eisenbahn und bei ähnlichen Veranlassungen nur ein Theil der Verpflegung, z. B. das Mittagessen allein oder eine Abendmahlzeit und das Frühstück allein verabreicht werden kann.

Der mit Verpflegung Einquartierte — sowohl der Offizier und Beamte, als auch der Soldat — hat sich in der Regel mit der Kost des Quartiergebers zu begnügen. Bei vorkommenden Streitigkeiten muſs dem Einquartierten dasjenige gewährt werden, was er nach dem Reglement bei einer Verpflegung aus dem Magazin zu fordern berechtigt sein würde.

§. 11. Für Gewährung von Fourage werden, soweit sie in natura vorhanden war, die Durchschnittspreise der letzten zehn Friedensjahre — mit Weglassung des theuersten und des wohlfeilsten Jahres — bewilligt. Soweit die nöthige Fourage im Gemeindebezirke nicht vorhanden war, und von der Gemeinde durch Ankauf herbeigeschafft werden muſste, erfolgt die Vergütung nach den Durchschnittspreisen, welche zur Zeit der Lieferung in dem Marktorte des Lieferungsverbandes (§. 19 Absatz 2 und 3) bestanden, zu dessen Bezirke die Gemeinde gehört.

§. 12. Für den Vorspann und die Spanndienste gelten die nachfolgenden Bestimmungen:

1) die Vergütung erfolgt tageweise nach den von dem Bundesrathe von Zeit zu Zeit für jeden Bezirk eines Lieferungsverbandes (§. 17) endgültig festzustellenden Vergütungssätzen. Die Sätze sind nach den im betreffenden Bezirke üblichen Fuhrpreisen zu normiren. Werden die Fuhren einen halben Tag oder darunter in Anspruch genommen, so wird ein halber Tag berechnet.

   Auch für die Fahrt von dem Wohn- nach dem Stellungsorte und zurück wird Vergütung nach gleichen Grundsätzen gewährt, wenn die Entfernung mehr als eine Meile beträgt; in diesem Falle ist eine Wegestrecke bis zu zwei Meilen einem halben Tage gleichzusetzen.

2) Fuhren, die länger als 48 Stunden von ihrer Heimath fern gehalten werden, haben auf der ihnen vorzuschreibenden Etappenstraſse neben freiem Quartier für Führer und Zugthiere freie Verpflegung zu beanspruchen, ohne Kürzung ihrer Fuhrpreise.

3) Werden Fuhren länger als 48 Stunden auſserhalb ihrer Heimath, oder auf unbestimmte Dauer in Anspruch genommen, so sind Zugthiere, Wagen und Geschirr vor dem Abgang durch Sachverständige zu taxiren, und ist dem Eigenthümer auf Grund der Taxe voller Ersatz für Verluste, Beschädigung und auſsergewöhnliche Abnutzung an Zugthieren, Wagen und Geschirr zu gewähren, welche in Folge oder gelegentlich der Vorspann- oder Spanndienstleistungen ohne Verschulden des Eigenthümers oder des von ihm gestellten Gespannführers entstanden sind.

Ist eine vorherige Schätzung nicht möglich, so soll der Werth nachträglich festgestellt werden.

§. 13. Für die Gewährung von Arbeitskräften und Transportmitteln mit Ausnahme der Fuhrenleistung, sowie für die Lieferung des Lagerstrohes und Feuerungsmaterials für Lager und Bivouaks wird die Vergütung nach den in gewöhnlichen Zeiten ortsüblichen Preisen gewährt.

§. 14. Für Einräumung der zu Kriegszwecken erforderlichen, leerstehenden oder disponiblen, eigenen Gebäude der Gemeinden und für die Ueberlassung freier Plätze, Oedungen und unbestellter Aecker — bis zur Zeit der Bestellung — zu militärischen Zwecken, wird Vergütung nur für die durch die Benutzung erweislich herbeigeführte Beschädigung und auſserordentliche Abnutzung gewährt.

Bei Ueberweisung sonstiger Gebäude und Grundstücke wird auch für die entzogene Nutzung Vergütung gewährt, soweit der Vergütungsanspruch nicht durch das Gesetz über die Beschränkung des Grundeigenthums in der Umgebung von Festungen, vom 21. Dezember 1871, überhaupt ausgeschlossen ist.

Werden Grundstücke, welche zur Ergänzung fortifikatorischer Anlagen im Falle der Armirung einer

Festung in Anspruch genommen worden sind, nach eingetretener Desarmirung nicht zurückgegeben, so erfolgt die Feststellung der Entschädigung für die Abtretung des Eigenthums im Wege des für Enteignungen vorgeschriebenen Verfahrens.

§. 15. Die Vergütung für alle in den §§. 9 bis 14 nicht genannten Kriegsleistungen erfolgt nach den am Orte und zur Zeit der Leistung bestehenden Durchschnittspreisen.

II. Landlieferungen.

§. 16. Durch Beschlufs des Bundesrathes kann, falls der Unterhalt für die bewaffnete Macht auf andere Weise nicht sicherzustellen ist, die Lieferung des Bedarfs an lebendem Vieh, Brotmaterial, Hafer, Heu und Stroh zur Füllung der Kriegsmagazine angeordnet werden (Landlieferungen).

§. 17. Die Verpflichtung zu den im §. 16 bezeichneten Leistungen liegt Lieferungsverbänden ob, welche von den einzelnen Bundesstaaten unter Rücksichtnahme auf angemessene Leistungsfähigkeit und thunlichst im Anschlusse an die bestehende Bezirkseintheilung zu bilden sind.

Für Staaten, von geringem Gebietsumfange kann von der Bildung besonderer Verbände Abstand genommen werden, in welchem Falle die Lieferungspflicht dem Staate als solchem obliegt.

Innerhalb des bisherigen Geltungsgebietes des Gesetzes über die Kriegsleistungen vom 11. Mai 1851 (Bundes-Gesetzbl. von 1867 S. 125) sind bis zur anderweiten Regelung die Kreise und gleichartigen Verbände als Lieferungsverbände beizubehalten.

Den Umfang der Lieferungen und die Lieferungsverbände, von welchen dieselben zu leisten sind, hat der Bundesrath festzusetzen.

Bei Feststellung der Lieferungen und bei der Untervertheilung ist darauf Rücksicht zu nehmen, dafs den einzelnen Lieferungsverbänden nur die Lieferung solcher Gegenstände und Quantitäten auferlegt wird, die sich in deren Bereiche in natura vorfinden.

§. 18. Die Bestimmungen der §§. 6 und 7 finden auf Landlieferungen analoge Anwendung.

Die Lieferungsverbände können sich zur Beschaffung der von ihnen geforderten Leistungen der Vermittelung der Gemeinden bedienen.

§. 19. Die Feststellung der für geliefertes lebendes Vieh zu gewährenden Vergütung erfolgt durch sachverständige Schätzung unter Anwendung der Bestimmungen des §. 33 nach den im Frieden ortsüblichen Preisen.

Die Höhe der Vergütung für alle übrigen Landlieferungen wird nach den Durchschnittspreisen der letzten zehn Friedensjahre — mit Weglassung des theuersten und des wohlfeilsten Jahres — bestimmt. Für jeden Lieferungsverband werden dabei die Preise des Haupt-Marktortes desselben zu Grunde gelegt.

In denjenigen Bundesstaaten, in denen auf Grund der Gesetze Normal-Marktorte festgesetzt sind, bewendet es für die danach gebildeten Bezirke bei den Preisen der letzteren mit der Mafsgabe, dafs für jeden Lieferungsverband die Preise nur eines, und zwar desjenigen Normal-Marktortes zu Grunde gelegt werden, zu welchem der gröfsere Theil des Lieferungsverbandss gehört.

III. Gemeinschaftliche Bestimmungen.

§. 20. Die Vergütung für die in Gemäfsheit des §. 3 Nr. 6 erfolgten aufsergewöhnlichen Leistungen ist aus den bereitesten Beständen der Kriegskasse baar zu zahlen.

Ueber die Vergütungsansprüche bezüglich aller übrigen Kriegsleistungen werden auf Grund der festgestellten Liquidation Anerkenntnisse ausgefertigt, welche auf den Namen desjenigen lauten, der die Vergütung zu beanspruchen hat. Dieselben werden nach Mafsgabe des §. 21 eingelöst und die darauf zu zahlenden Beträge vom ersten Tage des auf die Leistung folgenden Monats mit vier vom Hundert verzinst.

Der Bundesrath hat diejenigen Behörden zu bestimmen, bei welchen die nach Mafsgabe dieses Gesetzes zu erhebenden Vergütungsansprüche anzumelden, sowie diejenigen, von welchen die Anerkenntnisse auszustellen sind. Auch hat er das hierbei zu beobachtende Verfahren vorzuschreiben.

§. 21. Die Einlösung der nach §. 20 ertheiten Anerkenntnisse und die Zinszahlung findet nach Maſsgabe der verfügbaren Mittel statt.

Die Zahlung der Beträge erfolgt gültig an den Inhaber der Anerkenntnisse gegen Rückgabe derselben. Zu einer Prüfung der Legitimation der Inhaber ist die zahlende Kasse berechtigt, aber nicht verpflichtet.

Die Inhaber der Anerkenntnisse werden von den oberen Verwaltungsbehörden durch öffentliche Bekanntmachung in deren amtlichen Anzeigeblättern aufgefordert, dieselben behufs Empfangnahme von Kapital und Zinsen bei den in der Bekanntmachung zu bezeichnenden öffentlichen Kassen vorzulegen.

Der Zinsenlauf hört mit dem letzten Tage desjenigen Monats auf, in welchem die öffentliche Bekanntmachung erfolgt ist.

§. 22. Nach Wiedereintritt des Friedenszustandes (§. 32) haben die oberen Verwaltungsbehörden durch Bekanntmachung in den amtlichen Anzeigeblättern zur Anmeldung aller noch nicht angemeldeten Ansprüche auf Vergütung der auf Grund der Abschnitte I. und II. dieses Gesetzes erfolgten Kriegsleistungen aufzufordern. Den von den Gemeinden und Lieferungsverbänden in Anspruch Genommenen ist eine mit dem Tage der Ausgabe des Anzeigeblattes beginnende Präklusivfrist von einem Jahre zur Anmeldung bei den Behörden der Gemeinden und Lieferungsverbände zu stellen.

Den Gemeinden und Lieferungsverbänden ist eine mit demselben Tage beginnende Präklusivfrist von einem Jahre drei Monaten zur Anmeldung bei den in dem Aufruf zu bezeichnenden Behörden zu stellen.

Mit dem Ablauf der Präklusivfrist erlöschen die nicht angemeldeten Ansprüche.

IV. Besondere Bestimmungen bezüglich der Beschaffung von Schiffen und Fahrzeugen.

§. 23. Die Besitzer von Schiffen und Fahrzeugen sind verpflichtet, dieselben zur Benutzung für Kriegszwecke der Militärverwaltung auf Erfordern zur Verfügung zu stellen. Die Vergütung für die entzogene Benutzung sowie für die etwaige Werthsverminderung erfolgt nach den im §. 14

hinsichtlich der Gebäude gegebenen Vorschriften, sowie nach den Bestimmungen der §§. 20—22.

§. 24. Die Besitzer von Schiffen und Fahrzeugen sind verpflichtet, zum Zwecke der Verwendung für Hafen- und Flufssperren ihre Schiffe und Fahrzeuge der Militärverwaltung gegen eine aus den bereitesten Beständen der Kriegskasse baar zu zahlende, dem vollen Werth entsprechende Vergütung eigenthümlich zu überlassen. Findet über den Betrag der Vergütung eine Einigung nicht statt, so erfolgt die Feststellung des Werthes durch Sachverständige nach Mafsgabe der Bestimmungen des §. 33.

V. Besondere Bestimmungen bezüglich Beschaffung der Mobilmachungspferde.

§. 25. Zur Beschaffung und Erhaltung des kriegsmäfsigen Pferdebedarfs der Armee sind alle Pferdebesitzer verpflichtet, ihre zum Kriegsdienst für tauglich erklärten Pferde gegen Ersatz des vollen von Sachverständigen unter Zugrundelegung der Friedenspreise endgültig festzustellenden Werthes an die Militärbehörde zu überlassen.

Befreit hiervon sind nur:

1) Mitglieder der regierenden deutschen Familien;
2) die Gesandten fremder Mächte und das Gesandtschaftspersonal;
3) Beamte im Reichs- oder Staatsdienste hinsichtlich der zum Dienstgebrauch, sowie Aerzte und Thierärzte hinsichtlich der zur Ausübung ihres Berufes nothwendigen Pferde;
4) die Posthalter hinsichtlich derjenigen Pferdezahl, welche von ihnen zur Beförderung der Posten kontraktmäfsig gehalten werden mufs.

§. 26. Die Sachverständigen (§. 25) sind für jeden Lieferungsverband durch dessen Vertretung periodisch zu wählen.

Das Schätzungsverfahren findet unter Leitung eines von der Landesregierung bestellten Kommissars statt. Die Kosten trägt das Reich.

Der festgestellte Werth wird dem Eigenthümer aus den bereitesten Beständen der Kriegskasse baar vergütet.

§. 27. Das Verfahren bezüglich der Stellung und Aushebung der Pferde wird unter Zugrundelegung der §§. 25 und 26 von den einzelnen Bundesstaaten geregelt. Uebertretungen der dabei hinsichtlich der Anmeldung und Stellung der Pferde zur Vormusterung, Musterung oder Aushebung getroffenen Anordnungen werden mit einer Geldstrafe bis zu fünfzig Thalern geandet.

VI. Besondere Bestimmungen hinsichtlich der Eisenbahnen.

§. 28. Jede Eisenbahnverwaltung ist verpflichtet:

1) die für die Beförderung von Mannschaften und Pferden erforderlichen Ausrüstungsgegenstände ihrer Eisenbahnwagen vorräthig zu halten;
2) die Beförderung der bewaffneten Macht und der Kriegsbedürfnisse zu bewirken;
3) ihr Personal und ihr zur Herstellung und zum Betriebe von Eisenbahnen dienliches Material herzugeben.

§. 29. Für die Bereithaltung der Ausrüstungsgegenstände der Eisenbahnwagen (§. 28 Nr. 1) wird eine Vergütung nicht gewährt.

Für die Militärtransporte (§. 28 Nr. 2) und die Hergabe von Betriebsmaterial (§. 28 Nr. 3) erhalten die Eisenbahnverwaltungen Vergütungen nach Mafsgabe eines vom Bundesrathe zu erlassenden und von Zeit zu Zeit zu revidirenden allgemeinen Tarifs.

Die Vergütung für das übrige hergegebene Material wird gemäfs §§. 15 und 33 festgesetzt.

§. 30. Die den Eisenbahnverwaltungen nach §. 29 zu gewährenden Vergütungen werden bis nach Eingang, Prüfung und Feststellung der Liquidationen gestundet und von dem ersten Tage des auf den Eingang der gehörig belegten Liquidation folgenden Monats mit vier vom Hundert verzinst. Die Zahlung der festgestellten Beträge und Zinsen erfolgt nach Mafsgabe der verfügbaren Mittel. Hinsichtlich des Aufrufes und der Präklusion der auf Grund des §. 28 zu erhebenden Ansprüche finden die Bestimmungen im §. 22 analoge Anwendung.

§. 31. Die Verwaltungen der Eisenbahnen auf dem Kriegsschauplatze selbst oder in der Nähe desselben haben bezüglich der Einrichtung, Fortführung, Einstellung und Wiederaufnahme des Bahnbetriebes den Anordnungen der Militärbehörde Folge zu leisten.

Im Falle des Zuwiderhandelns gegen diese Anordnungen ist die Militärbehörde berechtigt, dieselben auf Kosten der Eisenbahnverwaltungen zur Ausführung zu bringen.

VII. Schlufsbestimmungen.

§. 32. Der Zeitpunkt, mit welchem der Friedenszustand für die gesammte bewaffnete Macht oder einzelne Abtheilungen derselben wieder eintreten und die Verpflichtung zu Leistungen nach Mafsgabe dieses Gesetzes aufhören soll, wird jedesmal durch Kaiserliche Verordnung festgestellt und im Reichs-Gesetzblatte bekannt gemacht.

§. 33. Soweit dieses Gesetz nicht besondere Anordnungen enthält, bestimmt der Bundesrath die Behörden, welche die vom Reiche zu gewährenden Vergütungen feststellen.

Die Festsetzung der Vergütung erfolgt in allen Fällen, in welchen dieses Gesetz nichts Anderes vorschreibt, auf Grund sachverständiger Schätzung.

Bei der Auswahl der Sachverständigen haben die Vertretungen der Kreise oder gleichartigen Verbände mitzuwirken.

Die Betheiligten sind zum Schätzungstermin vorzuladen.

Die Kosten fallen dem Reiche zur Last.

Im Uebrigen wird das von den gedachten Behörden zu beobachtende Verfahren, insbesondere der etwa einzuhaltende Instanzenzug, vom Bundesrath angeordnet.

§. 34. Bis zu anderweiter gesetzlicher Regelung gelten in Bezug auf die Zulässigkeit des Rechtsweges und den Gerichtsstand für Klagen aus Ansprüchen, welche wider das Reich auf Grund dieses Gesetzes erhoben werden, dieselben Vorschriften, welche für den Bundesstaat, in dessen Gebiet diese Ansprüche zu erfüllen sind, mafsgebend sein würden, wenn die nämlichen Ansprüche gegen ihn zu richten wären.

§. 35. Für Leistungen, durch welche einzelne Bezirke, Gemeinden oder Personen aufsergewöhnlich belastet werden, sowie für alle durch den Krieg verursachten Beschädigungen an beweglichem und unbeweglichem Eigenthum, welche nach den Vorschriften dieses Gesetzes nicht, oder nicht hinreichend entschädigt werden, wird der Umfang und die Höhe der etwa zu gewährenden Entschädigung und das Verfahren bei Feststellung derselben durch jedesmaliges Spezialgesetz des Reichs bestimmt.

§. 36. Alle gegenwärtigem Gesetze entgegenstehenden Bestimmungen sind aufgehoben.

XXXIX. Deutsches Reichs-Gesetz,

über die Naturalleistungen für die bewaffnete Macht im Frieden.

Vom 13. Februar 1875[1]).

§. 1. Naturalleistungen für die bewaffnete Macht können, soweit das Gesetz über die Kriegsleistungen vom 13. Juni 1873 (Reichs-Gesetzbl. S. 129) und das Gesetz vom 25. Juni 1868 über die Quartierleistung für die bewaffnete Macht während des Friedenszustandes (Bundes-Gesetzbl. S. 523) nicht Anwendung finden, innerhalb des Reichsgebietes nur nach Mafsgabe der Bestimmungen des gegenwärtigen Gesetzes gefordert werden.

§. 2. Durch Vermittelung der Gemeinden können in Anspruch genommen werden:

1. die Stellung von Vorspann (§. 3),
2. die Verabreichung von Naturalverpflegung (§. 4),
3. die Verabreichung von Fourage (§. 5).

§. 3. Zur Stellung von Vorspann — Fuhrwerke, Gespanne. Gespannführer — sind alle Besitzer von Zugthieren und Wagen verpflichtet.

Zur Vorspannleistung sind in erster Linie diejenigen heranzuziehen, welche aus dem Vermiethen ihrer Thiere und Wagen oder dem Betriebe des Fuhrwesens ein Gewerbe machen.

Befreit sind:

1. Mitglieder der Deutschen regierenden Familien, bezüglich der für ihren Hofhalt bestimmten Wagen und Pferde,

---

1) R.-Ges.-Bl. 1875, S. 52 ff.

2. die Gesandten und das Gesandtschaftspersonal fremder Mächte,
3. Staats- und Privatgestüte, sowie die Militärverwaltungen hinsichtlich ihrer Zuchtthiere und Remonten,
4. Offiziere, Beamte im Reichs-, Staats- oder Kommunaldienste, sowie Seelsorger, Aerzte und Thierärzte hinsichtlich der zur Ausübung ihres Dienstes oder Berufes nothwendigen Pferde,
5. die Posthalter hinsichtlich derjenigen Pferde, welche von ihnen zur Beförderung der Posten vertragsmäfsig gehalten werden müssen.

Die Stellung von Vorspann kann nur gefordert werden für die auf Märschen, in Lagern oder in Kantonnirungen befindlichen Theile der bewaffneten Macht, und nur insoweit, als der Bedarf im Wege des Vertrages gegen ortsübliche Preise durch die Militär-Intendantur nicht rechtzeitig hat sichergestellt werden können.

In der Regel soll der Vorspann nicht länger als einen Tag benutzt werden; nur in den dringendsten Fällen ist eine längere Benutzung zulässig.

Im Uebrigen wird der Umfang, in welchem Vorspannleistungen von den Truppen beansprucht werden können, durch die Ausführungsverordnungen (§. 18) festgestellt.

§. 4. Zur Verabreichung der Naturalverpflegung ist der Quartiergeber verpflichtet. Dieselbe kann nur gefordert werden für die auf Märschen befindlichen Theile der bewaffneten Macht, und zwar sowohl für die Marsch- und Ruhetage, als auch für die auf dem Marsche eintretenden Aufenthaltstage (Liegetage). Der mit Verpflegung Einquartierte — sowohl der Offizier, Arzt und Beamte, als auch der Soldat — hat sich in der Regel mit der Kost des Quartiergebers zu begnügen. Bei vorkommenden Streitigkeiten mufs dem Einquartierten dasjenige in gehöriger Zubereitung gewährt werden, was er nach dem Reglement bei einer Verpflegung aus dem Magazin zu fordern berechtigt sein würde.

§. 5. Zur Verabreichung der Fourage sind alle Besitzer von Fouragebeständen verpflichtet. Dieselbe kann nur gefordert werden für die Pferde und sonstigen Zugthiere der auf Märschen befindlichen Theile der bewaffneten Macht, und zwar sowohl für die Marsch- und Ruhetage, als auch für die Liegetage, für Heeresabtheilungen mit mehr als fünfundzwanzig Pferden jedoch nur dann, wenn der Bedarf im Wege des Vertrages gegen ortsübliche Preise durch die Militär-Intendantur nicht rechtzeitig hat sichergestellt werden können. Wenn am Orte des Marschquartiers Magazinverwaltungen oder Lieferungs-Unternehmer der Militärverwaltung vorhanden sind, darf die Verabfolgung der Fourage nicht gefordert werden.

Insoweit der Fouragebedarf im Gemeindebezirk nicht vorhanden ist, ist derselbe gegen Gewährung der tarifmäfsigen Vorspannvergütung von der nächsten militärischen Verabreichungsstellle abzuholen (§. 3).

Die im §. 3 festgestellten Befreiungen finden auch hinsichtlich der Verpflichtung zur Verabreichung der Fourage insoweit Anwendung, als der vorhandene Fouragebestand für den Unterhalt derjenigen Pferde erforderlich ist, auf welche sich die Befreiung bezieht.

§. 6. Die Verpflichtung zu den in den §§. 3 bis 5 bezeichneten Leistungen tritt auf Grund der von den zuständigen Civilbehörden ausgestellten Marschrouten, oder auf Grund besonderer Anordnungen dieser Behörden ein.

In dringenden Fällen kann die zuständige Militärbehörde die Leistungen direkt von der Gemeindebehörde und wo diese nicht rechtzeitig zu erreichen ist, von den Leistungspflichtigen in der Gemeinde unmittelbar requiriren.

Anordnungen, sowie Requisitionen sind schriftlich zu erlassen und müssen die genaue Bezeichnung der geforderten Leistung enthalten. Ueber die erfolgte Leistung ist von der betreffenden Militärbehörde oder dem Kommandoführer der Truppe, für welche die Leistung erfolgt ist, schriftliche Bescheinigung zu ertheilen.

§. 7. Die örtliche Vertheilung der Leistungen erfolgt auf die Gemeinden im Ganzen durch die zuständige Civilbehörde. Es ist hierbei auf die Leistungsfähigkeit der Gemeinden Rücksicht zu nehmen.

Die weitere Untervertheilung geschieht nach ortsstatutarischer Festsetzung oder Gemeindebeschlufs durch die Gemeindevorstände, welche für die gehörige und rechtzeitige Erfüllung der Leistungen Sorge zu tragen haben.

Leistungspflichtige, welche ihren Obliegenheiten nicht

nachkommen, sind durch den Gemeindevorstand unter Anwendung der ihm zustehenden administrativen Zwangsmittel hierzu anzuhalten Ist die Leistung nicht rechtzeitig zu erlangen, so kann sie anderweitig auf Kosten des Verpflichteten beschafft werden.

Die Gemeinden sind berechtigt, die Leistungen ohne Untervertheilung für eigene Rechnung zu übernehmen und die erwachsenden Kosten auf die hierdurch von unmittelbarer Leistung befreiten Pflichtigen nach Verhältnifs ihrer Verpflichtung zur Naturalleistung umzulegen.

Die Kosten sind in beiden Fällen (Absatz 3 und 4) von den Verpflichteten auf dem für die Einziehung der Gemeindeabgaben vorgeschriebenen Wege beizutreiben.

Unterläfst ein Gemeindevorstand die Erfüllung der ihm obliegenden Verpflichtung zur Fürsorge für die rechtzeitige Beschaffung einer Leistung, so ist bei Gefahr im Verzuge die Militärbehörde berechtigt, die Leistung ohne Zuziehung des Gemeindevorstandes anderweit zu beschaffen. Letzterer ist, wenn ihm eine Versäumnifs zur Last fällt, verpflichtet, die in Folge seines Verschuldens durch die anderweite Beschaffung der Leistung für die Militärverwaltung entstandenen Mehrkosten zu erstatten.

§. 8. Die in diesem Gesetze für Gemeinden getroffenen Bestimmungen gelten auch für die einem Gemeindeverbande nicht einverleibten selbständigen Gutsbezirke.

§. 9. Für die in den §§. 3 bis 5 bezeichneten Leistungen wird nach folgenden Grundsätzen Vergütung aus Militärfonds gewährt:

1. die Vergütung für Vorspann erfolgt tageweise nach den vom Bundesrathe von Zeit zu Zeit für jeden Bezirk eines Lieferungsverbandes endgültig festzustellenden Vergütungssätzen. Die Sätze sind nach den im betreffenden Bezirke üblichen Fuhrpreisen zu normiren. Auch für die Fahrt vom Wohnorte nach dem Stellungsorte und zurück wird Vergütung nach gleichen Grundsätzen gewährt, wenn die Entfernung mehr als $7^1/_2$ Kilometer (eine Meile) beträgt; in diesem Falle ist eine Wegestrecke bis zu 15 Kilometern einem halben Tage gleichzusetzen. Werden die Fuhren einen halben Tag oder darunter in Anspruch genommen, so wird ein halber Tag berechnet.

Dem Eigenthümer ist voller Ersatz für Verlust, Beschädigung und aufsergewöhnliche Abnutzung an Zugthieren, Wagen und Geschirr zu gewähren, welche in Folge oder gelegentlich der Vorspann- oder Spanndienstleistungen ohne Verschulden des Eigenthümers oder des von ihm gestellten Gespannführers entstanden sind. Die Festsetzung des Betrages geschieht nach Mafsgabe des §. 14.

2. die Vergütung für Naturalverpflegung beträgt für Mann und Tag:

	mit Brot	ohne Brot
a) für die volle Tageskost	80 Pfennige,	65 Pfennige.
b) für die Mittagskost	40 „	35 „
c) für die Abendkost	25 „	20 „
d) für die Morgenkost	15 „	10 „

Wenn der Preis des Winterroggens nach dem Durchschnitte der November-Marktpreise in Berlin, München, Königsberg und Mannheim für 1000 Kilogramm mehr als 160 Mark beträgt, so wird im folgenden Jahre für je zehn Mark dieses Mehrbetrages die Vergütung der vollen Tageskost mit Brot um fünf Pfennige, bis zum Satze von einer Mark, erhöht und tritt entsprechende Erhöhung der übrigen Sätze ein.

Vor Schlufs des Jahres werden die hiernach für das folgende Jahr zur Anwendung kommenden Vergütungssätze durch den Reichsanzeiger öffentlich bekannt gemacht.

Bei aufsergewöhnlicher Höhe der Preise der Lebensmittel kann der Bundesrath die Vergütungssätze zeitweise für das ganze Bundesgebiet oder für einzelne Theile desselben sowohl innerhalb der Grenzen von 80 Pfennigen bis zu einer Mark für die volle Tageskost mit Brot etc., als auch über eine Mark hinaus erhöhen.

Für Offiziere und im Offiziersrange stehende Aerzte und Militärbeamte ist der doppelte Betrag des auf die Mannschaft entfallenden Vergütungssatzes zu entrichten. Wenn jedoch ein Offizier etc. erklärt hat, nur dasjenige in gehöriger Zubereitung zu beanspruchen, was er nach dem Reglement bei einer

Verpflegung aus dem Magazin zu fordern berechtigt sein würde (§. 4), so ist für ihn nur der einfache Betrag der Vergütung zu entrichten.

3. die Vergütung für verabreichte Fourage erfolgt nach dem Durchschnittspreise des Kalendermonats, in welchem die Lieferung stattgefunden hat.

Bei Feststellung dieses Durchschnittspreises werden die Preise des Hauptmarktortes (§. 19 Absatz 2 und 3 des Kriegsleistungsgesetzes vom 13. Juni 1873) desjenigen Lieferungsverbandes zu Grunde gelegt, zu welchem die betheiligte Gemeinde gehört.

Die Vergütung wird in allen Fällen im Ganzen an die Gemeindebehörde entrichtet, welche die weitere Vertheilung an die einzelnen Leistenden sofort zu besorgen hat.

§. 10. Zur Stellung von Schiffsfahrzeugen für die Kaiserliche Marine sind alle Besitzer solcher Fahrzeuge verpflichtet. Dieselbe kann nur gefordert werden für Truppentransporte an und von Bord aufserhalb der Kriegshäfen, sowie für Ausrüstungen von Schiffen mit Proviant, Inventar, Kohlen und sonstigem Material aller Art an den Orten, wo die Marine keine etablirten Proviant-, Inventarien- und Kohlendepots besitzt, und nur insoweit die eigenen Fahrzeuge der Kaiserlichen Marine für die gedachten Zwecke nicht ausreichen und die nöthigen Fahrzeuge nicht gegen angemessene Vergütung im Wege des Vertrags sichergestellt werden können.

Befreit von der Verpflichtung sind die Inhaber öffentlicher Fähren und anderer öffentlicher Transportanstalten hinsichtlich derjenigen Fahrzeuge, welche nach Anordnung der zuständigen Behörden oder auf Grund abgeschlossener Verträge von ihnen für die öffentliche Benutzung gehalten werden müssen.

Für die Stellung der Fahrzeuge ist die Vermittelung der zuständigen Hafenpolizeibehörde in Anspruch zu nehmen.

Dem Eigenthümer ist voller Ersatz für Verlust, Beschädigung und aufsergewöhnliche Abnutzung am Fahrzeug nebst Zubehör zu gewähren, welche in Folge oder gelegentlich der geforderten Leistung ohne Verschulden des Besitzers oder des von ihm gestellten Schiffers entstanden sind.

Die Festsetzung der Vergütung geschieht nach Maſsgabe des §. 14.

§. 11. Wenn kultivirte Grundstücke zu Truppenübungen benutzt werden sollen, so sind davon zuvor die betreffenden Ortsvorstände zu benachrichtigen, damit die vorzugsweise zu schonenden Ländereien durch Warnungszeichen kenntlich gemacht werden können.

Ausgeschlossen von jeder Benutzung bei Truppenübungen bleiben Gebäude, Wirthschafts- und Hofräume, Gärten, Parkanlagen, Holzschonungen, Dünen-Anpflanzungen, Hopfengärten und Weinberge, sowie die Versuchsfelder land- und forstwirthschaftlicher Lehranstalten und Versuchsstationen.

§. 12. Die Besitzer von Brunnen und Tränken sind verpflichtet, marschirende, bivouakirende, kantonnirende und übende Truppen, falls die vorhandenen öffentlichen Brunnen und Tränken für die Bedürfnisse der Truppen nicht ausreichen, zur Mitbenutzung der Brunnen und Tränken zuzulassen, auch wenn zu diesem Zwecke Wirthschafts- und Hofräume betreten werden müssen.

Auf die Uebungen der Truppen auf ihren ständigen Exerzier- und Schieſsplätzen findet diese Vorschrift keine Anwendung.

§. 13. Die Besitzer von Schmieden sind verpflichtet, marschirende, bivouakirende und kantonnirende Truppen zur Mitbenutzung der Schmieden gegen angemessene Vergütung zuzulassen.

§. 14. Alle durch die Benutzung von Grundstücken zu Truppenübungen, sowie die in den Fällen des §. 12 entstehenden Schäden werden aus Militärfonds vergütet. Die Feststellung derselben, sowie der nach §. 13 eintretenden Vergütungen erfolgt, sofern über den Betrag eine Einigung nicht stattfindet, auf Grund sachverständiger Schätzung.

Bei der Auswahl der Sachverständigen haben die Vertretungen der Kreise oder gleichartiger Verbände mitzuwirken. Die Betheiligten sind zum Schätzungstermine vorzuladen.

§. 15. Jede Eisenbahnverwaltung ist verpflichtet, die Beförderung der bewaffneten Macht und des Materials des Landheeres und der Marine gegen Vergütung nach Maſsgabe eines vom Bundesrathe zu erlassenden und von Zeit zu Zeit zu revidirenden allgemeinen Tarifs zu bewirken.

§. 16. Entschädigungsansprüche, welche auf Grund dieses Gesetzes erhoben werden, sind bei dem Gemeindevorstande beziehungsweise der zuständigen Civilbehörde anzumelden. Sie erlöschen in den Fällen der §§. 9 Nr. I Abs. 2, 10 Abs. 4, 11 bis 14, wenn sie nicht innerhalb vier Wochen nach dem Eintritte der behaupteten Beschädigung, in allen anderen Fällen, wenn sie nicht spätestens im Laufe desjenigen Kalenderjahres angemeldet werden, welches auf das Jahr folgt, in dem die Entschädigungsverpflichtung begründet worden ist.

Diese Frist läuft auch gegen Minderjährige und Bevormundete, sowie moralische Personen, denen gesetzlich die Rechte der Minderjährigen zustehen, ohne Zulassung der Wiedereinsetzung in den vorigen Stand, jedoch mit Vorbehalt des Regresses gegen die Vormünder und Verwalter.

§. 17. Das gegenwärtige Gesetz tritt mit dem 1. Juni 1875 in Kraft.

Mit demselben Zeitpunkte treten alle demselben zuwiderlaufenden Bestimmungen aufser Wirksamkeit.

Die zur Ausführung dieses Gesetzes erforderlichen allgemeinen Anordnungen werden für das gesammte Bundesgebiet, mit Ausschlufs Bayerns, durch Verordnung des Kaisers, für Bayern durch Königliche Verordnung, erlassen.

XL. Deutsches Reichs-Militärgesetz

vom 2. Mai 1874 [1]).

(Auszug).

§. 40. Die Militärpersonen des Friedenstandes bedürfen zu ihrer Verheirathung der Genehmigung ihrer Vorgesetzten.

§. 41. Die Militärpersonen des Friedensstandes und die Civilbeamten der Militärverwaltung können die Uebernahme von Vormundschaften ablehnen, und sind zu deren Uebernahme nur mit Genehmigung ihrer Vorgesetzten berechtigt.

§. 42. Die landesgesetzlich für einzelne Klassen der Militärpersonen bestehenden Beschränkungen hinsichtlich der Erwerbung, Veräufserung und Belastung von Grundstücken werden aufgehoben.

§. 43. Zum Betriebe eines Gewerbes bedürfen die Militärpersonen des Friedensstandes für sich und für die in Dienstgebäuden bei ihnen wohnenden Mitglieder ihres Hausstandes der Erlaubnifs ihrer Vorgesetzten, insofern nicht das Gewerbe mit der Bewirthschaftung eines ihnen gehörigen ländlichen Grundstückes verbunden ist.

§. 44. In Kriegszeiten oder während eines Belagerungszustandes können die im §. 38 bezeichneten und die nach §§. 155 bis 158 des Militär-Strafgesetzbuchs vom 20. Juni 1872 den Militärgesetzen unterworfenen Personen letztwillige Verordnungen unter besonders erleichterten Formen gültig errichten (privilegirte militärische letztwillige Verfügungen). Die Vorrechte der Militärpersonen in Beziehung auf diese letztwilligen Verordnungen bestehen allein darin, dafs sie nach Mafsgabe der nachstehenden Bestimmungen den für ordentliche letztwillige Verfügungen vorgeschriebenen Förmlichkeiten nicht unterworfen sind. Es sind dabei die folgenden Bestimmungen zu beobachten:

---

1) R.-Ges.-Bl. 1874, S. 45 ff.

1) Die Befugnifs, in Kriegszeiten oder während eines Belagerungszustandes privilegirte militärische letztwillige Verfügungen zu errichten, beginnt für die oben bezeichneten Personen von der Zeit, wo sie entweder ihre Standquartiere oder im Fall ihnen solche nicht angewiesen sind, ihre bisherigen Wohnorte im Dienste verlassen oder in denselben angegriffen oder belagert werden.

Kriegsgefangene oder Geifseln haben diese Befugnifs, so lange sie sich in der Gewalt des Feindes befinden.

2) Privilegirte militärische letztwillige Verfügungen sind in gültiger Form errichtet:
   a) wenn sie von dem Testator eigenhändig geschrieben und unterschrieben sind;
   b) wenn sie von dem Testator eigenhändig unterschrieben und von zwei Zeugen oder einem Auditeur oder Offizier mitunterzeichnet sind;
   c) wenn von einem Auditeur oder Offizier, unter Zuziehung zweier Zeugen oder noch eines Auditeurs oder Offiziers, über die mündliche Erklärung des Testators eine schriftliche Verhandlung aufgenommen und diese dem Testator vorgelesen, sowie von dem Auditeur oder Offizier und den Zeugen, bezw. von den Auditeuren oder Offizieren unterschrieben ist.

   Bei verwundeten oder kranken Militärpersonen können die unter b. und c. erwähnten Auditeure und Offiziere durch Militärärzte oder höhere Lazarethbeamte oder Militärgeistliche vertreten werden.

3) Die sub 2 erwähnten Zeugen sind Beweiszeugen; sie brauchen nicht die Eigenschaft von Instrumentszeugen zu haben und es kann die Aussage eines derselben für vollständig beweisend angenommen werden.

4) Die nach Vorschrift sub 2 c. aufgenommene Verhandlung hat in Betreff ihres Inhalts und der in ihr angegebenen Zeit der Aufnahme die Beweiskraft einer öffentlichen Urkunde.

Ist in der eigenhändig geschriebenen und unterschriebenen, oder in der eigenhändig unterschriebenen letztwilligen Verfügung (2 a. b.) die Zeit der Errichtung angegeben, so streitet die Vermuthung bis zum Beweise des Gegentheils für die Richtigkeit dieser Angabe.

Eine gleiche Vermuthung streitet dafür, daſs die letztwillige Verfügung während des die privilegirte Form zulassenden Ausnahmzustandes errichtet ist, wenn dieselbe während dieser Zeit oder innerhalb vierzehn Tage nach deren Aufhören einer vorgesetzten Militärbehörde zur Aufbewahrung übergeben ist, oder wenn dieselbe in dem Feldnachlaſs des Testators aufgefunden wird.

5) Privilegirte militärische letztwillige Verfügungen verlieren ihre Gültigkeit mit dem Ablauf eines Jahres von dem Tage ab, an welchem der Truppentheil, zu dem der Testator gehört, demobil gemacht ist, oder der Testator aufgehört hat zu dem mobilen Truppentheil zu gehören, oder als Kriegsgefangener oder Geiſsel aus der Gewalt des Feindes entlassen ist.

Der Lauf dieser Frist wird jedoch suspendirt durch anhaltende Unfähigkeit des Testators zur Errichtung einer anderweiten letztwilligen Verordnung.

Wenn der Testator innerhalb des Jahres vermiſst und in dem Verfahren auf Todeserklärung oder auf Abwesenheitserklärung festgestellt wird, daſs er seit jener Zeit verschollen ist, so tritt die Ungültigkeit der letztwilligen Verfügung nicht ein.

§. 45. Die durch Reichs- oder Landesgesetze vorgeschriebenen Beschränkungen der gerichtlichen Zwangsvollstreckungen gegen Militärpersonen finden auf alle Arten der Zwangsvollstreckung gegen die letzteren entsprechende Anwendung. Eine Aufhebung dieser Beschränkungen durch vorgängige Einwilligung des Schuldners ist ohne rechtliche Wirkung.

Den Anspruch auf Zahlung von Diensteinkünften, Wartegeldern oder Pensionen können die Militärpersonen mit rechtlicher Wirkung nur insoweit abtreten, verpfänden oder sonst übertragen, als eine Beschlagnahme im Falle einer Zwangsvollstreckung zulässig gewesen wäre. Die Benachrichtigung an die auszahlende Kasse geschieht durch eine der Kasse auszuhändigende öffentliche Urkunde.

Anhang.

Das allgemeine Berggesetz für die Preufsischen Staaten

vom 24. Juni 1865 [1])

nebst den erheblicheren Abweichungen der auf demselben beruhenden Berggesetze anderer deutschen Staaten [2]).

Erster Titel.

Allgemeine Bestimmungen.

§. 1 [3]). Die nachstehend bezeichneten Mineralien sind

---

1) Preufs. Ges.-Samml. 1865, S. 705 ff. Eingeführt in das ehemalige Herzogthum Nassau durch VO. v. 22. Febr. 1867 (ebd. 1867, S. 237 ff.), in die vom Grofsherzogthum Hessen abgetretenen Landestheile durch VO. desselben Tages (ebd. 1867, S. 242), in Hannover durch VO. v. 8. Mai 1867 (ebd. 1867, S. 601 ff.), in Kurhessen, Frankfurt und die von Bayern abgetretenen Gebiete durch VO. v. 1. Juni 1867 (ebd. 1867, S. 770 ff.), in Schleswig-Holstein durch Ges. v. 12. März 1869 (ebd. 1869, S. 453 f.), endlich in die Fürstenthümer Waldeck und Pyrmont durch Ges. v. 1. Jan. 1869 (ebd. 1869, S. 78 ff).

2) Anhalt (v. 30. April 1875, vergl. Zeitschr. f. Bergrecht 16, 281 ff.), Bayern (v. 20. März 1869), Braunschweig (v. 15. Apr. 1867, vgl. Zeitschr. f. Bergr. 8, 275 ff.), Elsafs-Lothringen (v. 16. Dez. 1873, Ges.-Bl. f. Els.-Lothr. S. 397 ff., vgl. Zeitschr. f. Bergr. 15, 2 ff.), Hessen (v. 28. Jan. 1876, vgl. ebd. 17, 158 f.), Reufs j. L. (v. 9. Oct. 1870, vgl. ebd. 12, 281 ff.), Sachsen-Altenburg (v. 18. Apr. 1872, vgl. ebd. 13, 160 ff.), Sachsen-Gotha (v. 16. Aug. 1868, vgl. ebd. 9, 436 ff.), Sachsen-Meiningen (v. 17. Apr. 1868, vgl. ebd. 9, 318 ff.), Württemberg (v. 7. Oct. 1874, vgl. ebd. 15, 431 ff.).

3) Vgl. §. 210 ff.

von dem Verfügungsrechte des Grundeigenthümers ausgeschlossen.

Die Aufsuchung und Gewinnung derselben unterliegt den Vorschriften des gegenwärtigen Gesetzes [1]).

Diese Mineralien sind [2]):

Gold [3]), Silber, Quecksilber, Eisen mit Ausnahme der Raseneisenerze [4]), Blei, Kupfer, Zinn, Zink, Kobalt, Nickel, Arsenik, Mangan, Antimon und Schwefel, gediegen und als Erze,

Alaun- und Vitriolerze [5]),

Steinkohle, Braunkohle und Graphit [6]),

Steinsalz nebst den mit demselben auf der nämlichen Lagerstätte vorkommenden Salzen und die Soolquellen [7]).

§. 2. Der Erwerb und Betrieb von Bergwerken für Rechnung des Staates ist den Bestimmungen des gegenwärtigen Gesetzes ebenfalls unterworfen.

An den Rechten des Staates bezüglich des Salzhandels wird durch dieses Gesetz nichts geändert [8]).

---

1) Statt der beiden ersten Absätze, Bayern: »Das Eigenthumsrecht an Grund und Boden erstreckt sich nicht auf die nachstehend bezeichneten Mineralien; deren Aufsuchung und Gewinnung ist unter Einhaltung der Vorschriften des gegenwärtigen Gesetzes einem Jeden gestattet«.

2) Ferner Dachschiefer in Nassau, Waldeck, Meiningen und Reufs, Tafelschiefer und Farbenerden in Mein. und Reufs, Flufsspath in Anh., Schwerspath in der Herschaft Schmalkalden, Bitumen in Els.-Loth.

3) »mit Ausnahme des Waschgoldes« Bayern (vgl. Gesetz, die Benützung des Wassers betr. v. 28. Mai 1852 Art. 46).

4) Diese Ausnahme fehlt Bay., Els., Hessen. Els.-Lothr. 2 überläfst den Tagebau auf Eisenerze dem Grundbesitzer.

5) Braunschw. nimmt Vitriolerze im Torf aus.

6) Altenb. nimmt alle drei aus, Bayern den Graphit.

7) Der ganze Absatz ausgenommen in Hannover, die Soolquellen in Pyrmont.

8) Dieser Absatz ist durch Aufhebung des Salzmonopols (vgl. Bundesgesetz v. 12. Oct. 1867, B.-Ges.-Bl. S. 41) gegenstandslos geworden und fehlt deshalb in den übrigen Berggesetzen.

Zweiter Titel.

Von der Erwerbung des Bergwerkseigenthums.

Erster Abschnitt.

Vom Schürfen.

§. 3. Die Aufsuchung der im §. 1. bezeichneten Mineralien auf ihren natürlichen Ablagerungen — das Schürfen — ist [1]) unter Befolgung der nachstehenden Vorschriften einem Jeden gestattet.

§. 4. Auf öffentlichen Plätzen, Strafsen und Eisenbahnen, sowie auf Friedhöfen ist das Schürfen unbedingt untersagt [2]).

Auf anderen Grundstücken ist das Schürfen unstatthaft, wenn nach der Entscheidung der Bergbehörde überwiegende Gründe des öffentlichen Interesses entgegenstehen.

Unter Gebäuden und in einem Umkreise um dieselben bis zu zweihundert Fufs [3]), in Gärten [4]) und eingefriedigten Hofräumen darf nicht geschürft werden, es sei denn, dafs der Grundbesitzer seine ausdrückliche Einwilligung hierzu ertheilt hat [5]).

§. 5. Wer zur Ausführung von Schürfarbeiten fremden Grund und Boden benutzen will, hat hierzu die Erlaubnifs des Grundbesitzers nachzusuchen.

Mit Ausnahme der im §. 4. bezeichneten Fälle mufs der Grundbesitzer, er sei Eigenthümer oder Nutzungsberechtigter, das Schürfen auf seinem Grund und Boden gestatten.

---

1) Bayern: »unterliegt den nachstehenden Vorschriften (Art. 4—11).«

2) Schlesw.-Holst. auch in der nächsten Umgebung von Deichen.

3) »60 Meter« Bay. und die Mehrzahl der übrigen Berggesetze.

4) »und Parkanlagen«, Zusatz Gotha.

5) Els. u. Hess. lassen die Bestimmungen dieses Absatzes nur eintreten, wenn auch der Umkreis dem Eigenthümer des Gebäudes gehört; anderenfalls hat der letztere nur von dritten Personen im Umkreise von 12 Metern Sicherheit wegen etwaiger Beschädigung zu verlangen.

§. 6. Der Schürfer ist verpflichtet, dem Grundbesitzer [1]) für die entzogene Nutzung jährlich im Voraus vollständige Entschädigung zu leisten und das Grundstück nach beendigter Benutzung zurückzugeben, auch für den Fall, dafs durch die Benutzung eine Werthverminderung des Grundstücks eintritt, bei der Rückgabe den Minderwerth zu ersetzen.

Für die Erfüllung dieser letzteren Verpflichtung kann der Grundbesitzer [2]) schon bei der Abtretung des Grundstücks [3]) die Bestellung einer angemessenen Kaution von dem Schürfer verlangen [4]).

§. 7. Die dem Grundeigenthümer im letzten Satze des §. 137. und in den §§. 138. 139. und 141. eingeräumten Rechte stehen demselben auch gegen den Schürfer zu [5]).

§. 8 [6]). Kann der Schürfer sich mit dem Grundbesitzer über die Gestattung der Schürfarbeiten nicht gütlich einigen, so entscheidet das Oberbergamt durch einen Beschlufs [7]) darüber, ob und unter welchen Bedingungen die Schürfarbeiten unternommen werden dürfen [8]).

---

1) Dafür Anh. »Grundeigenthümer, den Nutzungs-, Gebrauchs- oder Servitutberechtigten, Pächtern oder Mietern.«

2) Dafür Anh. »können die Betheiligten.«

3) Statt »bei — — Grundstücks« Bay.: »vor dem Beginne der Schürfarbeiten.«

4) Zusatz Els. u. Hess.: »Auch ist der Eigenthümer des Grundstücks in diesem Fall zu fordern berechtigt, dafs der Schürfer, statt den Minderwert zu ersetzen, das Eigenthum des Grundstücks erwirbt«.

5) Die Citate in den übrigen Berggesetzen entsprechend verändert. Bayern citirt Art. 127 Abs. 3, 128, 129 und fügt als neuen Absatz hinzu: »In diesen Fällen sind für den Antrag des Grundeigenthümers die Bestimmungen des Art. 136 und folgende mafsgebend«.

6) Gotha u. Reufs beschränken das Schürfrecht auf die Dauer eines Jahres, das Schürffeld auf das Maximum von 1000 (Reufs 5000) □Lachtern und gestatten die Versagung gegenüber solchen Personen, die in den letzten zwei Jahren wegen Diebstahls an Erzeugnissen des Berg-, Wald- oder Feldbaues bestraft worden sind.

7) »entscheiden die Bergbehörden« Bay., auch in den übrigen Berggesetzen hier und an ähnlichen Stellen der Verschiedenheit des Beamtenorganismus entsprechend geändert.

8) Zusatz Bay.: »Auch wenn der Grundbesitzer vor Be-

Das Oberbergamt darf die Ermächtigung nur in den Fällen des §. 4. versagen.

Dasselbe [1]) setzt beim Mangel einer Einigung unter den Betheiligten die Entschädigung und die Kaution (§. 6) in Gelde [2]) fest. Gegen diese Festsetzung findet der Rekurs nicht statt.

Wegen der Kosten kommt der §. 147. zur Anwendung.

§. 9. Durch Beschreitung des Rechtsweges wird, wenn dieselbe nur wegen der Festsetzung der Entschädigung oder der Kaution erfolgt, der Beginn der Schürfarbeiten nicht aufgehalten, vorausgesetzt, dafs die Entschädigung an den Berechtigten gezahlt oder bei verweigerter Annahme gerichtlich deponirt, desgleichen die gerichtliche Deposition der Kaution geschehen ist.

§. 10. In den Feldern fremder Bergwerke darf nach denjenigen Mineralien geschürft werden, auf welche der Bergwerkseigenthümer Rechte noch nicht erworben hat.

Bedrohen jedoch solche Schürfarbeiten die Sicherheit der Baue oder den ungestörten Betrieb des Bergwerks, so hat die Bergbehörde dieselben zu untersagen.

Der Bergwerksbesitzer kann verlangen, dafs der Schürfer ihm vor Beginn der Schürfarbeiten eine angemessene Kaution für die etwa zu leistende Entschädigung bestellt.

Auf diese Kaution finden die §§. 8. und 9. Anwendung.

§. 11 [3]). Der Schürfer ist befugt, über die bei seinen

---

ginn der Schürfarbeiten auf Erwerbung des Grundeigenthums nach Art. 138 Abs. 2 einen Gegenantrag stellt, haben die Bergbehörden sofort darüber zu entscheiden, ob und unter welchen Bedingungen das begehrte Grundstück von dem Schürfer vorläufig in Benutzung genommen werden darf. Die Bergbehörden können« u. s. w. (wie oben im Text).

1) »Die Bergbehörde erster Instanz« Bay.

2) Statt des Folgenden bis zum Schlufs des Artikels Bay.: »vorbehaltlich der Beschreitung des Rechtsweges fest. Wird dieser betreten, so ist die Klage bei demjenigen Bezirksgerichte, in dessen Sprengel das betreffende Grundstück liegt, zu erheben. Die Kosten der ersten Instanz fallen dem Schürfer, die der Berufungsinstanz dem unterliegenden Theile zur Last.« Aehnlich Hess. und Württ.

3) Anh. verweist in einem eingeschobenen §. 10 im übrigen hinsichtlich des Schürfens auf die analoge Anwendung der

Schürfarbeiten geförderten Mineralien (§. 1.) zu verfügen, insofern nicht bereits Dritte Rechte auf dieselben erworben haben.

Hinsichtlich der Entrichtung der Bergwerksabgaben kommen die für die Bergwerke mafsgebenden Vorschriften zur Anwendung [1]).

Zweiter Abschnitt.

Vom Muthen.

§. 12 [2]). Das Gesuch um Verleihung des Bergwerkseigenthums in einem gewissen Felde — die Muthung — mufs bei dem Oberbergamte angebracht werden.

Das Oberbergamt hat die Befugnifs, für bestimmte Reviere die Annahme der Muthungen den Revierbeamten zu überweisen.

Dieser Auftrag mufs durch das Regierungsamtsblatt und den Staatsanzeiger bekannt gemacht werden.

§. 13. Die Muthung ist schriftlich in zwei gleichlautenden Exemplaren einzulegen.

Jedes Exemplar wird mit Tag und Stunde der Präsentation versehen, und sodann ein Exemplar dem Muther zurückgegeben.

Es ist statthaft, die Muthung bei der zur Annahme derselben befugten Behörde zu Protokoll zu erklären.

§. 14. Jede Muthung mufs enthalten:

1) den Namen und Wohnort des Muthers,
2) die Bezeichnung des Minerals, auf welches die Verleihung des Bergwerkseigenthums verlangt wird,
3) die Bezeichnung des Fundpunktes,
4) den dem Bergwerke beizulegenden Namen.

Wird eine Muthung auf das Mineralvorkommen eines verlassenen Bergwerks eingelegt, so mufs dieselbe statt des Erfordernisses unter 3. eine Angabe über die Lage dieses Bergwerks enthalten.

Bestimmungen über die Grundabtretung an den Bergwerkseigenthümer. Braunschw. in einem eingeschobenen §. 12 bestimmt den Wegfall der Kautionspflicht und Zulässigkeit des Rekurses gegen die Festsetzung der Entschädigung bei allen Schürfarbeiten für Rechnung des Staates.

1) Dieser Absatz fehlt Bay., Hess., Württ.

2) Abs. 2 und 3 sind in den übrigen Berggesetzen ausgelassen oder entsprechend verändert.

Fehlt der Muthung die eine oder andere dieser Angaben, so hat der Muther dem Mangel auf die Aufforderung der Bergbehörde innerhalb Einer Woche abzuhelfen. Geschieht dies nicht [1], so ist die Muthung von Anfang an ungültig.

§. 15. Die Gültigkeit einer Muthung ist dadurch bedingt, dafs das in derselben bezeichnete Mineral an dem angegebenen Fundpunkte (§. 14) auf seiner natürlichen Ablagerung vor Einlegung der Muthung entdeckt worden ist und bei der amtlichen Untersuchung nachgewiesen wird, und dafs aufserdem nicht bessere Rechte Dritter auf den Fund entgegenstehen.

§. 16. Wird eine Muthung auf das Mineralvorkommen eines verlassenen Bergwerks eingelegt (§. 14), so bedarf es zur Gültigkeit derselben keiner vorherigen neuen Aufschlüsse.

War jedoch das Mineral erwiesenermafsen bereits bei dem Verlassen des Bergwerks gänzlich abgebaut, so ist eine solche Muthung von Anfang an ungültig.

§. 17. Der Muther hat die Lage und Gröfse des begehrten Feldes (§. 27), letztere nach Quadratlachtern [2], anzugeben und einen von einem konzessionirten Markscheider oder Feldmesser angefertigten Situationsrifs in zwei Exemplaren einzureichen, auf welchem der Fundpunkt, die Feldesgrenzen, die zur Orientirung erforderlichen Tagesgegenstände und der Meridian angegeben sein müssen.

Der bei Anfertigung dieses Situationsrisses anzuwendende Maafsstab wird durch das Oberbergamt festgesetzt und durch die Regierungsamtsblätter bekannt gemacht [3].

---

1) Statt »die eine — — — nicht« Bay.: »eine der Angaben Ziff. 1, 2 und 3 gänzlich, so ist die Muthung ungiltig. Fehlt die Angabe Ziff. 4 oder sind die Angaben Ziff 1, 2, 3 und 4 ungenau und wird dem Mangel auf die Aufforderung der Bergbehörde innerhalb acht Tagen nicht abgeholfen«.

2) »Quadratmetern« Altenb. Anh. Bay. Els. Hess. Württ. Bayern verlangt in dem Folgenden die Einreichung zweier Steuerkatasterpläne, auf welchen das Feld durch einen amtlich angestellten Markscheider oder Feldmesser eingezeichnet ist; auch in den folgenden Artikeln heifst es regelmäfsig »Katasterplan« statt »Situationsrifs«.

3) Dieser Absatz fehlt Bay.

§. 18. Die Angabe der Lage und Gröſse des Feldes, sowie die Einreichung des Situationsrisses (§. 17) müssen binnen sechs Wochen [1]) nach Präsentation der Muthung bei der zur Annahme der letzteren befugten Bergbehörde erfolgen.

Geschieht dies nicht, so ist die Muthung von Anfang an ungültig.

Unterläſst der Muther die Einreichung eines zweiten Exemplars des Situationsrisses, so kann die Bergbehörde dasselbe auf Kosten des Muthers anfertigen lassen.

§. 19. Die Lage und Gröſse des begehrten Feldes können nur innerhalb der auf dem Situationsrisse (§. 17) angegebenen Grenzen abgeändert werden.

Gegen Muthungen Dritter ist das gesetzlich begehrte, auf dem Situationsrisse angegebene Feld einer Muthung für die Dauer ihrer Gültigkeit geschlossen.

Diese Wirkung tritt mit dem Zeitpunkte der Präsentation der Muthung ein und wird auf diesen Zeitpunkt auch dann zurückbezogen, wenn [2]) der Situationsriſs erst später innerhalb der im §. 18. vorgeschriebenen Frist eingereicht worden ist.

§. 20. Das Feld einer jeden Muthung wird gleich nach Einreichung des Situationsrisses (§. 17) von der Bergbehörde auf die Muthungs-Uebersichtskarte aufgetragen.

Die Einsicht dieser Karte ist einem Jeden gestattet.

§. 21. Versuchsarbeiten, welche der Muther etwa noch vor der Verleihung ausführt, unterliegen denselben Vorschriften, wie die Arbeiten des Schürfers (§§. 3 bis 11).

Dritter Abschnit.

Vom Verleihen.

§. 22. Die den gesetzlichen Erfordernissen entsprechende Muthung begründet einen Anspruch auf Verleihung des Bergwerkseigenthums in dem im §. 27. bestimmten Felde.

§. 23. Dieser Anspruch kann jedoch auf dem Rechts-

---

1) »30 Tagen« Bay. »zwei Monaten« Hess.

2) »eine Vervollständigung der Muthung in Gemäſsheit des §. 14 nachträglich erfolgt, oder wenn« Anh.

wege nicht gegen die verleihende Bergbehörde, sondern nur gegen diejenigen Personen verfolgt werden, welche dem Muther die Behauptung eines besseren Rechts entgegensetzen.

§. 24. Wer auf eigenem Grund und Boden oder in seinem eigenen Grubengebäude oder durch Schürfarbeiten, welche nach Vorschrift der §§. 3. bis 10. unternommen worden sind, ein Mineral (§. 1) auf seiner natürlichen Ablagerung entdeckt, hat als Finder das Vorrecht vor anderen, nach dem Zeitpunkte seines Fundes eingelegten Muthungen.

Der Finder mufs jedoch innerhalb Einer Woche [1]) nach Ablauf des Tages der Entdeckung Muthung einlegen, widrigenfalls sein Vorrecht erlischt.

§. 25. In allen übrigen Fällen geht die ältere Muthung der jüngeren vor. Das Alter wird durch das Präsentatum der zur Annahme befugten Bergbehörde (§. 12) bestimmt.

§. 26. Das Bergwerkseigenthum wird für Felder verliehen, welche, soweit die Oertlichkeit es gestattet, von geraden Linien an der Oberfläche und von senkrechten Ebenen in die ewige Teufe begrenzt werden.

Der Flächeninhalt der Felder ist nach der horizontalen Projektion in Quadratlachtern [2]) festzustellen.

§. 27. Der Muther hat das Recht,

1) in den Kreisen Siegen und Olpe des Regierungsbezirks Arnsberg und in den Kreisen Altenkirchen und Neuwied des Regierungbezirks Koblenz ein Feld bis zu 25,000 Quadratlachtern [3]),

1) »acht Tagen« Bay.

2) Vgl. S. 389 Anm. 2.

3) Ebenso in Waldeck und Pyrmont, ferner für den Eisensteinbergbau im Bergamtsbezirke Clausthal, für gangweise Minerallager in Gotha, für Dach- und Tafelschiefer in Meiningen und Reufs; bis zu 10000 □Lachter für Farbenerden in Mein. und Reufs, bis zu 10 Hektar für Bohnerze in Württemberg. Die übrigen Berggesetze kennen ein diesem Absatze entsprechendes kleineres Feld nicht; Bayern gestattet umgekehrt bei Stein- und Braunkohlen eine gröfsere Ausdehnung bis zu 800 Hktr.

2) in allen übrigen Landestheilen ein Feld bis zu 500,000 Quadratlachtern [1])

zu verlangen.

In dieser Ausdehnung kann dem Felde jede beliebige, den Bedingungen des §. 26. entsprechende Form gegeben werden. Jedoch mufs der Fundpunkt (§. 15), beziehungweise der frühere Aufschlufs des Mineralvorkommens eines verlassenen Bergwerks (§. 16) stets in dieses Feld eingeschlossen werden. Auch dürfen je zwei Punkte der Begrenzung bei 25,000 Quadratlachtern (Nr. 1) nicht über 500 Lachter, und bei 500,000 Quadratlachtern (Nr. 2) nicht über 2000 Lachter von einander entfernt liegen [2]).

§. 28. Ehe die Verleihung des Bergwerkseigenthums erfolgt, hat der Muther in einem vor der Bergbehörde anzusetzenden, ihm mindestens vierzehn Tage vorher bekannt zu machenden Termine seine Schlufserklärung über die Gröfse und Begrenzung des Feldes, sowie über etwaige Einsprüche und kollidirende Ansprüche Dritter abzugeben.

Auf den Antrag des Muthers kann der Termin verlegt, auch kann zur Fortsetzung des Verfahrens ein fernerer Termin angesetzt werden.

Erscheint [3]) der Muther im Termine nicht, so wird angenommen, derselbe beharre bei seinem Anspruche auf Verleihung des Bergwerkseigenthums in dem auf dem Si-

---

1) Ebenso Altenb., Braunschw., Gotha, Mein., 250000 □Lachter oder 100 Hktr. in Reufs, 200 Hktr. in den übrigen Berggesetzen.

2) Dafür 4 (bei kleineren Feldern 2 resp. 1) Kilometer in Altenb., Anh., Reufs, Württemberg; Els., Hess. und Braunschw. berücksichtigen die Entfernung des Fundpunktes von der Grenze (höchstens 2 Kilom., Braunschw. 5 Lachter). Bayern statt des letzten Satzes: »Auch darf das Grubenfeld nirgends eine geringere Breite als den 32. Theil der Länge haben«.

3) Statt dieses Absatzes Braunschw. 29: »Gibt der Muther die Schlufserklärung nicht binnen der ihm gesetzten Frist ab, so verliert er den Anspruch auf Verleihung des Bergwerkseigenthums in dem auf dem Situationsplane §. 18 angegebenen Felde und wird die Löschung der Muthung von der Bergbehörde verfügt«. Ist die Schlufserklärung rechtzeitig erfolgt, so findet nach dem eingeschobenen §. 30 ein neuer Termin zum weiteren Verfahren statt.

tuationsrisse (§. 17) angegebenen Felde und erwarte die Entscheidung der Bergbehörde über seinen Anspruch, sowie über die etwaigen Einsprüche und Ansprüche Dritter.

§. 29. Zu dem Termine (§. 28) werden:

1) diejenigen Muther, deren Rechte vermöge der Lage ihrer Fundpunkte oder Felder mit dem begehrten Felde bereits kollidiren oder doch in Kollision gerathen können,

2) die Vertreter der durch das begehrte Feld ganz oder theilweise überdeckten und der benachbarten Bergwerke [1])

zur Wahrnehmung ihrer Rechte mit dem Eröffnen vorgeladen, dafs im Falle ihres Ausbleibens die Bergbehörde lediglich nach Lage der Verhandlungen entscheiden werde.

§. 30. Liegen Einsprüche und Kollisionen mit den Rechten Dritter nicht vor und findet sich auch sonst gegen die Anträge des Muthers gesetzlich nichts zu erinnern, so fertigt das Oberbergamt ohne Weiteres die Verleihungsurkunde aus.

§. 31. Liegen Einsprüche oder Kollisionen mit den Rechten Dritter [2]) vor, oder kann aus anderen gesetzlichen Gründen den Anträgen des Muthers gar nicht oder nicht in ihrem ganzen Umfange entsprochen werden, so entscheidet das Oberbergamt über die Ertheilung oder Versagung der Verleihung durch einen Beschlufs, welcher dem Muther und den betheiligten Dritten in Ausfertigung zugestellt wird.

Einsprüche und Ansprüche [3]), welche durch den Beschlufs des Oberbergamts abgewiesen werden [4]), müssen, insofern wegen derselben der Rechtsweg zulässig ist, bin-

---

1) Hess. fügt hinzu: »3. diejenigen Standesherren, in deren Standesherschaft das begehrte Feld ganz oder theilweise liegt«.

2) Reufs schiebt hier ein: »welche auf besonderen privatrechtlichen Titeln beruhen«.

3) »und Ansprüche« fehlt Bay.

4) Zusatz Bay.: »ingleichen Ansprüche, welche, ohne angemeldet worden zu sein, von den Bergbehörden nicht anerkannt wurden«.

nen drei Monaten [1]) vom Ablaufe des Tages, an welchem der Beschlufs beziehungweise der Rekursbescheid (§. 191) zugestellt ist, durch gerichtliche Klage verfolgt werden.

Wer von dieser Frist keinen Gebrauch macht, ist seines etwaigen Rechts verlustig.

Die in dem Verleihungsverfahren durch unbegründete Einsprüche entstehenden Kosten hat der Widersprechende zu tragen.

§. 32. Sind die der Verleihung entgegenstehenden Hindernisse (§. 31) durch die Entscheidung der Bergbehörde oder durch Richterspruch beseitigt, so fertigt das Oberbergamt die Verleihungsurkunde aus.

§. 33. Bei Ausfertigung der Verleihungsurkunde werden die beiden Exemplare des Situationsrisses (§. 17) von dem Oberbergamte beglaubigt, erforderlichen Falls aber vorher berichtigt und vervollständigt.

Das eine Exemplar des Risses erhält der Bergwerkseigenthümer, das andere wird bei der Bergbehörde aufbewahrt [2]).

§. 34. Die Verleihungsurkunde mufs enthalten:

1) den Namen, Stand und Wohnort des Berechtigten,
2) den Namen des Bergwerks,
3) den Flächeninhalt und die Begrenzung des Feldes unter Verweisung auf den Situationsrifs (§. 33),
4) den Namen der Gemeinde, des Kreises, des Regierungs- und Oberbergamts-Bezirks [3]), in welchem das Feld liegt,
5) die Benennung des Minerals oder der Mineralien, auf welche das Bergwerkseigenthum verliehen wird,
6) Datum der Urkunde,
7) Siegel und Unterschrift des verleihenden Oberbergamts.

§. 35. Die Verleihungsurkunde ist binnen sechs Wo-

---

1) Bay. »insoferne sie auf Privatrechtsverhältnissen beruhen, binnen 90 Tagen«.

2) Anh. verlangt, dafs ein drittes Exemplar »der den Grundakten einzuverleibenden Verleihungsurkunde angehängt« werde.

3) Hier und an ähnlichen Stellen in den übrigen Berggesetzen den verschiedenen politischen Organisationen entsprechend verändert.

chen [1]) nach der Ausfertigung durch das Amtsblatt der Regierung, in deren Bezirk das Bergwerk liegt, unter Verweisung auf diesen und den folgenden Paragraphen zur öffentlichen Kenntnifs zu bringen.

Muther, welche auf das in der Bekanntmachung bezeichnete Feld oder auf Theile desselben ein Vorzugsrecht zu haben glauben, können dieses Recht, insofern über dasselbe nicht bereits in dem Verleihungsverfahren verhandelt und in dem Beschlusse des Oberbergamts (§. 31) entschieden worden ist, noch binnen drei Monaten [2]) vom Ablaufe des Tages, an welchem das die Bekanntmachung enthaltende Amtsblatt ausgegeben worden ist, durch gerichtliche Klage gegen den Bergwerkseigenthümer verfolgen [3]).

Wer von dieser Frist keinen Gebrauch macht, ist seines etwaigen Vorzugsrechts verlustig [4]).

Wird das Vorzugsrecht des Widersprechenden durch Richterspruch anerkannt, so hat das Oberbergamt die Verleihungsurkunde, je nach Lage des Falles gänzlich aufzuheben oder abzuändern.

§. 36 [5]). Der §. 35. findet auch auf solche Bergwerkseigenthümer Anwendung, welche nach §. 55. ein Vorzugsrecht auf die in der publizirten Verleihungsurkunde bezeichneten Mineralien zu haben glauben, insofern dieses Recht nach §. 55. nicht schon erloschen, auch über dasselbe nicht bereits in dem Verleihungsverfahren verhandelt und in dem Beschlusse des Oberbergamts (§. 31) entschieden worden ist.

Im Uebrigen werden die Rechte des verliehenen Bergwerkseigenthums durch die Aufforderung und Präklusion des §. 35. nicht betroffen.

§. 37. Während der dreimonatlichen [6]) Frist des §. 35.

---

1) »30 Tagen« Bayern.
2) »90 Tagen« Bay.
3) Anh. fügt hinzu, dafs ein Duplikat der rechtskräftigen Verleihungsurkunde zu den Grundakten genommen werde.
4) Dies gilt in Hessen auch von dem den Standesherren eingeräumten Vorzugsrechte.
5) Fehlt Bayern.
6) »90tägigen« Bay.

ist die Einsicht des Situationsrisses (§. 33) bei der Bergbehörde einem Jeden gestattet.

§. 38. Die Kosten des Verleihungsverfahrens hat mit Ausschluſs der durch unbegründete Einsprüche entstandenen (§. 31) der Muther zu tragen.

Vierter Abschnitt.

Vom Vermessen.

§. 39. Der Bergwerkseigenthümer ist befugt, die amtliche Vermessung und Verlochsteinung des durch die Verleihungsurkunde bestimmten Feldes zu verlangen.

Dieselbe Befugniſs steht den Eigenthümern angrenzender Bergwerke zu.

Dieses Geschäft wird unter Leitung der Bergbehörde durch einen konzessionirten Markscheider oder Feldmesser ausgeführt.

Die Kosten hat der Antragsteller zu tragen.

§. 40. Zu der Vermessung und Verlochsteinung werden auſser dem Bergwerkseigenthümer die Vertreter der angrenzenden Bergwerke und die Besitzer derjenigen Grundstücke, auf welchen Lochsteine zu setzen sind, zugezogen.

Die Grundbesitzer sind verpflichtet, das Betreten ihrer Grundstücke und das Setzen der Lochsteine gegen vollständigen Ersatz des Schadens zu gestatten.

Fünfter Abschnitt.

Von der Konsolidation.

§. 41. Die Vereinigung zweier oder mehrerer Bergwerke zu einem einheitlichen Ganzen — Konsolidation — unterliegt der Bestätigung des Oberbergamts (§. 49).

§. 42. Zur Konsolidation ist erforderlich:

1) ein notariell oder gerichtlich beglaubigter Konsolidationsakt [1]) — je nach Beschaffenheit des Falles ein Vertrag oder Beschluſs der Mitbetheiligten oder eine Erklärung des Alleineigenthümers,

---

1) Abgeändert je nach den verschiedenen Ordnungen der freiwilligen Gerichtsbarkeit.

2) ein von einem konzessionirten Markscheider oder Feldmesser in zwei [1]) Exemplaren angefertigter Situationsrifs des ganzen Feldes [2]),

3) die Angabe des dem konsolidirten Bergwerke beigelegten Namens.

§. 43. Kann das durch die Konsolidation entstehende (konsolidirte) Werk nur als Ganzes mit Hypotheken und dinglichen Lasten beschwert werden (vergl. §. 98), so mufs [3]) für den Fall, dafs auf den einzelnen Bergwerken Hypotheken oder andere Realrechte oder dafs auf denselben Privilegien des Rheinischen Rechts [4]) haften, aufser [5]) dem Konsolidationsakte eine mit den Berechtigten vereinbarte Bestimmung darüber beigebracht werden, dafs und in welcher Rangordnung die Rechte derselben auf das konsolidirte Werk als Ganzes übergehen sollen.

§. 44 [6]). In allen übrigen Fällen mufs in dem Konsolidationsakte eine Bestimmung des Antheilsverhältnisses, nach welchem jedes einzelne Bergwerk in das konsolidirte Werk eintreten soll, enthalten sein. Auf diese Fälle finden alsdann die besonderen Vorschriften der §§. 45. bis 48. Anwendung.

§. 45. Der wesentliche Inhalt des Konsolidationsaktes, insbesondere die Bestimmung des Antheilsverhältnisses §. 44) wird durch das Oberbergamt den aus dem Hypothekenbuche ersichtlichen Hypothekengläubigern [7]) und anderen Realberechtigten, insofern deren ausdrückliches Einverständnifs mit dem Antheilsverhältnisse nicht beigebracht ist, unter Verweisung auf diesen und die beiden folgenden Paragraphen bekannt gemacht.

Aufserdem erfolgt diese Bekanntmachung durch das

---

1) »drei« Anh.

2) Vgl S. 389 Anm. 2.

3) »Kann — — mufs« fehlt Goth. Reufs.

4) Die Bezugnahme auf das französische Recht fehlt Alt. Anh. Braunschw. Goth. Mein. Reufs. Württ.

5) »mufs aufser« Goth. Reufs.

6) §§. 44—48 fehlen Els. Goth. Reufs.

7) Statt »den — — Hypothekengläubigern« heifst es Württ: »der Pfandbehörde, beziehungsweise dem Gemeinderath zur Eröffnung an die Unterpfandgläubiger«.

Amtsblatt der Regierung [1]), in deren Bezirk das Bergwerk liegt.

§. 46. Hypothekengläubiger und andere Realberechtigte, sowie privilegirte Gläubiger des Rheinischen Rechts [2]), welche durch die Bestimmung des Antheilsverhältnisses (§. 44) an ihren Rechten verkürzt zu sein glauben, sind befugt, gegen diese Bestimmung Einspruch zu erheben.

Dieses Einspruchsrecht mufs binnen drei Monaten [3]) nach Ablauf des Tages, an welchem die Bekanntmachung zugestellt, beziehungsweise das die Bekanntmachung enthaltende Amtsblatt ausgegeben worden ist (§. 45), durch gerichtliche Klage geltend gemacht werden.

Wer von dieser Frist keinen Gebrauch macht, ist seines Einspruchsrechts verlustig.

§. 47. Statt diese Klage zu erheben, können die vorbezeichneten Gläubiger und anderen Realberechtigten ihre Befriedigung vor der Verfallzeit verlangen, soweit dies die Natur des versicherten Anspruches gestattet.

Dieses Recht mufs jedoch ebenfalls bei Vermeidung des Verlustes desselben innerhalb der im §. 46. bestimmten Frist geltend gemacht werden.

§. 48. Mit der Bestätigung der Konsolidation (§. 49) geht das Realrecht ohne Weiteres auf den entsprechenden, nach Maafsgabe der vorstehenden Bestimmungen (§§. 44 bis 46) festgestellten Antheil an dem konsolidirten Werke über [4]).

§. 49. Sind Hypothekengläubiger und andere Realberechtigte, sowie privilegirte Gläubiger des Rheinischen Rechts [5]) nicht vorhanden, oder ist in den Fällen des

---

1) Statt „Amtsblatt der Regierung" hier wie an anderen Stellen in den übrigen Berggesetzen die betreffende landesgesetzliche Art der Veröffentlichung. Württ. fügt als neuen Absatz hinzu: „Ehe von der Pfandbehörde, beziehungsweise dem Gemeinderath dem Oberbergamt die Anzeige erstattet ist, dafs von Seite der Pfandgläubiger und anderer Realberechtigten ein rechtliches Hindernifs nicht entgegensteht, kann das Oberbergamt die Bestätigung der Konsolidation nicht ertheilen."

2) Vgl. Anm. 4 zu §. 43.

3) 90 Tagen Bay.

4) Württ. setzt hinzu: „vorbehältlich der Schlufsbestimmung des Art. 63". Vgl. S. 399 Anm. 1.

5) Vgl. Anm. 4 zu §. 43.

§. 43. die dort bezeichnete Vereinbarung beigebracht, oder sind in den Fällen des §. 44. Einsprüche nicht erhoben oder die erhobenen Einsprüche (§§. 46. 47) erledigt, so entscheidet das Oberbergamt über die Bestätigung der Konsolidation.

Die Bestätigung darf nur versagt werden, wenn die Felder der einzelnen Bergwerke nicht an einander grenzen, oder wenn Gründe des öffentlichen Interesses entgegenstehen.

Der Bestätigungsurkunde werden die Verleihungsurkunden der einzelnen Bergwerke beigefügt.

Hinsichtlich der Beglaubigung, Aushändigung und Aufbewahrung der Risse finden die Bestimmungen des §. 33. Anwendung [1]).

Dritter Titel.

Von dem Bergwerkseigenthume.

Erster Abschnitt.

Von dem Bergwerkseigenthume im Allgemeinen.

§. 50. Das durch die Verleihungsurkunde [2]) begründete Bergwerkseigenthum gehört zu den unbeweglichen Sachen [3]).

§. 51. Die reale Theilung des Feldes eines Bergwerks in selbstständige Felder, sowie der Austausch von Feldes-

---

1) Württ. 63 fügt folgenden neuen Absatz hinzu: „Von der erfolgten Bestätigung hat das Oberbergamt zum Zweck des Eintrags der Aenderungen in den Pfand- und anderen Rechtsverhältnissen der Unterpfandsbehörde, beziehungsweise dem Gemeinderathe Mittheilung zu machen. Die früheren Pfandrechte bleiben bis zu erfolgter Eintragung vorbehalten.“ Reufs schiebt einen das Grundbuchwesen betreffenden Paragraphen ein.

2) Anh. fügt hinzu: „und durch deren Eintragung in die Grundakten“.

3) Württ. fügt folgende neue Absätze hinzu: „Dasselbe ist in das Güterbuch derjenigen Gemeinde, auf deren Markung das Feld gelegen ist, oder wenn es auf mehreren Markungen liegt, wo der Betrieb eröffnet wird, einzutragen.

Das einer Gewerkschaft (Art. 86) zustehende Bergwerk wird auf deren Namen ins Güterbuch eingetragen“.

theilen zwischen angrenzenden Bergwerken [1]) unterliegt der Bestätigung des Oberbergamts.

Dieselbe darf nur versagt werden, wenn überwiegende Gründe des öffentlichen Interesses entgegenstehen.

Hypothekengläubiger [2]) und andere Realberechtigte, sowie privilegirte Gläubiger des Rheinischen Rechts [3]), welche durch die Feldestheilung oder durch den Feldesaustausch an ihren Rechten verkürzt zu sein glauben, können ihre Befriedigung vor der Verfallzeit verlangen, soweit dies die Natur des versicherten Anspruchs gestattet. Dieses Recht mufs bei Vermeidung des Verlustes desselben innerhalb der im §. 46. bestimmten Frist geltend gemacht werden [4]). Die Bestätigung wird unter Beobachtung des Verfahrens ertheilt, welches sich aus der Anwendung der §§. 42. 45. und 49. auf die vorstehenden Fälle ergiebt.

Bei [5]) dem Austausche von Feldestheilen geht das Recht der erwähnten Gläubiger und anderen Realberechtigten mit der Bestätigung der Bergbehörde ohne Weiteres auf den zu dem belasteten Bergwerke hinzutretenden Feldestheil über, wogegen der abgetretene Feldestheil von der dinglichen Belastung befreit wird.

§. 52. Auf [6]) das Bergwerkseigenthum finden hinsichtlich der Veräufserung, der Verpfändung und des Arrestes, sowie die Privilegien des Rheinischen Rechts [7]) die allgemeinen gesetzlichen Vorschriften Anwendung, welche in dieser Beziehung für das Grundeigenthum gelten.

Wegen übermäfsiger Verletzung, insbesondere wegen

---

1) Goth. schiebt hier ein: „ist von der Zustimmung der betheiligten Hypothekengläubiger oder anderer Realberechtigter abhängig und".

2) Statt dieses Absatzes, der in Gotha ganz ausgefallen ist, bestimmt Els.: „Für den Fall, dafs auf den betreffenden Bergwerken Privilegien, Hypotheken oder andere Realrechte haften, mufs die Zustimmung der Berechtigten zu der Feldestheilung oder dem Feldesaustausch beigebracht werden".

3) Vgl. Anm. 4 zu §. 43.

4) „Hypothekengläubiger — — werden" fehlt Reufs.

5) Dieser Absatz fehlt Reufs.

6) Wie Anm. 5.

7) Vgl. Anm. 4 zu §. 43.

Verletzung über die Hälfte können [1]) Verträge über Veräufserung von Bergwerken oder Kuxen nicht angefochten werden.

§. 53 [2]). Die allgemeinen gesetzlichen Vorschriften über die Führung der Hypothekenbücher und Rheinischen Hypothekenregister, die Subhastation, den Konkurs und die Rangordnung der Gläubiger sind auch für das Bergwerkseigenthum maafsgebend, soweit nicht im gegenwärtigen Gesetze etwas Anderes bestimmt ist (§§. 246. bis 249.).

§. 54. Der Bergwerkseigenthümer hat die ausschliefsliche Befugnifs, nach den Bestimmungen des gegenwärtigen Gesetzes das in der Verleihungsurkunde benannte Mineral in seinem Felde aufzusuchen und zu gewinnen, sowie alle hierzu erforderlichen Vorrichtungen unter und über Tage zu treffen.

Diese Befugnifs erstreckt sich auch auf die innerhalb des Feldes befindlichen Halden eines früheren Bergbaues.

§. 55. Auf Mineralien, welche mit dem in der Verleihungsurkunde benannten Mineral innerhalb der Grenzen des Feldes in einem solchen Zusammenhange vorkommen, dafs dieselben nach der Entscheidung des Oberbergamts aus bergtechnischen oder bergpolizeilichen Gründen gemeinschaftlich gewonnen werden müssen, hat der Bergwerkseigenthümer in seinem Felde vor jedem Dritten ein Vorrecht zum Muthen.

Legt ein Dritter auf solche Mineralien Muthung ein, so wird dieselbe dem Bergwerkseigenthümer mitgetheilt. Letzterer mufs alsdann binnen vier Wochen [3]) nach Ablauf des Tages dieser Mittheilung Muthung einlegen, widrigenfalls sein Vorrecht erlischt.

Auf andere Mineralien, welche nicht in dem vorbe-

---

1) Statt des Folgenden Bayern: „weder entgeltliche Veräufserungsverträge, noch Theilungen, deren Gegenstand Bergwerke, Kuxe oder andere Antheilsberechtigungen sind, angefochten, noch sonstige Ansprüche daraus abgeleitet werden."

2) Fehlt Bay. und Reufs und ist in den übrigen Berggesetzen den betreffenden Landeseinrichtungen entsprechend abgeändert.

3) 30 Tagen Bay.

zeichneten Zusammenhange vorkommen, hat der Bergwerkseigenthümer kein Vorrecht.

§. 56. Steht das Recht zur Gewinnung verschiedener Mineralien innerhalb derselben Feldesgrenzen verschiedenen Bergwerkseigenthümern zu, so hat jeder Theil das Recht, bei einer planmäfsigen Gewinnung seines Minerals auch dasjenige des anderen Theils insoweit mit zu gewinnen, als diese Mineralien nach der Entscheidung des Oberbergamts aus den im §. 55. angegebenen Gründen nicht getrennt gewonnen werden können.

Die mitgewonnenen, dem anderen Theile zustehenden Mineralien müssen jedoch dem letzteren auf sein Verlangen gegen Erstattung der Gewinnungs- und Förderungskosten herausgegeben werden.

§. 57. Der Bergwerkseigenthümer ist befugt, die durch den Betrieb des Bergwerks gewonnenen, nicht unter den §. 1 [1]) gehörigen Mineralien zu Zwecken seines Betriebes ohne Entschädigung des Grundeigenthümers zu verwenden.

Soweit diese Verwendung nicht erfolgt, ist der Bergwerkseigenthümer verpflichtet, die bezeichneten Mineralien dem Grundeigenthümer auf sein Verlangen gegen Erstattung der Gewinnungs- und Förderungskosten herauszugeben.

§. 58. Dem Bergwerkseigenthümer steht die Befugnifs zu, die zur Aufbereitung seiner Bergwerkserzeugnisse erforderlichen Anstalten zu errichten und zu betreiben.

§. 59 [2]). Die zum Betriebe auf Bergwerken und Aufbereitungsanstalten (§. 58) dienenden Dampfkessel und Triebwerke unterliegen den Vorschriften der Gewerbegesetze.

Sofern zur Errichtung oder Veränderung solcher An-

---

1) Alt. schiebt ein: „des gegenwärtigen Gesetzes und §. 1 des Gesetzes, die Rechtsverhältnisse des Kohlenbergbaues betreffend, vom heutigen Tage". Vgl. Anm. zu §. 212.

2) Fehlt Els. und ist auch in den übrigen Berggesetzen je nach der Verschiedenheit der polizeilichen Organisation mehr oder weniger abgeändert. Vgl. jetzt Gewerbeordnung f. d. Deutsche Reich §§. 16 ff. (oben S. 167 ff.).

lagen nach den Vorschriften der Gewerbegesetze eine besondere polizeiliche Genehmigung erforderlich ist, tritt jedoch an die Stelle der Ortspolizeibehörde der Revierbeamte und an die Stelle der Regierung das Oberbergamt.

Ueber die Zulässigkeit der Wassertriebwerke entscheiden das Oberbergamt und die Regierung durch einen gemeinschaftlichen Beschlufs.

§. 60. Der Bergwerkseigenthümer ist befugt, im freien Felde Hülfsbaue anzulegen.

Dieselbe Befugnifs steht ihm im Felde anderer Bergwerkseigenthümer zu, sofern die Hülfsbaue die Wasser- und Wetterlösung oder den vortheilhafteren Betrieb des Bergwerks, für welches die Anlage gemacht werden soll, bezwecken und der eigene Bergbau des Anderen dadurch weder gestört noch gefährdet wird.

Der Hülfsbau ist Zubehör des berechtigten Bergwerks, beziehungsweise der berechtigten Bergwerke, wenn die Eigenthümer zweier oder mehrerer Bergwerke sich zur gemeinschaftlichen Anlage eines Hülfsbaues vereinigt und keine anderweitige Vereinbarung getroffen haben.

§. 61. Bestreitet der Bergwerkseigenthümer, in dessen Felde ein Hülfsbau angelegt werden soll, seine Verpflichtung zur Gestattung desselben, so entscheidet hierüber das Oberbergamt mit Ausschlufs des Rechtsweges.

§. 62. Wird ein Hülfsbau in dem Felde eines anderen Bergwerkseigenthümers angelegt, so mufs der Hülfsbauberechtigte für allen Schaden, welcher dem belasteten Bergwerke durch seine Anlage zugefügt wird, vollständige Entschädigung leisten.

§. 63. Die bei Ausführung eines Hülfsbaues im freien Felde gewonnenen Mineralien (§. 1) werden als Theil der Förderung des durch den Hülfsbau zu lösenden Bergwerks behandelt.

Werden bei Ausführung eines Hülfsbaues im Felde eines anderen Bergwerkseigenthümers Mineralien gewonnen, auf welche der Letztere berechtigt ist, so müssen diese Mineralien demselben auf sein Verlangen unentgeltlich herausgegeben werden.

§. 64. Der Bergwerkseigenthümer hat die Befugnifs, die Abtretung des zu seinen bergbaulichen Zwecken (§§.

54 bis 60) erforderlichen Grund und Bodens [1]) nach näherer Vorschrift des fünften Titels zu verlangen.

Zweiter Abschnitt.

Von dem Betriebe und der Verwaltung.

§. 65. Der Bergwerksbesitzer ist verpflichtet, das Bergwerk zu betreiben, wenn der Unterlassung oder Einstellung des Betriebes nach der Entscheidung des Oberbergamts überwiegende Gründe des öffentlichen Interesses entgegenstehen.

Das Oberbergamt hat in diesem Falle die Befugnifs, den Eigenthümer, nach Vernehmung desselben, zur Inbetriebsetzung des Bergwerks oder zur Fortsetzung des unterbrochenen Betriebes binnen einer Frist von sechs Monaten aufzufordern und für den Fall der Nichtbefolgung dieser Aufforderung die Entziehung des Bergwerkseigenthums nach Maafsgabe des sechsten Titels anzudrohen.

§. 66. Der Bergwerksbesitzer ist verpflichtet, der Bergbehörde von der beabsichtigten Inbetriebsetzung des Bergwerks mindestens vier Wochen [2]) vorher Anzeige zu machen.

§. 67. Der Betrieb darf [3]) nur auf Grund eines Betriebsplans geführt werden.

Derselbe unterliegt der Prüfung durch die Bergbehörde und mufs der letzteren zu diesem Zwecke vor der Ausführung vorgelegt werden.

Die Prüfung hat sich auf die im §. 196. festgestellten polizeilichen Gesichtspunkte zu beschränken.

§. 68. Erhebt die Bergbehörde nicht binnen vierzehn [4]) Tagen nach Vorlegung des Betriebsplans Einspruch gegen denselben, so ist der Bergwerksbesitzer zur Ausführung befugt.

Wird dagegen innerhalb dieser Frist Einspruch von der Bergbehörde erhoben, so ist der Bergwerksbesitzer

---

1) Zusatz Bay. „sowie die Benützung des Wassers".
2) 30 Tage Bay. 14 Tage Goth. Reufs.
3) Württ. schiebt ein: „in der Regel".
4) 15 Bay.

gleichzeitig zur Erörterung der beanstandeten Betriebsbestimmungen zu einem Termine vorzuladen.

Insoweit auf diesem Wege keine Verständigung erzielt wird, hat das Oberbergamt diejenigen Abänderungen des Betriebsplans, ohne welche derselbe nicht zur Ausführung gebracht werden darf, durch einen Beschlufs festzusetzen.

§. 69. Die §§. 67. und 68. finden auch auf die späteren Abänderungen der Betriebspläne Anwendung.

Werden jedoch in Folge unvorhergesehener Ereignisse sofortige Abänderungen eines Betriebsplans erforderlich, so genügt es, wenn dieselben binnen den nächsten vierzehn [1]) Tagen der Bergbehörde durch den Betriebsführer angezeigt werden.

§. 70. Wird ein Betrieb den Vorschriften der §§. 67. bis 69. zuwider geführt, so ist die Bergbehörde befugt, nöthigenfalls einen solchen Betrieb einzustellen.

§. 71. Will der Bergwerksbesitzer den Betrieb des Bergwerks einstellen, so hat derselbe der Bergbehörde hiervon mindestens vier Wochen [2]) vorher Anzeige zu machen.

Mufs der Betrieb in Folge unvorhergesehener Ereignisse schon in kürzerer Frist oder sofort eingestellt werden, so ist die Anzeige binnen längstens vierzehn [1]) Tagen nach erfolgter Betriebseinstellung nachzuholen.

§. 72. Der Bergwerksbesitzer hat auf seine Kosten ein Grubenbild in zwei Exemplaren durch einen konzessionirten Markscheider anfertigen und regelmäfsig nachtragen zu lassen.

In welchen Zeitabschnitten die Nachtragung stattfinden mufs, wird durch das Oberbergamt vorgeschrieben.

Das eine Exemplar des Grubenbildes ist an die Bergbehörde zum Gebrauche derselben abzuliefern, das andere auf dem Bergwerke oder, falls es daselbst an einem geeigneten Orte fehlt, bei dem Betriebsführer aufzubewahren.

§. 73. Der Betrieb darf nur unter Leitung, Aufsicht

---

1) 15 Bay.
2) Wie S. 404 Anm. 2.

und Verantwortlichkeit von Personen geführt werden, deren Befähigung hierzu anerkannt ist.

§. 74. Der Bergwerksbesitzer hat die zur Leitung und Beaufsichtigung des Betriebes angenommenen Personen, wie Betriebsführer, Steiger, technische Aufseher etc., der Bergbehörde namhaft zu machen.

Diese Personen sind verpflichtet, ihre Befähigung zu den ihnen zu übertragenden Geschäften nachzuweisen und sich zu diesem Zwecke auf Erfordern einer Prüfung durch die Bergbehörde zu unterwerfen.

Erst nachdem letztere die Befähigung anerkannt hat, dürfen die genannten Personen die ihnen übertragenen Geschäfte übernehmen.

§. 75. Wird der Betrieb von einer Person geleitet oder beaufsichtigt. welche das erforderliche Anerkenntniſs ihrer Befähigung (§. 74) nicht besitzt, oder welche diese Befähigung wieder verloren hat, so ist die Bergbehörde befugt, die sofortige Entfernung derselben zu verlangen und nöthigenfalls den in Betracht kommenden Betrieb so lange einzustellen, bis eine als befähigt anerkannte Person angenommen ist.

§. 76. Die Personen, welche die Leitung oder Beaufsichtigung des Betriebes übernommen haben, sind für die Innehaltung der Betriebspläne, sowie für die Befolgung aller im Gesetze enthaltenen oder auf Grund desselben ergangenen Vorschriften und Anordnungen verantwortlich.

§. 77. Dieselben sind verpflichtet, die Bergbeamten, welche im Dienste das Bergwerk befahren, zu begleiten und denselben auf Erfordern Auskunft über den Betrieb zu geben.

§. 78. Der Bergwerksbesitzer muſs den mit Fahrscheinen des Oberbergamts versehenen Personen, welche sich dem Bergfache gewidmet haben, zum Zwecke ihrer Ausbildung die Befahrung und Besichtigung des Werkes gestatten.

§. 79. Der Bergwerksbesitzer ist verpflichtet, in den dafür festgesetzten Zeiträumen und Formen der Bergbehörde die vom Handelsminister vorgeschriebenen statistischen Nachrichten einzureichen.

Dritter Abschnitt.

Von den Bergleuten.

§. 80. Das Vertragsverhältnifs zwischen den Bergwerksbesitzern und den Bergleuten wird nach den allgemeinen gesetzlichen Vorschriften beurtheilt, soweit nicht nachstehend etwas Anderes bestimmt ist [1]).

Erlassen die Bergwerksbesitzer Arbeitsordnungen für ihre Werke, so müssen dieselben gleichzeitig mit der Bekanntmachung auf dem Werke zur Kenntnifs der Bergbehörde gebracht werden [2]).

§. 81 [3]). Das Vertragsverhältnifs kann, wenn nicht ein Anderes verabredet ist, durch eine jedem Theile freistehende, vierzehn Tage vorher zu erklärende Kündigung aufgelöst werden.

§. 82 [4]). Vor Ablauf der vertragsmäfsigen Arbeitszeit und ohne vorhergegangene Aufkündigung können Bergleute entlassen werden:

1) wenn sie eines Diebstahls, einer Veruntreuung, eines liederlichen Lebenswandels, groben Ungehorsams oder beharrlicher Widerspenstigkeit sich schuldig machen;

---

1) Dieser Absatz fehlt Els. 74. — Mein. 80 verweist auf „die Gewerbegesetzgebung und die sonstigen allgemeinen gesetzlichen Vorschriften" und behält den im Verwaltungswege zu erlassenden Verordnungen die Festsetzung von Beiträgen zu Unterstützungskassen vor.

2) Dieser Absatz fehlt Mein. 80. Dagegen bestimmt ein eingeschobener Art. 81: „Kinder dürfen vor zurückgelegtem 12. Jahre beim Bergbau nicht beschäftigt werden". Ebenso ein eingeschobener Artikel Goth. 76 für Kinder unter 14 Jahren. Goth. 77 nimmt die ausdrücklich oder stillschweigend ertheilte väterliche oder vormundschaftliche Genehmigung für Arbeitsverträge Unmündiger im Zweifel als ein- für allemal ertheilt an und läfst die unmündigen Arbeiter in solchen Fällen auch vor Gericht selbständig auftreten.

3) Fehlt Elsafs. — Goth. 78 läfst im Zweifel die übliche Auslohnungsfrist als Kündigungsfrist gelten, so dafs nur von Lohntag zu Lohntag gekündigt werden kann.

4) Fehlt Elsafs. — Anh. 82, Bay. 80, Hess. 81, Goth. 79 und Württ. 82 fügen noch einige Entlassungsgründe hinzu, Mein. 82 kennt nur Nr. 2 und 3 und auch letztere nur beschränkt.

2) wenn sie eine sicherheitspolizeiliche Strafvorschrift bei der Bergarbeit übertreten;
3) wenn sie sich Thätlichkeiten oder Schmähungen gegen den Bergwerksbesitzer, dessen Stellvertreter oder die ihnen vorgesetzten Beamten erlauben;
4) wenn sie zur Fortsetzung der Arbeit unfähig geworden oder mit einer ekelhaften Krankheit behaftet sind.

§. 83 [1]). Vor Ablauf der vertragsmäſsigen Arbeitszeit und ohne vorhergegangene Aufkündigung können Bergleute die Arbeit verlassen:
1) wenn sie zur Fortsetzung der Arbeit unfähig werden;
2) wenn der Bergwerksbesitzer oder dessen Stellvertreter sich thätlich an ihnen vergreift;
3) wenn er ihnen den versprochenen Lohn oder die sonstigen Gegenleistungen ohne genügende Veranlassung vorenthält.

§. 84 [2]). Der Bergwerksbesitzer oder dessen Stellvertreter ist verpflichtet [3]), dem abkehrenden Bergmanne ein Zeugniſs über die Art und Dauer seiner Beschäftigung und auf Verlangen auch über seine Führung auszustellen, dessen Unterschrift die Ortspolizeibehörde kosten- und stempelfrei zu beglaubigen hat.

Wird die Ausstellung des Zeugnisses verweigert, so fertigt die Ortspolizeibehörde dasselbe auf Kosten des Verpflichteten aus [4]).

Werden dem abkehrenden Bergmanne in dem Zeugnisse Beschuldigungen zur Last gelegt, welche seine fernere Beschäftigung hindern würden, so kann er auf Untersuchung bei der Ortspolizeibehörde antragen, welche,

---

1) Fehlt Els. und Mein. — Anh. 83, Hess. 82, Goth. 80, Reuſs 77 und Württ. 83 fügen noch weitere Gründe hinzu; Goth. bedroht unbefugtes Verlassen des Dienstes mit Strafe. Eingeschoben sind Goth. 81 und Reuſs 78, wonach die Disziplinarbefugnisse des Bergwerksbesitzers auf Dienstentlassung und gewisse Lohnabzüge beschränkt sind.

2) Fehlt Els., Mein., Goth., Reuſs.

3) Nach Hess. 83 und Württ. 84 nur, wenn der betreffende Bergmann es verlangt.

4) Dieser und der folgende Absatz fehlen Hess. 83 und Württ. 84, dafür: „Die gesetzliche Verpflichtung zur Führung von Arbeitsbüchern ist aufgehoben“.

wenn die Beschuldigung unbegründet befunden wird, unter dem Zeugnisse den Befund ihrer Untersuchung zu vermerken hat.

§. 85 [1]). Bergwerksbesitzer oder deren Stellvertreter dürfen Arbeiter, von denen ihnen bekannt ist, dafs sie schon früher beim Bergbau beschäftigt waren, nicht eher zur Bergarbeit annehmen, bis ihnen von denselben das Zeugnifs des Bergwerksbesitzers oder Stellvertreters, bei dem sie zuletzt in Arbeit gestanden, beziehungsweise das Zeugnifs der Ortspolizeibehörde (§. 84) vorgelegt ist.

§. 86—92 aufgehoben [2]).

§. 93 [3]). Auf jedem Bergwerke ist über die daselbst beschäftigten Arbeiter eine Liste zu führen, welche die Vor- und Zunamen, das Geburtsjahr, den Wohnort, den Tag des Dienstantritts und der Entlassung, sowie das Datum des letzten Arbeitszeugnisses enthält.

Die Liste mufs der Bergbehörde auf Verlangen vorgelegt werden.

Vierter Titel.

Von den Rechtsverhältnissen der Mitbetheiligten eines Bergwerks [4]).

§. 94. Zwei oder mehrere Mitbetheiligte eines Bergwerks bilden eine Gewerkschaft.

Die Gewerkschaft kann ihre besondere Verfassung durch ein notariell oder gerichtlich zu errichtendes Statut [5]) regeln, welches der Zustimmung von wenigstens drei Viertheilen aller Antheile und der Bestätigung des Oberbergamts bedarf.

Die Bestimmungen der §§. 95. bis 110., 114. Absatz 2,

1) Fehlt Els., Goth., Hess., Mein., Reufs u. Württ.

2) Dafür jetzt die §§. 134—139, 146 und 154 der Gewerbeordnung f. d. Deutsch. Reich (oben Nr. XXIII). Reufs 80 verweist auf § 128—139, 152—154 derselben.

3) Fehlt Els., Goth. und Reufs.

4) Die §§. 94—132 fehlen Goth. u. Reufs, die dafür §. 86—92 resp. 81—88 selbständige Grundsätze über bergbautreibende Societäten an Stelle der Gewerkschaften aufstellen.

5) Bay. „durch notariell errichtete Satzungen“

und 123. bis 128. dürfen durch das Statut nicht abgeändert werden [1]).

§. 95. Die Gewerkschaft führt den Namen des Bergwerks, sofern sie nicht in dem Statut einen anderen Namen gewählt hat.

§. 96. Die Gewerkschaft kann unter ihrem Namen Rechte erwerben und Verbindlichkeiten eingehen, Eigenthum und andere dingliche Rechte an Bergwerken und Grundstücken erwerben, vor Gericht klagen und verklagt werden.

Ihr ordentlicher Gerichtsstand ist bei dem Gerichte, in dessen Bezirk das Bergwerk liegt [2]).

§. 97 [3]). Das Bergwerk wird, soweit die Einrichtung des Hypothekenwesens dies gestattet, auf den Namen der Gewerkschaft in das Hypothekenbuch eingetragen.

§. 98. Das Bergwerk kann nur von der Gewerkschaft und nur als Ganzes mit Hypotheken und dinglichen Lasten beschwert werden.

§. 99. Für die Verbindlichkeiten der Gewerkschaft haftet nur das Vermögen derselben.

§. 100. Durch das Ausscheiden einzelner Mitglieder — Gewerken — wird die Gewerkschaft nicht aufgelöst. Auch können einzelne Gewerken nicht auf Theilung klagen.

§. 101. Die Zahl der gewerkschaftlichen Antheile — Kuxe — beträgt hundert.

Durch das Statut kann die Zahl auf tausend bestimmt werden.

Die Kuxe sind untheilbar. Sie haben die Eigenschaft der beweglichen Sachen.

§. 102. Die Gewerken nehmen nach dem Verhältnifs ihrer Kuxe an dem Gewinne und Verluste Theil.

Sie sind verpflichtet, die Beiträge, welche zur Erfüllung der Schuldverbindlichkeiten der Gewerkschaft und zum Betriebe erforderlich sind, nach Verhältnifs ihrer Kuxe zu zahlen (§§. 129. 130).

1) Die Citate überall entsprechend verändert, in Bay. 86—99, 103 Abs. 2, 112—117.

2) Dieser Absatz fehlt Bay.

3) Fehlt Bay., Els., Württ., auch sonst den Verschiedenheiten des Grundbuchwesens entsprechend abgeändert.

§. 103. Ueber sämmtliche Mitglieder der Gewerkschaft und deren Kuxe wird von der Gewerkschaft ein Verzeichnifs — das Gewerkenbuch — geführt. Auf Grund desselben wird einem jeden Gewerken, welcher es verlangt, ein Antheilschein — Kuxschein — ausgefertigt.

Die Kuxscheine sind nach der Wahl des Gewerken über die einzelnen Kuxe oder über eine Mehrheit derselben auszustellen.

Die Kuxscheine dürfen nur auf einen bestimmten Namen, niemals auf den Inhaber lauten.

Die Erneuerung eines Kuxscheins ist nur gegen Rückgabe oder nach erfolgter Amortisation desselben zulässig [1]).

§. 104. Die Kuxe können ohne Einwilligung der Mitgewerken auf andere Personen übertragen werden.

Ein gesetzliches Vorkaufsrecht steht den Mitgewerken nicht zu.

§. 105. Zur Uebertragung der Kuxe ist die schriftliche Form [2]) erforderlich.

Der Uebertragende ist zur Aushändigung des Kuxscheins und, wenn dieser verloren ist, zur Beschaffung der Amortisationserklärung auf seine Kosten verpflichtet.

Die Umschreibung im Gewerkenbuche darf nur auf Grund der Uebertragungsurkunde und gegen Vorlegung des Kuxscheins oder der Amortisationserklärung erfolgen.

§. 106. Wer im Gewerkenbuche als Eigenthümer der Kuxe verzeichnet ist, wird der Gewerkschaft gegenüber bei Ausübung seiner Rechte als solcher angesehen.

§. 107. Bei freiwilligen Veräufserungen von Kuxen bleibt der seitherige Eigenthümer derselben der Gewerkschaft für die Beiträge (§. 102) verpflichtet, deren Erhebung die Gewerkschaft beschlossen hat, bevor die Umschreibung der Kuxe im Gewerkenbuche gesetzlich (§. 105) beantragt ist.

---

1) Bay. 93 fügt einen weiteren Absatz hinzu: „Das Gewerkenbuch wird von der Bergbehörde geführt, welche auch die Kuxscheine ausfertigt. Bei der Gewerkschaft wird ein Duplikat des Gewerkenbuches geführt, zu welchem Zwecke die Bergbehörde der Gewerkschaft von jedem Eintrage sofort Nachricht gibt."

2) „und Uebergabe der Kuxscheine" Anh.

§. 108. Die Verpfändung der Kuxe geschieht durch Uebergabe des Kuxscheins auf Grund eines schriftlichen Vertrages.

§. 109. Die Exekution in den Antheil eines Gewerken wird durch Abpfändung seines Kuxscheins und Verkauf desselben im Wege der Mobiliarversteigerung vollstreckt [1].

§. 110 [2]. Die Amortisation eines verloren gegangenen Kuxscheins ist bei dem ordentlichen Gerichte, in dessen Bezirk das Bergwerk liegt, zu beantragen.

Der Antragsteller mufs den Besitz und Verlust des Kuxscheins glaubhaft machen.

Das Gericht erläfst eine öffentliche Aufforderung an den unbekannten Inhaber des Kuxscheins, binnen drei Monaten den Kuxschein dem Gerichte vorzulegen, mit der Verwarnung, dafs sonst der Kuxschein werde für kraftlos erklärt werden.

Die Aufforderung wird dreimal in das Amtsblatt, den Staatsanzeiger und eine inländische Provinzialzeitung eingerückt. Es kann daneben auch die Bekanntmachung durch eine ausländische Zeitung angeordnet werden.

Wird von einem Inhaber der Kuxschein vorgelegt, so ist dem Antragsteller hiervon Kenntnifs zu geben und ihm zu überlassen, sein Recht gegen den Inhaber geltend zu machen.

Meldet sich Niemand, so erklärt das Gericht den Kuxschein für kraftlos.

§. 111. Die Gewerken fassen ihre Beschlüsse in Gewerkenversammlungen.

Das Stimmrecht wird nach Kuxen, nicht nach Personen ausgeübt.

§. 112. Zur Gültigkeit eines Beschlusses ist erforderlich, dafs alle Gewerken anwesend oder unter Angabe des zu verhandelnden Gegenstandes zu einer Versammlung eingeladen waren.

---

1) Bay. 99 fügt als zweiten Absatz hinzu: „Aus dem erlösten Kaufpreise werden zunächst die Kosten, sodann die schuldigen Beiträge der Gewerken (Art. 92 Abs. 2) gezahlt“.

2) Fehlt Bay., auch in den übrigen Berggesetzen mehrfach verändert.

Einladungen durch die Post erfolgen gegen Post-Insinuationsschein.

Gewerken, welche weder im Inlande, noch in einem Deutschen Bundesstaate [1]) wohnen, haben zur Empfangnahme der Einladungen einen Bevollmächtigten im Inlande zu bestellen. Ist dies nicht geschehen, so reicht ein vierzehntägiger Aushang am Amtslokale des Revierbeamten aus [2]).

Dasselbe gilt bei Gewerken, deren Wohnort unbekannt ist.

§. 113. Die Beschlüsse werden in der beschlufsfähigen Gewerkenversammlung mit einfacher Stimmenmehrheit gefafst.

Beschlufsfähig ist die erste Versammlung, wenn die Mehrheit aller Kuxe vertreten ist.

Ist die Mehrheit aller Kuxe nicht vertreten, so sind sämmtliche Gewerken zu einer zweiten Versammlung einzuladen.

Die zweite Versammlung ist ohne Rücksicht auf die Zahl der vertretenen Kuxe beschlufsfähig. Diese Folge mufs indefs, wenn sie eintreten soll, in der Einladung angegeben werden.

Ueber jede Gewerkenversammlung ist ein Protokoll aufzunehmen.

§. 114. Eine Mehrheit von wenigstens drei Viertheilen aller Kuxe ist erforderlich zu Beschlüssen, durch welche über den Gegenstand der Verleihung — Substanz des Bergwerks — ganz oder theilweise verfügt werden soll. Dies gilt insbesondere von den Fällen des Verkaufes, des Tausches, der Verpfändung oder der sonstigen dinglichen Belastung des Bergwerks, sowie der Ueberlassung der Ausbeutung gegen Entgelt (Verpachtung).

Zu Verfügungen über das verliehene Bergwerkseigenthum durch Verzicht oder Schenkung ist Einstimmigkeit erforderlich.

---

1) In verschiedenen Berggesetzen mit Rücksicht auf die inzwischen eingetretenen politischen Veränderungen abgeändert. Bay. 101: „noch in einem Staate des früheren deutschen Bundes".

2) Bay. verlangt statt dessen Bekanntmachung durch die öffentlichen Blätter.

§. 115 [1]). Binnen einer Präklusivfrist von vier Wochen [2]) vom Ablaufe des Tages, an welchem ein Gewerkschaftsbeschluſs gefaſst ist, kann jeder Gewerke die Entscheidung des ordentlichen Richters, in dessen Bezirk das Bergwerk liegt, darüber, ob der Beschluſs zum Besten der Gewerkschaft gereiche, anrufen und gegen die Gewerkschaft auf Aufhebung des Beschlusses klagen.

Durch das Statut kann bestimmt werden, daſs die Entscheidung dieser Frage in Streitfällen durch ein Schiedsgericht erfolgen, wie das Schiedsgericht gebildet und unter welchen Formen von demselben verfahren werden soll.

Diese Bestimmungen finden auf einen in Gemäſsheit des §. 94. gefaſsten Beschluſs keine Anwendung.

§. 116 [3]). Durch die Anstellung der Klage auf Aufhebung des Gewerkschaftsbeschlusses wird die Ausführung desselben nicht aufgehalten.

Wird der Beschluſs aufgehoben, so verliert derselbe erst von der Rechtskraft der richterlichen Entscheidung an seine rechtliche Wirksamkeit.

Diese Bestimmungen finden keine Anwendung, wenn der Beschluſs die im §. 120. bezeichneten Gegenstände betrifft.

§. 117. Jede Gewerkschaft ist verpflichtet, einen im Inlande wohnenden Repräsentanten zu bestellen und der Bergbehörde namhaft zu machen.

Statt eines einzelnen Repräsentanten kann die Gewerkschaft jedoch einen aus zwei oder mehreren Personen bestehenden Grubenvorstand bestellen.

Als Repräsentanten oder Mitglieder des Grubenvorstandes können auch Personen bestellt werden, welche nicht Gewerken sind.

§. 118. Die Wahl erfolgt in einer nach §. 113. beschluſsfähigen Versammlung durch absolute Stimmenmehrheit. Ist eine solche bei der ersten Abstimmung nicht vorhanden, so werden diejenigen beiden Personen, welche die meisten Stimmen erhalten haben, in die engere Wahl gebracht. Bei Stimmengleichheit entscheidet das Loos.

---

1) Fehlt Mein.
2) „30 Tagen" Bay.
3) Fehlt Mein.

Bei Ausmittelung der in die engere Wahl zu bringenden zwei Personen entscheidet im Falle der Stimmengleichheit ebenfalls das Loos.

Das Protokoll über die Wahlverhandlung ist notariell oder gerichtlich aufzunehmen. Eine Ausfertigung desselben wird dem Repräsentanten oder dem Grubenvorstande zu seiner Legitimation ertheilt.

§. 119. Der Repräsentant oder Grubenvorstand vertritt die Gewerkschaft in allen ihren Angelegenheiten gerichtlich oder aufsergerichtlich.

Eine Spezialvollmacht ist nur in den im §. 120. bezeichneten Fällen erforderlich.

Eide Namens der Gewerkschaft werden durch ihn geleistet.

Beschränkt oder erweitert die Gewerkenversammlung die Befugnisse des Repräsentanten oder Grubenvorstandes, so müssen die betreffenden Festsetzungen in die Legitimation (§. 118) aufgenommen werden.

§. 120. Der Repräsentant oder Grubenvorstand bedarf eines besonderen Auftrages der Gewerkenversammlung,

1) wenn es sich um Gegenstände handelt, welche nur von einer Mehrheit von wenigstens drei Viertheilen aller Kuxe oder nur mit Einstimmigkeit beschlossen werden können;
2) wenn Beiträge von den Gewerken erhoben werden sollen.

§. 121. Der Repräsentant oder Grubenvorstand führt das Gewerkenbuch und fertigt die Kuxscheine aus (§. 103).

Er [1]) ist verpflichtet, für die Führung der übrigen [2]) erforderlichen Bücher der Gewerkschaft Sorge zu tragen und jedem Gewerken auf Verlangen die Bücher zur Einsicht offen zu legen.

§. 122. Der Repräsentant oder Grubenvorstand beruft die Gewerkenversammlungen.

Er mufs, wenn das Bergwerk im Betriebe ist, alljährlich eine Gewerkenversammlung berufen und derselben eine vollständig belegte Verwaltungsrechnung vorlegen.

---

1) Bay. 110 fehlen die Worte „führt das Gewerkenbuch — — Er“.

2) Fehlt Bay.

Der Repräsentant ist zur Berufung einer Gewerkenversammlung verpflichtet, wenn dies die Eigenthümer von wenigstens einem Viertheil aller Kuxe verlangen. Unterläfst er die Berufung, so erfolgt dieselbe durch die Bergbehörde auf den an sie gerichteten Antrag.

Zur Vornahme der Wahl eines Repräsentanten oder Grubenvorstandes oder zur Beschlufsfassung über den Widerruf der erfolgten Bestellung kann die Bergbehörde auf den an sie gerichteten Antrag eine Gewerkenversammlung berufen.

§. 123. Der Repräsentant ist berechtigt und verpflichtet, alle Vorladungen und andere Zustellungen an die Gewerkschaft mit voller rechtlicher Wirkung in Empfang zu nehmen.

Bestellt die Gewerkschaft einen Grubenvorstand, so mufs ein Mitglied desselben mit dieser Empfangnahme beauftragt und in der Legitimation des Grubenvorstandes bezeichnet werden. Wenn dies nicht geschehen ist, so kann die Zustellung an jedes Mitglied des Grubenvorstandes erfolgen.

§. 124. Die Bestimmungen der §§. 120. 121. und 122. dürfen nur durch ein förmliches Statut (§. 94), diejenigen des §. 123. aber gar nicht abgeändert werden.

In keinem Falle darf dem Repräsentanten oder Grubenvorstande die Vertretung der Gewerkschaft bei den Verhandlungen mit der Bergbehörde, mit dem Knappschaftsvereine und mit anderen auf den Bergbau bezüglichen Instituten, sowie in den gegen sie angestellten Prozessen und die Eidesleistung in letzteren entzogen werden.

§. 125. Die Gewerkschaft wird durch die von dem Repräsentanten oder Grubenvorstande in ihrem Namen geschlossenen Rechtsgeschäfte berechtigt und verpflichtet.

Es ist gleichgültig, ob das Geschäft ausdrücklich im Namen der Gewerkschaft geschlossen worden ist, oder ob die Umstände ergeben, dafs es nach dem Willen der Kontrahenten für die Gewerkschaft geschlossen werden sollte.

§. 126. Der Repräsentant oder die Mitglieder des Grubenvorstandes sind aus den von ihnen im Namen der Gewerkschaft vorgenommenen Rechtshandlungen Dritten gegenüber für die Verbindlichkeiten der Gewerkschaft persönlich nicht verpflichtet.

Handeln dieselben aufser den Grenzen ihres Auftrages oder den Vorschriften dieses Titels entgegen, so haften sie persönlich, beziehungsweise solidarisch für den dadurch entstandenen Schaden.

§. 127. Die Bergbehörde ist befugt, eine Gewerkschaft aufzufordern, innerhalb drei Monaten [1]) einen Repräsentanten oder einen Grubenvorstand zu bestellen.

Wird dieser Aufforderung nicht entsprochen, so kann die Bergbehörde bis dahin, dafs dies geschieht, einen Repräsentanten bestellen und demselben eine angemessene, von der Gewerkschaft aufzubringende und nöthigenfalls im Verwaltungswege exekutivisch einzuziehende Belohnung zusichern.

Dieser interimistische Repräsentant hat die in den §§. 119. bis 123. bestimmten Rechte und Pflichten, insofern die Bergbehörde keine Beschränkungen eintreten läfst.

§. 128. Soweit der gegenwärtige Titel nichts Anderes bestimmt, sind die durch die Bestellung eines Repräsentanten oder Grubenvorstandes entstehenden Rechtsverhältnisse nach den allgemeinen Vorschriften über den Vollmachtsvertrag zu beurtheilen.

§. 129. Die Klage gegen einen Gewerken auf Zahlung seines durch Gewerkschaftsbeschlufs bestimmten Beitrages kann nicht vor Ablauf der in dem §. 115. bestimmten Präklusivfrist von vier Wochen [2]) erhoben werden. Ist innerhalb dieser Frist von dem Gewerken auf Aufhebung des Beschlusses Klage erhoben worden (§. 115), so findet vor rechtskräftiger Entscheidung über dieselbe die Klage gegen den Gewerken nicht statt.

Die Klage gegen den Gewerken kann nur bei dem ordentlichen Richter angestellt werden, in dessen Bezirk das Bergwerk liegt.

Das Verfahren über beide Klagen richtet sich nach den für schleunige Sachen bestehenden Vorschriften [3]).

§. 130. Der Gewerke kann seine Verurtheilung und

---

1) „90 Tagen" Bay.
2) „30 Tagen" Bay.
3) Bay. fehlt Abs. 3, Mein. Abs. 1 und 3.

die Exekution dadurch abwenden, daſs er unter Ueberreichung des Kuxscheins den Verkauf seines Antheils Behufs Befriedigung der Gewerkschaft anheimstellt.

§. 131. Der Verkauf des Antheils erfolgt im Wege der Mobiliarversteigerung nach Vorschrift des §. 109.

Aus dem gelösten Kaufpreise werden zunächst die Verkaufskosten und sodann die schuldigen Beiträge gezahlt [1]).

Ist der Antheil unverkäuflich, so wird derselbe den anderen Gewerken nach Verhältniſs ihrer Antheile in ganzen Kuxen, soweit dies aber nicht möglich ist, der Gewerkschaft als solcher im Gewerkenbuch lastenfrei zugeschrieben.

§. 132. Jeder Gewerke ist befugt, auf seinen Antheil freiwillig zu verzichten, wenn auf dem Antheile weder schuldige Beiträge noch sonstige Schuldverbindlichkeiten haften, oder die ausdrückliche Einwilligung der Gläubiger beigebracht wird, und auſserdem die Rückgabe des Kuxscheins an die Gewerkschaft erfolgt.

Der Antheil soll alsdann, sofern die Gewerkschaft nicht anderweitig über denselben verfügt, durch den Repräsentanten zu Gunsten der Gewerkschaft verkauft werden.

Ist der Antheil unverkäuflich, so findet die für diesen Fall im §. 131. getroffene Bestimmung Anwendung.

§. 133. Die Bestimmungen der §§. 94. bis 132. kommen nicht zur Anwendung, wenn die Rechtsverhältnisse der Mitbetheiligten eines Bergwerks durch Vertrag oder sonstige Willenserklärung anderweitig geregelt sind. Ein solches Rechtsgeschäft bedarf zu seiner Gültigkeit der notariellen oder gerichtlichen [2]) Form. Die Urkunde über dasselbe ist der Bergbehörde [3]) einzureichen [4]).

Mitbetheiligte eines Bergwerks im Sinne des §. 94. sind nicht die Theilhaber an einer ungetheilten Erbschaft

---

1) Dieser Absatz fehlt Bay.

2) Bay. fehlt „oder gerichtlichen".

3) Dafür Mein. 121: „dem zur Führung des Berggrundbuchs zuständigen Gericht und in beglaubigter Abschrift dem Bergamte".

4) Anh. 126 fügt hinzu: „widrigenfalls lediglich die Bestimmungen dieses Titels (§. 87—125) zur Anwendung kommen".

oder an einer sonstigen gemeinschaftlichen Masse, zu welcher ein Bergwerk gehört.

§. 134. In den Fällen des §. 133. mufs, wenn die Mitbetheiligten eines Bergwerks nicht eine Gesellschaft bilden, deren Vertretung durch die allgemeinen Gesetze geordnet ist, ein im Inlande wohnender Repräsentant bestellt und der Bergbehörde namhaft gemacht werden, widrigenfalls letztere nach §. 127. zu verfahren befugt ist.

Dasselbe gilt, wenn der Alleineigenthümer eines Bergwerks im Auslande wohnt.

Dieser Repräsentant hat diejenigen Geschäfte zu besorgen, welche im §. 124. als solche bezeichnet sind, die dem Repräsentanten oder Grubenvorstande einer Gewerkschaft niemals entzogen werden dürfen. Eine Abänderung ist auch hier unzulässig [1]).

Fünfter Titel.

Von den Rechtsverhältnissen zwischen den Bergbautreibenden und den Grundbesitzern.

Erster Abschnitt.

Von der Grundabtretung.

§. 135. Ist für den Betrieb des Bergbaues und zwar zu den Grubenbauen selbst, zu Halden-, Ablade- und Niederlageplätzen, Wegen, Eisenbahnen, Kanälen [2]), Maschinenanlagen, Wasserläufen, Teichen, Hülfsbauen, Zechenhäusern, und anderen für Betriebszwecke bestimmten Tagegebäuden, Anlagen und Vorrichtungen, zu den im §. 58. bezeichneten Aufbereitungsanstalten, sowie zu Sool-

---

1) Mein. 122 fügt hinzu, dafs die Bergbehörde auf Widerruf auch im Auslande wohnende Repräsentanten zulassen oder von der Verpflichtung zur Aufstellung eines Repräsentanten entbinden kann. Statt „im Inlande" und „im Auslande" haben verschiedene Berggesetze „innerhalb des Deutschen Reiches" und „aufserhalb des D. R."

2) Bay. 124 schiebt hier ein: „ohne Unterschied, ob diese Anlagen zur Gewinnung oder zum Absatze der Bergbauerzeugnisse dienen".

leitungen und Soolbehältern [1]) die Benutzung eines fremden Grundstücks nothwendig, so mufs der Grundbesitzer, er sei Eigenthümer oder Nutzungsberechtigter, dasselbe an den Bergwerksbesitzer abtreten [2]).

§. 136. Die Abtretung darf nur aus überwiegenden Gründen des öffentlichen Interesses versagt werden [3]).

Zur Abtretung [4]) des mit Wohn-, Wirthschafts- oder Fabrikgebäuden bebauten Grund und Bodens und der damit in Verbindung stehenden eingefriedigten Hofräume [5]) kann der Grundbesitzer gegen seinen Willen niemals angehalten werden.

§. 137. Der Bergwerksbesitzer ist verpflichtet, dem Grundbesitzer [6]) für die entzogene Nutzung jährlich im Voraus vollständige Entschädigung zu leisten und das Grundstück nach beendigter Benutzung zurückzugeben [7]).

Tritt [8]) durch die Benutzung eine Werthsverminderung des Grundstücks [9]) ein, so mufs der Bergwerksbesitzer bei der Rückgabe den Minderwerth ersetzen. Für

---

1) Die Worte „sowie — — Soolbehältern" kommen in Hannover in Wegfall.

2) Dafür Bay.: „die Benützung desselben dem Bergwerksbesitzer in so weit überlassen, als es der Betriebszweck erfordert".

3) Statt dieses Absatzes Bay. 125: „Eine solche Ueberlassung kann nach Mafsgabe der Vorschriften des Art. 136 erzwungen werden, wenn nicht die Weigerung des Grundbesitzers durch überwiegende Gründe des öffentlichen Interesses unterstützt wird".

4) Statt dieser beiden Worte Bay.: „Die Benützung".

5) Goth. 94 schiebt hier ein: „ingleichen der zum Wohnhaus gehörigen Gärten und der Parkanlagen", ebenso bis auf die drei letzten Worte Reufs 90. Bay. schiebt hinter „Hofräume" ein: „zu überlassen".

6) Wie in der ersten Note zu §. 6.

7) Bay. 126 fügt folgenden neuen Absatz hinzu: „Ebenso ist derselbe verpflichtet, für die entzogene Ausübung von Dienstbarkeiten, welche auf dem zur Benützung überlassenen Grundstücke ruhen, den Berechtigten jährlich im Voraus vollständige Entschädigung zu leisten".

8) Bay. bezeichnet diesen Absatz als besonderen Artikel (127).

9) Bay. fügt hinzu: „oder einer darauf ruhenden Dienstbarkeit".

die Erfüllung dieser Verpflichtung kann der Grundbesitzer [1]) schon bei der Abtretung des Grundstücks die Bestellung einer angemessenen Kaution von dem Bergwerksbesitzer [2]) verlangen. Auch ist der Eigenthümer des Grundstücks in diesem Falle zu fordern berechtigt, dafs der Bergwerksbesitzer, statt den Minderwerth zu ersetzen, das Eigenthum des Grundstücks erwirbt [3]).

§. 138. Wenn feststeht, dafs die Benutzung des Grundstücks länger als drei Jahre dauern wird, oder wenn die Benutzung nach Ablauf von drei Jahren noch fortdauert [4]), so kann der Grundeigenthümer verlangen, dafs der Bergwerksbesitzer das Eigenthum des Grundstücks erwirbt.

§. 139 [5]). Wenn ein Grundstück durch die Abtretung einzelner Theile so zerstückelt werden würde, dafs die übrig bleibenden Theile nicht mehr zweckmäfsig benutzt werden können, so mufs auch für letztere die jährliche Entschädigung (§. 137) auf Verlangen des Grundbesitzers von dem Bergwerksbesitzer geleistet werden.

Unter derselben Voraussetzung kann der Eigenthümer eines solchen Grundstücks [6]) verlangen, dafs der

---

1) Bay. „und der Dienstbarkeitsberechtigte".

2) Braunschw. 140 fügt „mit Ausnahme des Fiscus" hinzu.

3) „Für die Erfüllung — — erwirbt" fehlt Anh. — Hessen schiebt hier einen eigenen Art. 129 ein, wonach in selbständigen Gutsbezirken, die einen besonderen Ortsarmenverband bilden, der Bergwerksbesitzer zum Ersatze der Leistungen verpflichtet wird, welche dem Gutsbesitzer durch den Unterstützungswohnsitz der auf dem abgetretenen Grund und Boden angesiedelten Leute des Bergwerksbesitzers erwachsen.

4) Anh. 131 fügt hinzu: „oder wenn die Beschaffenheit des Grundstücks durch die Benutzung wesentlich oder dauernd verändert wird".

5) Fehlt Anh. und Mein., letzteres verweist dafür, und für die folgenden Bestimmungen, im Art. 127 auf das Expropriationsgesetz vom 28. Juni 1845.

6) Bay. 129, Hess. 131 und Württ. 130 fügen hier ein: „soferne hinsichtlich des zur Benützung überlassenen Theiles entweder die Voraussetzung des Art. 127 (Hess. u. Württ. 128 Abs. 2) oder jene des Art. 128 (Hess. 130. Württ. 129) gegeben ist".

Bergwerksbesitzer das Eigenthum des ganzen Grundstücks erwirbt.

§. 140 [1]). Bei der zwangsweisen Abtretung oder Erwerbung [2]) eines Grundstücks zu einer bergbaulichen Anlage kommen diejenigen Werthserhöhungen, welche das Grundstück erst in Folge dieser Anlage erhält, bei der Entschädigung nicht in Anschlag.

§. 141 [3]). Wegen aller zu Zwecken des Bergbaubetriebes veräufserten Theile von Grundstücken findet ein Vorkaufs- und Wiederkaufsrecht statt, wenn in der Folge das Grundstück zu den Zwecken des Bergbaues entbehrlich wird.

Das Vorkaufs- und Wiederkaufsrecht steht dem zeitigen Eigenthümer des durch die ursprüngliche Veräufserung verkleinerten Grundstücks nach denselben gesetzlichen Grundsätzen zu, welche in dieser Beziehung den Eisenbahngesellschaften gegenüber gelten.

§. 142 [4]). Können die Betheiligten sich in den Fällen

---

1) Fehlt Anh. u. Mein.

2) Bay. 130: „Bei der zwangsweisen Ueberlassung eines Grundstückes zur Benützung oder der Erwerbung des Eigenthums".

3) Fehlt Anh., Bay., Braunschw., Els., Hess., Mein. und Württ. — Alt. 134 verweist auf §. 7 des Mandats vom 13. Juli 1863. Braunschw. 144 fügt selbständige Normen über Vor- und Wiederkaufsrecht hinzu, womit Goth. 99 und Reufs 95 wörtlich übereinstimmen, nur dafs sie das Vorkaufsrecht, wenn es nicht ins Grundbuch eingetragen ist oder mala fides des dritten Erwerbers vorliegt, nur als ius protimiseos ohne Wirkung gegen Dritte auffassen.

4) Fehlt Mein. — Bay. schiebt hier Art. 131—135 ein, in welchen hinsichtlich der Entschädigung auf das Gesetz vom 17. Nov. 1837, die Zwangsabtretung von Grundeigenthum für öffentliche Zwecke betreffend, verwiesen wird (Art. 131. 133). Die Entschädigung umfafst auf Verlangen des Eigenthümers auch alle nutzbaren Rechte, welche mit dem abzutretenden Grundstücke aktiv verbunden sind, sowie die auf demselben lastenden nutzbaren Rechte dritter Personen, falls diese die Ablösung verlangen oder die Ausübung dieser Rechte mit der neuen Bestimmung des Grundstücks unvereinbar ist (Art. 132). Die Rechte der Hypothekengläubiger und anderen Realberechtigten sowie der privilegierten Gläubiger des pfälzischen Rechts an dem abzutretenden Grundstück gehen, falls ihre

der §§. 135. bis 139. über die Grundabtretung nicht gütlich einigen, so erfolgt die Entscheidung darüber, ob, in welchem Umfange und unter welchen Bedingungen der Grundbesitzer zur Abtretung des Grundstücks oder der Bergwerksbesitzer zum Erwerbe des Eigenthums verpflichtet ist, durch einen gemeinschaftlichen Beschlufs des Oberbergamts und der Regierung [1]).

§. 143 [2]). Vor der Entscheidung müssen beide Theile gehört und die Verhältnisse durch Kommissarien der beiden entscheidenden Behörden an Ort und Stelle untersucht werden.

Die Ermittelung der für die vorübergehende Benutzung des Grundstücks oder für die Abtretung des Eigenthums zu leistenden vollständigen Entschädigung, sowie der im §. 137. erwähnten Kaution liegt beim Mangel einer gütlichen Einigung der Betheiligten ebenfalls den Kommissarien ob.

Uebernahme nicht ausdrücklich vereinbart ist, auf die Entschädigungssumme über und ergreifen demgemäfs auch die wegen etwaiger zukünftiger Wertsverminderung von dem Bergwerksunternehmer zu leistende Sicherheit (Art. 134. 135). Aehnlich bestimmt ein eingeschobener Art. Württ. 132, dafs für Dienstbarkeiten, welche auf dem abzutretenden Grundstücke haften, Entschädigung zu leisten sei; hinsichtlich der Pfandgläubiger wird auf das Pfandgesetz Art. 52 und auf die Novelle zu demselben vom 13. Nov. 1855 Art. 33 verwiesen.

1) Bay. 136: „durch einen gemeinschaftlichen Beschlufs der einschlägigen Distriktspolizeibehörde und der einschlägigen Bergbehörde. Zu diesem Beschlusse haben der Vorstand und ein Beamter der ersteren, ferner ein Beamter der letzteren mitzuwirken". Aehnliche Aenderungen nach Mafsgabe des verschiedenen Aemterorganismus in den übrigen Berggesetzen. Bay. fügt noch zwei Absätze über eine Berufungsinstanz hinzu. Hess. 134 verweist in einem Zusatze hinsichtlich des Verfahrens auf das Gesetz v. 12. Juni 1874, Württ. 133 auf das Gesetz vom 13. Nov. 1855 (zugleich mit einigen das Verfahren betreffenden zusätzlichen Bestimmungen).

2) Fehlt Mein. und Württ., Absatz 2—5 fehlen Anh., Absatz 4—5 Braunschw.; Bay. enthält statt der beiden ersten Absätze selbständige Bestimmungen über das Verfahren in den eingeschobenen Art. 137—142, auch Hess. 135 hat die Vorschriften des §. 143 über das Verfahren wesentlich umgestaltet.

Zu dieser Ermittelung sind Sachverständige zuzuziehen [1]).

Jeder Theil ist befugt, Einen Sachverständigen zu bezeichnen. Geschieht dies binnen einer von den Kommissarien zu bestimmenden Frist nicht, so ernennen letztere die Sachverständigen.

In jedem Falle können die Kommissarien einen dritten Sachverständigen zuziehen.

§. 144 [2]). Der Beschlufs, durch welchen die zwangsweise Abtretung oder Erwerbung eines Grundstücks ausgesprochen wird, mufs das Grundstück genau bezeichnen, die dem Grundbesitzer zu leistende Entschädigung, beziehungsweise Kaution [3]) festsetzen und die sonstigen Bedingungen der Abtretung oder Erwerbung enthalten.

§. 145 [4]). Gegen den Beschlufs des Oberbergamts und der Regierung steht beiden Theilen der Rekurs an die betreffenden Ressortminister zu. Derselbe mufs nach näherer Vorschrift der §§. 192. und 193. bei dem Oberbergamte eingelegt werden. Gegen die Festsetzung der Entschädigung und der Kaution findet der Rekurs nicht statt.

Ueber die Verpflichtung zur Abtretung eines Grundstücks ist der Rechtsweg nur in dem Falle zulässig, wenn die Befreiung von dieser Verpflichtung auf Grund des

---

1) Braunschw. 146 fügt hinzu: „welche die Commissarien zu ernennen haben". Aehnlich Goth. 101 und Reufs 97. Bay. 143 bestimmt die Zahl der Sachverständigen auf höchstens drei und überläfst die Ernenung derselben den Betheiligten, in Ermangelung einer Einigung erfolgt dieselbe von Amts wegen. Aehnlich Hess. 135.

2) Fehlt Mein. und Württ.

3) Bay., Els. u. Hess. fügen hinzu: „mit Vorbehalt des Rechtsweges".

4) Fehlt Mein. u. Württ. und ist auch in den übrigen Berggesetzen mehr oder weniger verändert. Bay. 145 läfst die Beschreitung des Rechtsweges gegen den Beschlufs „über die Verpflichtung zur zwangsweisen Ueberlassung zur Benützung oder zur Erwerbung eines Grundstückes als Eigenthum" nicht zu, wol aber gegen die im Verwaltungswege erfolgte Festsetzung der Entschädigung und Sicherheitsleistung. Ueber die Berufung in der Verwaltungsinstanz bestimmt Art. 136 (s. Anm. 1 S. 423).

zweiten Absatzes des §. 136. oder eines speziellen Rechtstitels behauptet wird.

§. 146 [1]). Durch Beschreitung des Rechtsweges wird, wenn dieselbe nur wegen der Festsetzung der Entschädigung oder Kaution erfolgt, die Besitznahme des Grundstücks nicht aufgehalten, vorausgesetzt, dafs die festgesetzte Entschädigung an den Berechtigten gezahlt oder bei verweigerter Annahme gerichtlich deponirt, desgleichen die gerichtliche Deposition der festgesetzten Kaution geschehen ist [2]).

§. 147 [3]). Die Kosten des Expropriationsverfahrens hat für die erste Instanz der Bergwerksbesitzer, für die Rekursinstanz der unterliegende Theil zu tragen [4]).

---

1) Fehlt Mein. — Bay. schliefst diesen Paragraphen als 3. Absatz an Art. 145 an.

2) Hier sind eingeschoben Bay. 146, wonach der Ersatz der Wertsverminderung bei Rückgabe eines lediglich zur Benutzung überlassenen Grundstücks ausschliefslich durch die Gerichte festgestellt wird, ferner Braunschw. 150, wonach die auf dem abzutretenden Grundstücke haftenden Realberechtigungen nach Mafsgabe des Gesetzes vom 17. Sept. 1841 Nr. 13 abzulösen sind, endlich Hess. 139, worin hinsichtlich der Berechnung der Entschädigung für Zwangsabtretung und dgl. auf die ausführlichen Bestimmungen der gleichfalls eingeschobenen Art. 220 ff. verwiesen wird.

3) Fehlt Mein.

4) Bay. schiebt hier mit Art. 148—150 einen besonderen zweiten Abschnitt „Von der Benützung des Wassers" ein. Danach hat der Bergwerksbesitzer die Befugnifs, die von ihm erschrotenen Grubenwässer, auch wenn er sie zu Tage ausfliefsen läfst, bis zu ihrer Vereinigung mit anderen beständigen Tagwässern mit Ausschlufs jedes Dritten zum Betriebe des Bergwerks und der dazu gehörigen Aufbereitungsanstalten zu benützen (Art. 148); soweit er davon keinen Gebrauch macht, kann die Bergbehörde die Benützung des Wassers in widerruflicher Weise auch anderen gestatten, wobei den Besitzern benachbarter Bergwerke und Aufbereitungsanstalten der Vorrang gebührt (Art. 149). Die Benützung des Tagwassers zum Betriebe von Berg- und Hüttenwerken richtet sich nach dem Gesetze vom 28. Mai 1852 über die Benütz. d. Wass. (Art. 150).

Zweiter Abschnitt.

Von dem Schadensersatze für Beschädigungen des Grundeigenthums.

§. 148. Der Bergwerksbesitzer ist verpflichtet, für allen Schaden, welcher dem Grundeigenthume oder dessen Zubehörungen durch den unterirdisch oder mittelst Tagebaues geführten Betrieb des Bergwerks zugefügt wird, vollständige Entschädigung zu leisten, ohne Unterschied, ob der Betrieb unter dem beschädigten Grundstücke stattgefunden hat oder nicht, ob die Beschädigung von dem Bergwerksbesitzer [1]) verschuldet ist, und ob sie vorausgesehen werden konnte oder nicht [2]).

§. 149. Ist der Schaden durch den Betrieb zweier oder mehrerer Bergwerke verursacht, so sind die Besitzer dieser Bergwerke gemeinschaftlich und zwar zu gleichen Theilen zur Entschädigung verpflichtet.

Im Verhältniſs der Bergwerksbesitzer unter sich ist der Nachweis eines anderen Theilnahmeverhältnisses und der Anspruch auf Erstattung des Zuvielgezahlten nicht ausgeschlossen.

§. 150. Der Bergwerksbesitzer ist nicht zum Ersatze des Schadens verpflichtet, welcher an Gebäuden oder anderen Anlagen durch den Betrieb des Bergwerks entsteht, wenn solche Anlagen zu einer Zeit errichtet worden sind, wo die denselben durch den Bergbau drohende Gefahr dem Grundbesitzer bei Anwendung gewöhnlicher Aufmerksamkeit nicht unbekannt bleiben konnte.

Muſs [3]) wegen einer derartigen Gefahr die Errichtung solcher Anlagen unterbleiben, so hat der Grundbesitzer auf die Vergütung der Werthsverminderung, welche sein Grundstück dadurch etwa erleidet, keinen Anspruch, wenn sich aus den Umständen ergiebt, daſs die Absicht,

---

1) Anh. 137: „oder dessen Vorbesitzern".

2) Mein. 128 fügt hinzu: „Die Haftung dauert nach Erlöschen des Bergwerkseigenthums noch fünf Jahre fort. Der Bergwerksbesitzer muſs auf Verlangen Caution leisten; hierüber entscheidet das Bergamt mit Ausschluſs des Rechtsweges".

3) Dieser Absatz fehlt Goth. 108 und Reuſs 104.

solche Anlagen zu errichten, nur kund gegeben wird, um jene Vergütung zu erzielen.

§. 151. Ansprüche auf Ersatz eines durch den Bergbau verursachten Schadens (§§. 148. 149), welche sich nicht auf Vertrag gründen, müssen von dem Beschädigten innerhalb drei Jahren, nachdem das Dasein und der Urheber des Schadens zu seiner Wissenschaft gelangt sind, durch gerichtliche Klage [1]) geltend gemacht werden, widrigenfalls sie verjährt sind.

§. 152. Auf Beschädigungen des Grundeigenthums oder der Zubehörungen desselben durch die von Schürfern und Muthern ausgeführten Arbeiten finden die §§. 148. bis 151. ebenfalls Anwendung.

Dritter Abschnitt.

Von dem Verhältnisse des Bergbaues zu öffentlichen Verkehrsanstalten.

§. 153. Gegen die Ausführung von Chausseen [2]), Eisenbahnen, Kanälen und anderen öffentlichen Verkehrsmitteln, zu deren Anlegung dem Unternehmer durch Gesetz oder besondere landesherrliche Verordnung das Expropriationsrecht beigelegt ist [3]), steht dem Bergbautreibenden ein Widerspruchsrecht nicht zu.

Vor Feststellung der solchen Anlagen zu gebenden Richtung sind diejenigen, über deren Bergwerke dieselben geführt werden sollen, Seitens der zuständigen Behörde darüber zu hören, in welcher Weise unter möglichst geringer Benachtheiligung des Bergwerkseigenthums die Anlage auszuführen sei.

§. 154. War der Bergbautreibende zu dem Bergwerksbetriebe früher berechtigt, als die Genehmigung der Anlage (§. 153) ertheilt ist, so hat derselbe gegen

---

1) Dafür Anh. 140: »bei der Ober-Bergbehörde durch eine schriftliche Eingabe«, worauf diese über die Entschädigungsfrage und Höhe beschliefst, vorbehaltlich des beiden Theilen binnen vier Wochen nach Zustellung des Beschlusses offen stehenden Rechtsweges.

2) Dafür Els. 132 »öffentlichen Wegen«.

3) Mein. 133 fehlt »zu deren — — beigelegt ist«.

den Unternehmer der Anlage einen Anspruch auf Schadensersatz. Ein Schadensersatz findet nur insoweit statt, als entweder die Herstellung sonst nicht erforderlicher Anlagen in dem Bergwerke oder die sonst nicht erforderliche Beseitigung oder Veränderung bereits in dem Bergwerke vorhandener Anlagen nothwendig wird.

Können die Betheiligten sich über die zu leistende Entschädigung nicht gütlich einigen, so erfolgt die Festsetzung derselben [1]) nach Anhörung beider Theile und mit Vorbehalt des Rechtsweges durch einen Beschlufs des Oberbergamts, welcher vorläufig vollstreckbar ist [2]).

§. 155 [3]). Wenn Bergbautreibende, welche vor Eintritt der Gesetzeskraft des gegenwärtigen Gesetzes zu dem Bergwerksbetriebe berechtigt waren, Entschädigungsansprüche erheben, welche über den ihnen nach §. 154. zu gewährenden Schadensersatz hinausgehen, so ist über diese Ansprüche nach den bisherigen Gesetzen zu entscheiden.

Sechster Titel.

Von der Aufhebung des Bergwerkseigenthums.

§. 156. Wird amtlich festgestellt, dafs ein Bergwerkseigenthümer die nach Vorschrift des §. 65. an ihn erlassene Aufforderung zur Inbetriebsetzung des Bergwerks oder zur Fortsetzung des unterbrochenen Betriebes nicht befolgt hat, so kann das Oberbergamt die Einleitung des Verfahrens wegen Entziehung des Bergwerkseigenthums durch einen Beschlufs aussprechen.

§. 157 [4]). Der Bergwerkseigenthümer ist befugt, binnen vier Wochen vom Ablaufe des Tages, an welchem

---

1) Bay. 158 statt des Folgenden bis zum Schlufs: »durch die einschlägigen Gerichte.«

2) Braunschw. 158 und auch sonst mit entsprechender Aenderung wegen Verschiedenheit des Behördenorganismus.

3) Fehlt Alt., Bay., Braunschw., Gotha, Els., Mein., Reufs, Württ.

4) Fehlt Bay. — Braunschw. 160 beschränkt durch einen Zusatz die Kompetenz des Gerichts auf »rechtliche Einwendungen« gegen den Beschlufs der Bergbehörde; ob das öffentliche Interesse durch den letzteren verletzt sei, soll nicht zur richterlichen Entscheidung kommen.

ihm der Beschlufs, beziehungsweise der Rekursbescheid (§. 191.) zugestellt ist, bei dem Gerichte, in dessen Bezirk das Bergwerk liegt, gegen das Oberbergamt auf Aufhebung des Beschlusses zu klagen. Geschieht dies nicht, so ist das Einspruchsrecht erloschen.

§. 158. Erhebt der Bergwerkseigenthümer keinen Einspruch, oder ist derselbe rechtskräftig verworfen, so wird der Beschlufs von dem Oberbergamte [1]) den [2]) aus dem Hypothekenbuche oder den Rheinischen Hypothekenregistern [3]) ersichtlichen Gläubigern und anderen Realberechtigten zugestellt und aufserdem durch das Amtsblatt der Regierung, in deren Bezirk das Bergwerk liegt, unter Verweisung auf diesen und den folgenden Paragraphen, zur öffentlichen Kenntnifs gebracht.

§. 159. Jeder [4]) Hypothekengläubiger oder sonstige Realberechtigte, sowie jeder privilegirte Gläubiger des Rheinischen Rechts [5]) ist befugt, binnen drei Monaten [6]) vom Ablaufe des Tages, an welchem der Beschlufs zugestellt, beziehungsweise an welchem das die Bekanntmachung enthaltende Amtsblatt ausgegeben worden ist, Behufs seiner Befriedigung die nothwendige Subhastation des Bergwerks bei dem zuständigen Richter auf seine Kosten zu beantragen, vorbehaltlich der Erstattung derselben aus den Kaufgeldern.

Wer von diesem Rechte binnen der angegebenen Frist keinen Gebrauch macht, hat bei der demnächstigen Aufhebung des Bergwerkseigenthums das Erlöschen seines Realanspruchs zu erleiden (§. 160.).

Auch der seitherige Eigenthümer des Bergwerks kann innerhalb jener Präklusivfrist von drei Monaten die Subhastation auf seine Kosten beantragen [7]).

---

1) Bay. 160: »Der rechtskräftige Beschlufs der Bergbehörde wird« u. s. w.

2) Württemb. 145: »der Pfandbehörde, beziehungsweise dem Gemeinderath zur Mittheilung an die« u. s. w.

3) Die Bezugnahme auf das französische Recht fehlt Alt., Anh, Braunschw., Gotha, Mein., Reufs, Württ.

4) Bay. 161: »Jeder Gläubiger, insbesondere die« u. s. w.

5) Vgl. Anm. 3.

6) »90 Tagen« Bay.

7) Bay. 161 fährt fort: »er darf aber weder in diesem,

§. 160. Wird die Subhastation nicht beantragt, oder führt dieselbe nicht zum Verkaufe des Bergwerks, so spricht das Oberbergamt durch einen Beschlufs die Aufhebung des Bergwerkseigenthums aus.

Mit dieser Aufhebung erlöschen alle Ansprüche auf das Bergwerk, von welcher Art sie auch sein mögen.

§. 161. Erklärt der Eigenthümer eines Bergwerks vor der Behörde seinen freiwilligen Verzicht auf dasselbe, so wird mit dieser Erklärung nach §. 158. ebenso verfahren, wie mit dem dort bezeichneten Beschlusse.

Die den [1]) Hypothekengläubigern und anderen Realberechtigten, sowie den privilegirten Gläubigern des Rheinischen Rechts [2]) im §. 159. eingeräumte Befugnifs steht denselben auch in diesem Falle zu, und hinsichtlich der Aufhebung des Bergwerkseigenthums finden die Bestimmungen des §. 160. ebenfalls Anwendung.

§. 162 [3]). Nach §. 161. ist auch dann zu verfahren, wenn der freiwillige Verzicht auf das Bergwerkseigenthum nur einzelne Theile eines Feldes betrifft.

§. 163. Bei jeder Aufhebung eines Bergwerkseigenthums darf der bisherige Eigenthümer die Zimmerung und Mauerung des Grubengebäudes nur in soweit wegnehmen, als nach der Entscheidung der Bergbehörde nicht polizeiliche Gründe entgegenstehen [4]).

§. 164. Die Kosten, welche durch das im gegenwärtigen Titel angeordnete Verfahren bei der Bergbehörde erwachsen, hat der Bergwerkseigenthümer zu tragen.

Siebenter Titel [5]).

Von den Knappschaftsvereinen.

§. 165. Für die Arbeiter aller dem gegenwärtigen

---

noch in dem Falle, dafs die Versteigerung nach Abs. 1 von einem Dritten beantragt ist, mitsteigern.«

1) Bay. 163.: »Die den Gläubigern, insbesondere den« u.s.w.

2) Vgl. Anm. 3 zu §. 158.

3) Fehlt Els., Hess. und Württ.

4) Braunschw. 166 verlangt, dafs die Grubengebäude in einem Zustande zurückgelassen werden, welcher keine Gefahr für die öffentliche Sicherheit besorgen läfst.

5) Der ganze Titel fehlt Gotha, Mein. und Reufs. —

Gesetze unterworfenen Bergwerke und Aufbereitungsanstalten, desgleichen für die Arbeiter der Salinen [1]) sollen Knappschaftsvereine bestehen, welche den Zweck haben, ihren Theilnehmern und deren Angehörigen nach näherer Bestimmung des Gesetzes Unterstützungen zu gewähren.

Sind [2]) mit den vorbezeichneten Werken zugleich Gewerbsanlagen verbunden, welche nicht unter der Aufsicht der Bergbehörde stehen, so können die bei diesen Gewerbsanlagen beschäftigten Arbeiter auf den gemeinchaftlichen Antrag der letzteren und der Werksbesitzer durch den Knappschaftsvorstand in den Knappschaftsverein aufgenommen werden.

Die Knappschaftsvereine erlangen durch die Bestätigung ihrer Statuten die Eigenschaft juristischer Personen.

§. 166 [3]). Die bereits bestehenden Knappschaftsvereine bleiben in Wirksamkeit. Der gegenwärtige Titel findet jedoch auch auf sie Anwendung. Ihre Statuten sind mit den Vorschriften der §§. 170. 176. und 181. bis 186. [4]) in Uebereinstimmung zu bringen.

Die Besitzer und Arbeiter der Hüttenwerke und der dem gegenwärtigen Gesetze nicht unterworfenen Aufbereitungsanstalten, welche bereits einem Knappschaftsvereine angehören, scheiden auf ihren gemeinschaftlichen Antrag aus dem Vereine aus.

Gotha 169 verweist statt dessen auf das Gesetz vom 20. Mai 1863, die Bildung eines Knappschaftsvereins betreffend, Mein. 80 und 195 verweist auf die bestehende Gewerbegesetzgebung (Gew. Gesetz vom 16. Juni 1862, Art. 73—75. Knappschaftskassenreglement vom 9. April 1837). Statt des ausgefallenen schieben Gotha 122—130 und Reufs 118, 119 einen selbständigen siebenten Titel »von den Bergwerksabgaben« ein.

1) Hannover fehlt «die — — Salinen.«

2) Dieser Absatz fehlt Els. 142, dafür die Bestimmung, dafs die Oberbergbehörde nach Anhörung der Werksbesitzer die Bezirke, für welche Knappschaftsvereine einzurichten, festsetzen soll. Ebenso erklärt Braunschw. 168 die Bergbehörde für berechtigt, isolierte Knappschaftsvereine zu bilden oder unter Umständen ganz von der Pflicht zu entbinden.

3) Verändert Württ. 152.

4) Statt des Allegats Bay. 168: »mit den Vorschriften dieses Gesetzes«.

§. 167. Die Bestimmung der Bezirke, für welche neue Knappschaftsvereine gegründet werden sollen, hängt zunächst von dem Beschlusse der Betheiligten ab. Kann hierüber eine Einigung nicht erzielt werden, so entscheidet das Oberbergamt nach Anhörung der Werksbesitzer und eines von den Arbeitern zu wählenden Ausschusses.

§. 168. Alle in dem Bezirke eines bereits bestehenden oder neu gegründeten Knappschaftsvereins belegenen Bergwerke, Aufbereitungsanstalten und [1]) Salinen (§. 165.) und die auf denselben beschäftigten Arbeiter sind dem Vereine nach näherer Bestimmung des Statuts beizutreten berechtigt und verpflichtet.

Berechtigt zum Beitritt sind auch die Werksbeamten, sowie die Verwaltungsbeamten des Knappschaftsvereins [2]).

§. 169. Für jeden neu gegründeten Knappschaftsverein haben die Werksbesitzer unter Mitwirkung eines von den Arbeitern zu wählenden Ausschusses ein mit dem Gesetze in Uebereinstimmung stehendes Statut aufzustellen. Dasselbe unterliegt der Bestätigung des Oberbergamts, welche nur versagt werden darf, wenn das Statut den gesetzlichen Bestimmungen zuwiderläuft.

Wird das Statut nach vorgängiger Aufforderung nicht innerhalb Jahresfrist vorgelegt, so hat das Oberbergamt dasselbe aufzustellen.

§. 170. Zu allen Abänderungen von Knappschaftsstatuten ist erforderlich, daſs dieselben von den Betheiligten nach den hierüber in das Statut aufzunehmenden näheren Bestimmungen beschlossen werden und sodann die Bestätigung des Oberbergamts nach Maaſsgabe des §. 169. erlangen.

§. 171. Die Leistungen, welche jeder Knappschaftsverein nach näherer Bestimmung des Statuts seinen vollberechtigten Mitgliedern mindestens zu gewähren hat, sind:

1) in Krankheitsfällen eines Knappschaftsgenossen freie Kur und Arznei für seine Person,

---

1) »und Salinen« fehlt Hannover.

2) Els. schiebt hier §. 144 ein, wonach gewisse dem Bergbau verwandte Werke mit ihren Arbeitern den Knappschaftsvereinen beitreten können.

2) ein entsprechender Krankenlohn bei einer ohne eigenes grobes Verschulden entstandenen Krankheit,
3) ein Beitrag zu den Begräbnifskosten der Mitglieder und Invaliden,
4) eine lebenslängliche Invalidenunterstützung bei einer ohne grobes Verschulden eingetretenen Arbeitsunfähigkeit,
5) eine Unterstützung der Wittwen auf Lebenszeit, beziehungsweise bis zur etwaigen Wiederverheirathung,
6) eine Unterstützung zur Erziehung der Kinder verstorbener Mitglieder und Invaliden bis nach zurückgelegtem vierzehnten Lebensjahre.

Für die Mitglieder der am wenigsten begünstigten Klasse sind mindestens die unter 1. und 2. genannten Leistungen und, wenn sie bei der Arbeit verunglücken, auch die unter 3. und 4. genannten zu gewähren.

§. 172. Für die Leistungen unter 1. 2. und 3. des §. 171. oder für einzelne derselben können [1]) nach dem gemeinschaftlichen Beschlusse der Werksbesitzer, der Knappschaftsältesten und des Knappschaftsvorstandes [2]) besondere Krankenkassen auf sämmtlichen [3]) zu einem Knappschaftsvereine gehörigen Werken, und zwar auf jedem einzelnen Werke oder gruppenweise auf mehreren [4]), eingerichtet werden [5]).

Die für die Krankenkassen nach Vorschrift des §. 169. aufzustellenden Statuten unterliegen der daselbst erwähnten Bestätigung.

Die Beaufsichtigung der Krankenkassen gehört zu den Obliegenheiten des Knappschaftsvorstandes. In den Statuten des Knappschaftsvereins sind die näheren Bestimmungen hierüber, sowie über die bei der Abzweigung

1) Hess. 164: »sollen«.

2) »nach — — Knappschaftsvorstandes« fehlt Els. und Hessen.

3) Els. »auf den««

4) »und zwar — — mehreren« fehlt Els. und Hess.

5) Die Entscheidung darüber stellen Els. und Hess. der Bergbehörde, nach Anhörung der Werkbesitzer (»und des Arbeiterausschusses«, Hess.) anheim.

der Krankenkassen eintretende Herabsetzung der Beiträge zur Hauptkasse [1]) zu treffen.

§. 173. Die Ansprüche der Berechtigten auf die Leistungen der Knappschafts- und der Krankenkassen können weder an Dritte übertragen, noch auch mit Arrest belegt werden.

§. 174. Sowohl die Arbeiter als auch die Werksbesitzer haben zu den Knappschafts- und den Krankenkassen Beiträge zu leisten.

§. 175. Die Beiträge der Arbeiter sollen in einem gewissen Prozentsatze ihres Arbeitslohns oder in einem entsprechenden Fixum bestehen.

Die Beiträge der Werksbesitzer sollen mindestens die Hälfte des Beitrags der Arbeiter ausmachen.

§. 176. Die Werksbesitzer sind [2]) bei Vermeidung des gegen sie selbst su richtenden Zwangsverfahrens verpflichtet, für die Einziehung und Abführung der Beiträge ihrer Arbeiter aufzukommen.

Auch haben die Werksbesitzer ihre Arbeiter regelmäſsig an den durch das Statut festzusetzenden Zeitpunkten bei dem Knappschaftsvorstande anzumelden.

Unterbleibt die Anmeldung, so ist der Vorstand befugt, die Zahl der Arbeiter, für welche die Beiträge zur Knappschaftskasse eingezogen werden sollen, nach seinem Ermessen zu bestimmen oder bei dem Oberbergamte den Erlaſs eines Strafbefehls gegen den säumigen Werksbesitzer in Antrag zu bringen.

§. 177. Alle Beiträge zur Knappschaftskasse wie zu den Krankenkassen können, auf vorgängige Festsetzung durch das Oberbergamt, im Wege der Verwaltungsexekution [3]) eingezogen werden.

Durch Beschreitung des Rechtsweges wird die Exekution [4]) nicht aufgehalten.

1) »sowie — — Hauptkasse« fehlt Els. und Hess.

2) Statt des Folgenden Bay. 178: »berechtigt und verpflichtet, durch Lohnsabzüge die Beiträge von ihren Arbeitern einzuheben, und haben dieselben bei Vermeidung der zwangsweisen Einziehung an die Vereinskasse abzuliefern«.

3) Dafür Bay. 179: »zwangsweise«, Els. 153: »nach den Vorschriften über die Beitreibung der direkten Steuern«.

5) Bay. 180 dafür: »die vorläufige Einhebung der Beiträge (Art. 178 u. 179)«.

§. 178. Die Verwaltung eines jeden Knappschaftsvereins erfolgt unter Betheiligung von Knappschaftsältesten durch einen Knappschaftsvorstand.

§. 179. Die Knappschaftsältesten werden von den zum Vereine gehörigen Arbeitern und Beamten in einer durch das Statut bestimmten Zahl aus ihrer Mitte gewählt.

Auch den invaliden Arbeitern und Beamten kann die Wählbarkeit durch das Statut beigelegt werden.

Die Knappschaftsältesten vertreten die Knappschaftsmitglieder bei der Wahl des Vorstandes und haben im Allgemeinen das Recht und die Pflicht, einerseits die Befolgung des Statuts durch die Knappschaftsmitglieder zu überwachen und andererseits die Rechte der letzteren gegenüber dem Vorstande wahrzunehmen.

Das Statut oder eine besondere Instruktion (§. 181) regelt ihre Dienstobliegenheiten.

§. 180. Die Mitglieder des Knappschaftsvorstandes werden nach näherer Bestimmung des Status zur einen Hälfte von den Werksbesitzern, beziehungsweise von den Repräsentanten, und zur anderen Hälfte von den Knappschaftsältesten je aus ihrer Mitte oder aus der Zahl der Königlichen oder Privatbergbeamten gewählt.

§. 181. Der Knappschaftsvorstand vertritt den Verein nach Aufsen, leitet die Wahlen der Knappschaftsältesten, erwählt die Beamten und Aerzte des Vereins, schliefst die Verträge mit denselben, sowie mit den Apothekern ab, erläfst die erforderlichen Instruktionen, verwaltet das Vermögen des Vereins und besorgt alle übrigen ihm durch das Statut übertragenen Geschäfte.

§. 182. Die jährlich zu legenden Rechnungen müssen nach vorgängiger Prüfung durch den Vorstand den Knappschaftsältesten und den Werksbesitzern zur Einsicht und etwaigen Erklärung offen gelegt werden, bevor der Vorstand dem Kassenbeamten die Entlastung ertheilt.

§. 183. Die Oberbergämter haben die Beobachtung der Statuten und insbesondere die statutenmäfsige Verwaltung des Vermögens zu überwachen.

§. 184. Zur [1]) Ausübung dieses Aufsichtsrechts [2]) er-

---

1) Bay. 187, Els. 160, Hess. 176: »In«.

2) Dieselben statt »ernennt — — ist befugt«: »ist der

nennt das Oberbergamt für jeden Knappschaftsverein einen Commissar.

Derselbe ist befugt, allen Sitzungen des Knappschaftsvorstandes, welche ihm zu diesem Zwecke mindestens drei Tage [1]) vorher anzuzeigen sind, beizuwohnen und jeden statutenwidrigen Beschlufs zu suspendiren. Von einer solchen Suspension mufs er dem Oberbergamte sofort Anzeige machen [2]).

§. 185. Der Knappschaftsvorstand ist jederzeit verpflichtet, dem Oberbergamte und dessen Kommissar [3]) auf Verlangen die Einsicht der über seine Verhandlungen zu führenden Protokolle, der Kassenbücher und der gelegten Rechnungen, sowie die Revision der Kasse zu gestatten.

Auch hat derselbe dem Oberbergamte die zur Statistik des Knappschaftswesens erforderlichen Nachrichten zu geben.

§. 186. Beschwerden über die Verwaltung des Vorstandes sind bei dem Oberbergamte und in der weiteren Instanz bei dem Handelsminister [4]) anzubringen [5]).

Achter Titel [6]).

Von den Bergbehörden.

§. 187. Die Bergbehörden sind:

Die Revierbeamten,

Vorstand der Bergbehörde oder dessen Stellvertreter (Els. u. Hess. »der Vertreter der Bergbehörde«) befugt«.

1) Bay. »acht Tage«.

2) Dieser Satz fehlt Bay., Els., Hess.

3) Els. und Hess.: »der Bergbehörde und deren Vertreter«. Bay.: »dem Vorstande der Bergbehörde oder dessen Stellvertreter«.

4) Statt »dem Oberbergamte — — Handelsminister« Bay., Els. und Hess: »der Bergbehörde«.

5) Hier eingeschoben Els. 163 und Hess. 179, wonach in einen anderen Vereinsbezirk übertretende Arbeiter mit ihrer bereits erlangten Altersklasse in den neuen Verband aufzunehmen sind. Ein eingeschobener Art. Bay. 190 bestimmt, dafs das Restvermögen eines aufgelösten Knappschaftsvereins immer nur an andere Knappschaftsvereine oder an Gemeinden fallen dürfe; in Ermangelung dahin gehender Statutenbestimmungen oder Knappschaftsbeschlüsse verfügt die Staatsregierung.

6) Der folgende Titel ist in den übrigen Berggesetzen

die Oberbergämter,
der Handelsminister.

§. 188. Die Bezirke der Oberbergämter werden durch Königliche Verordnung, diejenigen der Revierbeamten durch den Handelsminister festgestellt.

§. 189. Die Revierbeamten bilden für die ihnen überwiesenen Bergreviere die erste Instanz in allen Geschäften, welche nach dem gegenwärtigen Gesetze der Bergbehörde obliegen und nicht ausdrücklich den Oberbergämtern übertragen sind.

Sie handhaben insbesondere die Bergpolizei nach Vorschrift des Gesetzes.

Auch gehört zu ihrem Geschäftskreise die Wahrnehmung der Rechte des Staates hinsichtlich der Bergwerksabgaben.

§. 190. Die Oberbergämter bilden die Aufsichts- und Rekursinstanz für die Revierbeamten.

Unter ihrer Aufsicht stehen die Markscheider.

Durch sie erfolgt die Prüfung und Konzessionirung der letzteren, sowie die Wiederentziehung ertheilter Konzessionen.

Sie überwachen die Ausbildung derjenigen Personen, welche sich für den Staatsdienst im Bergfache vorbereiten.

Aufserdem liegen den Oberbergämtern die denselben im gegenwärtigen Gesetze ausdrücklich übertragenen Geschäfte ob.

Innerhalb ihres Geschäftskreises haben die Oberbergämter die gesetzlichen Befugnisse und Verpflichtungen der Regierungen.

§. 191. Gegen Verfügungen und Beschlüsse des Revierbeamten ist der Rekurs an das Oberbergamt, gegen Verfügungen und Beschlüsse des letzteren der Rekurs an den Handelsminister zulässig, insofern das Gesetz denselben nicht ausdrücklich ausschliefst.

§. 192. Der Rekurs mufs binnen vier Wochen vom

---

grofsentheils so umgestaltet, dafs von der Angabe der einzelnen Abweichungen abgesehen werden mufs. Vgl. Alt. 178 ff. Anh. 176 ff. Bay 191 ff. Braunschw. 190 ff. Els. 164 ff. Gotha 131 ff. Hess. 180 ff. Mein. 144 ff. Reufs 120 ff. Württ. 173 ff.

Ablaufe des Tages, an welchem die Verfügung oder der Beschlufs zugestellt oder sonst bekannt gemacht worden ist, eingelegt werden, widrigenfalls das Rekursrecht erlischt.

§. 193. In den Fällen, wo nach dem gegenwärtigen Gesetze ein Beschlufs des Oberbergamts erforderlich ist, desgleichen gegen Verfügungen, welche eine Entscheidung zwischen streitenden Parteien enthalten, mufs der Rekurs innerhalb der im §. 192. bestimmten Frist bei derjenigen Behörde eingelegt werden, von welcher die beschwerende Entscheidung getroffen worden ist. Durch Einlegung bei einer anderen Behörde wird das Rekursrecht nicht gewahrt.

In den Fällen, wo eine Gegenpartei vorhanden ist, wird derselben die Rekursschrift zur Beantwortung binnen einer vierwöchentlichen, vom Ablaufe des Tages der Behändigung beginnenden Frist mitgetheilt. Geht innerhalb dieser Frist die Beantwortung nicht ein, so werden die Verhandlungen ohne Weiteres zur Rekursentscheidung eingesendet.

§. 194. Die bei den Bergbehörden in Bergbauangelegenheiten erwachsenden Kosten können von denjenigen Personen, welchen dieselben nach dem gegenwärtigen Gesetze zur Last fallen, im Wege der Verwaltungsexekution eingezogen werden.

§. 195 [1]). Die Bergbeamten des Staates [2]), deren Frauen und unter väterlicher Gewalt stehenden Kinder können im Verwaltungsbezirke der ersteren durch Muthung [3]) keine Bergwerke oder Kuxe erwerben.

Zu [4]) solchen Erwerbungen durch andere Rechtsgeschäfte unter Lebenden ist die Genehmigung des Handelsministers [5]) erforderlich.

---

1) Dieser Paragraph findet sich in sämtlichen Berggesetzen.

2) Bay. 196: »Die Beamten der Bergbehörden erster Instanz«.

3) Hess. 187 fügt hinzu: »oder Rechtsgeschäfte unter Lebenden«.

4) Dieser Absatz fehlt Hess.

5) Ueberall entsprechend verändert. Bay: »des zuständigen königlichen Staatsministeriums«.

Neunter Titel [1]).

Von der Bergpolizei.

Erster Abschnitt.

Von dem Erlasse bergpolizeilicher Vorschriften.

§. 196. Der Bergbau steht unter der polizeilichen Aufsicht der Bergbehörden.

Dieselbe erstreckt sich auf
- die Sicherheit der Baue,
- die Sicherheit des Lebens und der Gesundheit der Arbeiter,
- den Schutz der Oberfläche im Interesse der persönlichen Sicherheit und des öffentlichen Verkehrs,
- den Schutz gegen gemeinschädliche Einwirkungen des Bergbaues.

Dieser [2]) Aufsicht unterliegen auch die in den §§. 58. und 59. erwähnten Aufbereitungsanstalten, Dampfkessel und Triebwerke, sowie die Salinen.

§. 197 [3]). Die Oberbergämter sind befugt, für den ganzen Umfang ihres Verwaltungsbezirks oder für einzelne Theile desselben Polizeiverordnungen über die im §. 196. bezeichneten Gegenstände zu erlassen.

---

1) Auch in diesem Titel finden sich zahlreiche rein stilistische oder durch die verschiedene Behördenorganisation veranlafste Aenderungen, von deren Angabe im einzelnen hier abgesehen wurde.

2) Statt dieses auch Gotha fehlenden Absatzes bestimmt Bay. 198, dafs, mit Ausnahme unterirdischer Steinbrüche und Gräbereien, alle unterirdischen Baue, auch wenn sie andere als bergrechtliche Mineralien (Art. 1) betreffen, der bergpolizeilichen Aufsicht unterliegen. Ebenso eine Zusatzbestimmung Hess. 188, wo auch die Ausnahme der unterirdischen Steinbrüche in Wegfall kommt. Els. 172 dehnt die bergpolizeiliche Aufsicht auf unterirdische Steinbrüche und Tagebaue auf Eisenerze aus.

3) Wesentlich verändert Bay. 198 und Hess. 189. Fehlt Braunschw. und Mein. Ein eingeschobener Artikel Bay. 199 räumt den Bergbehörden die Befugnifs zu Zwangsmitteln und Ungehorsamsstrafen nach Mafsgabe des Gesetzes vom 10. Nov. 1861 Art. 28 und des Polizeistrafgesetzbuches ein.

Die Verkündigung dieser Verordnungen erfolgt durch das Amtsblatt der Regierungen, in deren Bezirk dieselben Gültigkeit erlangen sollen.

§. 198. Tritt auf einem Bergwerke in Beziehung auf die im §. 196. bezeichneten Gegenstände eine Gefahr ein, so hat das Oberbergamt die geeigneten polizeilichen Anordnungen nach Vernehmung des Bergwerksbesitzers oder des Repräsentanten durch einen Beschlufs zu treffen.

§. 199. Ist die Gefahr eine dringende, so hat der Revierbeamte [1]) sofort und selbst ohne vorgängige Vernehmung des Bergwerksbesitzers oder des Repräsentanten die zur Beseitigung der Gefahr erforderlichen polizeilichen Anordnungen zu treffen, gleichzeitig [2]) aber dem Oberbergamte hiervon Anzeige zu machen.

Das Oberbergamt hat die getroffenen Anordnungen durch einen Beschlufs zu bestätigen oder wieder aufzuheben. Vorher ist die Vernehmung der genannten Personen nachzuholen.

§. 200. Die Bekanntmachung der auf Grund der §§. 198. und 199. getroffenen polizeilichen Anordnungen an den Bergwerksbesitzer oder den Repräsentanten erfolgt durch Zustellung des Beschlusses des Oberbergamts, beziehungsweise der Verfügung des Revierbeamten.

Die Bekanntmachung an den Betriebsführer und die Grubenbeamten wird von dem Revierbeamten oder auf dessen Anweisung durch Eintragung in das Zechenbuch bewirkt, welches zu diesem Zwecke auf jedem Bergwerke gehalten werden mufs.

Soweit eine Bekanntmachung an die Arbeiter erforderlich ist, geschieht dieselbe auf Anweisung des Revierbeamten durch Verlesen und durch Aushang auf dem Werke.

§. 201. In den Fällen des §. 199. mufs mit der Ausführung der polizeilichen Anordnungen des Revierbe-

---

1) Bay. 200: »die Bergbehörde«.

2) Von hier bis zum Schlufs des Paragraphen fehlt Bay., dafür eine besondere Strafbestimmung für den den Anordnungen der Bergbehörde zuwiderhandelnden Bergwerksbesitzer oder Repräsentanten. Der zweite Absatz fehlt auch Gotha und Reufs.

amten ohne Rücksicht auf die vorbehaltene oberbergamtliche Bestätigung oder Wiederaufhebung sofort begonnen werden.

Die Ausführung dieser Anordnungen wird durch Einlegung des Rekurses nicht aufgehalten.

§. 202 [1]). Werden die auf Grund der §§. 198. und 199. getroffenen polizeilichen Anordnungen nicht in der bestimmten Frist durch den Bergwerksbesitzer ausgeführt, so wird die Ausführung durch den Revierbeamten auf Kosten des Bergwerksbesitzers bewirkt.

§. 203. Sobald auf einem Bergwerke eine Gefahr in Beziehung auf die im §. 196. bezeichneten Gegenstände eintritt, hat der Betriebsführer und im Verhinderungsfalle der denselben vertretende Grubenbeamte dem Revierbeamten Anzeige hiervon zu machen.

Zweiter Abschnitt.

Von dem Verfahren bei Unglücksfällen.

§. 204. Ereignet sich auf einem Bergwerke unter oder über Tage ein Unglücksfall, welcher den Tod oder die schwere Verletzung einer oder mehrerer Personen herbeigeführt hat, so sind die im §. 203. genannten Personen zur sofortigen Anzeige an den Revierbeamten und an die nächste Polizeibehörde verpflichtet.

§. 205. Der Revierbeamte ordnet die zur Rettung der verunglückten Personen oder zur Abwendung weiterer Gefahr erforderlichen Maafsregeln an.

Die zur Ausführung dieser Maafsregeln nothwendigen Arbeiter und Hülfsmittel hat der Besitzer des Bergwerks zur Verfügung zu stellen.

Die Besitzer benachbarter Bergwerke sind zur Hülfeleistung verpflichtet.

§. 206. Sämmtliche Kosten für die Ausführung der im §. 205. bezeichneten Maafsregeln trägt der Besitzer des betreffenden Bergwerks, vorbehaltlich des Regrefsanspruchs gegen Dritte, welche den Unglücksfall verschuldet haben.

---

1) Fehlt Bay.

Dritter Abschnitt.

Von den Uebertretungen bergpolizeilicher Vorschriften.

§. 207 [1]. Uebertretungen der Vorschriften in den §§. 4. 10. 66. 67. 69. 71. 72. 73. 74. 80. 85. 93. 163. 200. 201. 203. 204. und 205. werden mit Geldbufse bis zu funfzig Thalern bestraft.

In den Fällen der §§. 67. und 69. sowie 73. und 74. tritt diese Strafe auch dann ein, wenn auf Grund der §§. 70. und 75. der Betrieb von der Bergbehörde eingestellt wird.

§. 208 [2]. Uebertretungen [3] der von den Bergbehörden bereits erlassenen, sowie der von den Oberbergämtern auf Grund des §. 197. noch zu erlassenden Polizeiverordnungen unterliegen der Strafe des §. 207.

Dieselbe Strafe findet bei Uebertretungen der auf Grund der §§. 198. und 199. getroffenen polizeilichen Anordnungen Anwendung.

§. 209 [4]. Ueber die Uebertretungen der bergpolizeilichen Vorschriften (§§. 207. und 208) sind von dem Revierbeamten Protokolle aufzunehmen.

Diese Protokolle werden der Staatsanwaltschaft zur Verfolgung übergeben.

Die Entscheidung steht den ordentlichen Gerichten zu. Dieselben haben hierbei nicht die Nothwendigkeit und Zweckmäfsigkeit, sondern nur die gesetzliche Gültigkeit der von den Bergbehörden erlassenen polizeilichen Vorschriften zu prüfen [5].

---

1) Statt dieses Paragraphen ausführliche Strafbestimmungen Bay. 208—210.

2) Fehlt Braunschw.

3) Bay. 206 erklärt diese Uebertretungen für Polizeiübertretungen und verweist hinsichtlich derselben auf das Polizeistrafgesetzbuch. Ebenso Braunschw. 210 in einem eingeschobenen Paragraphen.

4) Dafür Bay. 207: »Die Aburtheilung erfolgt in dem für Uebertretungen gesetzlich angeordneten Verfahren durch den ordentlichen Richter«.

5) Bay. 211—214, Hess. 201—204 und Württ. 192 u. 193 treffen noch eine Reihe von Strafbestimmungen, welche sich an das preufsische Gesetz v. 26. März 1856 über die Bestrafung unbefugter Gewinnung oder Aneignung von Mineralien anschliefsen. Ebenso Els. 190 f.

Zehnter Titel [1]).

Provinzialrechtliche Bestimmungen.

§. 210. In denjenigen Landestheilen, in welchen das unter dem 19. April 1844. publizirte Provinzialrecht für Westpreufsen Anwendung findet, sind nur Steinsalz und Soolquellen den Bestimmungen des gegenwärtigen Gesetzes unterworfen.

Auf den Braunkohlenbergbau in diesen Landestheilen sollen jedoch der dritte Abschnitt des dritten Titels (von den Bergleuten), der siebente Titel (von den Knappschaftsvereinen) und der neunte Titel (von der Bergpolizei) Anwendung finden.

§. 211. Von den Bestimmungen des gegenwärtigen Gesetzes sind ausgenommen die Eisenerze

1) in dem Herzogthum Schlesien und der Grafschaft Glatz,
2) in Neuvorpommern und auf der Insel Rügen und
3) in den Hohenzollernschen Landen.

§. 212 und §. 213 sind aufgehoben [2]).

§. 214. In den linksrheinischen Landestheilen blei-

---

1) Dieser Titel fällt in den übrigen Berggesetzen und in Waldeck aus. Anh. schiebt dafür einen eigenen 10. Titel „Von den Bergwerksabgaben an den Staat und an die Grundbesitzer" (§. 199—213) und einen 11. Titel „Bestimmungen für einzelne Landestheile" (§. 214) ein. Nach Anh. 202 ff. erhält bei Braunkohlenbergbau der Grundeigenthümer eine Rente von 6 % des Reinertrags des Bergwerks.

2) Dafür das Gesetz vom 22 Febr. 1869, betr. die Rechtsverhältnisse des Stein- und Braunkohlenbergbaues in den Landestheilen, in welchen das kurfürstl. sächsische Mandat vom 19. Aug. 1743 Gesetzeskraft hat. Mit diesem Gesetze fast ganz übereinstimmend das Sachsen-Altenb. Gesetz v. 18. April 1872 (Zeitschr. f. Bergrecht 13, 169 ff.). Ferner sind Stein- und Braunkohlenbergbau im allgemeinen von den Bestimmungen des Berggesetzes ausgenommen in gewissen Theilen der Provinz Hannover und Steinkohlenbergbau in der Grafschaft Schaumburg (Provinz Hessen-Nassau), sodann Eisensteinbergbau im Kommunionharze und dem Bezirke von Clausthal; endlich ist dem Fiscus der Bergbau in gewissen am Harz belegenen Gebieten der Provinz Hannover vorbehalten.

ben die Dachschieferbrüche, die Trafsbrüche und die unterirdisch betriebenen Mühlsteinbrüche auch fernerhin der polizeilichen Beaufsichtigung durch die Bergbehörde unterworfen.

Auf dieselben finden der siebente und der neunte Titel des gegenwärtigen Gesetzes Anwendung.

Elfter Titel.

Uebergangsbestimmungen[1]).

§. 215 [2]). Die Felder der bei dem Eintritt der Gesetzeskraft des gegenwärtigen Gesetzes eingelegten Muthungen und bestehenden Bergwerke sind nach Maafsgabe desselben (§. 26 ff.) auf den Antrag des Berechtigten, wenn sie gestreckte sind, in gevierte Felder umzuwandeln, und wenn sie gevierte Felder sind, bis zu der zulässigen Ausdehnung (§. 27) zu erweitern.

Ein solcher Antrag gilt in Beziehung auf das begehrte freie Feld als Muthung.

Bei konsolidirten Bergwerken kann der Antrag für jedes einzelne Feld gestellt werden.

Ein Erweiterungsantrag ist nicht mehr zulässig, wenn er nicht binnen sechs Monaten nach Eintritt der Gesetzeskraft dieses Gesetzes bei der zur Annahme von Muthungen befugten Bergbehörde (§. 12) gestellt worden ist.

§. 216. Von dem durch einen Umwandlungs- oder Erweiterungsantrag (§. 215) begehrten Felde dürfen die gestreckten Felder anderer Bergwerke nur dann ganz oder theilweise umschlossen werden, wenn die Eigenthümer dieser Bergwerke auf eine desfallsige Aufforderung der Bergbehörde sich mit der Umschliefsung ihrer Felder ausdrücklich einverstanden erklären.

---

1) Die Bestimmungen dieses Titels finden sich ziemlich vollständig nur Bay. und Anh., fehlen dagegen, wie unsere Uebersichtstabelle ergibt, in den übrigen Berggesetzen zum gröfseren Theil oder vollständig. Eigene Uebergangsbestimmungen haben Anh. 237—39, Braunschw. 213—15. 217, Els. 186. 189, Hess. 207—225, Württ. 195 f.

2) Etwas verändert Goth. 158. Reufs 149. Anh. fehlen §§. 215—222.

Tritt diese Voraussetzung nicht ein, so mufs der Antragsteller sich eine entsprechende, nöthigenfalls durch einen Beschlufs des Oberbergamts festzustellende Beschränkung des begehrten Feldes gefallen lassen.

§. 217. Mehrere Umwandlungsanträge, welche auf das nämliche Feld gerichtet sind, begründen für jeden der Antragsteller ein gleiches Recht. Dasselbe gilt von mehreren Erweiterungsanträgen, welche auf das nämliche Feld gerichtet sind.

Bei einer solchen Kollision bildet, insoweit eine vertragsmäfsige Einigung nicht zu erzielen ist, die Theilung in gleiche Theile die Regel.

Das Oberbergamt ist jedoch befugt, bei der Verleihung von diesem Theilungsverhältnisse abzuweichen, insoweit sich dies für einen zweckmäfsigen Betrieb als erforderlich darstellt.

§. 218. Diejenigen Umwandlungsanträge, welche innerhalb sechs Monaten [1]) nach Eintritt der Gesetzeskraft dieses Gesetzes bei der zur Annahme von Muthungen befugten Bergbehörde (§. 12) eingehen, gewähren den auf Grund dieses Gesetzes eingelegten Muthungen und Erweiterungsanträgen gegenüber ein Vorzugsrecht auf das im §. 27. bestimmte Feld.

Von den gevierten Feldern der Muthungen, welche innerhalb dieser Frist eingelegt werden, dürfen die gestreckten Felder bereits bestehender Bergwerke ohne ausdrückliche Einwilligung der Eigenthümer auch dann nicht umschlossen werden, wenn Seitens der letzteren keine Umwandlungsanträge gestellt sind.

§. 219. Wird das Eigenthum eines Bergwerks, dessen gestrecktes Feld von dem gevierten Felde eines anderen Bergwerks umschlossen ist, nach dem sechsten Titel des gegenwärtigen Gesetzes aufgehoben, so hat der Eigenthümer des anderen Bergwerks, welchen die Bergbehörde von der Aufhebung in Kenntnifs zu setzen hat, ein binnen vier Wochen [2]) nach dieser Bekanntmachung auszuübendes Vorzugsrecht auf die Vereinigung des gestreckten Feldes mit seinem gevierten Felde.

---

1) „eines Jahres" Goth. 160. Reufs 151.

2) „30 Tagen" Bay. 219.

Die Vereinigung wird durch einen Nachtrag zur Verleihungsurkunde ohne weitere Förmlichkeiten ausgesprochen.

§. 220. Den im Kreise Wetzlar auf Grund der §§. 156. und 157. Theil II. Titel 16. des Allgemeinen Landrechts mit gevierten Feldern verliehenen Bergwerken steht die ewige Teufe nach senkrechten Ebenen zu.

§. 221. Wer auf Grund einer vor dem Eintritt der Gesetzeskraft des gegenwärtigen Gesetzes eingelegten Muthung auf das Feld eines zu derselben Zeit bereits bestehenden Bergwerks oder auf Theile desselben ein Vorzugsrecht zu haben glaubt, mufs letzteres innerhalb Eines Jahres, von jenem Zeitpunkte an, durch gerichtliche Klage gegen den Bergwerkseigenthümer verfolgen.

Wer von dieser Frist keinen Gebrauch macht, ist seines etwaigen Vorzugsrechts auf das Feld verlustig.

§. 222. Soweit das gegenwärtige Gesetz auf die bereits bestehenden Bergwerke überhaupt Anwendung findet, unterliegen den Bestimmungen desselben auch diejenigen Bergwerke, welche den seitherigen gesetzlichen Vorschriften gemäfs auf Mineralien berechtigt sind, die der §. 1. dieses Gesetzes nicht mehr aufführt [1]).

§. 223 [2]). Nach dem Eintritt der Gesetzeskraft des gegenwärtigen Gesetzes findet eine Verleihung von Erbstollenrechten nicht mehr statt.

In Ansehung der bereits bestehenden Erbstollengerechtigkeiten, insbesondere auch der Aufhebungsarten, verbleibt es bei den Bestimmungen der seitherigen Gesetze.

Im Gesetzesbereiche des Allgemeinen Landrechts bedarf es jedoch zur Befreiung eines Bergwerks von den Erbstollengebühren durch eine Wasserhaltungsmaschine

1) Bay. 221 fügt hinzu, dafs Tit. VII auf solche Bergwerke, Steinbrüche und Gräbereien, welche bei Erlafs des Berggesetzes keinem Knappschaftsvereine angehören, keine Anwendung findet. Art. 222 behält dem Staate die Steinsalz- und Soolegewinnung in dem ehemaligen Bezirksamte Berchtesgaden vor. Mein. 170 bestimmt zusätzlich, dafs diejenigen älteren Bergwerke, welche ein Jahr lang aufser Betrieb sind, für erloschen erklärt werden sollen.

2) Mein. fehlen Abs. 2 u. 3, Bay. fehlt Abs. 3.

einer besonderen Verleihung der Erbstollengerechtigkeit für diese Maschine nicht mehr; es genügt, wenn die sonstigen Bedingungen der Enterbung nach den §§. 468 ff. Theil II. Titel 16. des Allgemeinen Landrechts vorhanden sind. Erbstollenrechte erwirbt eine solche Wasserhaltungsmaschine für sich nicht.

§. 224. Bei Bergwerkseigenthum, welches nach dem Eintritt der Gesetzeskraft des gegenwärtigen Gesetzes verliehen wird, findet ein Anspruch auf Freikuxe irgend einer Art nicht mehr statt.

Den bereits vor diesem Zeitpunkte von Kirchen und Schulen, von dem Schlesischen Freikuxgelderfonds und von Grundbesitzern erworbenen Freikuxen steht nur eine Realberechtigung auf den durch die bisherigen Gesetze bestimmten Ausbeuteantheil an dem Bergwerke zu.

Durch die nach §. 9. des Knappschaftsgesetzes vom 10. April 1854. erfolgte Aufhebung der beiden Freikuxe für die Knappschafts- und Armenkasse ist [1]) weder die Quote des Ausbeuteantheils der übrigen Freikuxberechtigten, noch die Zahl der gewerkschaftlichen Kuxe verändert worden [2]).

Die Ablösung der Freikuxe bleibt der freien Vereinigung der Betheiligten vorbehalten.

§. 225. Nach dem Eintritt der Gesetzeskraft des gegenwärtigen Gesetzes kann ein Recht auf Mitbau zur Hälfte, wo solches bisher gesetzlich bestanden hat [3]), nur noch alsdann in Anspruch genommen werden, wenn die Erklärung, mitbauen zu wollen, bereits vor jenem Zeitpunkte rechtzeitig abgegeben oder die dreimonatliche Frist zur Abgabe dieser Erklärung noch nicht abgelaufen ist.

Alle [4]) Ansprüche auf das Recht des Mitbaues zur

---

1) Statt „durch — — ist“ heifst es Bay. 224: „Die nach der seitherigen Gesetzgebung von Knappschaftskassen erworbenen Freikuxe erlöschen ohne Entschädigung. Durch diese Erlöschung wird“ u. s. w.

2) Bay. fehlt „worden“.

3) Statt „ein Recht — — hat“ Bay. 225: „das in Art. 8 der bayer. Bergordnung vom 6. Mai 1784 begründete Mitbaurecht des Grundbesitzers“.

4) Dieser Absatz fehlt Bay.

Hälfte, bezüglich deren die vorgeschriebene Aufforderung zur Geltendmachung unterblieben ist, müssen bei Vermeidung der Präklusion innerhalb Eines Jahres von dem vorbezeichneten Zeitpunkte an durch gerichtliche Klage geltend gemacht werden.

§. 226 [1]. Die Rechtsverhältnisse der bei dem Eintritt der Gesetzeskraft des gegenwärtigen Gesetzes in den rechtsrheinischen Landestheilen bestehenden Gewerkschaften sind, soweit es an vertragsmäfsigen Verabredungen fehlt und nicht in den nachfolgenden §§. 227. bis 239. etwas Anderes bestimmt ist, nach den Vorschriften des vierten Titels zu beurtheilen.

§. 227. Die §§. 94. bis 98. 101. 103. 105. 106. 108. 109. und 110. finden auf die bestehenden Bergwerke [2] keine Anwendung.

§. 228. Die seitherige Kuxeintheilung bleibt bestehen. Jedoch kann von jetzt an ein Kux nur noch in Zehntheile getheilt werden.

Die Kuxe behalten die Eigenschaft der unbeweglichen Sachen.

§. 229 [3]. Die einzelnen Gewerken werden, soweit die Einrichtung des Hypothekenwesens dies gestattet, als Eigenthümer ihrer Kuxe in das Hypothekenbuch eingetragen.

§. 230. Die einzelnen Gewerken können ihre Kuxe zur Hypothek stellen [4].

Eine Verpfändung des ganzen Bergwerks durch Mehrheitsbeschlufs (§. 114) ist nur dann zulässig, wenn die

---

1) Ausdrücklich ausgedehnt auf Waldeck und Pyrmont. Vgl. Hess. 208 Abs. 1.

2) Statt „die bestehenden Bergwerke“ Bay. 227: „diejenigen Bergwerke, welche in dem Zeitpunkte, in welchem gegenwärtiges Gesetz in Wirksamkeit tritt, sich bereits im Besitze einer Gewerkschaft befinden“.

3) Bay. nimmt diesen Paragraphen als letzten Satz zu 228 in folgender Fassung: „Dieselben werden in dem wie bisher von der Bergbehörde zu führenden Gegenbuche vorgetragen“.

4) Der erste Absatz fehlt Bay.

einzelnen Kuxe nicht mit Hypotheken belastet sind. Anderen [1]) Falls ist Einstimmigkeit erforderlich.

§. 231 [2]). Bei der Veräufserung und Verpfändung von Kuxen kommen die für Grundstücke gegebenen Bestimmungen zur Anwendung.

§. 232. Der §. 107. findet mit der Maafsgabe Anwendung, dafs die Erhebung der Beiträge beschlossen sein mufs, bevor der seitherige Eigenthümer der Kuxe dieselben veräufsert hat.

§. 233. Soweit die bereits bestellten Repräsentanten und Grubenvorstände mit besonderen Vollmachten versehen sind, behält es bei denselben sein Bewenden.

Im [3]) Uebrigen ist von der Anwendung der §§. 119. bis 126. und 128. auf diese Repräsentanten und Grubenvorstände nur die Bestimmung des §. 121. über die Führung des Gewerkenbuchs und die Ausfertigung der Kuxscheine ausgeschlossen.

§. 234. In den Fällen der §§. 130. bis 132. erfolgt der Verkauf des Antheils im Wege der nothwendigen Subhastation und die Zuschreibung des unverkäuflichen Antheils im [4]) Hypothekenbuche, letzteres, soweit die Einrichtung des Hypothekenwesens dies gestattet.

§. 235a [5]). Durch einen von einer Mehrheit von we-

---

1) Statt dieses Satzes Bay. 229: „aufserdem nur, wenn die Gläubiger, denen die einzelnen Kuxe verpfändet sind, vorher abgefunden sind oder in die Verpfändung des ganzen Bergwerkes ausdrücklich eingewilligt haben und die Gewerkschaft die Verpfändung einstimmig beschliefst".

2) Bay. 229 als letzter Satz mit dem vorigen Paragraphen vereinigt, wobei „Verpfändung" verändert ist in „Geltendmachung bestehender Pfandrechte".

3) Dieser Absatz fehlt Mein. 175. Es lautet Bay. 231: „Im Uebrigen finden die Art. 108—115 und 117 auf diese Repräsentanten und Grubenvorstände Anwendung".

4) Statt des Folgenden Bay. 232: „Gegenbuche (Art. 228 Abs. 2)".

5) An die Stelle des aufgehobenen §. 235 sind in Folge Gesetzes vom 9. April 1873 (Ges.-Samml. f. d. Preufsisch. Staaten 1873 S. 181 ff.) die in den Text aufgenommenen §§. 235a—235g getreten. Mit dem aufgehobenen Paragraphen übereinstimmend Bay. 233: „Durch einen von einer Mehrheit von wenigstens drei Viertheilen aller Kuxe gefafsten Beschlufs

nigstens drei Viertheilen aller Kuxe gefafsten Beschlufs kann, soweit nicht vertragsmäfsige Verabredungen entgegenstehen, jede bereits bestehende Gewerkschaft sich denjenigen Bestimmungen des vierten Titels, welche nach §. 227.*auf die bestehenden Bergwerke keine Anwendung finden, unterwerfen und insbesondere die Zahl der Kuxe auf Einhundert oder Eintausend mit der Wirkung bestimmen, dafs die neuen Kuxe die Eigenschaft der beweglichen Sachen haben.

Stehen der vorbezeichneten Eintheilung aufsergewöhnliche Schwierigkeiten entgegen, so kann mit Genehmigung des Ministers für Handel, Gewerbe und öffentliche Arbeiten ausnahmsweise eine andere Zahl der Kuxe bestimmt werden.

§. 235 b. Der Beschlufs der Gewerkschaft unterliegt der Bestätigung des Oberbergamts.

Das Protokoll über die Gewerkenversammlung, in welcher der Beschlufs gefafst wird, ist notariell oder gerichtlich aufzunehmen und in Ausfertigung dem Oberbergamte einzureichen. Wo die Einrichtung des Hypothekenwesens es gestattet, hat die Hypothekenbehörde den Beschlufs auf Grund einer Ausfertigung des Protokolls im Hypothekenbuche zu vermerken und dem Oberbergamte

---

kann, so weit nicht vertragsmäfsige Verabredungen entgegenstehen, jede bereits bestehende Gewerkschaft sich denjenigen Bestimmungen des vierten Titels, welche nach Art. 227 auf die bestehenden Bergwerke keine Anwendung finden, unterwerfen und insbesondere die Kuxe auf die nach Art. 91 zulässige Eintheilung mit der Wirkung zurückführen, dafs die neuen Kuxe die Eigenschaft der beweglichen Sachen haben.

Ist bei dem Eintritt der Gesetzeskraft dieses Gesetzes der Besitz der Kuxe einer Gewerkschaft dergestalt getheilt, dafs der Zurückführung derselben auf die vorbezeichnete Eintheilung aufsergewöhnliche Schwierigkeiten entgegenstehen, so kann mit Genehmigung der Bergbehörde die Zahl der Kuxe auf zehntausend bestimmt werden.

Das Protokoll über die Gewerkenversammlung, in welcher der Beschlufs gefafst wird, ist notariell aufzunehmen.

Wenn auf gewerkschaftlichen Antheilen Hypotheken haften, so darf ein solcher Beschlufs nur dann ausgeführt werden, wenn diese Gläubiger entweder vorher abgefunden sind oder in die Ausführung ausdrücklich eingewilligt haben.“

eine beglaubigte Abschrift des Vermerks mitzutheilen. Die Löschung des Vermerks erfolgt auf Antrag des Oberbergamts.

§. 235c. Wenn auf gewerkschaftlichen Antheilen Privilegien des Rheinischen Rechts oder Hypotheken haften, so wird der wesentliche Inhalt des Beschlusses, insbesondere die Zahl der neuen Kuxe durch das Oberbergamt den aus dem Hypothekenbuche oder aus den Rheinischen Hypothekenregistern ersichtlichen Berechtigten, insofern deren ausdrückliches Einverständnifs mit dem Beschlusse nicht beigebracht ist, unter Verweisung auf diesen und die beiden nachstehenden Paragraphen bekannt gemacht.

In jedem Falle erfolgt diese Bekanntmachung durch das Amtsblatt der Regierung, in deren Bezirk das Bergwerk liegt.

§. 235d. Die privilegirten Gläubiger des Rheinischen Rechts, sowie die Hypothekengläubiger können ihre Befriedigung vor der Verfallzeit verlangen, soweit dies die Natur ihres Anspruchs gestattet.

Dieses Recht mufs binnen drei Monaten nach Ablauf des Tages, an welchem die Bekanntmachung zugestellt, beziehungsweise das die Bekanntmachung enthaltende Amtsblatt ausgegeben worden ist, durch gerichtliche Klage geltend gemacht und binnen derselben drei Monate mufs dem Oberbergamte die erfolgte Klageanstellung nachgewiesen werden. Der eingeklagte Anspruch mufs unausgesetzt gerichtlich weiter verfolgt werden. Die Nichtbeobachtung dieser Vorschriften zieht den Verlust des Rechts nach sich.

§. 235e. Sind privilegirte Gläubiger des Rheinischen Rechts oder Hypothekengläubiger nicht vorhanden, oder haben dieselben von dem ihnen beigelegten Recht, ihre Befriedigung vor der Verfallzeit zu verlangen, keinen Gebrauch gemacht, oder sind deren Rechte nach den vorstehenden Bestimmungen oder im Wege der gütlichen Einigung erledigt, so hat das Oberbergamt den Beschlufs zu bestätigen und die erfolgte Bestätigung durch das Amtsblatt der Regierung, in deren Bezirk das Bergwerk liegt, bekannt zu machen.

§. 235f. Privilegirte Gläubiger des Rheinischen Rechts, sowie Hypothekengläubiger, deren Privilegium oder Realrecht erst nach dem Tage der Ausgabe des die Bekanntmachung des Beschlusses enthaltenden Amtsblattes, beziehungsweise nach der Eintragung des Vermerkes über den Beschluſs im Hypothekenbuche entstanden ist, sind den rechtlichen Folgen des Beschlusses ohne Weiteres unterworfen.

§. 235 g. Bleiben bei der neuen Eintheilung überschieſsende Kuxtheile zurück, so erfolgt nach geschehener Zusammenlegung zu ganzen Kuxen auf Grund des bestätigten Beschlusses die nothwendige Subhastation derselben auf Antrag des Repräsentanten oder Grubenvorstandes durch den zuständigen Richter, insofern nicht die an den überschieſsenden Kuxtheilen betheiligten Gewerken über die anderweitige Zusammenlegung dieser Kuxtheile ein Uebereinkommen getroffen und der Gewerkschaft vorgelegt haben. Mit der Subhastation erlöschen alle Privilegien des Rheinischen Rechts, Realrechte und Hypotheken, welche auf den überschieſsenden Kuxtheilen haften.

Die Kosten der Subhastation fallen der Gewerkschaft zur Last.

§. 236 [1]). Soweit nicht etwas Anderes vereinbart ist, haften den seitherigen Hypothekengläubigern die neuen Kuxe, welche an die Stelle der verpfändeten Antheile treten, in der unter denselben durch ihre Hypothekenrechte begründeten Rangordnung als Pfand.

Wo nach der Einrichtung des Hypothekenwesens [2]) die auf den gewerkschaftlichen Antheilen haftenden Hypotheken und anderen Realansprüche in der zweiten und dritten Rubrik [3]) des Hypothekenfoliums eingetragen sind, werden dieselben von diesem Folium wörtlich in die Kuxscheine übertragen.

Die Löschung dieser Vermerke [4]) erfolgt nach den für die Löschung im Hypothekenbuche maaſsgebenden Vorschriften.

---

1) Findet sich nur Anh. 233, Bay. 234 und, mit den folgenden Paragraphen verbunden, aber mehrfach verändert Mein. 176.

2) Die vorhergehenden Worte dieses Absatzes fehlen Bay.

3) Statt „in — — Rubrik“ heiſst es Bay.: „welche in den treffenden Rubriken“.

4) „Einträge“ Bay.

§. 237. Ist ein Antheil nach §. 236. mit Pfandrechten, welche an die Stelle seitheriger Hypotheken getreten sind, belastet, so wird der darüber ausgefertigte Kuxschein, sofern nur Ein seitheriger Hypothekengläubiger vorhanden ist, diesem ausgehändigt, sofern aber zwei oder mehrere solcher Gläubiger vorhanden sind, für diese von [1]) der Hypothekenbehörde (§. 239.) in Gewahrsam genommen und aufbewahrt.

§. 238 [2]). Der Verkauf von Kuxscheinen Behufs Befriedigung seitheriger Hypothekengläubiger erfolgt im Wege der Mobiliarversteigerung (§. 109).

Der Versteigerungstermin ist sämmtlichen aus dem Kuxscheine ersichtlichen Realberechtigten bekannt zu machen.

Durch den Verkauf erlöschen alle Realansprüche auf den verkauften Antheil.

Der gelöste Kaufpreis wird unter die Gläubiger nach der Rangordnung ihrer Forderungen vertheilt.

§. 239 [3]). Wenn und so lange in Folge der Ausführung eines unter den §. 235. fallenden Beschlusses Antheile einzelner Gewerken mit Pfandrechten, welche an die Stelle seitheriger Hypotheken getreten, belastet sind, erfolgt die Führung des Gewerkenbuchs und die Ausfertigung der Kuxscheine (§§. 103. und 121) durch die Hypothekenbehörde, welche das Hypothekenbuch über das Bergwerk selbst zu führen hat.

§. 240. In den Rechtsverhältnissen der Mitbetheiligten der bei dem Eintritt der Gesetzeskraft des gegenwärtigen Gesetzes in den linksrheinischen Landestheilen im Besitze mehrerer Personen befindlichen Bergwerke wird durch dieses Gesetz nichts geändert. Jedoch finden die Bestimmungen des §. 134. auch auf diese Bergwerke Anwendung.

Durch einen von einer Mehrheit von wenigstens drei Viertheilen aller Antheile gefafsten Beschlufs können die Mitbetheiligten eines solchen Bergwerks die im vierten

---

1) Statt „von der Hypothekenbehörde“ Bay.: „durch einen von ihnen zu bestimmenden Notar“.

2) Eingeschoben sind hier Mein. 179—189 über das Berghypothekenwesen.

3) Fehlt Bay.

Titel des gegenwärtigen Gesetzes (§§. 94. bis 132) enthaltene gewerkschaftliche Verfassung annehmen, soweit nicht vertragsmäſsige Verabredungen entgegenstehen.

Der Beschluſs ist notariell aufzunehmen.

§. 241. Auf Fälle, in welchen vor Eintritt der Gesetzeskraft des gegenwärtigen Gesetzes für den Betrieb des Bergbaues Grund und Boden eigenthümlich oder zur Benutzung abgetreten ist, kommen nicht die §§. 137. bis 141, sondern die bisherigen Gesetze zur Anwendung [1]).

Zwölfter Titel.

Schluſsbestimmungen.

§. 242 [2]). Wo in diesem Gesetze eine Frist nach Monaten bestimmt ist, fällt der Ablauf der Frist auf denjenigen Tag des letzten Monats, welcher durch seine Zahl dem Tage des Anfangs der Frist entspricht. Fehlt dieser Tag in dem letzten Monate, so läuft die Frist mit dem letzten Tage dieses Monats ab.

§. 243. Das gegenwärtige Berggesetz tritt im ganzen Umfange der Monarchie mit dem 1. Oktober 1865. in Kraft.

§. 244. Mit diesem Zeitpunkte treten auſser Kraft: die Provinzial-Bergordnungen, die §§. 6. und 69. bis 480. des sechzehnten Titels im zweiten Theile des Allgemeinen Preuſsischen Landrechts, das Gemeine Deutsche Bergrecht, die Deklaration vom 27. Oktober 1804, das Gesetz über die Verleihung des Bergwerkseigenthums auf Flötzen vom 1. Juli 1821, das Gesetz über die Verhältnisse der Miteigenthümer eines Bergwerks vom 12. Mai 1851, das Knappschaftsgesetz vom 10. April 1854, das Gesetz über die Beaufsichtigung des Bergbaues und das Verhältniſs der Berg- und Hüttenarbeiter vom

1) Braunschw. schiebt hier §. 220 ein: „Auf den Umfang der Goslar'schen Stadtforst findet dies Gesetz keine Anwendung“.

2) Fehlt Bay., Goth. und Reuſs und ist Hess. 226 durch zwei weitere die Fristberechnungen betreffende Absätze vermehrt. Im übrigen sind die Schluſsbestimmungen des preuſsischen Berggesetzes selbstverständlich überall durch andere ersetzt.

21. Mai 1860, mit Ausschlufs der §§. 16. 17. und 18. und des §. 19, soweit derselbe sich auf §. 18. bezieht, das Gesetz über die Kompetenz der Oberbergämter vom 10. Juni 1861, das linksrheinische Bergwerksgesetz vom 21. April 1810, das Dekret über die Organisation des Bergwerkscorps vom 18. November 1810, das Bergwerks-Polizeidekret vom 3. Januar 1813. und alle übrigen allgemeinen und besonderen Gesetze, Verordnungen und Gewohnheiten über Gegenstände, auf welche das gegenwärtige Gesetz sich bezieht.

§. 245. Für die Verwaltung der Bergbauhülfskassen bleibt das Gesetz vom 5. Juni 1863. (Gesetzsammlung Seite 365) maafsgebend.

Desgleichen wird an den Vorschriften über die Entrichtung, Ermittelung und Einziehung der Bergwerksabgaben durch das gegenwärtige Gesetz nichts geändert.

Die bisher von den Bergbehörden erlassenen Bergpolizei-Verordnungen bleiben, soweit sie nicht mit dem gegenwärtigen Gesetze in Widerspruch stehen, in Kraft.

§. 246. Die bisher von besonderen Berghypotheken-Kommissionen geführten Berghypothekenbücher sollen an die ordentlichen Gerichte abgegeben werden.

Der Zeitpunkt dieser Abgabe und die Auflösung der Berghypotheken-Kommissionen wird durch Königliche Verordnung bestimmt.

Die besonderen Bestimmungen über die Einrichtung und Führung der Berghypothekenbücher bleiben in Kraft, soweit nicht eine Abänderung durch den §. 97. herbeigeführt wird.

§. 247. An die Stelle des §. 410. des Anhangs zur Allgemeinen Preufsischen Gerichtsordnung und der Kabinetsorder vom 14. September 1834. (Gesetzsammlung Seite 169) treten bei der Subhastation von Bergwerken und Bergwerksantheilen folgende Bestimmungen:

1) Statt der Taxe wird von dem Revierbeamten eine genaue Beschreibung des Bergwerks angefertigt.
2) Bei Anberaumung des Bietungstermins und Bekanntmachung des Subhastationspatents finden die bei der Subhastation von Gegenständen von mehr als fünfhundert Thalern bis zu fünftausend Thalern an Werth vorgeschriebenen Förmlichkeiten Anwendung.

§. 248. Die Rheinische Subhastationsordnung vom 1. August 1822. (Gesetzsammlung Seite 195) erleidet bei der Subhastation von Bergwerken und Bergwerksantheilen folgende Abänderungen:

1) Nr. 2. und 3. des §. 4. und die entsprechenden Bestimmungen unter Nr. 2. und 3. des §. 12. bleiben aufser Anwendung.

   Es genügt eine von dem Revierbeamten angefertigte genaue Beschreibung des Bergwerks.

2) In allen Fällen ist der Bietungstermin (§. 13.) auf drei Monate hinauszurücken und das Subhastationspatent unter den im §. 14. Nr. II. vorgeschriebenen Förmlichkeiten bekannt zu machen.

Bei den auf Grund des sechsten Titels des gegenwärtigen Gesetzes einzuleitenden Subhastationen finden die §§. 2. und 3. jener Subhastationsordnung keine Anwendung.

§. 249. Die besonderen Vorschriften über die Theilnahmerechte der Bergglaubiger bei der Vertheilung der Kaufgelder und Revenüen von Bergwerken im Konkurse und in der nothwendigen Subhastation sind aufgehoben.

Dagegen wird den Bergarbeitern in Beziehung auf die Rückstände aus dem letzten Jahre an Lohn und anderen Emolumenten das Vorrecht des §. 50. der Konkursordnung vom 8. Mai 1855, und im Gebiete des Rheinischen Rechts das Privilegium des Artikels 2101. Nr. 4. des bürgerlichen Gesetzbuchs beigelegt.

§. 250. An den Rechten der früher reichsunmittelbaren Standesherren, sowie derjenigen, welchen auf Grund besonderer Rechtstitel das Bergregal in gewissen Bezirken allgemein oder für einzelne Mineralien zusteht, wird durch das gegenwärtige Gesetz nichts geändert.

Unbeschadet dieser Rechte unterliegt jedoch auch der Bergbau in jenen Bezirken den Bestimmungen des gegenwärtigen Gesetzes.

Die von den Berechtigten bestellten Bergbehörden bleiben in Wirksamkeit. Die Dienstinstruktionen derselben sollen mit diesem Gesetze, soweit es nach dem Vorstehenden Anwendung findet, in Uebereinstimmung gebracht werden.

Uebersichtstabelle über die Berggesetze.

Preußen.	Anhalt.	Braunschweig.	Bayern.	Elsaß-Lothringen	Hessen.	Württemberg.	Altenburg.	Meiningen.	Gotha.	Reuß.
1	1	1	1	1.2	1	1	1	1	1	
2	2	2	2	3	2	2	2	2	2	—
3	3	3	3	4	3	3	3	3	3	2
4	4	4	4	5	4	4	4	4	4	3
5	5	5	5	6	5	5	5	5	5	4
6	6	6	6	7	6	6	6	6	6	5
7	10	7	7	8	7	7	7	7	7	6
8	7.8	8	8	9	8	8	8	8	8	7
9	8	9	9	10	9	9	9	9	9	8
10	9	10	10	11	10	10	10	10	10	9
11	11	11	11	12	11	11	11	11	11	10
12	12	13	12	13	12	12	12	12	12	11
13	13	14	13	14	13	13	13	13	13	12
14	14	15	14	15	14	14	14	14	14	13
15	15	16	15	16	15	15	15	15	15	14
16	16	17	16	17	16	16	16	16	16	15
17	17	18	17	18	17	17	17	17	17	16
18	18	19	18	19	18	18	18	18	18	17
19	19	20	19	20	19	19	19	19	19	18
20	20	21	20	21	20	20	20	20	20	19
21	21	22	21	22	21	21	21	21	21	20
22	22	23	22	} 23	} 22	22	22	22	22	21
23	23	24	23			23	23	23	23	22
24	24	25	24	24	23	24	24	24	24	23
25	25	26	25	25	24	25	25	25	25	24
26	26	27	26	26	25	26	26	26	26	25
27	27	28	27	27	26	27	27	27	27	26
28	28	29	28	28	27	28	28	28	28	27
29	29	31	29	29	28	29	29	29	29	28
30	30	32	30	30	29	30	30	30	30	29
31	31	33	31	31	30	31	31	31	31	30
32	32	34	32	32	31	32	32	32	32	31
33	33	35	33	33	32	33	33	33	33	32
34	34	36	34	34	33	34	34	34	34	33
35	35	37	35	35	34	35	35	35	35	34
36	36	38	—	36	35	36	36	36	36	35
37	37	39	36	37	36	37	37	37	37	36
38	38	40	37	38	37	38	38	38	38	37
39	39	41	38	39	38	39	39	39	39	38
40	40	42	39	40	39	40	40	40	40	39
41	41	43	53	54	54	55	41	41	41	40

Preußen.	Anhalt.	Braunschweig.	Bayern.	Elsaß-Lothringen.	Hessen.	Württemberg.	Altenburg.	Meiningen.	Gotha.	Reuß.
42	42	44	54	55	55	56	42	42	42	41
43	43	45	55	56	56	57	43	43	43	42
44	44	46	56	—	57	58	44	44	—	—
45	45	47	57	—	58	59	45	45	—	—
46	46	48	58	—	59	60	46	46	—	—
47	47	49	59	—	60	61	47	47	—	—
48	48	50	60	—	61	62	48	48	—	—
49	49	51	61	57	62	63	49	49	44	43
50	50	52	40	41	40	41	50	50	45	44
51	51	53	62	58	63	64	51	51	46	46
52	52	54	41	42	41	42	52	52	47	47
53	53	55	—	43	42	43	53	53	48	—
54	54	56	42	44	43	44	54	54	49	48
55	55	57	43	45	44	45	55	55	50	49
56	56	58	44	46	45	46	56	56	51	50
57	57	59	45	47	46	47	57	57	52	51
58	58	60	46	48	47	48	58	58	53	52
59	59	61	47	—	48	49	59	59	54	53
60	60	62	48	49	49	50	60	60	55	54
61	61	63	49	50	50	51	61	61	56	55
62	62	64	50	51	51	52	62	62	57	56
63	63	65	51	52	52	53	63	63	58	57
64	64	66	52	53	53	54	64	64	59	58
65	65	67	63	59	64	65	65	65	60	59
66	66	68	64	60	65	66	66	66	61	60
67	67	69	65	61	66	67	67	67	62	61
68	68	70	66	62	67	68	68	68	63	62
69	69	71	67	63	68	69	69	69	64	63
70	70	72	68	64	69	70	70	70	65	64
71	71	73	69	65	70	71	71	71	66	65
72	72	74	70	66	71	72	72	72	67	66
73	73	75	71	67	72	73	73	73	68	67
74	74	76	72	68	73	74	74	74	69	68
75	75	77	73	69	74	75	75	75	70	69
76	76	78	74	70	75	76	76	76	71	70
77	77	79	75	71	76	77	77	77	72	71
78	78	80	76	72	77	78	78	78	73	72
79	79	81	77	73	78	79	79	79	74	73
80	80	82	78	74	79	80	80	80	75	74
81	81	83	79	—	80	81	81	82	78	75
82	82	84	80	—	81	82	82	83	79	76
83	83	85	81	—	82	83	83	—	80	77
84	84	86	82	—	83	84	84	—	—	—

Preußen.	Anhalt.	Braun-schweig.	Bayern.	Elsaß-Lothringen.	Hessen.	Württem-berg.	Altenburg.	Meiningen.	Gotha.	Reuß.
85	85	87	83	—	—	—	85	—	—	—
93	86	96	84	—	84	85	86	84	—	—
94	87	97	85	75	85	86	87	85	—	—
95	88	98	86	76	86	87	88	86	—	—
96	89	99	87	77	87	88	89	87	—	—
97	90	100	—	—	88	—	90	88	—	—
98	91	101	88	78	89	89	91	89	—	—
99	92	102	89	79	90	90	92	90	—	—
100	93	103	90	80	91	91	93	91	—	—
101	94	104	91	81	92	92	94	92	—	—
102	95	105	92	82	93	93	95	93	—	—
103	96	106	93	83	94	94	96	94	—	—
104	97	107	94	84	95	95	97	95	—	—
105	98	108	95	85	96	96	98	96	—	—
106	99	109	96	86	97	97	99	97	—	—
107	100	110	97	87	98	98	100	98	—	—
108	101	111	98	88	99	99	101	99	—	—
109	102	112	99	89	100	100	102	100	—	—
110	103	113	—	90	101	101	103	101	—	—
111	104	114	100	91	102	102	104	102	—	—
112	105	115	101	92	103	103	105	103	—	—
113	106	116	102	93	104	104	106	104	—	—
114	107	117	103	94	105	105	107	105	—	—
115	108	118	104	95	106	106	108	—	—	—
116	109	119	105	96	107	107	109	—	—	—
117	110	120	106	97	108	108	110	106	—	—
118	111	121	107	98	109	109	111	107	—	—
119	112	122	108	99	110	110	112	108	—	—
120	113	123	109	100	111	111	113	109	—	—
121	114	124	110	101	112	112	114	110	—	—
122	115	125	111	102	113	113	115	111	—	—
123	116	126	112	103	114	114	116	112	—	—
124	117	127	113	104	115	115	117	113	—	—
125	118	128	114	105	116	116	118	114	—	—
126	119	129	115	106	117	117	119	115	—	—
127	120	130	116	107	118	118	120	116	—	—
128	121	131	117	108	119	119	121	117	—	—
129	122	132	118	109	120	120	122	} 118.	—	—
130	123	133	119	110	121	121	123		—	—
131	124	134	120	111	122	122	124	119	—	—
132	125	135	121	112	123	123	125	120	—	—
133	126	136	122	113	124	124	126	121	85	81
134	127	137	123	114	125	125	127	122	87	88

Preußen.	Anhalt.	Braunschweig.	Bayern.	Elsaß-Lothringen.	Hessen.	Württemberg.	Altenburg.	Meiningen.	Gotha.	Reuß.
135	128	138	124	115	126	126	128	123	93	89
136	129	139	125	116	127	127	129	124	94	90
137	130	140	{126 127	117	128	128	130	125	95	91
138	131	141	128	118	130	129	131	126	96	92
139	—	142	129	119	131	130	132	—	98	94
140	—	143	130	120	132	131	133	—	97	93
141	—	144	—	—	—	—	134	—	99	95
142	{132	145	136	121	134	133	135	—	100	96
143		146	143	122	135	—	136	—	·101	97
144	133	147	144	123	136	—	137	—	102	98
145	134	148	{145	124	137	—	138	—	103	99
146	135	149		125	138	134	139	—	104	100
147	—	151	147	126	140	135	140	—	105	101
148	137	152	151	127	141	136	141	128	106	102
149	138	153	152	128	142	137	142	129	107	103
150	139	154	153	129	143	138	143	130	108	104
151	140	155	154	130	144	139	144	131	109	105
152	141	156	155	131	145	140	145	132	110	106
153	142	157	156	132	146	141	146	133	111	107
154	143	158	{157 158	133	147	142	147	134	112	108
155	144	—	—	—	148	—	—	—	—	—
156	145	159	159	134	149	143	148	135	113	109
157	146	160	—	135	150	144	149	136	114	110
158	147	161	160	136	151	145	150	137	115	111
159	148	162	161	137	152	146	151	138	116	112
160	149	163	162	138	153	147	152	139	117	113
161	150	164	163	139	154	148	153	140	118	114
162	151	165	164	—	—	—	154	141	119	115
163	152	166	165	140	155	149	155	142	120	116
164	153	167	166	141	156	150	156	143	121	117
165	154	168	167	142	157	151	157	—	—	—
166	155	169	168	—	158	152	—	—	—	—
167	156	170	169	142	159	153	158	—	—	—
168	157	171	170	143	160	154	159	—	—	—
169	158	172	171	145	161	155	160	—	—	—
170	159	173	172	146	162	156	161	—	—	—
171	160	174	173	147	163	157	162	—	—	—
172	161	175	174	148	164	158	163	—	—	—
173	162	176	175	149	165	159	164	—	—	—
174	163	177	176	150	166	160	165	—	—	—
175	164	178	177	151	167	161	166	—	—	—

Preußen.	Anhalt.	Braunschweig.	Bayern.	Elsaß-Lothringen.	Hessen.	Württemberg.	Altenburg.	Meiningen.	Gotha.	Reuß.
176	165	179	178	152	168	162	167	—	—	—
177	166	180	179 180	153	169	163	168	—	—	—
178	167	181	181	154	170	164	169	—	—	—
179	168	182	182	155	171	165	170	—	—	—
180	169	183	183	156	172	166	171	—	—	—
181	170	184	184	157	173	167	172	—	—	—
182	171	185	185	158	174	168	173	—	—	—
183	172	186	186	159	175	169	174	—	—	—
184	173	187	187	160	176	170	175	—	—	—
185	174	188	188	161	177	171	176	—	—	—
186	175	189	189	162	178	172	177	—	—	—
187	176	—	—	164	180	173	178	—	131	120
188	177	—	—	—	—	—	179	—	132	121
189	178	—	—	165	181	174	—	144	133	123
190	179	—	—	166	182	175	180	149	—	—
191	180	193	193	168	183	176	181	—	137	126
192	181	194	194	169	184	—	182	145	138	127
193	182	195	195		185	—	183		139	128
194	183	196	—	170	186	—	—	—	—	—
195	184	197	196	171	187	177	184	151	140	129
196	185	198	197	172	188	178	185	152	142	132
197	186	—	198	173	189	179	186	—	143	133
198	187	199	200	174	190	180	187	153	144	134
199	188	200		175	191	181	188	154	145	135
200	189	201	201	176	192	182	189	155	146	136
201	190	202	205	177	193	183	190	156	147	137
202	191	203	—	178	194	184	191	157	148	138
203	192	204	202	179	195	185	192	158	150	140
204	193	205	203	180	196	186	193	159	151	141
205	194	206	203	181	197	187	194	160	152	142
206	195	207	204	182	198	188	195	161	153	143
207	196	208	208 209 210	183	199	190	196	162	154	144
208	197	—	206	184	200	191	197		155	145
209	198	209	207	185	205	194	198	—	156	147
210	—	—	—	—	—	—	—	—	—	—
211	—	—	—	—	—	—	—	—	—	—
214	—	—	—	—	—	—	—	—	—	—
215	—	211	215	—	—	—	—	163	158	149
216	—	—	216	—	—	—	—	165	159	150
217	—	212	217	—	—	—	—	166	—	—

Preußen.	Anhalt.	Braunschweig.	Bayern.	Elsaß-Lothringen.	Hessen.	Württemberg.	Altenburg.	Meiningen.	Gotha.	Reuß.
218	—	—	218	—	—	—	—	167	{160 161	{151 152
219	—	—	219	—	—	—	—	168	162	153
220	—	—	—	—	—	—	—	—	—	—
221	—	—	220	—	206	—	—	169	163	154
222	—	—	221	—	—	—	—	170	164	155
223	215	—	223	—	—	—	—	171	—	—
224	216	—	224	—	—	—	—	172	—	—
225	—	—	225	—	—	—	—	—	—	—
226	217	—	226	—	208₁	—	—	173	—	—
227	218	216	227	—	—	—	—	—	—	—
228	219	—	{228	—	208₂	—	—	174	—	—
229	220	—		—	—	—	—	—	—	—
230	221	—	{229	—	—	—	—	—	—	—
231	222	—		—	—	—	—	—	—	—
232	223	—	230	—	—	—	—	—	—	—
233	224	—	231	—	—	—	—	175	165	156
234	225	—	232	—	—	—	—	—	—	—
235a	226	—	—	—	208	—	—	—	—	—
235b	227	—	—	—	—	—	—	—	—	—
235c	228	—	—	—	—	—	—	—	—	—
235d	229	—	—	—	208	—	—	—	—	—
235e	230	—	—	—	—	—	—	—	—	—
235f	231	—	—	—	—	—	—	—	—	—
235g	232	—	—	—	—	—	—	—	—	—
236	233	—	234	—	—	—	—	{176	—	—
237	234	—	235	—	—	—	—		—	—
238	235	—	236	—	—	—	—	178	—	—
239	236	—	—	—	—	—	—	177	—	—
240	—	—	237	187	—	—	—	—	—	—
241	237	218	238	188	209	—	—	—	—	—
242	240	219	—	192	226	199	199	190	—	—
243	—	—	—	—	—	—	—	—	—	—
244	—	—	—	—	—	—	—	—	—	—
245	—	—	—	—	—	—	—	—	—	—
246	—	—	—	—	—	—	—	—	—	—
247	—	—	—	—	—	—	—	—	—	—
248	—	—	—	—	—	—	—	—	—	—
249	—	—	—	—	—	—	—	—	—	—
250	—	—	—	—	—	—	—	—	—	—

Sachregister.

Abbildung in Schriftwerken 55. 77. des Musters 71. strafbare 232 f. vgl. Zeichnungen.
Abdeckereigewerbe 128. 137. 163.
Abdruck, erlaubter 45 f. 55. 64. 77. unerlaubter vgl. Nachdruck.
Abfahrtsgelder 6.
Abgaben 126, Note 1. 164 f. 185. 223. 251 f. 254 ff. 314. 318. vgl. Bergwerksabgaben.
Abhandlungen, einzelne 46.
Abkürzungen im Standesregister 14.
Ablieferungsort 313.
Ablösung von Grundschulden, Reallasten, Gewerbeberechtigungen 7. 163 f.
Abrechnung auf Lohn 144. 199 ff.
Abschätzung der Hülfskasse 218 f. vgl. Sachverständige, Schätzung.
Abschlagsvertheilung im Konkurs 329 f. vgl. Vertheilung.
Abschrift der Eintragungen im Standesregister 14 f. 24. 33., im Tagebuch des Schiffers 23 f. als Nachdruck 44. des Manuscriptes 44. der Privilegiumsurkunde 98. aus dem Privilegienregister 107 f. der Amortisationsurkunde 297.
Absonderung bei Befriedigung im Konkurs 283. 307. 310. 314 f. 319. 323. 325. 327. 329. 332. 342 f.
Abstammung, Feststellung derselben 17.
Abtheilungen eines Werkes 45. 47. 68.
Abtretung des Klaganspruches 277. von Forderungen 315. 317. 434. von Diensteinkünften einer Militärperson 382.
Abwäger 131.
Abweichungen in den Standesurkunden 20. 30.
Abwesenheitserklärung 382.
Actio Pauliana vgl. Anfechtung.
Advokat, Advokatur 58. 123. 163. 231.
Agenten, *Agentur* 123. 135. 166. 204.
Akademien als Urheber 47.
Aktenstücke, öffentliche 46. 83.
Alimente 223. 291 f. vgl. Unterhalt.
Alleingebot bei Versteigerung 265.
Alter 10. 22 f. 31 ff. 127. 198. 213. vermutliches 17. schulpflichtiges 198. Alter im Felde 389 ff. 395. 401. 445 f.

Alterum tantum 239 Note 1.
Amortisation vgl. Kraftloserklärung.
Amt, von Amts wegen, Amtssitz, Amtsbezirk, Amtstag. 13. 23 f. 30 f. 35 ff. 38. 41 f. 46. 51. 73. 92. 112. 133. 160. 267. Berechtigung zu öffentlichen Aemtern 1 9.
Aenderung im Standesregister 14. im Personenstand 17. 22. bei Abdruck 77. am Muster 90. im Privilegienbestand 107. 111. der Betriebsanlagen und des Betriebes 134. 171. 204. des Statuts der Hülfskassen 212. 216. der Klage 277.
Aneignung, widerrechtliche, von Mustern 88. 90. vgl. Muster.
Anerkenntnisse der Reichskassen 366 f.
Anerkennung von unehelichen Kindern 17. von Ansprüchen 273. 275. 307.
Anfechtung der Ehe 19 f. von Entscheidungen und Verfügungen 280. 299. 323. 330. 335 f. von Rechtsgeschäften 310 ff. 336. 342. von Gewerkschaftsbeschlüssen 414. vgl. Berufung, Verletzung.
Anführen einzelner Stellen fremder Werke 45. 55. 77.
Angabe des Urhebernamens 46 f. 50. 54 f. 62. 67. 77 f.
Angehörige vgl. Staatsangehörigkeit, Verwandtschaft.
Angestellte Personen 11 f. 91. 123. 126. 131. 175. 177. 179. 187 203. 206. 223. 227. 235 f. 321 f.
Angriffsmittel im Rechtsstreit 275 f.
Anklage, mutwillige 93. vgl. Klage, Beschwerde.
Anlage zum Gewerbebetrieb 121. 131 ff. 167. 170 ff. 178 f. 204. 206.
Anleihe 345.
Anmeldung von rechtswidriger Uebersetzung 45. des Urhebernamens an die Eintragsrolle 47. 57. 63 des Privilegs 59 f. 66. von Mustern 71 ff. von Gehilfen und Lehrlingen 150. gewerbliche 125 127. 135. 137 f. 156. 159 f. der Arbeiter bei der Hülfskasse 209. der Hülfskassen 212. 216. der Klage 278. der Amortisationsurkunde 298. von Vorrechten zur Eintragung 304. von Forderungen im Konkurs 245 ff. 248. 258. 260. 308. 316. 325. 333. 337. 341. 343. der Klage 242 245. 278.
Annahme an Kindesstatt 17 ff. von Lehrlingen und Arbeitern 176. 195 ff. von Erbschaften des Gemeinschuldners 245. von Zahlungen im Konkurs 247. des Zwangsvergleiches 333 f. vgl. Aufnahme, Zahlung.
Annullierung des Privilegs 99.
Anonyme Werke 47. 51. 57. 63. 76. 81 f. 84.
Anschlag des Aufgebots 21. 31. 36 f. über Mafs, Gewicht und Preis 186.
Anstalten 16 f. 41. 123 f. 207. 209 f. 267. 298.
Antheil der Gesellschafter 260. 339.
Antiquare 166.
Antrag in Personenstandessachen 13. 24. 27. 37. auf Auflö-

sung der Ehe 27. auf Strafverfolgung 48. 51. 53. 65. 75 Note 1. 92. 109 f. 113. auf Eintragung in die Eintragsrolle 54. auf Auflösung des Lehrvertrages 148. in Gewerbesachen 169. 171. auf Aufhebung des Arrestes 223. 326. auf Bufse 233. auf Bestellung eines Vertreters im Prozefs 271. auf Entlassung aus dem Prozefs 272. auf Entmündigung und Aufhebung derselben 278 ff. auf Aufgebot 297 ff. auf Rückkehrsbefehl 303. im Konkurs 310. 315. 317. 322 ff. 327 ff.

Antritt des Gewerbes vgl. Gewerbebetrieb.

Anwärter auf Familienfideikommifs 263.

Anweisung auf Lohn 222.

Anwalt 231. 273 f Anwaltsprozefs 274.

Anzeige, Anzeigepflicht, an das Standesamt 14. 15. 16 f. 22 f. 25 f. 28. 36. 41 f. 302. an die Genossenschaft 160. im Gewerbebetrieb 166 175. 198. 204 f. in Sachen der Hülfskassen 218. 221. vom Erlöschen der Vollmacht 274. über Güterrechtsverhältnisse des Gemeinschuldners 341.

Apotheker 123 126 Note 1. 130. 163. 172 f. 176. 187. 197. 203. 255. 318

Arbeiter, Arbeitsvertrag 91. 144 ff. 176. 192 ff. 254. Arbeitsbuch 141. 195. 198 f. 205. Arbeitseinstellung 141. 142 Note 1. 206. Arbeiterliste 144. 198. 205. Arbeitslohn vgl. Lohn. Arbeitsunfähigkeit 143. 214. 433 Arbeitsordnung 407. Arbeitszeit 144 ff. 197 f. vgl. Bergleute, Dienstverhältnifs, Fabrikarbeiter.

Armeelieferungen vgl. Gemeinde.

Armenfond 91. 93. 110. 161. 201.

Armenverband 421 Note 3.

Armierung einer Festung 357. 364.

Arrest 273 290 296 f. 324 f. 336. 400. 434. vgl. Beschlagnahme, Gefängnifs, Sequestration.

Artikel in öffentlichen Zeitschriften 45.

Artistisches Eigenthum vgl. Urheberrecht.

Arzt 16. 21. 23. 123. 163. 172 f. 187. 203 f. 255. 318.

Ascendenten 18.

Aufbereitungsanstalten 207. 209 f. 402. 419. 431.

Aufbewahrung, Aufbewahrungskosten 285. 296 f. der Standesregister 14. 25 der Urkunden des Schiffers 24. der Nachdrucksvorrichtungen 73 der Muster 89. der Privilegiumpapiere 104. 107.

Aufenthaltsort, Aufenthaltsrecht 8. 18. 20 f. 122. 267 f. 271. vgl Wohnsitz.

Aufführung vgl. öffentliche Aufführung.

Aufgebot bei Eheschliefsung 20 ff. 26 f. 30 f. 35 ff. 39 f. bei Zwangsvollstreckung 294. bei Kraftloserklärung 297 ff. bei Betriebsanlagen 132 ff. 168. bei Bergwerken 395. bei Zollgütern 226 f.

Aufgebotsbuch 37.
Aufgebotstermin 37. 298 f.
Aufhebung des Privilegs 99. 106. 115. der Prozefsvollmacht 274. des Konkurses 258. 335 ff.
Auflage eines Werkes 83.
Auflehnung im Dienstverhältnifs 143. 148. 407 f.
Auflösung der Ehe 19. 22. 27. des Dienstvertrages 142 ff. 145. 150. der Hülfskasse 212. der Aktiengesellschaft 337.
Aufnahme von fremden Werken 45. 55. 62. 67 ff. 71. 77 f. von Lehrlingen und Gehilfen 141. 146 f. 149. 156 f. 195 ff. 198. 205 f. des Konkursverfahrens 336.
Aufnahmebefehl an einen Ehegatten 303.
Aufrechnung von Forderungen 248. 316 f. 332. 336. 342. von Prozefskosten 274. 276.
Aufreizung zum Ungehorsam 143.
Aufsätze, einzelne 45 f.
Aufschub der Eheschliefsung 21
Aufsicht, *Aufsichtsbehörde* 2. 11. 13 ff. 17. 23 f. 93. 129. 145. 155. 185 ff. 191. 199. 204. vgl. Behörde.
Augenschein 112 f. 169.
Auseinandersetzung des ehelichen Vermögens 19. bei Konkurs des Gesellschafters 260. von Gesellschaftsverhältnissen des Gemeinschuldners 308. 315 f. der Hülfskasse 219 f. der Zunft 190 f.
Ausfall der Gläubiger 256 f. 258. 261. 318 f. 329. 338 f. bei wiederholter Versteigerung 286.
Ausfertigung, vollstreckbare 280. 296.
Ausgleich vgl. Zwangsvergleich.
Aushang vgl. Anschlag.
Ausland, *Ausländer* 2. 4. 19. 21. 26. 28. 60. 66. 72. 74. 81. 86. 89 f. 95 ff. 98. 104. 106. 109 ff. 126 f. 136. 139. 165. 181. 184 f. 232 f. 263. 266. 270. 288 ff. 306. 315. 339. 413. 419.
Ausrufspreis 265.
Ausscheiden eines Genossenschafters 341.
Ausscheidung vgl. Absonderung, Aussonderung.
Ausschliefsung vom Gewerbe 126 f. 131. 162 f. 165 f. 170. aus der Zunft 188. 191. aus der Hülfskasse 213. 215. 218 f. aus der Genossenschaft 341.
Ausschlufsfrist bei Amortisation 298 ff. bei Konkurs 329 f. 332.
Ausschufs der Hülfskasse 216 f. 220. vgl. Gläubigerausschufs.
Aussetzung des Streites 274.
Aussonderung im Konkurs 250. 307. 313. 327.
Aussteller einer Urkunde 297. 344 f.
Aussterben der Zunft 191.
Austritt aus der Zunft 187. vgl. Gewerkschaft.
Auswanderung 2. 6. 163.

Auszeichnungen für Gewerbetreibende 138. 159.
Auszüge aus dem Standesregister 15. 30. 37. 40 f. aus dem Aufgebotsbuch 37. aus der Eintragsrolle 54. aus fremden Werken 77. aus dem Musterregister 72.
Autonomie 26. vgl. Hausgesetze.
Autor vgl. Urheberrecht.
Baarzahlung bei Lohn 199 f.
Bäckereigewerbe 136 f. 163. 186.
Badeorte 123.
Baken 3.
Bände eines Werkes 45. 47. 68.
Bankerutt, betrüglicher 332 f. 336 f.
Banknoteninhaber 342.
Bankstatut 303. 342.
Bankwesen 2. 4.
Bannrechte 163 ff.
Bau, unterirdischer, auf nichtbergrechtliche Fossilien 439 Note 2. vgl. Grube.
Baubeschränkungen in der Umgebung von Festungen 348—51. 353. 357 f.
Baugewerbe 128. 130. 159.
Baukunst, Werke derselben 61.
Bauleute, Strafbarkeit 353.
Beamte, Beamtenstand 16. 26. 29 f. 33. 116. 118 f. 121. 126. 153. 165 f. 223. 256. 266 f. 291 f. vgl. Bergbeamte, Militärpersonen.
Bearbeitung fremder Werke 55 f. 79. gewerbsmäſsige 122 f.
Bedrückung der Arbeiter 156.
Beerdigung, *Beerdigungskosten*, *Beerdigungsplätze* 23. 119. 255. 349. 351. 355. 385. 433.
Befrachter 228.
Befestigung s. Festung.
Befreiung durch Leistung an den Gemeinschuldner 245. 306 f.
Befund vgl. Augenschein, Gutachten.
Begebung des Wechsels 312.
Beglaubigung von Urkunden etc. 3. 30 f. 195. 197. von Handzeichen 213.
Begleiter beim Gewerbebetrieb im Umherziehen 183. 204.
Behändigung der Klage 242. 245. 278.
Behörde 2. 8. 11 ff. 16 f. 21. 23. 26. 28. 31. 34 ff. 37. 40 f. 71 f. 91. 97. 100 f. 105. 111. 114. 125 ff. 129 ff. 133 ff. 136 f. 139. 144 ff. 149 ff. 153 f. 159 f. 165 ff. 169 ff. 172 ff. 175 ff. 178 f. 181 ff. 185 ff. 188 f. 192 f. 195. 197 ff. 204. 207 f. 210. 212. 218 ff. 224. 227. 267. 298. 347. 353. vgl. Bergbehörde, Militärbehörde, Verwaltungsbehörde.
Beistand, gerichtlicher 231.
Beiträge zu Schriftwerken 43. 46. 76. 82. zur Hülfskasse 145. 154 f. 161. 209 ff. 211 ff. 215 f. 218 f. 255. an die Zunft

188 ff. 192. der Güter zur Massenschuld 258 f. vgl. Gewerkschaft, Knappschaftsverein.
Beitritt zur Hülfskasse 145. 154. 201 f. 208 ff. 213. 215 217 f. vgl. Intervention, Eintritt, Knappschaftsverein.
Bekanntmachung in Urheberschutzsachen 50 ff. 54. 57. 60. 72. 83. 91. der Eintragung in die Eintragsrolle 66. in Privilegiensachen 83. 105. 108 111 ff. in Gewerbesachen 133 f. 135. 168. 172. 203. in Festungs- und Militärsachen 347 f. 367. 369. 376. in Bergsachen 393. 395. 397. 429. der Liquidation der Hülfskasse 219. des Lizitationstermins für Zollgüter 227. der Entmündigung 280. der Zwangsversteigerung 285. bei Amortisation 298 f. im Konkursverfahren 320. 322. 324. 329 f. 333 ff. 336.
Bekenntnifs, religiöses 4. 7 ff. 16. 22 ff. 26. 35 f. 38. 199.
Belastung des Konkursvermögens 244. eines Grundstücks 7. 268.
Beleidigung 233. im Dienstverhältnifs 143. 408.
Benachtheiligung der Konkursgläubiger 310 f. 313. 333 f.
Benefizialerbe 281.
Benennung des Gewährsmannes im Besitz 272 f.
Benutzung fremder Werke 61. 67. 70. 78 f.
Berechnung von Fristen 46 ff. 63 f. 68. 71 f. 81. 88. 246. 454. des Schadensersatzes 48 f. 51. 57 f. 84 f. 119 f. 308. der Privilegientaxe 98 f. des Güterbeitrags im Konkurs 253. bei Kompensation 316.
Bereicherung aus Verletzung des Urheberrechts 48. 51. 53. 58. 73 durch Naturallöhnung 200. der Konkursmasse 306. 312. 318.
Bergbau 5. 118. 123. 163. 207. 209 254 f. 259. 267. 404 ff. 440 ff. Staatlicher B. 384 Note 3, 7. 443 Note 2. 446 Note 1.
Bergbeamte und deren Angehörige dürfen keine Bergwerke oder Kuxe erwerben 438.
Bergbehörde, Organisation 436 ff. Wirkungskreis 385 ff. (fast auf jeder Seite des Berggesetzes).
Bergleute 407 ff. Vertragsdauer 407 f. Entlassungszeugnifs 408 f. Liste der B. 409. vgl. Knappschaftsverein.
Bergpolizei 404 ff. 430. 437. 439—42.
Bergregal der Standesherren 456. Districtsverleihung 456.
Bergwerk, Name 388. 394. 397. 410. Veräufserung, Verpachtung, Verpfändung 413. im Konkurse 254. Vereinigung mehrerer B. 396 ff. verlassenes B. 388 f. 401. 446 Note 1. zum Betriebe gehörige Anstalten 419. vgl. Grubenfeld, Hülfsbau, Pfandrecht.
Bergwerksabgaben 255. 388. 431 Note. 437. 443 Note 1. 455.
Bergwerksbeamte 118 f. 440 ff.
Bergwerkseigenthum, Verleihung 390. 393 f. Verleihungsurkunde 394, Rechtskraft derselben 395. Begründung des B. 399. Inhalt 401. unbewegliche Sache 399 f. Eintragung ins

Grundbuch 399 Note 2, 3. Veräufserung 400. 413. Verzicht 413. 430. Entziehung 404. 428 ff. 445.
Bergwerkseigenthümer, Bergwerksbesitzer. Pflicht zum Betriebe 404. 428. Recht auf die nichtbergrechtliche Förderung 402. Recht auf bergrechtliche, ihm nicht verliehene Förderung 402 f. mehrere B. in demselben Felde 402. Verhältnifs zu fremden Schürfarbeiten 387, zu fremden Muthungen 391. 393. 395 401, zu Nachbarbergwerken 395 f., zu Eisenbahn- und anderen Verkehrsanlagen 427 f. Recht auf Wassernutzung 404 Note 1. 425 Note 4. Verhältnifs zum Grundbesitzer 419 ff. Vermögenshaftung bei Unglücksfällen 118 f. 441. Rückgriff auf den Schuldigen 441. Rechte nach Aufhebung des Bergwerkseigenthums 430. Pflicht zur Bestellung eines Repräsentanten 419. Vgl. Gewerkschaft, Knappschaftsverein, Zwangsenteignung.
Bericht über Eintragungen in das Privilegienregister 108. des Masseverwalters 322. 327.
Berufung in Ehesachen 36. in Privilegiensachen 102. 111. in Gewerbesachen 133 f. 149. 160 f. 167. 169. 171. 176. 179. 181. 191. 193. 212. 219. im Konkursverfahren 322. Kosten der B. 275. vgl. Beschwerde, Frist, Kosten, Rechtsweg, Rekurs.
Beschäftigungslosigkeit des Gehilfen 143.
Bescheinigung, amtliche 22. 30. 113. 166. 170. 226. vgl. Urkunde.
Beschlagnahme bei Verletzung des Urheberrechts 85. 92 f. des Privilegs 112 f. bei Strafvollstreckung 161. des Unterstützungsanspruchs 214. von Lohn 222 f. zollpflichtiger Gegenstände 224. 229. 314. des Nachlasses 238. im Konkurs 312. vgl. Arrest, Einziehung.
Beschlufs der Genossenschaft 152 f. der Zunft 188 ff. der Hülfskassen 212. 216 ff. 219. der Gläubiger im Konkursverfahren 322 f. 324. 326 ff. 330. 334 f. vgl. Gewerkschaft.
Beschreibung gewerblicher Anlagen 133. 168. des Privileggegenstandes 97 ff. 100 ff. 103. 106. 107 ff. 110 f. vgl. Situationsplan.
Beschwerde in Sachen des Standesamtes 13. gegen Zwangsvollstreckung 334 f. als Rechtsmittel 282. vgl. Berufung, Rekurs.
Besitz, rechtmäfsiger 44. 77. von Zollgütern 224. 229. im Namen eines Dritten 272 f.
Besitzveränderung an Grundstücken 348.
Besserungsbefehl an den Ehegatten 303.
Bestätigung, gerichtliche 109. 334. 336.
Besteller als Urheber 62. 68. 76. 82.
Bestellungen der Gewerbtreibenden 135 f. 177. 180. 204.
Betrieb vgl. Bergbau, Gewerbebetrieb.
Betriebsanlagen, Betriebsstätten 134 f. 162 f. 167 ff. 170 ff. 178 f. 204. 206.

Betriebsunternehmer, Haftung derselben 116 ff. 119 ff. vgl. Gewerbebetrieb, Bergwerksbesitzer.
Beurkundung des Personenstandes 11. 23 f. 26. 28 ff. 302. der Geburten 15 ff. 33. der Eheschliefsung 19 ff. 33. der Sterbefälle 22 f. 32 f.
Bevollmächtigte vgl. Vollmacht.
Bevormundete 256. 379. vgl. Minderjährige.
Beweis durch die Standesregister 15. 30. 37. 41. in Urheberschutzsachen 51. durch Musterregister 89. durch öffentliche Urkunden 120. 237. durch Quittung und Schuldschein 303. der verweigerten Eheschliefsung 35. des Schadens 119 f. des Empfangs des Heiratsgutes 257. fremden Rechtes 278.
Bewilligung, allerhöchste, bei Dauer des Privilegs 97. zum Gewerbebetrieb 125. 128 ff. 134 ff. 159 f. 164. 167. 172 ff. 176 ff. 179 ff. 202 f. Dekret 160.
Bezeichnung für Gewerbtreibende 135.
Bezirksbehörde vgl. Behörde.
Bezirkshauptmannschaft 40 ff.
Bilanz der Konkursmasse 326.
Bildwerke, öffentliche 62.
Binnenschiffahrt 124. 130.
Bitumen, bergrechtliches Mineral 384 Note 2.
Blankoindossament 297. 300.
Blätter, periodische 77 f. vgl. öffentliche B.
Bodmereibrief 344.
Börse. Agent 123. Börsenblatt 54. Börsenpreis 286. 308 f.
Branntweinzwang 164.
Brauereigewerbe, *Brauzwang* 164. 235 f.
Brautleute vgl. Verlobte.
Brüche 118. 207. 210. vgl. Betriebsunternehmer, Steinbruch.
Bruderladen 254.
Brunnenanlagen 351. 378.
Bücher, öffentliche 5. der Kassen 220. der Gewerbtreibenden 175. vgl. Grundbuch, Hypothekenbuch.
Buchdrucker 81.
Buchführung bei Gewerkschaften 415.
Buchhalter 140.
Buchhandel, *Buchhändler* 52. 81. 128. 166.
Büchsenmachergewerbe 128. 130.
Bundesangehörigkeit vgl. Staatsangehörigkeit.
Bundesgebiet 1. 8. 18 f. 25. 48 f. 51. 58 ff. 66. 86. 105. 122. 172 f. 181. 202. vgl. Inland.
Bundeskonsul vgl. Konsul.
Bundesstaat 1. 13. 28. 33. 86. 165. 170. vgl. Landesgesetz, Landesregierung.
Bürgen des Gemeinschuldners 247. 335.
Bürgerliche Rechte und Ehrenrechte 9. 166. 181. 188. 216.

231 f. bürgerliches Recht 2. 3. 7. 27. 34 ff. 90. 140 f. 149. 195. 249 f. 258. 270 f. 276 ff. 279. 281. 289. 302 f.
Bufse 48. 233 ff. vgl. Geldstrafe.
Cession s. Abtretung.
Charakter vgl. Stand.
Chausséen s. Oeffentliche Strafsen.
Chemiker 140.
Christliche Religion 38. 40.
Condictio vgl. Zurückforderung.
Dampfkessel 402.
Dampfschiffahrt 124.
Darlehn 189. 240. 242. 328.
Darstellungen, strafbare 232 f.
Debit vgl. Handel.
Deiche 348. 385 Note 2.
Delegation an eine andere Behörde 37. 97.
Descendenten 18.
Deterioration des Familienfideikommisses 264.
Deutscher im Ausland 232. Sprache 99. 102.
Diebstahl 194 f.
Dichter als Urheber 79.
Dienstbarkeiten 252. 254. 420 Note 7, 9. 421 Note 1. 422 Note 4. vgl. Realrechte.
Dienstbezüge, *Diensteinkommen* 141. 143 f. 223. 291 f. 318. 382.
Dienstboten 147.
Dienstleistungen, persönliche 123. höhere 140.
Dienstlohn vgl. Lohn.
Dienstmiete vgl. Bergleute.
Dienstordnung 126. 144 f.
Dienstvergehen 142 f. 148.
Dienstverhältnifs, *Dienstvertrag* 141 ff. 144. 156. 192 ff. 227 f. 256. 288. 309. 318. Rechte und Pflichten der Gehilfen 141. 193 f. Auflösung 142. 193 f. Kündigung 142 f. 193 f. Entlassung 142 f. 194. Verlassen ohne Kündigung 144. 194. Rechte und Pflichten des Herrn 141 ff. Rechtsstreit 192 ff. 140. 149 ff. 153. 155. 193. vgl. Arbeiter, Bergleute.
Dienstzeit 149. 194.
Dienstzeugnifs 141.
Dingliche Klagen 268.
Diplomatische Vertreter 28 f. 33.
Dispensation vgl. Nachsicht.
Doctorpromotion, akademische 172.
Dramatische Werke 45. 56 ff. 75 Note 1. 79 f. 80 Note 1. 83.
Drittschuldner 287 ff. 292 ff. 344.
Drohung 206.
Drucker 49 166.

Duplikat des Musters 89 92. der Dienstordnung 145. des Hülfskassenstatuts 212.
Durchfuhrhandel 225.
Ediktalverfahren vgl. Aufgebot.
Ehe, Gültigkeit, Ungültigkeit, Anfechtbarkeit 18 ff. 22. 31. 36 38 f. 380. Nichtigkeit 19. 22. 278.
Ehebruch 19.
Ehefrau 238. Gerichtsstand 267. Prozefsfähigkeit 270. Entmündigung 279. Unterhalt 291 f. 305. Stellung im Konkurs des Mannes 257. 311. 313. 343. gesetzliches Pfandrecht 304. E. eines Bergbeamten 438.
Ehegatte, überlebender 32. 41. des Gewerbtreibenden 227 f.
Ehegerichte, geistliche 38.
Ehehindernifs 21 31. 35 f. 40. bei Militärpersonen 380.
Ehemündigkeit 17 f.
Ehepakten 257. 311
Eheregister 14. 22 37 40.
Ehesachen 26 f 34. 36. 38 f. 280.
Ehescheidung bei gegenseitiger Einwilligung 303. von Tisch und Bett 37. 38. 40. Klage auf E. 27
Eheschliefsung 11. 17 ff 20 25 f. 28. 29 ff 33. 34 ff. 40. 295 f. 380. bei zweiter Ehe 19. im Ausland 28. Akt der E. 37.
Ehetrennung 22. 27. 37 ff. 267.
Eheverbot 18 f.
Ehewerber 35
Eid, eidesstattliche Versicherung 20. 30. 37. 298. Beweis durch E. 120 f Eideszuschiebung 302.
Eigenthum, unverletzlich 6. getheiltes 7. geistiges E. 2 4. 68. 70 75. 81. 89. 91. an zollpflichtigen Gegenständen 228. an inländischen Grundstücken 268. 340. vgl. Bergwerkseigenthum, Grundeigenthum.
Einfriedigung von Grundstücken 351 f.
Eingebrachte Sachen des Pächters und Mieters 314.
Einkünfte, wiederkehrende 328.
Eingeschriebene Hülfskassen 208 ff. vgl. Hülfskassen.
Einlassung auf die Klage 278.
Einlaufen des Schiffes 24.
Einlösung des Pfandes 327.
Einnahme aus öffentlicher Aufführung 57 f 85.
Einrede der Hingabe an Zahlungsstatt 200. der Rechtshängigkeit 277. der mangelnden Sachlegitimation 278 der Vorausklage 335.
Einsegnung der Ehe, kirchliche 25. 38.
Einsicht in das Standesregister 15. in die Eintragsrolle 54. in das Musterregister 72. 89. in das Privilegienregister 107 f in die Kassenbücher 220. in die Bilanz, Bücher und Schriften des Masseverwalters 321 f. 326. 329. in den Vergleichsvorschlag 333.

Einstellung des Gewerbes, amtliche, freiwillige 138. 144. 148 f. 153. 156 ff. 160 f. 167. 171. 176. 178 f. 183. 202.
Eintragsrolle für geschützte Werke 45. 47. 54. 57. 59 f. 63. 66. Schein 54.
Eintragung in das Standesregister 11. 14 ff. 17. 22 f. 27 f. 29 f 31 f. 32 f. 37. 40 f. in das Nebenregister 14. in die Kirchenbücher 26. in das Aufgebotsbuch 37. in die Eintragsrolle 45. 47. 54. 57. 59 f. 63. 66. in das Musterregister 71 ff. 88 ff. in das Privilegienregister 107 ff. 114 f. in das Gewerberegister 135 f. 160. der Hülfskassen 212. in den Rayonkataster 347. in die Muthungsübersichtskarte 390. in das Grund- und Hypothekenbuch 244 Note 2. 246. 254. 288. 294. 297. 300. 303 f. 307 f. 324 f. 343 f. der Ehepakten in das Handelsregister 257. der Anordnungen über Familienfideikommifs 264. in das Schiffsregister 343. vgl. Grundbuch.
Eintritt in die Zunft 187 f. 191. in die Fabrik 198 f. der Masse in die Geschäfte des Gemeinschuldners 249. 251. 307. 326 ff. vgl. Beitritt.
Einwendungen gegen das Privileg 101. gegen Betriebsanlagen 133 f. 168 f. gegen Zwangsvollstreckung 281. gegen die Schlufsrechnung und das Verzeichnifs 231. 330.
Einwilligung zur Eingehung der Ehe 17. 35 ff. 380. zur Beschreitung des Rechtsweges 300.
Einzahlung der Beiträge 155.
Einziehung in Folge strafbarer Handlungen 49 ff. 52 f. 59. 65. 73. 75 Note 1 232 f. 234. von Zollgütern 228 f. Ueberweisung von Forderungen zur E. 2-8 ff.
Eisen, inwiefern dem Bergrecht unterworfen 384. 443.
Eisenbahnen 2. 4. 116. 124. 163. 348. 369 f. 378. 385. 419. 422. 427 f. vgl. Betriebsunternehmer.
Eltern 16. 18. 21 ff. 24. 31 f. 147 f. 198. 265.
Emission von Papiergeld 2.
Empfänger, gutgläubiger 312.
Empfangnahme durch den Gerichtsvollzieher 280. 285 f. 292.
Empfangsschein über Privileg 100 f. 106. 109.
Entbindungsanstalten 16.
Entdeckungen, neue 94 ff. 98. 100 f. 103 f. 106 f. 110 ff. 113 f. 124.
Enteignung vgl. Zwangsenteignung.
Entlassung des Gehilfen 142 f. 194 ff. 197 ff. 206. des Stellvertreters aus dem Betrieb 206. des Beklagten aus dem Rechtsstreit 272 f. des Masseverwalters 321. des Bergmannes 407 f.
Entmündigung 278 f.
Entschädigung der Standesbeamten 12 f. aus Führung der Kirchenbücher 26. nach Entlassung 143. 149. 194. 196. für abgelöste Rechte 164. 176. nach Ausschlufs aus der Hülfs-

kasse 215. für Leistungen an die bewaffnete Macht 362—71. 374—79. für Rayonbeschränkungen bei Festungen 347. 353—58. für Beeinträchtigung durch Schürfarbeiten 386 f. für Zwangsabtretung und Zwangsenteignung 302. 396. 420—25. 443 Note 1. Entschädigungsrezefs 355. vgl. Schadensersatz.
Epidemien 4.
Erbe 43. 49. 61. 68. 70. 80 Note 1. 81 ff. 84. 104. 137. 177 f. 189. 288. 312. 339.
Erblasser, Gerichtsstand 339.
Erbschaft des Gemeinschuldners 245. 315. 328. Gerichtsstand der E. 269. ruhende 281. Auseinandersetzung 302.
Erbschaftsgläubiger 269.
Erbschaftsklagen 269.
Erbstollen 255. 446 f.
Erfindungen, neue 94 ff. 98. 100 f. 103 f. 106 f. 110 f. 113 f. 124.
Erfindungspatente 2.
Erfüllung von Leistungen im Konkurs 248 f. 306 ff. 310. 317. 327. 336.
Erfüllungsort 269. 297. 308.
Erfüllungszeit 308.
Ergänzung der Auszüge aus dem Standesregister 15. der Ehebewilligung 18. des Privileggegenstandes 101. 103. von lagernden Zollgütern 226.
Erklärung vor dem Standesamt 14. 32 f. über Ehekonsens 18. 20. 22 30. 31 f. 35 ff. über Ehetrennung 22. des Standesbeamten über die Eheschliefsung 22. 31 f. über Empfang des Heiratsgutes 257. des auctor laudatus 273. der Prozefsvertreter 274. für Geisteskranke 278 f. für einen Verschwender 279.
Erlaubnifs zur Eingehung der Ehe 18 f. 30. 380. zum Gewerbebetrieb 125. 127. für jugendliche Arbeiter 145.
Erlös aus dem Verkauf gelagerter Waaren 227. aus Veräufserungen im Konkurs 250. 252 ff. 326. 343. aus der Pfändung 283. aus der Zwangsversteigerung 286 f. 293.
Erlöschen des Aufgebots 21 f. des Urheberschutzes 66. 90 f. des Privilegs 105 ff. 111. des Dienst- und Lehrverhältnisses 144. 149. der gewerblichen Bewilligung 134. 178.
Ermessen des Richters vgl. Gericht.
Erscheinen eines Werkes 45 ff. 48. 60. 63 f. 66. 68 f. 78 f. 81 f.
Erwerb von Grundeigenthum 6. 8. durch die todte Hand 6. durch Hausgenossen 123. von Eigenthum und Rechten durch die Zünfte 189. durch die Hülfskassen 212 f. des Gemeinschuldners 245. des Urheberschutzes vgl. Urheberrecht.
Erwerbsfähigkeit 119 f.
Esplanade 346 f. 351 f.

Etablissement vgl. Niederlassung.
Ewige Teufe 391. 446
Exekution vgl. Zwangsvollstreckung.
Exemplare vom Nachdruck etc. 44. 49. des Musters 71.
Expropriation vgl. Zwangsenteignung.
Exterritorialitätsrecht 266.
Fabrik, *Fabrikant*, *Fabrikarbeiter* 118. 122. 124. 140. 144. 177. 197 ff. 201. 206. 208 f. 349 f. 431. 432 Note 2. vgl. Betriebsunternehmer, Arbeitsverhältnifs.
Fachmann vgl. Sachverständiger.
Fahrlässigkeit 48 ff. 51. 57 f. 226. 235 f.
Fahrzeuge der Marine 25.
Faktor 140.
Fährgewerbe 163.
Fälligkeit von Forderungen 247 f. 283. 288. 298 f. 316. 318 f. 336.
Fälschung der Standesregister 15.
Familie, *Familienrat* 16. 18. 21 ff. 30 ff. 231 f. 326 f. landesherrliche vgl. Landesherr.
Familienfideikommifs 263 f. 341. Anwärter, Kurator 263 f. Kapitalien 264. Schuldner des F. 263. Gläubiger 316. Rechtsstreit 264.
Farbenerden, dem Bergrecht unterworfen 384 Note 2.
Feiertag 192. 198.
Festungen vgl. Armierung. Esplanade, Grundeigenthum, Rayon.
Fierant vgl. Marktfahrer.
Findelhäuser 41.
Findelkind 17.
Finder vgl. Alter im Felde.
Firma 67. 72. 88. 97. 107. 136. 138.
Fischerei 124. 163. Vergehen unbefugter F. 233 f.
Fiskus 48. 64. 81. 164. 227. 229. 252. 256. 267. 302. 314. 318.
Flagge, deutsche 2.
Fleischergewerbe 136 f. 163.
Flöfserei 3. 124.
Flucht des Gemeinschuldners 332.
Flugschriften 77 f.
Flufsspath, dem Bergrecht unterworfen 384 Note 2.
Flufszölle 3.
Forderungen, verzinste 240. 242. im Konkurs 244 Note 2. 245 ff. 251. 254. 260. 316. 319 f. 323. 329. 331 f. 335. 342 f. der Pfändung unterworfene 287 ff. 291 f.
Form von Anzeigen und Gesuchen 14. 16. 97. der Standesregister 13. 26. 29 f. der Eheschliefsung 26.
Forstwirtschaftliche Produktion 123.
Fortsetzung eines Werkes 47. 63. 82.
Forum vgl. Gerichtsstand.
Fourage s. Naturalverpflegung.

Fragen des Standesbeamten 22. 31 f.
Frauen vgl. Ehefrau.
Freie Gewerbe vgl. Gewerbe.
Freiheitsstrafe 48. 50. 203 ff. 228. 232. vgl. Gefängnifs-, Zuchthausstrafe.
Freikux 447.
Freizügigkeit 1 f. 6. 8.
Fremdenpolizei 2. 4.
Friedhof s. Beerdigungsplätze.
Frist für Anzeigen an das Standesamt 15 ff. 28. 41. für Eingehung einer zweiten Ehe für Frauen 19. für Eheschliefsung nach Aufgebot 21 f. für Berufung in Ehesachen 36. für den Urheberschutz 45. 46 ff. 57. 63 f. 68. 71 ff. 78 f. 81 ff. 89 f. 93. in Privilegiensachen 97 ff. 102 ff. 106 f. 111. 113. für Legalisierung des Nachdrucks 59. 65. für Geltendmachung des Schadensersatzanspruches 120. in Gewerbesachen 133 f. 138. 141. 143 f. 149 f. 160 f. 166. 168 f. 171. 178 f. 191. 193. für den Unterstützungsanspruch 213. für Niederlegung von Zollgütern 225. 227. für Kündigung 240 f. 249. 309. für Leistung 242. 247. 308. für Beibringung der Prozefsvollmacht 274. für Beweiskraft eines Schuldscheines oder einer Quittung 303. im Konkursverfahren 249. 309. 325 f. 335. 337. für Verjährung 120. 158. 209. 246. 313. vgl. Berechnung.
Früchte 284. 286. 314.
Führung von Büchern und Registern. vgl. Bücher, Register.
Fundiertes Papiergeld 2.
Fusion mehrerer Innungen 155. Kassen 220.
Garnisonort 266. 268. 271.
Gärten, Gartenanlagen in der Umgebung von Festungen 348. keine Abtretung zu bergbaulichen Zwecken 385. 420 Note 5.
Gastgewerbe 129 ff. 137. 140. 173 f. 173 Note 1. 186.
Gebäranstalten 41. 123.
Gebäude können zu bergbaulichen Zwecken nicht in Anspruch genommen werden 385. 420.
Gebetbücher 159.
Gebühren beim Standesamt 15. 25. 33. bei der Eintragsrolle 54. bei Urheberschutz 71. 73. 89. für Privileg 97 ff. 100 ff. 105. 114. aus dem Lehrverhältnifs 197. bei Vermögensübertragung 252. 254. bei Bergwerken 255.
Geburt, Beurkundung, Tag, Stunde, Jahr, Ort 11. 15 f. 18. 22. 26 ff. 29. 31. 32 f. 41. 199. 302. auf Seeschiffen 23. im Ausland 28.
Geburtshelfer 41. 123.
Geburtsregister 14 ff. 41.
Geburtsurkunden 20. 30. 32.
Geburtszeugen 16.

Gefahr, Tragung derselben 93. 103. der Arbeiter 195. im Verzuge 271. 285. 296. beim Bergbau 440 f.
Gefällsübertretung 126. 153. 158. vgl. Zolldefraudation.
Gefängnifsstrafe 16. 25. 42. 75 Note 1. 90 f. 110. 142 f. 148. 156 ff. 231. 295. 324.
Gegenbeweis gegen Thatsachen im Standesregister 15. im Streit über das Urheberrecht 51. 57. 73. gegen Thatsachen im Musterregister 89. gegen Rechtsvermutungen 116. 118. 236. 302.
Gegenbuch 449 Note 5.
Gegenstände, zollflichtige 314. gepfändete 315. bei einem Verbrechen oder Vergehen gebrauchte oder erzeugte 232 f. vgl. Vorrichtung.
Gegenzeichnung 5.
Gehalt 222 f. 288. 291 f. vgl. Dienstbezüge, Lohn.
Gehilfen der Gewerbtreibenden 140 ff. 151. 153. 155. 157. 176. 192 f. 201. 206. 208 f. 227 f. 235 f. vgl. Dienstverhältnifs, Arbeitsverhältnifs.
Geistiges Eigenthum 2. 4. vgl. Urheberrecht.
Geistliche 12. 24 26. 35 ff. 40. 126. Gerichtsbarkeit 26. 38 f.
Geld, baares, des Gemeinschuldners 327 f. gepfändetes 265. 296.
Geldbufse vgl. Bufse.
Geldstrafe 13. 25. 41. 48 ff. 57. 62. 75 Note 1. 90 f. 93. 110. 153. 156 ff. 161. 189. 203 ff. 220. 228. 257. 295. 319. 353. 369. 442.
Geldsumme, bestimmte 282.
Geldwesen 4.
Gelegenheitsgeschenke 311.
Gemälde 80.
Gemeinde, Vorstand, Verordnungen, Statut etc. 8 f. 11 f. 20 f. 25. 28. 35. 36 f. 40. 42. 126. 136. 140. 146. 166. 190 f. 202. 212. 215 ff. 267 f. 302. Kriegsleistungen der G. 360 ff. 366 f. Leistungen an die bewaffnete Macht im Frieden 372. 374 f. vgl. Behörde, Ortsvorstand.
Genehmigung der Eintragung in das Standesregister 14. des Urhebers 43 f. 56 f. 61 67. 70. 76 ff. 79 f. zu gewerblichen Anlagen, Verordnungen 131 ff. 134. 140. 156. zu Geschäften und Beschlüssen der Zunft 189 f. 192 der Hülfskassen 201. 212. 215. 220. zum Verkauf von Zollgütern 227. der Prozefsführung 274. der Geschäftsführung des Massekurators 327 f. 330. 332.
Generalversammlung der Hülfskassen 212. 215 ff. 218 f. vgl. Gewerkschaft.
Genossenschaft, Gerichtsvorstand 267 f. 301. eingetragene 338. gewerbliche 146. 149 ff. 150 ff. 160. Umfang 150 ff. 154. Beitrittspflicht 150 ff. Vermögen 153 ff. 161. Statut 154 f. Mitglieder 151. Zweck 151 ff. Verhältnifs unter den Mitgliedern

152. Vertretung, Geschäftsführung 152 f. Stimmrecht 152 f. Hilfspersonal 153. Beaufsichtigung 155. Prozesse 155. Strafen 156 ff. Kasse vgl. Unterstützungskasse.
Geographische Abbildungen, Zeichnungen 55. 76.
Gericht, Verfahren, Ermessen, Bezirk. 3 Note 3. 5. 13 ff. 15. 18. 24. 26 f. 28. 34. 38 f. 49. 50 ff. 58. 72. 78. 91 f. 110 ff. 113. 116. •119 ff. 120. 126. 150. 155. 159. 161. 165. 168 f. 176. 178 f. 181. 212. 215. 219. 259. 263 f. 266 ff. 309. 320 ff. 324 ff. 330 ff. 333 ff. 339 f.
Gerichtsbarkeit, nicht streitige 13. 24. in Ehesachen 26. 34. 38. geistliche 26.
Gerichtshof, oberster, für Handelssachen 12. 52. 121.
Gerichtsstand, allgemeiner 266 ff. 297. 340. 370. besonderer 267 ff. des Vermögens 268. 340. der belegenen Sache 268 f 297. 357. des Mefs- und Marktortes 269. des Erfüllungsortes 269. der Erbschaft 269. der Verträge 269. des Verwaltungsortes 268. 270. des begangenen Delictes 270. des Konkurses 339. der Gewerkschaft 267. 410. des Reiches 370.
Gerichtsvollzieher 276. 280. 283 ff. 286 ff. 290
Gesamtschuld 48 f. 85. 233. 247 f. 262. 276. 320. 335. 338 f.
Geschäftsführung ohne Auftrag 274.
Geschäftsmann, ordentlicher 235 f.
Geschäftssprache 99. 102.
Geschaftsvermittlung 123.
Geschlecht 16. 17. 32. 125. 165. 213.
Geschlechtsvormundschaft 270.
Gesellen 140. 176. 192 ff. 201. 206. 208 f. Kassen der G. vgl. Unterstützungskassen.
Gesellschaften 47 267 f. 301. Vermögen 260. 337 ff. Gläubiger der G. 260 ff. persönlich haftende Gesellschafter 260. 338 f. Gemeinschuldner als Mitglied 308. 315 ff. vgl. Mitbetheiligte.
Gesetz 46. 300. 340. Rechtskraft 1 Note 1. Prüfung der Giltigkeit 5. zeitliche Kollision 26 ff. 39. 65. 69. 74. 114. 221. 223. 243. 300 ff. 340 ff. räumliche Kollision 1. 428. 431. 444 ff.
Gesinde 140. 227 f. 235.
Gesindevermieter 175.
Geständnifs 274. gerichtliches 120.
Gesuch um Privileg 96 ff. 99 ff. 102 f. 105. 110. 114. um Gewerbebewilligung 129. 133. 156. 159 f. 168. 181. um Eintragung im Grundbuch 246. vgl. Muthung.
Gesundheit, öffentliche 95. 103. der Arbeiter 192 f. 195. der Mitglieder der Hülfskassen 213.
Geschwister 18. 311.
Geschworene 231.
Gewährleistung 272.
Gewahrsam an dem Pfand 283. 295. 343 ff. im Konkurs 313. 315.

Gewerbe, Gewerbebetrieb 16. 21 ff. 31 ff. 340. Begriff 122 ff. Ausschliefsung 126 f. 131. 162 ff. 165 f. 170. 178. Freie Gewerbe 125. 127. 131 f. 136. 160. 175. 183. Bewilligte G. 122. 124 f. 128 ff. 131 ff. 156. 158 f. 164. 167. 172 ff. 176 ff. 179 ff. 202 f. gefährlicher 130. stehender 166, 176 f. im Umherziehen 8. 124. 116 Note 1. 135 f. 138. 166. 180 ff. 204 f. selbständiger 125. 127. durch Stellvertreter 125. 127. 137 f. 150. 158. 165. 177. 183. 206. durch Pächter 136 f. 158. mehrerer G. zugleich 127. 162. Umfang 134. Uebergang 171. 177 f. Beschränkung 152. Legitimation zum G. 128. 131. 134. 138. 160. 177. 182. Verlust 75. Note 1. Strafen 156 ff. Rechtsstreit 133. G. von Militärpersonen 380. vgl. Bergbau.
Gewerbefrau 165.
Gewerbefreiheit 1. 162.
Gewerbegesetze 4. 107. 113.
Gewerbekammer 88 f. 108. 151 f. 160.
Gewerbekorporationen 151.
Gewerbemäfsige Verbreitung von Nachdruck 49 f.
Gewerberegister 135. 160.
Gewerbeschein 128. 131. 134. 138. 160. 177. 182.
Gewerbesteuer 164.
Gewerbetreibender vgl. Sachverständiger.
Gewerbliche Arbeiten in öffentlichen Anstalten 124.
Gewerkschaft 409 ff. Statut 409 f. 414. 416. Name 410. Gerichtsstand 267. 410. 417. juristische Persönlichkeit 410. Verbindlichkeiten 410. Ausscheiden von Gewerken 410. Ausschlufs der Theilungsklage 410. Theilnahme an Gewinn und Verlust 410 Zubufse 410 f. 415. 417 f. 449. Gewerkenbuch 411. 415. 449. 453. Exekution. in den Antheil eines Gewerken 412. 417 f. 449. Gewerkenversammlung 412 f. 415 f. 450. Beschlüsse 414. 450. Repräsentant (Grubenvorstand) 414—417. 449. Eintragung ins Güterbuch 399 Note 3. Verpfändung des Bergwerks 448 f. ältere Gewerkschaften 448 ff., Umwandlung derselben 449 ff.
Gewinnantheilscheine bei Wertpapieren 298 f.
Gewissensfreiheit 7.
Gewohnheitsrecht 278.
Gifthandel 130. 174.
Gilde 155. vgl. Genossenschaft, Zunft.
Glaube, öffentlicher 175. vgl. Guter Glaube.
Glaubensfreiheit 7 f.
Gläubiger der Hülfskasse 213. des Familienfideikommisses 263. Ausschufs der G. 259. 321 ff. 324 f. 327 f. 330. 333 f. Versammlung der G. 320 ff. 326 ff. vgl. Konkurs.
Gleichartigkeit des Klaganspruchs 271.
Gold, Gegenstand des Bergrechts 384. vgl. Waschgold.
Gräberei vgl. Grube.

Grade der Fahrlässigkeit 51. der Verwandtschaft 33.
Gremie 155. vgl. Genossenschaft, Zunft.
Grenzmarken vgl. Lochsteine, Rayonsteine.
Grenzscheidungsklage 268.
Grobes Verschulden 276.
Grofsjährigkeit 10. 22. 137. 216.
Grube 118. 207. 210. vgl. Bau, unterirdischer. Betriebsunternehmer.
Grubenbild 405.
Grubenfeld, Beschreibung 389 f. 394. Ausdehnung 391 f. Vermessung und Verlochsteinung 396. Theilung 399 f. Erweiterung 444 f. Umwandlung 444 f. Austausch von Feldestheilen 399 f. Hülfsbaue in fremdem G. 403. Schürfarbeiten in fremdem G. 387 Umschliefsung fremder G. 444.
Grubenvorstand vgl. Gewerkschaft.
Grundbuch, *Grundakten* 244 Note 2 264. 277. 297. 300. 303. 325. 344. 394 Note 2. 399 Note 2, 3. 410. 422 Note 3. 448 ff. 453. 455. vgl. Hypothekenbücher.
Grundeigenthümer, *Grundbesitzer* (Pächter, Mieter, Niefsbraucher), Rechte und Pflichten bei Schürfarbeiten 385 ff. 427 bei Bergwerks- und Salinenanlagen 396. 402. 419 f. 423. 426 f. 447. dem G. entzogene (bergrechtliche) Mineralien 384. 443 f. Vorrecht zur Muthung 391. Beschränkungen in der Umgebung von Festungen 346 58. Fähigkeit zum Erwerbe von Grundeigenthum 1. 6. 189. 213. 380. 410. vgl. Besitzveränderung, Entschädigung, Grundstück, Zwangsabtretung.
Grundlasten, unablösliche 7.
Grundstück, im Konkurs 244 Note 2. 247. 251 f. 253 f. 256. 326. 328. als Familienfideikommifs 264. Einräumung an die bewaffnete Macht 360 f. 364. 378.
Grunddienstbarkeit s. Realrecht.
Gutachten 51 f. 56. 64. 68. 73. 92. 112. 120. 152. 264. vgl. Sachverständiger
Güter im Inland 268. 340.
Güterabtretung 341.
Güterbestätter 131.
Güterbuch vgl. Grundbuch.
Guter Glaube 48. 278.
Güterrecht, eheliches 341.
Gütervertreter 224.
Güteversuch 149.
Gutsbezirk, selbständiger 347. 362. 375. 421 Note 3.
Hafen, inländischer 24.
Haft vgl. Gefängnifs.
Haftung des Staates aus Ertheilung des Privilegs 103. des Betriebsunternehmers aus dem Betrieb 116 f. 118 ff. 227 f. des Dienstherrn 141. 149. des Zunftvermögens 189. soli-

pflichtiger Güter 224 f. des Depositars 226. für Pflegebefohlene 227 f. 235. des Waarenführers 228. zur ungetheilten Hand 85. 248. des Gesellschafters 262. vgl. Schadensersatz, Gesamtschuld.
Halbbürtige Geschwister 18.
Hand, todte 6. ungetheilte 85. 248.
Handel mit Nachdrucksexemplaren 81. 85. 90. 109 f. mit Druckschriften 124. 166 202. mit Arzeneimitteln 163. Buch-, Kunst-, Musikalienhandel 128. der Gewerbtreibenden 122. 124. 130. 134 f 174. vgl. Gewerbebetrieb.
Handelsgericht 117. vgl. Gericht.
Handelsgesetzbuch 150. 249. 315.
Handelskammer 88 f. 108. 151 f. 160.
Handelsmäkelei 123.
Handelsniederlassung 60. 88.
Handelsrecht 2. 3 Note 3. 4 f. 257.
Handelssachen 52 78.
Handelsschulden 240. 257.
Handlungsdiener 140.
Handlungsreisende 127. 135. 177.
Handwerker 163. 183 f.
Handzeichen 14. 213 237.
Hauptintervention 271. 273. 277.
Hauptkasse der Hülfskasse 212.
Hauptniederlassung 72. 135.
Hauptmarkt 139.
Hauptstandesamt 18. vgl. Standesamt.
Hausgenossen 235.
Hausgesetz vgl. Hausverfassuug
Hausiergewerbe 124 126 Note 1. 135 f. vgl. Gewerbe.
Hausvater, Sorgfalt desselben 258 f. 321 f.
Hausverfassung 10. 26 300. 342.
Hebammen, Hebammenanstalten 16. 41. 123. 173. 255. 318.
Heilanstalten 123.
Heilungskosten 119. 255. 318.
Heimat, *Heimatsrecht* 2. 4. 8. 144. Heimatsbehörde vgl. Behörde.
Heimfallsrecht des Fiskus 48. 64. 81.
Heirat vgl. Eheschliefsung.
Heiratsgut 257. 311.
Heiratsregister vgl. Eheregister.
Heiratsurkunde 31.
Herausgabe, *Herausgeber* von Werken 43. 46 f. 51. 64. 76. 82 f. 202. von Sachen 289. 292 f. 295.
Herrenlose Zollgüter 229.
Herstellungskosten 49.
Hingabe an Zahlungsstatt 200.
Hinterlegung des Musters 71 ff. 88 ff. der Entschädigung 387. 425. der Streitsumme 272. des Erlöses aus dem Pfand 283.

287. 293. 296. des Schuldners bei Pfändung 285 f. 289. 292. im Konkursverfahren 327 f. 332 f. vgl. Niederlage.
Hofräume, nicht zu bergbaulichen Zwecken in Anspruch zu nehmen 385. 420.
Höhere Gewalt 116. 118. 178.
Holzschnitte 30.
Honorar 85. 222. vgl. Lohn.
Hörigkeitsverband 6.
Hülfsbaue von Bergwerken 403. 419.
Hülfskassen der Zünfte 191. 201. gewerbliche 200 ff. 203. 208 ff. 291. eingeschriebene 210 ff. Zweck 211. 213. Name und Bezeichnung 211 f. Statut 211 ff. 215 f. 219 f. Eintritt, Austritt 211. 213. Ausschliefsung 215 218 f. Beiträge 211 ff. 215. Vorstand, Vertretung 211. 215 ff. 219 f. Generalversammlung 212. 215 ff. 218. 219 f. Beschlufsfassung, Stimmrecht 212. 216 ff. 219 f. Vermögen 212 f. 215. 217 f. 219 f. Auflösung, Schliefsung 212. 218 ff. Bilanz 212. 215. 217 f. Sitz 211 f. Geschäftsführung 211 f. 215 f. Konzession 212. 215. Haupt- und Verwaltungsstellen 212. 217. Eintragung 212. Privatrechtliche Stellung 212 f. Gerichtsstand 213. Rechte und Pflichten der Mitglieder 213 ff. Ausschufs 216 f. Abgeordnete 247. Abschätzung 218 f. Konkurs 219. Auseinandersetzung, Liquidation 219 f. Haftung der Mitglieder 219. Aufsicht 220. Bücher 220. Fusion 220. Strafen 220. vgl. Knappschaftsverein.
Hülfskassenregister 212.
Hülfspersonal, gewerbliches 134. 140 f. 142 ff. 176. der Kaufleute 150. der Genossenschaft 153.
Hüttenwerke 254.
Hypothekenbücher 244 Note 2. 277. 288. 294. 297. 300. 303. 325. 344. Gläubiger 252 f. 254 f. 269. 307. 324. 326. Klage 269. Urkunde 282. vgl. Grundbücher.
Jagdvergehen 233.
Jahr 48. 64. 68. 81. 84.
Jahresabschlufs der Standesregister 30. der Genossenschaft 152 f. Jahresrechnung der Hülfskassen 212. 215. 217 f. Jahresübersicht in Privilegiensachen 108. Jahresvoranschläge der Genossenschaft 153.
Jahrmarkt vgl. Markt.
Identität der Verlobten 30. des Privilegs 106. 109. 111. des Klaganspruches 271.
Immobiliarmasse 314. vgl. Konkursmasse.
Indizienbeweis 113.
Indigenat 1 f. 8. vgl. Staatsangehörigkeit.
Indossament 288. 297. 300.
Inhaber von Pfandbriefen 344 f. von Schuldverschreibungen 344 f.
Inhaberpapiere 240. 286. 297 ff. 344 f.
Inland, Inländer 1 f. 8. 60. 66. 73 f. 81. 89 f. 95 f. 97 f. 106.

109 f. 136. 139. 185. 306. 339 f. 414. vgl. Ausland, Bundesgebiet.
Ingenieure 123.
Innungen 155. 187. vgl. Genossenschaft, Zunft.
Innungsartikel vgl. Statut.
Instanzen vgl. Gericht.
Interesse 296. vgl. Schadensersatz. öffentliches I. 385. 399. 404. 420. 428 Note 4.
Intervention 271 ff.
Invecta et illata 314.
Inventar der Nachdrucksvorrichtungen 59. 65. des Nachlasses 238. der Konkursmasse 326. des Pachtgutes 314. Rechtswolthat des I. 245. 251.
Irrenanstalten 123.
Irrthum 19. 48.
Jugendliche Arbeiter 144 f. 197 ff.
Juristische Personen 47. 125. 165. 201. 210. 379. 410. 431. vgl. Korporation.
Kalender 46. 64.
Kalenderjahr 14. 45. 48. 64.
Kalkbrüche 348.
Kanäle, ihr Verhältnifs zu Bergwerksanlagen 419. 427 f. Kanalräumer 128.
Kapitalforderung im Konkurs 252 f. 256. 314.
Kapitalisierung wiederkehrender Forderungen 320.
Karten 77.
Kasernen 16.
Kasse 298. vgl. Hülfskasse.
Kassierer 140.
Katholisches Bekenntnifs 35 f. 38.
Kaufmann 177.
Kaufmännisches Hülfspersonal 150. 197. Korporationen 163. Darlehn 240. Schulden aus Handelsgeschäften 240.
Kaution vgl. Sicherheitsbestellung.
Kehlbefestigungen 352.
Kinder 15 ff. 18 f. 23 f. 28. 32. 41. 144 f. 183. 197. 227 f. 235. 255. 263. 265. 267. 291 f. 319. 343. 433.
Kirche, gesetzlich nicht anerkannte 40. kirchliche Einsegnung, Taufe 28. 38.
Kirchenbücher 26.
Kirchendiener vgl. Religionsdiener.
Kirchhöfe vgl. Beerdigungsplätze.
Klage auf Lösung der Ehe 27. aus dem Urheberrecht 51 ff. 54. 73. aus dem Privileg 113. wegen Schadensersatz 116 f. 121. aus Verletzung durch Betriebsanlagen 171. aus dem Arbeitsverhältnifs 201. Vermögensklage 268. dingliche 268. 277. persönliche 268 f. aus Handelsgeschäften 269. gegen Eigenthümer und Besitzer 269. 272. 277. aus der Ver-

waltung 270. aus Delikten 270. aus dem Besitz 276. auf Vorbefriedigung im Konkurs 283. gegen den Drittschuldner 293. auf Erfüllung gegen die Masse 249. 308. 313. 317. auf Aufhebung des Zwangsvergleichs 330.
Klageanmeldung, gerichtliche 242. 245. 278.
Klagebeantwortung 273. 278.
Klagebehändigung vgl. Klageanmeldung.
Klagenhäufung 117. 271. 276.
Klageerhebung 245. 277 f.
Klagefundament 271. 276.
Klagenveranlassung 275.
Klagenverbindung 269.
Klagenverjährung 53 f.
Klageschrift 117.
Klassen der Mitglieder der Hülfskasse 214. der Konkursgläubiger vgl Rangordnung, Vorzug.
Kleinhandel 136 f. 173 Note 1. 174. 185.
Knappschaftsverein, *Knappschaftskasse* 221. 254. 291. 416. 430 ff. 446 Note 1 Statut 431—35. juristische Persönlichkeit 431. Vorstand 431. 433 ff. Bezirke 431 Note 2. 432. Ausdehnung auf andere als bergbauliche Gewerbsanlagen 431. Beitritt 432. Anmeldung neuer Mitglieder 434. Ausschufs der Arbeiter 432. Leistungen des Vereins 432 f. Knappschaftsälteste 433. 435. Beiträge 434. Eintreibung 434. Haftung des Herrn für die Beitreibung 434. Beiträge des Herrn 434. Mitwirkung des Herrn bei der Begründung 431 f., bei Aufstellung des Statuts 432, bei Einsetzung von Krankenkassen 433, bei Zusammensetzung des Vorstands 435. Befugnisse des Vorstands 435. Aufsicht über den Vorstand 435 f. Auflösung des Vereins 436 Note 5. Uebertritt zu einem anderen Verein 436 Note 5.
Kollision der Gesetze vgl. Gesetz.
Kolonisation 2.
Komitatsbehörden 97.
Kommandantur 347 ff. 352 f. 355. 357.
Kommanditgesellschaft 259. 338. auf Aktien 259 f. 338.
Kommissare zur Aufsicht 155. 191.
Kommission an Gewerbtreibende 185.
Kommissionär 313.
Kommunalverbände 209. 215. 217. 302.
Kompensation vgl. Aufrechnung.
Kompetenzkonflikt 301.
Komponist 56 f. vgl Sachverständige.
Kompositionen, musikalische 55 f. 58. 78.
Konfession vgl. Bekenntnifs.
Konfiskation vgl. Einziehung, Beschlagnahme, Arrest, Verfall.
Konkurs 244 ff. 305 ff verschuldeter 126. 153. 158. der Gewerbtreibenden 137. 143. 178. des Zunftgenossen 188. der

Kasse 216. des Deponenten 294. der Mitschuldner zur gesamten Hand 248. der Gesellschafter 260 f. der Handelsgesellschaften 259 f. 262. 337 f. der eingetragenen Genossenschaft 338. über Nachlafs 339 Eröffnung 244 ff. 305 ff 324. Beendigung 258. 335 ff. im Ausland 339 f. Rechtsgeschäfte des Gemeinschuldners 246 ff. 308 ff. Aussonderung 250 f. 313. Absonderung 250 f. 314 ff. Kompensation 248. 316 f. Gläubigerklassen 255 ff. 317 f. Verfahren 257 ff. 320 ff.
Konkursedikt 244.
Konkursgericht vgl. Gericht.
Konkursgläubiger 244 ff. 306 ff.
Konkurskommissar 258.
Konkursmasse 137. 244 ff. 260. 305 ff. Streitigkeiten der K. 258. 307. 327.
Konkursverwalter vgl. Masseverwalter.
Konnossement 343.
Konsolidation vgl. Bergwerk.
Konsul 1 Note 1. 2. 28 f 33. 237 f.
Kontrolpflichtige Güter 127.
Kontrebande 228.
Konventionalstrafe 239 Note 1. 240. 242. 319.
Konzession vgl. Bewilligung, Genehmigung.
Kopftheilung bei Prozefskosten 276.
Kopie eines Werkes oder Musters 62. 71.
Körperverletzung 238. im Gewerbebetrieb 116. 118 f. 121.
Korporationen, *Korporationsrecht* 163 f. 175. 187. 191 f. 201. 210. 267 f. 302. vgl. Juristische Person.
Kosten beim Standesamt 12 f. 17. 21. in Urheber- und Musterschutzsachen 54. 57. 72 f. in Privilegiensachen 103. 108. in Gewerbesachen 134. 169 f. 188. des Strafverfahrens 203. der Veräufserung deponirter Zollgüter 227 f. für Beerdigung 255. der Entmündigung 279. der Zwangsvollstreckung 282. 286. in Bergbausachen 387 Note 2. 394. 396. 425. 430. 438. 452. vgl. Masse-, Prozefskosten.
Kostgeld vgl. Unterhalt.
Kostbarkeiten, gepfändete 285. des Gemeinschuldners 327 f.
Kraftloserklärung von Urkunden 297 f. von Kuxen 411 f.
Krankenhäuser 16. 41. 173. 178. Kassen 201 f 210. 432 ff. K.-Wärter 255 318. vgl. Knappschaftsverein.
Krankheit 21. 145. 147 f. 152 181. 194. 218. 255.
Kreditierung von Waaren an die Arbeiter 200 f. von Forderungen 240. 242.
Kreditwesen 4.
Kreisbehörden vgl. Behörden.
Kriegsleistungen vgl. Gemeinden, Lieferungsverbände.
Kulturwesen 3. 5.
Kündigung des Dienst- und Lehrvertrages 141 ff. 143. 193 f. von Verträgen 240 f. 249. 309. der Prozefsvollmacht 274.

Kunstbefund vgl. Augenschein.
Kunstgewerbetreibender 64.
Kunsthandel, Kunsthändler 64. 69. 81. 128. 166.
Künstler 64. 69. 73. 123.
Kunstverständige 64. 69.
Kunstwerk 55. 61 f. 80. 128.
Kurator 60. 66. 177. 231. 256. 263 f. 281.
Kurs 286.
Kux, Zahl 410. 448. 450. 452. bewegliche Sache 410. 450. unbewegliche 448. 453. untheilbar 410. Kuxschein 411. 415. 449. 453. Amortisation und Erneuerung eines solchen 411 f. Theilnahmerecht an Gewinn und Verlust 410. am Stimmrecht 412. Veräufserung 401. 411. 449. 453. Verpfändung 412. 448 f. Abpfändung und Zwangsverkauf 412. 418. 449. Subhastation 449. 452. Verzicht 417 f. ältere Kuxe 448 ff. Eintragung ins Grundbuch 448.
Ladung 278. 293 f. 333. zur Zunftversammlung 190.
Lager, Frist 225. L.-Geld 225. 227. L.-Plätze in der Umgebung von Festungen 348. 352 f.
Land, Gewerbebetrieb auf d. 162.
Landesgebrauch 182.
Landesgerichtshof, oberster 52 f.
Landesgesetz, *Landesregierung*, *Landesbeamte* 1. 5. 10. 12 f. 18 f. 21 f. 24 ff. 27. 33. 51 f. 58 f. 65 f. 69. 73 f. 120 f. 163 ff. 166 f. 169 f. 173 f. 176. 183. 190. 192. 201 f. 207. 209. 220 f. 240 f. 252. 281 f. 288. 294 f. 297. 300 ff. 305. 309. 314 ff. 325. 336. 341 ff. 355. 360. 369 f. 380. 382.
Landesherr, landesherrliche Familien und Besitzungen 10. 25. 300. 341. 361. 368. 372.
Landesvertheidigung 2 Note 1. 3.
Landlieferungen 365 f.
Landtag 5.
Landesstelle 36 f. 108. 111. 114. 126. 133. 139 f. 146. 149. 151. 159. vgl. Behörde.
Landgericht 275. 279. 283. vgl. Gericht.
Landwirtschaftliche Produktion 123.
Lebende Sprache 44.
Lebenswandel des Gehilfen 143. 194 f.
Legalisierung des Nachdrucks 59. 65. von Urkunden 237.
Legatar des Gewerbtreibenden 137.
Legitimation, Legitimationsschein, unehelicher Kinder 17. 265. der Gewerbtreibenden 128. 176 f. 180 ff. 204 f. des Vorstandes 189. der Mitglieder der Hülfskasse 211. 216. des Masseverwalters 258. 321.
Lehen, *Lehensgläubiger* 5. 316. 341.
Lehmgruben 348.
Lehrling 140. 192 f. 195 ff. 201. 206. 208 f. 227 f.
Lehrgeld 195 f.

Lehrvertrag, Lehrverhältnifs 146 f. 156. 192 f. 195 ff. Fähigkeit zur Aufnahme von Lehrlingen 146. 195 f. Abschlufs 146. Rechte und Pflichten des Herrn 192 f. 195 f. 204. des Lehrlings 196. Aufhebung 147 ff. 150. 196 f. Rücktritt 147. Kündigung 148 f. Erlöschen 149.
Lehrzeit 146 ff. 149. 195 f.
Lehrzeugnifs 149.
Leihanstalten 128. 159. 166.
Leistung aus Reallasten 269. vertragsmäfsige 248 f. 306 ff. 310. 312. 335 f.
Lesekabinette 128. 159. 166.
Letztwillige Verfügungen vgl. Verfügungen.
Leuchtfeuer 3.
Liedlohn 255.
Lieferungen an die bewaffnete Macht vgl. Gemeinde.
Lieferungsverbände 363. 365 f. 367 f. 375. 377.
Lieferungswerk 76. 135.
Liquidation der Gesellschaften 260. der Hülfskasse 219 f. der Aktiengesellschaft 337 f. der eingetragenen Genossenschaft 338.
Liste der Fabrikarbeiter 198. 205. der Mitglieder der Kasse 218.
Literarisches Eigenthum 75. literar. Thätigkeit 123. vgl. Urheberrecht.
Lizitationstermin für deponirte Waaren 227.
Lochsteine zur Begrenzung des Grubenfeldes 396.
Lohn 123. 141. 143 ff. 156. 194 f. 199 f. 209. 222. 254 f. 291 f. 318.
Lokalverhältnisse 129. vgl. Betriebsanlagen.
Löschung im Standesregister 14. im Hypothekenbuch 269.
Lotterien 163.
Mahlzwang 164.
Mäkelei 123.
Mängel des Privileggegenstandes 101. 109.
Manuscript 44. 75 Note 1. 76 f. 79. 85.
Marinefahrzeug 25.
Markenschutz 4.
Markscheider 174. 389. 396 f. 437.
Markt, Marktverkehr 126 Note 1. 135 f. 138 ff. 183 ff. 205. 269.
Marktfahrer 138.
Marktgebühren 139 f.
Marktordnung 140. 185.
Marktpreis 286. 308 f.
Massekosten 250 ff. 317 f. 324. 335. 337.
Masseschulden. Massegläubiger 250 ff. 254 f. 317 f. 327. 335. 337.
Masseverwalter 224. 258 f. 306 ff. 312 f. 317. 320 ff. 324 ff. 328 ff. 333 ff.
Mafssystem 2. 4.
Mechaniker 140.
Mechanische Vervielfältigung 43. 67 ff. 76. 86.
Medizinalwesen 4. 203.

Mehrgeburten 16.
Meistgebot bei Versteigerung 265. 285 f.
Messen 126 Note 1. 139. 183 ff. 269.
Messer 131.
Mietsvertrag 249 f. 309. 314. Verhältniſs des Mieters bei Schürfunternehmungen 368 Note 1.
Mildernde Umstände 157. 161.
Militärbehörde 350 f. 356. 360 f. 363. 370. 374 f. 382. vgl. Kommandantur.
Militärdienst, Militärpersonen 19. 25. 126. 165. 231. 266. 268. vgl. Abtretung, Eheschlieſsung, Gewerbe, Grundeigenthum, Letztwillige Verfügung, Vormundschaft, Zwangsvollstreckung.
Minderjährigkeit 10 Note 2. 18. 120. 137. 146 f. 177. 189. 256. 263. 265. 379. 407 Note 2.
Mineralien, bergrechtliche 384. 442 Note 5. 443. 446. Förderung nichtbergrechtlicher M. 402.
Ministerium 5. 36. 102 f. 106 f. 108 f. 111 ff. 126. 131 f. 136. 159.
Mishandlungen im Dienst- und Lehrverhältniſs 143. 147 f. 408.
Mitbaurecht, Mitbetheiligte beim Bergbau 396 f. 418 f. 447 f. 453. vgl. Gewerkschaft.
Miteigenthum 308. 315 f.
Miterben 418.
Mitfertigung vgl. Gegenzeichnung.
Mitschuldige bei Ehebruch 19.
Miturheber 46.
Mobilmachung 25. 359. 362. 368. 382.
Modell 64. 70 ff. 87. 97. 100. 102. 107. vgl. Muster.
Monopol 124.
Moralische Personen vgl. Juristische Person.
Mühlen 124. Wind-M. 351.
Mündelgelder 218.
Münzwesen 2 4.
Musikalienhändler 56. 81. 128.
Musikalische Werke 55 ff. 58. 75 Note 1. 78 ff. 80 Note 1. 88.
Musikverständige 56. vgl. Sachverständiger.
Muster, Musterschutz 4. 64. 70 ff. 73. 87 ff. 91. von Privileggegenständen 100. 102. 107. Streitigkeiten 72.
Musterregister 71 ff. 88.
Muthung, Voraussetzung 389. Form 388. Schluſserklärung 392. Zurückweisung 389 f. 392 Note 3. 393. 395. Concurrenz mehrerer M 392 f. 445. Umwandlung einer M 444. M.-Uebersichtskarte 390. vgl. Alter im Felde, Bergwerkseigenthum.
Mutter 16. 18. 41.
Nachahmung von Privileggegenständen 109 ff.
Nachbildung, Nachdruck bei Schriftwerken 44 ff. 75 Note 1. 76 ff. 79. 83. 85. musikalischer Werke 55 ff. 75 Note 1. von Werken der bildenden Künste 61 ff. 64. 78. 80 f. 88.

von Photographien 65 ff. von Mustern und Modellen 70 ff. 90. Strafbarkeit 48 ff. 54. 75 Note 1. 76 ff. Schadensersatz 48 ff. vorsätzlicher 48 f. fahrlässiger 48 f. Theilnahme 49. Veranlassung 49 ff. 75 Note 1. Rechtsstreit und Verfahren 50 ff. 53 f. Vorrichtungen zum N. 49 f. 58. 65. 73. Exemplare 49 ff. 53. 58 f. 65. 73. 75 Note 1. 81 84 f. Klage 51 f.
Nachlafs 230. 281. Gläubiger 315. 339. Vertreter des N. 339. Nachlafsgericht vgl Gericht.
Nachschlageregister in Privilegiensachen 108.
Nachmachung von Privilegiengegenständen 109 ff.
Nachschrift 85.
Nachsicht der Ehemündigkeit 18. der Trauerzeit für die Ehefrau 19. von Ehehindernissen 19. des Aufgebotes 21. 31. 37. der Beibringung der Urkunden bei Eheschliefsung 30.
Nachweis des Vermögens bei Eheschliefsung 19 der Erfordernisse zur Eheschliefsung 20. 30. der Eheschliefsung 25. der Genehmigung zum Nachdruck 77. über Privilegien 114 in Gewerbesachen 129 f. 141. 172 ff 179 188. der Verzollung 229.
Name, Vorname, Zuname 16 f. 20 ff. 28. 30 ff 41. 46 f. 63. 67. 80 Note 1. 81. 84. 88. 97. 100. 107. 127. 144. 198 f. 211 f. 320. des Bergwerks 388. der Gewerkschaft 410.
Naturallöhnung 200.
Naturalverpflegung 360. 363. 372 f. 376 f.
Nebengeschäfte 123. 141. 143.
Nebenintervention 271 ff. 276 f.
Nebenregister 14 ff.
Nebenstrafen 157.
Nennwert von Forderungen 288.
Neuheit des Privileggegenstandes 94 f. 100 f. 103. 106. 111.
Nichtigkeit der Ehe 19. 22. 278. des Privilegs 106.
Niederkunft 15 f.
Niederlage, Niederlagsrecht für Zollgüter 224 ff.
Niederlassung 8. 74. 127 f. 134 f. 160. 176 f. 180. 268. 340. Recht zur N. 8. 122. vgl. Freizügigkeit.
Niefsbrauch, ehemännlicher 305.
Notar 123. 168. 231. notarielle Urkunde 287 f.
Novellen 45.
Nullität vgl. Nichtigkeit.
Nummer des Registers 14. 29. 88.
Nutzniefser 268. 340. vgl. Grundbesitzer.
Nutzungen aus der Masse 252. 254. 305.
Oberster Gerichtshof 52 f.
Obervormundschaftsbehörde 232.
Obligationenrecht 3 Note 3.
Observanz 26.
Offenbarungseid 302. 332.
Offene Handelsgesellschaft 259. 338.
Offener Arrest vgl. Arrest.
Oeffentliche Aemter 1. 9. 231 f. Anstalten 41. 47. 123 f. Auf-

führung geschützter Werke 56 ff. 75 Note 1. 79 f. 80 Note 1. 83 ff. Bücher 5. 264. 345. vgl. Grundbuch. Hypothekenbuch. Blätter 21. 24. 31. 45. 83. 203. Niederlage 224 ff. Plätze 385. Register 304. 343. Straßen und Wege 348 f. 385. 427 f. Urkunden 3. 17. 37. 41. 120. 237. Verkauf 227. 238. 265. vgl. Versteigerung, Verkehr 175. Wohl 95. 99. 103. 106. 125. 159. 168. 170. 179 f. vgl. Bekanntmachung, Interesse.
Oeffnung der Privilegpapiere 102.
Operntext 56.
Oratorientext 56.
Ordensgelübde, Ordenspersonen 126. 263.
Orderpapiere 288. 297 ff.
Ordnungsmäfsig geführte Standesregister 15.
Ordnungsstrafe 153. 155.
Originale des Standesregisters 29. vgl. Werk.
Ort 14. 16 f. 23. 32 f. 185.
Ortspolizei 408 f.
Ortsvorschriften, Ortsgebrauch, Ortsstatut 129. 137 ff. 140 f. 147. 170. 175. 183 f. 192 f. 201 f. 208 f. 249. 309. 374.
Ortsvorstand 347 f. 357. 374 f. 377 ff.
Pacht, Pächter 249 f. 268. 309. 340. 386 Note 1. vgl. Grundbesitzer.
Packete der Muster 72 f. 88
Papiergeld 2.
Pafswesen 2. 4.
Pension 291 f.
Personen. glaubhafte 23. bei Eheschliefsung anwesende 32. zu herrenlosen Verlassenschaften berechtigte 48. 64. 81. ohne festen Wohnsitz 267. vgl. Juristische Person.
Personenstand, Beurkundung 11 ff. 302.
Personentransport 129. 159 f.
Personenvereine 267 f. 301.
Pfandbriefe 344.
Pfandleihgewerbe 129. 174. 240.
Pfandrecht im Konkurs 246 f. 252 ff. 256 f. 282 f. 307 f. 314. 342 f. durch Pfändung 282 f. 303 f. 315. des Steuerfiskus 252. 256. des Verpächters und Vermieters 314. des Pächters 314. der Gastwirte 314 f. für Impensen 315. kaufmännisches 344. an Bergwerken und Kuxen 397 ff. 400 f. 410. 412 f. 429 f. 448 f. 450 Note. 451 ff. vgl. Surrogat.
Pfändung 282 ff. 293 f. 303 f.
Pfarrei 26. 37.
Pferde, Gestellung zu militärischen Zwecken 368 f. vgl. Vorspann
Pflegebefohlene 19. 319. 343.
Pflegekosten 318.
Photographien, Schutz derselben 67 ff.
Platzgewerbe 128 f. 136. 186.
Politische Rechte 7. 9.

Polizei vgl. Behörde, Aufsicht. P.-Verordnung 439 f. 442.455.
Portrait 62. 68.
Postwesen, Postgesetz 3 Note 2. 4. 36. 163. 305.
Posthume Werke 57. 82. 84.
Präjudizialfragen vgl. Vorfragen.
Preissätze, gewerbliche 136 f. 186.
Prefsgewerbe 4. 129. 159 f.
Prefsvergehen 202.
Priorität durch Privileg 101. 112. vgl. Alter im Felde, Vorzug.
Privatgläubiger des Gesellschafters 260 ff. Vermögen der Gesellschafter 260 ff. 339.
Privileg, Privilegienschutz 4. 59 f. 65 f. 83. Gegenstand 94 ff. 101. 104. 111. Gesuch um P. 87. Privilegertheilung 96 ff. 103. Ausübung nach Umfang und Dauer 97 ff. 104 f. 106 f. 110. 115. Privileggeheimnifs 98. 103. 107 ff. 110 f. Eingriffe in das P. 109 ff. 112 f. 115. Rechtsstreit 110 ff. 113. Strafen 109 ff. Privilegien des französischen Rechts 397 f. 400 f. 422 Note 4. 429 f. 451 f.
Privilegienarchiv vgl. Zentralarchiv.
Privilegienregister 107 ff.
Privilegientaxe vgl. Gebühr.
Privilegiumsurkunde 98. 103. 105 ff. 108.
Probezeit des Lehrlings und Gehilfen 141. 146 f.
Propinationsrechte 4. 124.
Protokoll über Eheschliefsung 37. in Musterschutzsachen 88 f. 92. über Pfändung 287.
Prozentsätze bei Vertheilung im Konkurs 256 ff. 261. 318 f. 330.
Prozefs. Prozefsführung 24. 27. Art 276. Fähigkeit 270. 274. Frist 275. Führung ohne Auftrag 274. Handlungen 273 f. Kosten 228. 253. 256. 273 ff. 307. 317. Termin 275. Vollmacht 270. 273 f. 276.
Prüfung der Giltigkeit der Gesetze 5. vor Privilegertheilung 98. 101 ff. in Gewerbesachen. zur Konzession 130. 172 ff. 188. 204. 325. 328. 331 ff. 335. 338.
Pseudonyme Werke 47. 51. 57. 63. 76. 81 f. 84.
Publikation der Gesetze 5.
Quartierleistung für die bewaffnete Macht 360 ff. 372. vgl. Naturalverpflegung.
Quellenangabe bei Abdruck 45. 50. 54 f.
Quittung 98. 101. 105. 280 f. 328. Beweiskraft 303.
Randvermerk im Standesregister 24.
Rangordnung im Konkurs 283. 251 ff. 254 ff. 314. 318 f.
Rauchfangkehrergewerbe 128. 130. 136 f. 176. 178. 186.
Rayon, erster 346 ff. 350 ff. 354. 358. zweiter 346—49. 352. 354. 358. dritter 346. 348 f. 355. Zwischen-R. 346 f. 350 ff. 354. 358. R.-Kataster 347 f. 354. R.-Plan 347 f. 355. R.-Steine 347. 358. Freilegung der Rayons 357. Reichs-R.-Kommission 348.

Realgewerberecht 124. 137. 158. 164. 178.
Realgläubiger 251 ff. 254 ff.
Reallast 7. 269 277.
Realrechte an Grundstücken und Bergwerken 269. 277. 355. 386 Note 1. 397 f. 400. 410. 425 Note 2. 429 f. 447. vgl. Surrogat.
Rechnungslegung des Masseverwalters 258. 321. 327. 330 f.
Recht, fremdes 278.
Rechtsanwalt 276.
Rechtshängigkeit 277 f.
Rechtsmittelinstanz 272. 275.
Rechtsnachfolger 47 ff. 51. 56. 63 f. 75 Note 1. 76. 78 f. 80 ff. 84 f. 96 f. 104. 106. 277. 312 f.
Rechtsschutz, deutscher 2.
Rechtsunkenntniſs 109.
Rechtsweg, vorbehaltener 355 ff. 370. 387. 390. 393 ff. 398. 403. 414. 417. 424 f. 427 Note 1. 428 f. 434.
Rechtswolthaten der Frauen 165. des Inventars 245. 281. der Güterabtretung 341.
Recurs 348. 387. 394. 424. 429. 437. vgl. Berufung.
Reden 46.
Regalbenefizien, Regalien 124. vgl. Bergregal.
Register vgl. Eintragsrolle, Gewerberegister, Handelsregister, Hülfskassenregister, Musterregister, Privilegregister, Schiffsregister, Standesregister.
Regreſs gegen Vormund und Verwalter 379.
Reichsangehörigkeit 8. 28 f. 32. 181. 184. vgl. Staatsangehörigkeit.
Reichsanzeiger 1. 72.
Reichsgebiet vgl. Bundesgebiet.
Reichskanzler 28 ff. 52. 59. 65. 72. 306. 339.
Reichskasse 275. 353. 355. 357. 359. 362. 366 f. 368. 370. 375. 378.
Reichsoberhandelsgericht 52 f. 72. 121.
Reichsrath 4. 6.
Reichswährung 320.
Reife, Zeit derselben 284. 286.
Reisende 135.
Religion vgl. Bekenntniſs.
Religionsdiener 12. 24. 26.
Religionsgesellschaften 40.
Religionsverwandte 40.
Religiöse Feierlichkeiten bei Eheschlieſsung 25.
Remittent 311 f.
Renten 120. 246 f. 253. 354 ff.
Repräsentant eines Bergwerks 118. 419. 435. vgl. Gewerkschaft.
Requisition 3. 36 f. 360 f. 363. 374.
Retentionsrecht vgl. Zurückbehaltungsrecht.
Retorsion vgl. Vergeltungsrecht.

Reziprozität 6. 136. 138.
Richterliches Ermessen vgl. Gericht.
Rückfall 50. 90. 158. 203. 205 f. 246. 249.
Rückgriff 247 f. 261. 272.
Rückkehrbefehl an d. Ehegatten 303.
Rücktritt von Verträgen 147. 206. 249 309.
Sache, im Streit befangene 277. vertretbare 282. der Pfändung nicht ausgesetzte 284.
Sachlegitimation 278.
Sachverständige, Sachverständigenvereine 51 f. 56. 64. 68. 73. 84. 92 97. 100. 120. 169. 279. 285. 301. 355 ff. 364. 366. 368. 370. 378. 424.
Salz, Salzquellen, Salinen 384. 420. 439. 443. 446 Note 1. vgl. Bergleute, Bergwerk, Bergwerkseigenthum, Gewerkschaft, Knappschaftsverein.
Sammlungen 135. von Schriftwerken 45. 55. 77. 82 f.
Sandgruben 348.
Säumnifs der Beitragszahlung 213. 215 f. 218. mit Zahlung der Unterstützung 218 f. mit Zahlung der Schuld 239 Note 1. 240. im Prozefs 275. der Erklärung vom Rücktritt 309. Gefahr in der S. 271. 285. 296.
Schadensersatz 375. 386 f. 403. 417. 426 ff. aus Verletzung des Urheberrechts 48 f. 51 ff. 54. 57 f. 73. 75 Note 1. 78. 84 f. 90 ff. des Privilegs 110. 112 f. aus mutwilliger Klage 93. aus dem Gewerbebetrieb 116 ff. 119 ff. 171. 179. 184. aus dem Dienstverhältnifs 144. 149. aus der Annahme von Gehilfen und Lehrlingen 141. 149. aus Beleidigung und Körperverletzung 233. zur gesamten Hand 247. für Nichterfüllung 249. 308 310. 342. für Untergang der Dienstbarkeit 252. aus der Vermögensverwaltung 256. aus der Amtsführung 256. des Drittschuldners 289. des Pfandgläubigers 290. bei Abtretung von Forderungen 315. aus der Geschäftsführung 321 f. aus der versäumten Anmeldung 325. vgl. Entschädigung.
Schätzung 250. 265. 285. 320.
Scheidung der Ehe 37 ff. 40. 303.
Schankgewerbe 123. 129 ff. 131. 140. 163 f. 173 f.
Schaustellungen, öffentliche 124. 173. 178. 182.
Schenkungen 257. 319.
Schiedsgericht 52. 193. 414.
Schiefer unterliegt dem Bergrecht 384 Note 2.
Schiff, in Dienst gestelltes 25. Ueberlassung von Sch. zu Militärzwecken 367 f. 377.
Schiffahrt 2 f. 4. 124.
Schiffer, Schiffsmannschaft 23. 25. 128 ff. 163. 173 f. 228.
Schiffsoffiziere 23.
Schiffsregister 343.
Schiffssensal 123.
Schiffsurkunden 344.

Schlachthäuser 170.
Schleichhandel 126. 153. 158.
Schliefsung der Hülfskasse 212.
Schlufstermin im Konkurs 330.
Schlufsvertheilung 329 ff.
Schreibensunkundige 14. 213. 237.
Schriftführer 37.
Schriftsteller 52. vgl. Urheber.
Schriftwerk, Urheberrecht an demselben 43 ff. 51. 55 f. 58. 62. 64. 68. 73. 75. posthume 47. pseudonyme 47. 51. anonyme 47. 51. als Gegenstand des Gewerbes 128. strafbare 232 f.
Schulen, Schulbesuch der Gehilfen und Lehrlinge 144 f. 147. 151. 159. 193. 197 ff.
Schuldbrief 264.
Schuldschein, Schuldverschreibungen auf Inhaber 240. 344 f. über Familienfideikommifs 264. Beweiskraft 303.
Schuldtitel, vollstreckbarer 290. 312. 329.
Schürfen, Freiheit 385. Verbot 385 f. 387 Note 10. auf fremdem Boden 385 ff. in fremden Grubenfeldern 387. nach eingelegter Muthung 390. Gröfse des Schürffeldes 386 Note 6. Recht auf die Förderung 388. Abgaben 388. vgl. Alter im Felde, Grundeigenthümer, Schadensersatz, Zwangsabtretung.
Schutz des Urheberrechts vgl. Urheberrecht.
Schutzfrist vgl. Frist.
Schutzgenossen 28.
Schwägerschaft 18. 22. 238. 311.
Schwemmanstalten 124.
Schwerspat dem Bergrecht unterworfen 384 Note 2.
Schwiegereltern und -Kinder 18.
Seelsorger 35. vgl. Geistliche.
Seemannsamt 23 f.
Seerecht 5.
Selbstverlag 123.
Sendungen an den Gemeinschuldner 325.
Sequestration 291. 293.
Servituten vgl. Realrechte.
Sicherheit, öffentliche 95. 103.
Sicherheitsmafsregeln gegen den Gemeinschuldner 336.
Sicherheitsbestellung des Unternehmers 120. 386 f. 388 Note. 421. 423 f. 426 Note 2. für Forderungen 268. 296. 329. 332. des Prozefsbevollmächtigten 274. des Masseverwalters 320. bei Zwangsvollstreckung 285 f. 289.
Sicherstellung des Vermögens 19. im Muster- und Privilegienstreit 93. 112 f. des Privilegs 103. 107. 110. von Forderungen im Konkurs 246 f. 307. 310. 316. 320. 335. des Konkursvermögens 250. 258. 324. 332. des Heiratsgutes 311.
Siegel, gerichtliche 283.

Signalement der Gewerbtreibenden 182.
Sittlichkeit, öffentliche 95. 103. 126. 192.
Situationsplan 347. 389 f. 394. 396 f 399 vgl. Rayonplan.
Sitz der Eisenbahnunternehmung 117. der Hülfskassen 211 f. 216. 220. der juristischen Personen 267 f.
Sold 291 f.
Soldat vgl. Militär.
Sondergut der Ehegatten 302.
Sonderung 306. vgl. Absonderung, Aussonderung.
Sonntag 192. 198.
Soole s. Salz.
Sorgfalt eines redlichen Hausvaters 258. 321 f. eines ordentlichen Geschäftsmannes 226. 235.
Sortimentsbuchhandel 49.
Spanndienst vgl. Vorspann.
Sperre der Zahlung bei Amortisation 300.
Spezialvollmacht 189. 270.
Sprache 44. 102.
Sprengel vgl. Amtsbezirk.
Staat, Vorrechte 388 Note. 421 Note 2. vorbehaltener Bergbau 443 Note 2.
Staatsangehörigkeit 1. 8. 30 ff. 66. 95. 126 Note 1. 127.
Staatsanwalt 52 f. 279.
Staatsbürgerrecht 2. 4. 6 f. 9. 231.
Staatsgebiet 6. 29. 95.
Staatsinteresse 95.
Staatskasse 13. 275. 279,
Staatspapiere, zum Familienfideikommifs gehörige 264.
Staatsverträge 74. 126. 173.
Stadt 35. Gewerbebetrieb in der St. 162.
Stammgüter 316 341.
Stammvermögen 264.
Stand, Standesrechte, Standesvorschrift 16. 21 ff. 31 ff. 97. 126. 199.
Standesamt, Standesamtsbezirk, Standesbeamter 11 ff. 15. 20. 22. 24. 31.
Standesherren 393 Note 1. 456.
Standesregister 11. 13 f 24 ff. 29 f. 33. vgl. Geburts-, Ehe-, Sterberegister.
Standesurkunde 24.
Standquartier 25.
Statthalterei 97. 101 f. 108 f. 114.
Statut 267. 278. der Innungen 187 ff. der Hülfskassen 211 ff. 215 f. 219.
Steinbrüche 118. 348. 439 Note 2. 444.
Steinkohle (und Braunkohle) 384. 402 Note 1. 443.
Steinsalz dem Bergrecht unterworfen 384. 443 dem Staate vorbehalten 446 Note 1.

Stellen, einzelne aus Schriftwerken 45.
Stellvertreter beim Standesamt 11 ff. 37. der Verlobten 26. des Urhebers 82. des Gewerbeunternehmers 118 f. 125. 127. 137 f. 150. 158. 177. 183. 189. 206. vgl. Repräsentant.
Stempel, Stempelgebühren 15. 54. 59. 65. 72.
Sterbefälle 11. 22 f. 26 f. 28 f. 32 f. 41. 218. 302.
Sterbekassen 201 f. vgl. Hülfskassen.
Sterbeort 23.
Sterberegister 14. 17. 23 f. 32. 41.
Sterbestunde 23.
Sterbetag 23.
Steuer 2. 223. 251 f. 256. 314. 318. Strafe 204. 235 f.
Steuerbehörde vgl. Behörde.
Steuerdefraudation 235 f.
Steuermann 24 f.
Stiche, Kupfer-, Stahl- und Stein- 80.
Stiefeltern, -Kind 18.
Stiftungen 267.
Stimmrecht der Genossenschafter 152 f. der Zunftgenossen 188 ff. der Mitglieder der Hülfskassen 212. 216 f. der Gläubiger 259. 262 322 f. 334. der Gewerken 412.
Stipendien 291 f
Strafanstalten 41.
Strafe, Strafverfolgung, Strafverfahren, Strafvollstreckung in Personenstandssachen 25 in Urheberschutzsachen 48 ff. 51 ff. 54 f. 85. in Musterschutzsachen 89. 90 f. in Privilegiensachen 110 ff. wegen mutwilliger Beschwerde 93. in Gewerbesachen 141. 144 f. 149. 153. 155. 156 ff. 159 ff. 170. 179. 202 ff. in Bergsachen 442. in Militärsachen 353 369. wegen Steuerdefraudation 204 235 f. in den Nachlaſs 230 des Gemeinschuldners für Nichtanzeige des Güterrechtsverhältnisses 341. Art der St. 157. 203. Zumessung 90 f, 110. 157. 203 f. Milderung 157. 161. Schärfung 110. 113. Nachsicht 161. Ausschlieſsung 205. Konkurrenz 157. Verjährung 158. 203. vgl. Geldstrafe.
Streitaufnahme 307. 327. 329.
Streitgegenstand 268 f. 271. 273. 275. 282.
Streitgenossen 271. 276. 283. 293.
Streitige Forderungen im Konkurs 245 f. 260. 323. 335.
Sreitverkündigung 272 f. 289.
Stücklohn 194. 222.
Stunde 16, 23. 32 f. 88. 100 f. 106.
Subhastation 429 f. 455 f.
Subsidiarhaft 227 f. 235 f.
Summarisches Verfahren 112. 117.
Surrogat 398. 400. 422 Note 4. 452.
Tag 14. 16. 23. 32 f. 88. 100 f. 106. 111.
Tagebuch des Schiffers 23 f.

Tagelöhner 3. 123. 140. 227 f.
Tarif für Gebühren 15.
Taschenbuch 46. 64.
Taufe 28.
Taxe 15. 185 ff. 204. 225. 319. vgl. Gebühren.
Technische Fragen 51. Abbildungen 55.
Telegraphenwesen 3 Note 2. 4.
Testament s. Letztwillige Verfügung.
Text musikalischer Werke 55 ff. 79.
Thätlichkeiten im Dienstverhältnifs 194.
Theile eines Werkes 45.
Theilnahme am Nachdrucksvergehen 49.
Theilung des Privileggegenstandes 96. 102.
Theilungsklage 268 f. 410.
Titel eines Werkes 78. des Privileggegenstandes 97 f.
Tod des Schiffers 24. des Urhebers 46 f. 57. 63. 81 f. 84. des Gewerbtreibenden 137. 177 f. 189. des Gehilfen und Lehrlings 144. 148. 196. des Lehrherrn 148. 196. eines Zunftgenossen 188 f. des Gemeinschuldners 255 f. 318. der Partei im Prozefs 274. vgl. Sterbefall.
Todeserklärung 382.
Todesgefahr 37.
Todesstrafe 231.
Todesurkunde 32 f.
Todesursache 23.
Todte Hand 6. Sprache 44.
Todtenbeschauzettel 41.
Todtgeborne Kinder 16.
Tödtung von Menschen im Betriebe 116. 118 f. 121.
Tonnen 3.
Tonsetzer 78 f. 84.
Topographische Abbildungen 55. 77.
Transportgewerbe 128 f. 136. 186.
Trassant 312.
Trauung 25. 28.
Trennung der Ehe 22. 27. 37 ff. 267.
Trödelgewerbe 129. 174.
Uebergabe von Sachen durch die betreffenden Papiere 343 f.
Uebergang des Urheberrechts 61. 68. 70. 81. des Gewerbes 137. 171. 177 f. 189.
Ueberlegungsfrist des Erben 339.
Uebernahme der Nachdrucksvorrichtungen 49.
Ueberschau vgl. Augenschein.
Ueberschuldung 337 ff.
Uebersetzung von Werken 44 f. 56. 78.
Uebertragung des Urheberrechts 43. 61 f. 68. 70. 76. 81. 90. des Eigenthums am Werke 62 f. des Privilegs 97. 108 f. 115. der Befugnisse von Seiten der Generalversammlung 216.

von Lohn 222. Gebühren für Uebertretung 252. 254 f. vgl. Abtretung
Uebertragungsurkunde 108.
Uebertretung der Verletzung des Urheberrechts 53 f. des Musterrechts 91. des Privilegs 109 ff. 112. gewerbliche 126. 142. 146. 153. 156 ff. 159. 202 ff.
Uebervortheilung der Arbeiter 116. 119. 194. 200. vgl. Bedrückung.
Ueberweisung von Forderungen 288 ff. 292 f. 295.
Ueberzeugung des Standesbeamten 14. 16.
Umherziehen vgl. Gewerbe.
Umlagen der Genossenschaft 158 ff.
Umpackung von Zollgütern 226.
Unbrauchbarkeit der Gehilfen und Lehrlinge 142. 148. 194. 197.
Unerlaubte Handlungen 143. 270.
Unfundiertes Papiergeld 2.
Unfälle beim Bergbau 118. 441 f. beim Eisenbahnbetrieb 116 f. 118 ff. beim Gewerbebetrieb 118 ff. 145.
Ungehorsam der Gehilfen, Lehrlinge 143. 148. 207.
Ungetheilte Hand vgl. Gesamtschuldner.
Ungiltigkeit der Ehe 19. 22. des Privilegs 106. 111. 115. der Gewerbeberechtigung 138.
Universitäten 47.
Unmündige vgl. Kinder, Minderjährigkeit.
Unredlichkeit des Arbeiters 194.
Unterbrechung der Ausübung des Privilegs 106. des Gewerbebetriebs 137. der Verjährung 245 f. 301. 308. 341.
Unterhalt 119 f. 146 ff. 245. 255. 291 f. 305. 318. 326. Unterhaltsgelder 246 f. 253.
Unternehmer eines Werkes 76. 82. 124. vgl. Betriebsunternehmer.
Unterricht, Unterrichtsanstalten, Unterrichtserwerb 47. 123. 163. 174. 190 f. 192 f. 197 f.
Unterschrift beim Standesamt 14 f. 32 f. 37. beim Musterregister 88. des Privilegiuminhabers 99 f. der Zeugen bei Konsularurkunden 237.
Unterstützung 155. 195. 291 f. 317 f. 326 f.
Unterstützungskassen der Arbeiter 145. der Genossenschaften 152 ff. 155. 161. vgl. Hülfskasse, Knappschaftsverein.
Unterstützungswohnsitz 421 Note 3.
Untersuchung 153.
Urheber, anonymer, pseudonymer 47. 51. 57. 63. 76. 81 f. 84. inländischer, ausländischer 60. 66. 73. 74. mehrere 56. 80. 82. 84. Lebensdauer des U. 46. 63. 81. 84. Name 46 f. 50. 54 f. 57. 62 f. 67.
Urheberrecht 2. 4. an Schriftwerken 43 ff. 64. 68. 73 ff. 76 ff. an Kompositionen 55 f. an Zeichnungen und Abbildungen 55. bei der öffentlichen Aufführung 56 f. 75 Note 1. 79. 83.

85. an Werken der bildenden Künste 61. 68. 73 f. 75 ff. 80 f. an Photographien 67 ff. an Mustern und Modellen 64. 70 ff. Uebergang und Uebertragung 43 61 f. 68. 70 76. 81. 90. Dauer 46. Schutz 43 ff. 46. 58. 63 ff. 66 ff. 70 ff. 75 ff. 78. Verletzung vgl. Nachdruck.
Urkunden 17. 20. 22 f. 30 ff. 37. 41. 98. 103. 105. 108. 113. 120. 163. 166. 170. 226. 237 f 257 f. 264. 289. 297 ff. 321. 344. gerichtliche, notarielle 3. 17. 282.
Vater 15. 18. 32. 41. 145. 148. 198 f. 256. väterliche Gewalt 18. 270. 279. 407 Note 2. 438.
Veranlassung zum Nachdruck 49 ff. 57. 75 Note 1.
Verarbeitung 55. 123.
Veräufserung des Privilegs 104. 106. 114. des Bergwerks 400. des Gewerbes 158. der Zünfte 189. des Unterstützungsanspruches 214. niedergelegter Waaren 227. des Konkursvermögens 244. 250 f. 253 f. 259. 309. 329 f. der im Streit befangenen Sache 277. von Nutzungsrechten 294. Verbot der V. 324. vgl. Pfändung, Versteigerung, Zwangsversteigerung, Verletzung.
Verbesserung in der Industrie 94 ff. 98. 100 f. 103 f. 106 f. 110 ff. 113 f. 124.
Verbindung mehrerer Klagen 269.
Verbote vgl. Vorzugsrecht.
Verbrechen 126. 146. 153. 158. 174 f. 181. 195.
Verbreitung mit Verletzung des Urheberrechts 49 f. 53 f. 61. 65. 67 70. 74. 75 Note 1
Verdienstlosigkeit des Gehilfen 148.
Vereine, Vereinsrecht 4. 82. 206.
Vereinigung mehrerer Bergwerke s. Bergwerk.
Verfahren bei Nachdruck, Nachbildung 61. 69. 71. 76.
Verfall vgl. Einziehung.
Verfallzeit 299. vgl. Fälligkeit.
Verfasser vgl. Urheber.
Verfertiger vgl. Urheber.
Verfügungen von Todes wegen 43. 61. 68. 70. 269. 303. 342. letztwillige Verfügungen von Militärpersonen 380 ff. unter Lebenden 263. des Gemeinschuldners 244. 258. 306. 310 f. 335. 337.
Vergehen 50. 75 Note 1. 126. 146. 153. 158. 174 f. 181. 195. 232. 261.
Vergleich 84 f. 93. 110. 273 275 f. 281 f. 333 f. vgl. Entschädigungsrezefs.
Vergütung vgl. Entschädigung.
Verhandlungen, öffentliche 46.
Verjährung 53 f. 203. 209. 245 f. 301. 308. 313. 341. 426 Note 2. 427. vgl. Frist.
Verkäufer 313.
Verkehrsinteresse 3.

Verlagsvertrag, *Verleger* 48 f. 46. 51. 60 ff. 64. 66. 67 f. 70. 81 ff. 84 f. vgl. Urheberrecht.
Verlängerung der Schutzfrist 71 f. 83. des Privilegs 105 f.
Verlassen des Dienstes 144. 147. 149. 207. des Ehegatten 303.
Verlassenschaft, Verlassenschaftsverwaltung 48. 64. 137 f. 177. 238. vgl. Nachlafs, Erbschaft.
Verleihung vgl. Bergwerkseigenthum, Bewilligung, Genehmigung.
Verleihungsurkunde 163.
Verleitung von Gehilfen und Lehrlingen 143. 148.
Verletzung, körperliche, im Betrieb 116. 118 f. 121. Anfechtung von Verträgen wegen übermäfsiger V. 400.
Verlöbnifs, *Verlobte* 20 f. 26. 30 ff. 35 ff.
Vermächtnifs 245. 269. 315. 328.
Vermögen der Ehegatten 19. der Genossenschaft 153 ff. der Zünfte 155. 187. 189 f. der Hülfskassen 212 f. 215. 217 ff. 220. dem Bergrecht unterworfenes 254. 259. der Ehefrau 311. der Kinder 319. der Aktiengesellschaft 337 der eingetragenen Genossenschaft 338. Gerichtsstand des V 267. Verwaltung 125. 263.
Vermutung 302. fahrlässigen Verhaltens 236. der Nichtigkeit der Verfügungen des Gemeinschuldners 306.
Vernichtung von Vorrichtungen und Exemplaren bei Nachdruck 49 f 53. 75 Note 1. 85. bei Nachbildung von Mustern 90. des Privilegs 110. 112. von Anlagen 204. von strafbaren Darstellungen etc. 232 f.
Verordnung 25. 27 f.
Verpachtung des Gewerbes 136 f. 158.
Verpfändung von Immobilien 189. von Lohn 222. des Konkursvermögens 244. 328. von Schiffen 343 f.
Versammlung der Genossenschafter 152 ff. der Zunftgenossen 189 ff. der Gläubiger 320 ff. 326 ff. Recht zu V. 4.
Verschleifs vgl. Handel, Verbreitung.
Verschulden 48. 58, 116. 118 f. 121. 226. 235 f. 275 f. 279. 336.
Verschwender 279.
Versicherung an Eidesstatt 20. 30. gegen Unfall 2. 119. 163. 166.
Versiegelung vgl. Beschlagnahme.
Versöhnungsversuch 40.
Versteigerung, freiwillige 265. vgl. Zwangsversteigerung.
Versuch 50.
Vertheidigungsmittel im Rechtsstreit 275 f.
Vertheilung der Kosten des Standesamtes 13. des Zunftvermögens 190. des Konkursvermögens 245. 250. 317. 328 ff. 339. der Prozefskosten 274 ff. bei Zwangsvollstreckung 294. 296. des Gesellschaftsvermögens 337.
Verträge, Forum derselben 269.
Vertragsstrafe vgl. Konventionalstrafe.
Vertrauensmänner der Genossenschaft 152 ff.
Vertretung, *Vertreter*, diplomatische 28 f. 33. konsularische

vgl. Konsul. des Landes 5. 9. 275. der Arbeitgeber bei der Hülfskasse 211 f. 215 f. in der Prozeſsführung 269 ff. 273 f. gewillkürte 270. 273 f. gesetzliche, besondere 270 f. 273 f. 276. des Schuldners oder der ruhenden Erbschaft 281. vgl. Repräsentant.

Vevielfältigung, mechanische 43 f. 49. 51. 53. 58. 65. 75 Note 1. 76. 80 f. 86. 128.

Verwahrung von Muster- und Privileggegenständen 93. 112 f. des Nachlasses 238. von Familienfideikommiſspapieren 264.

Verwalter 235. 259. 379.

Verwaltung im Konkurs 244. 251 f. 258. 306. 310 f. 317. bei Zwangsvollstreckung 294.

Verwaltungsbehörde 11 ff. 28. 159 f. 172 f. 176. 178 f. 181 f. 184. 187 f. 191 f. 197. 201 ff. 212. 218. 220. 355 f. 360 f. 367. 374. 379. vgl Behörde, Landesstelle.

Verwaltungsexekution 434. 438.

Verwaltungsort 270.

Verwaltungsstellen der Hülfskassen 212. 217.

Verwandtschaft 18. 22. 33. 41. 238. 279. 311.

Verweigerung der Eheschlieſsung 35. der Konzession 160. der Klagebeantwortung 273.

Verweis 13. 153. 156.

Verwendungen, nützliche 315.

Verwertung von Forderungen 287 ff.

Verzeichniſs zur Vertheilung im Konkurs 329 ff.

Verzicht 273. 290.

Verzug vgl. Säumniſs.

Verzugszinsen 239 Note 1. 240. 247.

Veterinärwesen 123.

Viehseuche 4.

Vindikation 229.

Vis maior vgl. höhere Gewalt.

Volkszählung 4.

Vollbürtige Geschwister 18.

Vollendung des Nachdruckvergehens 50.

Vollmacht des Standesbeamten 20. zum Privilegiengesuch 97 ff. 100 f. im Gewerbebetrieb 118 f. 227 f. des Kassenvorstandes 216. des Massekurators 258 f. des Gerichtsvollziehers 280. vgl. Repräsentant.

Vollstreckung, Vollstreckungsbefehl 282. vgl. Gericht, Strafe, Zwangsvollstreckung.

Vollziehung der Gesetze 5.

Vorausklage 335.

Vorbehalt in Betreff des Urheberrechtes 44 f. 56. 59. 78 f. 80 f. 83. des Verkaufs bei Versteigerung 265.

Vorbild vgl. Muster.

Vorfragen im Rechtsstreit 91. 111 ff.

Vorkaufsrecht 411. 422.

Vormerkungen im Grundbuch 246. 308.
Vormund, Vormundschaftsbehörde 18 f 145. 147 f. 198 f. 231. 256. 263. 265. 279 f. 379 380.
Vorname vgl. Name.
Vorrichtungen, rechtswidrige 49 f. 110. 112. 232 ff..
Vorsatz 48 ff. 57.
Vorschufs auf Lohn 209. 214.
Vorspann für die bewaffnete Macht 360. 363 f. 372 f. 376.
Vorstand öffentlicher Anstalten 16. 41. einer Genossenschaft 146. 149. 152 f. 155. der Zunft 189. 191 f. der Hülfskassen 211. 215 ff. 219. der Aktiengesellschaft 337. der eingetragenen Genossenschaft 338. vgl. Behörde, Gemeinde.
Vorträge 44. 76 f.
Vorzug im Konkurs 246. 251 ff. 254 ff. 283. 303 f. 307. 317. 342 f.
Waaren der Gewerbtreibenden 138 f. 177. zollpflichtige 224 ff. Eigenthümer unbekannt 226 f. leicht verderbliche 227. konfiscierte 228. herrenlose 229.
Waarenführer 228.
Waarenleistung 308. 313.
Waarenmäkelei 123.
Wahl des Standesbeamten 20.
Wahlkonsul 266.
Wahlrecht, öffentliches 231.
Wald, *Waldanlagen* in der Umgebung von Festungen 348.
Wanderverpflichtung 195.
Waschgold dem Staate vorbehalten 384 Note 3.
Wasser, Strafsen 3. Bauten 348. Zölle 3. Triebwerke 402 f. W.-Benutzung 404 Note 1. 425 Note 4. Wasser- und Wetterlösung 403.
Wechsel 245. 288. abhanden gekommene, vernichtete 297. Regrefs 312. Summe 312. Zahlung 311.
Wechselmäkelei 123.
Wechselrecht 3 Note 3. 5.
Wehrpflicht 6.
Weibliche Arbeiter 144.
Werke, posthume 63 f. 82. 84. anonyme, pseudonyme 63. 81. 84. periodische 46. 64. in Bänden, Abtheilungen, Lieferungen 63. 68. 76. 82 f. auf Befehl der Regierung 83. im Ausland erschienene 86.
Werkführer 140. 197.
Werkzeuge vgl. Vorrichtungen.
Wert zu konfiscierender Waaren 228.
Wertpapiere 282. 286. 327 f.
Wertsachen 286.
Wertsberechnung vgl. Entschädigung.
Widerklage 121. 273.

Widerruf der Ernennung des Standesbeamten 12. der Konzession 138. 160. 176. 179 f. bei Versteigerungskauf 265. der Erklärungen des Bevollmächtigten 274. der Bestellung des Gläubigerausschusses 322.
Widersetzlichkeit der Arbeiter 207.
Wiederaufnahme des Verfahrens 273.
Wiedereinsetzung 120. 379.
Wiederkaufsrecht 422.
Witwe 137. 177. 189. 433.
Wochenmarkt 269.
Wochentag 22.
Wohnort, Wohnsitz 1. 6. 16. 20 ff. 23. 24. 31 ff. 36. 40 f. 68. 72. 88. 97 f. 100. 108. 122. 127. 148. 166. 180. 182 ff. 198 f. 201. 203. 266 ff. 302.
Wucher 240. 242.
Zahl der Ausgabe 44. in Buchstaben 14.
Zahlung der Privilegiumstaxe 99. 103. aus dem Zunftvermögen 189 f. von Unterstützungen 212 ff. 218 ff. an die Hülfskassen 209. 213. 215 f. 218 f. einer Zinsschuld 239 Note 1. 240. 242. im Konkursverfahren 245 247 f. 253 f. 256 f. 320. 332. 335.
Zahlungseinstellung 244. 310 f. 315. 317. 324. 336 ff. 340.
Zahlungsstatt 288 ff. 292 f.
Zahlungsunfähigkeit 42. 110. 157. 203 ff.
Zechenbuch 440.
Zehrgeld 189. 195.
Zeichner 70. 140.
Zeichnungen 55. 77. 80. 97. 100. 102. 107. 133. 168.
Zeit 16 f.
Zeitlohn 222.
Zeitschriften, Zeitungen 45 f. 64. 77 f.
Zentralarchiv 104. 107 f. vgl. Behörde.
Zertifikat vgl. Zeugnifs, Urkunde.
Zession vgl. Abtretung, Uebertragung.
Zettelbanken 4.
Zeugen in Personenstandssachen 22. 31 ff. 35. 37. bei Oeffnung der Muster 89. 92. in Gewerbsachen 169. bei Konsularurkunden 237 f. bei Militärtestamenten 381.
Zeugenfähigkeit 22. 231.
Zeugnifs über Ehehindernisse 31. über Hinterlegung des Musters 88 f. 92. der Legitimation 216. in Gewerbsachen 141. 173. 188. 193. 195. 197. bei Amortisation 298 f.
Zinsen, landesübliche 239 Note 1. unbestimmte 239 Note 1. aus Handelsgeschäften 239 Note 1. gesetzliche 239 Note 1. 240. 242. 248. 319 f. rückständige 239 Note 1. 242. vertragsmäfsige 240. 242. im Konkurs 247 f. 252 f. 254. 256. 314. 319 f.
Zinseszins 239 Note 1. 240. 242.

Zinsfufs 239 Note 1. 240 ff.
Zinsscheine 298 f.
Zögerungszinsen vgl. Verzugszinsen.
Zoll 224 ff. 227 f. 256. 314.
Zollbehörde vgl. Behörde.
Zollbufsen, Zollstrafen 228.
Zolldefraude 228.
Zollgesetz 2. 4. 136. 163.
Zollverein 177.
Zubehör eines Bergwerks 403.
Zuchthausstrafe 231.
Zufall, unabwendbarer 116. 118.
Zuname vgl. Name.
Zunft 163. 187 ff. Sitz 190. Vermögen, Einnahmen 1877. 189 ff. Statut 187 ff. 192. Austritt, Eintritt 187 f. 191 f. Ausschliefsung 188. 191. Prüfungen 188. Antrittsgeldder 188. Stimmrecht und Beschlufsfassung 188 ff. Vorstand 1889. 191 f. Erwerb von Eigenthum und Rechten 189 f. Recbhte und Pflichten der Genossen 192. Anstalten und Kassen 1191. 201. Streitigkeiten 191. Strafen 189. Versammlung 189 ff. Auflösung 189 ff. Auseinandersetzung 190 f. Aufsicht 1191.
Zunftartikel vgl. Statut.
Zunftzwang 187.
Zurückbehaltungsrecht 224. 307. 315.
Zurückforderung von Leistungen 249. 251. 306. 310 ff. 3313. 317.
Zurückgabe des Heiratsgutes 311.
Zurückstellung des Privileggesuchs 99. 101 f. 103. 1C09. des Privilegs 107.
Zurückziehung des Antrags 92.
Zusätze im Standesregister 14.
Zuschlag bei Gebühren 99 Note 1. bei Versteigerunng 265. 285 f.
Zuschüsse der Arbeitgeber zur Kasse 209 ff. 212. 215 ff.
Zustellung 27. 111. 283. 287 ff. 292 ff. 302.
Zustimmung vgl. Erlaubnifs.
Zwang 19. 206. 295.
Zwangsarbeitsanstalten 41.
Zwangsausgleich 260 ff. 327. 330. 332 ff. 338 f.
Zwangsenteignung und Zwangsabtretung 6. 302. 356 f. 365. 386. 420—25. 427 f. 454. vgl. Grundeigenthum.
Zwangsmafsregeln bei Ehescheidung 303. administrative 3357. 375.
Zwangsrechte 163 ff.
Zwangsversteigerung 250. 285 ff. 297. 309. 326 f.
Zwangsvollstreckung 246. 273. 280 ff. 302. 305. 307. 3112. 314. 324. 326. 329. 331. 335. 339. gegen Militärpersonnen 382. Kosten der Z. 258 f. 256. vgl. Subhastation, Verwsaltungsexekution, Gewerkschaft.

Zweigniederlassung 135.
Zwillingsgeburt 16.
Zwischenräume im Standesregister 14.
Zwischenzinsen 320.

Berichtigungen und Nachträge.

S. 5 Z. 7 l. Wechselrecht.

S. 266. Die Civilprozeſsordnung für das Deutsche Reich ist inzwischen R.-Ges.-Bl. 1877, S. 83 ff. publiziert und trägt das Datum vom 30. Januar 1877.

S. 305. Die Konkursordnung für das Deutsche Reich ist inzwischen R.-Ges.-Bl. 1877, S. 351 ff. publiziert und trägt das Datum vom 10. Februar 1877.

S. 343 Z. 8 v. u. ist „behalten“ statt „erhalten“ zu lesen.

S. 352 Z. 9 v. u. Terrainoberfläche. Z. 10 v. u. vorübergehenden.

S. 434 Z. 2 v. u. ist die Note (4) falsch bezeichnet.

S. 439 Z. 17 l. Dampfkessel.

Universitäts-Buchdruckerei von Carl Georgi in Bonn.

Anhang.

Deutsches Reichs-Gesetz, betreffend die Beglaubigung öffentlicher Urkunden.

Vom 1. Mai 1878[1]).

§. 1. Urkunden, die von einer inländischen öffentlichen Behörde oder von einer mit öffentlichem Glauben versehenen Person des Inlandes aufgenommen oder ausgestellt sind, bedürfen zum Gebrauch im Inlande einer Beglaubigung (Legalisation) nicht.

§. 2. Zur Annahme der Echtheit einer Urkunde, welche als von einer ausländischen öffentlichen Behörde oder von einer mit öffentlichem Glauben versehenen Person des Auslandes ausgestellt oder aufgenommen sich darstellt, genügt die Legalisation durch einen Konsul oder Gesandten des Reichs.

Deutsches Patentgesetz.

Vom 25. Mai 1877[2]).

Erster Abschnitt.

Patentrecht.

§. 1. Patente werden ertheilt für neue Erfindungen, welche eine gewerbliche Verwerthung gestatten.

Ausgenommen sind:

1) Erfindungen, deren Verwerthung den Gesetzen oder guten Sitten zuwiderlaufen würde;

2) Erfindungen von Nahrungs-, Genufs- und Arzneimitteln, sowie von Stoffen, welche auf chemischem

1) R.-Ges.-Bl. 1878, S. 89.

2) R.-Ges.-Bl. 1877, S. 501 ff.

Wege hergestellt werden, soweit die Erfindungen nicht ein bestimmtes Verfahren zur Herstellung der Gegenstände betreffen.

§. 2. Eine Erfindung gilt nicht als neu, wenn sie zur Zeit der auf Grund dieses Gesetzes erfolgten Anmeldung in öffentlichen Druckschriften bereits derart beschrieben oder im Inlande bereits so offenkundig benutzt ist, dafs danach die Benutzung durch andere Sachverständige möglich erscheint.

§. 3. Auf die Ertheilung des Patentes hat derjenige Anspruch, welcher die Erfindung zuerst nach Maafsgabe dieses Gesetzes angemeldet hat.

Ein Anspruch des Patentsuchers auf Ertheilung des Patentes findet nicht statt, wenn der wesentliche Inhalt seiner Anmeldung den Beschreibungen, Zeichnungen, Modellen, Geräthschaften oder Einrichtungen eines Anderen oder einem von diesem angewendeten Verfahren ohne Einwilligung desselben entnommen, und von dem letzteren aus diesem Grunde Einspruch erhoben ist.

§. 4. Das Patent hat die Wirkung, dafs niemand befugt ist ohne Erlaubnifs des Patentinhabers den Gegenstand der Erfindung gewerbsmäfsig herzustellen, in Verkehr zu bringen oder feilzuhalten.

Bildet ein Verfahren, eine Maschine oder eine sonstige Betriebsvorrichtung, ein Werkzeug oder ein sonstiges Arbeitsgeräth den Gegenstand der Erfindung, so hat das Patent aufserdem die Wirkung, dafs niemand befugt ist, ohne Erlaubnifs des Patentinhabers das Verfahren anzuwenden oder den Gegenstand der Erfindung zu gebrauchen.

§. 5. Die Wirkung des Patentes tritt gegen denjenigen nicht ein, welcher bereits zur Zeit der Anmeldung des Patentinhabers im Inlande die Erfindung in Benutzung genommen oder die zur Benutzung erforderlichen Veranstaltungen getroffen hatte.

Die Wirkung des Patentes tritt ferner insoweit nicht ein, als die Erfindung nach Bestimmung des Reichskanzlers für das Heer oder für die Flotte oder sonst im Interesse der öffentlichen Wohlfahrt benutzt werden soll. Doch hat der Patentinhaber in diesem Falle gegenüber dem Reich oder dem Staat, welcher in seinem besonderen Interesse die Beschränkung des Patentes beantragt hat,

Anspruch auf angemessene Vergütung, welche in Ermangelung einer Verständigung im Rechtswege festgesetzt wird.

Auf Einrichtungen an Fahrzeugen, welche nur vorübergehend in das Inland gelangen, erstreckt sich die Wirkung des Patentes nicht.

§. 6. Der Anspruch auf Ertheilung des Patentes und das Recht aus dem Patente gehen auf die Erben über. Der Anspruch und das Recht können beschränkt oder unbeschränkt durch Vertrag oder Verfügung von Todeswegen auf Andere übertragen werden.

§. 7. Die Dauer des Patentes ist fünfzehn Jahre; der Lauf dieser Zeit beginnt mit dem auf die Anmeldung der Erfindung folgenden Tage. Bezweckt eine Erfindung die Verbesserung einer anderen, zu Gunsten des Patentsuchers durch ein Patent geschützten Erfindung, so kann dieser die Ertheilung eines Zusatzpatentes nachsuchen, welches mit dem Patente für die ältere Erfindung sein Ende erreicht.

§. 8. Für jedes Patent ist bei der Ertheilung eine Gebühr von 30 Mark zu entrichten.

Mit Ausnahme der Zusatzpatente (§. 7) ist aufserdem für jedes Patent mit Beginn des zweiten und jeden folgenden Jahres der Dauer eine Gebühr zu entrichten, welche das erste Mal 50 Mark beträgt und weiterhin jedes Jahr um 50 Mark steigt.

Einem Patentinhaber, welcher seine Bedürftigkeit nachweist, können die Gebühren für das erste und zweite Jahr der Dauer des Patentes bis zum dritten Jahre gestundet und, wenn das Patent im dritten Jahre erlischt, erlassen werden.

§. 9. Das Patent erlischt, wenn der Patentinhaber auf dasselbe verzichtet, oder wenn die Gebühren nicht spätestens drei Monate nach der Fälligkeit gezahlt werden.

§. 10. Das Patent wird für nichtig erklärt, wenn sich ergiebt:

1) dafs die Erfindung nach §§. 1 und 2 nicht patentfähig war,
2) dafs der wesentliche Inhalt der Anmeldung den Beschreibungen, Zeichnungen, Modellen, Geräthschaften oder Einrichtungen eines Anderen oder einem von diesem angewendeten Verfahren ohne Einwilligung desselben entnommen war.

§. 11. Das Patent kann nach Ablauf von drei Jahren zurückgenommen werden:

1) wenn der Patentinhaber es unterläſst, im Inlande die Erfindung in angemessenem Umfange zur Ausführung zu bringen, oder doch Alles zu thun, was erforderlich ist, um diese Ausführung zu sichern;

2) wenn im öffentlichen Interesse die Ertheilung der Erlaubniſs zur Benutzung der Erfindung an Andere geboten erscheint, der Patentinhaber aber gleichwohl sich weigert, diese Erlaubniſs gegen angemessene Vergütung und genügende Sicherstellung zu ertheilen.

§. 12. Wer nicht im Inlande wohnt, kann den Anspruch auf die Ertheilung eines Patentes und die Rechte aus dem letzteren nur geltend machen, wenn er im Inlande einen Vertreter bestellt hat. Der letztere ist zur Vertretung in dem nach Maaſsgabe dieses Gesetzes stattfindenden Verfahren, sowie in den das Patent betreffenden bürgerlichen Rechtsstreitigkeiten befugt. Für die in solchen Rechtsstreitigkeiten gegen den Patentinhaber anzustellenden Klagen ist das Gericht zuständig, in dessen Bezirk der Vertreter seinen Wohnsitz hat, in Ermangelung eines solchen das Gericht, in dessen Bezirk das Patentamt seinen Sitz hat.

Zweiter Abschnitt.

Patentamt.

§. 13. Die Ertheilung, die Erklärung der Nichtigkeit und die Zurücknahme der Patente erfolgt durch das Patentamt.

Das Patentamt hat seinen Sitz in Berlin. Es besteht aus mindestens drei ständigen Mitgliedern, einschlieſslich des Vorsitzenden, und aus nicht ständigen Mitgliedern. Die Mitglieder werden vom Kaiser, die übrigen Beamten vom Reichskanzler ernannt. Die Ernennung der ständigen Mitglieder erfolgt auf Vorschlag des Bundesraths, und zwar, wenn sie im Reichs- oder Staatsdienste ein Amt bekleiden, auf die Dauer dieses Amtes, anderen Falls auf Lebenszeit; die Ernennung der nicht ständigen Mitglieder erfolgt auf fünf Jahre. Von den ständigen Mitgliedern müssen mindestens drei die Befähigung zum Richteramte oder zum höheren Verwaltungsdienste besitzen, die nicht ständigen Mitglieder müssen in einem Zweige der Technik sachverständig sein. Auf die nicht ständigen Mitglieder finden die Bestimmungen in §. 16 des Gesetzes, betreffend die Rechtsverhältnisse der Reichsbeamten, vom 31. März 1873 keine Anwendung.

§. 14. Das Patentamt besteht aus mehreren Abtheilungen. Dieselben werden im voraus auf mindestens ein Jahr gebildet. Ein Mitglied kann mehreren Abtheilungen angehören.

Die Beschlufsfähigkeit der Abtheilungen ist, wenn es sich um die Ertheilung eines Patentes handelt, durch die Anwesenheit von mindestens drei Mitgliedern bedingt, unter welchen sich zwei nicht ständige Mitglieder befinden müssen.

Für die Entscheidungen über die Erklärung der Nichtigkeit und über die Zurücknahme von Patenten wird eine besondere Abtheilung gebildet. Die Entscheidungen derselben erfolgen in der Besetzung von zwei Mitgliedern, einschliefslich des Vorsitzenden, welche die Befähigung zum Richteramte oder zum höheren Verwaltungsdienste besitzen, und drei sonstigen Mitgliedern. Zu anderen Beschlüssen genügt die Anwesenheit von drei Mitgliedern.

Die Bestimmungen der Civilprozefsordnung über Ausschliefsung und Ablehnung der Gerichtspersonen finden entsprechende Anwendung.

Zu den Berathungen können Sachverständige, welche nicht Mitglieder sind, zugezogen werden; dieselben dürfen an den Abstimmungen nicht theilnehmen.

§. 15. Die Beschlüsse und die Entscheidungen der Abtheilungen erfolgen im Namen des Patentamtes; sie sind mit Gründen zu versehen, schriftlich auszufertigen und allen Betheiligten von Amtswegen zuzustellen.

Zustellungen, welche den Lauf von Fristen bedingen, erfolgen durch die Post mittels eingeschriebenen Briefes gegen Empfangschein. Kann eine Zustellung im Inlande nicht erfolgen, so wird sie von den damit beauftragten Beamten des Patentamtes durch Aufgabe zur Post nach Maafsgabe der §§. 161, 175 der Civilprozefsordnung bewirkt.

Gegen die Beschlüsse des Patentamtes findet die Beschwerde statt.

§. 16. Wird der Beschlufs einer Abtheilung des Patentamtes im Wege der Beschwerde angefochten, so erfolgt die Beschlufsfassung über diese Beschwerde durch eine andere Abtheilung oder durch mehrere Abtheilungen gemeinsam.

An der Beschlufsfassung darf kein Mitglied theilnehmen, welches bei dem angefochtenen Beschlusse mitgewirkt hat.

§. 17. Die Bildung der Abtheilungen, die Bestimmung ihres Geschäftskreises, die Formen des Verfahrens und der Geschäftsgang des Patentamtes werden, insoweit dieses Gesetz nicht Bestimmungen darüber trifft, durch Kaiserliche Verordnung unter Zustimmung des Bundesraths geregelt [1]).

§. 18. Das Patentamt ist verpflichtet, auf Ersuchen der Gerichte über Fragen, welche Patente betreffen, Gutachten abzugeben. Im übrigen ist dasselbe nicht befugt, ohne Genehmigung des Reichskanzlers aufserhalb seines gesetzlichen Geschäftskreises Beschlüsse zu fassen oder Gutachten abzugeben.

§. 19. Bei dem Patentamte wird eine Rolle geführt, welche den Gegenstand und die Dauer der ertheilten Patente, sowie den Namen und Wohnort der Patentinhaber und ihrer bei Anmeldung der Erfindung etwa bestellten Vertreter angiebt. Der Anfang, der Ablauf, das Erlöschen, die Erklärung der Nichtigkeit und die Zurücknahme der Patente sind, unter gleichzeitiger Bekanntmachung durch den Reichsanzeiger, in der Rolle zu vermerken.

Tritt in der Person des Patentinhabers oder seines Vertreters eine Aenderung ein, so wird dieselbe, wenn sie in beweisender Form zur Kenntnifs des Patentamtes gebracht ist, ebenfalls in der Rolle vermerkt und durch den Reichsanzeiger veröffentlicht. So lange dieses nicht geschehen ist, bleiben der frühere Patentinhaber und sein früherer Vertreter nach Maafsgabe dieses Gesetzes berechtigt und verpflichtet.

Die Einsicht der Rolle, der Beschreibungen, Zeichnungen, Modelle und Probestücke, auf Grund deren die Ertheilung der Patente erfolgt ist, steht, soweit es sich nicht um ein im Namen der Reichsverwaltung für die

---

1) Vgl. Verordnung betr. die Einrichtung, das Verfahren und den Geschäftsgang des Patentamts, vom 18. Juni 1877 (R.-Ges.-Bl. 1877, S. 533 ff.).

Zwecke des Heeres oder der Flotte genommenes Patent handelt, jedermann frei.

Das Patentamt veröffentlicht die Beschreibungen und Zeichnungen, soweit deren Einsicht jedermann freisteht, in ihren wesentlichen Theilen durch ein amtliches Blatt. In dasselbe sind auch die Bekanntmachungen aufzunehmen, welche durch den Reichsanzeiger nach Maafsgabe dieses Gesetzes erfolgen müssen.

Dritter Abschnitt.

Verfahren in Patentsachen.

§. 20. Die Anmeldung einer Erfindung behufs Ertheilung eines Patentes geschieht schriftlich bei dem Patentamte. Für jede Erfindung ist eine besondere Anmeldung erforderlich. Die Anmeldung mufs den Antrag auf Ertheilung des Patentes enthalten, und in dem Antrage den Gegenstand, welcher durch das Patent geschützt werden soll, genau bezeichnen. In einer Anlage ist die Erfindung dergestalt zu beschreiben, dafs danach die Benutzung derselben durch andere Sachverständige möglich erscheint. Auch sind die erforderlichen Zeichnungen, bildlichen Darstellungen, Modelle und Probestücke beizufügen.

Das Patentamt erläfst Bestimmungen über die sonstigen Erfordernisse der Anmeldung.

Bis zu der Bekanntmachung der Anmeldung sind Abänderungen der darin enthaltenen Angaben zulässig. Gleichzeitig mit der Anmeldung sind für die Kosten des Verfahrens 20 Mark zu zahlen.

§. 21. Ist durch die Anmeldung den vorgeschriebenen Anforderungen nicht genügt, so verlangt das Patentamt von dem Patentsucher unter Bezeichnung der Mängel deren Beseitigung innerhalb einer bestimmten Frist. Wird dieser Aufforderung innerhalb der Frist nicht genügt, so ist die Anmeldung zurückzuweisen.

§. 22. Erachtet das Patentamt die Anmeldung für gehörig erfolgt und die Ertheilung eines Patentes nicht für ausgeschlossen, so verfügt es die Bekanntmachung der Anmeldung. Mit der Bekanntmachung treten für den Gegenstand der Anmeldung zu Gunsten des Patentsuchers einstweilen die gesetzlichen Wirkungen des Patentes ein (§§ 4, 5).

Ist das Patentamt der Ansicht, daſs eine nach §§. 1 und 2 patentfähige Erfindung nicht vorliegt, so weist es die Anmeldung zurück.

§. 23. Die Bekanntmachung der Anmeldung geschieht in der Weise, daſs der Name des Patentsuchers und der wesentliche Inhalt des in seiner Anmeldung enthaltenen Antrages durch den Reichsanzeiger einmal veröffentlicht wird. Gleichzeitig ist die Anmeldung mit sämmtlichen Beilagen bei dem Patentamte zur Einsicht für jedermann auszulegen. Mit der Veröffentlichung ist die Anzeige zu verbinden, daſs der Gegenstand der Anmeldung einstweilen gegen unbefugte Benutzung geschützt sei.

Handelt es sich um ein im Namen der Reichsverwaltung für die Zwecke des Heeres oder der Flotte nachgesuchtes Patent, so unterbleibt die Auslegung der Anmeldung und ihrer Beilagen.

§. 24. Nach Ablauf von acht Wochen, seit dem Tage der Veröffentlichung (§. 23), hat das Patentamt über die Ertheilung des Patentes Beschluſs zu fassen. Bis dahin kann gegen die Ertheilung bei dem Patentamte Einspruch erhoben werden. Der Einspruch muſs schriftlich erfolgen und mit Gründen versehen sein. Er kann nur auf die Behauptung, daſs die Erfindung nicht neu sei oder daſs die Voraussetzung des §. 3 Absatz 2 vorliege, gestützt werden.

Vor der Beschluſsfassung kann das Patentamt die Ladung und Anhörung der Betheiligten, sowie die Begutachtung des Antrages durch geeignete, in einem Zweige der Technik sachverständige Personen und sonstige zur Aufklärung der Sache erforderliche Ermittelungen anordnen.

§. 25. Gegen den Beschluſs, durch welchen die Anmeldung zurückgewiesen wird, kann der Patentsucher, und gegen den Beschluſs, durch welchen über die Ertheilung des Patentes entschieden wird, der Patentsucher oder der Einsprechende binnen vier Wochen nach der Zustellung Beschwerde einlegen. Mit der Einlegung der Beschwerde sind für die Kosten des Beschwerdeverfahrens 20 Mark zu zahlen; erfolgt die Zahlung nicht, so gilt die Beschwerde als nicht erhoben.

Auf das Verfahren findet §. 24 Absatz 2 Anwendung.

§. 26. Ist die Ertheilung des Patentes endgültig

beschlossen, so erläfst das Patentamt darüber durch den Reichsanzeiger eine Bekanntmachung und fertigt demnächst für den Patentinhaber eine Urkunde aus.

Wird das Patent versagt, so ist dies ebenfalls bekannt zu machen. Mit der Versagung gelten die Wirkungen des einstweiligen Schutzes als nicht eingetreten.

§. 27. Die Einleitung des Verfahrens wegen Erklärung der Nichtigkeit oder wegen Zurücknahme des Patentes erfolgt nur auf Antrag. Im Falle des §. 10 Nr. 2 ist nur der Verletzte zu dem Antrage berechtigt. Der Antrag ist schriftlich an das Patentamt zu richten und hat die Thatsachen anzugeben, auf welche er gestützt wird.

§. 28. Nachdem die Einleitung des Verfahrens verfügt ist, fordert das Patentamt den Patentinhaber unter Mittheilung des Antrages auf, sich über denselben binnen vier Wochen zu erklären.

Erklärt der Patentinhaber binnen der Frist sich nicht, so kann ohne Ladung und Anhörung der Betheiligten sofort nach dem Antrage entschieden und bei dieser Entscheidung jede von dem Antragsteller behauptete Thatsache für erwiesen angenommen werden.

§. 29. Widerspricht der Patentinhaber rechtzeitig, oder wird im Falle des §. 28 Absatz 2 nicht sofort nach dem Antrage entschieden, so trifft das Patentamt, und zwar im ersteren Falle unter Mittheilung des Widerspruchs an den Antragsteller, die zur Aufklärung der Sache erforderlichen Verfügungen. Es kann die Vernehmung von Zeugen und Sachverständigen anordnen. Auf dieselben finden die Vorschriften der Civilprozefsordnung entsprechende Anwendung. Die Beweisverhandlungen sind unter Zuziehung eines beeidigten Protokollführers aufzunehmen.

Die Entscheidung erfolgt nach Ladung und Anhörung der Betheiligten.

Wird die Zurücknahme des Patentes auf Grund des §. 11 Nr. 2 beantragt, so muss der diesem Antrage entsprechenden Entscheidung eine Androhung der Zurüknahme unter Angabe von Gründen und unter Festsetzung einer angemessenen Frist vorausgehen.

§. 30. In der Entscheidung (§§. 28, 29) hat das Patentamt nach freiem Ermessen zu bestimmen, zu welchem Antheile die Kosten des Verfahrens den Betheiligten zur Last fallen.

§. 31. Die Gerichte sind verpflichtet, dem Patentamte Rechtshülfe zu leisten. Die Festsetzung einer Strafe gegen Zeugen und Sachverständige, welche nicht erscheinen oder ihre Aussage oder deren Beeidigung verweigern, sowie die Vorführung eines nicht erschienenen Zeugen, erfolgt auf Ersuchen durch die Gerichte.

§. 32. Gegen die Entscheidungen des Patentamtes (§§. 28, 29) ist die Berufung zulässig. Die Berufung geht an das Reichs-Oberhandelsgericht. Sie ist binnen sechs Wochen nach der Zustellung bei dem Patentamte schriftlich anzumelden und zu begründen.

Durch das Urtheil des Gerichtshofes ist nach Maaſsgabe des §. 30 auch über die Kosten des Verfahrens zu bestimmen.

Im übrigen wird das Verfahren vor dem Gerichtshofe durch ein Regulativ bestimmt, welches von dem Gerichtshofe zu entwerfen ist und durch Kaiserliche Verordnung unter Zustimmung des Bundesraths festgestellt wird.

§. 33. In Betreff der Geschäftssprache vor dem Patentamte finden die Bestimmungen des Gerichtsverfassungsgesetzes über die Gerichtssprache entsprechende Anwendung. Eingaben, welche nicht in deutscher Sprache abgefaſst sind, werden nicht berücksichtigt.

Vierter Abschnitt.

Strafen und Entschädigung.

§. 34. Wer wissentlich den Bestimmungen der §§. 4 und 5 zuwider eine Erfindung in Benutzung nimmt, wird mit Geldstrafe bis zu fünftausend Mark oder mit Gefängniſs bis zu Einem Jahre bestraft und ist dem Verletzten zur Entschädigung verpflichtet.

Die Strafverfolgung tritt nur auf Antrag ein.

§. 35. Erfolgt die Verurtheilung im Strafverfahren, so ist dem Verletzten die Befugniſs zuzusprechen, die Verurtheilung auf Kosten des Verurtheilten öffentlich bekannt zu machen. Die Art der Bekanntmachung, sowie die Frist zu derselben ist im Urtheil zu bestimmen.

§. 36. Statt jeder aus diesem Gesetze entspringenden Entschädigung kann auf Verlangen des Beschädigten neben der Strafe auf eine an ihn zu erlegende Buſse bis zum Betrage von zehntausend Mark erkannt werden. Für diese Bufse haften die zu derselben Verurtheilten als Gesammtschuldner.

Eine erkannte Bufse schliefst die Geltendmachung eines weiteren Entschädigungsanspruchs aus.

§. 37. Die im §. 12 des Gesetzes, betreffend die Errichtung eines obersten Gerichtshofes für Handelssachen, vom 12. Juni 1869 geregelte Zuständigkeit des Reichs-Oberhandelsgerichts wird auf diejenigen bürgerlichen Rechtsstreitigkeiten ausgedehnt, in welchen durch die Klage ein Anspruch auf Grund der Bestimmungen dieses Gesetzes geltend gemacht wird.

§. 38. Die Klagen wegen Verletzung des Patentrechts verjähren rücksichtlich jeder einzelnen dieselbe begründenden Handlung in drei Jahren.

§. 39. Darüber, ob ein Schaden entstanden ist und wie hoch sich derselbe beläuft, entscheidet das Gericht unter Würdigung aller Umstände nach freier Ueberzeugung.

§. 40. Mit Geldstrafe bis zu einhundertundfünfzig Mark oder mit Haft wird bestraft:

1) wer Gegenstände oder deren Verpackung mit einer Bezeichnung versieht, welche geeignet ist, den Irrthum zu erregen, dass die Gegenstände durch ein Patent nach Maafsgabe dieses Gesetzes geschützt seien;
2) wer in öffentlichen Anzeigen, auf Aushängeschildern, auf Empfehlungskarten oder in ähnlichen Kundgebungen eine Bezeichnung anwendet, welche geeignet ist, den Irrthum zu erregen, dafs die darin erwähnten Gegenstände durch ein Patent nach Maafsgabe dieses Gesetzes geschützt seien.

Fünfter Abschnitt.

Uebergangsbestimmungen.

§. 41. Die auf Grund landesgesetzlicher Bestimmungen zur Zeit bestehenden Patente bleiben nach Maafsgabe dieser Bestimmungen bis zu ihrem Ablaufe in Kraft; eine Verlängerung ihrer Dauer ist unzulässig.

§. 42. Der Inhaber eines bestehenden Patentes (§. 41) kann für die dadurch geschützte Erfindung die Ertheilung eines Patentes nach Maafsgabe dieses Gesetzes beanspruchen. Die Prüfung der Erfindung unterliegt dann dem durch dieses Gesetz vorgeschriebenen Verfahren. Die Ertheilung des Patentes ist zu versagen, wenn vor der Beschlufsfassung über die Ertheilung der Inhaber eines anderen, für dieselbe Erfindung bestehenden Patentes (§. 41) die Ertheilung des Patentes beansprucht oder gegen die Ertheilung Einspruch erhebt. Wegen mangelnder Neuheit ist die Ertheilung des Patentes nur dann zu versagen, wenn die Erfindung zur Zeit, als sie im Inlande zuerst einen Schutz erlangte, im Sinne des §. 2 nicht mehr neu war.

Mit der Ertheilung eines Patentes nach Maafsgabe dieses Gesetzes erlöschen die für dieselbe Erfindung bestehenden Patente (§. 41), soweit der Inhaber des neuen Patentes deren Inhaber ist. Soweit dieses nicht der Fall ist, treten die gesetzlichen Wirkungen des neuen Patentes in dem Geltungsbereiche der bestehenden Patente erst mit dem Ablaufe der letzteren ein.

§. 43. Auf die gesetzliche Dauer eines nach Maafsgabe des §. 42 ertheilten Patentes wird die Zeit in Anrechnung gebracht, während deren die Erfindung nach dem ältesten der bestehenden Patente im Inlande bereits geschützt gewesen ist. Der Patentinhaber ist für die noch übrige Dauer des Patentes zur Zahlung der gesetzlichen Gebühren (§. 8) verpflichtet; der Fälligkeitstag und der Jahresbetrag der Gebühren wird nach dem Zeitpunkte bestimmt, mit welchem die Erfindung im Inlande zuerst einen Schutz erlangt hat.

§. 44. Durch die Ertheilung eines Patentes nach Maafsgabe des §. 42 werden diejenigen, welche die Erfindung zur Zeit der Anmeldung derselben ohne Verletzung eines Patentrechts bereits in Benutzung genommen oder die zur Benutzung erforderlichen Veranstaltungen getroffen hatten, in dieser Benutzung nicht besckränkt.

§. 45. Dieses Gesetz tritt mit dem 1. Juli 1877 in Kraft.

Deutsches Reichs-Gesetz, betreffend die Abänderung der Gewerbeordnung.

Vom 17. Juli 1878.

Artikel 1.

An Stelle des Titels VII der Gewerbeordnung treten nachfolgende Bestimmungen:

Titel VII.

Gewerbliche Arbeiter (Gesellen, Gehülfen, Lehrlinge, Fabrikarbeiter).

1. Allgemeine Verhältnisse.

§. 105. Die Festsetzung der Verhältnisse zwischen den selbständigen Gewerbetreibenden und den gewerblichen Arbeitern ist, vorbehaltlich der durch Reichsgesetz begründeten Beschränkungen, Gegenstand freier Uebereinkunft.

Zum Arbeiten an Sonn- und Festtagen können die Gewerbetreibenden die Arbeiter nicht verpflichten. Arbeiten, welche nach der Natur des Gewerbebetriebes einen Aufschub oder eine Unterbrechung nicht gestatten, fallen unter die vorstehende Bestimmung nicht.

Welche Tage als Festtage gelten, bestimmen die Landesregierungen.

§. 106. Gewerbetreibende, welchen die bürgerlichen Ehrenrechte aberkannt sind, dürfen, so lange ihnen diese Rechte entzogen bleiben, mit der Anleitung von Arbeitern unter achtzehn Jahren sich nicht befassen.

Die Entlassung der dem vorstehenden Verbot zuwider beschäftigten Arbeiter kann polizeilich erzwungen werden.

§. 107. Personen unter einundzwanzig Jahren dürfen, soweit reichsgesetzlich nicht ein Anderes zugelassen ist, als Arbeiter nur beschäftigt werden, wenn sie mit einem Arbeitsbuche versehen sind. Bei der Annahme solcher Arbeiter hat der Arbeitgeber das Arbeitsbuch einzufordern. Er ist verpflichtet, dasselbe zu verwahren, auf amtliches Verlangen vorzulegen und nach rechtmäſsiger Lösung des Arbeitsverhältnisses dem Arbeiter wieder auszuhändigen.

Auf Kinder, welche zum Besuche der Volksschule verpflichtet sind, finden vorstehende Bestimmungen keine Anwendung.

§. 108. Das Arbeitsbuch wird dem Arbeiter durch die Polizeibehörde desjenigen Ortes, an welchem er zuletzt seinen dauernden Aufenthalt gehabt hat, kosten- und stempelfrei ausgestellt. Die Ausstellung erfolgt auf Antrag oder mit Zustimmung des Vaters oder Vormundes; ist die Erklärung des Vaters nicht zu beschaffen, so kann die Gemeindebehörde die Zustimmung desselben ergänzen. Vor der Ausstellung ist nachzuweisen, daſs der Arbeiter zum Besuche der Volksschule nicht mehr verpflichtet ist, und glaubhaft zu machen, daſs bisher ein Arbeitsbuch für ihn noch nicht ausgestellt war.

§. 109. Wenn das Arbeitsbuch vollständig ausgefüllt oder nicht mehr brauchbar, oder wenn es verloren gegangen oder vernichtet ist, so wird an Stelle desselben ein neues Arbeitsbuch ausgestellt. Die Ausstellung erfolgt durch die Polizeibehörde desjenigen Ortes, an welchem der Inhaber des Arbeitsbuches zuletzt seinen dauernden Aufenthalt gehabt hat. Das ausgefüllte oder nicht mehr brauchbare Arbeitsbuch ist durch einen amtlichen Vermerk zu schlieſsen.

Wird das neue Arbeitsbuch an Stelle eines nicht mehr brauchbaren, eines verloren gegangenen oder vernichteten Arbeitsbuches ausgestellt, so ist dies darin zu vermerken. Für die Ausstellung kann in diesem Falle eine Gebühr bis zu fünfzig Pfennig erhoben werden.

§. 110. Das Arbeitsbuch (§. 108) muſs den Namen des Arbeiters, Ort, Jahr und Tag seiner Geburt, sowie seine Unterschrift enthalten. Die Ausstellung erfolgt unter dem Siegel und der Unterschrift der Behörde. Letztere hat über die von ihr ausgestellten Arbeitsbücher ein Verzeichniſs zu führen.

Die Einrichtung der Arbeitsbücher wird durch den Reichskanzler bestimmt.

§. 111. Bei dem Eintritte des Arbeiters in das Arbeitsverhältniſs hat der Arbeitgeber an der dafür bestimmten Stelle des Arbeitsbuches die Zeit des Eintrittes und die Art der Beschäftigung, am Ende des Arbeitsverhältnisses die Zeit des Austrittes und, wenn die Beschäftigung Aenderungen erfahren hat, die Art der letzten Beschäftigung des Arbeiters einzutragen.

Die Eintragungen sind mit Dinte zu bewirken und von dem Arbeitgeber zu unterzeichnen. Sie dürfen nicht mit einem Merkmal versehen sein, welches den Inhaber des Arbeitsbuches günstig oder nachtheilig zu kennzeichnen bezweckt.

Die Eintragung eines Urtheils über die Führung oder die Leistungen des Arbeiters und sonstige durch dieses Gesetz nicht vorgesehene Eintragungen oder Vermerke in oder an dem Arbeitsbuche sind unzulässig.

§. 112. Ist das Arbeitsbuch bei dem Arbeitgeber unbrauchbar geworden, verloren gegangen oder vernichtet, oder sind von dem Arbeitgeber unzuläſsige Eintragungen oder Vermerke in oder an dem Arbeitsbuche gemacht, oder wird von dem Arbeitgeber ohne rechtmäſsigen Grund die Aushändigung des Arbeitsbuches verweigert, so kann die Ausstellung eines neuen Arbeitsbuches auf Kosten des Arbeitgebers beansprucht werden.

Ein Arbeitgeber, welcher das Arbeitsbuch seiner gesetzlichen Verpflichtung zuwider nicht rechtzeitig ausgehändigt oder die vorschriftsmäſsigen Eintragungen zu machen unterlassen oder unzulässige Eintragungen oder Vermerke gemacht hat, ist dem Arbeiter entschädigungspflichtig. Der Anspruch auf Entschädigung erlischt, wenn er nicht innerhalb vier Wochen nach seiner Entstehung im Wege der Klage oder Einrede geltend gemacht ist.

§. 113. Beim Abgange können die Arbeiter ein Zeugniſs über die Art und Dauer ihrer Beschäftigung fordern.

Dieses Zeugniſs ist auf Verlangen der Arbeiter auch auf ihre Führung auszudehnen.

§. 114. Auf Antrag des Arbeiters hat die Ortspolizeibehörde die Eintragung in das Arbeitsbuch und das dem Arbeiter etwa ausgestellte Zeugniſs kosten- und stempelfrei zu beglaubigen.

§. 115. Die Gewerbetreibenden sind verpflichtet, die Löhne ihrer Arbeiter baar in Reichswährung auszuzahlen.

Sie dürfen denselben keine Waaren kreditiren. Die Verabfolgung von Lebensmitteln an die Arbeiter fällt, sofern sie zu einem die Anschaffungskosten nicht übersteigenden Preise erfolgt, unter die vorstehende Bestimmung nicht; auch können den Arbeitern Wohnung, Feuerung, Landnutzung, regelmäſsige Beköstigung, Arzneien und ärztliche Hülfe, sowie Werkzeuge und Stoffe zu den ihnen übertragenen Arbeiten unter Anrechnung bei der Lohnzahlung verabfolgt werden.

§. 116. Arbeiter, deren Forderungen in einer dem §. 115 zuwiderlaufenden Weise berichtigt worden sind, können zu jeder Zeit Zahlung nach Maſsgabe des §. 115 verlangen, ohne daſs ihnen eine Einrede aus dem an Zahlungsstatt Gegebenen entgegengesetzt werden kann. Letzteres fällt, soweit es noch bei dem Empfänger vorhanden oder dieser daraus bereichert ist, derjenigen Hülfskasse zu, welcher der Arbeiter angehört, in Ermangelung einer solchen einer anderen zum Besten der Arbeiter an dem Orte bestehenden, von der Gemeindebehörde zu bestimmenden Kasse und in deren Ermangelung der Ortsarmenkasse.

§. 117. Verträge, welche dem §. 115 zuwiderlaufen, sind nichtig.

Dasselbe gilt von Verabredungen zwischen den Gewerbetreibenden und den von ihnen beschäftigten Arbeitern über die Entnahme der Bedürfnisse der letzteren aus gewissen Verkaufsstellen, sowie überhaupt über die Verwendung des Verdienstes derselben zu einem anderen Zweck als zur Betheiligung an Einrichtungen zur Verbesserung der Lage der Arbeiter oder ihrer Familien.

§. 118. Forderungen für Waaren, welche dem §. 115 zuwider kreditirt worden sind, können von dem Gläubiger weder eingeklagt, noch durch Anrechnung oder sonst geltend gemacht werden, ohne Unterschied, ob sie zwischen den Betheiligten unmittelbar entstanden oder mittelbar erworben sind. Dagegen fallen dergleichen Forderungen der in §. 116 bezeichneten Kasse zu.

§. 119. Den Gewerbetreibenden im Sinne der §§. 115 bis 118 sind gleich zu achten deren Familienglieder, Gehülfen, Beauftragte, Geschäftsführer, Aufseher und Faktoren, sowie andere Gewerbetreibende, bei deren Geschäft eine der hier erwähnten Personen unmittelbar oder mittelbar betheiligt ist.

Unter den in §§. 115 bis 118 bezeichneten Arbeitern werden auch diejenigen Personen verstanden, welche für bestimmte Gewerbetreibende auſserhalb der Arbeitsstätten der letzteren mit der Anfertigung gewerblicher Erzeugnisse beschäftigt sind.

§. 120. Die Gewerbeunternehmer sind verpflichtet, bei der Beschäftigung von Arbeitern unter achtzehn Jahren die durch das Alter derselben gebotene besondere Rücksicht auf Gesundheit und Sittlichkeit zu nehmen.

Sie haben ihren Arbeitern unter achtzehn Jahren, welche eine von der Gemeindebehörde oder vom Staate als Fortbildungsschule anerkannte Unterrichtsanstalt besuchen, hierzu die, erforderlichenfalls von der zuständigen Behörde festzusetzende Zeit zu gewähren. Für Arbeiter unter achtzehn Jahren kann die Verpflichtuug zum Besuche einer Fortbildungsschule, soweit die Verpflichtung nicht landesgesetzlich besteht, durch Ortsstatut (§. 142) begründet werden.

Die Gewerbeunternehmer sind endlich verpflichtet, alle diejenigen Einrichtungen herzustellen und zu unterhalten, welche mit Rücksicht auf die besondere Beschaffenheit des Gewerbebetriebes und der Betriebsstätte zu thunlichster Sicherheit gegen Gefahr für Leben und Gesundheit nothwendig sind. Darüber, welche Einrichtungen für alle Anlagen einer bestimmten Art herzustellen sind, können durch Beschlufs des Bundesraths Vorschriften erlassen werden. Soweit solche nicht erlassen sind, bleibt es den nach den Landesgesetzen zuständigen Behörden überlassen, die erforderlichen Bestimmungen zu treffen.

§. 120a. Streitigkeiten der selbständigen Gewerbetreibenden mit ihren Arbeitern, die auf den Antritt, die Fortsetzung oder Aufhebung des Arbeitsverhältnisses, auf die gegenseitigen Leistungen aus demselben, auf die Ertheilung oder den Inhalt der Arbeitsbücher oder Zeugnisse sich beziehen, sind, soweit für diese Angelegenheit besondere Behörden bestehen, bei diesen zur Entscheidung zu bringen.

Insoweit solche besondere Behörden nicht bestehen, erfolgt die Entscheidung durch die Gemeindebehörde. Gegen diese Entscheidung steht die Berufung auf den Rechtsweg binnen zehn Tagen offen; die vorläufige Vollstreckung wird durch die Berufung nicht aufgehalten.

Durch Ortsstatut (§. 142) können an Stelle der gegenwärtig hierfür bestimmten Behörde Schiedsgerichte mit der Entscheidung betraut werden. Dieselben sind durch die Gemeindebehörde unter gleichmäfsiger Zuziehung von Arbeitgebern und Arbeitern zu bilden.

2. Verhältnisse der Gesellen und Gehülfen.

§. 121. Gesellen und Gehülfen sind verpflichtet, den Anordnungen der Arbeitgeber in Beziehung auf die ihnen übertragenen Arbeiten und auf die häuslichen Einrichtungen Folge zu leisten; zu häuslichen Arbeiten sind sie nicht verbunden.

§. 122. Das Arbeitsverhältnifs zwischen den Gesellen oder Gehülfen und ihren Arbeitgebern kann, wenn nicht ein Anderes verabredet ist, durch eine jedem Theile freistehende, vierzehn Tage vorher erklärte Aufkündigung gelöst werden.

§. 123. Vor Ablauf der vertragsmäfsigen Zeit und ohne Aufkündigung können Gesellen und Gehülfen entlassen werden:

1. wenn sie bei Abschlufs des Arbeitsvertrages den Arbeitgeber durch Vorzeigung falscher oder verfälschter Arbeitsbücher oder Zeugnisse hintergangen oder ihn über das Bestehen eines anderen, sie gleichzeitig verpflichtenden Arbeitsverhältnisses in einen Irrthum versetzt haben;
2. wenn sie eines Diebstahls, einer Entwendung, einer Unterschlagung, eines Betruges oder eines liederlichen Lebenswandels sich schuldig machen;
3. wenn sie die Arbeit unbefugt verlassen haben oder sonst den nach dem Arbeitsvertrage ihnen obliegenden Verpflichtungen nachzukommen beharrlich verweigern;
4. wenn sie der Verwarnung ungeachtet mit Feuer und Licht unvorsichtig umgehen;
5. wenn sie sich Thätlichkeiten oder grobe Beleidigungen gegen den Arbeitgeber oder seine Vertreter oder gegen die Familienangehörigen des Arbeitgebers oder seiner Vertreter zu Schulden kommen lassen;
6. wenn sie einer vorsätzlichen und rechtswidrigen Sachbeschädigung zum Nachtheil des Arbeitgebers oder eines Mitarbeiters sich schuldig machen;
7. wenn sie Familienangehörige des Arbeitgebers oder seiner Vertreter oder Mitarbeiter zu Handlungen verleiten oder mit Familienangehörigen des Arbeitgebers oder seiner Vertreter Handlungen begehen, welche wider die Gesetze oder die guten Sitten verstofsen;

8. wenn sie zur Fortsetzung der Arbeit unfähig oder mit einer abschreckenden Krankheit behaftet sind.

In den unter Nr. 1 bis 7 gedachten Fällen ist die Entlassung nicht mehr zulässig, wenn die zu Grunde liegenden Thatsachen dem Arbeitgeber länger als eine Woche bekannt sind.

Inwiefern in den unter Nr. 8 gedachten Fällen dem Entlassenen ein Anspruch auf Entschädigung zustehe, ist nach dem Inhalt des Vertrages und nach den allgemeinen gesetzlichen Vorschriften zu beurtheilen.

§. 124. Vor Ablauf der vertragsmäfsigen Zeit und ohne Aufkündigung können Gesellen und Gehülfen die Arbeit verlassen:

1. wenn sie zur Fortsetzung der Arbeit unfähig werden;
2. wenn der Arbeitgeber oder seine Vertreter sich Thätlichkeiten oder grobe Beleidigungen gegen die Arbeiter oder gegen ihre Familienangehörigen zu Schulden kommen lassen;
3. wenn der Arbeitgeber oder seine Vertreter oder Familienangehörige derselben die Arbeiter oder deren Familienangehörige zu Handlungen verleiten oder mit den Familienangehörigen der Arbeiter Handlungen begehen, welche wider die Gesetze oder die guten Sitten laufen;
4. wenn der Arbeitgeber den Arbeitern den schuldigen Lohn nicht in der bedungenen Weise auszahlt, bei Stücklohn nicht für ihre ausreichende Beschäftigung sorgt, oder wenn er sich widerrechtlicher Uebervortheilungen gegen sie schuldig macht;
5. wenn bei Fortsetzung der Arbeit das Leben oder die Gesundheit der Arbeiter einer erweislichen Gefahr ausgesetzt sein würde, welche bei Eingehung des Arbeitsvertrages nicht zu erkennen war.

In den unter Nr. 2 und 3 gedachten Fällen ist der Austritt aus der Arbeit nicht mehr zulässig, wenn die zu Grunde liegenden Thatsachen dem Arbeiter länger als eine Woche bekannt sind.

§. 125. Ein Arbeitgeber, welcher einen Gesellen oder Gehülfen verleitet, vor rechtmäfsiger Beendigung des Arbeitsverhältnisses die Arbeit zu verlassen, ist dem früheren Arbeitgeber für den dadurch entstehenden Schaden als Selbstschuldner mitverhaftet. In gleicher Weise haftet ein

Arbeitgeber, welcher einen Gesellen oder Gehülfen annimmt oder behält, von dem er weifs, dafs derselbe einem anderen Arbeitgeber zur Arbeit noch verpflichtet ist.

3. Lehrlingsverhältnisse.

§. 126. Der Lehrherr ist verpflichtet, den Lehrling in den bei seinem Betriebe vorkommenden Arbeiten des Gewerbes in der durch den Zweck der Ausbildung gebotenen Reihenfolge und Ausdehnung zu unterweisen. Er mufs entweder selbst oder durch einen geeigneten, ausdrücklich dazu bestimmten Vertreter die Ausbildung des Lehrlings leiten. Er darf dem Lehrling die zu seiner Ausbildung und zum Besuche des Gottesdienstes an Sonn- und Festtagen erforderliche Zeit und Gelegenheit durch Verwendung zu anderen Dienstleistungen nicht entziehen. Er hat den Lehrling zur Arbeitsamkeit und zu guten Sitten anzuhalten und vor Ausschweifungen zu bewahren.

§. 127. Der Lehrling ist der väterlichen Zucht des Lehrherrn unterworfen. Demjenigen gegenüber, welcher an Stelle des Lehrherrn seine Ausbildung zu leiten hat, ist er zur Folgsamkeit verpflichtet.

§. 128. Das Lehrverhältnifs kann, wenn eine längere Frist nicht vereinbart ist, während der ersten vier Wochen nach Beginn der Lehrzeit durch einseitigen Rücktritt aufgelöst werden. Eine Vereinbarung, wonach diese Probezeit mehr als drei Monate betragen soll, ist nichtig.

Nach Ablauf der Probezeit kann der Lehrling vor Beendigung der verabredeten Lehrzeit entlassen werden, wenn einer der im §. 123 vorgesehenen Fälle auf ihn Anwendung findet.

Von Seiten des Lehrlings kann das Lehrverhältnifs nach Ablauf der Probezeit aufgelöst werden:

1. wenn einer der im §. 124 unter Nr. 1, 3 bis 5 vorgesehenen Fälle vorliegt;
2. wenn der Lehrherr seine gesetzlichen Verpflichtungen gegen den Lehrling in einer die Gesundheit, die Sittlichkeit oder die Ausbildung des Lehrlings gefährdenden Weise vernachlässigt, oder das Recht der väterlichen Zucht mifsbraucht oder zur Erfüllung der ihm vertragsmäfsig obliegenden Verpflichtungen unfähig wird.

Der Lehrvertrag wird durch den Tod des Lehrlings aufgehoben. Durch den Tod des Lehrherrn gilt der Lehrvertrag als aufgehoben, sofern die Aufhebung innerhalb vier Wochen geltend gemacht wird.

§. 129. Bei Beendigung des Lehrverhältnisses hat der Lehrherr dem Lehrling unter Angabe des Gewerbes, in welchem der Lehrling unterwiesen worden ist, über die Dauer der Lehrzeit und die während derselben erworbenen Kenntnisse und Fertigkeiten, sowie über sein Betragen ein Zeugnifs auszustellen, welches von der Gemeindebehörde kosten- und stempelfrei zu beglaubigen ist.

An Stelle dieser Zeugnisse können, wo Innungen oder andere Vertretungen der Gewerbetreibenden bestehen, die von diesen ausgestellten Lehrbriefe treten.

§. 130. Verläfst der Lehrling in einem durch dies Gesetz nicht vorgesehenen Falle ohne Zustimmung des Lehrherrn die Lehre, so kann letzterer den Anspruch auf Rückkehr des Lehrlings nur geltend machen, wenn der Lehrvertrag schriftlich geschlossen ist. Die Polizeibehörde kann in diesem Falle auf Antrag des Lehrherrn den Lehrling anhalten, so lange in der Lehre zu verbleiben, als durch gerichtliches Urtheil das Lehrverhältnifs nicht für aufgelöst erklärt ist. Der Antrag ist nur zulässig, wenn er binnen einer Woche nach dem Austritte des Lehrlings gestellt ist. Im Falle der Weigerung kann die Polizeibehörde den Lehrling zwangsweise zurückführen lassen, oder durch Androhung von Geldstrafe bis zu fünfzig Mark oder Haft bis zu fünf Tagen zur Rückkehr ihn anhalten.

§. 131. Wird von dem Vater oder Vormund für den Lehrling, oder, sofern der letztere grofsjährig ist, von ihm selbst dem Lehrherrn die schriftliche Erklärung abgegeben, dafs der Lehrling zu einem anderen Gewerbe oder anderen Berufe übergehen werde, so gilt das Lehrverhältnifs, wenn der Lehrling nicht früher entlassen wird, nach Ablauf von vier Wochen als aufgelöst. Den Grund der Auflösung hat der Lehrherr in dem Arbeitsbuche zu vermerken.

Binnen neun Monaten nach der Auflösung darf der Lehrling in demselben Gewerbe von einem anderen Arbeitgeber ohne Zustimmung des früheren Lehrherrn nicht beschäftigt werden.

§. 132. Erreicht das Lehrverhältniss vor Ablauf der verabredeten Lehrzeit sein Ende, so kann von dem Lehrherrn oder von dem Lehrling ein Anspruch auf Entschädigung nur geltend gemacht werden, wenn der Lehrvertrag schriftlich geschlossen ist. In den Fällen des §. 128 Abs. 1 und 4 kann der Anspruch nur geltend gemacht werden, wenn dieses in dem Lehrvertrage unter Festsetzung der Art und Höhe der Entschädigung vereinbart ist.

Der Anspruch auf Entschädigung erlischt, wenn er nicht innerhalb vier Wochen nach Auflösung des Lehrverhältnisses im Wege der Klage oder Einrede geltend gemacht ist.

§. 133. Ist von dem Lehrherrn das Lehrverhältniss aufgelöst worden, weil der Lehrling die Lehre unbefugt verlassen hat, so ist die von dem Lehrherrn beanspruchte Entschädigung, wenn in dem Lehrvertrage ein Anderes nicht ausbedungen ist, auf einen Betrag festzusetzen, welcher für jeden auf den Tag des Vertragsbruches folgenden Tag der Lehrzeit, höchstens aber für sechs Monate, bis auf die Hälfte des in dem Gewerbe des Lehrherrn den Gesellen oder Gehülfen ortsüblich gezahlten Lohnes sich belaufen darf.

Für die Zahlung der Entschädigung sind als Selbstschuldner mitverhaftet der Vater des Lehrlings sowie derjenige Arbeitgeber, welcher den Lehrling zum Verlassen der Lehre verleitet oder welcher ihn in Arbeit genommen hat, obwohl er wusste, dass der Lehrling zur Fortsetzung eines Lehrverhältnisses noch verpflichtet war. Hat der Entschädigungsberechtigte erst nach Auflösung des Lehrverhältnisses von der Person des Arbeitgebers, welcher den Lehrling verleitet oder in Arbeit genommen hat, Kenntnifs erhalten, so erlischt gegen diese der Entschädigungsanspruch erst, wenn derselbe nicht innerhalb vier Wochen nach erhaltener Kenntnifs geltend gemacht ist.

4. Verhältnisse der Fabrikarbeiter.

§. 134. Auf Fabrikarbeiter finden die Bestimmungen der §§. 121 bis 125 oder, wenn die Fabrikarbeiter als Lehrlinge anzusehen sind, die Bestimmungen der §§. 126 bis 133 Anwendung.

§. 135. Kinder unter zwölf Jahren dürfen in Fabriken nicht beschäftigt werden.

Die Beschäftigung von Kindern unter vierzehn Jahren darf die Dauer von sechs Stunden täglich nicht überschreiten.

Kinder, welche zum Besuche der Volksschule verpflichtet sind, dürfen in Fabriken nur dann beschäftigt werden, wenn sie in der Volksschule oder in einer von der Schulaufsichtsbehörde genehmigten Schule und nach einem von ihr genehmigten Lehrplane einen regelmäfsigen Unterricht von mindestens drei Stunden täglich geniefsen.

Junge Leute zwischen vierzehn und sechszehn Jahren dürfen in Fabriken nicht länger als zehn Stunden täglich beschäftigt werden.

Wöchnerinnen dürfen während drei Wochen nach ihrer Niederkunft nicht beschäftigt werden.

§. 136. Die Arbeitsstunden der jugendlichen Arbeiter (§. 135) dürfen nicht vor $5^1/_2$ Uhr Morgens beginnen und nicht über $8^1/_2$ Uhr Abends dauern. Zwischen den Arbeitsstunden müssen an jedem Arbeitstage regelmäfsige Pausen gewährt werden. Die Pausen müssen für Kinder eine halbe Stunde, für junge Leute zwischen vierzehn und sechszehn Jahren Mittags eine Stunde, sowie Vormittags und Nachmittags je eine halbe Stunde mindestens betragen.

Während der Pausen darf den jugendlichen Arbeitern eine Beschäftigung in dem Fabrikbetriebe überhaupt nicht und der Aufenthalt in den Arbeitsräumen nur dann gestattet werden, wenn in denselben diejenigen Theile des Betriebes, in welchen jugendliche Arbeiter beschäftigt sind, für die Zeit der Pausen völlig eingestellt werden.

An Sonn- und Festtagen, sowie während der von dem ordentlichen Seelsorger für den Katechumenen- und Konfirmanden-, Beicht- und Kommunion-Unterricht bestimmten Stunden dürfen jugendliche Arbeiter nicht beschäftigt werden.

§. 137. Die Beschäftigung eines Kindes in Fabriken ist nicht gestattet, wenn dem Arbeitgeber nicht zuvor für dasselbe eine Arbeitskarte eingehändigt ist. Eines Arbeitsbuches bedarf es daneben nicht.

Die Arbeitskarten werden auf Antrag oder mit Zustimmung des Vaters oder Vormundes durch die Ortspolizeibehörde kosten- und stempelfrei ausgestellt; ist die Erklärung des Vaters nicht zu beschaffen, so kann die Gemeindebehörde die Zustimmung desselben ergänzen. Sie haben den Namen, Tag und Jahr der Geburt sowie die Religion des Kindes, den Namen, Stand und letzten Wohnort des Vaters oder Vormundes und aufserdem die zur

Erfüllung der gesetzlichen Schulpflicht (§. 135) getroffenen Einrichtungen anzugeben.

Der Arbeitgeber hat die Arbeitskarte zu verwahren, auf amtliches Verlangen jederzeit vorzulegen und am Ende des Arbeitsverhältnisses dem Vater oder Vormund wieder auszuhändigen. Ist die Wohnung des Vaters nicht zu ermitteln, so erfolgt die Zustellung der Arbeitskarte an die Mutter oder den sonstigen nächsten Angehörigen des Kindes.

§. 138. Sollen jugendliche Arbeiter in Fabriken beschäftigt werden, so hat der Arbeitgeber vor dem Beginn der Beschäftigung der Ortspolizeibehörde eine schriftliche Anzeige zu machen.

In der Anzeige sind die Fabrik, die Wochentage, an welchen die Beschäftigung stattfinden soll, Beginn und Ende der Arbeitszeit und der Pausen, sowie die Art der Beschäftigung anzugeben. Eine Aenderung hierin darf, abgesehen von Verschiebungen, welche durch Ersetzung behinderter Arbeiter für einzelne Arbeitsschichten nothwendig werden, nicht erfolgen, bevor eine entsprechende weitere Anzeige der Behörde gemacht ist.

In jeder Fabrik hat der Arbeitgeber dafür zu sorgen, daſs in den Fabrikräumen, in welchen jugendliche Arbeiter beschäftigt werden, an einer in die Augen fallenden Stelle ein Verzeichniſs der jugendlichen Arbeiter unter Angabe ihrer Arbeitstage sowie des Beginns und Endes ihrer Arbeitszeit und der Pausen ausgehängt ist. Ebenso hat er dafür zu sorgen, daſs in den bezeichneten Räumen eine Tafel ausgehängt ist, welche in der von der Centralbehörde zu bestimmenden Fassung und in deutlicher Schrift einen Auszug aus den Bestimmungen über die Beschäftigung jugendlicher Arbeiter enthält.

§. 139. Wenn Naturereignisse oder Unglücksfälle den regelmäſsigen Betrieb einer Fabrik unterbrochen haben, so können Ausnahmen von den in §. 135 Abs. 2 bis 4 und in §. 136 vorgesehenen Beschränkungen auf die Dauer von vier Wochen durch die höhere Verwaltungsbehörde, auf längere Zeit durch den Reichskanzler nachgelassen werden. In dringenden Fällen solcher Art, sowie zur Verhütung von Unglücksfällen kann die Ortspolizeibehörde, jedoch höchstens auf die Dauer von vierzehn Tagen, solche Ausnahmen gestatten.

Wenn die Natur des Betriebes oder Rücksichten auf

die Arbeiter in einzelnen Fabriken es erwünscht erscheinen lassen, daſs die Arbeitszeit der jugendlichen Arbeiter in einer anderen als der durch §. 136 vorgesehenen Weise geregelt wird, so kann auf besonderen Antrag eine anderweite Regelung hinsichtlich der Pausen durch die höhere Verwaltungsbehörde, im übrigen durch den Reichskanzler gestattet werden. Jedoch dürfen in solchen Fällen die jugendlichen Arbeiter nicht länger als sechs Stunden beschäftigt werden, wenn zwischen den Arbeitsstunden nicht Pausen von zusammen mindestens einstündiger Dauer gewährt werden.

Die auf Grund vorstehender Bestimmungen zu treffenden Verfügungen müssen schriftlich erlassen werden.

§. 139a. Durch Beschluſs des Bundesraths kann die Verwendung von jugendlichen Arbeitern sowie von Arbeiterinnen für gewisse Fabrikationszweige, welche mit besonderen Gefahren für Gesundheit oder Sittlichkeit verbunden sind, gänzlich untersagt oder von besonderen Bedingungen abhängig gemacht werden. Insbesondere kann für gewisse Fabrikationszweige die Nachtarbeit der Arbeiterinnen untersagt werden.

Durch Beschluſs des Bundesraths können für Spinnereien, für Fabriken, welche mit ununterbrochenem Feuer betrieben werden, oder welche sonst durch die Art des Betriebes auf eine regelmäſsige Tag- und Nachtarbeit angewiesen sind, sowie für solche Fabriken, deren Betrieb eine Eintheilung in regelmäſsige Arbeitsschichten von gleicher Dauer nicht gestattet oder seiner Natur nach auf bestimmte Jahreszeiten beschränkt ist, Ausnahmen von den in §. 135 Abs. 2 bis 4 und im §. 136 vorgesehenen Beschränkungen nachgelassen werden. Jedoch darf in solchen Fällen die Arbeitszeit für Kinder die Dauer von sechsunddreiſsig Stunden und für junge Leute die Dauer von sechzig, in Spinnereien von sechsundsechzig Stunden wöchentlich nicht überschreiten.

Die durch Beschluſs des Bundesraths getroffenen Bestimmungen sind dem nächstfolgenden Reichstag vorzulegen. Sie sind auſser Kraft zu setzen, wenn der Reichstag dies verlangt.

§. 139b. Die Aufsicht über die Ausführung der Bestimmungen der §§. 135 bis 139a sowie des §. 120 Abs. 3 in seiner Anwendung auf Fabriken ist ausschlieſslich oder neben den ordentlichen Polizeibehörden besonderen von den Landesregierungen zu ernennenden Beamten zu übertragen. Denselben stehen bei Ausübung dieser Aufsicht alle amtlichen Befugnisse der Ortspolizeibehörden, insbesondere das Recht zur jederzeitigen Revision der Fabriken zu. Sie sind, vorbehaltlich der Anzeige von Gesetzwidrigkeiten, zur Geheimhaltung der amtlich zu ihrer Kenntnifs gelangenden Geschäfts- und Betriebsverhältnisse der ihrer Revision unterliegenden Fabriken zu verpflichten.

Die Ordnung der Zuständigkeitsverhältnisse zwischen diesen Beamten und den ordentlichen Polizeibehörden bleibt der verfassungsmäfsigen Regelung in den einzelnen Bundesstaaten vorbehalten.

Die erwähnten Beamten haben Jahresberichte über ihre amtliche Thätigkeit zu erstatten. Diese Jahresberichte oder Auszüge aus denselben sind dem Bundesrath und dem Reichstag vorzulegen.

Auf Antrag der Landesregierungen kann für solche Bezirke, in welchen Fabrikbetriebe gar nicht oder nur in geringem Umfange vorhanden sind, durch Beschlufs des Bundesraths von der Anstellung besonderer Beamten abgesehen werden.

Die auf Grund der Bestimmungen der §§. 135 bis 139a sowie des §. 120 Abs. 3 in seiner Anwendung auf Fabriken auszuführenden amtlichen Revisionen müssen die Arbeitgeber zu jeder Zeit, namentlich auch in der Nacht, während die Fabriken im Betriebe sind, gestatten.

Artikel 2.

An Stelle der nachstehend bezeichneten Vorschriften der Gewerbeordnung treten die folgenden Bestimmungen:

1. an Stelle des §. 146:

Mit Geldstrafe bis zu zweitausend Mark und im Unvermögensfalle mit Gefängnifs bis zu sechs Monaten werden bestraft:

1. Gewerbetreibende, welche bei der Zahlung des Lohnes oder bei dem Verkaufe von Waaren an die Arbeiter dem §. 115 zuwiderhandeln;
2. Gewerbetreibende, welche den §§. 135, 136 oder den auf Grund der §§. 139, 139a getroffenen Verfügungen

zuwider Arbeiterinnen oder jugendlichen Arbeitern Beschäftigung geben.

Die Geldstrafen fliefsen der im §. 116 bezeichneten Kasse zu.

2. an Stelle des ersten Absatzes des §. 147:

Mit Geldstrafe bis zu dreihundert Mark und im Unvermögensfalle mit Haft wird bestraft:

1. wer den selbständigen Betrieb eines stehenden Gewerbes, zu dessen Beginn eine besondere polizeiliche Genehmigung (Konzession, Approbation, Bestallung) erforderlich ist, ohne die vorschriftsmäfsige Genehmigung unternimmt oder fortsetzt, oder von den in der Genehmigung festgesetzten Bedingungen abweicht;
2. wer eine gewerbliche Anlage, zu der mit Rücksicht auf die Lage oder Beschaffenheit der Betriebsstätte oder des Lokals eine besondere Genehmigung erforderlich ist (§§. 16 und 24), ohne diese Genehmigung errichtet, oder die wesentlichen Bedingungen, unter welchen die Genehmigung ertheilt worden, nicht innehält, oder ohne neue Genehmigung eine wesentliche Veränderung der Betriebsstätte oder eine Verlegung des Lokals oder eine wesentliche Veränderung in dem Betriebe der Anlage vornimmt;
3. wer, ohne hierzu approbirt zu sein, sich als Arzt (Wundarzt, Augenarzt, Geburtshelfer, Zahnarzt, Thierarzt) bezeichnet oder sich einen ähnlichen Titel beilegt, durch den der Glauben erweckt wird, der Inhaber desselben sei eine geprüfte Medizinalperson;
4. wer der Aufforderung der Behörde ungeachtet den Bestimmungen des §. 120 zuwiderhandelt.

3. an Stelle des ersten Satzes des §. 148:

Mit Geldstrafe bis zu einhundertfünfzig Mark und im Unvermögensfalle mit Haft bis zu vier Wochen wird bestraft:

4. an Stelle der Nr. 9 und 10 des §. 148:

9. wer die gesetzlichen Pflichten gegen die ihm anvertrauten Lehrlinge verletzt;
10. wer wissentlich der Bestimmung im §. 131 Abs. 2 zuwider einen Lehrling beschäftigt.

5. an Stelle des ersten Satzes des §. 149:

Mit Geldstrafe bis zu dreifsig Mark und im Unvermögensfalle mit Haft bis zu acht Tagen wird bestraft:

6. an Stelle der Nr. 7 des §. 149:

7. wer es unterläfst, den durch §§. 138 und 139 b für ihn begründeten Verpflichtungen nachzukommen.

7. an Stelle des §. 150:

Mit Geldstrafe bis zu zwanzig Mark und im Unvermögensfalle mit Haft bis zu drei Tagen für jeden Fall der Verletzung des Gesetzes wird bestraft:

1. wer den Bestimmungen der §§. 106 bis 112 zuwider einen Arbeiter in Beschäftigung nimmt oder behält;
2. wer den Bestimmungen dieses Gesetzes in Ansehung der Arbeitsbücher und Arbeitskarten zuwiderhandelt;
3. wer vorsätzlich ein auf seinen Namen ausgestelltes Arbeitsbuch unbrauchbar macht oder vernichtet.

8. an Stelle des §. 154:

Die Bestimmungen der §§. 105 bis 133 finden auf Gehülfen und Lehrlinge in Apotheken und Handelsgeschäften keine Anwendung.

Die Bestimmungen der §§. 134 bis 139 b finden auf Arbeitgeber und Arbeiter in Werkstätten, in deren Betrieb eine regelmäfsige Benutzung von Dampfkraft stattfindet, sowie in Hüttenwerken, in Bauhöfen und Werften entsprechende Anwendung.

In gleicher Weise finden Anwendung die Bestimmungen der §§. 115 bis 119 und 135 bis 139 b auf die Besitzer und Arbeiter von Bergwerken, Salinen, Aufbereitungsanstalten und unterirdisch betriebenen Brüchen oder Gruben.

Arbeiterinnen dürfen in Anlagen der in Absatz 3 bezeichneten Art nicht unter Tage beschäftigt werden. Zuwiderhandlungen unterliegen der Strafbestimmung des §. 146.

Artikel 3.

Dieses Gesetz tritt mit dem 1. Januar 1879 in Kraft.